Ausbildungsliteratur

Haftpflicht- und Rechtsschutzversicherung

Kaufmann für Versicherungen und Finanzen
Kauffrau für Versicherungen und Finanzen

Geprüfter Versicherungsfachmann IHK
Geprüfte Versicherungsfachfrau IHK

D1665830

Ausbildungsliteratur

Haftpflicht- und Rechtsschutzversicherung

Kaufmann für Versicherungen und Finanzen
Kauffrau für Versicherungen und Finanzen

Geprüfter Versicherungsfachmann IHK
Geprüfte Versicherungsfachfrau IHK

Herausgegeben vom Berufsbildungswerk
der Deutschen Versicherungswirtschaft (BWV) e.V.

VVW
KARLSRUHE

Bibliografische Information der Deutschen Nationalbibliothek

Die Deutsche Nationalbibliothek verzeichnet diese Publikation
in der Deutschen Nationalbibliografie;
detaillierte bibliografische Daten sind im Internet über
http://dnb.d-nb.de abrufbar.

Herausgegeben vom Berufsbildungswerk
der Deutschen Versicherungswirtschaft (BWV) e.V.

Autoren:

Uwe Grzesiak   Kiel
Sönke Iwersen   Kiel
Elmar Off †   Kiel
Peter Schlinck   Köln

Verantwortlicher Redakteur:

Hubert Holthausen   Köln

Anregungen und Kritik bitte an E-Mail: Ausbildungsliteratur@vvw.de

Satz: Satz-Schmiede Bachmann   Bietigheim
Druck: VVA/Konkordia   Baden-Baden

ISBN: 978-3-89952-269-3

Vorwort

Eine wesentliche Konstante der Ausbildung in der Versicherungswirtschaft ist die Vermittlung von rechtlichen Inhalten. Das BWV knüpft mit dieser Neuerscheinung an seine bewährte Tradition an, die Fachliteratur auf dem aktuellsten Stand zu halten.

Im Rahmen der Einführung des neuen Versicherungsvertragsgesetzes 2008 und der aktuellen Rechtsprechung wurden die Haftpflicht- und Rechtsschutzversicherungen angepasst. Von der Risikoanalyse und Risikobewältigung über die Zielgruppen und die verschiedenen Leistungsarten bis hin zur Beitrags- und Leistungsberechnung werden die Lernenden systematisch in die Materie eingearbeitet. Diese Kenntnisse und Fertigkeiten sind unabdingbar für eine qualifizierte Kundenberatung und -betreuung.

Der vorliegende Band wurde konzipiert für die Auszubildenden im Beruf „Kaufmann/Kauffrau für Versicherungen und Finanzen". Gleichzeitig eignet er sich hervorragend für die Ausbildung der Versicherungsfachleute und angehende Versicherungsfachwirte. Der Band nimmt Bezug auf die Lernfelder des Rahmenlehrplans für den Ausbildungsberuf, die jeweils optisch hervorgehoben werden. Alle versicherungsrechtlichen Inhalte beziehen sich auf

Lernfeld 2 – Versicherungsverträge anbahnen

Lernfeld 10 – Privatkunden gegen Schadenersatzforderungen absichern und die Durchsetzung ihrer Rechte ermöglichen

Lernfeld 15 – Schaden- und Leistungsmanagement durchführen

Alle Beispiele beziehen sich ausschließlich auf das aktuelle Bedingungswerk 2 Proximus Versicherung.

Unser Dank gilt all denen, die durch kritische und konstruktive Anregungen zum vorliegenden Band beigetragen haben.

Allen Nutzern wünschen wir viel Erfolg bei ihrer Ausbildung und Prüfung!

München, im Februar 2009

Inhaltsverzeichnis

Leider ist es kaum vermeidbar, dass Buchinhalte aufgrund von Gesetzes-
änderungen in immer kürzer werdenden Abständen schon bald nach
Drucklegung nicht mehr dem neuesten Stand entsprechen.

Beachten Sie bitte daher stets unseren Aktualisierungsservice auf
unserer Homepage unter http://www.vvw.de/vvw/links/download.asp.
Dort halten wir für Sie wichtige und relevante Änderungen und Ergänzun-
gen zum Download bereit.

Abkürzungsverzeichnis

Abs.	Absatz
AG	Amtsgericht oder Aktiengesellschaft oder Arbeitgeber
AGB	Allgemeine Geschäftsbedingungen
AGBG	Gesetz zur Regelung des Rechts der Allgemeinen Geschäftsbedingungen
AHB	Allgemeine Versicherungsbedingungen für die Haftpflichtversicherung
allg.	allgemein
Anm.	Anmerkung
ARB 2008	Allgemeine Rechtsschutzbedingungen
Art.	Artikel
AtG	Atomgesetz (Gesetz über die friedliche Verwendung der Kernenergie und den Schutz gegen ihre Gefahren)
AVB	Allgemeine Versicherungsbedingungen
AVO	Ausführungsverordnung
BaFin	Bundesanstalt für Finanzdienstleistungsaufsicht
BBR	Besondere Bedingungen und Risikobeschreibungen
BGB	Bürgerliches Gesetzbuch
BGB-InfoV	BGB-Informationspflichtenverordnung
BGBl	Bundesgesetzblatt
BGH	Bundesgerichtshof
BRAGO	Bundesgebühren für Rechtsanwälte
BVerfG	Bundesverfassungsgericht
DEKRA	Deutscher Kraftfahrzeugüberwachungsverein
d. h.	das heißt
EG	Europäische Gemeinschaft oder EG-Vertrag
EGBGB	Einführungsgesetz zum Bürgerlichen Gesetzbuch
EGVVG	Einführungsgesetz zum VVG
EU	Europäische Union oder EU-Vertrag
ff.	folgende
GBl	Gesetzblatt
GbR	Gesellschaft bürgerlichen Rechts
GDV	Gesamtverband der Deutschen Versicherungswirtschaft e. V.
gem.	gemäß
h. M.	herrschende Meinung
HPflG	Haftpflichtgesetz
HuG	Haus- und Grundbesitzer-Haftpflichtversicherung

inkl.	inklusive
i. V. m.	in Verbindung mit
Kap.	Kapitel
km/h	Kilometer pro Stunde
Kfz	Kraftfahrzeug
LuftVG	Luftverkehrsgesetz
OLG	Oberlandesgericht
p.r.t.	pro rata temporis
PflVG	Pflichtversicherungsgesetz
ProdHaftG	Produkthaftungsgesetz
RBE	Risikobeschreibungen, Besondere Bedingungen und Er-läuterungen für die Haftpflichtversicherung von privaten Risiken (RBE-Privat)
RHG	Reichshaftpflichtgesetz
RVG	Rechtsanwaltsvergütungsgesetz
RVO	Reichsversicherungsordnung oder Rechtsverordnung
SGB	Sozialgesetzbuch
StVG	Straßenverkehrsgesetz
SVT	Sozialversicherungsträger
TÜV	Technischer Überwachungsverein
u. a.	unter anderem
UmweltHG	Umwelthaftungsgesetz
VAG	Versicherungsaufsichtsgesetz
VersR	Zeitschrift „Versicherungsrecht"
VVG	Versicherungsvertragsgesetz
vgl.	vergleiche
VN	Versicherungsnehmer
VO	Verordnung
VR	Versicherer
WHG	Wasserhaushaltsgesetz (Gesetz zur Ordnung des Wasserhaushalts)
z. B.	zum Beispiel
ZPO	Zivilprozessordnung

Haftpflichtversicherung

Lernziele

Im Kapitel „Haftpflichtrecht" erwerben Sie Kenntnisse und
Fertigkeiten für folgende Leistungsziele:

Sie

- erklären das Risiko, für verursachte Schäden haften zu müssen
- beschreiben die wirtschaftliche und soziale Bedeutung
  der Haftpflichtversicherung
- erklären die Grundlagen und die wesentlichen Gesetze
  des Haftpflichtrechts
- geben eine Übersicht über die Haftpflicht nach dem BGB
- erläutern die verschiedenen Haftungsarten
- unterscheiden die Gefährdungshaftung von der
  Verschuldenshaftung (Haftung aus unerlaubter Handlung)
- unterscheiden die Haftung für eigenes Verschulden und
  für das Verschulden anderer
- erläutern die Voraussetzungen für eine Haftung
  nach § 823 BGB
- kennen die Stufen der Deliktsfähigkeit
- grenzen die verschiedenen Grade des Verschuldens
  gegeneinander ab
- stellen die Haftung bei Gefälligkeitshandlungen dar
- unterscheiden die Haftung des Geschäftsherrn für seine
  Verrichtungs- und Erfüllungsgehilfen
- stellen die Haftung Minderjähriger heraus
- begründen die Haftung des Aufsichtspflichtigen
- unterscheiden Luxus- und Nutztiere und stellen die Haftung
  der Tierhalter und Tierhüter dar
- erklären die Haftung für Grundstücke, Gebäude und Werke
- beschreiben die gesetzliche Haftung aus Vertragsverhältnissen
- begründen die Regeln der gesamtschuldnerischen Haftung
- stellen die Schadenarten dar und erläutern Art, Umfang und
  Begrenzungen des Schadenersatzes
- unterscheiden zwischen echten und unechten
  Vermögensschäden
- begründen die Regeln für Mitverschulden und
  Vorteilsausgleich
- geben einen Überblick über andere Rechtsgrundlagen
  für Haftungen
- stellen die Haftung nach dem Wasserhaushaltsgesetz
  und dem Umwelthaftungsgesetz dar
- erläutern die Grundlagen der Produkthaftung
- erläutern die Verjährung von Haftungsansprüchen

1. Haftpflichtrecht

LF
2

LF
10

LF
15

1.1 Risikoanalyse und Risikobewältigung

▶ Situation

Während die Mieterin der Wohnung im ersten Stock eines Zweifami-
lienhauses einige Tage in Urlaub war, platzte der Zulaufschlauch ihrer
Waschmaschine. Das Wasser strömte mehrere Tage aus, denn auch die
Mieter der Wohnung im Erdgeschoss waren unglücklicherweise verreist.

In beiden Wohnungen entstand erheblicher Sachschaden. Das Wasser
gelangte durch die Fußböden bis in den Keller und das Haus musste
wegen Einsturzgefahr zeitweise gesperrt werden. Der Schaden betrug
weit mehr als 100 000 €.

Wie ist die Haftung für diesen Schaden gesetzlich geregelt? Welche
Versicherungsmöglichkeiten sind gegeben?

▶ Erläuterung

Grundsätzlich haftet der Schadenverursacher für den von ihm bei anderen („Dritten") ausgelösten Schaden.

Es besteht deshalb die Gefahr, in unserer hoch technisierten Industrie-
gesellschaft durch sehr hohe Schadenersatzansprüche finanziell ruiniert
zu werden.

Während man bei vielen Gefahren (z. B. bei der Bedrohung von Sachwer-
ten) durch Vermeidungs- und Finanzierungsmaßnahmen geeignete Vorsorge auch außerhalb des Versicherungsbereichs treffen kann, erscheint
dies vor dem Hintergrund unkalkulierbarer Schadenersatzforderungen
im Bereich der Haftpflichtrisiken nicht oder nur unzureichend möglich.

Heute ist allgemein anerkannt, dass sowohl Privatpersonen als auch
Unternehmen eine Haftpflichtversicherung abschließen sollten.

Aus dieser Tatsache heraus ist es zu verstehen, dass die meisten Haushalte – speziell Haushalte mit Kindern – eine Haftpflichtversicherung abgeschlossen haben und die Privat-Haftpflichtversicherung somit zu den
am stärksten verbreiteten Versicherungen in Deutschland zählt.

Die Haftpflichtversicherung hat sowohl für Schädiger als auch für Geschädigte positive Wirkungen:

Zum einen sichert sie das vorhandene Vermögen des Schädigers vor
Schadenersatzansprüchen.

Gleichzeitig garantiert sie aber dem geschädigten Anspruchsteller,
dass er eine Ersatzleistung auch dann erhält, wenn die wirtschaftlichen
Verhältnisse des Schädigers dies ohne Haftpflichtversicherung nicht
oder nur eingeschränkt zulassen würden. Hierin liegt die große soziale
Bedeutung der Haftpflichtversicherung.

soziale Bedeutung der
Haftpflichtversicherung

Um als Kaufmann/Kauffrau für Versicherungen und Finanzen im Innen-
oder Außendienst die Kunden/Versicherungsnehmer, z. B. im Bereich
der privaten Haftpflichtversicherung, fundiert beraten zu können, genügt es nicht, sich allein mit den „Allgemeinen Versicherungsbedingungen für die Haftpflichtversicherung (AHB)" und mit den „Risikobeschreibungen, Besonderen Bedingungen und Erläuterungen für die Haftpflichtversicherung privater Risiken (RBE-Privat)" auseinanderzusetzen.

Es müssen auch Grundkenntnisse im Bereich des Haftpflichtrechts vorhanden sein, um über die unterschiedlichsten gesetzlichen Anspruchsgrundlagen informiert zu sein, aus denen Geschädigte Forderungen herleiten könnten.

1.2   Grundlagen des Haftpflichtrechts

Wird z. B. durch Leichtsinn, Missgeschick, Vergesslichkeit oder aber
auch durch eine absichtliche Handlung einer Person ein anderer (juristisch formuliert „ein Dritter") geschädigt, so entspricht es unserem
Rechtsempfinden, dass der Schädiger die Pflicht hat, diesen Schaden
wiedergutzumachen.

> Diese Verpflichtung zur Haftung, zum Ersatz des einem Dritten zuge-
> fügten Schadens, wird Haftpflicht genannt.

Damit der Umfang dieser Ersatzleistung nicht nach willkürlichen Maßstäben geregelt wird, muss es Rechtsnormen geben, die den Schadenausgleich bestimmen. Eine der ältesten überlieferten Haftpflichtbestimmungen findet sich z. B. im über 4000 Jahre alten Kodex Hammurabi:

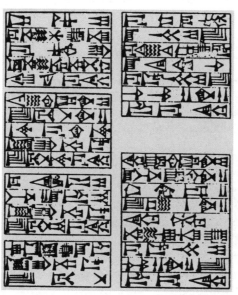

Übersetzung der Keilschrift:

„Wenn ein Baumeister ein Haus für jemand baut und es für ihn vollendet, so
soll dieser ihm als Lohn zwei Shekel Silber
geben für je einen Sar (1 Shekel = 9,1 g,
1 Sar = 14,88 g)

Wenn ein Baumeister ein Haus baut für
jemand und macht seine Konstruktion
nicht stark genug, so dass es einstürzt
und den Tod des Bauherrn verursacht, so
soll dieser Baumeister getötet werden.

Wenn der Einsturz eines Hauses den Tod
eines Sohnes des Bauherrn verursacht, so
sollen sie einen Sohn des Baumeisters
töten.

Wird beim Einsturz Eigentum zerstört, so
stelle der Baumeister wieder her, was immer zerstört wurde; weil er das Haus nicht
fest genug baute, baue er es auf eigene
Kosten wieder auf.

Wenn ein Baumeister ein Haus baut und
macht die Konstruktion nicht stark genug,
so dass eine Wand einstürzt, dann soll er
sie auf eigene Kosten verstärkt wieder
aufbauen."

In der Bundesrepublik Deutschland gibt es kein einheitliches, umfassendes Haftpflichtgesetzbuch, sondern die relevanten Bestimmungen ergeben sich aus einer Vielzahl von Gesetzen, wie z. B. dem

LF
2

LF
10

LF
15

- Bürgerlichen Gesetzbuch (BGB)
- Straßenverkehrsgesetz (StVG)
- Gesetz über die Haftung für fehlerhafte Produkte (Produkthaftungsgesetz – ProdHaftG)
- Umwelthaftungsgesetz (UmweltHG)
- Haftpflichtgesetz (HpflG)

- Gesetz über die friedliche Verwendung der Kernenergie und den Schutz gegen ihre Gefahren (Atomgesetz – AtG)
- Gesetz zur Ordnung des Wasserhaushalts (Wasserhaushaltsgesetz – WHG)

gesetzliche Haftpflicht

Daneben besteht natürlich auch die Möglichkeit, im Rahmen der Vertragsfreiheit über den gesetzlichen Rahmen hinausgehende Leistungen (z. B. bei mangelhafter Erfüllung des Vertrages) zu vereinbaren, die der Vertragspartner zu erbringen hat (**Konventionalstrafen**).

rein vertragliche Haftpflicht
Konventionalstrafe

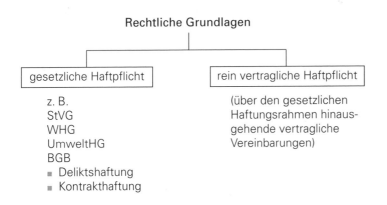

1.3   Haftpflicht nach dem BGB

Die wesentlichen Bestimmungen des Haftpflichtrechts finden sich im Bürgerlichen Gesetzbuch (BGB).

Im BGB sind Regelungen getroffen für Haftpflichtansprüche, die zwischen Personen entstehen können, die miteinander einen Vertrag (Kaufvertrag, Mietvertrag usw.) abgeschlossen haben – im Zusammenhang mit der Erfüllung entsprechender Verträge kann es zu Schäden kommen.

Hierbei handelt es sich um

*Kontrakthaftung –
(gesetzliche Haftung wegen Pflichtverletzung aus Vertragsverhältnissen)*

gesetzliche Haftung wegen Pflichtverletzungen aus Vertragsverhältnissen (Kontrakthaftung).

Unter diese Haftung fallen die gesetzlich geschuldeten Leistungen/Gewährleistungen aus einem entsprechenden Vertragsverhältnis.

Deliktshaftung –
(Haftung aus unerlaub-
ter Handlung)

Im Kapitel über die Haftung aus „unerlaubten Handlungen" – auch

Deliktshaftung

genannt – werden Haftungsregelungen auch für die Fälle festgelegt, in denen es zwischen dem Schädiger und dem Anspruchsteller vor dem Schadenereignis keinerlei Rechtsbeziehungen (insbesondere vertraglicher Art) gegeben hat.

Der Geschädigte ist in diesem Zusammenhang ein „unbeteiligter Dritter".

Im Kapitel über die

Gefährdungshaftung

geht es um die Abgrenzung gegenüber der Verschuldenshaftung und die Darstellung der unterschiedlichen Stufen der Gefährdungshaftung.

Übersicht über die Deliktshaftung und Kontrakthaftung nach BGB

Deliktshaftung			Kontrakthaftung
Reine Verschuldens-haftung	Haftung aus vermute-tem Verschulden	Gefährdungshaftung	Gesetzliche Haftung aus Vertragsverhält-nissen
Haftung nur aus erwiesenem eigenem Verschulden	Haftung für das Verschulden anderer		
Der Geschädigte muss dem Schädiger nach-weisen, dass dieser schuldhaft gehandelt hat und deshalb Schaden-ersatz leisten muss.	Der Schädiger muss nachweisen, dass er nicht schuldhaft gehan-delt hat (ihn kein Ver-schulden trifft) und er deshalb keinen Schaden-ersatz leisten muss. (Entlastungs-möglichkeit)	Der Schädiger muss haften, auch wenn ihn kein Verschulden trifft (evtl. Entlastungs-möglichkeit bei höherer Gewalt)	Der Geschädigte muss dem Schädiger nachwei-sen, dass dieser schuld-haft gegen seine vertrag-lichen Pflichten verstoßen hat und wegen dieser Pflichtverletzungen Scha-denersatz nach den ge-setzlichen Vorschriften leisten muss.
§ 823 BGB	Haftung des Geschäfts-herrn für den Verrichtungsgehilfen (§ 831 BGB) Aufsichtpflichtige (§ 832 BGB) Halter von Nutztieren (§ 833 Satz 2 BGB) Haftung des Tieraufsehers/-hüters (§ 834 BGB) Haftung für Gebäude (§ 836 BGB)	Halter von Luxustieren (§ 833 Satz 1 BGB) Gastwirt für einge-brachte Sachen der Gäste (§ 701 BGB) Inhaber von Öltanks (§ 22 WHG) Mitverschulden (§ 254 BGB)	Haftung für eigenes Verschulden (§ 276 BGB) Haftung für das Verschulden des Erfüllungsgehilfen (§ 278 BGB) Schuldverhältnisse aus Verträgen (§§ 311 ff. BGB) z. B. Kaufvertrag (§§ 434 ff. BGB) Werkvertrag (§§ 633 ff. BGB)

1.3.0   Gefährdungshaftung

Die Gefährdungshaftung ist im **BGB** in zwei Fällen geregelt:

■ Haftung der Halter von Luxustieren (siehe Kapitel 1.3.1.3)
■ Haftung des Gastwirtes für eingebrachte Sachen der Gäste (siehe Kapitel 1.5.6.3).

gesetzliche Grundlagen der Gefährdungshaftung

Für besondere (gefährliche) Risiken wurde in besonderen Gesetzen die Gefährdungshaftung geregelt wie z. B. im

Gesetze mit Gefährdungshaftung

■ Wasserhaushaltsgesetz (siehe Kapitel 1.6.1),
■ Umwelthaftungsgesetz (siehe Kapitel 1.6.2),
■ Produkthaftungsgesetz (siehe Kapitel 1.6.3),
■ Straßenverkehrsgesetz (Haftung der Kraftfahrzeughalter),
■ Luftverkehrsgesetz (Haftung z. B. der Luftverkehrsunternehmen),

■ Haftpflichtgesetz (Haftung z. B. der Schienen- und Schwebebahnunternehmer, der Bergwerks- und Fabrikbesitzer),
■ Atomgesetz (Haftung z. B. für gewerbsmäßige Nutzung der Kernenergie).

LF 2

LF 10

LF 15

Die Gefährdungshaftung nach einem Sondergesetz schließt nicht aus, dass gleichzeitig auch die Verschuldenshaftung nach BGB greift.

Zur Sicherung der Ansprüche Geschädigter sind in Sondergesetzen teilweise Pflichtversicherungen vorgesehen wie z. B. die Pflichtversicherung des Kraftfahrzeughalters.

Pflichtversicherungen

Während die Verschuldenshaftung nach dem BGB keine Obergrenze kennt (unbegrenzte Haftung), sind für die Gefährdungshaftung nach dem BGB und nach den Sondergesetzen zum Teil Höchsthaftungsgrenzen vorgesehen.

Höchsthaftungsgrenzen

Eine weitere Begrenzung der Gefährdungshaftung ist teilweise die Entlastung des Haftenden durch dessen Nachweis eines unabwendbaren Ereignisses, der höheren Gewalt oder des Mitverschuldens des Geschädigten.

Unterschiede
Gefährdungshaftung

Unterschiede in der Gefährdungshaftung an Beispielen

Straßen-verkehrsgesetz	Entlastung bei höherer Gewalt (§ 7 (2) StVG) oder beim Beweis eines „unabwendbaren Ereignisses" (§ 17 (3) StVG – nur dann möglich, wenn auch der Unfallgegner nach der Gefähr-dungshaftung haftet oder ein Tier beteiligt ist)
Haftpflichtgesetz	Entlastung nur bei höherer Gewalt (§ 1 (2) HpflG)
Wasserhaus-haltsgesetz	Entlastung bei höherer Gewalt nach § 22 WHG möglich, unbegrenzte Haftung
Luftverkehrs-gesetz	Nach § 33 LuftVG keine Entlastungs-möglichkeit

1.3.1   Haftung aus unerlaubter Handlung

1.3.1.1   Reine Verschuldenshaftung
– Haftung für eigenes Verschulden –

Eine Verschuldenshaftung kann sich

- aus eigenem Verschulden (siehe Kapitel 1.3.1.1) oder
- aus der Haftung für das Verschulden anderer Personen (siehe Kapitel 1.3.1.2)

ergeben.

▶ **Situation**

Der 16-jährige Schüler Robert fährt mit hoher Geschwindigkeit auf sei-nem Mountainbike die Abkürzung durch die Fußgängerzone, um nicht zu spät zum Unterricht zu kommen. In der Morgendämmerung sieht er die Rentnerin Klara P. erst im letzten Augenblick, so dass er ihr nicht mehr ausweichen kann. Da auch seine Fahrrad-Bremsen nicht voll funk-tionstüchtig sind, kommt es zu einem Zusammenstoß mit Klara P., die sich bei diesem Unfall schwere Knochenbrüche zuzieht.

▶ **Erläuterung**

Zentrale Anspruchsgrundlage für diesen Haftpflichtfall ist der § 823 BGB:

Text
§ 823 BGB

§ 823 BGB – Schadensersatzpflicht

„Wer vorsätzlich oder fahrlässig das Leben, den Körper, die Gesundheit, die Freiheit, das Eigentum oder ein sonstiges Recht eines anderen wider-rechtlich verletzt, ist dem anderen zum Ersatz des daraus entstehenden Schadens verpflichtet.

LF
2

LF
10

LF
15

(2) Die gleiche Verpflichtung trifft denjenigen, welcher gegen ein den Schutz eines anderen bezweckendes Gesetz verstößt. Ist nach dem Inhalt des Gesetzes ein Verstoß gegen dieses auch ohne Verschulden möglich, so tritt die Ersatzpflicht nur im Falle des Verschuldens ein."

§ 823 BGB fordert fünf Voraussetzungen, die alle erfüllt sein müssen, damit für die Geschädigte Klara ein Anspruch auf Schadenersatz gegen den Schädiger Robert besteht:

- Der Schädiger muss **schuldhaft** gehandelt haben (s. Kapitel 1.3.1.1.2),
- er muss ein **Rechtsgut** verletzt haben (s. Kapitel 1.3.1.1.3),
- dies muss **widerrechtlich** gewesen sein (s. Kapitel 1.3.1.1.4),
- zwischen der schädigenden Handlung (Rechts- oder Pflichtverletzung) und dem eingetretenen Schaden muss ein **adäquater Kausalzusammenhang** bestehen (s. Kapitel 1.3.1.1.5),
- der Schädiger muss **deliktsfähig** sein (s. Kapitel 1.3.1.1.1).

1.3.1.1.1 Deliktsfähigkeit

Nicht jeder Schädiger kann für den durch ihn verursachten Schaden verantwortlich gemacht werden. Voraussetzung für eine Haftung ist die Deliktsfähigkeit oder Schuldfähigkeit.

Im BGB werden verschiedene Stufen der Deliktsfähigkeit unterschieden:

Stufen der Deliktsfähigkeit

Stufen der Deliktsfähigkeit §§ 827, 828 BGB

Deliktsunfähigkeit	beschränkte Deliktsfähigkeit	Deliktsfähigkeit
Minderjährige vor Vollendung des 7. Lebensjahres Krankhafte Störung der Geistestätigkeit Bewusstlose	Minderjährige nach Vollendung des 7., aber vor Vollendung des 18. Lebensjahres (Ausnahme: Haftung im Straßen- oder Schienenverkehr*)	volljährige Personen
Diese Personen haften nicht für ihre Handlungen.	Diese Personen haften nur dann wie voll Deliktsfähige, wenn sie während der schädigenden Handlung aufgrund des Alters und der Reife die zur Erkenntnis der Verantwortlichkeit erforderliche Einsicht hatten.	Diese Personen haften für ihre Handlungen.

* Durch die Schadenersatzrechtsreform vom August 2002 wurde § 828 (2) BGB neu eingefügt.

Haftung im Straßen-
oder Schienenverkehr
Text
§ 828 (2) BGB

§ 828 BGB – Minderjährige

„(2) Wer das siebente, aber nicht das zehnte Lebensjahr vollendet hat, ist
für den Schaden, den er bei einem Unfall mit einem Kraftfahrzeug, einer
Schienenbahn oder einer Schwebebahn einem anderen zufügt, nicht verantwortlich. Dies gilt nicht, wenn er die Verletzung vorsätzlich herbeigeführt hat."

Kinder, die einen solchen Unfall im Straßen- und Schienenverkehr verursachen, haften erst, wenn sie zum Zeitpunkt der Unfallverursachung
mindestens 10 Jahre alt waren (früher lag die Altersgrenze für die Deliktsfähigkeit generell bei sieben Jahren).

▶ Situation

Ein neunjähriges Mädchen läuft beim Spielen auf die Straße und veranlasst dadurch einen Pkw-Fahrer zum Ausweichen. Dabei werden parkende Fahrzeuge beschädigt.

▶ Erläuterung

Das Mädchen ist nach dem neuen Recht zu jung, um zur Verantwortung gezogen zu werden.

Der Grund für diese Änderung der Deliktsfähigkeit liegt darin, dass Kinder aufgrund ihrer psychischen und physischen Fähigkeiten nicht in der
Lage sind, im Straßen- und Schienenverkehr Situationen und Gefahren
richtig zu verstehen und einzuschätzen.

Dies gilt allerdings nach der Rechtsprechung des Bundesgerichtshofes
nur für Unfälle im fließenden Straßenverkehr. Beschädigt ein Achtjähri-
ger ein parkendes Auto, so muss er gleichwohl haften.

Vorsatz

Ausgenommen von dieser Regelung bleiben allerdings Schäden, die
von Kindern dieser Altersgruppe vorsätzlich herbeigeführt wurden:

▶ Situation

Ein neunjähriger Junge wirft Pflastersteine von einer Brücke auf die Autobahn. Dadurch werden Fahrzeuge beschädigt und Personen verletzt.

▶ Erläuterung

Für außerhalb des Straßen- und Schienenverkehrs verursachte Schäden
bleibt es bei der Altersgrenze von sieben Jahren für die Deliktsunfähigkeit und von 18 Jahren für die beschränkte Deliktsfähigkeit.

Gerichtsentscheidung zur Haftung eines Siebenjährigen

LF
2

LF
10

LF
15

Mit Fußball Lampe zerschossen – Splitter verletzt Spielkamerad

Die beiden siebenjährigen Jungs Alfred und Bernd sind Nachbarn und spielen öfters mit anderen Kindern Fußball. Der Vater von Alfred hatte ihnen schon einige Male verboten, direkt vor den Garagen zu spielen. Denn er fürchtete, die Jungen könnten mit dem Ball die Außenleuchten kaputt schießen.

Oberlandesgericht Nürnberg
28. April 2006 –
5 U 130/06

Eines Tages spielten sie vom Haus entfernt auf einer Wiese, als Bernd von der Mutter zum Essen gerufen wurde. Er ging zum Hauseingang, drehte sich um und verlangte von Alfred seinen Ball. Alfred maulte ein wenig, schoss dann aber den Ball in die Richtung von Bernd, der vor der Garage stand. Der Ball traf das Treppengeländer des Hauses, prallte von dort ab und gegen die Außenleuchte. Aufgeschreckt durch das Klirren des Glases schaute Bernd nach oben. Ein von der Lampe herabfallender Glassplitter verletzte ihn schwer am rechten Auge.

Der Vater von Bernd verklagte den Nachbarsjungen auf Ersatz der Behandlungskosten und Schmerzensgeld. Das OLG Nürnberg entschied:

Siebenjährige könnten erkennen, wie gefährlich es sei, Bälle gegen fremde Fenster oder Lampen zu schießen. Zudem sei Alfred vom Vater eindringlich darauf hingewiesen worden. Auch das Argument, hier seien kindlicher Übermut und Spieltrieb mit dem Jungen quasi „durchgegangen", treffe nicht zu: Das Spiel sei bereits zu Ende gewesen.

Die Richter räumten ein, dass zwar erst eine Verkettung unglücklicher Umstände zu dem Unfall geführt hatte. Dennoch sei Alfred letztlich für den Schaden verantwortlich, weil er wusste, dass so ein Schuss die Außenleuchte zerstören konnte. Für die Haftung komme es nicht darauf an, ob auch die schlimmen Folgen für ihn vorhersehbar waren. Wenn jemand unter einer Lampe stehe, sei so ein Unfall zumindest nicht unwahrscheinlich. Alfred wurde dazu verurteilt, Bernd für die Unfallfolgen zu entschädigen.

► **Situation**

Ein neunjähriger Junge schießt beim Ballspielen eine Fensterscheibe beim Nachbarn kaputt.

► **Erläuterung**

Der Neunjährige sollte bei der schädigenden Handlung die zur Erkenntnis der Verantwortlichkeit erforderliche Einsicht haben.

Zurück zu unserem Fahrrad-Beispiel mit Robert (Seite 8):

Er fällt aufgrund seines Alters nicht unter die Neuregelung. Außerdem ist der Schaden nicht im Zusammenhang mit einem Unfall mit einem Kraftfahrzeug, einer Schienenbahn oder einer Schwebebahn entstanden.

Es ist also die seinem Alter entsprechende Deliktsfähigkeit zu prüfen.

Kommt man zu dem Ergebnis, dass der 16-jährige Robert aufgrund seines Alters und seiner Reife die möglichen Folgen seiner Handlung hätte erkennen können, so ist er als beschränkt Deliktsfähiger haftbar.

**Billigkeitshaftung
§ 829 BGB**

Einen Ausnahmefall im Rahmen der Deliktsfähigkeit stellt die so genannte **Billigkeitshaftung** („Millionärsparagraf") dar.

**Text
§ 829 BGB**

§ 829 BGB – Ersatzpflicht aus Billigkeitsgründen

Wer in einem der in den §§ 823 bis 826 bezeichneten Fälle für einen von ihm verursachten Schaden aufgrund der §§ 827, 828 nicht verantwortlich ist, hat gleichwohl, sofern der Ersatz des Schadens nicht von einem aufsichtspflichtigen Dritten erlangt werden kann, den Schaden insoweit zu ersetzen, als die Billigkeit nach den Umständen, insbesondere nach den Verhältnissen der Beteiligten, eine Schadloshaltung erfordert und ihm nicht die Mittel entzogen werden, deren er zum angemessenen Unterhalt sowie zur Erfüllung seiner gesetzlichen Unterhaltspflichten bedarf.

Der z. B. wegen Deliktsunfähigkeit für einen von ihm verursachten Schaden nach § 823 BGB nicht Verantwortliche kann trotzdem zum Schadenersatz verpflichtet werden (sofern kein Ersatz von einem aufsichtspflichtigen Dritten verlangt werden kann), wenn dies nach den persönlichen Vermögensverhältnissen der Beteiligten gerecht erscheint (ein vermögendes Kind verletzt eine mittellose Person schwer).

Beweislast

Die Beweislast (Pflicht zur Begründung der Wahrheit einer aufgestellten Behauptung), dass ein Anspruch auf Schadenersatz gemäß § 823 BGB besteht, liegt beim Anspruchsteller.

▶ **zum Beispielsfall**

Die Geschädigte Klara muss dem Schädiger Robert die oben genannten fünf Voraussetzungen beweisen.

Beweislast

Können Kinder als Schadenverursacher nicht haftbar gemacht werden, so müssen dennoch Eltern manchmal zahlen – bei Verletzung der Aufsichtspflicht (auch nach der Schadenersatzrechtsreform) – siehe Kapitel 1.3.1.2.2.

▶ Zusammenfassung
   zur Deliktsfähigkeit Minderjähriger

LF
2

LF
10

LF
15

bis zum vollendeten 7. Lebensjahr	Die Minderjährigen sind nicht deliktsfähig. Sie sind deliktsunfähig und haften selbst nicht.
bis zum vollendeten 10. Lebensjahr	Die Minderjährigen haften selbst nicht für Schäden im fließenden Straßen- und Schienenverkehr.
vom vollendeten 7./10. Lebensjahr bis zum vollendeten 18. Lebensjahr	Die Minderjährigen haften selbst, wenn sie aufgrund ihres Alters und ihrer Reife erkennen mussten, dass durch ihr Verhalten ein Schaden entstehen könnte (bedingte deliktsfähig).
ab dem vollendeten 18. Lebensjahr	Die Volljährigen haften im vollen Umfang für Schäden, die sie verursacht haben.

1.3.1.1.2 Verschulden

„Verschulden" ist im BGB der Oberbegriff für die Schuldformen „Vorsatz" und „Fahrlässigkeit".

Anrechenbares Verschulden erfordert auch die Zurechnungsfähigkeit des Schädigers (Deliktsfähigkeit).

Die verschiedenen Grade des Verschuldens (mit unterschiedlich strengen Maßstäben) lassen sich (nicht immer leicht) gegeneinander abgrenzen, haben aber auf die Höhe der Schadenersatzpflicht keinen Einfluss (außer evtl. bei der Festsetzung von Schmerzensgeldern).

Gesetze (z. B. das BGB) machen in der Regel weder einen Unterschied zwischen den beiden Stufen des Vorsatzes noch zwischen den beiden Stufen der Fahrlässigkeit.

Vorsatz			Fahrlässigkeit	
Vorsätzlich handelt, wer bewusst oder gewollt einen Schaden herbeiführt (Wissen und Wollen)			Fahrlässig handelt, wer die im Verkehr erforderliche Sorgfalt außer Acht lässt (§ 276 (2) BGB).	
Absicht	direkter Vorsatz	bedingter Vorsatz	grobe Fahrlässigkeit	leichte Fahrlässigkeit
Ein auf dem Dach des Hauses arbeitender Dachdecker wirft einem Fußgänger einen Dachziegel auf den Kopf. Es kommt ihm unbedingt darauf an, diese Person zu verletzen.	Der Dachdecker wirft den Dachziegel in eine Menschenmenge und hält es für sicher, dass er auch eine Person trifft und akzeptiert dies als Erfüllung seines Zieles, eine Person zu verletzen.	Der Dachdecker wirft, obwohl er einen Fußgänger sieht, einen Dachziegel herunter und nimmt die Verletzung in Kauf.	Der Dachdecker lässt einen Dachziegel auf die Straße fallen, ohne sich vergewissert zu haben, ob die Straße frei ist.	Dem Dachdecker fällt ein Dachziegel aus der Hand, weil er ihn nicht fest genug angefasst hat und der Ziegel verletzt einen Fußgänger.
Er will einen bestimmten Erfolg haben („So soll es sein – der hat eine schöne Platzwunde").	Er will Erfolg haben („Ich wusste, dass ich einen treffe!")	Er hält den „Erfolg" für möglich und nimmt ihn billigend in Kauf („Na, wenn schon!").	(„Es wird schon gut gehen").	(„Das habe ich nicht gewollt").

▶ zum Beispielsfall

    Die Handlung von Robert muss als grob fahrlässiges Verhalten beurteilt werden, weil er die im Verkehr erforderliche Sorgfalt in besonders schwerem Maße verletzt hat.

Man unterscheidet beim Vorsatz:

- direkter Vorsatz 1. Grades (Absicht – die gesteigerte Form des direkten Vorsatzes) – der Täter hat den zielgerichteten Willen, einen ganz bestimmten Erfolg herbeizuführen;
- direkter Vorsatz 2. Grades (direkter Vorsatz) – der Täter hält den Eintritt des Erfolges für sicher und handelt in Kenntnis des möglichen „Erfolges" seiner Handlung, will den Erfolg erzielen, strebt ihn aber nicht zielgerichtet an;
- bedingter Vorsatz – der Täter hält den Taterfolg für möglich und nimmt ihn billigend in Kauf.

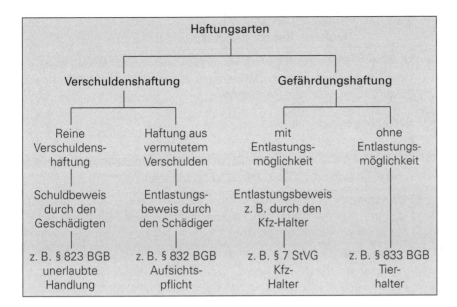

1.3.1.1.3 Verletzung eines Rechtsgutes

§ 823 BGB unterscheidet zwischen

- den konkret genannten absoluten Rechten
  (wie Leben, Körper, Gesundheit, Freiheit, Eigentum) und
- den „sonstigen Rechten".

▶ zum Beispielsfall

Die Knochenbrüche bei Klara stellen eine Verletzung eines absoluten Rechts (Körper) dar.

Auch Verletzungen „sonstiger Rechte" wie z. B. der Urheberrechte, der Namensrechte oder allgemeiner Persönlichkeitsrechte (z. B. der Ehre) können zu Ansprüchen führen.

▶ Situation

Eine Bürgerbewegung in der ehemaligen DDR hat in einer öffentlich ausgelegten Liste Namen und Anschriften von angeblichen inoffiziellen Stasi-Mitarbeitern bekannt gemacht.

BGH 12. 7. 1994

▶ Erläuterung

Die in der Namensnennung liegende Persönlichkeitsrechtsverletzung muss der Betroffene nicht hinnehmen.

1.3.1.1.4 Widerrechtlichkeit
(fehlende Rechtfertigungsgründe)

Widerrechtlichkeit liegt vor, wenn für das Handeln oder Unterlassen, das zu einer Verletzung von Rechten eines anderen geführt hat, keine Rechtfertigungsgründe gegeben sind.

Rechtfertigungsgründe sind z. B.

Notwehr
§ 227 BGB
§ 32 StGB

- **Notwehr**
  Verletzung einer Person, um einen gegenwärtigen rechtswidrigen Angriff von sich oder einem anderen abzuwenden.

Notstand
§ 228 BGB
§ 904 BGB

- **Notstand**
  Zerstörung oder Beschädigung einer fremden Sache zur Abwendung einer durch sie drohenden Gefahr für sich selbst oder einen anderen.

Selbsthilfe
§ 229 BGB

- **Selbsthilfe**
  Wegnahme, Zerstörung oder Beschädigung einer Sache oder z. B. Vereitelung des Fluchtversuches eines Diebes, sofern die Gefahr besteht, dass die Herausgabe der gestohlenen Sache sonst nicht möglich ist oder wesentlich erschwert wird.

Einwilligung des
Geschädigten

- **Einwilligung des Geschädigten**
  Der Patient stimmt einer Operation ausdrücklich zu.

andere Gründe

- **andere Gründe**
  z. B. Hoheitsrechte, Notstandsgesetze.

Bei allen Rechtfertigungsgründen muss die Verhältnismäßigkeit der Mittel gewahrt bleiben. Bei Notwehr gilt dieses grundsätzlich nicht (Ausnahme hiervon: z. B. ist eine Abwehr, deren Folgen in krassem Missverhältnis zum drohenden Schaden stehen, missbräuchlich und daher unzulässig).

▶ **zum Beispielsfall**

Auch wenn ein pünktlicher Unterrichtsbesuch wichtig ist, stellt dies für Robert keinen Rechtfertigungsgrund dar und somit ist seine Handlung als widerrechtlich anzusehen.

1.3.1.1.5 Adäquater Kausalzusammenhang
(ursächlicher Zusammenhang)

Der Schadenverursacher hat nur dann für einen Schaden einzutreten, wenn zwischen der Handlung (einem Tun oder einer Unterlassung) und dem eingetretenen Schaden ein ursächlicher (unmittelbarer) Zusammenhang besteht.

▶ zum Beispielsfall

Die Knochenbrüche von Klara lassen sich ursächlich auf die Fahrradraserei von Robert in der Fußgängerzone zurückführen.

Auf der anschließenden Fahrt in das Krankenhaus wird der Krankenwagen in einen Unfall hineingezogen und Klara erleidet dadurch zusätzlich schwerste Kopfverletzungen.

Dieser zweite Unfall ist sicherlich rein logisch auf das erste Ereignis zurückzuführen, im juristischen Sinne liegt aber keine adäquate (entsprechende, angemessene) Kausalität vor.

1.3.1.1.6 Haftung bei Gefälligkeitshandlungen

Kommt es im Rahmen einer reinen Gefälligkeitshandlung (einer Tätigkeit außerhalb eines Rechtsverhältnisses zwischen z. B. Freunden, Kollegen, Nachbarn) zu einer Schädigung, so haftet der Schädiger nur bei grob fahrlässigem bzw. vorsätzlichem Verhalten für den Schaden.

Das gilt unabhängig davon, ob es sich um eine kleine oder größere Gefälligkeit handelt.

Begründet wird diese Auffassung in Gerichtsurteilen damit, dass es dem normalen Rechtsgefühl entspricht, Personen, die uneigennützig (aus Gefälligkeit) Hilfeleistungen erbringen, nicht bereits bei leichter Fahrlässigkeit zu Schadenersatzleistungen heranzuziehen.

▶ Situation

Student Albert (23 Jahre) bittet seinen Studienkollegen Dieter, ihm beim privaten Umzug zu helfen. Dieter will den Fernseher nach unten tragen, verliert wegen kurzer Unaufmerksamkeit auf der Treppe das Gleichgewicht und lässt daher den Fernseher fallen.

▶ Erläuterung

Die Voraussetzungen nach § 823 BGB (Deliktsfähigkeit, Verschulden, Zerstörung von Eigentum, Widerrechtlichkeit, adäquater Kausalzusammenhang) sind gegeben. Dieter müsste also haften. Da hier leichte Fahrlässigkeit angenommen werden kann, kann Albert keine Ansprüche gegen den „gefälligen" Dieter geltend machen.

Gerichtsentscheidungen haben allerdings deutlich gemacht, dass dies nicht z. B. bei Gefälligkeitsfahrten im Umfang einer zugunsten des Schädigers bestehenden Haftpflichtversicherung gilt (der Haftungsverzicht soll nicht dem Haftpflichtversicherer zu Gute kommen).

BGH VersR 1969, 50

Dies gilt auch für „umfangreiche Hilfeleistungen" aus Gefälligkeit. Auch hier wird in Urteilen angenommen, dass stillschweigend die Haftung für einfache Fahrlässigkeit zwischen den Beteiligten abbedungen wird.

➡ PHV

Weitere Ausführungen zur Haftung bei Gefälligkeitshandlungen siehe Kapitel 3.A.11.

1.3.1.1.7   Verkehrssicherungspflichten

Die Rechtsprechung hat festgelegt, dass nicht nur das aktive Tun, sondern in bestimmten Fällen auch eine Unterlassung (ein Nichtstun) als Verletzungshandlung angesehen werden kann.

So ist derjenige, der eine bewegliche oder unbewegliche Sache als Gefahrenquelle (ein Haus, eine Gastwirtschaft, ein Schwimmbad, eine Straße usw.) schafft, verpflichtet, alle zumutbaren Maßnahmen zu treffen, damit die Gefahrenquelle „verkehrssicher" ist.

Unterlässt er diese Sicherungsvorkehrungen, kann er ebenfalls schadenersatzpflichtig gemacht werden.

Streu- und Reinigungspflicht

Ein gern genommenes Beispiel für Verkehrssicherungspflichten ist die Streu- und Reinigungspflicht:

Diese Pflichten sind überwiegend in Ortssatzungen geregelt. Streu- und reinigungspflichtig kann man als Hausbesitzer sein (oder auch als Mieter, wenn die Pflichten durch Mietvertrag übertragen wurden). Sie beziehen sich insbesondere auf das Streuen und Schneeräumen der Gehwege bei Winterglätte.

▶ Situation

Ein Grundstückseigentümer räumt im Winter nicht den Schnee vom Zugang zum Haus, so dass ein Passant dadurch am frühen Nachmittag zu Fall kommt und verletzt wird.

▶ Erläuterung

Der Passant kann Ansprüche gegen den Grundstückseigentümer geltend machen.

In jedem Winter kommt es zu zahllosen Glatteisunfällen. Nicht immer ist daran jemand „schuld" und muss für den Schaden geradestehen. Wer muss wann, wo und wie streuen – diese Fragen gehören zum Gerichtsalltag.

Dazu drei Gerichtsentscheidungen:

Gerichtsentscheidungen zur Streupflicht

1. Mieter und Vermieter im Streit

Das OLG Frankfurt/Main verurteilte einen Hauseigentümer zu Schadenersatz und Schmerzensgeld gegenüber einer verunglückten Frau (sie war im Laubengang einer Wohnanlage ausgerutscht, weil dort nicht ausreichend gestreut worden war), weil er die notwendige Erledigung der Streu- und Räumarbeiten nicht sauber delegiert hatte.

Eigentümer, Hausverwaltung und Mieter schoben sich gegenseitig die Schuld für die Streu- und Räumversäumnisse zu. Die Hausordnung, die die Mieter zum Streuen verpflichtet, war nur an die Wohnungseigentümer versandt worden. Der Eigentümer argumentierte, dass die Mieter schon in der Vergangenheit den Winterdienst erledigt hätten – was allerdings nicht nachweisbar war. Die Hausverwaltung wiederum wollte ebenfalls nichts von einer Kontrollpflicht wissen.

Am Ende stellten die Richter fest: Eine eindeutige Delegation des Eigentümers an die Hausverwaltung oder die Mieter gab es nicht. Deswegen müsse der Eigentümer die Konsequenzen tragen und Schadenersatz leisten.

Oberlandesgericht
Frankfurt/Main –
3 U 93/01

2. Auf verschneitem Gehweg ausgerutscht

Eine Frau stürzte auf einem schneeglatten Bürgersteig vor einem kommunalen Gebäude und brach sich den Fußknöchel. Der städtische Winterdienst war zwar an diesem Tag ab 6.30 Uhr früh unterwegs gewesen und hatte alle Straßen gestreut, aber diesen Bürgersteig übersehen.

Die verletzte Frau verklagte die Stadt auf Schadenersatz. Das OLG Celle entschied, dass die Kommune die Behandlungskosten übernehmen müsse, weil sie ihre Streupflicht verletzt habe. Sie müsse wie jeder andere Anlieger auch die Gehwege vor ihren Grundstücken streuen. Bis 8 Uhr früh habe der städtische Winterdienst am Tag des Unfalls alle Fahrbahnen gestreut, auch vor dem fraglichen Gebäude. Für die Bediensteten der Stadt wäre es also ohne großen Zusatzaufwand möglich gewesen, den Bürgersteig begehbar zu machen.

Oberlandesgericht
Celle
6. September 2002 –
19 U 16/02

3. Streuen zwecklos?

In einem Rechtsstreit vor dem Bundesgerichtshof (BGH) ging es um eine der wesentlichen Beweisfragen: Ein Glatteisopfer verlangte Schadenersatz und der Streupflichtige konterte im Prozess, Streuen wäre zwecklos gewesen.

Der BGH nahm grundsätzlich zur Beweispflicht Stellung: Im Prinzip müsse der Verletzte belegen, dass vor dem Unfall schuldhaft versäumt wurde zu streuen. Es sei auch seine Sache nachzuweisen, dass zur Zeit des Unfalls Streupflicht bestand (wegen winterlicher Straßenverhältnisse, Glättegefahr, ungünstiger Beleuchtung usw.).

Anders liege der Fall jedoch, so der BGH, wenn dem Unfallopfer dieser Beweis gelungen sei, der Streupflichtige aber behaupte, es wäre sinnlos gewesen zu streuen. Denn er berufe sich dann auf eine Ausnahmesitua-

Bundesgerichtshof
7. Juni 2005 –
VI ZR 219/04

tion. In diesem Fall sei es an ihm, seine Behauptung zu beweisen. Nur
wenn besondere Umstände – wie starker Schneefall oder Eisregen – vorlä-
gen und bis kurz vor dem Unfall andauerten, treffe es zu, dass „Streuen
gar nichts bringt". Dann müsse der Streupflichtige für den Unfall nicht haften.

Stürzt der Passant allerdings, weil der Bürgersteig schadhaft ist (Stol-
perstellen), so ist in der Regel die Gemeinde verantwortlich – sie hat
die Verkehrssicherheitspflicht für öffentliche Wege und Straßen.

Der Hausbesitzer hat aber die Pflicht, die Gemeinde auf den Schaden
aufmerksam zu machen.

1.3.1.2   Haftung für Handlungen anderer Personen

Man muss aufgrund der gesetzlichen Bestimmungen nicht nur für das
eigene Verschulden haften, sondern in bestimmten Fällen auch für das
Fehlverhalten anderer Personen. Dies gilt z. B.

- für die Haftung des Geschäftsherrn für seinen Verrichtungsgehilfen
  und
- für die Haftung des Aufsichtspflichtigen.

1.3.1.2.1   Haftung des Geschäftsherrn
für den Verrichtungsgehilfen

Text
§ 831 BGB

§ 831 BGB – Haftung für den Verrichtungsgehilfen

(1) Wer einen anderen zu einer Verrichtung bestellt, ist zum Ersatz des
Schadens verpflichtet, den der andere in Ausführung der Verrichtung
einem Dritten widerrechtlich zufügt. Die Ersatzpflicht tritt nicht ein, wenn
der Geschäftsherr bei der Auswahl der bestellten Person und, sofern er
Vorrichtungen oder Gerätschaften zu beschaffen oder die Ausführung der
Verrichtung zu leiten hat, bei der Beschaffung oder der Leitung die im Ver-
kehr erforderliche Sorgfalt beobachtet oder wenn der Schaden auch bei
Anwendung dieser Sorgfalt entstanden sein würde.

(2) Die gleiche Verantwortlichkeit trifft denjenigen, welcher für den Geschäftsherrn die Besorgung eines der im Absatz 1 Satz 2 bezeichneten Ge-
schäfte durch Vertrag übernimmt.

▶ Situationen

Klempnermeister Knutzen wird vom Hausbesitzer Holden beauftragt,
bei dessen Mieter Matzen den tropfenden Duschkopf zu reparieren.
Der Meister wiederum beauftragt seinen Gesellen Glober, diese Arbeiten auszuführen.

1. Bei Ankunft am Gebäude des Vermieters trägt der Geselle die benötigte Leiter in das Haus und beschädigt dabei ein vor dem Haus stehendes Auto eines Nachbarn des Hausbesitzers Holden.

2. Als er dem Vermieter diesen Vorfall schildern will, beschädigt er im Haus mit der Leiter auch noch die Eingangstür zu der Wohnung des Vermieters.

3. Während der Reparaturarbeiten beschädigt Glober letztendlich auch noch die Badezimmereinrichtung des Mieters, der daraufhin vom Klempnermeister Knutzen (dem Geschäftsherrn von Glober) Ersatz verlangt.

▶ Erläuterungen

Bei Prüfung der Haftung des Geschäftsherrn muss zuerst festgestellt werden, welche vertraglichen Beziehungen zwischen dem Geschäftsherrn und den verschiedenen Geschädigten bestehen:

zu 1.: Zwischen dem geschädigten Nachbarn und dem Geschäftsherrn bestehen keine vertraglichen Beziehungen – der Geschädigte kann von Glober und evtl. vom Geschäftsherrn Kuntzen Schadenersatz fordern.

zu 2.: Der Geschäftsherr hat einen Werkvertrag mit dem Hauseigentümer. Sein Mitarbeiter ist für ihn zur Erfüllung der vertraglich übernommenen Arbeiten eingesetzt. Muss der Geschäftsherr für seinen Erfüllungsgehilfen haften (siehe Kapitel 1.3.2.2)?

Der Hausbesitzer kann aber auf jeden Fall vom Gesellen Glober Schadenersatz fordern.

zu 3.: Nur zwischen dem Hausbesitzer Holden und dem Geschäftsherrn Knutzen bestehen vertragliche Beziehungen, nicht jedoch zwischen dem geschädigten Mieter Matzen und dem Klempnermeister Knutzen. Der Geschädigte kann vom Gesellen Glober Schadenersatz über § 823 fordern.

Kann er auch an den Geschäftsherrn Forderungen stellen?

Betrachten wir diesen Fall näher.

Da nur zwischen dem Vermieter Holden und dem Geschäftsherrn Knutzen und nicht zwischen dem Geschädigten (Mieter Matzen) und dem Geschäftsherrn Knutzen zum Zeitpunkt der Schädigung vertragliche Beziehungen bestanden, müssen für die Forderung des Mieters die Bestimmungen des BGB über unerlaubte Handlungen angewandt werden.

Kann in diesem Fall der Geschäftsherr (Klempnermeister Knutzen) für die Handlung seines Verrichtungsgehilfen (Geselle Glober) zur Haftung herangezogen werden?

Voraussetzungen für die Haftung des Geschäftsherrn für Verrichtungsgehilfen

Die Haftung des Geschäftsherrn für unerlaubte Handlungen seines Gehilfen Glober ist an mehrere Voraussetzungen geknüpft, die alle gegeben sein müssen:

1. Mit der Arbeit muss ein „Verrichtungsgehilfe" beauftragt werden.

   ■ Ein Verrichtungsgehilfe muss vom Geschäftsherrn (entgeltlich oder unentgeltlich) bestellt worden sein (z. B. als Arbeiter oder Angestellter) und weisungsgebunden (abhängig) sein.

   ■ Geselle Glober ist Verrichtungsgehilfe vom Klempnermeister Knutzen (er ist Mitarbeiter und von den Weisungen seines Geschäftsherrn abhängig).

   aber:

   Ein vom Geschäftsherrn beauftragter selbstständiger (Sub-)Unternehmer ist kein Verrichtungsgehilfe, weil er nicht weisungsgebunden (abhängig) ist.

2. Beim Verhalten des Verrichtungsgehilfen muss Widerrechtlichkeit vorliegen.

3. Der Schaden muss „in Ausführung der Verrichtung" zugefügt worden sein. Es muss ein innerer Zusammenhang zwischen der Verrichtung und der schädigenden Handlung bestehen:

   ■ Während seiner Reparaturarbeiten an der Wasserleitung beschädigt Glober die Kücheneinrichtung = in Ausführung der Verrichtung (der innere Zusammenhang besteht).

   ■ Geselle Glober entwendet während seiner Arbeit die Geldkassette der Frau Matzen = keine Haftung des Geschäftsherrn nach § 831 BGB, da der Diebstahl nicht in Ausführung, sondern bei Gelegenheit der Verrichtung verübt wurde (der innere Zusammenhang zwischen der Verrichtung [dem Auftrag] und der Handlung des Gesellen besteht nicht).

Die geforderten Voraussetzungen sind bei der Beschädigung der Badezimmereinrichtung durch den Gesellen gegeben!

Wichtig für die Haftung des Geschäftsherrn ist, dass der Verrichtungsgehilfe selbst bei der schädigenden Handlung nicht schuldhaft gehandelt haben muss.

vermutetes Verschulden des Geschäftsherrn

Es wird allein auf das Verschulden des Geschäftsherrn bei der Auswahl, Anleitung und Beaufsichtigung seines Gehilfen oder bei der Beschaffung der erforderlichen Vorrichtungen oder Gerätschaften abgestellt.

Dieses Verschulden wird vermutet.

Der Geschäftsherr kann sich entlasten, wenn er nachweist, dass

- der Verrichtungsgehilfe von ihm mit der erforderlichen Sorgfalt ausgesucht, ausgebildet, angeleitet und beaufsichtigt wurde **und**
- die erforderlichen Vorrichtungen oder Gerätschaften mit der notwendigen Sorgfalt beschafft wurden

und somit von ihm als Geschäftsherr alles Zumutbare getan wurde, um den Schaden zu verhindern

oder

- der Schaden auch bei Anwendung der von ihm geforderten Sorgfalt entstanden wäre.

Entlastungsmöglichkeit § 831 (2) BGB

LF 2

LF 10

LF 15

Da nicht der Anspruchsteller ein Verschulden des Schädigers beweisen muss, sondern der Geschäftsherr sich entlasten muss, spricht man bei dieser Haftungsgrundlage auch von **vermutetem Verschulden mit umgekehrter Beweislast (Beweislastumkehr).**

vermutetes Verschulden mit umgekehrter Beweislast

Es bliebe im vorliegenden Fall 3. dem Mieter Matzen natürlich unbenommen, neben dem Geschäftsherrn (Klempnermeister Knutzen) aus § 831 BGB auch den Gesellen Glober aus § 823 BGB in Anspruch zu nehmen, wenn dieser schuldhaft gehandelt hat.

Stehen einem Anspruchsteller zur Durchsetzung von Ansprüchen mehrere Anspruchsgrundlagen zur Auswahl, so handelt es sich um konkurrierende Ansprüche.

konkurrierende Ansprüche

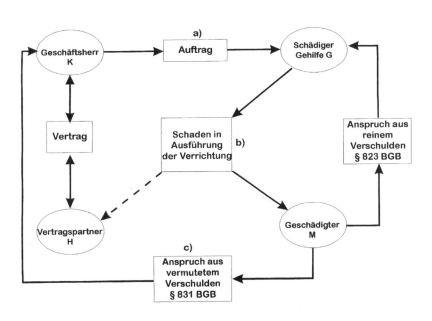

Erläuterung zum Schaubild (S. 23)

a) Der Geschäftsherr Knutzen beauftragt den Verrichtungsgehilfen Glober (Schädiger) mit der Ausführung eines Auftrages des Vertragspartners Hausbesitzer Holden.

b) Der Verrichtungsgehilfe Glober (Schädiger) schädigt dabei einen unbeteiligten Dritten (Geschädigter = Mieter Matzen).

c) Der geschädigte Mieter Matzen stellt Ersatzansprüche an den Geschäftsherrn Knutzen (Schuldner), der für diese Ansprüche aus vermutetem Verschulden gemäß § 831 BGB haftet, sofern er sich nicht entlasten kann.

Zusätzlich hat der Geschädigte ggf. den Anspruch aus reinem Verschulden gegen den Gehilfen Glober aus § 823 BGB.

§ 832 BGB

1.3.1.2.2　Haftung des Aufsichtspflichtigen

▶ Situationen

1. Die junge Mutter Karin Bertram geht mit ihrem 4-jährigen Sohn Lothar auf den Spielplatz. Karin Bertram trifft dort ihre ehemalige Klassenkameradin Rita Schultz. Beide schwärmen von alten Zeiten und verlieren so für ca. 15 Minuten ihre Kinder aus den Augen. Während dieser Zeit hat der kleine Lothar Bertram voller Stolz mit einem Nagel eine wunderschöne Zeichnung in eine in der Nähe des Spielplatzes abgestellte Luxuslimousine eingeritzt.

2. Während der Turnstunde lässt die Lehrkraft eine 8. Klasse längere Zeit unbeaufsichtigt. Die Kinder turnen auftragsgemäß an Geräten ohne die vorgeschriebene Hilfestellung durch Mitschüler. Die Lehrkraft hatte sie nicht veranlasst. Ein Junge stürzt vom Reck und verletzt sich schwer.

3. Beim Kindergartenausflug in einen Ferienpark stürzt ein dreijähriger Junge vom Klettergerüst und erleidet einen Armbruch. Der Erzieherin wird Nachlässigkeit nachgewiesen.

4. Bei einem Klassenausflug einer 8. Klasse werden von einigen Jugendlichen die Polster im Bus beschädigt, weil der Lehrer sich nicht genug um seine Klasse kümmert.

▶ Erläuterung

Text
§ 832 BGB

§ 832 BGB – Haftung des Aufsichtspflichtigen

(1) Wer kraft Gesetzes zur Führung der Aufsicht über eine Person verpflichtet ist, die wegen Minderjährigkeit oder wegen ihres geistigen oder körperlichen Zustands der Beaufsichtigung bedarf, ist zum Ersatz des

Schadens verpflichtet, den diese Person einem Dritten widerrechtlich zufügt. Die Ersatzpflicht tritt nicht ein, wenn er seiner Aufsichtspflicht genügt oder wenn der Schaden auch bei gehöriger Aufsichtsführung entstanden sein würde.

(2) Die gleiche Verantwortlichkeit trifft denjenigen, welcher die Führung der Aufsicht durch Vertrag übernimmt.

Kinder und Jugendliche können nicht oder nur bedingt (siehe Deliktsfähigkeit – Kapitel 1.3.1.1.1) für ihre Handlungen haftbar gemacht werden.

In obigem Beispiel 1. kann der vierjährige Lothar also auf keinen Fall haftbar gemacht werden.

Es besteht aber evtl. die Möglichkeit, Schadenersatz von Aufsichtspflichtigen anstelle von Kindern oder Jugendlichen zu fordern.

Eine Aufsichtspflicht kann entstehen:

- kraft Gesetzes (z. B. für Eltern, für Lehrer, für den Vormund, den Pfleger oder den Betreuer, für den Ausbilder),
- kraft Vertrages (z. B. für Leiter von Erziehungsanstalten, für Babysitter, für Kindermädchen, für Ärzte).

Bei der Haftung des Aufsichtspflichtigen muss der zu Beaufsichtigende (das Kind oder der Jugendliche) – nur – widerrechtlich gehandelt haben, ein Verschulden des zu Beaufsichtigenden ist nicht notwendig.

Es wird dagegen ein **Verschulden des Aufsichtspflichtigen vermutet.**

Der Aufsichtspflichtige kann sich von dieser Vermutung entlasten, wenn

- er seine Aufsichtspflicht nicht verletzt hat **oder**
- der Schaden auch bei ordnungsgemäßer Beaufsichtigung entstanden wäre.

Dann hat der Geschädigte keine Möglichkeit, eine Entschädigung für den bei ihm entstandenen Schaden zu erhalten; es haften weder das Kind noch die Eltern (außer evtl. über den „Millionärsparagrafen" – § 829 BGB).

Kinder sollen zum selbstständigen, verantwortungsbewussten Handeln erzogen werden. Es ist nicht möglich, sie dabei ständig zu beaufsichtigen, zu bewachen. Zur Persönlichkeitsentwicklung sind Freiräume notwendig – eine ständige Bewachung schadet.

Deshalb richtet sich das Maß/der Umfang der notwendigen Aufsicht nach Situation, Alter, Eigenart und Charakter des zu Beaufsichtigenden:

Was hätten verständige Eltern unter den gegebenen Umständen vernünftigerweise unternehmen müssen, um die Schädigung eines Dritten durch ihr Kind zu verhindern?

Aufsichtspflicht

Eltern:
§§ 1621, 1631 BGB
Lehrer: § 839 BGB

Widerrechtlichkeit

vermutetes Verschulden des Aufsichtspflichtigen
Entlastungsmöglichkeit

Umfang der Aufsichtspflicht

Unterschiede

Hat ein siebenjähriges Kind bisher kein auffälliges Verhalten gezeigt und auch keine Schäden verursacht, so sind an die Erfüllung der Aufsichtspflicht sicher geringere Anforderungen zu stellen, als wenn dieses Kind schon auffällig geworden ist und schon Schäden am Eigentum anderer verursacht hat.

Billigkeitshaftung

Zu beachten ist die evtl. mögliche „Billigkeitshaftung" (siehe Kapitel 1.3.1.1.1 – Deliktsfähigkeit).

gesetzliche Unfall-versicherung

Alle Kinder in Kindergärten, Schüler allgemeinbildender Schulen und Studierende an Hochschulen sind in der gesetzlichen Unfallversicherung versichert. Dadurch sind Schadenersatzansprüche gegen den Träger der besuchten Einrichtung und dessen Beschäftigte nach Maßgabe der Reichsversicherungsordnung ausgeschlossen.

Aber der Sozialversicherungsträger kann bei vorsätzlich oder grob fahrlässig herbeigeführten Schäden seine Leistungen von dem/der Schädiger/in, z. B. von der Lehrkraft, der Erzieherin, der Sozialpädagogin, zurückfordern.

Es besteht also trotz der Beschränkung der Haftung des Aufsichtspflichtigen die Gefahr, in bestimmten Fällen regresspflichtig gemacht zu werden. Diese Rückgriffsansprüche können durch eine Berufs-Haftpflichtversicherung abgedeckt werden (vorsätzlich herbeigeführte Schäden selbstverständlich ausgenommen).

▶ **Erläuterungen zu den vier Situationen**

1. Die Mutter wird evtl. Schadenersatz leisten müssen wegen Verletzung der Aufsichtspflicht.

2. Das Verhalten der Lehrkraft stellt einen schweren Verstoß gegen ihre Berufspflichten dar, sie ist haftpflichtig.

3. Die Lehrerin wird zur Verantwortung gezogen.

4. Der Lehrer wird wegen grober Vernachlässigung der Aufsichtspflicht zum Schadenersatz herangezogen.

1.3.1.3   Haftung des Tierhalters und des Tieraufsehers (Tierhüters)

In diesem Kapitel geht es um

■ die Haftung, die Tierhalter bzw. Tierhüter nach dem BGB haben und um

■ die Unterscheidung der Tiere in Nutztiere und Luxustiere.

▶ **Situationen**

▪ Nach einer Diebstahlserie in der Nachbarschaft entschließt sich Hans-Hubert V. zum Kauf des gut ausgebildeten Schäferhundes Hasso, der sein Haus vor Einbrechern schützen soll. Hasso nimmt seine Aufgabe so ernst, dass er eines Morgens auch den Briefträger beim Betreten des Grundstücks anfällt und diesem eine klaffende Bisswunde zufügt.
▪ Sie führen den Hund einer Bekannten zum Gassi aus. Plötzlich läuft ein Jogger vorbei. Der an der Leine geführte Hund verletzt den Jogger am Arm sowie am Bein. Forderungen werden gegen Sie als Aufsichtsperson erhoben.

▶ **Erläuterung**

Aus der Unberechenbarkeit von Tieren und den daraus resultierenden Gefahren für die Allgemeinheit ergab sich für den Gesetzgeber die Notwendigkeit, eine besondere Form der Haftung, die reine Gefährdungshaftung für Tierhalter, festzulegen.

Sie basiert auf der Überlegung, dass derjenige, der zu seinem persönlichen Nutzen einen potenziellen Gefahrenbereich eröffnet, auch für die Schäden verantwortlich ist, die sich aus der Verwirklichung dieses Risikos ergeben.

Mit Gefährdungshaftung bezeichnet man die Verpflichtung zum Schadenersatz, die nicht auf einem Verschulden – hier des Tierhalters – beruht, sondern allein darauf abstellt, dass der Verantwortliche durch bestimmte Handlungen (in diesem Fall durch das Halten eines Tieres) seine Umgebung außergewöhnlich gefährdet.

Gefährdungshaftung

Der Halter soll die volle Verantwortung für die Haltung eines Tieres tragen.

Gerichtsurteile zur Tierhalter-Haftpflicht

1. Reiterin von auskeilendem Pferd getroffen

Sträflicher Leichtsinn schließt Haftung aus.

Frau F. bezeichnete sich selbst als „geübte und erfahrene Reiterin". Sie hatte in letzter Zeit kein eigenes Pferd und lieh sich deshalb öfter das Pferd H. von Frau K. aus.

Um in schönerer Umgebung auszureiten, wollte sie H. – mit Erlaubnis der Tierhalterin – ein Stück weit mit einem Anhänger befördern. Doch das Pferd bockte und wollte partout nicht in den Anhänger. Nur mit großer Mühe und energischem Zureden gelang es einem anderen Freizeitreiter, das Tier in den Anhänger zu bugsieren.

Einige Tage später versuchte es die Frau erneut, wieder mit dem gleichen Resultat: Verschiedene Personen bemühten sich, mit viel Geduld und Zureden klappte es. Frau F. dachte, H. würde sich an den Anhänger gewöh-

Oberlandesgericht
Düsseldorf
29. September 2005
5 U 21/05

nen, wenn sie öfter mit ihm übte. Jedenfalls probierte sie das Verladen am gleichen Tag noch einmal. Das Pferd schlug aber mit den Hinterbeinen aus und traf die (etwa einen Meter hinter ihm stehende) Frau F. im oberen Bauch. Die schwer verletzte Reiterin war der Ansicht, unabhängig von ihrem Verschulden hafte für diesen Unfall die Tierhalterin K.

Doch das OLG Düsseldorf entschied: Ihr eigenes Verschulden wiege so schwer, dass die Haftung der Tierhalterin dahinter vollständig zurücktrete. Wer sich mit Pferden auskenne, wisse auch, dass er sich in einer Stresssituation nicht direkt hinter ein Pferd stellen dürfe. Angesichts der Erfahrungen beim Einladen in den Anhänger habe der Reiterin klar sein müssen, dass das Tier unkontrolliert und spontan reagieren konnte. Offenkundig sei der Verladevorgang für H. eine schwierige und stressbelastete Aktion gewesen. Daher hätte die Reiterin mit Angst- oder Panikreaktionen des Pferdes rechnen und äußerste Vorsicht walten lassen müssen.

2. Verhängnisvoller Reitausflug

Oberlandesgericht
Koblenz
26. Januar 2006 –
5 U 319/04

Eine Gruppe mit acht Reitern ritt aus. Am Ende der Gruppe befand sich ein Mann, der erst zum zweiten Mal dabei war und die anderen Pferde noch nicht kannte. Unmittelbar vor ihm ritt eine Frau auf einem Pferd, das zum Auskeilen neigte – was alle wussten, nur nicht der neue Reiter.

Plötzlich drosselten die vorderen Reiter das Tempo. Der Schlussmann trabte deshalb zu nahe an das Pferd vor ihm heran – genau in diesem Moment keilte es nach hinten aus und traf ihn am Schienbein.

Von der Tierhalterin forderte er Schadenersatz und bekam beim OLG Koblenz Recht. Die Frau warf ihm Mitverschulden vor, weil er von hinten zu dicht an ihr Pferd herangeritten sei. Die Richter verneinten dies mit Hinweis auf die Ausführungen eines Sachverständigen: Beim Reiten seien solche Situationen nicht zu vermeiden, hatte dieser erläutert. Es passiere immer wieder einmal, dass die Tiere zu nah aneinander gerieten. Dass die Frau vor ihm ein gefährliches Pferd reite, habe außerdem der Verletzte als einziger in der Gruppe nicht gewusst.

Die Reiterin dagegen habe grundlegende Sorgfaltsregeln des Reitsports missachtet. Deshalb hafte sie für den Schaden. Bei einem Gruppenausritt müssten Pferde, die zum Auskeilen neigten, mit einer roten Schleife am Schweif gekennzeichnet werden und zudem stets am Schluss der Gruppe reiten.

Weitere Ausführungen zur Gefährdungshaftung siehe Kapitel 1.3.0.

Text
§ 833 BGB

§ 833 BGB – Haftung des Tierhalters

Wird durch ein Tier ein Mensch getötet oder der Körper oder die Gesundheit eines Menschen verletzt oder eine Sache beschädigt, so ist derjenige, welcher das Tier hält, verpflichtet, dem Verletzten den daraus entstehenden Schaden zu ersetzen. Die Ersatzpflicht tritt nicht ein, wenn der Schaden durch ein Haustier verursacht wird, das dem Beruf, der Erwerbstätigkeit oder dem Unterhalt des Tierhalters zu dienen bestimmt ist, und entweder der Tierhalter bei der Beaufsichtigung des Tieres die im Verkehr erforderliche Sorgfalt beobachtet oder der Schaden auch bei Anwendung dieser Sorgfalt entstanden sein würde.

§ 834 BGB – Haftung des Tieraufsehers

Wer für denjenigen, welcher ein Tier hält, die Führung der Aufsicht über das Tier durch Vertrag übernimmt, ist für den Schaden verantwortlich, den das Tier einem Dritten in der im § 833 bezeichneten Weise zufügt. Die Verantwortlichkeit tritt nicht ein, wenn er bei der Führung der Aufsicht die im Verkehr erforderliche Sorgfalt beobachtet oder wenn der Schaden auch bei Anwendung dieser Sorgfalt entstanden sein würde.

Text
§ 834 BGB

LF 2

LF 10

LF 15

Zur Unterscheidung der Haftung muss aber noch zwischen „Luxustieren" und „Nutztieren" differenziert werden.

Voraussetzungen für die Einstufung eines Tieres als **Nutztier** ist, dass

Nutztiere

1. es sich bei dem Tier um ein **Haustier** handelt (Haustiere sind zahme Tiere, die der Verfügungsgewalt des Menschen unterliegen und auch als solche gehalten werden), z. B. Hund, Katze, Schwein, Rind, Pferd – aber nicht Bienen, Schlangen

und

2. das Haustier **dem Beruf** (gewerbliche Tierhaltung), **dem Erwerb oder dem Unterhalt des Halters** dient, z. B. die Kuh des Bauern, der Hund des Wachmanns, der Blindenhund – aber nicht der Hund, der im Privathaushalt Einbrecher abschrecken soll.

Alle nicht als Nutztier einzustufenden Tiere sind als Luxustiere einzuordnen.

Luxustiere

Im § 833 Satz 1 BGB wird die Gefährdungshaftung auf den Tierhalter von Luxustieren – der nicht immer identisch sein muss mit dem Eigentümer oder Besitzer des Tieres – begrenzt.

§ 833 Satz 1 BGB
Gefährdungshaftung

Unterschieden wird in diesem Zusammenhang auch zwischen dem Tierhalter und dem Tieraufseher (Tierhüter).

Das Bürgerliche Gesetzbuch enthält keine Definition des Begriffes „Tierhalter", sondern setzt diesen Begriff einfach voraus.

Tierhalter § 833 BGB

Aus Sinn und Zweck der Vorschriften zur Tierhalterhaftung (§ 833 BGB) ergibt sich aber, dass ein Tierhalter die Person ist, auf die folgende Indizien zutreffen (aber nicht alle!):

- sie hat die Bestimmungsgewalt über das Tier,
- sie entscheidet frei über die Verwendung des Tieres,
- sie nimmt den Nutzen des Tieres für sich in Anspruch,
- sie trägt das wirtschaftliche Verlustrisiko,
- sie trägt aus eigenem Interesse die Kosten des Tieres.

Es kommt also nicht darauf an, wessen unmittelbarer Einwirkung das Tier zur Zeit eines Schadenfalles unterliegt. Dazu muss die Person aber nicht unbedingt auch Eigentümer des Tieres sein.

Das Eigentum ist in der Regel ein Indiz für die Haltereigenschaft, aber die Haltereigenschaft kann auch bei anderen Personen als dem Eigentümer liegen. Beispielsweise ist ein Reitverein Tierhalter, wenn ein Mitglied sein Pferd dem Verein gänzlich zur reitsportlichen Nutzung überlassen hat. Trägt der Eigentümer allerdings weiterhin die Kosten, bleibt er Tierhalter.

Tierhalter § 833 BGB

Tierhalter ist somit derjenige, der das Tier besitzt und es zu eigenen Zwecken in Obdach und Unterhalt hält.

herrenlose Tiere

Ein herrenloses Tier gehört niemandem. Wer also einen herrenlosen Hund aufnimmt, wird erst dann Tierhalter, wenn er den Hund behalten will, nachdem der eigentliche Tierhalter nicht ermittelt werden kann bzw. der frühere Eigentümer sein Eigentum aufgibt.

**Text
§§ 958, 959 BGB**

§ 958 BGB – Eigentumserwerb an beweglichen herrenlosen Sachen

(1) Wer eine herrenlose bewegliche Sache in Eigenbesitz nimmt, erwirbt das Eigentum an der Sache.

(2) Das Eigentum wird nicht erworben, wenn die Aneignung gesetzlich verboten ist oder wenn durch die Besitzergreifung das Aneignungsrecht eines anderen verletzt wird.

§ 959 BGB – Aufgabe des Eigentums

Eine bewegliche Sache wird herrenlos, wenn der Eigentümer in der Absicht, auf das Eigentum zu verzichten, den Besitz der Sache aufgibt.

Gerichtsurteil zur Tierhalterhaftung

**Landgericht Hanau
16. Januar 2003 –
1 O 1130/02**

Pitbull springt Frau an

Eine Mitarbeiterin des Tierheims führte mehrere Hunde spazieren, darunter eine seit fünf Jahren im Tierheim lebende Pittbullterrier-Hündin. Während des Spaziergangs sprang der Pitbull eine Passantin an, die deshalb stürzte und einen Oberschenkelhalsbruch erlitt. Vom Tierschutzverein (dem Besitzer des Heimes) forderte die verletzte Frau Schmerzensgeld.

Das LG Hanau entschied: Prinzipiell müsse der Tierhalter auch ohne eigenes Verschulden dafür einstehen, wenn sein Tier jemand verletze oder anderweitig Schaden anrichte. Tierhalter sei hier das Tierheim bzw. der Tierschutzverein als Träger des Heims: Denn die Hündin lebe seit langem in dem Heim, der Tierschutzverein bestimme über das Tier und komme aus eigenem Interesse für dessen Unterhaltskosten auf.

Dass der Tierschutzverein aus ideellen Gründen für Obdach und Unterhalt von Tieren sorge – so seine Aufgabe laut Vereinssatzung –, ändere daran nichts. Um sich gegen das finanzielle Risiko der Tierhaltung abzusichern, müsse das Tierheim als Tierhalter (wie andere Tierhalter auch) für die Folgen geradestehen und eine Haftpflichtversicherung abschließen.

Tieraufseher (Tierhüter) ist derjenige, der (durch Vertrag oder auch stillschweigend) für den Tierhalter das Tier beaufsichtigt und versorgt. Dies gilt auch noch, wenn z. B. regelmäßig im Urlaub des Nachbarn die Versorgung dessen Hundes übernommen wird.

Tieraufseher (Tierhüter) § 834 BGB

LF 2

Da die Gefährdungshaftung auf der jeweiligen speziellen Tiergefahr beruht, muss für die Schadenersatzpflicht ein adäquater Kausalzusammenhang zwischen einem typisch tierischen Verhalten und dem Schaden bestehen.

typisch tierisches Verhalten

LF 10

Mit dem typisch tierischen Verhalten ist die „Tiergefahr" gemeint, die Unberechenbarkeit eines Tieres, ausgelöst durch dessen eigenen Antrieb oder durch fremde Reize.

Tiergefahr

LF 15

▶ Beispiel

Der Briefträger wird plötzlich und ohne erkennbaren Grund von einem Hund gebissen.

Lösung

Der Schaden wurde durch typisch (unberechenbares) tierisches Verhalten verursacht. Der Hundehalter ist verantwortlich.

▶ Beispiel

Der Briefträger stolpert über einen schlafenden Hund und bricht sich den Knöchel.

Lösung

Der Schaden beruht nicht auf einem typisch (unberechenbaren) tierischen Verhalten. Der Hundehalter ist nicht verantwortlich.

Gerichtsurteil zur Tierhalterhaftung

Jogger muss frei laufendem Hund ausweichen

Beim Joggen stürzte ein Mann über einen frei laufenden Dackel und brach sich Hand und Unterarm. Seine Klage auf Schadenersatz gegen den Tierhalter war zwar erfolgreich – er musste sich aber Mitverschulden ankreiden lassen.

Der Jogger habe eingeräumt, den Dackel schon von weitem gesehen zu haben, so das OLG Koblenz. Jedermann wisse, wie unberechenbar Hunde seien, wenn sie nicht an der Leine geführt würden. Der Jogger müsse daher bei einer Begegnung das Tempo verringern und um den Hund einen großen Bogen laufen.

Da der Mann dem Hund nicht ausgewichen sei, hafte er zu 30 Prozent selbst für seinen Schaden (Behandlungskosten, Verdienstausfall). Folglich müsse der Tierhalter 70 Prozent der Kosten übernehmen.

Oberlandesgericht Koblenz 3. Juli 2003 – 5 U 27/03

Gefährdungshaftung

Bei der Gefährdungshaftung für den Tierhalter von Luxustieren ist keine Entlastung möglich, die (strenge) Gefährdungshaftung soll voll zur Geltung kommen.

§ 833 Satz 2 BGB
Haftung aus vermute-
tem Verschulden für
Nutztierhalter

Da diese scharfe Form der Haftung z. B. für Landwirte eine extreme Härte bedeutet hätte, wird im § 833 Satz 2 BGB zusätzlich eine **Haftung aus vermutetem Verschulden für Nutztierhalter** definiert.

Entlastungsmöglichkeit
für Nutztierhalter

Der Tierhalter dieser „Haus-Nutztiere" kann sich entlasten, wenn

- er die im Verkehr erforderliche Sorgfalt beachtet hat oder
- der Schaden auch bei Anwendung aller Sorgfalt entstanden wäre.

▶ Situation

Aus einer Koppel an einer Landstraße brechen Kühe durch den Zaun und verursachen Schäden an mehreren Fahrzeugen.

Bei der Überprüfung stellt sich heraus, dass die Koppel mit einem stabilen Tor verschlossen und durch ein Bügelschloss mit dem Torpfosten fest verbunden war. Der Zaun um die Koppel war stabil und mit dreifachem Stacheldraht versehen.

An einer Stelle ist aber erkennbar, dass der Zaun offensichtlich mit einer Drahtschere vor Kurzem zerschnitten worden ist.

▶ Erläuterung

Die Entlastung ist davon abhängig, ob der Bauer nachweisen kann, dass er bei der Fütterung und beim Melken den nicht ordnungsgemäßen Zustand des Zaunes hätte bemerken müssen.

§ 834 BGB
Tieraufseher (Tierhüter)

Wird durch vertragliche Vereinbarung die Aufsicht über ein Tier vom Tierhalter auf den Tieraufseher (Tierhüter) delegiert, so haftet dieser Tieraufseher nur aus vermutetem Verschulden.

Dies gilt sowohl für Nutztiere als auch für Luxustiere.

Eine Gefälligkeitshandlung (der Nachbarjunge geht gefälligkeitshalber mit dem Hund spazieren) führt noch nicht zur Haftung gemäß § 834 BGB.

▶ Zusammenfassung

Zusammenfassung

Tierhalter von Luxustieren	Tierhalter von Nutztieren	Tieraufseher von Nutz- oder Luxustieren
Gefährdungshaftung	Haftung aus vermutetem Verschulden	
ohne Entlastungs-möglichkeit	mit Entlastungsmöglichkeit	

1.3.1.4 Haftung
des Gebäudebesitzers,
des Grundstücksbesitzers,
des Gebäudeunterhaltungspflichtigen

LF
2

LF
10

LF
15

In diesem Kapitel geht es

§§ 836 ff. BGB

- um die Haftung der Grundstücks- und Gebäudebesitzer und der Gebäudeunterhaltungspflichtigen und
- um die Unterscheidung zwischen Gebäuden und anderen mit dem Grundstück verbundenen Werken.

▶ Situationen

1. Bei einem leichten Sturm reißt eine Markise aus der Gebäudeverankerung und fällt auf ein vor dem Gebäude geparktes Auto = Haftung nach § 836 BGB, weil ein Teil des Gebäudes beim Absturz einen Schaden verursacht hat.

2. Ein weiterer Autofahrer fährt über die auf der Straße liegenden Teile der Markise und beschädigt dabei eine Radaufhängung.

▶ Erläuterung

§ 836 BGB – Haftung des Grundstücksbesitzers

Text
§§ 836–838 BGB

(1) Wird durch den Einsturz eines Gebäudes oder eines anderen mit einem Grundstück verbundenen Werkes oder durch die Ablösung von Teilen des Gebäudes oder des Werkes ein Mensch getötet, der Körper oder die Gesundheit eines Menschen verletzt oder eine Sache beschädigt, so ist der Besitzer des Grundstücks, sofern der Einsturz oder die Ablösung die Folge fehlerhafter Errichtung oder mangelhafter Unterhaltung ist, verpflichtet, dem Verletzten den daraus entstehenden Schaden zu ersetzen. Die Ersatzpflicht tritt nicht ein, wenn der Besitzer zum Zwecke der Abwendung der Gefahr die im Verkehr erforderliche Sorgfalt beobachtet hat.

(2) Ein früherer Besitzer des Grundstücks ist für den Schaden verantwortlich, wenn der Einsturz oder die Ablösung innerhalb eines Jahres nach der Beendigung seines Besitzes eintritt, es sei denn, dass er während seines Besitzes die im Verkehr erforderliche Sorgfalt beobachtet hat oder ein späterer Besitzer durch Beobachtung dieser Sorgfalt die Gefahr hätte abwenden können.

(3) Besitzer im Sinne dieser Vorschriften ist der Eigenbesitzer.

§ 837 BGB – Haftung des Gebäudebesitzers

Besitzt jemand auf einem fremden Grundstück in Ausübung eines Rechts ein Gebäude oder ein anderes Werk, so trifft ihn anstelle des Besitzers des Grundstücks die im § 836 bestimmte Verantwortlichkeit.

§ 838 BGB – Haftung des Gebäudeunterhaltungspflichtigen

Wer die Unterhaltung eines Gebäudes oder eines mit einem Grundstück verbunden Werkes für den Besitzer übernimmt oder das Gebäude oder das Werk vermöge eines ihm zustehenden Nutzungsrechts zu unterhalten hat, ist für den durch den Einsturz oder die Ablösung von Teilen verursachten Schaden in gleicher Weise verantwortlich wie der Besitzer.

Gebäude	Mit Gebäude bezeichnet man allseits umschlossene Räumlichkeiten, die

- zum Aufenthalt von Menschen oder Tieren oder
- zur Lagerung von Sachen dienen.

Teile eines Gebäudes	Teile eines Gebäudes sind z. B. der Schornstein, die Fensterläden, die Markisen, die Satelliten-Schüsseln.
Werke	„Andere mit dem Grundstück verbundene Werke" sind in der Regel für einen bestimmten Zweck errichtet, wie z. B. eine Gartenmauer, ein Zaun, eine Freileitung, eine Schwengelgrundwasserpumpe, eine Laterne, ein fest montiertes Klettergerüst für Kinder.
§§ 836–838 BGB	Außer den ihnen obliegenden allgemeinen Verkehrssicherungspflichten (siehe Kapitel 1.3.1.1.7) gemäß § 823 Abs. 1 BGB begründen §§ 836–838 BGB eine zusätzliche, verschärfte Haftung für

- Grundstücksbesitzer (§ 836 BGB),
- Gebäudebesitzer (§ 837 BGB) und
- Gebäudeunterhaltspflichtige (§ 838 BGB) – diejenigen, die die Unterhaltung und Pflege eines Gebäudes oder Werkes durch Vertrag übernehmen wie z. B. Hausverwaltungen, Mieter.

Haftung aus vermutetem Verschulden	Kommt es durch den Einsturz eines Gebäudes oder Bauwerkes oder durch Ablösung von Teilen des Gebäudes oder Bauwerkes zu Personen- oder Sachschäden, so wird ein **Verschulden** wegen mangelhafter Unterhaltung des Gebäudes **vermutet**.
Entlastungsmöglichkeit	Die Ersatzpflicht tritt nicht ein, wenn der Besitzer zum Zwecke der Abwendung der Gefahr die im Verkehr erforderliche Sorgfalt beachtet hat (d. h. das Gebäude durch zuverlässige Fachleute errichtet wurde und er es regelmäßig hat warten und überprüfen lassen), er sich also entlasten kann.

▶ **Lösungen zu den beiden Situationen**

1. Der Gebäudebesitzer kann sich bei „leichtem Sturm" wahrscheinlich nicht entlasten.

2. Der Schaden ist nicht mehr im Rahmen des § 836 BGB zu regeln, sondern über die allgemeine Regelung des § 823 BGB – der Geschädigte hat die Beweislast.

Diese Haftungsregelung gilt im Falle eines Besitzerwechsels für den früheren Besitzer auch ggf. noch für die Dauer eines Jahres nach Beendigung seines Besitzes.

§ 836 (2) BGB
Besitzerwechsel

Der frühere Grundstücksbesitzer kann sich nur entlasten, wenn er nachweist, dass er zur Schadenvorbeugung die im Verkehr erforderliche Sorgfalt beachtet hat oder der spätere Besitzer durch entsprechende Sorgfalt die Gefahr hätte abwenden können.

LF
2

LF
10

LF
15

1.3.2 Gesetzliche Haftung aus Vertragsverhältnissen (Kontrakthaftung)

Während es bei der Deliktshaftung zu einer Schädigung eines völlig außen stehenden Dritten kommt, ist für die folgenden Bestimmungen des Haftpflichtrechts ein bestehendes Vertragsverhältnis (z. B. Kaufvertrag, Mietvertrag, Beförderungsvertrag) zwischen dem Schädiger und dem Geschädigten notwendig (Kontrakthaftung).

▶ Situation

Ein gekauftes Regal wird von einem Mitarbeiter des Einzelhändlers beim Kunden nicht ordnungsgemäß zusammengebaut, so dass es später nach der Befüllung mit Geschirr zusammenstürzt. Dabei werden auch Fußbodenfliesen beschädigt.

▶ Erläuterung

Die Vertragspartner z. B. eines Kaufvertrages haben beiderseits ihre Pflichten aus dem Kaufvertrag zu erfüllen. Für Ansprüche aus mangelhafter Vertragserfüllung ist die Haftpflichtversicherung nicht zuständig (siehe Ziffer 1.2 AHB – Kapitel 2.1.2).

➡ AHB

Folgeschäden dagegen, die über die eigentliche Vertragserfüllung hinausgehen, können unter den Versicherungsschutz der Haftpflichtversicherung fallen.

Auch für die Kontrakthaftung ist grundsätzlich ein Verschulden (Vorsatz oder Fahrlässigkeit) des Vertragspartners notwendig.

Die Deliktshaftung und die Kontrakthaftung stehen in den einzelnen Fällen nicht in Konkurrenz zueinander, sondern vielfach nebeneinander:

Der Geschädigte kann oft aus beiden Haftungen Ansprüche herleiten – der Schaden aus einer Vertragsverletzung löst oft auch einen Anspruch aus der Verschuldenshaftung nach § 823 BGB aus.

konkurrierende
Ansprüche

1.3.2.1 Haftung für eigenes Verschulden

Text
§ 276 BGB

§ 276 BGB – Verantwortlichkeit des Schuldners

(1) Der Schuldner hat Vorsatz und Fahrlässigkeit zu vertreten, wenn eine strengere oder mildere Haftung weder bestimmt noch aus dem sonstigen Inhalt des Schuldverhältnisses, insbesondere aus der Übernahme einer Garantie oder eines Beschaffungsrisikos, zu entnehmen ist. Die Vorschriften der §§ 827 und 828 finden entsprechende Anwendung.

(2) Fahrlässig handelt, wer die im Verkehr erforderliche Sorgfalt außer Acht lässt.

(3) Die Haftung wegen Vorsatzes kann dem Schuldner nicht im Voraus erlassen werden.

Aus § 276 BGB ergibt sich, dass sich der Schuldner einer vertraglichen Leistung haftpflichtig macht, wenn er schuldhaft (vorsätzlich oder fahrlässig) seine Vertragspflichten verletzt.

Diese grundsätzliche Regelung gilt nicht, wenn eine mildere oder strengere Haftung bestimmt ist bzw. sich aus dem sonstigen Inhalt des Schuldverhältnisses (insbesondere aus der Übernahme einer Garantie oder eines Beschaffungsrisikos) ergibt.

Die Verantwortlichkeit für eigenes Verschulden bezieht sich auf mehrere Bereiche, die teilweise neu in das BGB aufgenommen sind:

mangelhafte Vertrags-
erfüllung

1) Haftung für die mangelhafte Erfüllung der eigentlichen Vertragspflichten.

▶ Beispiel

Ein Tischler hat zu viele Aufträge gleichzeitig übernommen und kann so den Umbau einer Boutique erst zwei Wochen nach dem vereinbarten Termin fertig stellen. Die Besitzerin erleidet eine Umsatz- und Gewinneinbuße.

§ 241 (2) BGB

2) Haftung für Verstöße gegen die Verpflichtung zur Rücksichtnahme auf Rechte, Rechtsgüter und Interessen des Vertragspartners.

Text
§ 241 BGB

§ 241 BGB – Pflichten aus dem Schuldverhältnis

(1) Kraft des Schuldverhältnisses ist der Gläubiger berechtigt, von dem Schuldner eine Leistung zu fordern. Die Leistung kann auch in einem Unterlassen bestehen.

(2) Das Schuldverhältnis kann nach seinem Inhalt jeden Teil zur Rücksicht auf die Rechte, Rechtsgüter und Interessen des anderen Teils verpflichten.

▶ Beispiel

Der Verkäufer muss den Käufer eines Bausatzes für die Selbstmontage einer Solarheizungsanlage nicht ausdrücklich darauf hinweisen, dass die Montage der Solaranlage ein gewisses handwerkliches Geschick voraussetzt.

Fordert die Montageanleitung der Herstellerin für die Montage jedoch Fachkenntnisse entsprechend einer abgeschlossenen Berufsausbildung im Gas-/ Wasserinstallationshandwerk, muss der Verkäufer den Käufer hierüber selbst dann unterrichten, wenn er meint, die Montageanweisung sei insoweit tatsächlich unzutreffend und rechtlich unverbindlich. Andernfalls kann der Käufer die Rückgängigmachung des Kaufvertrages wegen fahrlässiger Verletzung einer vorvertraglichen Aufklärungspflicht verlangen.

3) Haftung für die Verletzung von Nebenpflichten (z. B. Information, Beratung), die über die reine Vertragserfüllung hinausgehen (positive Vertragsverletzung).	§ 282 BGB – positive Vertragsverletzung

§ 282 BGB – Schadensersatz statt der Leistung wegen Verletzung einer Pflicht nach § 241 Abs. 2 Verletzt der Schuldner eine Pflicht nach § 241 Abs. 2, kann der Gläubiger unter den Voraussetzungen des § 280 Abs. 1 Schadensersatz statt der Leistung verlangen, wenn ihm die Leistung durch den Schuldner nicht mehr zuzumuten ist.	Text § 282 BGB

▶ Beispiel

Ein Hersteller von zuckerhaltigem Tee hat nicht auf die mit dem Dauernuckeln seines Tees verbundene Gefahr für die Gesundheit des Kindes hingewiesen.

4) Haftung für Handlungen, die bei der Aufnahme von Vertragsverhandlungen, der Anbahnung von Verträgen oder „ähnlichen geschäftlichen Kontakten" vor dem eigentlichen Vertragsabschluss ausgeführt werden (culpa in contrahendo), unabhängig davon, ob es tatsächlich zu einem Vertragsabschluss kommt.	§ 311 (2) BGB culpa in contrahendo

§ 311 BGB – Rechtsgeschäftliche und rechtsgeschäftsähnliche Schuldverhältnisse (1) Zur Begründung eines Schuldverhältnisses durch Rechtsgeschäft sowie zur Änderung des Inhalts eines Schuldverhältnisses ist ein Vertrag zwischen den Beteiligten erforderlich, soweit nicht das Gesetz ein anderes vorschreibt. (2) Ein Schuldverhältnis mit Pflichten nach § 241 Abs. 2 entsteht auch durch	Text § 311 BGB

1. die Aufnahme von Vertragsverhandlungen,

2. die Anbahnung eines Vertrags, bei welcher der eine Teil im Hinblick auf eine etwaige rechtsgeschäftliche Beziehung dem anderen Teil die Möglichkeit zur Einwirkung auf seine Rechte, Rechtsgüter und Interessen gewährt oder ihm diese anvertraut, oder

3. ähnliche geschäftliche Kontakte.

(3) …

▶ Beispiel

Kunde Ahrens beabsichtigt, beim Möbeltischler Bock eine Einbauküche zu bestellen. Für die Ausarbeitung des Kostenvoranschlages kommt Bock in das Haus von Ahrens und beschädigt dort Sachen von Bock.

▶ Zusammenfassung

Zusammenfassung

Die gesetzliche Haftung aus Verletzung von Vertragspflichten umfasst

die Haftung für die mangelhafte Erfüllung der vertraglichen Hauptpflichten	die Haftung für fehlende Rücksichtsnahme und für die Verletzung von Nebenpflichten	die Haftung für schuldhafte Handlungen bei Vertragsanbahnung
§ 276 ff. BGB	§ 241 (2) BGB § 282 BGB	§ 311 (2) BGB

§ 278 BGB

1.3.2.2 Haftung für das Verschulden des Erfüllungsgehilfen

▶ Situation

Möbeltischler Bock schickt seinen Tischlergesellen Timo zum Kunden Ahrens, um dort die bei ihm gekaufte Einbauküche aufzubauen. Hierbei beschädigt Timo aus Unachtsamkeit den gekachelten Sockel in der Küche des Vertragspartners Ahrens.

▶ Erläuterung

Bedient sich der Geschäftsherr (als Vertragsschuldner) zur Erfüllung seiner übernommenen vertraglichen Pflichten einer dritten Person (Erfüllungsgehilfe), so hat der Geschäftsherr das Verschulden seines Erfüllungsgehilfen gegenüber dem Vertragspartner in gleichem Umfang zu vertreten wie eigenes Verschulden.

§ 278 BGB – Verantwortlichkeit des Schuldners für Dritte

Der Schuldner hat ein Verschulden seines gesetzlichen Vertreters und der Personen, deren er sich zur Erfüllung seiner Verbindlichkeit bedient, in gleichem Umfang zu vertreten wie eigenes Verschulden. Die Vorschrift des § 276 Abs. 3 findet keine Anwendung.

§ 276 BGB – Verantwortlichkeit des Schuldners

(1) Der Schuldner hat Vorsatz und Fahrlässigkeit zu vertreten, wenn eine strengere oder mildere Haftung weder bestimmt noch aus dem sonstigen Inhalt des Schuldverhältnisses, insbesondere aus der Übernahme einer Garantie oder eines Beschaffungsrisikos, zu entnehmen ist. Die Vorschriften der §§ 827 und 828 finden entsprechende Anwendung.

(2) Fahrlässig handelt, wer die im Verkehr erforderliche Sorgfalt außer Acht lässt.

(3) Die Haftung wegen Vorsatzes kann dem Schuldner nicht im Voraus erlassen werden.

Text
§ 278 BGB

Text
§ 276 BGB

LF
2

LF
10

LF
15

Es kommt in diesen Fällen nicht darauf an, ob der Geschäftsherr selbst schuldhaft gehandelt hat, sondern es wird nur das Verschulden des Erfüllungsgehilfen geprüft. Eine **Entlastung** ist in diesem Fall für den Geschäftsherrn **nicht möglich**.

Schaubild zur Haftung für den Erfüllungsgehilfen

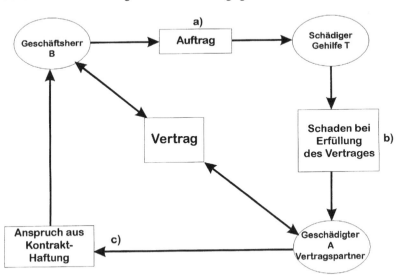

Erläuterungen zum Schaubild:

a) Der Geschäftsherr Bock (Schuldner) beauftragt den Erfüllungsgehilfen Timo (Schädiger), eine durch ihn vertraglich geschuldete Leistung beim Vertragspartner Ahrens (Gläubiger) zu erbringen.

b) Der Erfüllungsgehilfe Timo (Schädiger) schädigt bei Erfüllung des Vertrages schuldhaft den Gläubiger.

c) Der Gläubiger stellt Schadenersatzansprüche an den Geschäftsherrn Bock (Schuldner), der für diese Ansprüche aus dem Vertrag haftet.

Gegenüberstellung Erfüllungsgehilfe und Verrichtungsgehilfe

	Erfüllungs-gehilfe	Verrichtungs-gehilfe
	§ 278 BGB	§ 831 BGB
Muss ein Vertrag oder müssen vor-vertragliche Beziehungen (§ 311 (2) BGB) zwischen dem Geschädigten und dem Geschäftsherrn bestehen?	ja	nein
Ist ein weisungsgebundenes Ab-hängigkeitsverhältnis zwischen dem Geschäftsherrn und dem Gehilfen erforderlich?	nein	ja
Der Schaden tritt ein bei …	dem Auftraggeber	einem Dritten
Es ist eine Haftung für fremdes Handeln und …	… Fremdver schulden (des Erfüllungs gehilfen)	… vermutetes eigenes Verschulden (bei der Aus wahl/Anleitung)
Ein Entlastungsbeweis ist dem Geschäftsherrn …	… nicht möglich	… möglich

Übungen zu den Kapiteln 1.1 bis 1.3

1. Im Haftpflichtrecht wird die gesetzliche von der rein vertraglichen Haftpflicht unterschieden.

   a) Nennen Sie vier Gesetze, in denen Haftpflichtbestimmungen festgelegt sind.

   b) Geben Sie ein Beispiel für eine rein vertragliche Haftpflichtbestimmung.

2. Grenzen Sie gegeneinander ab:

   a) die Deliktshaftung von der Kontrakthaftung,

   b) die Kontrakthaftung von der rein vertraglichen Haftung.

3. Widerrechtlichkeit liegt vor, wenn für die schädigende Handlung, die zu einer Verletzung von Rechten geführt hat, keine Rechtfertigungsgründe gegeben sind.

   Zählen Sie vier mögliche Rechtfertigungsgründe auf und geben Sie dazu je ein Beispiel.

4. Schadenersatzansprüche nach § 823 BGB setzen u. a. die schuldhafte Verletzung eines Rechtsgutes voraus.

   a) Nennen Sie drei der in § 823 BGB ausdrücklich genannten Rechtsgüter.

   b) Führen Sie ein Beispiel für ein „sonstiges Recht" an.

   c) Erklären Sie folgende Formen des Verschuldens und führen Sie dann je ein Beispiel an für:
   - absoluten oder direkten Vorsatz
   - bedingten Vorsatz
   - grobe Fahrlässigkeit
   - leichte Fahrlässigkeit

5. Einer Ihrer Freunde – der Hundebesitzer Olde – bittet Sie, ihm den Unterschied zwischen der Verschuldens- und der Gefährdungshaftung zu erklären. Erläutern Sie die Begriffe und klären Sie Ihren Freund auch darüber auf, welcher Haftung er als Hundebesitzer unterliegen könnte.

6. Der Sohn des Bauern Halm (10 Jahre) nimmt aus dem Küchenschrank eine Schachtel Streichhölzer und zündet auf einem Feld einen Strohhaufen an. Das Feuer greift auf das Wohnhaus des Nachbarn Müller über; das Haus brennt vollständig nieder (Neubaukosten 350 000 €). Der Nachbar wird bei dem Brand schwer verletzt (Arztkosten 60 000 €).

   Beschreiben Sie,

   a) unter welchen Voraussetzungen der Nachbar Müller erfolgreiche Haftpflichtansprüche gegen den Sohn des Bauern Halm oder dessen Eltern stellen könnte und

   b) in welcher Höhe die Ansprüche bestehen.

7. Kennzeichnen Sie, welche von den folgenden Merkmalen

   a) auf die Haftung des Geschäftsherrn für seinen Erfüllungsge-
      hilfen bzw.
   b) auf die Haftung des Geschäftsherrn für seinen Verrichtungs-
      gehilfen zutreffen:

   1. Vertrag zwischen dem Geschädigten und dem Haftenden
   2. kein Entlastungsbeweis des Geschäftsherrn möglich
   3. Verletzung muss rechtswidrig erfolgt sein
   4. kein Vertrag zwischen Geschädigten und Haftendem
   5. Entlastungsbeweis des Geschäftsherrn möglich
   6. Haftung für vermutetes eigenes Verschulden
   7. Haftung für fremdes Verschulden
   8. Verschuldenshaftung mit umgekehrter Beweislast
   9. reine Verschuldenshaftung

8. Der Malermeister Meinel soll in einem Mehrfamilienhaus für den
   Vermieter die Fenster neu streichen. In der Wohnung des Mieters Klauber ist mit diesen Arbeiten der Auszubildende Alfred beschäftigt. Da der Auszubildende allein in der Wohnung ist, sieht
   er sich zeitweise das Vormittags-Fernsehprogramm an. Hierbei
   lässt er aus Unachtsamkeit die Fernbedienung fallen, die dadurch
   unbrauchbar wird.

   Untersuchen Sie an diesem Fall, ob

   a) eine Haftung für Verschulden nach § 823 BGB vorliegt,
   b) eine Haftung des Geschäftsherrn Meinel für seinen Verrich-
      tungsgehilfen Alfred gegeben ist,
   c) eine Haftung des Geschäftsherrn Meinel für seinen Erfül-
      lungsgehilfen Alfred gegeben ist,
   d) konkurrierende Ansprüche vorliegen.

   Begründen Sie Ihre Antworten.

9. Grundsätzlich haften alle Personen aus „unerlaubter Handlung".

   a) Welche Personen sind von dieser Verpflichtung ganz oder teil-
      weise ausgenommen?
   b) Erklären Sie den Begriff „Billigkeitshaftung".

10. Stellen Sie dar, wie die Beweislast in den folgenden Fällen gere-
    gelt ist:

    a) Haftung für eigenes Verschulden aus § 823 BGB
    b) Haftung des Geschäftsherrn für den Verrichtungsgehilfen aus
       § 831 BGB
    c) Haftung des Gebäudebesitzers aus § 836 BGB

11. Der Malerbetrieb Grün wird beauftragt, Renovierungsarbeiten im Einfamilienhaus von Herrn Oswald zu vollziehen. Die notwendigen Arbeiten nimmt der Geselle Tim vor. Während der Arbeiten verursacht Tim folgende Schäden:

Er beschädigt

1. die Fernbedienung des Video-Recorders von Herrn Oswald (den Recorder hat Tim während seiner Frühstückspause ausprobieren wollen).
2. mit seiner Leiter die Scheibe des Kraftfahrzeuges vom Nachbarn Gernot, das vor dem Haus des Herrn Oswald steht.
3. den Wohnzimmertisch von Herrn Oswald durch Farbspritzer, weil Tim den Tisch nicht vorschriftsmäßig mit einer Folie abgedeckt hat.

Stellen Sie in den drei Fällen die grundsätzliche Haftung des Geschäftsherrn unter Berücksichtigung der eventuell gegebenen Entlastungsmöglichkeiten dar.

12. Durch Richterrecht ist die im Rahmen des § 823 BGB festgelegte Haftung für eigenes Verschulden bei Gefälligkeitshandlungen eingeschränkt worden.

a) Erläutern Sie, was man unter dem Begriff „Richterrecht" versteht.
b) Beschreiben Sie diese Haftungseinschränkung bei Gefälligkeitshandlungen und geben Sie ein Beispiel.

13. Erläutern Sie die Regelungen

a) für Ansprüche aus der Verletzung von Nebenpflichten nach § 241 (2) BGB in Verbindung mit § 282 BGB.
b) für Ansprüche aus Verschulden bei Vertragsabschluss nach § 311 (2) BGB.

Geben Sie dazu je ein Beispiel.

14. Vom Mehrfamilienhaus des Hausbesitzers Blumke löst sich die Fernsehantenne und fällt auf den vor dem Haus stehenden Wagen des Mieters Krause. Krause macht Blumke für den Schaden haftbar.

Blumke weigert sich, den Schaden zu übernehmen, da er das Haus erst vor wenigen Tagen gekauft hat und daher noch keine Zeit finden konnte, sich umfassend über den baulichen Zustand aller Gebäudeteile zu informieren.

Wie ist die Rechtslage?

1.4 Gesamtschuldnerische Haftung

▶ Situation

Nach bestandener Prüfung gehen zwei leicht angetrunkene junge Kaufleute für Versicherungen und Finanzen durch die Altstadt.

Der „Ex-Azubi" Klein meint im Spaß: „Ich könnte vor Freude eine Scheibe einschlagen." Groß hört diesen Spruch und sagt zu Klein, dass „dies eine dem Anlass entsprechende Handlung sei" und bestärkt Klein in seinem Vorhaben, indem er ihm ein Flasche Krim-Sekt als Belohnung für das Einwerfen einer Scheibe verspricht.

Daraufhin nimmt sich Klein einen Stein und zerstört bei dem Porsche von Delter die Frontverglasung und Teile der Inneneinrichtung.

Klein meldet sich am nächsten Tag reumütig beim Halter Delter und schildert dort den Vorfall. Klein weist in diesem Gespräch auch auf seine katastrophale finanzielle Situation hin und erwähnt beiläufig, dass Groß jedoch als Sohn eines Generalagenten über ausreichende finanzielle Mittel verfügt. Delter wendet sich daraufhin direkt an Groß und verlangt von ihm, da Klein ja mittellos sei, den Ersatz des ganzen Schadens in Höhe von 6 500 €.

▶ Erläuterung

§§ 830, 840, 421, 426 BGB

> Wenn mehrere Personen (Mittäter oder Beteiligte) gemeinsam einen Schaden angerichtet haben (also nebeneinander verantwortlich sind), so haften sie als Gesamtschuldner.

Text
§ 830 BGB

§ 830 BGB – Mittäter und Beteiligte

(1) Haben mehrere durch eine gemeinschaftlich begangene unerlaubte Handlung einen Schaden verursacht, so ist jeder für den Schaden verantwortlich. Das Gleiche gilt, wenn sich nicht ermitteln lässt, wer von mehreren Beteiligten den Schaden durch seine Handlung verursacht hat.

(2) Anstifter und Gehilfen stehen Mittätern gleich.

Text
§ 840 BGB

§ 840 BGB – Haftung mehrerer

(1) Sind für den aus einer unerlaubten Handlung entstehenden Schaden mehrere nebeneinander verantwortlich, so haften sie als Gesamtschuldner.

(2) Ist neben demjenigen, welcher nach den §§ 831, 832 zum Ersatz des von einem anderen verursachten Schadens verpflichtet ist, auch der andere für den Schaden verantwortlich, so ist in ihrem Verhältnis zueinander der andere allein, im Falle des § 829 der Aufsichtspflichtige allein verpflichtet.

(3) Ist neben demjenigen, welcher nach den §§ 833 bis 838 zum Ersatz des Schadens verpflichtet ist, ein Dritter für den Schaden verantwortlich, so ist in ihrem Verhältnis zueinander der Dritte allein verpflichtet.

▶ **Beispiele**

- Klein und Groß im obigen Beispiel
- mehrere Kinder trampeln gemeinsam über einen frisch gegossenen Betonfußboden eines Neubaus
- Arbeitgeber und sein schuldhaft handelnder Verrichtungsgehilfe

Gerichtsurteil zur gesamtschuldnerischen Haftung

Zehnjährige setzt leeres Haus in Brand

Ein unbewohntes Haus reizte zwei kleinere Mädchen zum Zündeln. Zunächst zündete die Neunjährige Feuer in einem Ofen an. Ihre zehn Jahre alte Freundin wollte dann aber „ein eigenes Feuer" haben. Sie zündete im Ofen ein Buch an und entfachte damit und mit weiterem Papier Feuer in einem Plastikkorb, der auf einer Matratze abgestellt war.

Das Feuer geriet außer Kontrolle und setzte das Gebäude in Brand. Das Kind erklärte, es habe nicht gedacht, dass aus so wenig Papier gleich ein so großes Feuer entstehen könnte.

Der Haftpflichtversicherer der Eltern wollte nicht alleine für den Schaden aufkommen und versuchte, sich einen Teil der Summe von der Spielkameradin zurückzuholen. Beim OLG Nürnberg ging es um die Frage, ob auch die neunjährige Begleiterin für den Schaden haftet.

Die Richter verneinten das. Das jüngere Mädchen habe zwar mitgezündelt. Allerdings im Ofen, also unter halbwegs kontrollierbaren Umständen. Ein Kind in diesem Alter könne nicht alle möglichen Konsequenzen seines Handelns übersehen. Der Gedanke, dass die Freundin auf so unbedachte und leichtsinnige Weise ein zweites Feuer anzünden würde, habe sich der Neunjährigen nun wirklich nicht aufdrängen müssen.

Oberlandesgericht Nürnberg 7. Februar 2003 – 6 U 1352/02

Der Gesetzgeber will durch die Bestimmungen im BGB verhindern, dass der Geschädigte gegen mehrere Personen einzeln seine Ansprüche geltend machen „muss".

Deshalb gilt im Außenverhältnis (zwischen Schädiger und Geschädigtem) folgende Regelung:

Außenverhältnis zwischen Schädiger und Geschädigtem

a) Der Geschädigte Delter kann von einem der Schädiger allein die Leistung in voller Höhe oder von mehreren – auch zu unterschiedlichen Teilen – verlangen.

b) Zahlt Gesamtschuldner Groß in voller Höhe, so geht die Forderung des Anspruchstellers Delter gegen Schuldner Klein auf ihn über.

c) Fällt ein Schuldiger aus, so haben die anderen dessen Teil mitzutragen.

d) Insgesamt darf der Geschädigte aber nicht mehr als den tatsächlich entstandenen Schaden erhalten.

LF
2

LF
10

LF
15

Text
§ 421 BGB

§ 421 BGB – Gesamtschuldner

Schulden mehrere eine Leistung in der Weise, dass jeder die ganze Leistung zu bewirken verpflichtet, der Gläubiger aber die Leistung nur einmal zu fordern berechtigt ist (Gesamtschuldner), so kann der Gläubiger die Leistung nach seinem Belieben von jedem der Schuldner ganz oder zu einem Teil fordern. Bis zur Bewirkung der ganzen Leistung bleiben sämtliche Schuldner verpflichtet.

Innenverhältnis zwischen den Schädigern

Im Innenverhältnis (im Verhältnis der beiden Schädiger Klein und Groß untereinander) erfolgt, soweit das BGB nicht etwas anderes bestimmt, ein Ausgleich zu gleichen Teilen.

Text
§ 426 BGB

§ 426 BGB – Ausgleichungspflicht, Forderungsübergang

(1) Die Gesamtschuldner sind im Verhältnis zueinander zu gleichen Anteilen verpflichtet, soweit nicht ein anderes bestimmt ist. Kann von einem Gesamtschuldner der auf ihn entfallende Beitrag nicht erlangt werden, so ist der Ausfall von den übrigen zur Ausgleichung verpflichteten Schuldnern zu tragen.

(2) Soweit ein Gesamtschuldner den Gläubiger befriedigt und von den übrigen Schuldnern Ausgleichung verlangen kann, geht die Forderung des Gläubigers gegen die übrigen Schuldner auf ihn über. Der Übergang kann nicht zum Nachteil des Gläubigers geltend gemacht werden.

1.5   Art und Umfang des Schadenersatzes

Änderung im
Schadenersatzrecht

Das Schadenersatzrecht wurde 2002 zum Teil geändert:

- durch das Schuldrechtsmodernisierungsgesetz und
- durch das Schadenersatzrechtsänderungsgesetz.

Unter Berücksichtigung dieser Neuregelungen ergeben sich die folgenden Informationen.

1.5.1   Schadenarten

Personenschaden

Die Verpflichtung zum Schadenersatz kann sich aus dem Tod, der Verletzung oder der Gesundheitsschädigung einer Person ergeben. In diesem Fall sprechen wir von einem **Personenschaden** (und den Folgekosten eines Personenschadens wie z. B. Arztkosten einer Heilbehandlung, Verdienstausfall, Schmerzensgeld).

Sachschaden

Ein **Sachschaden** ist die Beschädigung, die Zerstörung, die Vernichtung oder der Verlust einer Sache (Folgekosten dieser Sachschäden sind z. B. Reparaturkosten für die beschädigte Sache, Nutzungsausfall, Wertminderung).

Hat eine Schädigung nur einen finanziellen Schaden zur Folge, der weder auf einem Personen- noch auf einem Sachschaden beruht, so liegt ein „echter **(reiner) Vermögensschaden**" vor. Dies wäre z. B. der Fall, wenn aus Schabernack die Zufahrt zu einem Betriebsgelände versperrt wird und die Produktion wegen Ausfalls der Anlieferungen gedrosselt werden muss.

echter (reiner) Vermögensschaden

LF 2

LF 10

LF 15

Ist der finanzielle Schaden die Folge eines Personen- oder eines Sachschadens, handelt es sich um einen **unechten Vermögensschaden** (z. B. der Verdienstausfall nach der Beschädigung des Geschäftswagens oder nach einem Beinbruch), der jeweils dem entsprechenden Personen- oder Sachschaden zuzuordnen ist.

unechter Vermögensschaden

Gerichtsurteil zum Schadenersatz

Falschparkerin stoppt Kranarbeiten

Im Dezember 1999 wollte ein Bauunternehmer an einer Baustelle Arbeiten mit dem Kran durchführen. Weil für das riesige Gerät die Straße gesperrt werden musste, besorgte er sich bei der Stadt die Genehmigung für ein „mobiles Halteverbot". Halteverbotsschilder mit der Aufschrift „ab 6. 12. 1999, 7 Uhr Krananfahrt" wurden aufgestellt.

Noch früher als der Kran kam allerdings eine Autofahrerin, die ihren Wagen im Halteverbot parkte und die Zufahrt für den Kran blockierte. Da er das Gerät erst mit gehöriger Verspätung einsetzen konnte, forderte der Bauunternehmer von der Autofahrerin 4 765 DM Schadenersatz.

Darauf habe er keinen Anspruch, entschied der Bundesgerichtshof. Denn Halteverbote dienten – wie die Straßenverkehrsordnung im Ganzen – der Sicherheit des Verkehrs und nicht dem Schutz von Vermögensinteressen. Die Autofahrerin habe gegen die Straßenverkehrsordnung verstoßen, dafür müsse sie Bußgeld zahlen und die Abschleppgebühren. Den Unternehmer müsse sie jedoch nicht dafür entschädigen, dass sie vorübergehend die Bauarbeiten aufgehalten habe. Ihr Wagen habe die Weiterfahrt des Krans einige Stunden verhindert; dies sei noch keine Verletzung des Eigentums.

Der Bauunternehmer hat keinen Anspruch auf Schadenersatz.

Bundesgerichtshof 18. November 2003 – VI ZR 385/02

1.5.2 Grundsätzliche Schadenersatzregelung

Wie Schadenersatz zu leisten ist, regelt das BGB für alle Bereiche der Ersatzpflicht (sowohl für Delikts- als auch für Kontrakthaftung und auch für die Gefährdungshaftung im Allgemeinen) in den §§ 249 ff. BGB.

§§ 249 ff. BGB

§ 249 BGB – Art und Umfang des Schadensersatzes[1]

(1) Wer zum Schadensersatz verpflichtet ist, hat den Zustand herzustellen, der bestehen würde, wenn der zum Ersatz verpflichtende Umstand nicht eingetreten wäre.

Text § 249 BGB

---

1 Das BGB verwendet wie auch das VVG und die AHB den Begriff „Schadensersatz", der Duden spricht von „Schadenersatz". Wir verwenden „Schadenersatz" nur in den Gesetzes- und Bedingungstextwiedergaben.

> (2) Ist wegen Verletzung einer Person oder wegen Beschädigung einer Sache Schadensersatz zu leisten, so kann der Gläubiger statt der Herstellung den dazu erforderlichen Geldbetrag verlangen. Bei der Beschädigung einer Sache schließt der nach Satz 1 erforderliche Geldbetrag die Umsatzsteuer nur mit ein, wenn und soweit sie tatsächlich angefallen ist.

Naturalrestitution

Grundsätzlich ist also der Schädiger zur Wiederherstellung des „alten" Zustandes verpflichtet. Dieser Grundsatz der „Herstellung in Natur" **(Naturalrestitution)** kommt allerdings in der Praxis selten vor. Wenn die Wiederherstellung nicht erfolgt, wird trotzdem der notwendige Betrag erstattet (allerdings ohne Mehrwertsteuer – § 249 (2) Satz 2 BGB –

fiktive Abrechnung

fiktive Abrechnung).

Ist die Wiederherstellung nicht möglich bzw. mit unverhältnismäßig hohem Aufwand verbunden, so ist in Geld zu entschädigen.

Aus der Forderung nach Wiederherstellung des alten Zustandes ergibt sich zwingend, dass eine Entschädigung in vollem Umfange (unbegrenzt) zu leisten ist.

1.5.3   Ansprüche bei Personenschäden

> Grundsätzlich gilt die Naturalrestitution auch für Personenschäden. Im Einzelnen können vom Geschädigten folgende Ansprüche für Folgekosten geltend gemacht werden:

§ 249 BGB

- Ersatz der Heilkosten (Kosten zur Wiederherstellung der Gesundheit wie z. B. Arztkosten, Arzneien, Krankenhauskosten, Kuren) – konkrete Berechnung;

§ 252 BGB

- Einkommensverluste durch Verdienstausfall bzw. entgangenen Gewinn als direkte Folge des Personenschadens;

§ 842 BGB
§ 843 BGB

- Kosten für Nachteile im Erwerb und Fortkommen (Invaliditätsrente);
- Aufwendungen für vermehrte Bedürfnisse (z. B. Pflegepersonal, Schonkost);
- im Todesfall die Beerdigungskosten, die Kosten einer Hilfskraft, evtl. Geldrenten an Hinterbliebene;

§ 253 BGB

- Schmerzensgeld.

Schmerzensgeld

Durch die Änderung des Schadenersatzrechts 2002 ergibt sich bei Schadenersatzforderungen aus § 253 (2) BGB ein einheitlicher **Anspruch auf Schmerzensgeld** für immaterielle Schäden **sowohl bei unerlaubten Handlungen als auch für die Vertragshaftung.**

§ 253 BGB – Immaterieller Schaden

(1) Wegen eines Schadens, der nicht Vermögensschaden ist, kann Entschädigung in Geld nur in den durch das Gesetz bestimmten Fällen gefordert werden.

(2) Ist wegen einer Verletzung des Körpers, der Gesundheit, der Freiheit oder der sexuellen Selbstbestimmung Schadensersatz zu leisten, kann auch wegen des Schadens, der nicht Vermögensschaden ist, eine billige Entschädigung in Geld gefordert werden.

Auch bei Gefährdungshaftungstatbeständen kann der Geschädigte generell Schmerzensgeld fordern. Die entsprechenden Grundlagen für die Gefährdungshaftung wie z. B. § 119 StVG, § 6 HaftPflG, § 8 ProdHG verweisen sinngemäß auf § 253 BGB.

Nach § 253 BGB hängt der Anspruch also nicht mehr davon ab, ob die Schädigungen schuldhaft herbeigeführt wurden. Das Verschulden als eine der Voraussetzungen für die Haftung aus unerlaubter Handlung (§ 823 BGB) ist gemäß § 253 BGB nicht mehr als Grundlage für Schmerzensgeld erforderlich.

Für die Vertragshaftung wird außerdem eine formularmäßige Haftungsbeschränkung für Körperverletzung – außer im Bereich der öffentlichen Personenbeförderung – nicht möglich sein.

Die Zahlung von Schmerzensgeld soll wie bisher einerseits einen Ausgleich für erlittene körperliche und seelische Schäden darstellen (Ausgleichsfunktion), zum anderen soll sie dem Gedanken Rechnung tragen, dass der Schädiger dem Geschädigten Genugtuung schuldet für das, was er ihm angetan hat (Genugtuungsfunktion).

Die Höhe des Schmerzensgeldes ist auch in der Schadenersatzrechtsreform 2002 im BGB nicht geregelt, in der Praxis richtet man sich wie bisher nach verschiedenen „Schmerzensgeldtabellen", die auf Gerichtsurteilen beruhen und einen Orientierungsrahmen bieten.

Nach dem BGB können Schadenersatzansprüche kraft Gesetzes oder Vertrages auf Dritte übergehen. Stirbt z. B. der Geschädigte, so gehen die Schadenersatzansprüche – auch auf Schmerzensgeld – auf die Erben über.

1.5.4 Ansprüche bei Sachschäden

Bei einem Sachschaden können vom Anspruchsteller folgende Leistungen für die Folgekosten des Sachschadens verlangt werden:

- Wiederherstellung (Reparaturkosten) und eventuell Ersatz eines Minderwertes bei beschädigten Sachen, wenn die Wiederherstellung des alten Zustandes durch die Reparatur nicht vollständig möglich ist;

§ 253 BGB

LF 2

LF 10

LF 15

Ausgleichsfunktion

Genugtuungsfunktion

Reparaturkosten
Minderwert

Zeitwert als Ersatzwert
■ Wertersatz für zerstörte oder beschädigte Sachen. Die beschädigten Gegenstände gehen dann in den Besitz des Ersatzleistenden über. Aus dem Grundsatz der Wiederherstellung des alten Zustandes hat der Geschädigte generell nur Anspruch auf den Zeitwert der Sache (Abzug „neu für alt" – Alter und Abnutzung des beschädigten oder zerstörten Gegenstandes wird bei der Wertermittlung berücksichtigt);
■ weitere Folgekosten im Zusammenhang mit dem Sachschaden (z. B. bei einem beschädigten Kraftfahrzeug: Ersatzfahrzeug während der Reparaturzeit, Abschleppkosten, Anwaltskosten usw.).

Nutzungsausfall
Einen Nutzungsausfall kann der Geschädigte nur dann verlangen, wenn es sich um eine fühlbare Beeinträchtigung von Sachen von zentraler Bedeutung handelt, auf die er bei seiner Lebenshaltung so angewiesen ist, dass sie für ihn ständig verfügbar sein müssen (z. B. für das Kraftfahrzeug des Vertreters, das er für seine Arbeit braucht).

▶ Beispiele

Nutzungsausfall für eigenes Auto, selbst genutzte Wohnung, eigene Küche, aber nicht für „Luxusgüter" wie Pelzmantel, Swimmingpool, Garage.

1.5.5 Ansprüche bei „echten" Vermögensschäden

echte Vermögens-
schäden
Echte Vermögensschäden sind z. B. bei Verletzung von Schutzgesetzen (z. B. durch eine Beleidigung) oder im Rahmen der Vertragshaftung möglich (z. B. durch Verschulden vor Vertragsabschluss). Hier ist grundsätzlich nur ein Ersatz in Geld möglich.

unechte Vermögens-
schäden
Unechte Vermögensschäden werden im Rahmen der Personen- oder Sachschäden als Folgeschäden ersetzt.

▶ Beispiel

Ein Apotheker verwechselt beim Verkauf Anti-Baby-Pillen mit anderen Tabletten.

Lösung

Die Ansprüche der Eltern des ungewollten Kindes (Entbindungskosten, Unterhaltsaufwendungen usw.) werden in Geld erstattet.

1.5.6 Einschränkung bzw. Minderung der Leistungspflicht

Wenn die Leistungspflicht aufgrund eines Verschuldens- oder eines Gefährdungshaftungstatbestandes festliegt, muss noch geprüft werden, inwieweit eine Einschränkung oder Minderung der festgestellten Haftung möglich ist.

Dabei geht es im Wesentlichen um

- das bei der Schädigung mitwirkende Verschulden des Geschädigten selbst,
- den Ausgleich des Vorteils, den der Geschädigte im Rahmen der Ersatzleistung genossen hat,
- evtl. wirksame gesetzliche Begrenzungen der Haftungssummen.

1.5.6.1 Mitverschulden des Geschädigten

§ 254 BGB

Wenn der Geschädigte den Schädiger nicht auf die Gefahren seiner Handlung hingewiesen hat oder nichts getan hat, um den Schaden abzuwenden oder zu mindern, so kann bei der Bemessung des Schadenersatzes ein Mitverschulden geltend gemacht werden, und die Ersatzleistung wird entsprechend gekürzt.

---

§ 254 BGB – Mitverschulden

(1) Hat bei der Entstehung des Schadens ein Verschulden des Beschädigten mitgewirkt, so hängt die Verpflichtung zum Ersatz sowie der Umfang des zu leistenden Ersatzes von den Umständen, insbesondere davon ab, inwieweit der Schaden vorwiegend von dem einen oder dem anderen Teil verursacht worden ist.

(2) ...

Text
§ 254 BGB

▶ Situation

Ein Pkw-Fahrer ist nicht angeschnallt. Ein unaufmerksamer Lkw-Fahrer wechselt die Fahrspur, so dass der Pkw-Fahrer auffährt und dabei Verletzungen erleidet.

▶ Erläuterung

Obwohl der Unfallgegner den Schaden eindeutig verursacht hat, wird dem Geschädigten je nach der Lage des Falles ein Mitverschulden an seiner Verletzung von ca. 20–50 % angerechnet.

Gerichtsurteil zum Mitverschulden

Oberlandesgericht
Karlsruhe
12. Juni 2002 –
7 U 172/01

Reitunfall: Durchgehen beweisen

Nach dem Sturz von einem Schulpferd des Reitsportvereins klagte eine
Frau vor dem Oberlandesgericht Karlsruhe gegen den Tierhalter. Vergeblich, denn sie konnte nicht beweisen, dass das Pferd tatsächlich „durchgegangen" war.

Reiten birgt immer das Risiko, sich – insbesondere beim Ritt auf einem
fremden Pferd – bei einem Sturz Verletzungen zuzuziehen. Im vorliegenden Fall war eine Frau mit neun Jahren Reiterfahrung in der Reithalle von
einem Schulpferd des Reitsportvereins gefallen und hatte sich dabei mehrere Wirbel gebrochen. Vor dem Oberlandesgericht Karlsruhe verklagte sie
den Tierhalter auf Schadenersatz. Sie meinte, das Pferd habe plötzlich und
unmotiviert gebuckelt und einige Galopp-Sprünge gemacht. Es sei ohne ihr
Verschulden durchgegangen.

Die Reiterin konnte jedoch nicht beweisen, dass das Pferd nicht ihren Anweisungen gefolgt war. Denn keiner der anderen in der Reithalle anwesen-
den Reiter habe beobachtet, dass das Tier „durchgegangen" sei, so die
Richter. Es sei vielmehr davon auszugehen, dass die Frau bewusst anga-
loppierte, dabei einen Steigbügel verlor und deshalb stürzte. Das hatte der
Pferdehalter ausgesagt.

Die Verletzte muss für den Schaden also selbst aufkommen. Der Pferdehalter muss bei Mitverschulden des Reiters nicht haften.

§ 255 BGB

1.5.6.2   Vorteilsausgleich

Der Geschädigte muss sich ersparte Aufwendungen oder Wertverbesserungen usw. anrechnen lassen.

Text
§ 255 BGB

§ 255 BGB – Abtretung der Ersatzansprüche

Wer für den Verlust einer Sache oder eines Rechts Schadensersatz zu leisten hat, ist zum Ersatz nur gegen Abtretung der Ansprüche verpflichtet,
die dem Ersatzberechtigten aufgrund des Eigentums an der Sache oder
aufgrund des Rechts gegen Dritte zustehen.

▶ Beispiel

Die bisherige Einfachverglasung eines Fensters wird nach der
Zerstörung durch eine Isolierverglasung ersetzt.

Lösung

Der Schädiger trägt die Kosten einer Einfachverglasung, dem
Geschädigten wird die Wertsteigerung in Rechnung gestellt.

1.5.6.3 Gesetzliche Begrenzungen der Haftungssumme

§ 702 BGB

In einigen Fällen wird bei – verschuldensunabhängiger – Gefährdungshaftung eine Höchsthaftungssumme gesetzlich festgelegt.

So haftet z. B. ein Hotelier für die eingebrachten Sachen seiner Beher-
bergungsgäste nach §§ 701, 702 BGB bis zum Hundertfachen des Beherbergungspreises, jedoch mindestens mit 600 € und höchstens mit
3 500 € (für Geld, Wertpapiere und Kostbarkeiten aber höchstens bis
800 €).

Höchsthaftungs-
summe

§ 702 BGB – Beschränkung der Haftung; Wertsachen

(1) Der Gastwirt haftet aufgrund des § 701 nur bis zu einem Betrag, der
dem Hundertfachen des Beherbergungspreises für einen Tag entspricht,
jedoch mindestens bis zu dem Betrag von 600 Euro und höchstens bis zu
dem Betrag von 3 500 Euro; für Geld, Wertpapiere und Kostbarkeiten tritt
an die Stelle von 3 500 Euro der Betrag von 800 Euro.

(2) …

(3) …

Text
§ 702 (1) BGB

Gerichtsurteile zur Haftung des Gastwirtes/Hoteliers

1. Geldbeutel geklaut – Keine Haftung des Hoteliers

Ein junges Paar gönnte sich ein Frühstücksbuffet in einem gediegenen
Hotelrestaurant. Als die beiden das Restaurant betraten, nahm ihnen die
Oberkellnerin die Lederjacken ab und hängte diese in eine kleine Garde-
robe im Empfangsbereich.

Beim Verlassen des Lokals stellte der Mann fest, dass die in der Innen-
tasche seiner Jacke aufbewahrte Geldbörse gestohlen worden war – mit
immerhin 850 € in bar.

Für diesen Verlust hafte der Hotelier nicht, entschied das Amtsgericht
Miesbach und wies die Klage des Gastes auf Schadenersatz ab. Der Be-
stohlene habe nicht dort gewohnt, sondern nur das Restaurant aufgesucht.

Für Wertsachen von Essensgästen sei der Hotelier nicht verantwortlich.
Die höfliche Frage der Oberkellnerin, ob sie den Gästen die Jacken abneh-
men und aufhängen dürfe, begründe keine Pflicht des Personals, auf die
Kleidung der Gäste aufzupassen. In guten Hotels gehörten Gefälligkeiten
dieser Art zum selbstverständlichen Service. Eine besondere Überwachung der Garderobe werde damit nicht garantiert.

Amtsgericht
Miesbach
21. November 2002 –
2 C 920/02

2. Mantel im Restaurant gestohlen

Ihre Freundlichkeit sollte sie teuer zu stehen kommen: In der Gastwirt-
schaft war es ziemlich voll, als die Kellnerin an einen Tisch kam, um die
Bestellung aufzunehmen. Der Gast hatte sichtlich Probleme, seinen dicken
Wintermantel zu verstauen, ohne dass andere darauf herumtrampelten.

Amtsgericht
Dortmund
126 C 478/04

„Ich bringe ihn in Sicherheit", meinte die Kellnerin, nahm den Mantel und hängte ihn an die Garderobe. Als der Gast gehen wollte, war der Mantel weg.

Die Kellnerin muss für den Verlust haften, weil sie zugesichert hatte, auf ihn aufzupassen, entschied das Amtsgericht Dortmund. Hätte sie den Gast nur darauf hingewiesen, dass es eine Garderobe gebe, und den Mantel „kommentarlos" entgegengenommen, läge die Sache anders. Mit ihrem Angebot habe die Kellnerin jedoch eine Art „Verwahrungsvertrag" abgeschlossen und müsse daher den Mantel ersetzen.

Übungen zu den Kapiteln 1.4 und 1.5

1. Der Vorteilsausgleich kann in vielen Fällen zu einer Minderung der Ersatzleistung führen.

   a) Geben Sie Beispiele für den Vorteilsausgleich.
   b) Begründen Sie diese Regelung.

2. Uwe Braun und Ulf Bein spielen Fußball. Bei einem Schuss von Uwe prallt der Ball von Ulf ab und trifft die Rentnerin Wendenfels am Kopf. Die Rentnerin stürzt ohnmächtig zu Boden. Der Personen- und Sachschaden beträgt insgesamt 17 000 €.

   Welche Regelungen gelten gemäß BGB bei dieser Haftung

   a) im Außenverhältnis (zwischen Schädiger und Geschädigtem)?
   b) im Innenverhältnis (zwischen den Schädigern untereinander)?

3. „Der im BGB festgelegte Schadenersatz-Grundsatz – Wiederherstellung des alten Zustandes – kann einen nicht haftpflichtversicherten Schädiger in den finanziellen Ruin stürzen."

   Nehmen Sie zu dieser Aussage Stellung.

4. Während einer stürmischen Nacht fallen aus einer zum Grundstück gehörenden Umzäumung Zaunlatten auf die Straße. Im Morgengrauen fährt ein Radfahrer über die herumliegenden Zaunlatten und stürzt zu Boden. Dabei zieht er sich Prellungen und Hautabschürfungen zu.

   Nach welchen gesetzlichen Bestimmungen kann der Geschädigte Schadenersatzansprüche geltend machen?

   Nehmen Sie dabei auch zur Frage des Schmerzensgeldes Stellung.

5. Der Radfahrer Ulrich Jann fährt mit sehr hoher Geschwindigkeit den Fahrradweg in falscher Richtung und verursacht so einen Unfall. Unfallopfer ist Student Willi Wersig, der nebenberuflich als Fahrradkurier tätig ist.

   Folgende Forderungen macht Wersig geltend:

Reparatur des Fahrrades	600 €
Wertminderung	150 €
Verdienstausfall	200 €
Nutzungsausfall	100 €

   Nehmen Sie zu dieser Schadenersatzforderung Stellung.

1.6 Haftpflicht nach anderen Rechtsgrundlagen im Überblick

1.6.1 Haftpflicht nach dem Wasserhaushaltsgesetz (Gesetz zur Ordnung des Wasserhaushalts – WHG)

Gefährdungshaftung

Durch die Bestimmungen des Wasserhaushaltsgesetzes sollen

- Gewässer und das Grundwasser erhalten und gegen Umweltgefahren geschützt werden sowie
- der Abwasserhaushalt geregelt werden.

unbegrenzte Haftung

Im Wasserhaushaltsgesetz ist eine verschuldensunabhängige Haftung in unbegrenzter Höhe festgelegt für alle diejenigen, die eine mit Gefahren für den Wasserhaushalt verbundene Tätigkeit ausüben.

Nur bei höherer Gewalt ist Entlastung möglich.

§ 22 WHG
Einwirkungshaftung

Das WHG unterscheidet zwei Fälle:

- Bringt oder leitet jemand Stoffe in ein Gewässer ein (oberirdisch in Gewässer oder unterirdisch ins Grundwasser) oder verändert er die physikalische, chemische oder biologische Beschaffenheit des Wassers, so gilt für ihn eine unbegrenzte Gefährdungshaftung ohne jegliche Entlastungsmöglichkeit.

Anlagenhaftung

- Gelangen aus einer Anlage Stoffe in ein Gewässer, ohne eingebracht oder eingeleitet zu sein, so haftet der Inhaber zwar auch in unbegrenzter Höhe nach der Gefährdungshaftung, aber er kann sich durch den Tatbestand der höheren Gewalt entlasten.

Text
§ 22 (1) und (2) WHG

§ 22 WHG – Haftung für Änderung der Beschaffenheit des Wassers

(1) Wer in ein Gewässer Stoffe einbringt oder einleitet oder wer auf ein Gewässer derart einwirkt, dass die physikalische, chemische oder biologische Beschaffenheit des Wassers verändert wird, ist zum Ersatz des daraus einem anderen entstehenden Schadens verpflichtet. Haben mehrere die Einwirkungen vorgenommen, so haften sie als Gesamtschuldner.

(2) Gelangen aus einer Anlage, die bestimmt ist, Stoffe herzustellen, zu verarbeiten, zu lagern, abzulagern, zu befördern oder wegzuleiten, derartige Stoffe in ein Gewässer, ohne in dieses eingebracht oder eingeleitet zu sein, so ist der Inhaber der Anlage zum Ersatz des daraus einem anderen entstehenden Schadens verpflichtet; Absatz 1 Satz 2 gilt entsprechend. Die Ersatzpflicht tritt nicht ein, wenn der Schaden durch höhere Gewalt verursacht ist.

(3)...

▶ Beispiel

Im Heizöltank von Hausbesitzer Hamann sind feinste Haarrisse entstanden, aus denen im letzten Jahr kleine Ölmengen ins Grundwasser gelangt sind. Das gesamte Erdreich um sein

Einfamilienhaus herum muss ausgetauscht und entsorgt werden.

Über die Versicherung der durch das Wasserhaushaltsgesetz gegebenen Haftung für den privaten Haushalt siehe Kapitel 3.G.3.

➡ PHV

LF 2

LF 10

LF 15

1.6.2 Haftpflicht nach dem Umwelthaftungsgesetz (UmweltHG)

Während

- durch § 823 BGB allgemein die Verschuldenshaftung – auch für Umweltschädigungen – und durch
- das Wasserhaushaltsgesetz (WHG) die Haftung allein für die Verunreinigung von Gewässern und des Grundwassers geregelt wird,

wird im Umwelthaftungsgesetz die Gefährdungshaftung für Personen- und Sachschäden durch **Umwelteinwirkung** normiert.

„Umwelteinwirkung" bedeutet, dass Schäden durch Stoffe, Erschütterungen, Geräusche, Druck, Strahlen, Gase, Dämpfe, Wärme und sonstige Erscheinungsformen verursacht werden, die sich in oder durch Boden, Luft oder Wasser ausgebreitet haben.

Boden, Luft und Wasser stellen hier die Umweltpfade dar, über die sich die schädigenden Einflüsse ausbreiten. Im Gegensatz zum WHG (hier § 22 WHG) muss der Umweltpfad selbst nicht nachteilig verändert werden.

▶ Beispiele

- durch einen Betriebsunfall werden FCKW freigesetzt, die Atemnot verursachen, ohne die Luft selbst nachhaltig zu verändern;
- durch Erschütterungen des Bodens im Übertagebau stürzen Häuser ein;
- durch die Druckwelle einer Explosion in einer in Anhang 1 des UmweltHG genannten Anlage werden Personen getötet.

Die Ersatzpflicht gilt

§ 1 UmweltHG

- für den Inhaber bestimmter umweltgefährdender Anlagen (Betriebsstätten, Maschinen usw. gemäß Aufzählung im Anhang zum Umwelt-HG), wenn
- durch eine Umwelteinwirkung aus diesen Anlagen
- ein Personen- oder Sachschaden eintritt.

Für reine Vermögensschäden (z. B. Schmerzensgeld) besteht keine Haftung, für unechte Vermögensschäden muss gehaftet werden.

Text
§ 1 UmweltHG

§ 1 UmweltHG – Anlagenhaftung bei Umwelteinwirkungen

Wird durch eine Umwelteinwirkung, die von einer im Anhang 1 genannten Anlage ausgeht, jemand getötet, sein Körper oder seine Gesundheit verletzt oder eine Sache beschädigt, so ist der Inhaber der Anlage verpflichtet, dem Geschädigten den daraus entstehenden Schaden zu ersetzen.

Gefährdungshaftung

Die Haftung nach dem UmweltHG ist eine verschuldensunabhängige Haftung. Eine Entlastungsmöglichkeit ist nur bei höherer Gewalt gegeben.

Es kommt also weder auf ein Verschulden des Anlagebetreibers noch auf die Rechtswidrigkeit des Betriebes an. Die reine Verursachung eines Schadens reicht als Grundlage für die Haftung aus.

Ursachenvermutung
§ 6 UmweltHG

Der z. B. im BGB für die Verschuldenshaftung erforderliche Beweis der Kausalität wird im UmweltHG durch eine Ursachenvermutung ersetzt.

Auskunftsanspruch
§ 8 UmweltHG

Außerdem hat der Geschädigte einen Auskunftsanspruch sowohl dem Betreiber der Anlage gegenüber als auch gegenüber Behörden.

Ist demnach eine Anlage geeignet, auf die Umwelt einzuwirken, so wird vermutet, dass der Betreiber dieser Anlage der Schadenverursacher ist.

Haftungshöchstbetrag
§ 15 UmweltHG

Ersatzpflicht besteht bis zu einem Haftungshöchstbetrag von jeweils 85 Millionen € für Personen- und Sachschäden einschließlich der Vermögensfolgeschäden (unechte Vermögensschäden).

➡ PHV

Über die Versicherung der durch das Umwelthaftungsgesetz gegebenen Haftung für den privaten Haushalt siehe Kapitel 3.G.3.

1.6.3 Haftpflicht nach dem Produkthaftungsgesetz (Gesetz über die Haftung für fehlerhafte Produkte – ProdHaftG)

▶ Situation

Ein Hersteller von Holzschutzmitteln bringt nach längerer Testphase ein neues Produkt in den Verkauf. Es stellt sich aber bald heraus, dass bei nicht ganz sorgfältiger Verarbeitung dieses Produktes in geheizten Räumen giftige Dämpfe entweichen, die zu schweren gesundheitlichen Schäden führen.

▶ Erläuterung

§ 823 BGB

Auch für die Produkt- und Produzentenhaftung gilt die normale Verschuldenshaftung nach §§ 823 ff. BGB. Der Geschädigte muss nachweisen/ beweisen, dass der Verkäufer oder der Hersteller eines Produkts alle

Voraussetzungen für einen Schadenersatzanspruch, insbesondere ein Verschulden an dem bei ihm entstandenen Schaden, trifft – eine fast unmögliche Forderung.

LF 2

Dies wird allerdings durch die Grundsätze über die Produzentenhaftung erleichtert. Der Produzent hat spezielle Verkehrssicherungspflichten bei der Herstellung zu beachten und die Beweislast ist zugunsten des Verbrauchers umgekehrt.

Grundsätze der Produzentenhaftung mit Beweislastumkehr

LF 10

Die Produzentenhaftung hat durch die technologisch-wirtschaftliche Entwicklung besondere Bedeutung erlangt. In allen EU-Mitgliedsländern ist daher 1990 ein einheitliches Produkthaftungsrecht erlassen worden, welches die Haftungsnormen für Schäden durch fehlerhafte Produkte festlegt.

Produkthaftungsgesetz

LF 15

Der **Hersteller** eines Produktes, welches dem privaten Ge- bzw. Verbrauch dient, haftet für die Schäden, die durch Fehler seines Produktes entstehen.

§ 1 ProdHaftG

Das bedeutet, dass der private Endverbraucher und nicht der gewerbliche, industrielle Verbraucher geschützt wird.

Ein **Produkt** im Sinne dieses Gesetzes ist jede bewegliche Sache, auch wenn sie einen Teil einer anderen beweglichen Sache oder einer unbeweglichen Sache bildet, sowie Elektrizität. Seit dem Jahr 2000 sind auch landwirtschaftliche Erzeugnisse als Produkte eingestuft.

„Produkt"
§ 2 ProdHaftG

Ein „**Produktfehler**" liegt vor, wenn das Produkt zu dem Zeitpunkt, in dem es in den Verkehr gebracht wurde, nicht die Sicherheit bietet, die unter Berücksichtigung aller Umstände (insbesondere der Darbietung und des Gebrauchs, mit dem billigerweise gerechnet werden kann) berechtigterweise erwartet werden kann.

„Fehler"
§ 3 ProdHaftG

Dem „echten" Hersteller gleichgestellt sind

„Hersteller"
§ 4 ProdHaftG

- Zulieferer von Teilprodukten,
- der Importeur von Waren aus Nicht-EU-Ländern,
- der Quasi-Hersteller, der sich durch Anbringen seines Namens als Hersteller ausgibt,
- der Lieferant, wenn er innerhalb eines Monats nach Aufforderung weder Bezugsquelle noch Hersteller benennen kann.

Gehaftet wird für Produktfehler aller Art (z. B. Konstruktions-, Fabrikations-, Informationsfehler).

Produktfehler

Die Haftung nach dem Produkthaftungsgesetz ist eine verschuldensunabhängige Gefährdungshaftung mit Entlastungsmöglichkeit.

keine Produkthaftung

Eine Produkthaftung entfällt z. B., wenn der „Hersteller" nachweist, dass

- er das Produkt nicht in den Verkehr gebracht hat,
- das Produkt den Fehler noch nicht aufwies, als er es in den Verkehr brachte,
- der Fehler darauf beruht, dass das Produkt zu dem Zeitpunkt, als es in den Verkehr gebracht wurde, zwingenden Rechtsvorschriften entsprochen hat,
- der Fehler nach dem beim Inverkehrbringen herrschenden Stand von Wissenschaft und Technik nicht erkannt werden konnte.

Sachschäden
§ 11 ProdHaftG

Für Sachschäden muss in unbegrenzter Höhe Ersatz geleistet werden, allerdings hat der Geschädigte einen Schaden bis zu einer Höhe von 500 € selbst zu tragen.

Personenschäden
§ 10 ProdHaftG

Bei Personenschäden haftet der Ersatzpflichtige bis zu einem Höchstbetrag von 85 Millionen €.

▶ Lösung zur Eingangssituation

Der Hersteller könnte sich in diesem Falle evtl. trotz der Beweislastumkehr in der Regel dadurch entlasten, dass er nachweist, dass sein Unternehmen kein Verschulden trifft.

1.7   Verjährung von Ansprüchen

§§ 195, 199, 825 BGB,
§ 17 UmweltHG,
§ 14 StVG

Ansprüche aus unerlaubter Handlung (Deliktshaftung), nach dem Umwelthaftungsgesetz und dem Straßenverkehrs-Gesetz verjähren in drei Jahren, beginnend mit dem „Schluss des Jahres, in dem der Anspruch entstanden ist und der Gläubiger von den den Anspruch begründenden Umständen und der Person des Schuldners Kenntnis erlangt" (oder ohne grobe Fahrlässigkeit hätte erlangen müssen). Die Höchstfristen für diese Verjährung betragen entweder 10 oder 30 Jahre.

Auch nach Eintritt der Verjährung des Anspruches auf Ersatz des Schadens besteht noch ein Anspruch auf Herausgabe der durch die unerlaubte Handlung etwa erlangten ungerechtfertigten Bereicherung. Dieser Anspruch verjährt ebenfalls entweder 10 Jahre nach der Entstehung oder 30 Jahre von der Verletzungshandlung an.

§§ 195 ff. BGB

Ansprüche aus Vertragsverhältnissen verjähren regelmäßig drei Jahre (vom Schluss des Jahres an) nach Entstehung des Anspruchs und Kenntnis des Anspruchstellers von den die Ansprüche begründeten Ansprüchen und von der Person des Schuldners, falls nichts anderes bestimmt ist.

§ 195 BGB – Regelmäßige Verjährungsfrist

Die regelmäßige Verjährungsfrist beträgt drei Jahre.

§ 197 BGB – Dreißigjährige Verjährungsfrist

(1) In 30 Jahren verjähren, soweit nicht ein anderes bestimmt ist,

1. Herausgabeansprüche aus Eigentum und anderen dinglichen Rechten,

2. ...

§ 199 BGB – Beginn der regelmäßigen Verjährungsfrist und Höchstfristen

(1) Die regelmäßige Verjährungsfrist beginnt mit dem Schluss des Jahres, in dem

1. der Anspruch entstanden ist und

2. der Gläubiger von den den Anspruch begründenden Umständen und der Person des Schuldners Kenntnis erlangt oder ohne grobe Fahrlässigkeit erlangen müsste.

(2) Schadensersatzansprüche, die auf der Verletzung des Lebens, des Körpers, der Gesundheit oder der Freiheit beruhen, verjähren ohne Rücksicht auf ihre Entstehung und die Kenntnis oder grob fahrlässige Unkenntnis in 30 Jahren von der Begehung der Handlung, der Pflichtverletzung oder dem sonstigen, den Schaden auslösenden Ereignis an.

(3) Sonstige Schadensersatzansprüche verjähren

1. ohne Rücksicht auf die Kenntnis oder grob fahrlässige Unkenntnis in zehn Jahren von ihrer Entstehung an und

2. ohne Rücksicht auf ihre Entstehung und die Kenntnis oder grob fahrlässige Unkenntnis in 30 Jahren von der Begehung der Handlung, der Pflichtverletzung oder dem sonstigen, den Schaden auslösenden Ereignis an.

Maßgeblich ist die früher endende Frist.

(4) Andere Ansprüche als Schadensersatzansprüche verjähren ohne Rücksicht auf die Kenntnis oder grob fahrlässige Unkenntnis in zehn Jahren von ihrer Entstehung an.

(5) ...

Texte
§§ 195 ff. BGB

LF 2

LF 10

LF 15

Im Rahmen der Produkthaftung gilt eine Verjährungsfrist von drei Jahren, beginnend in dem Zeitpunkt, in dem der Ersatzberechtigte den Schaden und den Fehler und den Ersatzverpflichteten kannte oder hätte kennen müssen.

§§ 12, 13 ProdHaftG

Generell erlischt der Anspruch 10 Jahre nach dem Zeitpunkt, in dem der Hersteller das fehlerhafte Produkt in den Verkehr gebracht hat.

Übungen zu den Kapiteln 1.6 und 1.7

1. Karl Sturm kauft in Schwentinental beim Autohaus „Fernosten-Cars" einen japanischen Mittelklassewagen. Infolge eines Fabrikationsfehlers bleibt der Gaszug des Pkws mit Automatik-Schaltgetriebe bei Vollgas hängen und geht, nachdem Herr Sturm seinen Fuß vom Gaspedal genommen hat und abbremsen will, nicht mehr in seine Ausgangsstellung zurück. Dies führt zu einem Unfall, bei dem Herr Sturm schwer verletzt wird.

   Wie ist die Rechtslage?

2. Erläutern Sie, was unter der „Verursachungsvermutung" des Umwelthaftungsgesetzes zu verstehen ist.

3. Durch einen Produktionsfehler wird im Mai 2006 ein Heizöltank mit zu dünner Wand hergestellt. Dieser Tank wird ohne Endkontrolle an den Hauseigentümer Schulz im Juli 2006 verkauft und auf dessen Grundstück eingegraben. Im August 2006 stellt Schulz fest, dass aus dem Tank Heizöl austritt, weil seine Wandung gebrochen ist – Gewässerschaden 220 000 €.

   a) Muss Schulz für den Gewässerschaden haften, obwohl ihn kein Verschulden trifft?
   b) Kann der Tankhersteller zur Haftung herangezogen werden?

4. Klempnermeister Schlüter hat in einem Einfamilienhaus eine komplette Heizungsanlage neu eingebaut. Er hat unterschiedliche Kupferrohre verwendet, die er von verschiedenen Großhändlern bezogen hat. Einige der in das Haus eingebauten Rohre platzen und verursachen einen erheblichen Durchnässungsschaden.

   Dem Klempner Schlüter kann kein Verschulden nachgewiesen werden, seine handwerklichen Arbeiten wurden ohne Mängel durchgeführt. Es handelt sich zweifelsfrei um Materialfehler an den Rohren. Leider kann der Handwerker wegen seiner schlechten Buchführung und Lagerhaltung die Rohre den einzelnen Lieferanten nicht mehr zuordnen.

   Erläutern Sie die Haftungsfrage.

5. Aus einer Lackiererei treten übel riechende Dämpfe aus. Ein in der Nähe liegender Biergarten verzeichnet wegen dieser Geruchsbelästigung einen Besucher- und Umsatzrückgang. Weitere Sach- und Personenschäden treten nicht auf. Der Gastwirt verlangt vom Besitzer der Lackiererei gemäß § 1 UmweltHG Ersatz des entgangenen Gewinns.

   Wie ist die Haftungsfrage zu klären?

Wiederholungsaufgaben

1. Zwei Freunde haben sich bei den Bemühungen um ein Mädchen so erzürnt, dass der eine spät in der Nacht am Haus des anderen – ohne dabei gesehen zu werden – Graffitis anbringt. Der Geschädigte vermutet die Täterschaft seines ehemaligen Freundes, kann dies aber nicht beweisen.

   Wie ist es um die Haftung bestellt?

2. Die Dachdecker- und Blechnerarbeiten GmbH übernimmt die Reparaturarbeiten am Kamin aufgrund eines Kundenanrufs. Sie schickt zwei Mitarbeiter, um den Auftrag zu erledigen.

   Ein Mitarbeiter passt nicht auf und beschädigt beim Anstellen der großen Leiter den Glaskörper einer Außenleuchte am Gebäude des Kunden, sein Kollege sichert beim Arbeiten auf dem Dach das Material nicht. Teile rutschen vom Dach und zerschlagen bei Nachbarn einen Teil der Balkonüberdachung.

   a) Wer hat gegen wen aufgrund der beiden Schadenereignisse Ersatzansprüche? Erläutern Sie die entsprechenden Anspruchsgrundlagen.

   b) Wie beurteilen Sie die Deckung der oben genannten Schadenfälle im Rahmen einer bestehenden Betriebshaftpflichtversicherung für die Dachdecker- und Blechnerarbeiten GmbH?

3. Elsa Wengel hat Besuch von ihrer Freundin Gerda. Dabei reißt der fünfjährige Sohn beim Spielen Gerdas Handtasche vom Tisch. Eine wertvolle Uhr wird dabei beschädigt.

   Welche Haftungsfragen ergeben sich?

4. Frau Schulz ruft die sechsjährige Gina, Tochter von Frau Müller (Nachbarin), zu sich, um ihr ein Buch für Frau Müller mitzugeben. Gina wartet im Flur, als Frau Schulz das Buch aus dem Wohnzimmer holt. Dabei stößt sie aus Versehen eine Vase von der Anrichte.

   Wie ist die Haftung zu beurteilen?

5. Ihr Versicherungsnehmer, Herr Barthel, schreibt Ihnen:

   „… heute muss ich die bei Ihnen bestehende Privat-Haftpflichtversicherung in Anspruch nehmen:

   Gestern Nachmittag auf dem Heimweg von der Schule verursachte unser neunjähriger Sohn Andreas einen Verkehrsunfall. Er ging wie üblich die ca. zwei Kilometer von der Schule zu Fuß bis zu unserer Gaststätte. Plötzlich erblickte er auf der gegenüberliegenden Seite seine Lieblingstante, meine Schwester Erika. Ohne auf den Straßenverkehr zu achten, lief er auf die Straße. Ein herankommender PKW rammte bei dem Ausweichmanöver ein entgegenkommendes Fahrzeug.

Die beiden PKW-Fahrer fordern nun von meinem Sohn bzw. von mir als seinem Vater Ersatz der Schäden an den beiden Fahrzeugen (insgesamt ca. 1 800 €). Daher bitte ich Sie, dies für mich zu übernehmen. ..."

Was antworten Sie Herrn Barthel?

6. Ein Architekt plant für einen Bauherrn ein Ferienhaus auf Sylt. Für die Fassade empfiehlt er einen wertvollen Naturstein. Nach diesem Bauvorhaben setzt sich der Architekt zur Ruhe und hebt seine Berufs-Haftpflichtversicherung auf. Nach ca. 1 Jahr bekommt er Post von seinem damaligen Kunden. Dieser teilt mit, dass sich die für die Fassade verwendeten Natursteine zum Teil zersetzen. Ein Gutachten, das der Kunde in Auftrag gegeben hat, stellt fest, dass die Steine für die raue Nordseeluft nicht geeignet sind. Der Schaden ist erheblich und beläuft sich nach den ersten Schätzungen auf ca. 50 000 €.

Wie ist dieser Schadenfall zu beurteilen

- bei Anwendung der Verstoßtheorie?
- bei Anwendung der Ereignistheorie?

7. Herr Frank Grohmann ruft an und informiert Sie:

„ ... Mein 10-jähriger Sohn Frank hat mit seinem 11-jährigen Freund Gerhard im Hof gespielt. Bei einem Streit mit anschließendem Gerangel stürzten beide gegen den PKW des Nachbarn, Herrn Sommer, der dabei beschädigt wird (Delle in der rechten Autotür, Außenspiegel abgebrochen, Kratzer im Lack über beide Autotüren) ..."

Er möchte über die rechtliche Situation informiert werden: welche Ansprüche gegen ihn gestellt werden können und ob diese Kosten ggf. von uns übernommen werden.

Was antworten Sie Herrn Grohmann hinsichtlich der rechtlichen Grundlagen?

8. Werner Mann hilft seiner Bekannten Gertrud beim Umzug. Er trägt die alte Standuhr, deren Wert ihm bekannt ist, die Treppe hinunter und hüpft dabei von Stufe zu Stufe. Doch dann hüpft er vorbei und lässt die Standuhr fallen, die dabei stark beschädigt wird.

Wie ist die Haftungsfrage zu beantworten?

9. Bei der Wohnungsrenovierung hilft Mieter Fehrm seinem Freund Dorn, der als Malergeselle in einem Farbenhandel angestellt ist. Durch Unaufmerksamkeit beschädigt Dorn eine unter Putz liegende Stromleitung.

Wie sind die Haftungsfragen zu klären?

10. Der Hausbesitzer Dieter Drehsen beheizt das Haus mit Öl aus einem unterirdischen Tank, den er 1990 installiert hat. Da er sehr sparsam ist, hat er den Versicherungsvertrag für den Öltank in der Vergangenheit mehrfach umgedeckt. Bei Umbauarbeiten am Haus wird festgestellt, dass das Erdreich um den Öltank herum stark mit Öl verseucht ist. Seit wann das so ist, lässt sich nicht mehr ermitteln. Dieter Drehsen erhält von der zuständigen Umweltbehörde die Auflage, das Erdreich großflächig auszukoffern. Der Schaden beläuft sich auf mindestens 45 000 €. Er meldet den Schaden der Versicherung, die den Öltank seit 14 Tagen in Deckung hat.

    Erläutern Sie an diesem Beispiel die Sinnhaftigkeit der Manifestationstheorie für die Umwelthaftung.

11. Was sind die Besonderheiten der Haftung aus vermutetem Verschulden?

12. Opa Mommsen geht mit seinem fünfjährigen Enkel Fritz zum Spielen auf den Abenteuerspielplatz. Beim intensiven Spiel um ein Seil auf einem Klettergerüst wird ein anderer Junge von Fritz vom Gerüst gestoßen und verletzt sich am Kopf.

    Wie haften Fritz, seine Eltern und Opa Mommsen?

13. Sie finden folgende Schadenmeldung auf Ihrem Arbeitsplatz:

    Unfallhergang: Dominik Breiter (12 Jahre, Sohn unserer Versicherungsnehmerin Ellen Breiter) fuhr mit seinem Fahrrad die Hauptstraße entlang. Ohne Handzeichen zu geben bog er nach links ab. Herr Klaus Neumann wollte in diesem Moment mit seinem Pkw Dominik überholen. Um das Kind nicht zu verletzen, wich er aus und prallte mit seinem Pkw in den Gartenzaun von Familie Georg Heimann.

    Entstandene Schäden:

    Klaus Neumann: Schleudertrauma, Pkw-Schaden ca. 9 500 €
    Georg Heimann: Gartenzaun ca. 1 200 €

    Schuldfrage eindeutig zu Lasten Dominik Breiter

    Ihre Versicherungsnehmerin, Frau Ellen Breiter, teilt Ihnen mit, dass Herr Neumann bereits erhebliche Forderungen an sie gestellt hat. Er verlangt Verdienstausfall (er ist selbstständiger Steuerberater) und benötigt einen Mietwagen.

    Frau Breiter möchte nun genau über die Rechtslage aufgeklärt werden. Sie will außerdem wissen, welche Ansprüche gegen sie zu erwarten sind und ob diese Kosten von uns übernommen werden.

14. Welche der Haftungsvoraussetzungen nach § 823 BGB entfällt bei der Gefährdungshaftung? Begründen Sie dies an einem Beispiel.

15. Der Hund des Versicherungsnehmers Mordhorst rennt über die Straße und trifft mit Motorradfahrer Baumann zusammen. Der Motorradfahrer wird beim Sturz verletzt, der Hund stirbt.

Wie haftet der Hundehalter?

16. Sie besuchen als Mitarbeiter der Proximus Versicherung den Kunden Bernd Ohlsen in Hamburg-Wandsbek wegen des Abschlusses einer Lebensversicherung.

Herr Ohlsen ist verheiratet. Sein Sohn Kurt im Alter von neun Jahren geht noch zur Schule, seine Tochter Gertrud ist 15 Jahre alt und wird demnächst eine Ausbildung in Braunschweig beginnen.

Bei der Besprechung stellen Sie fest, dass die Familie einen kleinen Terrier hat, aber weder eine Privat-Haftpflicht- noch eine Tierhalter-Haftpflichtversicherung abgeschlossen hat.

Herr Ohlsen möchte daraufhin von Ihnen Beispiele hören

- für seine Haftung im Rahmen der gesetzlichen Bestimmungen des BGB,
- insbesondere aus dem Besitz des Terriers und
- die darauf abgestellten Leistungen einer evtl. abzuschließenden Haftpflichtversicherung.

Was werden Sie Herrn Ohlsen im Verkaufsgespräch vermitteln?

17. Sie finden folgende Notiz über einen Anruf des Kunden Manuel Kommsen zur Bearbeitung auf Ihrem Schreibtisch vor:

Herr Kommsen hat in der Zeitung gelesen, dass Tierhalter angeblich immer für die Schäden ihrer Tiere haften. Herr Kommsen hatte aber gedacht, dass § 823 des Bürgerlichen Gesetzbuches hier bestimmte Voraussetzungen vorgeben würden. Nun ist er verunsichert, ob für seinen Schäferhund ausreichend Versicherungsschutz besteht.

Herr Kommsen hat bei der Proximus Versicherung eine Privat-Haftpflichtversicherung nach dem Kompakt-Modell, Alternative B sowie eine Tierhalterhaftpflichtversicherung. Die Beiträge sind laufend bezahlt.

Was teilen Sie Herrn Kommsen mit?

18. Vom Wohnhaus des Karl Delle fallen bei einem Sturm der Windstärke 7 Dachziegel. Einer der Ziegel verletzt den in diesem Augenblick vorbeifahrenden Radfahrer Gansel, der stürzt, sich den Arm bricht und seine Kleidung verschmutzt.

Kurze Zeit später fährt Autofahrer Lansen direkt am Bordstein über die Ziegeltrümmer und beschädigt sich einen Reifen.

Wie haftet der Gebäudebesitzer Delle gegenüber Radfahrer Gansel und gegenüber Autofahrer Lansen?

19. Hausbesitzer Lommel hat die Wasser- und Elektroinstallation des vor drei Monaten von ihm gekauften alten Hauses beim Kauf nur unzureichend geprüft, obwohl Mieter Born ihn auf den schlechten Zustand hingewiesen hat.

Nun ist eine Wasserleitung gebrochen und hat sowohl Schäden an der Tapete in der Wohnung des Mieters Heimann als auch an einem Schrank des Mieters verursacht.

Wer muss für die Schäden haften?

20. Wie haftet der Hotelbesitzer Kobel, wenn der Gast Brauer folgende Schäden geltend macht:

a) Während das Hotelzimmer nach der morgendlichen Reinigung nicht abgeschlossen war, wurde aus dem Zimmer von Brauer die Geldbörse mit 1 300 € und den Papieren gestohlen.

b) Der in der Hotelgarage abgestellte Pkw von Brauer wird beschädigt. Der Schadenverursacher ist nicht festzustellen.

21. Familienvater Freiler hat bei Einzelhändler Sommer Waren bestellt, die vom eigenen Lieferdienst zugestellt werden. Dabei verschmutzt Fahrer Neumann den Teppichboden im Flur des Hauses so, dass eine Reinigung nicht mehr möglich ist.

Wie haften Fahrer Neumann und Einzelhändler Sommer in diesem Fall?

22. Der Hauseigentümer Müller beauftragt den Malermeister Schulze, den alten Lack an den Fensterrahmen seines Mehrfamilienhauses abzubrennen und die Rahmen neu zu lackieren. Meister Schulze schickt seinen Gehilfen Ernsig. Beim Abbrennen zerstört Ernsig einen Fensterrahmen. Zu allem Missgeschick fällt ihm auch noch der Farbeimer vom Gerüst. Der Eimer trifft einen Fußgänger, der schwer verletzt wird.

a) Der Hauseigentümer Müller verlangt Ersatz des zerstörten Fensterrahmens.
Der Fußgänger fordert
- Ersatz der verschmutzten Kleidung
- Ersatz des Verdienstausfalles (als selbstständiger Vertreter)
- Schmerzensgeld

Wie ist die Haftung geregelt?

b) Der Fußgänger ist als Vertreter privat krankenversichert. Die Krankenhauskosten für die Behandlung betragen 26 000 €.

Wer trägt diese Kosten?

23. Der Hauseigentümer Schrei beauftragt den Tischlermeister Leicht, im Esszimmer seines Hauses eine Holzdecke einzubauen. Leicht führt diese Arbeiten zusammen mit dem 16-jährigen Pallek – Auszubildender im 1. Lehrjahr – aus. Während der Arbeiten wird Pallek

von Leicht angewiesen, Dachlatten für die Unterkonstruktion der Holzdecke auf ein im Zimmer aufgestelltes Gerüst hinaufzutragen. Als Pallek mit einem ganzen Bündel Latten auf der Schulter direkt am Fenster auf der Trittleiter steht, rutscht diese weg, da er die Leiter zuvor nicht richtig aufgestellt hat. Dabei entgleiten Pallek sämtliche Latten. Eine der Latten durchstößt die Fensterscheibe und fällt auf den direkt vor dem Haus gelegenen Bürgersteig und verletzt dabei den gerade vorbeikommenden Passanten Maier.

a) Prüfen Sie, ob Pallek schadenersatzpflichtig ist.
b) Kann der Passant Maier den Tischlermeister Leicht für den Personenschaden haftbar machen?
c) Erklären Sie in diesem Zusammenhang die Haftpflicht aus „vermutetem Verschulden".
d) Wegen des Sachschadens möchte der Hauseigentümer Schrei „vertragliche" Ansprüche gegenüber dem Tischlermeister geltend machen.

    d1) Nennen Sie die Anspruchsgrundlage.
    d2) Welchen grundsätzlichen Vorteil hat diese Bestimmung gegenüber der „außervertraglichen" Anspruchsgrundlage?

24. Mehrere Kinder aus einer 3. Klasse der Grundschule veranstalten außerhalb der Schulzeit zusammen auf der Straße vor dem Elternhaus von Dieter Rennen mit ihren Kettcars. Dieters Mutter kommt ab und zu vor die Haustür und sieht beim Spielen zu.

Beim Wettkampf kommt Dieter in einer Kurve ins Schleudern und beschädigt das Kraftfahrzeug eines Nachbarn.

Wer haftet gegenüber dem Nachbarn?

25. Zwei 19-jährige Wanderburschen machen vor einem Heuschober, in dem sie übernachtet haben, ein kleines Lagerfeuer, um sich Kaffee zu kochen. Durch Unachtsamkeit entzünden sich herumliegende Heureste und verursachen, dass der Heuschober Feuer fängt und abbrennt. Einer der Wanderburschen ist mittellos, für den anderen besteht eine Privat-Haftpflichtversicherung.

a) Nehmen Sie zur Haftungsfrage Stellung und legen Sie dar, welche Möglichkeiten der Geschädigte hat, seine Ersatzansprüche geltend zu machen.
b) Beantworten Sie die gleiche Frage, wenn der Schaden durch einen sechsjährigen und einen zwölfjährigen Jungen verursacht worden wäre.
c) Nehmen Sie in beiden Fallen zu dem Ausgleichsanspruch im Innenverhältnis Stellung.

26. Der Sohn des Versicherungsnehmers hat mit seinem Kettcar einen auf der Straße geparkten Pkw angefahren. Der Halter hat neben den Reparaturkosten auch den Nutzungsausfall.

Welcher Schadenart ist der Nutzungsausfall zuzurechnen?

27. Bei der Überquerung der Straße bei roter Fußgängerampel am frühen Vormittag wird Fußgänger Krause vom Pkw des Herrn Kallsen angefahren, obwohl er gut zu erkennen war.

    Wer muss auf welcher Grundlage haften?

28. In § 1 der AHB heißt es, dass Versicherungsschutz auf Grund „gesetzlicher Haftpflichtbestimmungen privatrechtlichen Inhalts" gewährt wird.

    Welche Eingrenzungen erfährt damit der Versicherungsschutz?

29. Frau Barth hat im April 2008 einen Blumenkasten nicht sehr sorgfältig auf die Fensterbank ihrer Mietwohnung gestellt. Zu diesem Zeitpunkt bestand eine Haftpflichtversicherung bei der „Holsatia". Im August 2008 wirft eine heftige Windböe den Blumenkasten auf ein geparktes Auto.

    Muss die „Holsatia" den Schaden regulieren, wenn die Haftpflichtversicherung wirksam zum 1. 6. 2008 gekündigt wurde?

Lernziele

Im Kapitel „Haftpflichtversicherung" erwerben Sie Kenntnisse und Fertigkeiten für folgende Leistungsziele:

Sie

- nennen die Grundlagen der Haftpflichtversicherung

- beschreiben die Möglichkeiten zur Risikobewältigung durch eine Haftpflichtversicherung

- ordnen die Haftpflichtversicherung in das Gesamtsystem Versicherung ein

- stellen die Aufgaben der Haftpflichtversicherung heraus

- führen die gesetzlichen und vertraglichen Rechtsgrundlagen der Haftpflichtversicherung auf

- beschreiben die Voraussetzungen für den Versicherungsschutz in der Haftpflichtversicherung

- grenzen die Theorien für die zeitliche Festlegung des Versicherungsfalles ab

- grenzen die gesetzlichen Haftpflichtbestimmungen privatrechtlichen Inhalts ab

- begründen den Ausschluss der Haftung für mangelhafte Vertragserfüllung

- schildern die verschiedenen Schadenarten

- erklären das versicherte Risiko in der Haftpflichtversicherung

- unterscheiden zwischen Erhöhungen, Erweiterungen und neu hinzukommenden Risiken

- erklären die Besonderheiten der Vorsorgeversicherung in der Haftpflichtversicherung

- klären den Umfang des Versicherungsschutzes / der Leistungen des Versicherers

- unterscheiden zwischen Haftungs- und Deckungsprüfung

- stellen die verschiedenen Begrenzungen der Entschädigungs- leistung dar

- geben einen Überblick über die Ausschlüsse in den AHB

- stellen die Auswirkungen der Verschuldensgrade auf den Versicherungsschutz in der Haftpflichtversicherung dar

- erläutern den Ausschluss für Vorsatz

- begründen den Ausschluss der rein vertraglichen Haftung

- begründen den Ausschluss der Haftung für Ansprüche versicherter Personen untereinander

- zählen die versicherten Personen in der Haftpflichtversicherung auf

- erklären die Unterschiede im Haftungsumfang gegenüber Angehörigen, mitversicherten Personen, Vertretern und Partnern

- stellen den Versicherungsschutz dar im Zusammenhang mit fremden Sachen

- begründen den Ausschluss von Tätigkeits- und Bearbeitungsschäden

- erläutern den Versicherungsschutz bei Auslandsschäden

- stellen die Haftung bei Umweltschäden dar

- beschreiben den Ausschluss der Schäden durch Asbest, energiereiche ionisierende Strahlen und Gentechnik

- geben einen Überblick über den Versicherungsschutz bei Schäden durch Abwässer, Grundstückssenkungen, Erdrutschungen und Überschwemmungen

- erläutern Gründe für den Ausschluss der Internet-Schäden, der Schäden aus Persönlichkeits- oder Namensrechtsverletzungen und den Diskriminierungsausschluss

- beschreiben die Infektionsklausel

- erläutern Beginn, Dauer und Beendigung des Versicherungsvertrages in der Haftpflichtversicherung

- stellen die Bedeutung rechtzeitiger Zahlung von Erst- und Folgebeiträgen dar

- erläutern Beitragsregulierung und Beitragsangleichung

- erklären die Beitragsberechnung in der Haftpflichtversicherung

- begründen die Besonderheiten der Mehrfachversicherung in der Haftpflichtversicherung

- stellen die vorvertragliche Anzeigepflicht und die Obliegenheiten und die Folgen einer Verletzung dieser Obliegenheiten dar

- begründen das Abtretungsverbot in der Haftpflichtversicherung

- stellen die Regeln für die Verjährung von Ansprüchen dar

2.   Haftpflichtversicherung

Die Verfasser weisen an dieser Stelle darauf hin, dass in der Gliederung der Kapitel die vorangestellte „2" das „zweite Buch" zur Haftpflichtversicherung (nach dem Haftpflichtrecht und vor der Privat-Haftpflichtversicherung) ist.

Bedingungswerk

Die folgenden Ausführungen zur Haftpflichtversicherung orientieren sich an den „Allgemeine Versicherungsbedingungen für die Haftpflichtversicherung (AHB 2008 Proximus Versicherung)".

Muster-AHB GDV

Internetadresse

Diese Bedingungen entsprechen weitestgehend den Musterbedingungen AHB 2008 des Gesamtverbandes der Deutschen Versicherungswirtschaft (GDV) – siehe Internetadresse http://www.gdv.de/Publikationen/Versicherungsbedingungen/Schaden_und_Unfallversicherung/avbinhalt.html

Nummerierung der Kapitel

Die Nummerierung der Kapitel in diesem Teil des Buches zur Haftpflichtversicherung entspricht der Nummerierung der Proximus-AHB mit einer vorangestellten 2. (das Kapitel 2.4.1 behandelt also Ziffer 4.1 der AHB – Grundlagen der Vorsorgeversicherung).

Zielsetzung der Neufassung der GDV-Musterbedingungen AHB 2008

Zielsetzungen für die Neuordnung der GDV-Musterbedingungen „AHB" und damit auch der AHB 2008 Proximus waren:

- Verständlichkeit des Bedingungstextes, klarere und transparentere Formulierungen (Transparenz wird nach AGB-Recht, durch die Rechtsprechung und auch durch den Verbraucherschutz gefordert);
- Beseitigung von systematischen und strukturellen Ungereimtheiten des alten Bedingungswerkes
- durchgehend neue Bezifferung mit maximal zweistelligen Unterziffern statt der „alten" Paragraphen;
- systematischer Bedingungsaufbau mit logischer Abfolge (z. B. Zusammenfassung aller Kündigungsregelungen in den Ziffern 18. bis 21.);
- erhöhte Rechtssicherheit (durch Berücksichtigung aktueller Gesetzgebung und Rechtsprechung).

Dabei wurde grundsätzlich der materielle Deckungsumfang der bisherigen AHB aufrechterhalten, inhaltliche Änderungen wurden nur dann vorgenommen, wenn sie zwingend notwendig waren.

Ausschlüsse

Die **Ausschlüsse** wurden vollkommen neu geordnet:

- neue Ausschlusstatbestände wurden eingearbeitet,
- die bisher als Ausschlüsse aufgeführten versicherungstechnisch schwer abschätzbaren Schäden wurden überarbeitet bzw. sind nicht mehr aufgeführt,
- veränderten Verhältnissen wurde Rechnung getragen (z. B. Asbest, Gentechnik, Internet, Persönlichkeits-/Namensrechtsverletzungen und Diskriminierung).

Beibehalten wurden bei der Neuordnung der Ausschlüsse bewährte Regelungen wie z. B. der Tätigkeitsschadenausschluss, der Mietsachschadenausschluss und die Herstellungs- und Lieferklausel.

Aufgrund dieser Überlegungen wurden die AHB in fünf Abschnitte aufgeteilt:

- Umfang des Versicherungsschutzes (Ziffern 1. bis 7.),
- Beginn des Versicherungsschutzes / Beitragszahlung (Ziffern 8. bis 15.),
- Dauer und Ende des Vertrages / Kündigung (Ziffern 16. bis 22.),
- Obliegenheiten des Versicherungsnehmers (Ziffern 23. bis 26.),
- Weitere Bestimmungen (Ziffern 27. bis 32.).

Abschnitte der AHB

LF 2

LF 10

In die Musterbedingungen des Gesamtverbandes der Deutschen Versicherungswirtschaft – GDV wurden an verschiedenen Stellen **Öffnungsklauseln** durch den Zusatz „Soweit nicht etwas anderes vereinbart wurde, …" aufgenommen.

Öffnungsklauseln

LF 15

Dieser Zusatz muss in die AHB der einzelnen Versicherungsunternehmen nicht einbezogen werden, die Zusätze sind nach EWG-Bestimmungen (z. B. der Gruppenfreistellungsverordnung) für „Verbands"-Musterbedingungen aber vorgeschrieben.

Deshalb enthalten auch die AHB 2008 Proximus diese Zusätze nicht.

Durch die Neuordnung des VVG (Haftpflichtversicherung in den §§ 101 bis 113 und Haftpflicht-Pflichtversicherungen in den §§ 114 bis 125) wurde auch eine Veränderung der Verbands-AHB notwendig.

Neuordnung des VVG

Ziele der VVG-Reform waren:

Ziele

- Anpassung des VVG an die geänderten wirtschaftlichen und sozialen Verhältnisse
- Verbesserung des Verbraucherschutzes
- Schaffung von Transparenz
- Integrierung der seit Inkrafttreten des (alten) VVG erfolgten Rechtsfortbildung durch die Rechtsprechung in das gesetzliche Versicherungsvertragsrecht

Zentrale Punkte waren:

zentrale Punkte

- Information und Beratung des Versicherungsnehmers
- Aufgabe des Alles-oder-nichts-Prinzips
- Direktanspruch bei Pflichtversicherungen

Die wesentlichsten Änderungen betreffen:

wesentliche Änderungen: Vertragsabschluss

- den Vertragsabschluss (§§ 6 ff., 59 ff. VVG)
  Das Policenmodell ist nominell abgeschafft (Sanktionen nach § 81 e VVG); Aufklärungs-, Beratungs- und Informationspflichten (§§ 6, 7, 61 VVG) sowie Dokumentationspflichten (§ 62 VVG) sind zu erfüllen (bei Nichterfüllung Schadenersatz*)[1] nach §§ 6 (5), 63 VVG), bevor der Versicherungsnehmer seine Vertragserklärung abgibt – dies ist nur möglich beim Antragsmodell und beim Invitatiomodell.

- das Widerrufsrecht (§ 8 VVG)
  allgemeines Widerrufsrecht bis auf wenige Versicherungsverträge (§ 8 (3) VVG) – Absendung des Widerrufs in Textform innerhalb von zwei Wochen nach Zugang aller Unterlagen (§ 8 (2) VVG).

Widerrufsrecht

---

1 Das BGB, das VVG und die AHB verwenden den Begriff Schadensersatz (Duden: Schadenersatz). Wir verwenden „Schadensersatz" nur in den Gesetzes- und Bedingungstextwiedergaben.

vorläufige Deckungszusage	▪ die vorläufige Deckungszusage (§§ 49-52 VVG) Die vorläufige Deckungszusage bleibt eigenständiger Vertrag mit Hinweispflicht auf die Beitragszahlung.
Beitragszahlung	▪ die Beitragszahlung – Grundsatz „Unteilbarkeit der Prämie" ist abgeschafft; – Rücktrittsfiktion bei Verzug des Erstbeitrages ist abgeschafft; – Verschuldenserfordernis und besonderer Hinweis auf die Rechtsfolgen der Nichtzahlung des Erstbeitrags (§ 37 VVG).
Herbeiführung des Versicherungsfalles	▪ die Herbeiführung des Versicherungsfalles (§ 81 VVG) Alles-oder-nichts-Prinzip nur noch bei vorsätzlicher, Quotelung bei grob fahrlässiger Herbeiführung des Versicherungsfalles (Nachweispflicht beim Versicherer) – pauschalierte Quotelung ist möglich. Sonderregelung für die Haftpflichtversicherung in § 103 VVG.
Obliegenheiten	▪ die Obliegenheiten (§§ 19 ff. VVG) – Leistungsfreiheit als Rechtsfolge bleibt, wird aber eingeschränkt; – einfach fahrlässige Verstöße gegen Obliegenheiten bleiben folgenlos; bei grob fahrlässigen Verstößen Quotelung; – Beweislast für Vorsatz beim Versicherer, der Versicherungsnehmer kann sich bei grober Fahrlässigkeit entlasten; – keine Trennung der Rechtsfolgen bei Verletzung von Obliegenheiten vor und nach Eintritt des Versicherungsfalles.
vorvertragliche Anzeigepflicht	▪ die vorvertragliche Anzeigepflicht Erhebliche Änderungen – Anzeige nur noch aufgrund in Textform vorgelegter Fragen des Versicherers; Rücktritt nur noch bis zu fünf Jahren (bei Arglist oder Vorsatz zehn Jahre) nach Vertragsabschluss (§ 21 (3) VVG).
vertragliche Obliegenheiten	▪ die vertraglichen Obliegenheiten vor Eintritt des Versicherungsfalles (§ 28 (1) bis (3) VVG) – Leistungsfreiheit bei schuldhafter Verletzung der Obliegenheit und Kausalität; – Beweislast für Vorsatz beim Versicherer, der Versicherungsnehmer kann sich bei grober Fahrlässigkeit entlasten; Quotelungsbeweis durch den Versicherer. ▪ die vertraglichen Obliegenheiten nach Eintritt des Versicherungsfalles (§ 28 (2) bis (4) VVG) – Leistungsfreiheit bei schuldhafter Verletzung der Obliegenheit und Kausalität nur, wenn der Versicherer den Versicherungsnehmer durch gesonderte Mitteilung in Textform auf die Rechtsfolge hingewiesen hat; – Beweislast für Vorsatz beim Versicherer, der Versicherungsnehmer kann sich bei grober Fahrlässigkeit entlasten; Quotelungsbeweis durch den Versicherer.
Laufzeit von Versicherungsverträgen	▪ die Laufzeit von Versicherungsverträgen (§ 11 VVG) Sonderkündigungsrecht für den Versicherungsnehmer zum Ende des dritten und jedes folgenden Versicherungsjahres bei Verträgen mit mehr als drei Jahren Dauer.
Verjährung	▪ die Verjährung Für Versicherungsverträge gilt die regelmäßige Verjährungsfrist des BGB von drei Jahren mit der Besonderheit der Hemmung nach § 15 VVG.

Die AHB 2008 Proximus berücksichtigen (wie die Musterbedingungen des GDV) außerdem in den Ziffern 8. bis 32. die so genannten **Bausteine zur Vereinheitlichung spartenübergreifender AVB.**

Dadurch sollen gleiche Sachverhalte, die in den einzelnen Sparten-Bedingungswerken abweichend und vielfach auch unterschiedlich formuliert sind, vereinheitlicht und möglichst identisch geregelt werden.

Die folgenden Ziffern der Proximus-AHB berücksichtigen die Bausteine, die auf der VVG-Neuordnung beruhen:

8. Beginn des Versicherungsschutzes/Beitrag und Versicherungsteuer (Bausteine 1 und 3)
9. Zahlung und Folgen verspäteter Zahlung / erster oder einmaliger Beitrag (Baustein 4)
10. Zahlung und Folgen verspäteter Zahlung / Folgebeitrag (Baustein 5)
11. Rechtzeitigkeit der Zahlung bei Lastschriftermächtigung (Baustein 6)
12. Teilzahlung und Folgen bei verspäteter Zahlung (Baustein 7)
14. Beitrag bei vorzeitiger Vertragsbeendigung (Baustein 8)
16. Dauer und Ende des Vertrages (Baustein 9)
17. Wegfall des versicherten Interesses (Baustein 10)
18. Kündigung nach Beitragsangleichung (Baustein 11)
19. Kündigung nach Versicherungsfall (Baustein 12)
20. Kündigung nach Veräußerung versicherter Unternehmen (Baustein 13)
22. Mehrfachversicherung (Baustein 19a)
23. Vorvertragliche Anzeigepflichten des Versicherungsnehmers (Baustein 14)
26. Rechtsfolgen bei Verletzung von Obliegenheiten (Baustein 18)
29. Anzeigen, Willenserklärungen, Anschriftenänderung (Baustein 23)
30. Verjährung (Baustein 20)
31. Zuständiges Gericht (Baustein 21)
32. Anzuwendendes Recht (Baustein 22)

Bausteine zur Vereinheitlichung spartenübergreifender AVB

LF 2

LF 10

LF 15

2.0 Grundlagen der Haftpflichtversicherung

Durch einen schuldhaft verursachten Schaden können Ersatzansprüche auf den Schadenverursacher zukommen, die in der Höhe durch das BGB in der Regel nicht begrenzt sind.

Dies kann für den Schädiger existenzgefährdend sein, da seine – schon vorhandenen und zukünftig zu erwartenden – Vermögenswerte bis auf das Existenzminimum zur Ersatzleistung herangezogen werden können.

Das Interesse des Versicherungsnehmers, sein Vermögen nicht mit Haftungsverbindlichkeiten zu belasten, führt in der Regel zum Abschluss einer Haftpflichtversicherung.

2.0.1 Sinn der Haftpflichtversicherung

▶ **Situation**

Der Versicherungsnehmer Grün kommt zu Ihnen ins Büro und möchte darüber informiert werden, ob der Abschluss einer Haftpflichtversicherung für ihn sinnvoll ist. Er ist Familienvater mit Ehefrau und zwei Kindern, arbeitet als selbstständiger Malermeister und hat einen Hund.

Erläutern Sie an diesem Beispiel aufgrund der Kenntnisse des Haftpflichtrechts den Sinn einer Haftpflichtversicherung für Familie Grün.

▶ **Erläuterung**

Freihaltungsanspruch

Die Haftpflichtversicherung soll das Vermögen des Versicherungsnehmers vor berechtigten oder unberechtigten Schadenersatzansprüchen Dritter schützen, sie soll den Versicherungsnehmer freihalten von Ansprüchen aufgrund eines Schadens, den er in einer „versicherten" Eigenschaft einem Dritten zugefügt hat.

In diesem Zusammenhang ist der grundsätzliche Unterschied zwischen den Rechtsverhältnissen, die der Haftung und denen, die der Deckung zugrunde liegen, zu klären:

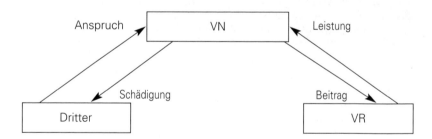

Haftungsverhältnis

Haftungsverhältnis

Zwischen dem Versicherungsnehmer und dem Geschädigten entsteht durch die Schädigung ein Haftungsverhältnis.

Deckungsverhältnis

Deckungsverhältnis

Durch den Versicherungsvertrag zwischen dem Versicherungsnehmer und dem Versicherer hat der Versicherungsnehmer Anspruch auf Deckungsschutz gegen die Ansprüche des Geschädigten (entweder auf Abwehr unberechtigter Schadenersatzansprüche oder auf Freistellung von berechtigten Schadenersatzverpflichtungen).

Zur Haftungs- und Deckungsprüfung siehe Kap. 2.5.1.1.

In der Allgemeinen Haftpflichtversicherung bestand bis zur Neuordnung des VVG außer bei Pflichtversicherungen kein Direktanspruch des geschädigten Dritten gegen die Versicherung des Schädigers – in der Praxis verhandelte der Versicherer aber meist direkt mit dem Geschädigten (dann aber als „Vertreter" des Versicherungsnehmers). **Direktanspruch**

Durch das VVG wurde diese Regelung durch die §§ 115–117 geändert:

- Der Geschädigte hat außer bei jeder Pflichtversicherung auch „bei Insolvenz" und „unbekanntem Aufenthaltsort" des Versicherungsnehmers einen Direktanspruch gegen den Versicherer (einerseits zum Schutz des Geschädigten, andererseits auch als Vorwegnahme einer EU-Harmonisierung).
- Versicherer und Versicherungsnehmer haften als Gesamtschuldner, der Versicherer ist aber nur im Rahmen des Versicherungsverhältnisses zur Leistung verpflichtet.
- Der Versicherer kann dem Geschädigten gegenüber nicht geltend machen, dass er dem Versicherungsnehmer gegenüber teilweise oder ganz leistungsfrei ist (Leistungspflicht bei einem kranken Deckungsverhältnis – beschränkt auf die gesetzliche Mindestversicherungssumme [250 000 € pro Schadenfall, 1 000 000 € für alle Versicherungsfälle eines Versicherungsjahres]).
- Für den Anspruch des Geschädigten besteht einen Monat Nachhaftung des Versicherers aus dem beendeten Vertrag heraus.

2.0.2 Einordnung der Haftpflichtversicherung

Nach den verschiedenen Gesichtspunkten der Einordnung eines Versicherungszweiges in das Gesamtsystem „Versicherung" ist die Haftpflichtversicherung:

- nach der angewandten Versicherungstechnik eine **Schadenversicherung** (sie deckt den konkreten Bedarf im Schadenfall); **Vermögensschadenversicherung**
- nach der Art des Risikos eine **Vermögensschadenversicherung** (sie dient der Abwehr von Schäden am Vermögen des Versicherungsnehmers);
- entweder eine **freiwillige oder eine Pflichtversicherung***; **freiwillige oder Pflichtversicherung**
- nach dem **versicherten Risiko** eine Privat-, Berufs- (z. B. Architekten, Ärzte), Betriebs- (Gewerbetreibende wie z. B. Arzneimittelhersteller, Handwerksbetriebe), Vereins-, Sport- (z. B. Jagd), Fahrzeug- (z. B.

---

* Für eine ganze Reihe von gefahrbringenden Tätigkeiten und für bestimmte Berufe werden Pflichtversicherungen aufgrund von Gesetzen und Verordnungen gefordert (z. B. für Kraftfahrzeuge, Luftfahrzeuge, Arzneimittelhersteller, Steuerberater, Jäger). **Pflicht-Haftpflichtversicherung**
Für diese Risiken sind Pflichtversicherungen vorgeschrieben, um unabhängig von den wirtschaftlichen Verhältnissen der Schädiger den Geschädigten für ihre berechtigten Forderungen einen sicheren Anspruch (gegen den Versicherer) zu verschaffen.

Kraftfahrzeug, Luftfahrzeug, Wasserfahrzeug), Umwelt- (für Unternehmen mit Risiken nach dem UmweltHaftG), Haus- und Grundbesitzer-, Tierhalter-Haftpflichtversicherung usw.;

Passivenversicherung
- nach wirtschaftlichen Gesichtspunkten ist die Haftpflichtversicherung eine Versicherung gegen Verbindlichkeiten (= Passiva), die dem Versicherungsnehmer durch die Schadenersatzansprüche des Geschädigten entstehen = **Passivenversicherung**.

2.0.3   Rechtsgrundlagen (Rechtsquellen)

Rechtsgrundlagen für den einzelnen Versicherungsvertrag sind sowohl gesetzlicher als auch vertraglicher Art.

▶ Situation

Der Versicherungsnehmer Grün möchte von Ihnen wissen, welche Rechtsquellen eigentlich seiner neu abzuschließenden Haftpflichtversicherung zugrunde liegen.

▶ Erläuterung

2.0.3.1   Gesetzliche Grundlagen

Gesetzliche Grundlagen für die **Haftpflichtversicherung** finden sich u. a. im:

- Bürgerlichen Gesetzbuch (BGB)
- Versicherungsvertragsgesetz (VVG 2008)
  - Teil 1 – Allgemeiner Teil   (§§ 1–99 VVG)
  - Teil 2 – Einzelne Versicherungszweige
    - Kapitel 1 – Haftpflichtversicherung
      - Abschnitt 1 – Allgemeine Vorschriften   (§§ 100–112 VVG)
      - Abschnitt 2 – Pflichtversicherung   (§§ 113–124 VVG)
  - Teil 3 – Schlussvorschriften   (§§ 209–215 VVG)
- Gesetz über die Pflichtversicherung für Kraftfahrzeughalter (Pflichtversicherungsgesetz – PflVG)
- Verordnung über den Versicherungsschutz in der Kraftfahrzeug-Haftpflichtversicherung (Kraftfahrzeug-Pflichtversicherungsverordnung – KfzPflVV)

Beim VVG ist zu berücksichtigen, dass der größte Teil der Vorschriften, die für die Schadenversicherung gelten, für die Haftpflichtversicherung als Passivenversicherung nur eingeschränkt Bedeutung hat, weil sich die Bestimmungen für die Schadenversicherung in der Regel auf die Aktivenversicherung beziehen.

Ein typisches Beispiel für diese Unterschiede sind die Bestimmungen über die Folgen, die das Verschulden des Versicherungsnehmers bei der Verursachung eines Schadens auf die Leistungspflicht des Versicherers hat:

- für die Schadenversicherung bestimmt § 81 VVG, dass bei Vorsatz und grober Fahrlässigkeit des Versicherungsnehmers der Versicherer leistungsfrei ist,
- in der Haftpflichtversicherung ist lt. § 103 VVG nur der Vorsatz (in Verbindung mit der Widerrechtlichkeit) nicht versichert.

2.0.3.2 Vertragliche Grundlagen

Vertraglich vereinbarte Grundlagen für den Haftpflichtversicherungsvertrag sind z. B.

- die „Allgemeine Versicherungsbedingungen für die Haftpflichtversicherung (AHB)" (hier die AHB 2008 Proximus),
- die „Risikobeschreibungen, Besondere Bedingungen und Erläuterungen für die Haftpflichtversicherung privater Risiken" (hier die Proximus RBE-Privat) – z. B. auch zur Haus- und Grundbesitzer- und Tierhalter-Haftpflichtversicherung,
- die „Besondere Bedingungen für die Mitversicherung der Vermögensschäden in der Haftpflichtversicherung (BBVerm)" – wenn die Mitversicherung der Vermögensschäden vereinbart wird,
- die individuellen Vereinbarungen im Angebot, im Antrag und im Versicherungsschein und in evtl. Nachträgen.

2.1 Gegenstand der Haftpflichtversicherung, Versicherungsfall

Ziffer 1. AHB

▶ Situation

Bei der Durchsicht der Ziffer 1. AHB fallen Herrn Grün verschiedene Begriffe wie „Schadensereignis, Schadensersatz, Haftpflichtbestimmungen privatrechtlichen Inhalts, kein Versicherungsschutz" auf. Er bittet Sie um Klärung dieser Begriffe und um Beispiele dazu.

▶ Erläuterung

Nach der Neuordnung der AHB 2008 sind in Ziffer 1. AHB geregelt:

Neuordnung der AHB

- Versicherungsschutz besteht „nur" im Rahmen des versicherten Risikos, das im Vertrag dokumentiert ist;
- das Schadenereignis (der Versicherungsfall) ist neu definiert;
- die zeitliche Abgrenzung des Versicherungsschutzes („während der Wirksamkeit der Versicherung") wird festgelegt;

LF
2

LF
10

LF
15

- die Schadenarten Personen- und Sachschäden werden ausdrücklich um die sich daraus ergebenden Vermögens(folge)schäden erweitert – die Begriffe werden aber nicht definiert;
- Rechtsgrundlage für die versicherten Schadenersatzansprüche sind weiterhin „gesetzliche Haftpflichtbestimmungen privatrechtlichen Inhalts";
- nicht versichert sind Vertragserfüllungsansprüche und -surrogate.

Text
Ziffer 1. AHB

1. Gegenstand der Versicherung, Versicherungsfall

1.1 Versicherungsschutz besteht im Rahmen des versicherten Risikos für den Fall, dass der Versicherungsnehmer wegen eines während der Wirksamkeit der Versicherung eingetretenen Schadenereignisses (Versicherungsfall), das einen Personen-, Sach- oder sich daraus ergebenden Vermögensschaden zur Folge hatte, aufgrund

gesetzlicher Haftpflichtbestimmungen
privatrechtlichen Inhalts

von einem Dritten auf Schadensersatz in Anspruch genommen wird.

Schadenereignis ist das Ereignis, als dessen Folge die Schädigung des Dritten unmittelbar entstanden ist. Auf den Zeitpunkt der Schadenverursachung, die zum Schadenereignis geführt hat, kommt es nicht an.

1.2 Kein Versicherungsschutz besteht für Ansprüche, auch wenn es sich um gesetzliche Ansprüche handelt,

(1) auf Erfüllung von Verträgen, Nacherfüllung, aus Selbstvornahme, Rücktritt, Minderung, auf Schadensersatz statt der Leistung;
(2) wegen Schäden, die verursacht werden, um die Nacherfüllung durchführen zu können;
(3) wegen des Ausfalls der Nutzung des Vertragsgegenstandes oder wegen des Ausbleibens des mit der Vertragsleistung geschuldeten Erfolges;
(4) auf Ersatz vergeblicher Aufwendungen im Vertrauen auf ordnungsgemäße Vertragserfüllung;
(5) auf Ersatz von Vermögensschäden wegen Verzögerung der Leistung;
(6) wegen anderer an die Stelle der Erfüllung tretender Ersatzleistungen.

Ziffer 1.1 AHB

2.1.1   Voraussetzungen für die Gewährung von Versicherungsschutz

Versicherungsfall
Schadenereignis

In Ziffer 1.1 AHB ist der Versicherungsfallbegriff integriert und das „Schadenereignis" neu definiert.

Damit Versicherungsschutz gewährt werden kann, müssen die folgenden Voraussetzungen erfüllt sein:

Voraussetzungen für den Versicherungs-schutz

LF 2

LF 10

LF 15

> Während der Wirksamkeit der Versicherung tritt ein Schadenereignis (Versicherungsfall) ein;

> durch das Schadenereignis entsteht ein Personen-, Sach- oder Vermögens(folge)schaden;

> der Versicherungsnehmer wird deshalb von einem Dritten auf Schadenersatz in Anspruch genommen;

> Grundlage für die Ansprüche des Geschädigten sind gesetzliche Haftpflichtbestimmungen privatrechtlichen Inhalts.

2.1.1.1 Wirksamkeit der Versicherung

Ziffer 1.1 AHB

Durch die Formulierung „während der Wirksamkeit der Versicherung" in Ziffer 1.1 AHB wird der Versicherungsschutz zeitlich abgegrenzt.

zeitliche Abgrenzung des Versicherungs-schutzes

▶ Situation

Proximus-Versicherungsvertreter P. hat Herrn Grün nach ausführlicher Beratung und Information (§§ 6, 7, 61 VVG) am 27. Juli 2008 ein Ange-bot auf Abschluss einer Haftpflichtversicherung mit Wirkung vom 1. Au-gust des Jahres bei der Proximus Versicherung unterbreitet und ihm alle erforderlichen Unterlagen (gemäß § 7 VVG) ausgehändigt.

Herr Grün unterschreibt das Angebot am 8. August des Jahres und übergibt das Formular Herrn P. – er nimmt dadurch den Antrag der Pro-ximus Versicherung an. Fällig ist der Beitrag jeweils am 1. August, Dauer der Versicherung 5 Jahre.

Das Überweisungsformular für die Zahlung des Erstbeitrages wird am 10. August des Jahres vom Versicherungsnehmer seiner Bank überge-ben.

Ab wann ist diese Versicherung wirksam?

▶ Erläuterung

materieller Beginn
Einlösungsklausel
Ziffern 8. und 9.1 AHB

Versicherungsschutz besteht in der Haftpflichtversicherung lt. § 100 VVG für „während der Versicherungszeit" eintretende Versicherungsfälle.

Der Versicherungsschutz beginnt (materieller Beginn) nach Ziffer 8. AHB in Verbindung mit Ziffer 9.1 AHB ab dem im Versicherungsschein angegebenen Zeitpunkt (technischer Beginn), wenn der Beitrag unverzüglich („ohne schuldhaftes Zögern") nach Ablauf von zwei Wochen nach Zugang des Versicherungsscheines gezahlt wird.

Der Versicherungsnehmer kann also den Versicherungsschutz evtl. auch rückwirkend in Kraft setzen, wenn er – nach „verspäteter Zusendung des Versicherungsscheines" (nach dem technischen Beginn) – „rechtzeitig" zahlt (erweiterte Einlösungsklausel).

Die 14-tägige Frist ergibt sich aus § 8 (1) VVG – der Versicherungsnehmer hat ein Widerrufsrecht innerhalb von zwei Wochen nach Erhalt der in § 8 (2) VVG aufgeführten Unterlagen – meist spätestens mit dem Versicherungsschein.

Text
Ziffer 8. AHB

8. Beginn des Versicherungsschutzes / Beitrag und Versicherungsteuer

Der Versicherungsschutz beginnt zu dem im Versicherungsschein angegebenen Zeitpunkt, wenn der Versicherungsnehmer den ersten oder einmaligen Beitrag rechtzeitig im Sinne von Ziffer 9.1 zahlt.

Der in Rechnung gestellte Beitrag enthält die Versicherungsteuer, die der Versicherungsnehmer in der jeweils vom Gesetz bestimmten Höhe zu entrichten hat.

Text
Ziffer 9.1 AHB

9. Zahlung und Folgen verspäteter Zahlung / erster oder einmaliger Beitrag

9.1 Der erste oder einmalige Beitrag wird unverzüglich nach Ablauf von zwei Wochen nach Zugang des Versicherungsscheins fällig.

Ist die Zahlung des Jahresbeitrags in Raten vereinbart, gilt als erster Beitrag nur die erste Rate des ersten Jahresbeitrages.

Lastschrifteinzug
Ziffer 11. AHB

Wenn **Lastschrifteinzug** (Ziffer 11. AHB) vereinbart ist, so gilt der Beitrag als rechtzeitig gezahlt, wenn er am angegebenen Fälligkeitstag eingezogen werden kann und der Versicherungsnehmer dem berechtigten Einzug nicht widerspricht.

Verschulden des VN

Wenn der fällige Beitrag ohne Verschulden des Versicherungsnehmers nicht eingezogen werden kann, so gilt die Zahlung auch als rechtzeitig, wenn sie unverzüglich nach einer entsprechenden in Textform abgegebenen Zahlungsaufforderung des Versicherers erfolgt.

Hat der Versicherungsnehmer zu vertreten, dass wiederholt der Beitrag nicht eingezogen werden konnte, so kann der Versicherer für die Zukunft Zahlung außerhalb des Lastschriftverfahrens verlangen.

Außerdem ist für das Fortbestehen des Versicherungsschutzes z. B. Voraussetzung,

- dass die Folgebeiträge rechtzeitig gezahlt werden (Zahlungsverzug nach Ablauf der Zahlungsfrist gem. § 38 VVG), Ziffer 10. AHB
- dass keine Obliegenheitsverletzungen vorliegen und Ziffer 23. ff. AHB
- dass der Vertrag weder unterbrochen noch abgelaufen/beendet ist. Ziffer 16. ff. AHB

Der Versicherungsschutz muss zum Zeitpunkt des Eintritts des Schadenereignisses noch bestehen; er darf also nicht z. B. durch Kündigung beendet oder z. B. durch verspätete Zahlung des Folgebeitrages unterbrochen sein. materielles Ende

2.1.1.2 Eintritt eines Schadenereignisses (Eintritt eines Versicherungsfalles)
Ziffer 1.1 AHB

Der Versicherungsfall in der Haftpflichtversicherung ist im Abschnitt Haftpflichtversicherung des VVG – §§ 100–124 VVG – nicht definiert, weil er in den verschiedenen Arten der Haftpflichtversicherung sehr unterschiedlich ausgeprägt ist:

Der Versicherungsfall ist

- in der Anwalts- und Notarhaftpflichtversicherung der Rechtsverstoß,
- in der Architektenhaftpflichtversicherung der Planungsfehler,
- in der Produkthaftpflichtversicherung das In-Verkehr-Bringen des Produktes (s. Kap. 1.6.3),
- in der Umwelthaftpflichtversicherung die erste nachprüfbare Feststellung des Schadens.

Das Schadenereignis (der Versicherungsfall) für die allgemeine Haftpflichtversicherung muss deshalb in den AHB definiert werden – durch Ziffer 1.1 AHB – im Sinne eines Folgeereignisses:

„Schadenereignis ist das Ereignis, als dessen Folge die Schädigung eines Dritten unmittelbar entstanden ist. Auf den Zeitpunkt der Schadenverursachung, die zum Schadenereignis geführt hat, kommt es nicht an." Text
Ziffer 1.1 Abs. 2 AHB

▶ Situation

Frau Grün besucht am 29. Juli mit ihrem Sohn Peter ihre Freundin Karin Dorn. Frau Dorn wohnt in einem Einfamilienhaus auf einem Grundstück, das rechts durch Sträucher und einen Gartenteich des Nachbarn Breuer abgegrenzt wird.

Der kleine Peter spielt auf der Terrasse und entdeckt eine Dose mit einem Unkrautvernichtungsmittel. Diese Dose kippt er dem Nachbarn Klaus Breuer über den Gartenzaun, genau zwischen die dicht gewachsenen Sträucher (= Verstoß).

LF
2

LF
10

LF
15

Am 1. August kommt es zu einem Sturzregen, der das Unkrautvernichtungsmittel auflöst und in den Gartenteich strömen lässt (= die schadenstiftende Handlung). Nachdem am 5. August die ersten Fische eingegangen sind (= Schadenereignis), untersucht Klaus Breuer den Garten mitsamt Teich genauer und entdeckt Spuren des Unkrautvernichters. Mit Hilfe von Karin Dorn kann er zurückverfolgen, dass der Besuch von Frau Grün am 29. Juli hiermit im ursächlichen Zusammenhang steht.

Klaus Breuer macht Frau Grün am 6. August haftpflichtig, nachdem inzwischen sämtliche Zierfische eingegangen sind.

▶ Erläuterung

zeitliche Festlegung des Versicherungsfalles

Für die zeitliche Festlegung des Versicherungsfalles sind die folgenden Theorien entwickelt worden:

Verstoßtheorie, Schadenereignistheorie und Manifestationstheorie

Verstoßtheorie (Ursachen- oder Kausaltheorie – Zukunftssicherung, Vorwärtsdeckung)	Schadenereignistheorie (Sofortsicherung)	Manifestationstheorie *
Die schadenstiftende Handlung (Ursache, Verstoß – nicht der Schaden selbst	Der nach außen hin erkennbare Eintritt des Schadens (das äußere Ereignis) ...	Die nachprüfbar erste Feststellung eines Personen-, Sach- oder Vermögensschadens ...
... muss während der Wirksamkeit des Versicherungsvertrages eingetreten sein, um eine Deckungspflicht des Versicherers zu begründen.		
Im Beispiel der 29. Juli	Im Beispiel der 1. August	Im Beispiel der 5. August
* Von der Manifestationstheorie ist die **Anspruchserhebungstheorie** (claims made) zu unterscheiden. Sie wird überwiegend in Großbritannien und der USA angewandt. Bei dieser Theorie ist der Tag des Versicherungsfalles nicht genau bekannt, die Anspruchserhebung durch den Geschädigten erfolgt ganz am Ende nach der Feststellung des Schadens (dies muss aber noch während der Wirksamkeit des Vertrages erfolgen, wenn Versicherungsschutz gegeben sein soll!).		

▶ Beispiel

Materielle Versicherungsdauer

1. 8. 2005 ▼		31. 7. 2008 ▼	
Vertrag bei Südstern Versicherungs-AG	Vertrag bei Proximus Versicherung	Vertrag bei Weststern Versicherungs-AG	
Ereignistheorie			
Verstoß A 29.7.2005	Ereignis A 3.8.2005 Leistung durch **Proximus**		
	Verstoß B 15.6.2008	Ereignis B 1.9.2008 Leistung durch **Weststern**	
Verstoßtheorie			
Verstoß A 29.7.2005	Ereignis A 3.8.2008 Leistung durch **Südstern**		
	Verstoß B 15.6.2008	Ereignis B 1.9.2008 Leistung durch **Proximus**	

materielle Versicherungsdauer

LF 2

LF 10

LF 15

Die Schadenereignistheorie der Ziffer 1.1 Satz 2 AHB ist in der allgemeinen Haftpflichtversicherung bewährt und für die weit überwiegende Zahl der Versicherungsfälle bestens geeignet:

Schadenereignistheorie

> Am Tage des äußeren Ereignisses (des Schadens selbst) muss Versicherungsschutz bestehen.

Es ist nicht erforderlich, dass auch der Verstoß während der Wirksamkeit der Versicherung eingetreten ist (siehe oben).

Wenn also der Verstoß und das Schadenereignis (wie im geschilderten Fall) zeitlich auseinanderfallen, so übernimmt (siehe oben) der neue Versicherer Proximus ein schon bei Abschluss des Vertrages latent vorhandenes Risiko. Das hat aber auch zur Folge, dass kein Versicherungsschutz mehr gegeben ist, wenn zwar der Verstoß noch in die Zeit vor Beendigung des Vertrages fällt, nicht aber das Schadenereignis selbst.

Vermögensschaden-
Haftpflichtversicherung
(Verstoßtheorie)

Ausnahmen sind (siehe oben) z. B. die Architekten- und Ingenieur-Haft-
pflichtversicherung und die Vermögensschaden-Haftpflichtversicherung (hier muss zum Zeitpunkt des Verstoßes Versicherungsschutz bestehen – als z. B. die Statik falsch berechnet wurde [die „geistige" Fehl-
leistung], nicht als das Gebäude später einstürzte).

Umwelthaftung für
gewerbliche Risiken
(Anspruchserhebungs-
theorie)

Bei der Haftpflichtversicherung zur Deckung der Umwelthaftung für gewerbliche Risiken gilt als Eintritt des Versicherungsfalles die nachprüf-
bar erste Feststellung eines Personen-, Sach- oder Vermögensfolge-
schadens während der Vertragslaufzeit durch den Geschädigten, einen
sonstigen Dritten oder den Versicherungsnehmer (Anspruchserhebungs-
oder Manifestationstheorie). Dadurch wird berücksichtigt, dass der ge-
naue Zeitpunkt des Schadenereignisses im Sinne der AHB bei Umweltschäden oft nur sehr schwer zu bestimmen ist.

Schadenarten

Die „neue" offene Formulierung der Schadenarten in den AHB ist aufgrund der Rechtsprechung erfolgt, weil strittig war, ob die früheren De-
finitionen dauerhaft haltbar gewesen wären:

Text
Ziffer 1.1 AHB

1. Gegenstand der Versicherung, Versicherungsfall

1.1 Versicherungsschutz besteht im Rahmen des versicherten Risikos für
den Fall, dass der Versicherungsnehmer wegen eines während der Wirksamkeit der Versicherung eingetretenen Schadenereignisses (Versicherungsfall), das einen Personen-, Sach- oder sich daraus ergebenden Vermögensschaden zur Folge hatte, ….

Personenschäden

Dies gilt z. B. auch bei „Personenschäden" – die bisherige Definition
reichte u. a. bei der Schädigung ungeborenen Lebens oder bei psychi-
scher Schädigung nicht.

Umstritten ist auch die Definition des Personenschadens im Zusam-
menhang mit der Verletzung des allgemeinen Persönlichkeitsrechts des
Artikel 2 Grundgesetz. Deshalb sind auch die Deckungsausschlüsse für
Persönlichkeits- / Namensrechtsverletzungen in Ziffer 7.16 AHB und für
Diskriminierungen in Ziffer 7.17 AHB notwendig.

Sachschäden
BGH, VersR 1976, 1169

Als „Sachschaden" gilt nicht nur jeder Eingriff in die Sachsubstanz, sondern jede wertmindernde Einwirkung auf den Zustand einer Sache, die
die Brauchbarkeit der Sache – wirtschaftlich gesehen – für ihren Zweck
beeinträchtigt. Voraussetzung ist aber, dass die Sache gebrauchsfertig
und mangelfrei ist, wenn sie wertmindernd verändert wird.

Vermögens-
folgeschäden

Zu den Vermögensfolgeschäden siehe Kap. 2.2.1.

Die versicherungstechnische Unterscheidung zwischen den verschiedenen Schadenarten (besonders bei Mitversicherung der Vermögensschäden) ist wichtig, weil

- die Versicherungssummen unterschiedlich für die Schadenarten vereinbart werden können und
- durch die AHB und die RBE der Umfang des Versicherungsschutzes individuell unterschiedlich geregelt werden kann.

Unterscheidung
zwischen den
Schadenarten

LF 2

LF 10

LF 15

2.1.1.3 Schäden als Folge des Ereignisses

Ziffer 1.1 AHB

▶ **Situation**

Malermeister Grün meldet seinem Betriebshaftpflichtversicherer Proximus, dass er bei seinem Kunden Ernst Blei e. K. einen Schaden an der Eingangstür zum Geschäft verursacht hat, weil er die Tür zu kräftig zuschlug.

Der Mitarbeiter des Kunden, der nach ihm durch die Tür treten wollte, wurde am Knie verletzt, musste ärztlich behandelt werden und war für 14 Tage arbeitsunfähig.

Herr Grün meldet der Proximus aufgrund des Schadens:

- Ansprüche seines Kunden Blei
  für den Schaden an der Tür in Höhe von   2 650,00 €
  für die Lohnfortzahlung im Krankheitsfall   1 568,35 €

- Ansprüche des Mitarbeiters
  für beschädigte Kleidung in Höhe von   170,90 €
  als Schmerzensgeld   200,00 €

Die Krankenkasse des Mitarbeiters fordert
für Behandlungskosten   4 758,30 €

Welche Ansprüche sind zu ersetzen?

▶ **Erläuterung**

Die in Ziffer 1.1 AHB genannten Schadenarten

Personen-, Sach- und Vermögensfolgeschäden

sind in den AHB nicht definiert, sie sind versicherungstechnisch zu verstehen.

Schadenarten
Ziffer 1.1 AHB

Personenschaden

Die Verpflichtung zum Ersatz eines Personenschadens kann sich aus dem Tod, der Körperverletzung oder der Gesundheitsbeschädigung einer Person ergeben (z. B. Arztkosten einer Heilbehandlung, aber auch das Schmerzensgeld).

Sachschaden

Ein Sachschaden ist die Beschädigung, die Zerstörung oder der Verlust einer Sache (z. B. Reparaturkosten für die beschädigte Sache, aber auch die Minderung der Gebrauchsfähigkeit einer Sache).

echter (reiner) Vermögensschaden

Hat eine Schädigung nur einen finanziellen Schaden zur Folge, der weder auf einem Personen- noch auf einem Sachschaden beruht, so liegt ein „echter (reiner) Vermögensschaden" vor.

unechter Vermögensschaden

Ist der finanzielle Schaden aber die Folge eines Personen- oder Sachschadens, („eines sich daraus ergebenden Vermögensschadens") handelt es sich um einen unechten Vermögensschaden (z. B. der Verdienstausfall nach der Beschädigung des Geschäftswagens), der jeweils dem Personen- oder Sachschaden zuzuordnen ist.

▶ Lösung

Die Proximus Versicherung übernimmt im Rahmen der Betriebshaftpflichtversicherung

als **Sachschaden**
- die Ansprüche des Kunden Blei für den Schaden an der Tür und
- die Ansprüche des Mitarbeiters für beschädigte Kleidung;

als **Personenschaden**
- die Forderung der Krankenkasse des Mitarbeiters für Behandlungskosten;

als **Personenfolgeschaden (unechter Vermögensschaden)**
- die Lohnfortzahlung im Krankheitsfall,
- das Schmerzensgeld.

Ziffer 1.1 AHB Inanspruchnahme von einem Dritten

2.1.1.4   Inanspruchnahme von einem Dritten

▶ Situation

Während der Silvesterfeier hat Herr Meuser beim Bleigießen aus Versehen seiner Ehefrau das flüssige Blei großflächig auf ihr neues Kleid geschüttet.

Er bittet seinen Haftpflichtversicherer um Ersatz des Neupreises für das Kleid.

▶ Erläuterung

Der Geschädigte darf nicht zum Kreis der durch einen Versicherungsvertrag abgesicherten Personen gehören (Ausschluss von Eigenschäden).

Eigenschäden

Der Geschädigte darf also nicht mit dem Versicherungsnehmer (natürliche oder juristische Person) oder den Mitversicherten personengleich
sein. Deshalb können z. B. auch Ehepartner und unverheiratete Kinder
– Ziffer 7.5 (1) Abs. 2 AHB – keine Ansprüche gegen den Versicherungsnehmer geltend machen.

Eine Ausnahme besteht aber z. B. im Rahmen der Privat-Haftpflichtversicherung durch die „Besondere Bedingungen und Risikobeschreibungen für die Haftpflichtversicherung von privaten Haftpflichtrisiken (RBE-
Privat)" für Gewässerschäden:

Gewässerschaden-
Haftpflichtversicherung
➡ PHV

Schäden an unbeweglichen Sachen des Versicherungsnehmers (z. B.
wenn Öl aus dem Öltank ausläuft und die Fundamente des Hauses
großflächig saniert werden müssen) sind auch dann mitversichert,
wenn kein Gewässerschaden drohte bzw. eintrat (Abschnitt G. Ziffer
3.4 Absatz 4 RBE-Privat).

unbewegliche Sachen
des VN
➡ PHV

Rettungskosten sind auch Aufwendungen zur Wiederherstellung des
Zustandes von Grundstücks- und Gebäudeteilen – auch des Versicherungsnehmers –, wie er vor Beginn der Rettungsmaßnahmen bestand.

Text
RBE-Privat
Pos. G. 3.4 Absatz 4

2.1.1.5 Inanspruchnahme aufgrund gesetzlicher Haftpflichtbe-
stimmungen privatrechtlichen Inhalts

Ziffer 1.1 AHB

▶ Beispiele

1. Malermeister Grün hat am 14. 11. 20.. mit seinem Kunden
   Dunkel einen Werkvertrag über die Renovierung der Wohnung des Dunkel bis zum 1. 12. des Jahres abgeschlossen.
   Außerdem wurde vereinbart, dass für Zeitüberschreitungen
   bei der Renovierung pro Tag 300 € Konventionalstrafe zu
   zahlen sind.

   Die Renovierung ist erst am 4.12. beendet.

2. Außerdem wurde bei der Renovierung der Fernseher (obwohl durch Folie abgedeckt) durch aggressive Lösungsmit-
   telspritzer beschädigt.

3. Als Grün die Leiter zu seinem Auto tragen will, übersieht er
   einen Fußgänger und verletzt diesen.

4. Während der Arbeiten stand der Firmenwagen den ganzen
   Tag über im Halteverbot. Diese Ordnungswidrigkeit wurde
   mit 100 € geahndet.

gesetzliche Haftpflicht-
bestimmungen

Gesetzliche Haftpflichtbestimmungen sind (auf z. B. Gesetzen oder
Verordnungen beruhende) Rechtsnormen, die Rechtsfolgen auslösen,
wenn der Versicherungsnehmer etwas getan oder unterlassen hat und
dadurch ein Schaden entstanden ist.

▶ Lösung

Deliktshaftung

■ **Versicherungsschutz** bei **deliktischer Haftung** (im Fall 3: Ersatz des
Personenschadens aus § 823 BGB);

Kontrakthaftung

■ **Versicherungsschutz** bei **Kontrakthaftung** (im Fall 2: Ersatz des
Fernsehers aus § 276 BGB in Verbindung mit §§ 280 ff. BGB);

rein vertragliche
Haftung

■ **kein Versicherungsschutz** bei **rein vertraglicher Haftung** (im Fall 1:
Konventionalstrafen, siehe Ziffer 7.3 AHB und Kap. 2.7.3);

öffentlich-rechtliche
Bestimmungen

■ **kein Versicherungsschutz** bei **Ansprüchen aufgrund öffentlich-
rechtlicher Bestimmungen** (im Fall 4: z. B. Geldstrafen wegen einer
Straftat, Bußgelder).

Zusammenfassend ergibt sich das folgende Schaubild über die Haftpflicht insgesamt und den davon durch Haftpflichtversicherungen gedeckten bzw. durch besondere Vereinbarung zu deckenden Teil.

Haftpflicht				
gesetzliche Haftung				rein ver- tragliche Haftung
Verschuldenshaftung (Deliktshaftung)			Gefähr- dungs- haftung	
Vorsatz	Fahrlässigkeit			
	leichte	grobe		
nicht versichert	Gegenstand der Haftpflichtversicherung			muss gesondert versichert werden

Ziffer 1.2 AHB

2.1.2 Kein Versicherungsschutz für Schäden durch mangelhafte Erfüllung von Verträgen

▶ Situation

Malermeister Grün hat für die Renovierung eines Badezimmers die falsche Farbe ausgewählt. Nach kurzer Zeit blättert diese Farbe ab. Der
Kunde verlangt eine Nachbesserung.

▶ Erläuterung

Dieser „Ausschluss" hat keine besondere rechtliche Wirkung, weil die aufgeführten Erfüllungsansprüche bereits aufgrund der Beschreibung des Versicherungsgegenstandes (aufgrund gesetzlicher Haftpflichtbestimmungen privatrechtlichen Inhalts) nicht versichert waren (der „Ausschluss" hat also nur deklaratorische und klarstellende Bedeutung).

deklaratorische Bedeutung

Trotzdem ist Ziffer 1.2 in die AHB aufgenommen worden, um den gestiegenen Anforderungen der Rechtsprechung an die Transparenz von Versicherungsbedingungen Rechnung zu tragen und Missverständnisse über den Versicherungsschutz von Anfang an auszuschließen.

> Die Formulierung berücksichtigt die systematischen und begrifflichen Änderungen des BGB im Rahmen der Schuldrechtsreform 2002 und führt deshalb in den Ziffern (1) bis (6) die aus dem BGB hergeleiteten – aber nicht durch die Haftpflichtversicherung abgedeckten – Ansprüche auf.

Schuldrechtsreform 2002

Dies sind:

(1) die Erfüllung der Verträge als solche und die anstelle der Erfüllung tretenden Erfüllungssurrogate (Nacherfüllung, Selbstvornahme, Rücktritt, Minderung, Schadenersatz statt der Leistung);
(2) die so genannten Nachbesserungsbegleitschäden (Schäden, die verursacht werden, um die Nacherfüllung durchführen zu können);
(3) die Nutzungsausfallschäden (Ausfall der Nutzung des Vertragsgegenstandes oder Ausbleiben des mit der Vertragsleistung geschuldeten Erfolges);
(4) die so genannten frustrierenden Aufwendungen (§ 284 BGB – vergebliche Aufwendungen im Vertrauen auf ordnungsgemäße Vertragserfüllung);
(5) den Schadenersatz wegen Verzögerung der Leistung (Verzugsschaden – § 280 (2) BGB);
(6) als Auffangtatbestand alle vorher nicht ausdrücklich aufgeführten Erfüllungssurrogate.

Ansprüche wegen Nicht- oder Schlechterfüllung (Gewährleistungsansprüche, z. B. Nacherfüllung, Garantieleistungen, Preisnachlass nach Mängelrüge, Ersatz des Minderwertes, entgangener Gewinn usw.) sind auch dann ausgeschlossen, wenn diese Ansprüche durch Gesetz begründet sind. Sie **sind nicht Gegenstand der Haftpflichtversicherung** (es sind keine Schadenersatzansprüche!).

Wenn der Schaden über das reine Erfüllungsinteresse hinausgeht, besteht allerdings Versicherungsschutz.

LF 2

LF 10

LF 15

▶ Beispiel

Der Maler hat im Badezimmer die falsche Farbe gewählt, die Farbe blättert ab. Die abblätternden Farbreste verstopfen den Badewannenabfluss. Ein Klempner muss den gesamten Abfluss erneuern.

Lösung

Der Maler muss im Rahmen der Nacherfüllung das Badezimmer neu streichen – kein Versicherungsschutz durch seine Haftpflichtversicherung.

Die Rechnung des Klempners ist im Rahmen der Betriebs-Haftpflichtversicherung des Malers zu ersetzen – Versicherungsschutz.

Ziffer 2. AHB

2.2 Vermögensschäden, Abhandenkommen von Sachen

Mit Ziffer 2. AHB ist eine eigenständige Ziffer für die fakultative Erweiterung des Versicherungsschutzes auf **reine Vermögensschäden** und das **Abhandenkommen von Sachen** gegeben.

Text
Ziffer 2. AHB

2. Vermögensschaden, Abhandenkommen von Sachen

Dieser Versicherungsschutz kann durch besondere Vereinbarung erweitert werden auf die gesetzliche Haftpflicht privatrechtlichen Inhalts des Versicherungsnehmers wegen

2.1 Vermögensschäden, die weder durch Personen- noch durch Sachschäden entstanden sind;

2.2 Schäden durch Abhandenkommen von Sachen; hierauf finden dann die Bestimmungen über Sachschäden Anwendung.

Ziffer 2.1 AHB

2.2.1 Vermögensschäden

Im haftungsrechtlichen Sinne versteht man unter einem Vermögensschaden jeden Vermögensnachteil, der einem Geschädigten aufgrund eines Versicherungsfalles entsteht, wie z. B. Verdienstausfall, Mietwagenkosten, Kosten für Pflegepersonal.

Versicherungstechnisch wird zwischen „unechten" und „echten" Vermögensschäden unterschieden.

unechte Vermögensschäden

Die „Vermögensfolgeschäden" oder „unechten Vermögensschäden" sind in den AHB 2008 als ersatzpflichtige Schadenart erwähnt, obwohl sie vom Versicherungsschutz auch früher schon erfasst waren (z. B. der entgangene Gewinn als Folge eines Personen- oder Sachschadens).

Vermögenseinbußen, die Folge eines Personen- oder Sachschadens sind, sind als unechte Vermögensschäden (Personen- oder Sachfolgeschäden) immer versichert.

LF
2

LF
10

LF
15

▶ Beispiel

Auf der Fahrt zu einer Baustelle fährt Versicherungsnehmer Grün an einer Ampel einen Fußgänger an, der wegen der dabei erlittenen Verletzungen (Personenschaden) für acht Wochen arbeitsunfähig wird (Personenfolgeschaden = unechter Vermögensschaden) und außerdem einen Schaden an der Kleidung in Höhe von 150 € (Sachschaden) erleidet.

Echte Vermögensschäden (oder reine Vermögensschäden) sind Vermögensschäden, die weder durch einen Personen- noch durch einen Sachschaden entstanden sind.

echte (reine)
Vermögensschäden

Sie sind versicherbar und in der Regel „durch besondere Vereinbarung" (z. B. in der Privat-Haftpflichtversicherung durch „Besondere Bedingungen für die Mitversicherung von Vermögensschäden in der Haftpflichtversicherung") mitversichert.

▶ Beispiel

- Malermeister Grün liefert mit seinem Privatwagen Material auf einer Baustelle an, auf der seine Gesellen beschäftigt sind. Er will nur kurz parken und stellt den Wagen deshalb vor einer Garageneinfahrt ab.
  Durch den Unfall eines Gesellen dauert es doch länger, bis er sein Fahrzeug wieder entfernt. Dadurch ist der Eigentümer der Garage gezwungen, für seine Fahrt zum Flughafen eine Taxe zu nehmen (Fahrtkosten 45 €) – echter Vermögensschaden.
- Ein vom Grundstück des Versicherungsnehmers aus aufs Nachbargrundstück gestürzter Baum versperrt dem Nachbarn den Weg aus dem Grundstück. Der Nachbar muss mit seinem LKW einen dringenden Kundentermin wahrnehmen. Der Auftrag des Kunden kann nicht erfüllt werden. Der finanzielle Schaden für den Nachbarn ist ein reiner Vermögensschaden, da weder der Nachbar als Person bzw. eine Sache des Nachbarn beschädigt wurde.

Bei einigen Risiken sind echte Vermögensschäden als „Sonstige Schäden" durch Sonderbedingungen eingeschlossen (z. B. Berufs-Haftpflichtversicherung der Architekten, Gewässerschadenhaftpflichtversicherung oder Produkthaftpflichtversicherung, Haftung des Gastwirtes für Vermögensschäden).

Ziffer 2.2 AHB

2.2.2   Schäden durch Abhandenkommen von Sachen

▶ Situation

Frau Grün macht mit ihrer Freundin einen Einkaufsbummel an der Kieler Förde, die Jacke und Handtasche mit dem neu gekauften Schmuck locker-fahrlässig über die Schulter gehängt. Eine an der Förde übliche Brise weht die Tasche hinein in die Tiefen der Förde. In der Tasche befanden sich auch eine neue Perlenkette und ein Edel-Leder-Etui ihrer Freundin.

▶ Erläuterung

Grundsatz

Grundsätzlich ist ein Schaden durch Abhandenkommen immer ein Vermögensschaden. Vermögensschäden sind durch Ziffer 1.1 AHB grundsätzlich aber nur versichert, wenn sie Folge eines Personen- oder Sachschadens sind.

Einschluss von Vermögensschäden

Nach Ziffer 2.2 AHB können die **Vermögensschäden durch Abhandenkommen**, die **keine Folgeschäden** von Personen- oder Sachschäden sind (reine Vermögensschäden), in den Versicherungsschutz eingeschlossen werden.

Begriffserläuterung

Begriff „Abhandenkommen"

Unter dem Begriff „Abhandenkommen" werden folgende Schäden – ohne gleichzeitige Veränderung der Sachsubstanz (z. B. durch Beschädigung oder Vernichtung) – zusammengefasst:

- das Verlegen einer Sache an einen „unbekannten" Ort
- das bloße Verlieren / der Verlust einer Sache
- der Diebstahl / Raub einer Sache

Versicherungstechnisch versteht man unter dem Abhandenkommen den unfreiwilligen Verlust des unmittelbaren Besitzes an einer Sache durch den Eigentümer.

Unfreiwilliger Verlust liegt vor, wenn der unmittelbare Besitz gegen den Willen des Eigentümers entzogen wurde oder dem Eigentümer der Wille zur Besitzaufgabe fehlte (siehe hierzu auch § 935 BGB [Kein gutgläubiger Erwerb von abhanden gekommenen Sachen]).

Es kommt für die Freiwilligkeit auf den tatsächlichen Willen an. Wer durch Täuschung oder Irrtum zur Herausgabe veranlasst wird, handelt dennoch freiwillig, so dass ihm die Sache nicht abhanden gekommen ist.

Die Herausgabe aufgrund einer Drohung ist wiederum unfreiwillig.

Der Einschluss erfolgt in der Regel durch besondere Vereinbarung (ggf. gegen Beitragszuschlag – z. B. für Gastwirtschaften, für Badeanstalten, für Wartezimmer von Ärzten, durch die Schlüsselverlustklausel in der PHV).

➡ PHV

LF
2

LF
10

LF
15

Auch wenn der Einschluss vereinbart wird, sind Schäden durch Abhandenkommen von Sachen trotzdem **nicht versichert**, wenn:

- der Besitz nur entzogen worden ist,
- die Sachen aber weiterhin unversehrt vorhanden sind und
- der Besitz (theoretisch) wieder erlangt werden kann.

▶ Lösung

Kein Ersatz der Perlenkette, da sie mit verhältnismäßig geringem Aufwand geborgen werden kann, und (zwar auf dem Boden des Meeres – aber) unversehrt vorhanden ist; aber Ersatz des Leder-Etuis, da dieses durch das Meerwasser beschädigt ist.

Schäden durch Abhandenkommen von Sachen sind aber versichert, wenn mit dem Abhandenkommen gleichzeitig oder nachfolgend eine Beschädigung oder Vernichtung der Sache verbunden ist.

▶ Beispiel

Ein Versicherungsnehmer schiebt durch Unachtsamkeit den teuren Lederhandschuh des neben ihm an der Reling stehenden Mitreisenden über Bord.

Es ist davon auszugehen, dass der Handschuh mit wirtschaftlich vernünftigen Mitteln nicht wieder geborgen werden kann und nach kurzer Zeit durch das Seewasser zerstört wird.

Lösung

Es liegt dann kein Vermögensschaden, sondern ein ersatzpflichtiger Sachschaden vor, der nach Ziffer 1. AHB versichert ist.

Denn für Schäden durch Abhandenkommen gelten die Bestimmungen für die Sachschäden (z. B. die Versicherungssumme, die Ausschlüsse); die Schäden werden auch wie Sachschäden abgewickelt.

Es besteht nach den AHB ebenfalls Versicherungsschutz, wenn die Sachen im Zusammenhang mit einem Personen- oder Sachschaden (als Folgeschaden) abhanden gekommen sind.

Abhandenkommen als Folgeschäden eines Personen- oder Sachschadens

▶ Beispiel

Bei einem Unfall wird ein Passant verletzt. Während der kurzen Phase der Bewusstlosigkeit kommt dem Verletzten die Brieftasche abhanden.

Lösung

Der Verlust der Brieftasche ist ein Teil des Personenschadens.

▶ Zusammenfassung

Personen-schaden	Sach-schaden	Echter Vermö-gensschaden	Abhandenkom-men von Sachen
Tod Verletzung Gesundheits-schädigung Personen-folgeschaden (unechte Vermö-gensschäden)	Vernichtung Beschädigung Unbrauchbar-machung Sachfolge-schaden (unechte Vermö-gensschäden)	weder durch einen Personen- noch durch einen Sachschaden herbeigeführt	Sachen, die dem Besitzer unfrei-willig entzogen wurden, die aber unversehrt vor-handen sind und wiedererlangt werden können
Versichert		Nur versichert aufgrund besonderer Vereinbarung	

Ausnahme

Auch wenn das Abhandenkommen von Sachen mitversichert wird, wird trotzdem für abhanden gekommenes Geld, abhanden gekommene Wertpapiere, Schecks usw. sowie für Folgeschäden kein Ersatz geleistet. Diese Schäden sind stets ausgeschlossen.

Ziffer 3. AHB

2.3   Versichertes Risiko

Text
Ziffer 3. AHB

3. Versichertes Risiko

3.1 Der Versicherungsschutz umfasst die gesetzliche Haftpflicht
(1) aus den im Versicherungsschein und seinen Nachträgen angegebenen Risiken des Versicherungsnehmers,
(2) aus Erhöhungen oder Erweiterungen der im Versicherungsschein und seinen Nachträgen angegebenen Risiken. Dies gilt nicht für Risiken aus dem Halten oder Gebrauch von versicherungspflichtigen Kraft-, Luft- oder Wasserfahrzeugen sowie für sonstige Risiken, die der Versicherungs- oder Deckungsvorsorgepflicht unterliegen,
(3) aus Risiken, die für den Versicherungsnehmer nach Abschluss der Versicherung neu entstehen (Vorsorgeversicherung) und die in Ziffer 4. näher geregelt sind.

3.2 Der Versicherungsschutz erstreckt sich auch auf Erhöhungen des versicherten Risikos durch Änderung bestehender oder Erlass neuer Rechtsvorschriften. Der Versicherer kann den Vertrag jedoch unter den Voraussetzungen von Ziffer 21. kündigen.

LF 2

Aus den Darlegungen zum Haftpflichtrecht haben Sie die nahezu unbegrenzte Vielfalt der Risiken kennen gelernt, aus denen Schadenersatzansprüche entstehen können.

grundsätzliches Haftpflichtrisiko

LF 10

Darüber hinaus müssen Sie berücksichtigen, dass nach BGB in unbeschränkter Höhe gehaftet wird (unmittelbar mit Haus und Grundbesitz, mit Bankguthaben, Lohn und Gehalt, später aber auch mit einem evtl. Erbe oder einem Lottogewinn).

LF 15

Dies bedeutet nicht selten eine Zerstörung der Existenz, da nach der Schadenregulierung oft nur das Existenzminimum verbleibt.

Eine Haftpflichtversicherung kann aber niemanden pauschal (und unbegrenzt) gegen jede aus irgendeinem Grunde entstehende Schadenersatzpflicht (Haftpflicht) versichern.

Deshalb muss aus der Gesamtheit der den Einzelnen bedrohenden Haftpflichtgefahren (individuelles Haftpflichtrisiko) durch „Spezialisierung der versicherten Gefahr" das übernommene Risiko für den Versicherer versicherungsfähig und kalkulierbar gemacht werden.

individuelles Haftpflichtrisiko

Welcher spezielle Teil der „gesetzlichen Haftpflicht" des Versicherungsnehmers versichert (gedeckt) ist, wird bestimmt durch den Versicherungsvertrag und die AHB – besonders in

versichertes Haftpflichtrisiko

Ziffer 3. AHB – Versichertes Risiko,
Ziffer 4. AHB – Vorsorgeversicherung,
Ziffer 5. AHB – Leistungen der Versicherung,
Ziffer 6. AHB – Begrenzung der Leistungen und
Ziffer 7. AHB – Ausschlüsse.

Die Regelung zur Kündigungsmöglichkeit nach Risikoerhöhung aufgrund Änderung oder Erlass von Rechtsvorschriften findet sich als Ziffer 21. AHB bei den Kündigungsvorschriften.

Kündigung nach Risikoerhöhung

2.3.1 Gesetzliche Haftpflichtrisiken

Ziffer 3.1 AHB

Ziffer 3.1 AHB (siehe oben) führt auf:

- die bei Abschluss oder später angegebenen Risiken des Versicherungsnehmers und
- bestimmte Erhöhungen und Erweiterungen sowie
- bestimmte nach Abschluss der Versicherung neu hinzukommende Risiken.

Ziffer 3.1 (1) AHB

2.3.1.1 Vom Versicherungsnehmer angegebene Risiken

heute:
Risiken des Versiche-
rungsnehmers

früher:
Eigenschaften
Rechtsverhältnisse
Tätigkeiten

In Ziffer 3.1 (1) AHB wurde die früher nicht abschließende Aufzählung
in den AHB („Eigenschaften, Rechtsverhältnisse oder Tätigkeiten")
durch den umfassenden Begriff „Risiken des Versicherungsnehmers"
ersetzt – es kann im Rahmen der Vertragsfreiheit jedes Risiko versichert werden.

Durch die Formulierung wird außerdem deutlich gemacht, dass sich die
Versicherung nur auf die im Versicherungsschein und seinen Nachträgen angegebenen „Risiken" des Versicherungsnehmers bezieht.

▶ Beispiel

Malermeister Grün hat bei der Antragsaufnahme seine Risikosituation folgendermaßen dargestellt:

Er besitzt den Malereibetrieb Karl Grün e. K. und hat in seinem
Betrieb vier Gesellen und eine Bürokraft beschäftigt. Zu seinem Fuhrpark gehören drei Kraftfahrzeuge, die sowohl als Firmenfahrzeug als auch privat von ihm und seiner Familie genutzt werden.

Er besitzt ein Einfamilienhaus, ist verheiratet, hat zwei Kinder
und einen Dackel.

Diese Angaben werden in das Antragsformular (siehe dazu
Folgeseiten und Seite 420 ff. Proximus Versicherung Bedingungswerk 2) eingetragen.

Es sind also zum Zeitpunkt des Abschlusses des Haftpflichtversicherungsvertrages nur die im Antrag angegebenen (und im Versicherungsschein entsprechend dokumentierten) Risiken des Versicherungsnehmers versichert.

Ausfüllen
des Antrages

Durch sorgfältiges Ausfüllen des Antrages wird das im obigen Beispiel
aufgeführte Risiko des Versicherungsnehmers, z. B.

- als Dienstherr der kaufmännischen und gewerblichen Mitarbeiter
  (ein „Rechtsverhältnis"),
- als Malermeister (eine „Tätigkeit") und
- als Kraftfahrzeughalter, Hausbesitzer, Familienvater und Tierhalter
  („Eigenschaften")

festgehalten, um im Versicherungsfall Unstimmigkeiten zu vermeiden.
Beweispflichtig für diese Vereinbarungen ist der Versicherungsnehmer.

Im Zweifelsfall sind diejenigen Haftpflichtgefahren durch das vereinbarte „versicherte Risiko" nicht eingeschlossen, die besonders tarifiert
werden müssen und die im Antrag trotz entsprechender Fragen/Hin-
weise nicht eingeschlossen wurden.

**Proximus
Versicherung**

Antrag auf Privat-Haftpflicht-Versicherungen

Kundennummer:	Versicherungsnummer:	

Antragsteller/in Name, Vorname, Titel	Abschlussstelle
☐ Herr ☐ Frau ☐ Firma	

Straße, Hausnummer	Telefon mit Vorwahl	Betreuungsstelle

PLZ	Wohnort	Inkassostelle

Geburtsdatum	Beruf, ggf. Arbeitgeber	Antragsnummer

Beitragszahler/in Name, Vorname, Titel	
☐ Herr ☐ Frau ☐ Firma	

Straße, Hausnummer	Telefon mit Vorwahl

PLZ	Wohnort

Vertragsbeginn: ⎵⎵.⎵⎵.⎵⎵⎵⎵	**Vertragsablauf:** ⎵⎵.⎵⎵.⎵⎵⎵⎵	**Vertragsdauer:** .... Jahre	Bei einer Vertragsdauer von 3 Jahren wird ein Dauernachlass von 10 % gewährt.

Striche oder sonstige Zeichen oder Nichtbeantwortung gelten als Verneinung. Bei ☐ ist Zutreffendes anzukreuzen.

Haftpflichtversicherung
Es gelten:
– die Allgemeinen Versicherungsbedingungen für die Haftpflichtversicherung (AHB 2008 Proximus Versicherung)
– die für den vereinbarten Versicherungsschutz jeweils zutreffenden Abschnitte der Risikobeschreibungen, Besonderen Bedingungen und
  Erläuterungen zur Haftpflichtversicherung von privaten Haftpflichtrisiken (RBE-Privat 2008 Proximus Versicherung)
– die Besonderen Bedingungen für die Mitversicherung von Vermögensschäden in der Haftpflichtversicherung (BBVerm)

Versicherungs-summen   ☐ **A**   **2.000.000 €** pauschal für Personen- und/oder Sachschäden   **100.000 €** für Vermögensschäden   ☐ **B**   **3.000.000 €** pauschal für Personen- und/oder Sachschäden   **100.000 €** für Vermögensschäden

Die Gesamtleistung des Versicherers für alle Versicherungsfälle eines Versicherungsjahres beträgt das Doppelte dieser Versicherungssummen. Für das Gewässerschadenrisiko gilt die gewählte Versicherungssumme für Personen-, Sach- und Vermögensschäden.

Antragsfragen zu A. bis E. bitte genau beantworten.

Vorversicherung / Vorschäden
Bestehen oder bestanden für den beantragten Versicherungs-umfang in den letzten fünf Jahren Haftpflichtversicherungen für private Risiken?

☐ **Ja**   ☐ **Nein**

Falls ja, welche Haftpflichtversicherung besteht oder bestand? Bei welcher Gesellschaft?

gekündigt zum	von / vom
	☐ Gesellschaft
	☐ Versicherungsnehmer

Sind bereits früher Schäden eingetreten?

☐ **Ja**   ☐ **Nein**

Anzahl der Schäden in den letzten fünf Jahren	Schadenhöhe insgesamt in EUR

Wurden bereits Versicherungen abgelehnt?

☐ **Ja**   ☐ **Nein**

Grund

Besondere Vereinbarungen
Mündliche Vereinbarungen haben keine Gültigkeit.

Antrag auf Privat-Haftpflicht-Versicherungen – Seite 2

Versicherungsumfang (bitte eintragen bzw. ankreuzen)

A. ☐ Privat-Haftpflicht

Für _____

Lebenspartner _____

	Beitrag in Euro

☐ **Kompakt-Modell**

☐ **Junge Leute / Einzelpersonen**
Bei der Haftpflichtversicherung von Einzelpersonen
entfällt die Mitversicherung anderer Personen

mit 150 € Selbstbeteiligung   ☐ **Ja** ☐ **Nein**

Öffentlicher Dienst   ☐ **Ja** ☐ **Nein**

Ergänzung des Versicherungsschutzes
– nur möglich, wenn auch die Privat-Haftpflicht besteht
☐ **Forderungsausfallversicherung**

☐ **Amts-Haftpflichtversicherung**
(auch Lehrer, Erzieher im öffentlichen Dienst)

	Menge

☐ **aus reiner Verwaltungstätigkeit**

☐ **aus verwaltender und technischer
Tätigkeit**

☐ **Lehrer-Haftpflichtversicherung**
(auch Lehrer, Erzieher usw., die nicht im öffentlichen Dienst beschäftigt sind)

☐ **Zuschlag für Vermietung von im Inland gelegenen**

☐ Räumen zu gewerblichen Zwecken oder Garagen

Art/Lage des Grundstücks

☐ Ferien-/Wochenendhäuser oder -wohnungen

Art/Lage des Grundstücks

☐ Eigentumswohnungen

Art/Lage des Grundstücks

B. ☐ Hundehalter-Haftpflicht

Besteht für einen oder mehrere Hunde eine behördliche Erlaubnis-
pflicht zum Halten des Hundes / der Hunde?

	Menge

☐ **Ja (Anfrage Direktion)**   ☐ **Nein**
Rasse des Hundes

C. ☐ Reit- und Zugtierhalter-Haftpflicht

	Menge

☐ **Pferde, Kleinpferde, Ponys, Maultiere, Esel**

D. ☐ Haus- und Grundbesitzer-Haftpflicht

Liegt der Flächenanteil einer vorhandenen
gewerblichen Teilnutzung bei maximal 50 %?   ☐ **Ja** ☐ **Nein** | Beitrag in Euro |

Art / Lage des Grundstücks

	Mindestbeitrag

☐ bebautes Grundstück
Größe der Wohn-/Nutzfläche ....qm

Art / Lage des Grundstücks

	Mindestbeitrag

☐ unbebautes Grundstück
Größe des Grundstücks ....qm

Art / Lage des Grundstücks

	Menge

☐ Gemeinschaft von Wohnungseigentümern

E. ☐ Bauherren-Haftpflicht
Die Versicherung erlischt zwei Jahre nach Baubeginn

Bausumme in EUR

Bauen mit eigener Leistung
a) Eigenleistung einschließlich Nachbarschaftshilfe

☐ Ja, Wert EUR _____   ☐ Nein

b) Übernahme der Planung und / oder Bauleitung
(nicht Bauausführung) durch den Bauherrn
☐ Ja   ☐ Nein

**F. ☐ Gewässerschaden-Haftpflicht
für private Öltanks**

Liegt der Flächenanteil einer vorhandenen
gewerblichen Teilnutzung bei maximal 50 %?   ☐ **Ja** ☐ **Nein**

Sind Ihnen bestehende oder beseitigte Verunreinigungen des
Bodens und / oder des Wassers, auch Grundwasser, bekannt?

☐ **Ja** (Sanierungsnachweis beifügen)   ☐ **Nein**

Wie wird das Grundstück heute genutzt?

Wie wurde das Grundstück früher genutzt?

Art / Lage des Grundstücks

	Einbaujahr	**Anzahl**
☐ unterirdischer Behälter		

Fassungsvermögen	Herstellungsjahr	Letzte Prüfung am*
bis .... cbm		

	Einbaujahr	**Anzahl**
☐ oberirdischer Behälter (auch Kellertanks)		

Fassungsvermögen	Herstellungsjahr	Letzte Prüfung am*
bis .... cbm		

Antrag auf Privat-Haftpflicht-Versicherungen – Seite 3

Worüber wir Sie als unsere Kunden belehren müssen und möchten!

A. Belehrung über die vorvertragliche Anzeigepflicht nach § 19 Versicherungsvertragsgesetz

Ich habe die mir in Textform gestellten Fragen zu den Gefahrumständen wahrheitsgemäß beantwortet. Mir ist bekannt, dass meine Antworten die Grundlage zur Einschätzung des Risikos sind.

Sofern zwischen Antragstellung und Vertragsannahme durch die Proximus Versicherung weitere Fragen zu beantworten sind, die für den Vertragsschluss erheblich sind, bin ich verpflichtet, auch diese Gefahrumstände anzuzeigen.

Bei unrichtigen Angaben kann die Proximus Versicherung rückwirkend vom Vertrag zurücktreten. Dies gilt nicht, wenn ich weder vorsätzlich noch grob fahrlässig gehandelt habe, also nur einfache Fahrlässigkeit vorliegt.

In diesem Fall kann die Proximus Versicherung den Vertrag innerhalb einer Frist von einem Monat mit Wirkung für die Zukunft kündigen.

Das Rücktrittsrecht der Proximus Versicherung wegen grob fahrlässiger Verletzung meiner Anzeigepflicht und ihr Kündigungsrecht sind aber ausgeschlossen, wenn die Proximus Versicherung den Vertrag auch bei Kenntnis der von mir nicht genannten Gefahrumstände zu anderen Bedingungen geschlossen hätte. Diese „anderen Bedingungen" werden auf Verlangen der Proximus Versicherung rückwirkend Vertragsbestandteil.

Habe ich die Pflichtverletzung nicht zu vertreten, gelten sie ab Beginn der laufenden Versicherungsperiode.

B. Belehrung über die Beachtung von Auskunfts- und Aufklärungsobliegenheiten nach § 28 Abs. 2 und 4 Versicherungsvertragsgesetz

Ich weiß, dass die Proximus Versicherung bei Verletzung einer nach Eintritt des Versicherungsfalles bestehenden Auskunfts- oder Aufklärungsobliegenheit durch mich vollständig oder teilweise leistungsfrei sein kann.

Auf die Leistungsfreiheit kann sich die Proximus Versicherung berufen, wenn ich die Obliegenheit vorsätzlich verletzt habe. Habe ich sie grob fahrlässig verletzt, ist sie berechtigt, ihre Leistung in einem der Schwere meines Verschuldens entsprechenden Verhältnis zu kürzen. Die Beweislast, dass nicht einmal grobe Fahrlässigkeit vorliegt, trage ich.

Beitrag je Zahlweise in EUR (einschl. gesetzlicher Versicherungsteuer)	....

Zahlweise: Wenn nichts anderes vereinbart ist, erfolgt die Beitragszahlung jährlich. Bei abweichender Zahlweise ist Bankabruf erforderlich.

☐ jährlich ☐ ½-jährlich (3 % Zuschlag) ☐ ¼-jährlich (5 % Zuschlag)) ☐ monatlich (5 % Zuschlag) ☐ einmalig (für Bauherren-Haftpflichtversicherung)

Ermächtigung zum Beitragseinzug durch Lastschrift
Ich ermächtige die Proximus Versicherung bis auf Widerruf, den Beitrag im jeweiligen Fälligkeitsmonat von meinem Konto abzurufen.

Geldinstitut

Bankleitzahl	**Kontonummer**

Unterschrift des Kontoinhabers – falls abweichend vom Antragsteller –

Aufrechnungsverbot

Gegen eine Forderung der Proximus Versicherung aus der Beitragspflicht kann ein/e Versicherungsnehmer/ in nur mit unbestrittenen oder rechtskräftig festgestellten Forderungen aufrechnen.

Auf die Beitragsregulierung gemäß Ziffer 13 der AHB wird hingewiesen. Auf die Möglichkeit der Beitragsangleichung gemäß Ziffer 15 der AHB wird hingewiesen.

Einwilligungsklausel nach dem Bundesdatenschutzgesetz – BDSG –

Ich willige ein, dass der Versicherer im erforderlichen Umfang Daten, die sich aus den Antragsunterlagen oder der Vertragsdurchführung (Beiträge, Versicherungsfälle, Risiko- / Vertragsänderungen) ergeben, an Rückversicherer zur Beurteilung des Risikos und zur Abwicklung der Rückversicherung sowie zur Beurteilung des Risikos und der Ansprüche an andere Versicherer und / oder an den Gesamtverband der Deutschen Versicherungswirtschaft e.V. zur Weitergabe dieser Daten an andere Versicherer übermittelt. Diese Einwilligung gilt auch unabhängig vom Zustandekommen des Vertrages sowie für entsprechende Prüfungen bei anderweitig beantragten (Versicherungs-)Verträgen und bei künftigen Anträgen.

Ich willige ein, dass die Gesellschaften der Proximus Versicherung Unternehmensgruppe meine allgemeinen Antrags-, Vertrags- und Leistungsdaten in gemeinsamen Datensammlungen führen und an den / die für mich zuständigen Vermittler weitergeben, soweit dies der ordnungsgemäßen Durchführung meiner Versicherungsangelegenheiten dient.

Ohne Einfluss auf den Vertrag und jederzeit widerrufbar willige ich weiter ein, dass der / die Vermittler meine allgemeinen Antrags-, Vertrags- und Leistungsdaten darüber hinaus für die Beratung und Betreuung auch in sonstigen Finanzdienstleistungen nutzen darf / dürfen.

Diese Einwilligung gilt nur, wenn ich bei Antragstellung vom Inhalt des Merkblatts zur Datenverarbeitung Kenntnis nehmen konnte, das mir zusammen mit weiteren gesetzlich vorgesehenen Informationen – auf Wunsch auch sofort – überlassen wird.

Bestätigung des Erhalts der Kundeninformationen

Mir wurden eine Kopie des Antrags und die erforderlichen Kundeninformationen zu dem von mir beantragten Versicherungsvertrag vor Antragstellung ausgehändigt.

Es handelt sich dabei um das zu dem jeweiligen Versicherungsvertrag gehörende Produktinformationsblatt, weitere Allgemeine Informationen zum Versicherer, zum Vertrag und zum Rechtsweg sowie die zugrunde liegenden Vertragsbestimmungen einschließlich der Allgemeinen Versicherungsbedingungen.

Ort, Datum | Unterschrift Antragsteller/in, bei Minderjährigen Mitunterschrift der gesetzlichen Vertreter | Unterschrift des Vermittlers

Schlusserklärung des Antragstellers

Mit meiner Unterschrift unter diesen Antrag bestätige ich außerdem,
1. dass ich die Einwilligung gemäß der Einwilligungsklausel nach dem Bundesdatenschutzgesetz (BDSG) erteilt habe.
2. die gesonderten Belehrungen über die vorvertragliche Anzeigepflicht (§ 19 VVG) und die Auskunfts- und Aufklärungsobliegenheit nach Eintritt des Versicherungsfalles (§ 28 VVG) zur Kenntnis genommen und verstanden zu haben.

Ort, Datum | Unterschrift Antragsteller/in

Der Versicherungsschutz ist aber nach Ziffer 3.1 (1) AHB nicht nur auf das lt. Antrag/Versicherungsschein „versicherte Risiko des Versicherungsnehmers" beschränkt.

primäre
Risikobegrenzung

Versicherungsschutz besteht („primäre Risikobegrenzung") ...		
... für die im Versicherungsschein und den Nachträgen beschriebenen Risiken des Versicherungsnehmers (Ziffer 3.1 (1) AHB) (Versichertes Risiko)	... für Erhöhungen und Erweiterungen des versicherten Risikos (Ziffer 3.1 (2) AHB) (Ergänzungsversicherung)	... für „neue Risiken" im Rahmen des bestehenden Versicherungsvertrages (Ziffer 3.1 (3) und Ziffer 4 AHB). (Vorsorgeversicherung)

Ziffer 3.1 (2) AHB

2.3.1.2 Erhöhungen und Erweiterungen des Risikos

▶ Situation

Malermeister Grün

- stellt zum 1. September dieses Jahres einen weiteren Gesellen ein, weil die Auftragslage so gut ist,
- macht am 1. Dezember dieses Jahres auf seinem Lagergrundstück als neuen Betriebsteil einen Farbenhandel auf und
- macht am 3. April des nächsten Jahres eine Spritzlackierwerkstatt für Kraftfahrzeuge auf.

▶ Erläuterung

Grundsätzlich sind alle während der Wirksamkeit der Versicherung eintretenden Erhöhungen und Erweiterungen der Risiken des Versicherungsnehmers mit Wirkung vom Entstehen an (ab „sofort") versichert.

In anderen Versicherungszweigen werden diese Risikoveränderungen meist als Obliegenheitsverletzung [Gefahrerhöhung] gewertet, wenn sie nicht rechtzeitig angezeigt werden.

Ganz neue Risiken, die erst nach Abschluss der Versicherung entstehen, werden durch die Bestimmungen über die Vorsorgeversicherung (Ziffer 4. AHB) erfasst.

Gegenüberstellung von Risikoerhöhung und Risikoerweiterung

Risikoerhöhung	Risikoerweiterung
Veränderung der Risikoqualität – Erhöhung der Gefahr dadurch, dass sich nicht die Anzahl der bisher versicherten Risiken erhöht, sondern die Gefahr des Schadeneintritts größer wird.	Veränderung der Risikoquantität – Erhöhung der Gefahr durch zahlenmäßigen Zugang z. B. an Personal, Tieren, Grundbesitz (es kommen mehr Risiken der schon versicherten Art dazu).
Sachbezogene Erhöhung z. B. Einführung neuer Arbeitsweisen (anstelle der „normalen" Malerarbeiten wird jetzt auch Spritzlackiererei betrieben). Personenbezogene Erhöhung z. B. Berufswechsel in einen „gefährlicheren" Beruf (z. B. wird ein kaufmännischer Angestellter jetzt Tischler).	z. B. mehr Mitarbeiter im Betrieb, mehr Grundstücke

Ausgeschlossen vom automatischen Einschluss

Ziffer 3.1 (2) AHB

von Erhöhungen und Erweiterungen in den Versicherungsschutz sind:

Risiken aus dem Halten oder Gebrauch von versicherungspflichtigen

- Kraftfahrzeugen,
- Luftfahrzeugen und
- Wasserfahrzeugen und

sonstige Risiken, die

- der Versicherungspflicht oder
- der Deckungsvorsorgepflicht

unterliegen.

Diese Bestimmungen beruhen auf den Vorschriften der §§ 113 ff. VVG, nach denen versicherungs- und deckungsvorsorgepflichtige Risiken den besonderen Vorschriften für die Pflichtversicherung unterliegen.

Außerdem ist durch den Wortlaut die Möglichkeit geschaffen, schnell auf geänderte Rechtslagen reagieren zu können (z. B. im Zusammenhang mit „Kampfhunden" und „Pflichtversicherung").

Der Ausschluss geht zwar über die früher in den AHB grundsätzlich ausgeschlossenen Kraft-, Luft- und Wasserfahrzeuge hinaus, aber im Gegenzug werden alle **nicht versicherungs- oder deckungsvorsorgepflichtigen Fahrzeuge** (Risiken) über die Mitversicherung aus Risikoerhöhungen oder -erweiterungen erfasst (dies galt bisher nur für Ruderboote).

Für den Versicherungsnehmer ist die Regelung in Ziffer 3.1 (2) AHB kein Nachteil, da er den Betrieb solcher Risiken sowieso erst aufnehmen darf, wenn er dafür Versicherungsschutz beantragt hat und entsprechende Deckungsbestätigungen seines Versicherers erhalten hat.

Für den Versicherer ist die automatische Aufnahme aller nicht-versicherungspflichtigen und nicht-deckungsvorsorgepflichtigen Fahrzeuge in den Versicherungsvertrag kalkulierbar, da derartige Fahrzeuge schon in den Vertrag eingeschlossen sein müssen, bevor Erhöhungen oder Erweiterungen dazu entstehen können.

Benzinklauseln
➡ PHV

Zu den Besonderheiten im Rahmen der Privat-Haftpflichtversicherung (Kleine und Große Benzinklausel) siehe Kap. 3.G.1 und 3.G.2.

Anzeigepflicht
Beitragsregulierung

Zur Anzeigepflicht und Beitragsregulierung für Erhöhungen, Erweiterungen und auch neue Risiken siehe Ziffer 13. AHB (Beitragsregulierung) – Kap. 2.13.

Ziffer 3.1 (3) AHB

2.3.1.3   Neu hinzukommende Risiken

Die Bestimmungen zur Vorsorgeversicherung (für nach Abschluss des Versicherungsvertrages neu entstehende Risiken) sind unter Ziffer 4. AHB zusammengefasst (siehe Abschnitt 2.4).

Ziffer 3.2 AHB

2.3.2   Erhöhungen des Risikos aufgrund von Rechtsvorschriften

Der Versicherungsschutz erstreckt sich auch auf die Erhöhungen des versicherten Risikos, die durch die Änderung bestehender oder den Erlass neuer Rechtsnormen entstehen.

Der Versicherer ist aber zur Kündigung des Vertrages gem. Ziffer 21. AHB berechtigt (siehe Kap. 2.21).

Ziffern 3.1 (3) und 4.
AHB

2.4   Vorsorgeversicherung

Für bestimmte Haftpflichtrisiken ist normalerweise der Abschluss eines eigenständigen Haftpflichtversicherungsvertrages notwendig.

Versicherungsnehmer denken aber nicht immer daran, ein neu hinzukommendes Risiko (z. B. den Kauf eines Hundes, die Anschaffung einer Ölheizung) sofort bei ihrem Versicherer anzumelden. Deshalb ist in die Haftpflichtversicherung die Vorsorgeversicherung eingearbeitet.

Vorsorgeversicherung
in der Privat-Haftpflicht-
versicherung
➡ PHV

Zur Vorsorgeversicherung im Rahmen der Versicherung privater Haftpflichtrisiken siehe Kap. 3.G.4.

2.4.1 Grundlagen der Vorsorgeversicherung

4. Vorsorgeversicherung

4.1 Risiken, die nach Abschluss des Versicherungsvertrages neu entstehen, sind im Rahmen des bestehenden Vertrages sofort versichert.

Text
Ziffer 4.1 AHB

LF
2

LF
10

LF
15

▶ **Situation**

Malermeister Grün

■ schafft sich am 1. Dezember dieses Jahres für das Betriebsgrundstück einen Wachhund an.
■ kauft am 20. Dezember dieses Jahres als Privatperson für seine Tochter ein Reitpferd.
■ eröffnet am 20. Juni des nächsten Jahres auf dem neu erworbenen Nachbargrundstück einen Supermarkt.

In allen Fallen sind damit „neue Risiken" entstanden.

▶ **Erläuterung**

Nicht nur bei Risikoerhöhungen und -erweiterungen besteht Versicherungsschutz mit Einschränkungen (siehe Ziffer 3.1 (2) AHB), sondern auch, wenn ein neues Wagnis, welches bei Vertragsabschluss in der Risikobeschreibung nicht aufgeführt war (und deshalb im Versicherungsschein auch nicht dokumentiert ist), entsteht.

Einschränkungen

Der Versicherungsschutz gilt aber nicht für „jedes" – wie auch immer geartetes – neues Risiko. Das neue Risiko muss „**im Rahmen des bestehenden Vertrages**" entstehen (siehe obige Situation).

Dies bedeutet, dass Malermeister Grün als Käufer des Reitpferdes keinen Versicherungsschutz aus der Betriebs-Haftpflichtversicherung besitzt. Vorsorgeversicherungsschutz kann er nur über eine bestehende Haftpflichtversicherung von privaten Haftpflichtrisiken erlangen.

Dabei ist zu beachten, dass die für den Hauptvertrag bestehenden Risikobegrenzungen auch auf neue Risiken anzuwenden sind.

Im Hauptvertrag dokumentierte Ausschlüsse werden nur dann für neue Risiken nicht wirksam, wenn dadurch Sinn und Zweck der Vorsorgeversicherung ausgehebelt würde.

▶ **Beispiel**

Das Risiko „Hund" muss beim Abschluss der Privat-Haftpflichtversicherung besonders beantragt werden, ist aber im Rahmen der Vorsorgeversicherung als „neues" Risiko eingeschlossen, weil es nicht unter die Ausnahmen nach Ziffer 4.3 AHB fällt.

➡ PHV

Für das neue Risiko bietet der Versicherer im Rahmen der Vorsorgeversicherung einen vorläufigen – eingeschränkten – Versicherungsschutz (siehe Ziffer 4.3 AHB – Kap. 2.4.3) sofort ab Eintritt des Risikos bis zur neuen Beitragsvereinbarung.

Er kann dafür einen angemessenen Beitrag verlangen (Ziffer 4.1 (2) AHB – Kap. 2.4.1.2).

Ziffer 4.1 (1) AHB

2.4.1.1   Anzeigepflicht im Rahmen der Vorsorgeversicherung

Text
Ziffer 4.1 (1) AHB

4. Vorsorgeversicherung

(1) Der Versicherungsnehmer ist verpflichtet, nach Aufforderung des Versicherers jedes neue Risiko innerhalb eines Monats anzuzeigen. Die Aufforderung kann auch mit der Beitragsrechnung erfolgen.

Unterlässt der Versicherungsnehmer die rechtzeitige Anzeige, entfällt der Versicherungsschutz für das neue Risiko rückwirkend ab dessen Entstehung.

Tritt der Versicherungsfall ein, bevor das neue Risiko angezeigt wurde, so hat der Versicherungsnehmer zu beweisen, dass das neue Risiko erst nach Abschluss der Versicherung und zu einem Zeitpunkt hinzugekommen ist, zu dem die Anzeigefrist noch nicht verstrichen war.

Anzeigefrist

Der Versicherungsnehmer ist zur Anzeige eines neuen Risikos innerhalb eines Monats nach der Aufforderung durch den Versicherer verpflichtet.

Diese Aufforderung erfolgt in der Praxis oft als Hinweis auf oder mit der Beitragsrechnung. Der Versicherungsnehmer muss dieser Aufforderung fristgerecht nachkommen, wenn er endgültig Versicherungsschutz für das „neue Risiko" haben möchte (denn er hat zu diesem Zeitpunkt noch die Wahl, das Risiko auch bei einer anderen Gesellschaft zu versichern!).

maximale Dauer

Tritt für das neue Risiko ein Versicherungsfall ein, ohne dass nach der Aufforderung des Versicherers innerhalb eines Monats eine Anzeige des neuen Risikos durch den Versicherungsnehmer erfolgt ist, muss der Versicherungsnehmer beweisen, dass dieses Risiko

- erst nach Abschluss der Versicherung und
- zu einem Zeitpunkt eingetreten ist, in dem die jeweilige Anzeigefrist (nach der Aufforderung) noch nicht verstrichen war (Umkehrung der Beweislast).

rückwirkender Wegfall
des Versicherungs-
schutzes

Kann er das nicht beweisen bzw. zeigt er das „neue" Risiko nicht innerhalb der Frist an, so tritt der Versicherungsschutz für das neue Risiko rückwirkend wieder außer Kraft.

▶ **Beispiele**

Herr Fürst hat am 28. 12. eine Beitragsrechnung zu seiner privaten Haftpflichtversicherung erhalten, verbunden mit der Frage, ob „neue Risiken eingetreten sind". Seine Anzeigefrist endet also am 28. 1.

Der Beitrag wird am 1. 1. fällig. Herr Fürst zahlt kommentarlos den Beitrag.

1. Am 23. 3. des laufenden Jahres beißt der am 20. 5. des Vorjahres angeschaffte Hund den Postboten.

Lösung zu 1.

Es besteht von Anfang an kein Versicherungsschutz mehr, weil das „neue" Risiko schon bei der Aufforderung durch den Versicherer vorhanden war und nicht angezeigt wurde.

2. Am 23. 3. des laufenden Jahres beißt der (nachweislich) am 19. 1. angeschaffte zweite Hund den Postboten.

Lösung zu 2.

Es besteht Versicherungsschutz, weil das „neue" Risiko bei der Aufforderung durch den Versicherer noch nicht vorhanden war, sondern erst im Laufe der Anzeigefrist angeschafft wurde.

Der Versicherer bietet im Rahmen der Vorsorgeversicherung einen vorläufigen eingeschränkten Versicherungsschutz (siehe Kap. 2.4.3) ab Eintritt des Risikos bis zur neuen Beitragsvereinbarung.

2.4.1.2 Beitragspflichtigkeit der Vorsorgeversicherung

Ziffer 4.1 (2) AHB

(2) Der Versicherer ist berechtigt, für das neue Risiko einen angemessenen Beitrag zu verlangen. Kommt eine Einigung über die Höhe dieses Beitrages innerhalb eines Monats nach Eingang der Anzeige nicht zustande, entfällt der Versicherungsschutz für das neue Risiko rückwirkend ab dessen Entstehung.

Text
Ziffer 4.1 (2) AHB

Aufgrund der Anzeige wird der Beitrag für den Hauptvertrag neu berechnet.

Neuberechnung

Durch die Neuordnung der AHB ist die Vorsorgeversicherung beitragspflichtig geworden – allerdings mit dem Hinweis auf einen „angemessenen Beitrag".

angemessener Beitrag

Mit der „Angemessenheit" ist deutlich gemacht, dass in der Regel der Tarifbeitrag gefordert werden kann. Es darf nicht gegen den Grundsatz

LF
2

LF
10

LF
15

von Treu und Glauben dadurch verstoßen werden, dass durch unangemessene Beitragsforderungen das Zustandekommen einer Beitragsvereinbarung behindert oder verhindert wird.

Frist

Der Versicherer muss sich auch bemühen, die Frist für die Beitragsvereinbarung von einem Monat nach Eingang der Anzeige des neuen Risikos dadurch zu stützen, dass er dem Versicherungsnehmer ein Angebot so rechtzeitig zustellt, dass dieser es prüfen und auch noch innerhalb der Monatsfrist annehmen kann.

Fortfall des Versicherungsschutzes

Einen Monat nach Eingang der Anzeige fällt der Versicherungsschutz durch die Vorsorgeversicherung rückwirkend wieder fort, wenn keine Einigung über die Höhe des Beitrages zwischen den Vertragspartnern zustande kommt.

Es kann aber davon ausgegangen werden, dass dem Versicherer eine Berufung auf den Fristablauf nicht möglich ist, wenn er schuldhaft das Angebot verzögert hat.

Ziffer 4.2 AHB

2.4.2   Summenbegrenzung in der Vorsorgeversicherung

Text
Ziffer 4.2 AHB

4.2   Der Versicherungsschutz für neue Risiken ist von ihrer Entstehung bis zur Einigung im Sinne von Ziffer 4.1 (2) auf den Betrag von 1 000 000 € für Personenschäden und 500 000 € für Sachschäden und – soweit vereinbart – 20 000 € für Vermögensschäden begrenzt, sofern nicht im Versicherungsschein geringere Versicherungssummen festgesetzt sind.

Einschränkungen der Vorsorgeversicherung

Da der Versicherer im Rahmen der Vorsorgeversicherung Sach- und Personenschäden (und damit auch entsprechende Vermögensfolgeschäden) – und fakultativ auch echte Vermögensschäden für Risiken übernimmt, die ihm erst viel später bekannt werden, sind zwei Einschränkungen der Vorsorgeversicherung gegeben:

- die Summenbegrenzung und
- der Ausschluss bestimmter Risiken (siehe Kap. 2.4.3).

Summenbegrenzung

Die Summenbegrenzung für Sach-, Personen- und „echte" Vermögensschäden kann jedes Versicherungsunternehmen in den AHB unabhängig für sich festsetzen.

Sind für den individuellen Haftpflichtversicherungsvertrag geringere Versicherungssummen als die für die Vorsorgeversicherung in den AHB ausgewiesen vereinbart, so gelten diese geringeren Summen auch für die Vorsorgeversicherung.

Die Versicherungssummen in der Vorsorgeversicherung der Proximus Versicherungsbedingungen betragen 1 000 000 € für Personenschäden, 500 000 € für Sachschäden und – soweit vereinbart – 20 000 € für Vermögensschäden.

2.4.3 Risikobegrenzung in der Vorsorgeversicherung

Ziffer 4.3 AHB

4.3 Die Vorsorgeversicherung gilt nicht für Risiken

Text
Ziffer 4.3 AHB

(1) aus dem Eigentum, Besitz, Halten oder Führen eines Kraft-, Luft- oder Wasserfahrzeugs, soweit diese Fahrzeuge der Zulassungs-, Führerschein- oder Versicherungspflicht unterliegen;
(2) aus dem Eigentum, Besitz, Betrieb oder Führen von Bahnen;
(3) die der Versicherungs- oder Deckungsvorsorgepflicht unterliegen;
(4) die kürzer als ein Jahr bestehen werden und deshalb im Rahmen von kurzfristigen Versicherungsverträgen zu versichern sind.

Der Versicherer muss im Rahmen der Vorsorgeversicherung „jedes **im Rahmen des bestehenden Versicherungsvertrages** neu entstehende Risiko" übernehmen.

Deshalb muss klar gestellt werden, in welchem Umfang Ausnahmen gelten.

Im Ausschlusskatalog der Ziffer 4.3 AHB sind aufgeführt:

Ausschlusskatalog

- Risiken aus dem Eigentum, dem Besitz, dem Halten oder Führen aller zulassungs-, führerschein- oder versicherungspflichtigen Kraft-, Luft- und Wasserfahrzeuge (Ziffer 4.3 (1) AHB);
- Risiken aus dem Eigentum, Besitz, Betrieb oder Führen von Bahnen (Ziffer 4.3 (2) AHB) – dieser Ausschluss ist im Grunde theoretischer Natur, da in Deutschland für den Betrieb von Bahnen sowie für die selbstständige und nichtselbstständige Teilnahme am Bahnverkehr Versicherungspflicht besteht;
- Risiken, die der Versicherungs- oder Deckungsvorsorgepflicht unterliegen (als Ergänzung und als Auffangtatbestand zu den vorstehend noch nicht erfassten ausgeschlossenen Risiken – Ziffer 4.3 (3) AHB);
- kurzfristige Risiken (kürzer als ein Jahr – kurzfristige Versicherungsverträge z. B. für Veranstaltungen mit einer Dauer von weniger als einem Jahr) – Ziffer 4.3 (4) AHB.

Durch die „neue" Formulierung in Ziffer 4.1 AHB „im Rahmen des bestehenden Vertrages" ist sichergestellt, dass z. B. im Rahmen der Haftpflichtversicherung privater Risiken kein Vorsorge-Versicherungsschutz gegeben ist, wenn der Versicherungsnehmer sich selbstständig macht und z. B. einen Kiosk eröffnet oder einen Betrieb gründet.

▶ Beispiel

Der Angestellte Franz Raimer eröffnet ein kleines Einzelhandelsgeschäft für Textilien. Dieses „neue" Risiko ist nicht im Ausschlusskatalog aufgeführt, es besteht aber trotzdem kein Versicherungsschutz durch die Vorsorgeversicherung, weil der bestehende Privat-Haftpflichtversicherungsschutz sich nicht auf betriebliche Risiken bezieht.

LF
2

LF
10

LF
15

Bindung an den Haupt-
vertrag

Die Vorsorgeversicherung ist an die Vereinbarungen im Hauptvertrag
gebunden: Laufzeit, Wirksamkeit, Ausschlusstatbestände usw. des
Hauptvertrages gelten auch für die Vorsorgeversicherung.

Vergleich

Vergleich zwischen
Vorsorgeversicherung und Erhöhungen/Erweiterungen

Vorsorgeversicherung	Erhöhungen/Erweiterungen
neues Risiko	Änderungen eines bisher schon versicherten Risikos
Summenbegrenzung	im Rahmen der vereinbarten Versicherungssummen
Versicherungsschutz kann u. U. rückwirkend entfallen	Versicherungsschutz mit Eintritt der Veränderung des versicherten Risikos
angemessener Beitrag	unbedingter Anspruch auf rückwirkende Beitragsregulierung
zahlreiche Ausschlüsse (über die nebenstehenden Ausschlüsse für Erhöhungen/Erweiterungen hinaus)	Ausschluss für ■ Risiken aus dem Halten oder Gebrauch von versicherungspflichtigen Kraft-, Luft- oder Wasserfahrzeugen sowie für ■ sonstige Risiken, die der Versicherungs- oder Deckungsvorsorgepflicht unterliegen

Übungen zu den Kapiteln 2. bis 2.4.3

1. Der Kunde Freyer bittet Sie um die Erläuterung der Begriffe Vorsorgeversicherung, Risikoerweiterung und Risikoerhöhung in der Haftpflichtversicherung.

   Gehen Sie dabei auch auf die unterschiedlichen Regelungen für die Haftung des Versicherers ein.

2. Unter welchen Voraussetzungen entfällt nach den Bedingungen Ihrer Gesellschaft rückwirkend der Versicherungsschutz für den Hund, den der Malermeister Grün am 1. 12. für die Bewachung des Betriebsgrundstückes anschafft? (Beitragsfälligkeit ist der 1. März 20…)

3. Der Versicherungsnehmer Frisch hat bei Ihnen im Rahmen der Hundehaftpflichtversicherung einen Dackel versichert. Das vereinbarte Risiko ändert sich wie folgt:

   a) Der Dackel stirbt, ein Schäferhund wird als Ersatz angeschafft,
   b) der Schäferhund wird neben dem Dackel zusätzlich angeschafft,
   c) es wird zusätzlich ein Pferd angeschafft.

   Entscheiden Sie über die Zuordnung als Erhöhung, Erweiterung oder neues Risiko.

4. Für Herrn Helms besteht seit dem 1. 8. 2005 eine PHV (jährliche Zahlweise). Am 24. 12. 2005 erhält seine Ehefrau einen Hund als Weihnachtsgeschenk. Eine Woche später läuft der Hund auf die Straße und bringt einen Radfahrer zu Fall.

   Besteht für den Hund Versicherungsschutz?

5. Warum schränken die Versicherer in den Risikoerweiterungen/-erhöhungen und in der Vorsorgeversicherung den Versicherungsschutz ein, indem „… Fahrzeuge …" ausgeschlossen werden?

   Stellen Sie die Ausschlussbestimmungen gegenüber und erläutern/begründen Sie deren unterschiedliche Gestaltung.

   Prüfen und begründen Sie, in welchem Zusammenhang diese Bestimmungen mit den Vereinbarungen über „… Fahrzeuge" in der Privat-Haftpflichtversicherung (siehe Kap. 3.A.7, 3.G.1 und 3.G.2) zu sehen sind.

6. Der Versicherungsnehmer hat seinen Haftpflichtversicherungsvertrag (Fälligkeit 1.1. jeden Jahres) für seinen Zeitschriftenhandel am 17. August zum 1. November gekündigt, weil er zum 30. Oktober das Geschäft schließen will.

   Zum 1. Dezember eröffnet er in seinen ehemaligen Geschäftsräumen einen Fahrradhandel mit -reparatur.

   Am 16. Dezember verursacht er einen Schaden, weil er ein Rad nicht ordnungsgemäß zusammengebaut hat.

   Wie ist diese Risikoänderung zu bewerten? Besteht Deckung?

2.5 Leistungen der Versicherung / Vollmacht des Versicherers

Die (finanziellen und sonstigen) Leistungen des Versicherers sind festgelegt durch die Bestimmungen der Ziffer 5. AHB in Anlehnung an § 100 VVG.

2.5.1 Umfang des Versicherungsschutzes / Leistungsarten

5. Leistungen der Versicherung / Vollmacht des Versicherers

5.1 Der Versicherungsschutz umfasst die Prüfung der Haftpflichtfrage, die Abwehr unberechtigter Schadensersatzansprüche und die Freistellung des Versicherungsnehmers von berechtigten Schadensersatzverpflichtungen.

Berechtigt sind Schadensersatzverpflichtungen dann, wenn der Versicherungsnehmer aufgrund Gesetzes, rechtskräftigen Urteils, Anerkenntnisses oder Vergleiches zur Entschädigung verpflichtet ist und der Versicherer hierdurch gebunden ist. Anerkenntnisse und Vergleiche, die vom Versicherungsnehmer ohne Zustimmung des Versicherers abgegeben oder geschlossen worden sind, binden den Versicherer nur, soweit der Anspruch auch ohne Anerkenntnis oder Vergleich bestanden hätte.

Ist die Schadensersatzverpflichtung des Versicherungsnehmers mit bindender Wirkung für den Versicherer festgestellt, hat der Versicherer den Versicherungsnehmer binnen zwei Wochen vom Anspruch des Dritten freizustellen.

Der Versicherungsschutz umfasst:

- die Prüfung der Haftung des Versicherungsnehmers,
- die Abwehr unberechtigter Schadenersatzansprüche sowie
- die Freistellung des Versicherungsnehmers von berechtigten Schadenersatzverpflichtungen

Durch die Neufassung des § 100 VVG ist die Terminologie der Leistungsarten auf „die **Freistellung des Versicherungsnehmers von berechtigten Schadenersatzverpflichtungen**" notwendig geworden.

2.5.1.1 Prüfung der Haftpflichtfrage

Wenn ein Dritter Ansprüche aufgrund gesetzlicher Haftpflichtbestimmungen privatrechtlichen Inhalts gegen den Versicherungsnehmer erhebt, so prüft der Versicherer, ob sein Versicherungsnehmer dem Geschädigten gegenüber überhaupt, und wenn „ja", mit welcher Summe, zum Schadenersatz verpflichtet ist.

Der Versicherer hat nicht zu untersuchen, ob sich strafrechtliche Folgen oder öffentlich-rechtliche Ersatzansprüche aufgrund des dem anderen zugefügten Schadens ergeben.

Weitere Ausführungen zur Prüfung der Haftpflichtfrage siehe Kap. 2.5.5.

LF
2

LF
10

2.5.1.2 Abwehr unberechtigter Schadenersatzansprüche

Ziffer 5.1 Abs. 1 AHB

LF
15

▶ Situation

Malermeister Grün hat bei einem Kunden eine vor einem Jahr neu für 8 500 € gekaufte Polstergarnitur geringfügig mit Farbe beschmiert. Der Schaden wurde mit einem Farbentferner sofort behandelt und ist nur noch bei genauem Hinsehen zu erkennen. Der Kunde fordert von Grün trotzdem eine neue Polstergarnitur zum Preis von nun 9 200 €.

▶ Erläuterung

Sind die gegen den Versicherungsnehmer erhobenen Schadenersatzansprüche unberechtigt oder in der Höhe nicht angemessen, so wehrt der Versicherer die unberechtigten Ansprüche der Dritten ab. Insofern ist die Haftpflichtversicherung auch eine „passive Rechtsschutzversicherung".

Abwehranspruch

passive Rechtsschutz-
versicherung

> Unberechtigt sind Ansprüche, wenn der vermeintliche Verursacher eines Schadens keinen Schadenersatz zahlen muss, weil er rechtlich nicht dazu verpflichtet ist, z. B. weil er den Schaden nicht schuldhaft verursacht hat.

> Berechtigt sind Schadenersatzverpflichtungen dann, wenn der Versicherungsnehmer aufgrund Gesetzes, rechtskräftigen Urteils, Anerkenntnisses oder Vergleiches zur Entschädigung verpflichtet ist und der Versicherer hierdurch gebunden ist.

berechtigte Schaden-
ersatzverpflichtungen

Ausdrücklich erwähnt ist in § 106 VVG das „rechtskräftige Urteil". Die bisherige Regelung der Ziffer 5.1 AHB stellte u. a. auf die „richterliche Entscheidung" ab.

Außerdem wird der wichtige Hinweis gegeben, dass Anerkenntnisse und Vergleiche, die nach neuer Rechtslage auch vom VN abgegeben bzw. geschlossen werden dürfen, nur dann als berechtigte Schadenersatzverpflichtungen gelten und den Versicherer binden, wenn sie nicht über die materielle Rechtslage hinaus gehen (soweit der Anspruch auch ohne Anerkenntnis oder Vergleich bestanden hätte).

Dies entspricht der Gesetzeslage und ergibt sich aus § 105 VVG.

Für die Fälligkeit entscheidend ist der Zeitpunkt der Berechtigung des Anspruchs. Die Neuformulierung orientiert sich an § 106 VVG. Die Fälligkeit der Versicherungsleistung tritt zwei Wochen nach bindender Wirkung z. B. des rechtskräftigen Urteils für den Versicherer ein.

Ziffer 5.2 Abs. 2 AHB
Ziffer 6.5 AHB

In einem Zivilprozess übernimmt der Versicherer die bei der Abwehr der Ansprüche anfallenden Rechtsschutzkosten („auf seine Kosten"), diese werden nicht auf die Versicherungssumme angerechnet.

Ziffer 5.3 AHB

Auch in einem Strafverfahren übernimmt der Versicherer eventuell die Kosten, da im Strafprozess häufig Tatsachen festgestellt werden, nach denen sich auch die Urteilsfindung im Zivilprozess richtet.

Ziffer 5.1 Abs. 3 AHB

2.5.1.3   Freistellung von berechtigten Schadenersatz- verpflichtungen

Freistellungsanspruch

Die Umstellung der Leistung des Versicherers in der Haftpflichtversicherung auf den Begriff „Freistellung von berechtigten Schadenersatzverpflichtungen" anstelle von „Erfüllung berechtigter Schadenersatzverpflichtungen" entspricht der in der Praxis aufgrund der AHB üblichen Leistungspflicht des Versicherers: den Versicherungsnehmer von Ansprüchen freizustellen, die gegen ihn aufgrund seiner Verantwortlichkeit für eine während der Versicherungszeit eintretende Tatsache von einem Dritten geltend gemacht werden (Freistellungsanspruch).

Liegen berechtigte Schadenersatzansprüche Dritter vor, so leistet der Versicherer den als Schadenersatz fälligen Betrag, den an sich der Versicherungsnehmer zu zahlen hätte.

In Ziffer 5.1 Abs. 2 AHB wird dargestellt, welche Schadenersatzverpflichtungen „berechtigt" sind (siehe auch Kap. 2.5.1.2). Dazu zählen die Mehrzahl der Schadenfälle, weil der Versicherungsnehmer aufgrund Gesetzes zur Entschädigungsleistung verpflichtet ist.

berechtigte Ansprüche

Hinsichtlich der Berechtigung von Ansprüchen (Schadenersatzverpflichtungen) wird in Ziffer 5.1 Abs. 2 klar gestellt, dass eine der Voraussetzungen für berechtigte Schadenersatzansprüche ein „rechtskräftiges Urteil" (und nicht wie bisher in den AHB die „richterliche Entscheidung") ist und der Versicherer hierdurch gebunden ist.

Anerkenntnisse und Vergleiche

Anerkenntnisse und Vergleiche, die vom Versicherungsnehmer ohne Zustimmung des Versicherers abgegeben oder geschlossen worden sind, binden den Versicherer nur, soweit der Anspruch auch ohne Anerkenntnis oder Vergleich bestanden hätte. Verspricht der Versicherungsnehmer dem Dritten mehr als diesem zusteht, geht der Mehrbetrag immer zu Lasten des Versicherungsnehmers.

Der Versicherer kann im Gegensatz dazu – ohne den Versicherungsnehmer zu fragen – Anerkenntnisse oder Vergleiche abgeben oder schließen.

Wenn der Versicherungsnehmer den Dritten schon entschädigt hat (weil z. B. das Versagen der Leistung gegenüber dem Geschädigten unbillig war), so wandelt sich der Freistellungsanspruch in einen Zahlungsanspruch des Versicherungsnehmers gegenüber dem Versicherer um.

Zahlungsanspruch

LF 2

Die Zahlungsfrist für die Entschädigungsleistung des Versicherers beträgt zwei Wochen. Die Frist beginnt, wenn die Schadenersatzverpflichtung des Versicherungsnehmers mit bindender Wirkung für den Versicherer festgestellt wurde – § 106 VVG (durch rechtskräftiges Urteil, Anerkenntnis oder Vergleich).

Zahlungsfrist

LF 10

LF 15

2.5.2 Vollmacht für den Versicherer

- Erklärungen abzugeben und
- Prozesse zu führen

Ziffer 5.2 AHB

> 5.2 Der Versicherer ist bevollmächtigt, alle ihm zur Abwicklung des Schadens oder Abwehr der Schadensersatzansprüche zweckmäßig erscheinenden Erklärungen im Namen des Versicherungsnehmers abzugeben.
>
> Kommt es in einem Versicherungsfall zu einem Rechtsstreit über Schadensersatzansprüche gegen den Versicherungsnehmer, ist der Versicherer zur Prozessführung bevollmächtigt. Er führt den Rechtsstreit im Namen des Versicherungsnehmers auf seine Kosten.

Text
Ziffer 5.2 AHB

Die so genannte „Regulierungsvollmacht" des Versicherers wird konkretisiert. Der Versicherer ist bevollmächtigt, alle Erklärungen (im Namen des Versicherungsnehmers) abzugeben, die ihm zur Abwicklung des Schadens oder zur Abwehr von Schadenersatzansprüchen zweckmäßig erscheinen.

Regulierungsvollmacht

Wenn es zu einem Rechtsstreit über Schadenersatzansprüche kommt, so hat der Versicherer die Vollmacht zur Prozessführung – der Versicherer führt dann den Rechtsstreit auf seine Kosten im Namen des Versicherungsnehmers.

Prozessführungs-vollmacht

Über die Kostenregelung siehe Kap. 2.6.5 und 2.6.6.

Kostenregelung

2.5.3 Bestellung von Verteidigern im Strafverfahren

Ziffer 5.3 AHB

> 5.3 Wird in einem Strafverfahren wegen eines Schadenereignisses, das einen unter den Versicherungsschutz fallenden Haftpflichtanspruch zur Folge haben kann, die Bestellung eines Verteidigers für den Versicherungsnehmer von dem Versicherer gewünscht oder genehmigt, so trägt der Versicherer die gebührenordnungsmäßigen oder die mit ihm besonders vereinbarten höheren Kosten des Verteidigers.

Text
Ziffer 5.3 AHB

Auch in einem Strafverfahren wegen eines Schadenereignisses, das einen unter den Versicherungsschutz fallenden Haftpflichtanspruch zur Folge haben kann, übernimmt der Versicherer die gebührenordnungsmäßigen Kosten, da im Strafprozess häufig Tatsachen festgestellt werden, nach denen sich auch die Urteilsfindung im Zivilprozess richtet. Die Bestellung eines Verteidigers muss vom Versicherer allerdings gewünscht, zumindest aber genehmigt sein.

Sollen für das Verfahren höhere als die gebührenordnungsgemäßen Kosten für die Verteidigung gezahlt werden, so muss dies mit dem Versicherer vereinbart werden.

Ziffer 5.4 AHB

2.5.4   Aufhebung oder Minderung einer Rente

Text
Ziffer 5.4 AHB

> 5.4 Erlangt der Versicherungsnehmer oder ein Mitversicherter das Recht, die Aufhebung oder Minderung einer zu zahlenden Rente zu fordern, so ist der Versicherer zur Ausübung dieses Rechts bevollmächtigt.

Der Versicherungsnehmer (oder ein Mitversicherter) muss anzeigen, wenn er aufgrund veränderter Verhältnisse das Recht erlangt, die Aufhebung oder Minderung einer Rente zu verlangen (z. B. wenn der Verletzte doch wieder arbeiten kann oder wenn die Witwe wieder heiratet).

Der Versicherer ist bevollmächtigt, dieses Recht auf Aufhebung oder Minderung auszuüben.

2.5.5   Bearbeitung des Versicherungsfalles durch den Versicherer

Damit der Versicherer die gegen den Versicherungsnehmer erhobenen Ansprüche dem Grunde und der Höhe nach prüfen kann, muss er schrittweise vorgehen.

> Der Versicherer prüft,
>
> - ob der gemeldete Schaden im Rahmen der Versicherungsbedingungen versichert ist – ob also eine Leistung des Versicherers vertraglich vereinbart ist (Deckungsprüfung),
> - ob der Versicherungsnehmer zum Schadenersatz aufgrund gesetzlicher Haftpflichtbestimmungen privatrechtlichen Inhalts verpflichtet ist (Haftungsprüfung).

Deckungsprüfung oder zuerst Haftungsprüfung?

Da der Versicherer für einen Schaden nur dann eintreten muss, wenn der Versicherungsnehmer (bzw. die versicherte Person) z. B. aufgrund gesetzlicher Bestimmungen auch haftet, setzt – juristisch gesehen – Deckung immer Haftung voraus.

Ob zuerst die Haftung oder die Deckung geprüft wird, ist nicht festgelegt.

▶ Beispiel

Hat der Versicherungsnehmer seinen Beitrag nicht gezahlt, so ist die Deckungsprüfung nach kurzer Zeit erledigt und die Haftungsprüfung kann entfallen.

Wenn mit geringem Aufwand festgestellt werden kann, dass der Versicherungsnehmer nicht haften muss, weil keine gesetzliche Haftung gegeben ist oder ihn keinerlei Verschulden trifft, so kann wiederum die Deckungsprüfung entfallen.

LF 2

LF 10

LF 15

Prüfung des Versicherungsschutzes (Deckungsprüfung)

Deckungsprüfung

- Ist die richtige Sparte versichert?
- Hat der Versicherungsschutz lt. Vertrag schon begonnen, ist er unterbrochen oder schon beendet?
- Ist der Erst- oder Folgebeitrag oder der einmalige Beitrag gezahlt?
- Liegt eine Obliegenheitsverletzung vor?
- Ist das vom Versicherungsfall betroffene Risiko versichert?
- Fällt der Versicherungsfall unter Erhöhung/Erweiterung oder unter die Vorsorgeversicherung?
- Liegt ein Ausschluss vor?
- usw.

Prüfung der Haftung dem Grunde nach (Haftungsprüfung)

Haftungsprüfung

- Feststellen des Tatbestandes mit Beweissicherung.
- Liegt Verschulden vor (z. B. nach § 823 BGB)?
- Ist eventuell Gefährdungshaftung gegeben?
- Ist die Einrede der Verjährung gegen den Anspruchsteller möglich?
- Können evtl. daraufhin unberechtigte Ansprüche abgewehrt werden?
- usw.

Prüfung der Haftung der Höhe nach

Prüfung der Höhe der Leistung des Versicherers

- Reichen die vereinbarten Versicherungssummen aus?
- Wurde Selbstbeteiligung vereinbart?
- Kann Mitverschulden geltend gemacht werden?
- usw.

Leistung der Entschädigung durch den Versicherer
(Freistellung des Versicherungsnehmers)

Leistung der Entschädigung

Prüfung der Regressmöglichkeit

Prüfung der Regressmöglichkeit

- Liegt evtl. gesamtschuldnerische Haftung vor?
- Ist ein Teilungsabkommen zu beachten?
- usw.

Übungen zum Kapitel 2.5

1. Damit der Versicherungsnehmer im Schadenfall eine Leistung erhält, wird vom Schadensachbearbeiter eine Deckungs- und Haftungsprüfung vorgenommen.

   Stellen Sie anhand eines Beispielfalles ein Mindmap, Strukturdiagramm o. ä. auf, welches die wesentlichen Gedanken enthält, die der Sachbearbeiter zu berücksichtigen hat.

2. Ein Versicherungsnehmer hat im Schadenfall einen Anspruch – ohne vorher den Versicherer zu informieren – anerkannt und den vom Anspruchsteller geforderten Betrag bereits überwiesen.

   Welche Rechtsfolgen könnten eintreten?

3. Der Versicherungsnehmer hat für seine Haftpflichtversicherung einen Selbstbehalt von 1 000 € vereinbart. Als der Nachbar für einen angeblichen Schaden, den der Versicherungsnehmer verursacht haben soll, Schadenersatz in Höhe von 738 € fordert, wendet sich der Versicherungsnehmer an den Versicherer und fordert diesen zur Abwehr des Anspruches auf.

   Muss der Versicherer dem nachkommen?

2.6 Begrenzung der Leistung

Ziffer 6. AHB

LF
2

Die Ziffer 6. enthält Regelungen zur Begrenzung der Leistung

- durch die vereinbarten Versicherungssummen
  („Haftungssumme")   (Ziffer 6.1 AHB)
- durch die Versicherungssummenmaximierung   (Ziffer 6.2 AHB)
- durch die Serienschadenklausel   (Ziffer 6.3 AHB)
- durch Selbstbehalte   (Ziffer 6.4 AHB)
- durch die Prozesskostenquotelung   (Ziffer 6.6 AHB)
- durch Rentenzahlung und Rentenberechnung   (Ziffer 6.7 AHB) und
- durch die Verpflichtung des Versicherungs-
  nehmers, den durch ihn verursachten Mehr-
  aufwand zu tragen   (Ziffer 6.8 AHB)

LF
10

LF
15

Außerdem wird deutlich gemacht, dass Aufwendungen des Versicherers für Kosten nicht auf die Versicherungssumme angerechnet werden (Ziffer 6.5 AHB).

2.6.1 Versicherungssummen (Deckungssummen)

Ziffer 6.1 AHB

6.1 Die Entschädigungsleistung des Versicherers ist bei jedem Versicherungsfall auf die vereinbarten Versicherungssummen begrenzt. Dies gilt auch dann, wenn sich der Versicherungsschutz auf mehrere entschädigungspflichtige Personen erstreckt.

Text
Ziffer 6.1 AHB

Durch die Formulierung der Ziffer 6.1 AHB wird klargestellt, dass nur Entschädigungsleistungen des Versicherers durch die vereinbarte Versicherungssumme begrenzt sind. Zu den Aufwendungen für Kosten siehe Kap. 2.6.5.

Erst, wenn die begründeten (berechtigten) Haftpflichtansprüche (Schadenersatzansprüche) aus einem Versicherungsfall die Versicherungssumme übersteigen, werden Prozesskosten nur anteilig ersetzt (siehe Ziffer 6.6 AHB).

Die Versicherungssumme ist die Höchstgrenze der Leistung je Schadenfall (auch wenn mehrere Personen vom Schaden betroffen sind), jeder Schaden wird bis zu dieser Grenze voll reguliert (die Haftpflichtversicherung als „Erstrisikoversicherung").

Höchstgrenze der
Leistung je Schadenfall

§ 114 VVG 2008 setzt eine Mindestversicherungssumme in der Pflichtversicherung von 250 000 € je Versicherungsfall und von 1 000 000 € für alle Versicherungsfälle eines Versicherungsjahres fest. Dabei ist keine Differenzierung nach Schadenarten vorgesehen, es können aber durch Rechtsvorschrift höhere Summen für bestimmte Pflichtversicherungen festgesetzt werden.

Neuordnung des VVG

gesetzliche Begrenzung der Höchsthaftungssumme	Nur in einigen Fällen wird bei (verschuldensunabhängiger) Gefährdungshaftung eine andere Höchsthaftungssumme gesetzlich festgelegt. Der Hotelier z. B. haftet für die eingebrachten Sachen seiner Beherbergungsgäste bis max. 3 500 €.

Der Begriff „Versicherungssumme" wird auch in der Haftpflichtversicherung verwendet, obwohl der Begriff „Haftungssumme" sinnvoller sein würde.

Versicherungssummen können vereinbart werden:

kombinierte Versicherungssumme	▪ als „kombinierte Versicherungssummen" – für die einzelnen Schadenarten getrennt; z. B. 2 Mio. € für Personenschäden, 500 000 € für Sachschäden, 100 000 € für „reine" Vermögensschäden;
pauschale Versicherungssumme	▪ als „pauschale Versicherungssummen" – für Sach- und Personenschäden zusammen (in diesem Fall wird für Vermögensschäden oft eine gesonderte Versicherungssumme vereinbart) – z. B. 2 Mio. € pauschal für Personen- und/oder Sachschäden, 100 000 € für „reine" Vermögensschäden
Einheitsversicherungssumme	▪ als „Einheitsversicherungssummen" – für Personen-, Sach- und Vermögensschäden zusammen – z. B. 3 Mio. € für Personen-, Sach- und „reine" Vermögensschäden.
Privatkundensegment	Angeboten werden im Privatkundensegment heute (auch in der Tierhalter- und in der Haus- und Grundbesitzerhaftpflichtversicherung) bis zu 10 Mio. € Haftungssumme, selten unbegrenzte Deckung.
Unterversicherung Ziffer 6.6 AHB	Das Prinzip der Unterversicherung kann auf die Haftpflichtversicherung nicht angewandt werden (Ausnahme für Prozesskosten, wenn schon die Haftpflichtansprüche die Versicherungssumme übersteigen – Ziffer 6.6 AHB) – siehe Kapitel 2.6.6.

Ziffer 6.2 AHB	**2.6.2 Maximierung der Deckungssumme**
Text Ziffer 6.2 AHB	6.2 Sofern nicht etwas anderes vereinbart wurde, sind die Entschädigungsleistungen des Versicherers für alle Versicherungsfälle eines Versicherungsjahres auf das Zweifache der vereinbarten Versicherungssummen begrenzt.

Durch Vereinbarung kann die Gesamtleistung des Versicherers für alle Schadenereignisse eines Versicherungsjahres auf ein X-faches der Versicherungssumme begrenzt werden. Durch die Formulierung wird sichergestellt, dass auch eine „einfache" Maximierung möglich ist. In den AHB 2008 Proximus ist die Maximierung auf das Zweifache festgelegt.

➡ PHV	Dies geschieht auch in der Privat-Haftpflichtversicherung in der Regel auf das Doppelte der Versicherungssumme (siehe Kap. 3.A.5.2).

2.6.3 Serienschadenklausel

Ziffer 6.3 AHB

6.3 Mehrere während der Wirksamkeit der Versicherung eintretende Versicherungsfälle gelten als ein Versicherungsfall, der im Zeitpunkt des ersten dieser Versicherungsfälle eingetreten ist, wenn diese
- auf derselben Ursache,
- auf gleichen Ursachen mit innerem, insbesondere sachlichem und zeitlichem Zusammenhang oder
- auf der Lieferung von Waren mit gleichen Mängeln

beruhen.

Text
Ziffer 6.3 AHB

Die Serienschadenklausel wurde in Anlehnung an die konventionelle Produkthaftpflicht-Serienschadenklausel formuliert.

Mehrere Schäden

- aus derselben Ursache oder
- aus gleichen Ursachen mit innerem, insbesondere sachlichem und zeitlichem Zusammenhang (Ursachenklausel) oder
- aus der Lieferung von Waren mit „gleichen Mängeln" (Warenklausel)

gelten als ein Schadenereignis (hier gilt also z. T. wieder die Verstoßtheorie). Für alle Schäden zusammen wird dann maximal bis zur Höhe der vereinbarten Versicherungssumme geleistet.

▶ Beispiel

Malermeister Grün hat eine neue Rezeptur für eine Farbe entwickelt, mit der auch Feuchtigkeitsschäden (z. B. an Wänden und Decken) rückstandsfrei bearbeitet werden können. Nach Verwendung dieser Farbe bei vier Kunden stellen sich in allen Fällen Gesundheitsschäden bei den Familienmitgliedern dieser Kunden heraus.

Lösung

Für die vier Schadenersatzansprüche steht nur einmal die vereinbarte Versicherungssumme zur Verfügung.

2.6.4 Selbstbehalt

Ziffer 6.4 AHB

6.4 Falls besonders vereinbart, beteiligt sich der Versicherungsnehmer bei jedem Versicherungsfall mit einem im Versicherungsschein festgelegten Betrag an der Schadensersatzleistung (Selbstbehalt). Soweit nicht etwas anderes vereinbart wurde, ist der Versicherer auch in diesen Fällen zur Abwehr unberechtigter Schadensersatzansprüche verpflichtet.

Text
Ziffer 6.4 AHB

Die Vertragspartner können im Versicherungsvertrag einen Selbstbehalt (einen festen Betrag, mit dem sich der Versicherungsnehmer an der

Schadenersatzleistung beteiligt) vereinbaren (z. B. 20 %, mind. 300 €, max. 1 000 €).

Es wird aber ausdrücklich festgeschrieben, dass der Versicherer auch bei vereinbartem Selbstbehalt verpflichtet bleibt, unberechtigte Schadenersatzansprüche abzuwehren, soweit nichts anderes vereinbart wurde. Es bleiben also unternehmensindividuelle Lösungen möglich.

Ziffer 6.5 AHB

2.6.5 Kostenregelung

Text
Ziffer 6.5 AHB

6.5 Die Aufwendungen des Versicherers für Kosten werden nicht auf die Versicherungssummen angerechnet.

gerichtliche und außergerichtliche Kosten

Die Aufwendungen des Versicherers für gerichtliche und außergerichtliche Kosten (z. B. Regulierungskosten – wie Sachverständigen- oder Gutachterkosten – und Prozesskosten) werden nicht auf die Versicherungssumme angerechnet.

§ 101 (2) VVG

Diese Regelung geht über die gesetzlichen Vorschriften des § 101 (2) VVG hinaus: danach muss der Versicherer – wenn (wie in der Haftpflichtversicherung üblich) eine Versicherungssumme bestimmt ist – nur dann die Kosten über die Versicherungssumme hinaus ersetzen, wenn sie durch einen von ihm veranlassten Rechtsstreit entstehen.

Die gleiche Regelung gilt nach § 101 (2) VVG für Kosten der Verteidigung in einem Strafverfahren gegen den Versicherungsnehmer, das wegen einer Tat eingeleitet wurde, die die Verantwortlichkeit des Versicherungsnehmers gegenüber einem Dritten zur Folge haben könnte.

Cost-inclusive-Klauseln

Sofern z. B. für Betriebs-Haftpflichtversicherungen Versicherungsschutz für Kanada und die USA gewünscht wird, werden i. d. R. Sonderregelungen für Kosten vereinbart (Cost-inclusive-Klauseln). Ähnliches gilt für Jagd- und Sportboot-Haftpflichtversicherungen.

▶ Beispiel

Versicherungssumme	2 000 000 €
Prozesskosten	40 000 €
Anspruch	1 980 000 €
Leistung des Versicherers	2 020 000 €

Ziffer 6.6 AHB

2.6.6 Prozesskostenquotelung

Text
Ziffer 6.6 AHB

6.6 Übersteigen die begründeten Haftpflichtansprüche aus einem Versicherungsfall die Versicherungssumme, trägt der Versicherer die Prozesskosten im Verhältnis der Versicherungssumme zur Gesamthöhe dieser Ansprüche.

Der Versicherer trägt alle Kosten nach Ziffer 6.5 AHB.

Nur dann, wenn die begründeten (berechtigten) Haftpflichtansprüche allein schon die Versicherungssumme übersteigen, muss sich der Versicherungsnehmer anteilig an den Prozesskosten beteiligen.

Bei unberechtigten Ansprüchen muss der Versicherer hinsichtlich der Ansprüche nicht leisten, trägt aber trotzdem die Prozesskosten der Abwehr dieser Ansprüche.

▶ Beispiel

Versicherungssumme	2 000 000 €
Schaden	3 000 000 €
Prozesskosten	100 000 €
der Versicherer übernimmt davon nur	66 667 €
Leistung insgesamt	2 066 667 €

2.6.7 Rentenzahlung und Rentenberechnung

Ziffer 6.7 AHB

6.7 Hat der Versicherungsnehmer an den Geschädigten Rentenzahlungen zu leisten und übersteigt der Kapitalwert der Rente die Versicherungssumme oder den nach Abzug etwaiger sonstiger Leistungen aus dem Versicherungsfall noch verbleibenden Restbetrag der Versicherungssumme, so wird die zu leistende Rente nur im Verhältnis der Versicherungssumme bzw. ihres Restbetrages zum Kapitalwert der Rente vom Versicherer erstattet.

Für die Berechnung des Rentenwertes gilt die entsprechende Vorschrift der Verordnung über den Versicherungsschutz in der Kraftfahrzeug-Haftpflichtversicherung in der jeweils gültigen Fassung zum Zeitpunkt des Versicherungsfalles.

Bei der Berechnung des Betrages, mit dem sich der Versicherungsnehmer an laufenden Rentenzahlungen beteiligen muss, wenn der Kapitalwert der Rente die Versicherungssumme oder die nach Abzug sonstiger Leistungen verbleibende Restversicherungssumme übersteigt, werden die sonstigen Leistungen mit ihrem vollen Betrag von der Versicherungssumme abgesetzt.

Text
Ziffer 6.7 AHB

Ziffer 6.7 AHB regelt die Fälle, bei denen der Kapitalwert einer vom Versicherungsnehmer an den/die Geschädigten zu zahlenden Rente

- die Versicherungssumme oder
- den nach Abzug etwaiger sonstiger Leistungen noch verbleibenden Restbetrag der Versicherungssumme

übersteigt. In diesen Fällen wird die zu leistende Rente im Verhältnis der Versicherungssumme bzw. des Restbetrages zum Kapitalwert der Rente gekürzt.

▶ Beispiel

Die Versicherungssumme beträgt	2 000 000 €
An „sonstigen Leistungen" für Personen- und Sachschäden wurden gezahlt	187 500 €
Verbleibender Restbetrag der Versicherungs- summe	1 812 500 €
Aus der monatlich zu zahlenden Rente in Höhe von 875 € wurde ein Kapitalwert von	2 386 470 €
errechnet. Dadurch ergibt sich eine Rentenkür- zung im Verhältnis 1 812 500 : 2 386 470 € auf	664,56 €*

Ziffer 6.7 Abs. 3 AHB

Für die Berechnung der Renten und des Betrages, mit dem sich der Versicherungsnehmer an laufenden Rentenzahlungen beteiligen muss, wird das Berechnungsverfahren aufgezeigt.

Kfz-PflVVO

Dabei wird für die Ermittlung des Rentenwertes ausdrücklich auf die „Verordnung über den Versicherungsschutz in der Kraftfahrzeug-Haft-pflichtversicherung (Kfz-PflVVO)" (in der jeweils gültigen Fassung zum Zeitpunkt des Versicherungsfalles) hingewiesen.

Ziffer 6.8 AHB

2.6.8 Weigerungsklausel

Text Ziffer 6.8 AHB

6.8 Falls die von dem Versicherer verlangte Erledigung eines Haftpflichtan-spruchs durch Anerkenntnis, Befriedigung oder Vergleich am Verhalten des Versicherungsnehmers scheitert, hat der Versicherer für den von der Weigerung an entstehenden Mehraufwand an Entschädigungsleis-tung, Zinsen und Kosten nicht aufzukommen.

Die bisherige „Widerstandsklausel" wurde präzisiert und nur noch auf den Versicherungsnehmer bezogen. Sie kann jetzt besser als „Weige-rungsklausel" bezeichnet werden. Grundlage dafür ist die Vollmacht des Versicherers (siehe Kap. 2.5.2).

Scheitert die vom Versicherer verlangte Erledigung eines berechtigten Haftpflichtanspruchs (z. B. durch Anerkenntnis, Befriedigung oder Ver-gleich) am Verhalten (früher „am Widerstand") des Versicherungsneh-mers, so hat dieser die Mehrkosten (z. B. an Entschädigungsleistung, an Zinsen, an Kosten) selbst zu tragen.

▶ Beispiel

Ein Arzt will die Anerkenntnis eines Kunstfehlers nicht akzep-tieren und riskiert einen langwierigen Rechtsstreit, in dem er am Ende doch unterliegt.

---

*   Der Rentenbetrag kann nicht nach unten abgerundet werden.

▶ Zusammenfassung zum Kapitel 2.6

Umfang des Versicherungsschutzes

Prüfung der Haftpflichtfrage	Abwehr unberechtigter (auch überhöhter) Schadenersatz- ansprüche	Freistellung von berechtigten Schadenersatz- verpflichtungen
höchstens aber	die vereinbarten Versicherungssummen (Deckungssummen) unter Beachtung	

      ■ der Versicherungssummenmaximierung,
      ■ der Serienschadenklausel,
      ■ eines evtl. vereinbarten Selbstbehaltes,
      ■ der Kostenregelungen,
      ■ der Regelungen bei Rentenzahlungen,
      ■ der Weigerungsklausel und
      ■ der Ausschlüsse.

Übungen zum Kapitel 2.6

1. Erklären Sie einem Kunden die grundsätzlichen Leistungsarten eines Haftpflichtversicherers an einem praktischen Beispiel aus der Betriebshaftpflichtversicherung.

2. Ein Kunde hat einen Gebäudebrandschaden gehabt, bei dem der Feuerversicherer eine Unterversicherung berechnet hat. Er fragt Sie, ob die „Unterversicherung" auch in der Haftpflichtversicherung Anwendung findet.

   Erläutern Sie dem Kunden die entsprechenden Regelungen der Haftpflichtversicherung.

3. Nehmen Sie Stellung zu folgender Aussage eines Kunden:

   „Die Haftpflichtversicherung macht eine Rechtsschutzversicherung entbehrlich."

4. Bei einem versicherten Schaden (Haftung und Deckung) mit einer Versicherungssumme von 1 000 000 € betragen:

   - die Schadenersatzforderung   2 400 000 €
   - die Regulierungskosten   4 000 €
   - die Prozesskosten   32 000 €

   a) Ermitteln Sie die Gesamtleistung des Versicherers.
   b) Wegen des Schadenereignisses wird auch ein Strafverfahren gegen den VN eingeleitet. Kosten der Strafverteidigung 2 000 €, verhängte Strafe gegen den VN im Strafprozess 1 000 €.

      Welche Kosten übernimmt hiervon der Haftpflichtversicherer? Begründen Sie Ihre Antwort.

5. Stellen Sie zusammen, welche Versicherungssummen (und ggf. welche Gliederung in Bezug auf Personen-, Sach- und Vermögensschäden) Ihre Gesellschaft für die Haftpflichtversicherung anbietet.

   Vergleichen Sie die Beiträge für das einfache Geschäft und für private Risiken bei unterschiedlichen Versicherungssummen und begründen Sie die dabei festgestellten Beitragsunterschiede.

6. Erläutern Sie Sinn und Zweck von

   a) Serienschadenklausel,
   b) Versicherungssummenmaximierung und
   c) Selbstbeteiligung

   aus der Sicht des Versicherers. Gehen Sie dabei auch auf die Wirkung dieser Einschränkungen für die Beitragskalkulation ein.

2.7 Ausschlüsse

Ziffer 7. AHB

Nicht alle Haftpflichtgefahren des täglichen Lebens können durch eine Haftpflichtversicherung abgedeckt werden, sondern nur die für die Versicherer kalkulierbaren, eindeutig beschreibbaren Gefahren. Ausschlüsse machen das versicherte Risiko besser kalkulierbar.

In den bisherigen Kapiteln lernten Sie folgende Begrenzungen des Versicherungsschutzes kennen:

- nur Schadenersatzansprüche aufgrund gesetzlicher Haftpflichtbestimmungen privatrechtlichen Inhalts,
- nur Personen-, Sach- und unechte Vermögensschäden daraus und
- nur im Rahmen des im Versicherungsschein beschriebenen Risikos.

Weitere Einschränkungen sind durch die in Ziffer 7. AHB genannten Ausschlüsse gegeben.

Der neu gestaltete Ausschlusskatalog in Ziffer 7. AHB hat folgendes Aussehen:

Ausschlusskatalog

- die Ausschlüsse enthalten 18 Positionen, aber keine Trennung mehr zwischen „abdingbaren" und „absoluten" Ausschlüssen.

neu aufgenommen sind:

- der Ausschluss von Asbestschäden (Ziffer 7.11 AHB),
- der Gentechnikausschluss (Ziffer 7.13 AHB),
- der Ausschluss von so genannten Internetschäden (Ziffer 7.15 AHB),
- der Ausschluss von Schäden aus Persönlichkeits- und Namensrechtsverletzungen (Ziffer 7.16 AHB) und
- der Ausschluss von Schäden aus Anfeindung, Schikane, Belästigung, Ungleichbehandlung oder sonstigen Diskriminierungen (Ziffer 7.17 AHB).

nicht mehr aufgeführt sind in den Ausschlüssen:

z. B. die Gehaltsklausel, die Sportklausel, der Ausschluss für „Allmählichkeitsschäden", die Ausschlüsse für die Sachschäden durch Schwammbildung und durch Erschütterungen infolge Rammarbeiten sowie aus Flurschaden durch Weidevieh und aus Wildschaden.

Thematisch geordnet enthält Ziffer 7. der AHB folgende Ausschlüsse:

Überblick

Versicherungsansprüche aller Personen, die den Schaden ...

7.1 vorsätzlich herbeigeführt haben (Vorsatz) oder
7.2 in Kenntnis der Mangelhaftigkeit oder Schädlichkeit von Erzeugnissen, Arbeiten oder sonstigen Leistungen verursacht haben.

Haftpflichtansprüche ...

7.3 aus rein vertraglicher Haftung;
7.4 des Versicherungsnehmers und mitversicherter Personen desselben Vertrages untereinander.

Haftpflichtansprüche gegen den Versicherungsnehmer ...

7.5 aus Schadenfällen seiner „Angehörigen", seiner „Vertreter" oder seiner „Partner".

Haftpflichtansprüche wegen/aus Sachschäden und allen sich daraus ergebenden Vermögensfolgeschäden ...

7.6 an fremden Sachen im Rahmen von Besitz, Obhut und Verwahrung;
7.7 an fremden Sachen durch gewerbliche und berufliche Tätigkeit;
7.8 an vom Versicherungsnehmer hergestellten oder von ihm gelieferten Sachen, Arbeiten oder sonstigen Leistungen;
7.14 durch Abwässer, durch Senkungen von Grundstücken oder Erdrutschungen oder durch Überschwemmungen stehender oder fließender Gewässer.

Haftpflichtansprüche aus ...

7.9 im Ausland vorkommenden Schadenereignissen.

Haftpflichtansprüche wegen Schäden ...

7.10 an der Umwelt bzw. durch Umwelteinwirkung;
7.11 durch Asbest, asbesthaltige Substanzen oder Erzeugnisse;
7.12 durch energiereiche ionisierende Strahlen (Strahlenschäden);
7.13 durch Gentechnik (Gentechnikschäden);
7.15 aus der Nutzung der Internet-Technologie (Internetschäden);
7.16 aus Persönlichkeits- oder Namensrechtsverletzungen;
7.17 aus Anfeindung, Schikane, Belästigung, Ungleichbehandlung oder sonstigen Diskriminierungen;
7.18 durch Übertragung von Krankheiten.

Ziffer 7.1 AHB

2.7.1 Vorsatz

Ausgeschlossen sind Versicherungsansprüche aller Personen, die den Schaden vorsätzlich herbeigeführt haben.

▶ **Situation**

Versicherungsnehmer Barthel rempelt absichtlich einen auf dem Gehweg fahrenden Radfahrer an, der bei dem unglücklichen Sturz Verletzungen erleidet, an denen er stirbt.

▶ **Erläuterung**

Diese Ausschlussbestimmung ist eine Abänderung des abdingbaren § 103 VVG, in dem für den Ausschluss der Ersatzpflicht neben „Vorsatz" auch „Widerrechtlichkeit" gefordert wird.

§ 103 VVG

In der Haftpflichtversicherung ist es ohne Bedeutung für den Ausschluss, ob ein Rechtfertigungsgrund für den Versicherungsnehmer vorlag (z. B. § 904 BGB – Notstand). Diese Ansicht ist aber strittig.

Der Ausschluss bezieht sich auf die Versicherten, die vorsätzlich gehandelt haben. Ein Unternehmen hat Versicherungsschutz, wenn der Mitarbeiter (ausgenommen: Repräsentanten) vorsätzlich Schäden bei Dritten anrichtet, der Mitarbeiter wird in Regress genommen.

Der Vorsatz muss sich auf die Handlung selbst und auf die Folgen der Handlung beziehen.

Wenn die Handlung zwar vorsätzlich ist, die Folgen dieser vorsätzlichen Handlung aber vom Vorsatz nicht umfasst sind, so sind die Schäden ersatzpflichtig (siehe oben Fallbeispiel Barthel).

2.7.2 Mangelhaftigkeit oder Schädlichkeit von Erzeugnissen, Arbeiten oder sonstigen Leistungen des Versicherungsnehmers

Ziffer 7.2 AHB

Ausgeschlossen sind Versicherungsansprüche aller Personen, die den Schaden dadurch verursacht haben, dass sie in Kenntnis von deren Mangelhaftigkeit oder Schädlichkeit Erzeugnisse in den Verkehr gebracht oder Arbeiten oder sonstige Leistungen erbracht haben.

Mangelhaftigkeit
Schädlichkeit

▶ **Situation**

Der Versicherungsnehmer befindet sich bei Erstellung einer Geschossdecke in einem Mehrfamilienhaus in Zeitdruck. Zum schnelleren Abbinden des Betons verwendet er einen nicht zugelassenen Zuschlagstoff.

Nach kurzer Zeit stellen sich Schäden heraus, die auf die Verwendung dieses Stoffes zurückzuführen sind.

▶ Erläuterung

Dieser Ausschluss (bisher Teil des Vorsatzausschlusses) macht deutlich, dass er sich nicht nur auf Erzeugnisse, sondern auch auf „Arbeiten und sonstige Leistungen" bezieht.

Die (positive) Kenntnis des Versicherungsnehmers von der Mangelhaftigkeit oder Schädlichkeit

- beim Inverkehrbringen von Erzeugnissen oder
- beim Erbringen von Arbeiten oder sonstigen Leistungen

ist dem Vorsatz gleichgestellt.

Wer z. B. bewusst mangelhafte Ware herstellt oder liefert oder mangelhafte Leistungen erbringt, muss auch mit daraus entstehenden Schäden rechnen, die er selbst tragen muss.

▶ Lösung

Es besteht kein Versicherungsschutz für den Abbruch und die neu zu gießende Geschossdecke.

Ziffer 7.3 AHB

2.7.3 Rein vertragliche Haftung

Ausgeschlossen sind Haftpflichtansprüche, soweit sie aufgrund Vertrages oder Zusagen über den Umfang der gesetzlichen Haftpflicht des Versicherungsnehmers hinausgehen.

deklaratorische
Wirkung

Dieser „Ausschluss" hat nur den Charakter einer Klarstellung (deklaratorischer Ausschluss), da durch Ziffer 1.1 AHB schon den Versicherungsschutz auf Ansprüche „aufgrund gesetzlicher Haftpflichtbestimmungen" begrenzt wird.

Dabei kann die über den Umfang der gesetzlichen Haftpflicht des Versicherungsnehmers hinausgehende Haftung auf einer vertraglichen Vereinbarung mit dem Geschädigten, aber auch allein auf Zusagen des Versicherungsnehmers beruhen.

▶ Beispiel

Der Mieter vereinbart mit dem Vermieter im Mietvertrag (oder durch außervertragliche Zusage), dass er auch für Schäden durch höhere Gewalt haften wird.

2.7.4 Haftpflichtansprüche versicherter Personen desselben Vertrages untereinander

Ziffer 7.4 AHB

LF 2

Dieser Ausschluss regelt quasi dreistufig die so genannten Innenansprüche:

In der **ersten Stufe** (Ziffer 7.4 AHB) werden ausgeschlossen die Haftpflichtansprüche

Innenansprüche
1. Stufe

LF 10

(1) des Versicherungsnehmers selbst oder der in Ziff. 7.5 benannten Personen gegen die Mitversicherten,

LF 15

(2) zwischen mehreren Versicherungsnehmern desselben Versicherungsvertrages,
(3) zwischen mehreren Mitversicherten desselben Versicherungsvertrages.

In der **zweiten Stufe** werden durch den Verweis (in Ziffer 7.4 (1) AHB) auf Ziffer 7.5 AHB neben den Ansprüchen des Versicherungsnehmers auch folgende Ansprüche gegen Mitversicherte desselben Versicherungsvertrages ausgeschlossen: Ansprüche der

Innenansprüche
2. Stufe

- Angehörigen, die mit dem Versicherungsnehmer in häuslicher Gemeinschaft leben oder die zu den im Vertrag mitversicherten Personen gehören (Ziffer 7.5 (1) AHB),
- gesetzlichen Vertreter oder Betreuer des geschäftsunfähigen oder beschränkt geschäftsfähigen Versicherungsnehmers (Ziffer 7.5 (2) AHB),
- gesetzlichen Vertreter, wenn der Versicherungsnehmer eine juristische Person des privaten oder öffentlichen Rechts oder ein nicht rechtsfähiger Verein ist (Ziffer 7.5 (3) AHB),
- unbeschränkt persönlich haftenden Gesellschafter, wenn der Versicherungsnehmer eine Offene Handelsgesellschaft, eine Kommanditgesellschaft oder eine Gesellschaft bürgerlichen Rechts ist (Ziffer 7.5 (4) AHB),
- Partner, wenn der Versicherungsnehmer eine eingetragene Partnerschaft ist (Ziffer 7.5 (5) AHB) und
- Liquidatoren, Zwangs- und Insolvenzverwalter (Ziffer 7.5 (6) AHB).

In der **dritten Stufe** werden durch den Text im Anschluss an Ziffer 7.5 AHB (mit dem Hinweis auf Ziffer 7.4 AHB und 7.5 AHB) die Ausschlüsse weiter ausgedehnt auf die Angehörigen der in Ziffer 7.5 (2) bis (6) AHB genannten Anspruchsteller, wenn diese Angehörigen mit den Anspruchstellern in häuslicher Gemeinschaft leben.

Innenansprüche
3. Stufe

▶ Beispiele

Nicht versichert (Ziffer 7.4 (1) AHB) sind z. B. die Ansprüche gegen Mitversicherte von Seiten

- des Versicherungsnehmers oder
- der Tochter oder des Vaters des Versicherungsnehmers, wenn sie mit dem Versicherungsnehmer in häuslicher Gemeinschaft leben.

Nicht versichert (Ziffer 7.5 (2) AHB) sind z. B. auch die Ansprüche

- des Betreuers des geschäftsunfähigen Versicherungsnehmers und
- des Sohnes des Betreuers – häusliche Gemeinschaft vorausgesetzt –

gegen den geschäftsunfähigen Versicherungsnehmer.

Weiterhin sind z. B. nicht versichert (Ziffer 7.4 (2) AHB) die Ansprüche

- des Vollhafters A. gegen den Vollhafter B. und die Ansprüche
- der mit ihm in häuslicher Gemeinschaft lebenden Ehefrau des Vollhafters A. gegen den Vollhafter B., wenn der Versicherungsnehmer eine OHG ist.

Ebenfalls nicht versichert (Ziffer 7.4 (3) AHB) sind die Ansprüche

- der durch den Vertrag mitversicherten Lebenspartnerin des Versicherungsnehmers gegen die ebenfalls durch den Vertrag mitversicherte Tochter des Versicherungsnehmers aus erster Ehe.

Und als letztes Beispiel: nicht mitversichert (Ziffer 7.5 (4) AHB) sind die Ansprüche

- des Komplementärs der versicherten KG gegen die KG und
- des Sohnes des Komplementärs der KG, der mit seinem Vater in häuslicher Gemeinschaft lebt, gegen die KG.

Kollusionsgefahr

Dieser Ausschluss soll die mit einem Haftpflichtversicherungsvertrag verbundene Gefahr der Kollusion (Duden: geheime, betrügerische Verabredung; sittenwidrige Absprache) zwischen Versicherungsnehmern und Versicherten (bzw. Geschädigten) einschränken.

Ziffer 7.5 AHB

2.7.5 Haftpflichtansprüche gegen den Versicherungsnehmer aus Schadenfällen
- seiner „Angehörigen"
- seiner „Vertreter" oder
- seiner „Partner"

„gegen den Versicherungsnehmer"

Während es sich bei den in Ziffer 7.4 AHB aufgeführten Ausschlüssen um

- Ansprüche von Versicherungsnehmern/Mitversicherten
- **gegen versicherte oder mitversicherte Personen**
- **ein und desselben Vertrages**

handelt, wird durch die Überschrift in Ziffer 7.5 („Haftpflichtansprüche gegen den Versicherungsnehmer") deutlich gemacht, dass es sich um Haftpflichtansprüche

- **gegen den Versicherungsnehmer** handelt, die
- von Angehörigen, von „Vertretern des Versicherungsnehmers" oder ähnlichen Personen erhoben werden.

Der Versicherungsnehmer muss nach den Unterziffern der Ziffer 7.5 AHB jeweils eine bestimmte Eigenschaft/Stellung haben, damit Ansprüche Dritter gegen ihn ausgeschlossen sind. Er muss sein:

Zielsetzung

- Familienmitglied,
- geschäftsunfähige, beschränkt geschäftsfähige oder betreute Person,
- juristische Person des privaten oder des öffentlichen Rechts,
- nicht rechtsfähiger Verein,
- OHG, KG oder BGB-Gesellschaft (GbR),
- eingetragene Partnerschaft oder
- Inhaber eines Unternehmens, das in Liquidation, Zwangs- oder Insolvenzverwaltung ist.

Zielsetzung ist wie in Ziffer 7.4 AHB, Kollusionen und Manipulationen zu vermeiden. Wirtschaftliche Eigenschäden sollen ausgeschlossen werden, das hohe subjektive Risiko der Bereitschaft zum „Versicherungsbetrug" innerhalb der Verwandtschaft oder einer engeren gesellschaftlichen Bindung soll eingeschränkt werden.

Nach der Struktur der Ziffer 7.5 AHB sind Ausschlüsse aufgeführt, die wirksam werden können, wenn sie gegen den Versicherungsnehmer erhoben werden von …

Struktur der Ausschlüsse

(1)	… mit ihm in häuslicher Gemeinschaft lebenden Angehörigen;	siehe Kap. 2.7.5 (1)
	… im Vertrag mitversicherten Personen;	
(2)	… seinen gesetzlichen Vertretern*), wenn der Versicherungsnehmer geschäftsunfähig oder beschränkt geschäftsfähig ist;	siehe Kap. 2.7.5 (2)
	… seinen Betreuern*), wenn der Versicherungsnehmer eine betreute Person ist;	
(3)	… seinen gesetzlichen Vertretern*), wenn der Versicherungsnehmer eine juristische Person des privaten oder des öffentlichen Rechts ist;	siehe Kap. 2.7.5 (3)
	… seinen gesetzlichen Vertretern*), wenn der Versicherungsnehmer ein nicht rechtsfähiger Verein ist;	

(4)	... seinen unbeschränkt persönlich haftenden Gesell-schaftern*), wenn der Versicherungsnehmer ■ eine Offene Handelsgesellschaft (OHG), ■ eine Kommanditgesellschaft (KG) oder ■ eine Gesellschaft bürgerlichen Rechts (GbR) ist;	siehe Kap. 2.7.5 (4)
(5)	... seinen Partnern*), wenn der Versicherungsnehmer eine Partnerschaftsgesellschaft ist;	siehe Kap. 2.7.5 (5)
(6)	... seinen Liquidatoren, Zwangs- oder Insolvenzver-waltern*).	siehe Kap. 2.7.5 (6)

*) und der Angehörigen dieser Personen, wenn sie mit diesen Personen in häuslicher Gemeinschaft leben.

Ziffer 7.5 (1) AHB

2.7.5 (1)   Haftpflichtansprüche gegen den Versicherungsnehmer aus Schäden
■ **seiner mit ihm „in häuslicher Gemeinschaft lebenden Angehörigen" oder**
■ **der „mitversicherten Personen"**

Von der Versicherung ausgeschlossen sind Haftpflichtansprüche gegen den Versicherungsnehmer aus Schadenfällen seiner Angehörigen, die mit ihm in häuslicher Gemeinschaft leben oder die zu den im Versicherungsvertrag mitversicherten Personen gehören.

▶ Situation

Malermeister Grün besucht seinen Sohn, der zum Studium in Köln weilt, und verursacht in der Wohnung des Sohnes einen Schaden am Wohnzimmertisch. Für diesen Schaden in Höhe von 2.500 € bittet er um entsprechende Überweisung auf das Konto seines Sohnes.

▶ Erläuterung

Verwandtschafts-verhältnisse

Weil Eigenschäden nicht versichert sind, sollen auch Schäden bei einem engen Verwandtschaftsverhältnis zwischen dem Versicherungsnehmer und dem Geschädigten nicht Inhalt der Haftpflichtversicherung sein.

Angehörige

Wer als Angehöriger gilt, wird in Ziffer 7.5 (1) 2. Absatz erklärt (inkl. ehe- und familienähnlicher Verhältnisse):

■ Großeltern
■ Eltern (auch Adoptiv-, Schwieger-, Stief- u. Pflegeeltern)
■ Geschwister, Ehegatten, Lebenspartner
■ Kinder (auch Adoptiv-, Schwieger-, Stief- u. Pflegekinder)
■ Enkel

Zu welchem Zeitpunkt die „Angehörigeneigenschaft" vorliegen muss, ist nicht erklärt. Gemeint ist sicherlich: zum Zeitpunkt des Versicherungsfalles.

Häusliche Gemeinschaft heißt gemeinsame Lebensführung, z. B. gemeinsame Küche, gemeinsame Haushaltskasse, gleicher Eingang zu den Wohnräumen. Nur „unter einem Dach leben" ist nicht gleichbedeutend mit häuslicher Gemeinschaft.

häusliche
Gemeinschaft

▶ Lösung zur Situation

Wenn der Sohn nicht im Versicherungsvertrag als mitversicherte Person aufgeführt ist, besteht Versicherungsschutz, weil er zwar „Angehöriger" ist, aber nicht mit dem Versicherungsnehmer in häuslicher Gemeinschaft lebt.

Bestehen aber z. B. bei einer eheähnlichen Gemeinschaft zwei private Haftpflichtversicherungsverträge und ist der ersatzpflichtige Schaden am alleinigen Eigentum des einen Partners entstanden, so kann die Haftpflichtversicherung des anderen Partners leistungspflichtig sein.

zwei Haftpflicht-
versicherungsverträge

2.7.5 (2) Haftpflichtansprüche gegen den
   ▪ geschäftsunfähigen,
   ▪ beschränkt geschäftsfähigen oder
   ▪ betreuten Versicherungsnehmer
   von seinen gesetzlichen Vertretern oder Betreuern

Ziffer 7.5 (2) AHB

Von der Versicherung ausgeschlossen sind Haftpflichtansprüche gegen den Versicherungsnehmer von seinen gesetzlichen Vertretern oder Betreuern, wenn der Versicherungsnehmer eine geschäftsunfähige, beschränkt geschäftsfähige oder betreute Person ist.

Voraussetzung für diesen Ausschluss ist, dass der Versicherungsnehmer

▪ geschäftsunfähig oder beschränkt geschäftsfähig ist oder
▪ eine „betreute Person" im Sinne der §§ 1896 ff. BGB ist.

Ein „Betreuer" hat gemäß § 1902 BGB zwar die Stellung eines gesetzlichen Vertreters, ist aber rechtlich kein gesetzlicher Vertreter.

Betreuer

Deshalb musste dieser Ausschlusstatbestand ausdrücklich geregelt werden, denn die Betreuung hat keine zwingende Auswirkung auf die Geschäftsfähigkeit des Betreuten. Es besteht aber wie bei einem gesetzlichen Vertretungsverhältnis auch hier eine Manipulationsgefahr.

Bei diesem Ausschluss und bei den folgenden Ausschlüssen

- Versicherungsnehmer als juristische Person,
- Versicherungsnehmer als OHG, KG oder GbR,
- Versicherungsnehmer als Partnerschaftsgesellschaft und
- Versicherungsnehmer in Liquidation, Zwangs- oder Insolvenzverwaltung

erstrecken sich die Ausschlüsse immer auch auf die Angehörigen der jeweils genannten Anspruchsteller, wenn die Angehörigen mit den Anspruchstellern in häuslicher Gemeinschaft leben.

Ziffer 7.5 (3) AHB

**2.7.5 (3)   Haftpflichtansprüche
von seinen gesetzlichen Vertretern
gegen den Versicherungsnehmer als**
- **juristische Person oder als**
- **nicht rechtsfähiger Verein**

Ausgeschlossen sind Haftpflichtansprüche gegen den Versicherungsnehmer von seinen gesetzlichen Vertretern, wenn der Versicherungsnehmer eine juristische Person des privaten oder öffentlichen Rechts oder ein nicht rechtsfähiger Verein ist.

▶ Situation

Für die Gemeinde Klausdorf besteht eine Betriebshaftpflichtversicherung. Gesetzlicher Vertreter der Gemeinde ist der Bürgermeister Klaus Meister. Der Bürgermeister erhebt Schadenersatzansprüche gegen die Gemeinde.

▶ Erläuterung

Die durch diesen Ausschluss erfassten Gesellschaftsformen werden durch die Formulierung abschließend benannt.

Es handelt sich um:

juristische Personen
des öffentlichen Rechts

- Juristische Personen des öffentlichen Rechts (wie Gemeinden, Kreise, Bundesländer, die Bundesrepublik Deutschland, die Industrie- und Handelskammern, Sparkassen, öffentlich-rechtliche Anstalten [z. B. ARD und ZDF], öffentlich-rechtliche Stiftungen usw.);

juristische Personen
des privaten Rechts

- Juristische Personen des privaten Rechts (wie eingetragene Vereine [e. V.], Gesellschaften mit beschränkter Haftung [GmbH], Aktiengesellschaften [AG] oder eingetragene Genossenschaften [eG]) und

nicht rechtsfähige
Vereine

- Nicht rechtsfähige Vereine (wie die Gesellschaft bürgerlichen Rechts [GbR oder BGB-Gesellschaft] und die nicht eingetragenen Vereine [z. B. viele Gewerkschaften oder politische Parteien]).

Für die nicht rechtsfähigen Vereine finden nach § 54 Satz 1 BGB die Vorschriften über die Gesellschaft bürgerlichen Rechts (§§ 705–740 BGB) Anwendung (gegebenenfalls kann aber auch auf das Vereinsrecht zurückgegriffen werden). Für ein Rechtsgeschäft, das im Namen eines nicht rechtsfähigen Vereins einem Dritten gegenüber vorgenommen wird, haftet der Handelnde persönlich, mehrere Beteiligte haften als Gesamtschuldner.

Gesellschaft bürger-
lichen Rechts (GbR)

Die Gesellschaft bürgerlichen Rechts (GbR) war „ursprünglich" nicht rechtsfähig – sie konnte also nicht als GbR verklagt werden oder in das Grundbuch eingetragen werden – alle einzelnen Gesellschafter mussten zusammen verklagt oder eingetragen werden.

Durch eine BGH-Entscheidung 2001 wurde aber festgelegt, das eine GbR (wie die anderen Gesellschaftsformen) rechtsfähig ist, als GbR eigene Rechte und Pflichten begründen kann, selbst klagen kann oder als GbR verklagt werden kann.

▶ **Lösung**

Selbst berechtigte Schadenersatzansprüche des Bürgermeisters (und seiner mit ihm in häuslicher Gemeinschaft lebenden Angehörigen) gegen die Gemeinde sind ausgeschlossen.

2.7.5 (4) Haftpflichtansprüche von seinen unbeschränkt persönlich haftenden Gesellschaftern gegen den Versicherungsnehmer als
- Offene Handelsgesellschaft (OHG),
- Kommanditgesellschaft (KG),
- Gesellschaft bürgerlichen Rechts (GbR).

Ziffer 7.5 (4) AHB

> Ausgeschlossen sind Haftpflichtansprüche gegen den Versicherungsnehmer von seinen unbeschränkt persönlich haftenden Gesellschaftern, wenn der Versicherungsnehmer eine Offene Handelsgesellschaft, Kommanditgesellschaft oder Gesellschaft bürgerlichen Rechts ist.

▶ **Situation**

Für den Malereibetrieb Klaus Presel KG besteht eine Betriebshaftpflichtversicherung. Inhaber des Unternehmens sind der Malermeister Klaus Presel und seine Frau Karla als Vollhafter sowie Herr Karl Neumann als Teilhafter. Herr Presel fordert von der KG Schadenersatz.

LF
2

LF
10

LF
15

▶ Erläuterung

Der Unterschied zwischen Ziffer 7.5 (3) und Ziffer 7.5 (4) AHB wird
deutlich an der Gesellschaft bürgerlichen Rechts, die in beiden Bestimmungen aufgeführt ist. Einmal geht es um die gesetzlichen Vertreter,
das andere Mal um die unbeschränkt persönlich haftenden Gesellschafter (die GbR kann einen gesetzlichen Vertreter benennen, ihre Gesellschafter haften alle persönlich).

▶ Lösung

Auch berechtigte Schadenersatzansprüche der beiden Vollhafter (und
der mit ihnen in häuslicher Gemeinschaft lebenden Angehörigen) gegen
die KG sind ausgeschlossen, der Teilhafter Neumann (und dessen Angehörige) könnte gegen die KG berechtigte Ansprüche durchsetzen.

Ziffer 7.5 (5) AHB

**2.7.5 (5)   Haftpflichtansprüche von seinen Partnern gegen den
            Versicherungsnehmer als**
            ▪ **eingetragene Partnerschaftsgesellschaft**

Ausgeschlossen sind Haftpflichtansprüche gegen den Versicherungsnehmer von seinen Partnern, wenn der Versicherungsnehmer eine eingetragene Partnerschaftsgesellschaft ist.

▶ Situation

Für die Partnerschaftsgesellschaft Architekten Mauser & Partner besteht eine Betriebshaftpflichtversicherung. In ihr sind gleichberechtigt
vier Architekten zusammengeschlossen.

▶ Erläuterung

Die Partnerschaftsgesellschaft nach dem **„Gesetz über Partnerschafts-
gesellschaften Angehöriger Freier Berufe (Partnerschaftsgesell-
schaftsgesetz – PartGG)"** ist eine Gesellschaftsform, in der sich Angehörige Freier Berufe zur Ausübung ihrer (gemeinsamen) Berufe zusam-
menschließen.

Freie Berufe

Als Freie Berufe werden Berufe bezeichnet, deren Tätigkeit nicht der
Gewerbeordnung unterliegen. Sie sind meist durch Standesordnungen
geregelt. Als Freie Berufe gelten z. B. Rechtsanwälte, Notare, Ärzte,
Architekten, Journalisten und Künstler.

Dieser neu formulierte Ausschluss wurde erforderlich, weil die Partnerschaftsgesellschaft keinem der anderen Ausschlusstatbestände zugeordnet werden konnte.

Auch berechtigte Schadenersatzansprüche der Partner (und der mit
ihnen in häuslicher Gemeinschaft lebenden Angehörigen) gegen die
Partnerschaftsgesellschaft sind ausgeschlossen.

2.7.5 (6) Haftpflichtansprüche gegen den Versicherungsnehmer   Ziffer 7.5 (6) AHB
von seinen Liquidatoren, Zwangs- und Insolvenz-
verwaltern

Ausgeschlossen sind Haftpflichtansprüche gegen den Versicherungsnehmer von seinen Liquidatoren, Zwangs- und Insolvenzverwaltern.

▶ Beispiel

Der Versicherungsnehmer hat Insolvenz angemeldet, für seinen Betrieb wurde ein Insolvenzverwalter bestimmt.

Einem ehemaligen Kunden gegenüber tritt er weiterhin als Inhaber des Betriebes auf und treibt die bestehenden Forderungen ein, ohne die eingenommenen Gelder an den Insolvenzverwalter weiterzugeben; dieser fordert Schadenersatz.

Lösung

Die vom Insolvenzverwalter gegen den Versicherungsnehmer
erhobenen Schadenersatzforderungen sind nicht versichert.

Zwangs- und Insolvenzverwalter sind – anders als Liquidatoren – nach
h. M. keine gesetzlichen Vertreter, obwohl ihre Tätigkeit hinsichtlich der
Befriedigung der Gläubiger ähnlich ist.

Es bestehen also zwischen diesen Personenkreisen vergleichbare
Sachverhaltskonstellationen und Kollusionsgefahren.

Auch hier gilt wieder die Erweiterung des Ausschlusses auf Haftpflichtansprüche der mit den Liquidatoren, Zwangs- oder Insolvenzverwaltern
in häuslicher Gemeinschaft lebenden Angehörigen.

2.7.6 Schäden an fremden Sachen im Rahmen von Besitz,   Ziffer 7.6 AHB
Obhut und Verwahrung

Ausgeschlossen sind Haftpflichtansprüche wegen Schäden an frem-   BGB §§ 500
den Sachen und allen sich daraus ergebenden Vermögensfolgeschä-   (Finanzierungsleasing)
den , wenn der Versicherungsnehmer diese Sachen aufgrund eines   535 (Mietvertrag)
Vertrages oder durch verbotene Eigenmacht unmittelbar in Besitz, in   581 (Pachtvertrag)
Obhut oder in Verwahrung hat.   598 (Leihe)
                                                                        688 (Verwahrung)
Diese Schäden sollen deckungsrechtlich wie „Eigenschäden" angese-   858 (verbotene Eigen-
hen werden.   macht)

Das Risiko des Versicherungsnehmers, z. B. die Beschädigung dieser Sachen beim Gebrauch, soll durch die Besitzklausel (Ziffer 7.6 AHB) und die Tätigkeitsschadenklausel (Ziffer 7.7 AHB) nicht auf die Haftpflichtversicherung abgewälzt werden können.

Versichert sind aber die Schäden an Sachen Dritter, die z. B. beim Gebrauch (bei der Verwendung) einer geliehenen Sache an diesen Sachen verursacht werden.

▶ **Beispiel**

Der Versicherungsnehmer hat sich von seinem Freund dessen Fahrrad für einen kurzen Ausflug ausgeliehen. Bei dieser Fahrt beschädigt er aus Nachlässigkeit sowohl das geliehene Fahrrad als auch ein Werbeschild eines Einzelhandelsgeschäftes.

Lösung

Der Schaden am Fahrrad ist nicht versichert, der am Werbeschild ja.

> Bei der Beurteilung dieser Ausschlussklausel (Besitzklausel) und der Ausschlussklausel in Ziffer 7.7 AHB (Tätigkeitsschadenklausel) muss unterschieden werden zwischen
>
> **Besitzklausel Ziffer 7.6 AHB**
> ■ den **immer ausgeschlossenen Sachschäden (und den sich daraus ergebenden Vermögensfolgeschäden)** an fremden Sachen, die der Versicherungsnehmer gemietet, geleast, gepachtet, geliehen oder durch verbotene Eigenmacht erlangt hat oder die er aufgrund vertraglicher Vereinbarung verwahrt (Besitzklausel) und
>
> **Tätigkeitsschadenklausel Ziffer 7.7 AHB**
> ■ den **bedingt ausgeschlossenen Schäden** durch berufliche oder gewerbliche Tätigkeit an fremden Sachen (Tätigkeitsschadenklausel).

Ausgeschlossen sind also immer Schäden an fremden Sachen, über die der Versicherungsnehmer das Verfügungsrecht aufgrund folgender Verträge allein besitzt:

Mietvertrag
■ **Mietvertrag**
(Gebrauchsüberlassung gegen Entgelt – §§ 535 ff. BGB)

▶ **Beispiel**

In seinem gemieteten Büroraum beschädigte Malermeister Grün den Heizkörper.

Leasingvertrag
■ **Leasingvertrag**
(Nutzungsüberlassung von Wirtschaftsgütern an den Benutzer gegen Miete/Pacht/Zins)

▶ **Beispiel**

In seinem geleasten Bürogebäude beschädigte Malermeister Grün den Heizkörper.

- **Pachtvertrag**
(Gebrauchsüberlassung gegen Entgelt einschl. des Rechts, daraus Nutzen zu ziehen – §§ 581 ff. BGB)

▶ **Beispiel**

Der Landwirt Walter überdüngt seine Felder, im angrenzenden, von ihm gepachteten Fischteich geht der gesamte Fischbesatz ein.

- **Leihvertrag**
(unentgeltliche Gebrauchsüberlassung – §§ 598 ff. BGB)

▶ **Beispiel**

Herr Freund leiht sich für eine Fahrradtour ein Fahrrad. An dem Rad entsteht durch einen Sturz ein Schaden (nicht versichert – dem Eigenschaden gleichgestellt). Durch das umfallende Rad wird gleichzeitig ein Fußgänger verletzt (versichert).

- **Verwahrungsvertrag**
(Verwahrung als Hauptpflicht des Vertrages – Verwahrung aus Gefälligkeit oder z. B. Verwahrung als Nebenpflicht aus dem Kaufvertrag ist versichert – § 688 ff. BGB)

▶ **Beispiel**

Im Pfandhaus zerstört ein Wasserrohrbruch ein als Pfand übernommenes Bild.

Ausgeschlossen sind auch Schäden an fremden Sachen, bei denen der Versicherungsnehmer das Verfügungsrecht

- durch **verbotene Eigenmacht** (rechtswidrig) erlangt hat (§§ 858 ff. BGB).

Die Haftpflichtversicherung des unrechtmäßigen Besitzers (verbotene Eigenmacht) soll nicht ersatzpflichtig sein für Schäden, die der Versicherungsnehmer an den eigenmächtig erlangten Sachen anrichtet.

▶ **Beispiel**

Herr Meuser holt sich ohne Wissen seines Nachbarn einen Schwingschleifer aus dessen Geräteraum und beschädigt dieses Arbeitsgerät.

Durch die Anmerkung im Anschluss an Ziffer 7.7 AHB wird der Ausschluss der Ziffer 7.6 AHB ausgedehnt auf Angestellte, Arbeiter, Bedienstete, Bevollmächtigte oder Beauftragte des Versicherungsnehmers.

Randspalte:

Pachtvertrag

LF 2

LF 10

LF 15

Leihvertrag

Verwahrungsvertrag

verbotene Eigenmacht

Anmerkung nach Ziffer 7.7 AHB: „Hilfspersonenklausel"

Haben diese Personen die Schäden verursacht, so entfällt gleichfalls der Versicherungsschutz, und zwar sowohl für den Versicherungsnehmer wie für die durch den Versicherungsvertrag etwa mitversicherten Personen.

Fremde Sachen, die man aufgrund vertraglicher Vereinbarungen in Obhut genommen hat (und deshalb die tatsächliche Verfügungsgewalt darüber hat) sollen mit der gleichen Sorgfalt wie eigene Sachen behandelt werden.

Bei „gemischten Verträgen" (z. B. Beherbergungsvertrag des Gastwirtes = Miete für das Zimmer und freie Nutzung der sonstigen Räume) muss geprüft werden, ob der Schaden „durch die Miete für das Zimmer" oder „durch die Gewährung freier Nutzung für die anderen Räume" entstanden ist.

➡ PHV

Schäden an gemieteten usw. Sachen können aber teilweise eingeschlossen werden (z. B. Mietsachschäden an unbeweglichen Sachen in der Privat-Haftpflichtversicherung – siehe Kap. 3.A.3.5).

Gefälligkeits-
verhältnisse

Wird die fremde Sache aber z. B. vom Eigentümer aus Gefälligkeit dem Versicherungsnehmer zur Verfügung gestellt, so besteht Versicherungsschutz (auch z. B. wenn eine geringe Kostenpauschale vereinbart wird).

Ziffer 7.7 AHB

2.7.7   Tätigkeits-/Bearbeitungsschäden

Ausgeschlossen sind Haftpflichtansprüche wegen Sachschäden und Vermögensfolgeschäden an fremden Sachen, die durch gewerbliche oder berufliche Tätigkeit des Versicherungsnehmers entstehen.

▶ Situation

Malermeister Grün soll in der Wohnung eines Kunden im 6. Stock eines Hauses Fensterrahmen neu streichen und die Tür eines kleinen Schrankes überarbeiten.

Er lässt beim Streichen eines Fensterrahmens den Farbtopf fallen, so dass dieser auf das Vordach des Hauseingangs fällt.

Beim Renovieren des Schrankes beschädigt er die Tür und eine Schublade dieses Schrankes, außerdem den von ihm nicht abgedeckten Teppich unter dem Schrank und einen weiteren, aber zusammengerollten und an der Wand abgelegten Teppich, die Tapete im Flur und mit seiner Leiter die Eingangstür des Hauses.

Sind diese Schäden ersatzpflichtig für den Haftpflichtversicherer?

▶ **Erläuterung**

Die Tätigkeitsschadenklausel in Ziffer 7.7 AHB ist in drei Ziffern aufgeteilt. Grund dafür sind die Rechtsprechung des BGH im so genannten „Pflanzkübelfall (VersR 2000, 963)" und das Schuldrechtmodernisierungsgesetz 2002.

Gemeinsam ist allen Unterpunkten, dass

- der Versicherungsnehmer (oder z. B. sein Mitarbeiter) beruflich oder gewerblich tätig geworden ist und
- dass die Tätigkeit an oder mit einer fremden Sache vorgenommen wurde.

Bei der gewerblichen oder beruflichen Tätigkeit ist es also ohne Bedeutung, ob sie an oder mit einer fremden Sache erfolgt. Benutzt der Gärtner z. B. eine Leiter zum Besteigen von Bäumen, so sind Schäden an dieser Leiter nicht versichert.

Das Unternehmerrisiko wird aufgeteilt in:

(1) **Tätigkeitsschäden** durch gewerbliche oder berufliche Tätigkeit **an den bearbeiteten fremden Sachen** (Bearbeitung, Reparatur, Beförderung, Prüfung und dergleichen) – siehe auch Kap. 2.7.7.1 – oder   *Tätigkeitsschäden*

(2) Schäden bei der Benutzung fremder Sachen („**mit fremden Sachen**") zur Durchführung der gewerblichen oder beruflichen Tätigkeit als **Hilfsmittel** (Werkzeug, Materialablagefläche und dergleichen) – siehe Kap. 2.7.7.2 – oder   *Schäden an Hilfsmitteln*

(3) Beschädigung fremder Sachen, die sich im **unmittelbaren (zwangsweisen) Einwirkungs- oder Gefahrenbereich** der gewerblichen oder beruflichen Tätigkeit (z. B. Sandstrahl- oder Schweißarbeiten) befunden haben (so genannte **Wirkbereichsschäden**) – siehe auch Kap. 2.7.7.3.   *Wirkbereichsschäden*

Diese Schäden sollen nicht versichert werden, denn schlechte Ausführung von gewerblicher oder beruflicher Tätigkeit („Pfuscharbeit") soll nicht Gegenstand der Haftpflichtversicherung sein.

„Tätigkeit" ist die bewusste und gewollte Einwirkung direkt auf die Sache, ein ursächlicher Zusammenhang, ein bloß zufälliges Einwirken auf die Sache genügt nicht.   *Tätigkeit*

▶ **Beispiele**

Bei der Arbeit an einer Mauer stürzt diese um und beschädigt ein daneben stehendes Auto – der Schaden am Auto ist ersatzpflichtig.

Die falsche Statik eines Architekten führt zum Einsturz eines Hauses – keine Ersatzpflicht, weil die Erstellung der Statik keine Tätigkeit am Haus ist – kein Tätigkeitsschaden. Ersatzpflicht besteht aber im Rahmen der Architekten-Haftpflichtversicherung.

Wenn der Schaden im Zusammenhang mit einer auf Dauer angelegten beruflichen oder gewerblichen Tätigkeit steht, entscheidet über die Ersatzpflicht nicht allein,

- ob ein Vertrag besteht oder nicht und
- ob gegen Entgelt gearbeitet wird oder nicht.

Dies wird am folgenden Beispiel deutlich.

▶ Beispiel

Anton Mauser besucht seinen Freund Barthel Sorge, um gemeinsam mit diesem unentgeltlich die Reparatur eines defekten Tonbandgerätes vorzunehmen, da Anton als selbstständiger Radio- und Fernsehtechniker die dafür notwendigen Fachkenntnisse besitzt.

Bei dieser Arbeit verursacht Anton grob fahrlässig einen Kurzschluss, der das Gerät zerstört.

Lösung

Anton setzt zwar seine Kenntnisse ein, übt aber trotzdem keine gewerbliche oder berufliche Tätigkeit aus. Diese wäre auch nur im Rahmen einer Betriebshaftpflichtversicherung versichert.

Gefälligkeit

Es handelt sich vielmehr um eine typische Gefälligkeitshandlung, bei der es unerheblich ist, ob berufliche Kenntnisse eingesetzt werden.

➡ PHV

Da der Schaden grob fahrlässig herbeigeführt wurde, besteht Versicherungsschutz über die Privat-Haftpflichtversicherung (siehe Kap. 3.A.12), denn es gilt nicht der stillschweigende Haftungsverzicht für leichte Fahrlässigkeit.

Ziffer 7.7 (1) AHB

2.7.7 (1) Tätigkeitsschäden

Ausgeschlossen sind Haftpflichtansprüche wegen Schäden an fremden Sachen und allen sich daraus ergebenden Vermögensschäden, wenn die Schäden durch eine gewerbliche oder berufliche Tätigkeit des Versicherungsnehmers an diesen Sachen (Bearbeitung, Reparatur, Beförderung, Prüfung und dgl.) entstanden sind; bei unbeweglichen Sachen gilt dieser Ausschluss nur insoweit, als diese Sachen oder Teile von ihnen unmittelbar von der Tätigkeit betroffen waren.

Durch die Anmerkung im Anschluss an Ziffer 7.7 AHB wird der Ausschluss der Tätigkeitsschäden durch Ziffer 7.7 (1) AHB ausgedehnt auf Angestellte, Arbeiter, Bedienstete, Bevollmächtigte oder Beauftragte des Versicherungsnehmers.

Anmerkung nach Ziffer 7.7 AHB: „Hilfspersonenklausel"

LF 2

LF 10

LF 15

Wenn diese Personen Tätigkeitsschäden verursachen, besteht kein Versicherungsschutz, und zwar weder für den Versicherungsnehmer noch für die durch den Versicherungsvertrag etwa mitversicherten Personen.

Während bei

- **beweglichen Sachen** nicht nur der eigentlich „bearbeitete Teil" (im Eingangsfall Kap. 2.7.7: die Schranktür), sondern die gesamte bewegliche Sache (der Schrank mitsamt Schublade) vom Versicherungsschutz ausgeschlossen ist, ist bei
- **unbeweglichen Sachen** (z. B. Grundstücke, Gebäude, Pflanzen) nur der Teil ausgeschlossen, der unmittelbar bearbeitet wurde (das Fenster und nicht die ganze Eingangsfassade).

▶ Beispiel

Ein Fensterputzer verliert beim Arbeiten auf der Leiter den Halt und hält sich an der Gardine fest, die dabei beschädigt wird.

Lösung

Kein Ausschluss, denn die Gardine sollte nicht bearbeitet werden.

2.7.7 (2) Schäden an Hilfsmitteln

Ziffer 7.7 (2) AHB

Ausgeschlossen sind Haftpflichtansprüche wegen Schäden an fremden Sachen und allen sich daraus ergebenden Vermögensschäden, wenn die Schäden dadurch entstanden sind, dass der Versicherungsnehmer diese Sachen zur Durchführung seiner gewerblichen oder beruflichen Tätigkeiten (als Werkzeug, Hilfsmittel, Materialablagefläche und dgl.) benutzt hat.

Bei unbeweglichen Sachen gilt dieser Ausschluss nur insoweit, als diese Sachen oder Teile von ihnen unmittelbar von der Benutzung betroffen waren.

unbewegliche Sachen

Durch die Anmerkung im Anschluss an Ziffer 7.7 AHB wird auch der Ausschluss der Schäden an Hilfsmitteln durch Ziffer 7.7 (2) AHB ausgedehnt auf Angestellte, Arbeiter, Bedienstete, Bevollmächtigte oder Beauftragte des Versicherungsnehmers.

Anmerkung nach Ziffer 7.7 AHB: „Hilfspersonenklausel"

Haben diese Personen die Schäden an Hilfsmitteln verursacht, so entfällt gleichfalls der Versicherungsschutz, und zwar sowohl für den Versicherungsnehmer als auch für die durch den Versicherungsvertrag etwa mitversicherten Personen.

Dieser Ausschluss greift, wenn der Versicherungsnehmer (oder sein Vertreter, Gehilfe usw.) einen Schaden an einem fremden Gegenstand verursacht, der als Hilfsmittel für berufliche oder gewerbliche Tätigkeit benutzt wird.

▶ Beispiel

Ein Malermeister nutzt bei seiner Tätigkeit im Badezimmer die Badewanne als Tritt.

Die Badewanne wird mit Farbe bespritzt und außerdem durch die Schuhe des Malermeisters beschädigt.

Ziffer 7.7 (3) AHB

2.7.7 (3)   Wirkbereichsschäden

Ausgeschlossen sind Haftpflichtansprüche wegen Schäden an fremden Sachen und allen sich daraus ergebenden Vermögensschäden, wenn die Schäden durch eine gewerbliche oder berufliche Tätigkeit des Versicherungsnehmers entstanden sind und sich diese Sachen oder – sofern es sich um unbewegliche Sachen handelt – deren Teile im unmittelbaren Einwirkungsbereich der Tätigkeit befunden haben.

Dieser Ausschluss gilt nicht, wenn der Versicherungsnehmer beweist, dass er zum Zeitpunkt der Tätigkeit offensichtlich notwendige Schutzvorkehrungen zur Vermeidung von Schäden getroffen hatte.

▶ Beispiel

Malermeister Grün hat vor dem Andübeln des Küchenschrankes den Wohnungsinhaber nach elektrischen Leitungen und Wasserleitungen im Bereich der Arbeitsstätte befragt und auch ein elektronisches Suchinstrument an der Wand benutzt.

Trotzdem wurde eine dem Wohnungsinhaber nicht bekannte und von Grün nicht erkannte elektrische Leitung angebohrt – kein Ausschluss als Tätigkeitsschaden.

Anmerkung nach
Ziffer 7.7 AHB:
„Hilfspersonenklausel"

Auch für Wirkbereichsschäden wird durch die Anmerkung im Anschluss an Ziffer 7.7 AHB der Ausschluss ausgedehnt auf Angestellte, Arbeiter, Bedienstete, Bevollmächtigte oder Beauftragte des Versicherungsnehmers.

Wenn diese Personen Schäden verursachen, haben sie wie auch der Versicherungsnehmer keinen Versicherungsschutz.

Der Ausschluss gilt für Sachen, die in einem engen technischen oder räumlichen Zusammenhang zur gewerblichen oder beruflichen Tätigkeit stehen.

Für unbewegliche Sachen gilt der Ausschluss, wenn sich Teile dieser Sachen im unmittelbaren Einwirkungsbereich der Tätigkeit befunden haben.

▶ Beispiel

Malermeister Grün hat beim Andübeln des Küchenschrankes nicht an die Wasserleitung gedacht und diese angebohrt – Tätigkeitsschaden.

Für bestimmte Tätigkeiten oder Berufe (z. B. Baugewerbe, Tierärzte, Tankstellen und Garagenbetriebe, Bewachungsgewerbe) können Tätigkeitsschäden allerdings gegen Beitragszuschlag und meist mit niedrigen Versicherungssummen und oft nur mit Selbstbeteiligung eingeschlossen werden.

▶ Zusammenfassung

Der Ausschluss Ziffer 7.7 AHB bezieht sich auf **Sachschäden und Vermögensfolgeschäden an fremden Sachen,** die durch (Kausalität zwischen Tätigkeit und Schaden) …	
gewerbliche oder berufliche Tätigkeit des Versicherungsnehmers oder seiner Angestellten, Arbeiter, Bediensteten, Bevollmächtigten oder Beauftragten	
an diesen Sachen (die fremde Sache wird „bearbeitet, repariert, befördert, geprüft und dergleichen") entstehen.	mit diesen Sachen (die fremde Sache ist „Werkzeug, Hilfsmittel, Materialablagefläche und dergleichen") entstehen.
Der Ausschluss bezieht sich auch auf Schäden an Sachen (bei unbeweglichen Sachen an deren Teilen), die sich im unmittelbaren Einwirkungsbereich der Tätigkeit befunden haben.	

LF 2

LF 10

LF 15

Ziffer 7.8 AHB   ## 2.7.8 Herstellungs-, Lieferungs- und Leistungsklausel

Ausgeschlossen sind Haftpflichtansprüche wegen **Sachschäden und Vermögensfolgeschäden** an

- vom Versicherungsnehmer hergestellten oder von ihm gelieferten
- Sachen, Arbeiten oder sonstigen Leistungen infolge
- einer in der Herstellung, Lieferung oder Leistung liegenden Ursache.

Dies gilt auch dann, wenn die Schadenursache in einem mangelhaften Einzelteil der Sache oder in einer mangelhaften Teilleistung liegt und zur Beschädigung oder Vernichtung der gesamten Sache oder Leistung führt.

Dieser Ausschluss findet auch dann Anwendung, wenn Dritte im Auftrag oder für Rechnung des Versicherungsnehmers die Herstellung oder Lieferung der Sachen oder die Arbeiten oder sonstigen Leistungen übernommen haben.

Durch Ziffer 1.2 AHB sind bereits die gesetzlichen Erfüllungsansprüche aus Verträgen ausgeschlossen (siehe Kap. 2.1.2).

Ziffer 1.2 AHB
Ziffer 7.8 AHB   Durch Ziffer 7.8 AHB wird zusätzlich die Haftung für Schäden an den vom Versicherungsnehmer hergestellten oder gelieferten Sachen, Arbeiten und sonstigen Leistungen ausgeschlossen, die später (nach der Lieferung an den „Kunden") infolge einer in der Herstellung, Lieferung oder Leistung liegenden Ursache entstehen (z. B. durch nicht sachgemäße Verpackung bei der Lieferung oder eine falsche Gebrauchsanleitung).

Dies gilt auch, wenn die Ursache für die Ansprüche nur in einem mangelhaften Einzelteil des Produkts oder einer mangelhaften Teilleistung liegt und dies zur Beschädigung oder Vernichtung der gesamten Sache, Arbeit oder Leistung führt.

Durch die Formulierung wird deutlich gemacht, dass auch Ansprüche wegen so genannter Weiterfresserschäden ausgeschlossen sind.

Der Versicherungsnehmer muss die Sache, Arbeit oder sonstige Leistung nicht selbst erbracht haben – auch wenn Dritte im Auftrag des Versicherungsnehmers oder für seine Rechnung gehandelt haben, entfällt der Versicherungsschutz.

Das unternehmerische Risiko soll als solches nicht gedeckt sein. Auch alle sich daraus ergebenden Vermögensschäden sind ausgeschlossen; Personen- und Sachschäden als Folgeschäden sind eingeschlossen.

Exkurs:
Weiterfresserschäden   Ein so genannter Weiterfresserschaden liegt z. B. vor, wenn ein Mangel an einem abgrenzbaren Teil der Kaufsache (einem Reifen eines Autos) zu weiteren Schäden an der Kaufsache – dem Auto – führt (z. B. durch einen Unfall wegen des defekten Reifens).

Seit der „Schwimmschalter"-Entscheidung des BGH hat der Produzent dem Geschädigten auch Mangelfolgeschäden dann zu ersetzen, wenn nach Eigentumsübergang ein Mangel oder Fehler an einem Teil des Produkts zu einem Schaden an anderen bisher einwandfreien Teilen oder zur Zerstörung der Gesamtsache oder anderer Sachen führt (Weiterfresserschäden). Der ursprüngliche Mangel darf allerdings mit dem geltend gemachten Schaden nicht stoffgleich sein. Zu ersetzen ist dann der Wert der Gesamtsache oder der anderen Sachen.

LF 2

LF 10

LF 15

▶ Beispiel

Ein Subunternehmer stellt für einen Bauunternehmer das Fundament für den Rohbau eines Hauses her. Es entstehen später in den Wänden Risse, die auf das mangelhafte Fundament zurückzuführen sind.

Im Zuge der Nachbesserung müssen Leitungsrohre neu verlegt, die Wände neu verputzt und Zimmer neu tapeziert werden.

Die Beseitigung der Risse und der direkten Folgen am Bau selbst (z. B. Verputzen, Tapezieren) sind ausgeschlossen.

direkte Schäden

Der Bauunternehmer kann sich nicht durch Verweis auf den Subunternehmer entschulden – die Haftpflichtversicherung ist leistungsfrei, der Bauunternehmer muss ggf. beim Subunternehmer Schadenersatz einfordern.

Folgeschäden an anderen Sachen oder Personen werden aber ersetzt.

Folgeschäden

▶ Beispiel

Durch die Rissbildung aufgrund des mangelhaften Fundaments fällt Putz von der Wand und beschädigt Mobiliar.

Wegen der besonderen Problematik hat sich auch hieraus die Notwendigkeit einer eigenständigen „Produkt-Haftpflichtversicherung" ergeben.

Produkt-Haftpflichtversicherung

2.7.9 Auslandsschäden

Ausgeschlossen sind Haftpflichtansprüche aus im Ausland vorkommenden Schadenereignissen

Ziffer 7.9 AHB

▶ Beispiel

Der bei unserer Gesellschaft versicherte Hersteller von Skibindungen aus Idar-Oberstein bekommt ein Schreiben eines Skifahrers aus Österreich, der wegen einer in Idar-Oberstein nicht ordnungsgemäß gefertigten Bindung einen Skiunfall mit Personenschaden im Salzburger Land erlitten hat.

Er fordert von unserem Versicherungsnehmer Schadenersatz. Unser Versicherungsnehmer bittet um Regulierung des Schadens.

Der örtliche Geltungsbereich der Haftpflichtversicherung ist generell auf die Bundesrepublik Deutschland begrenzt.

Auslandsschäden sind deshalb grundsätzlich ausgeschlossen, es besteht auch keine Europadeckung.

Der Grund für diesen Ausschluss liegt u. a. in der unterschiedlichen (und z. T. unübersichtlichen) Gesetzgebung und Rechtsprechung (z. B. Schadenersatz und Schmerzensgeldhöhe in den USA und in Kanada) und in den hohen Kosten der Schadenregulierung und Prozessführung im Ausland.

Der Ausschluss greift, wenn das Schadenereignis selbst im Ausland eintritt.

Wenn die Skibindung also in Deutschland konstruiert und montiert wurde, nach Österreich exportiert und dort verkauft wurde, und der Unfall als Folge der defekten Bindung dort passiert, so besteht kein Versicherungsschutz.

Der Ausschluss gilt nicht für Regressansprüche der Sozialversicherungsträger aus Schadenereignissen im Ausland (§ 110 Sozialgesetzbuch VII) gegen Unternehmer.

RBE-Privat
Pos. A. 7.
➡ PHV

Das Risiko ist aber teilweise gegen Zuschlag versicherbar (in der Privat-Haftpflichtversicherung zum Teil beitragsfrei eingeschlossen – siehe Kap. 3.A.7 – und in den RBE der Betriebs-Haftpflichtversicherung regelmäßig eingeschlossen).

Ziffer 7.10 AHB

2.7.10   Schäden durch Umwelteinwirkung

Die Ziffer 7.10 der AHB ist jetzt aufgeteilt in die Ziffern 7.10 (a) und 7.10 (b), um das neue Umweltschadengesetz in den AHB einwandfrei berücksichtigen zu können.

Ziffer 7.10 (a) AHB

2.7.10 (a)   Umweltschäden gemäß Umweltschadengesetz und anderen Umsetzungsgesetzen

Ansprüche nach dem Umweltschadensgesetz (USchadG) sind von ihrer Rechtsnatur her öffentlich-rechtliche Ansprüche und somit grundsätzlich gemäß Ziff.1.1 der AHB nicht von der Deckung einer Haftpflichtversicherung erfasst. Insofern ist Ziffer 7.10 (a) Satz 1 nur deklaratorisch.

Jedoch kann sich im Regressfall die Rechtsnatur der öffentlich-rechtlichen Ansprüche nach dem USchadG in einen zivilrechtlichen Haftpflichtanspruch ändern (z. B. in einem zivilrechtlichen Regress des von der Behörde öffentlich-rechtlich in Anspruch genommenen Grundstückeigentümers gegen den schadenverursachenden Versicherungsnehmer).

Mit diesem Ausschluss soll verhindert werden, dass neben den durch die AHB grundsätzlich nur gedeckten Haftpflichtansprüchen privatrechtlichen Inhalts auf dem Umweg über das Umweltschadengesetz ungewollt öffentlich-rechtliche Ansprüche über die Haftpflichtversicherung gedeckt werden. Diese neuen Risiken können vielmehr gezielt über eine gesonderte Umweltschadenversicherung (USV) gedeckt werden.

Ziffer 7.10 (a) Absatz 2 AHB enthält einen Wiedereinschluss für den Fall, dass öffentlich-rechtliche Ansprüche mit zivilrechtlichen konkurrieren. Der bisherige Deckungsumfang der Haftpflichtversicherung bleibt damit erhalten.

Dies gilt auch für die Versicherung privater Haftpflichtrisiken (Ziffer 7.10 (a) Absatz 3 AHB).

Für private Risiken besteht Versicherungsschutz für Ansprüche gegen den Versicherungsnehmer aufgrund seiner gesetzlichen Pflicht öffentlich-rechtlichen Inhalts gemäß Umweltschadengesetz (siehe Anmerkung unter „Für den Versicherungsvertrag gelten" in den „Risikobeschreibungen, Besondere Bedingungen und Erläuterungen für die Haftpflichtversicherung privater Risiken (RBE-Privat)"

2.7.10 (b) Schäden durch Umwelteinwirkung

Ziffer 7.10 (b) AHB

Durch Ziffer 7.10 (b) AHB werden alle Schäden durch Umwelteinwirkungen ausgeschlossen = „Nullstellung".

Nullstellung

Nullstellung bedeutet in diesem Falle, dass keinerlei Personen- und Sachschäden ersetzt werden, die durch Stoffe, Erschütterungen, Geräusche, Druck, Strahlen, Gase, Dämpfe, Wärme und sonstige Erscheinungsformen verursacht werden, die sich in Boden, Luft oder Wasser ausgebreitet haben.

Dieser Haftungsausschluss ist die Schnittstelle zur Umwelthaftpflichtversicherung (Umwelthaftpflicht-Modell) und soll dazu führen, dass der Versicherungsnehmer seine spezifischen Umwelthaftungsrisiken definiert und entsprechend Versicherungsschutz vereinbart.

Schäden an der Umwelt werden durch den Ausschluss Ziffer 7.10 (a) AHB erfasst.

Dreiklang

Die Haftung für Schäden an der Umwelt und durch Umwelteinwirkungen ist in den Bedingungen als so genannter „Dreiklang" aufgebaut:

Ausschluss

1. Zuerst erfolgt der generelle Ausschluss
   - der Schäden **an der Umwelt** durch Ziffer 7.10 (a) Absatz 1 AHB und
   - der Schäden **durch Umwelteinwirkung** durch Ziffer 7.10 (b) Absatz 1 AHB,

Ausnahme

2. dann die Ausnahme von diesen Ausschlüssen
   - **an der Umwelt** durch Ziffer 7.10 (a) Absatz 3 und
   - **durch Umwelteinwirkung** durch Ziffer 7.10 (b) Absatz 2 AHB:

Text
Ziffer 7.10 (b)
Absatz 2 AHB

Dieser Ausschluss gilt nicht:

(1) im Rahmen der Versicherung privater Haftpflichtrisiken oder

(2) für Schäden, die durch vom Versicherungsnehmer hergestellte oder gelieferte Erzeugnisse (auch Abfälle), durch Arbeiten oder sonstige Leistungen nach Ausführung der Leistung oder nach Abschluss der Arbeiten entstehen (Produkthaftpflicht).

teilweiser
Wiederausschluss

3. und im Anschluss daran wiederum der teilweise Wiederausschluss der Schäden durch Umwelteinwirkung durch Ziffer 7.10 (b) Absatz 3 AHB:

Text
Ziffer 7.10 (b)
Absatz 3 AHB

Kein Versicherungsschutz besteht jedoch für Schäden durch Umwelteinwirkung, die aus der Planung, Herstellung, Lieferung, Montage, Demontage, Instandhaltung oder Wartung von

- Anlagen, die bestimmt sind, gewässerschädliche Stoffe herzustellen, zu verarbeiten, zu lagern, abzulagern, zu befördern oder wegzuleiten (WHG-Anlagen);
- Anlagen gem. Anhang 1 oder 2 zum Umwelthaftungsgesetz (UmweltHG-Anlagen);
- Anlagen, die nach dem Umweltschutz dienenden Bestimmungen einer Genehmigungs- oder Anzeigepflicht unterliegen;
- Abwasseranlagen

oder Teilen resultieren, die ersichtlich für solche Anlagen bestimmt sind.

2.7.11   Asbestschäden

Ausgeschlossen sind Haftpflichtansprüche wegen Schäden, die auf Asbest, asbesthaltige Substanzen oder Erzeugnisse zurückzuführen sind.

Durch Ziffer 7.11 AHB werden alle Haftpflichtansprüche wegen Schäden ausgeschlossen, die auf Asbest und auf asbesthaltige Substanzen oder Erzeugnisse zurückzuführen sind. Dieser Ausschluss ist geografisch nicht begrenzt.

Herstellung und Verwendung von Asbest wurde in Deutschland im Oktober 1993 verboten, weil sich herausstellte, dass Asbestfaserstaub insbesondere zu Lungenkrebs oder Asbestose führen kann (mit einer Latenzzeit von bis zu mehr als 50 Jahren).

Das Verbot bewirkt aber nur die Minderung der Gefahr durch Asbestfaserstaub, die Gesundheitsgefährdung bleibt (durch die Verwendung in früheren Jahren für Wohnhäuser, andere Gebäude oder Produkte).

Ausschlaggebende Argumente für den Ausschluss sind zusammengefasst:

- die Entwicklung am Versicherungsmarkt und das Versagen der Rückdeckung für den Erstversicherer durch Asbestausschlussklauseln in den Rückversicherungsverträgen;
- das sich auch in Europa verschärfende Asbestrisiko (mit z. B. der Folge einer wirtschaftlich angespannten Situation der deutschen Berufsgenossenschaften (Deckung für „Arbeitsunfälle" durch Asbest) und
- die bis 2020 in Deutschland zu erwartenden ca. 20 000 Todesfälle aufgrund von Erkrankungen durch Asbestfaserstaub.

Der Ausschluss gilt weltweit sowohl

- für Personenschäden (z. B. Lungenkrebs, Asbestose) als auch
- für Sachschäden (z. B. Reinigungskosten).

2.7.12 Strahlenschäden

Ziffer 7.12 AHB

> Ausgeschlossen sind Haftpflichtansprüche wegen Schäden, die in unmittelbarem oder mittelbarem Zusammenhang stehen mit energiereichen ionisierenden Strahlen (z. B. Strahlen von radioaktiven Stoffen oder Röntgenstrahlen).

Text
Ziffer 7.12 AHB

Der Wortlaut der Strahlenklausel begrenzt den Ausschluss auf deckungsvorsorgepflichtige Anlagen und Tätigkeiten, weil für die in der Klausel aufgeführten Risiken Deckungsvorsorge vorgeschrieben ist.

Die Strahlenklausel stellt also die Schnittstelle dar zu Sonderdeckungen im Rahmen von Versicherungsverträgen für diese deckungsvorsorgepflichtigen Anlagen und Tätigkeiten nach dem Atomgesetz (Gesetz über die friedliche Verwendung der Kernenergie und den Schutz gegen ihre Gefahren) bzw. der Strahlenschutzverordnung bei der „Deutsche Kernreaktor-Versicherungsgemeinschaft (DKVG)" als Versicherungspool.

Deutsche Kernreaktor-Versicherungsgemeinschaft

Die in den bisherigen Bedingungen aufgeführte Tätigkeit mit Laser- und Maserstrahlen wurde entsprechend gestrichen.

Für Wagnisse, bei denen bestimmte Grenzwerte nicht überschritten werden bzw. für die Versicherung von Röntgeneinrichtungen kann aber auch der Einschluss in die Betriebshaftpflichtversicherung (z. B. Haftpflichtversicherung von Ärzten) erfolgen.

LF
2

LF
10

LF
15

Ziffer 7.13 AHB

2.7.13 Gentechnikschäden

Text
Ziffer 7.13 AHB

Ausgeschlossen sind Haftpflichtansprüche wegen Schäden, die zurückzuführen sind auf gentechnische Arbeiten, gentechnisch veränderte Organismen (GVO) oder Erzeugnisse, die Bestandteile aus GVO enthalten, aus oder mit Hilfe von GVO hergestellt wurden.

Die Neuordnung der Behandlung des Gentechnikrisikos in der Haftpflichtversicherung wurde notwendig durch die Änderung der Risikosituation (Novelle des Gentechnikgesetzes einerseits und die EG-VO 1829/2003 zu den gentechnisch veränderten Lebensmitteln in Europa andererseits).

gentechnisch veränderte Organismen (GVO)

Vor der Neuordnung gab es nur den Ausschluss des Gentechnikrisikos bei Forschung und Entwicklung (z. B. Betrieb von gentechnischen Anlagen oder Freisetzung von gentechnisch veränderten Organismen (GVO)[1] z. B. Verbreitung von Pollen durch den Wind).

Durch die Neuordnung des Gentechnikausschlusses wird der gesamte Bereich der Gentechnik erfasst: Forschung und Entwicklung von gentechnischen Anlagen und Freisetzungsversuche sowie der Bereich der kommerziellen Nutzung über die gesamte Wertschöpfungskette.

Ausgeschlossen sind umfassend die typischen Gentechnikgefahren:

gentechnische Arbeiten

Grüne Gentechnik
Rote Gentechnik

- Personenschäden, die durch gentechnische Arbeiten[2] verursacht werden (z. B. Allergien, Antibiotikaresistenz);
- wirtschaftliche Ertragsausfallschäden (z. B. in der Landwirtschaft) im Zusammenhang mit der „Grünen Gentechnik" und
- die Fälle der „Roten Gentechnik" (Erzeugnisse, die Bestandteile aus GVO enthalten, bzw. aus oder mit Hilfe von GVO hergestellt wurden wie z. B. Arzneimittel).

Aus Gründen der Transparenz und Verständlichkeit werden die relevanten Risiken in Ziffer 7.13 Absatz (1) bis (3) näher spezifiziert und nach dem zeitlichen Ablauf im Herstellungsprozess eines gentechnisch veränderten Organismus (GVO) geordnet.

1 Unter gentechnisch veränderten Organismen – GVO (nach § 3 Nr. 3 GenTG) versteht man z. B. gentechnisch veränderte Tiere oder deren Nachkommen, Vermehrungsmaterial wie z. B. Saatgut, Erzeugnisse, die GVO enthalten oder daraus bestehen (z. B. GVO-Soja) und Erzeugnisse, die als Ausgangsmaterial für die Produktionskette Bestandteile aus GVO enthalten (z. B. Futtermittel, die Eiweiße aus GVO-Soja enthalten) oder aus oder mit Hilfe von GVO hergestellt werden (Hintergrund: Kennzeichnungsregeln setzen am Herstellungsprozess an wie z. B. „Ketchup aus GVO-Tomaten" oder „Humaninsulin mit Hilfe von GVO-Bakterien".
2 Als gentechnische Arbeiten bezeichnet man (nach § 3 Nr. 2 GenTG) den Umgang mit Erbgut aus Organismen zur Herstellung von GVO im Labor, in der Forschung und Produktion und die Arbeiten im Zusammenhang mit isoliertem Erbgut ohne Erzeugung eines GVO.

2.7.14 Schäden durch Abwässer, Grundstückssenkungen, Erdrutschungen oder Überschwemmungen

Ziffer 7.14 AHB

LF 2

LF 10

LF 15

Ausgeschlossen sind Haftpflichtansprüche aus Sachschäden, welche entstehen durch

- Abwässer (soweit es sich nicht um häusliche Abwässer handelt),
- Senkungen von Grundstücken oder Erdrutschungen,
- Überschwemmungen stehender oder fließender Gewässer.

In Ziffer 7.14 AHB sind verschiedene Ausschlussgründe (wie bisher im § 4 I. (5) AHB [alt]) zusammengefasst.

Nicht mehr aufgeführt sind allerdings neben den Allmählichkeitsschäden die Schäden durch Schwammbildung, durch Erschütterungen infolge Rammarbeiten sowie Ansprüche aus Flurschaden durch Weidevieh und aus Wildschaden.

Alle Ausschlüsse der Ziffer 7.14 AHB beziehen sich nur auf Sachschäden und alle sich daraus ergebenden Vermögens(folge)schäden. Personenschäden bleiben versichert.

2.7.14 (1) Abwässer

Ziffer 7.14 (1) AHB

Ausgeschlossen sind Haftpflichtansprüche aus Sachschäden und alle sich daraus ergebenden Vermögensschäden, welche entstehen durch Abwässer, soweit es sich nicht um häusliche Abwässer handelt.

Der Abwasserausschluss ist auf nicht-häusliche (industrielle) Abwässer begrenzt (auch wenn bei vielen gewerblichen oder industriellen Risiken dieser Ausschluss standardmäßig durch vertragliche Vereinbarung abbedungen wird).

Abwasser ist

- ehemals reines Wasser, das durch Zusatz fremder Bestandteile in irgendeiner Weise verunreinigt ist bzw.
- gebrauchtes oder verbrauchtes Wasser von minderer Qualität, dessen man sich bewusst entledigt, es ableitet.

Reines Regenwasser, Meerwasser, Wasser aus einer Heizungsanlage oder andere Flüssigkeiten sind kein Abwasser.

Zur Versicherung der Abwässerschäden in der Privat-Haftpflichtversicherung siehe Kap. 3.A.4

➡ PHV

▶ Beispiel

Abwässer gelangen in einen Fischteich, Personen erleiden nach dem Genuss der Fische Vergiftungen, die Fische verenden, der Teich muss gesäubert werden.

Lösung

Der Personenschaden ist versichert, nicht versichert sind aber der Schaden an den Fischen und die Aufwendungen für die Reinigung der Teiche.

Ziffer 7.14 (2) AHB

2.7.14 (2) Senkungen von Grundstücken oder Erdrutschungen

Ausgeschlossen sind Haftpflichtansprüche aus Sachschäden und alle sich daraus ergebenden Vermögensschäden, welche entstehen durch Senkungen von Grundstücken oder Erdrutschungen.

Schäden durch Senkungen von Grundstücken:

Wenn Bodenschichten (meist langfristig) an Volumen und dadurch an Festigkeit und Tragfähigkeit verlieren (z. B. durch das eigene Gewicht oder das Gewicht von Bauwerken auf diesem Grundstück oder durch Veränderung der Grundwasserverhältnisse oder durch Bergbau oder andere Arbeiten im Untergrund), so sind die dadurch entstehenden Sachschäden und Vermögensfolgeschäden ausgeschlossen.

Unterspült dagegen ein im Erdboden verlegtes Rohr ein Gebäude, das daraufhin zusammenbricht, so liegt kein Senkungssachschaden vor.

Schäden durch Erdrutschungen:

Wenn das Erdreich den Zusammenhalt mit seiner Umgebung, seinem Untergrund verliert und dadurch ins Rutschen gerät (meist plötzlich – z. B. nach lang anhaltendem Regen), sind die dadurch entstehenden Sachschäden und Vermögensfolgeschäden ausgeschlossen.

Dabei ist ohne Bedeutung, ob ein natürlicher Vorgang oder die Tätigkeit von Menschen ursächlich war (an einer nicht sachgerecht abgestützten Baugrube bricht die Kante weg; ein Bagger stürzt in die Baugrube).

2.7.14 (3) Überschwemmungen stehender oder fließender Gewässer

Ziffer 7.14 (3) AHB

LF
2

Ausgeschlossen sind Haftpflichtansprüche aus Sachschäden und alle sich daraus ergebenden Vermögensschäden, welche entstehen durch Überschwemmungen stehender oder fließender Gewässer.

LF
10

Eine Überschwemmung liegt vor, wenn stehendes oder fließendes Wasser in erheblichem Umfang nicht auf normalem Weg abfließt, sondern normalerweise trockenliegende Bodenflächen überflutet (zum Teil oder vollständig mit Wasser bedeckt).

LF
15

Die Überschwemmung kann z. B. entstehen durch Hochwasser (über die Ufer tretende Gewässer), durch zu langsam abfließende Gewässer (z. B. nach Starkregen), durch Wasserrohrbrüche, durch Bruch von Dämmen oder Talsperren oder durch absichtliches Unterwassersetzen.

Ein Anstieg des Grundwassers ist keine Überschwemmung.

Sachschäden (und Vermögensfolgeschäden), die durch Überschwemmungen entstehen, sind ausgeschlossen. Dabei ist es ohne Bedeutung, wodurch die Überschwemmung entstanden ist (siehe oben).

2.7.15 Internetschäden

Ziffer 7.15 AHB

Ausgeschlossen sind Haftpflichtansprüche wegen Schäden aus dem Austausch, der Übermittlung und der Bereitstellung elektronischer Daten, soweit es sich handelt um Schäden aus

(1) Löschung, Unterdrückung, Unbrauchbarmachung oder Veränderung von Daten,
(2) Nichterfassen oder fehlerhaftem Speichern von Daten,
(3) Störung des Zugangs zum elektronischen Datenaustausch,
(4) Übermittlung vertraulicher Daten oder Informationen.

Wie in Ziffer 7.10 (b) AHB hinsichtlich der Umweltschäden erfolgt auch durch Ziffer 7.15 AHB die Nullstellung hinsichtlich des Internet-Risikos.

Nullstellung

Dieser Ausschluss ist damit als Schnittstelle zur Internet-Zusatzversicherung anzusehen (Zusatzbedingungen zur Betriebs-Haftpflichtversicherung für die Nutzer der Internet-Technologie).

Zusatzbedingungen
Internet-Technologie

Der neue Internetausschluss im Rahmen der AHB wurde bei der zunehmenden Bedeutung des Internets notwendig, weil für die Betriebs-Haftpflichtversicherung ein Risikopotential entstand (durch Systemfehler, Fehlbedienungen oder die Verbreitung von Viren usw.), dem sie nicht entsprechen konnte.

Deshalb wurde für Internetnutzer eine bedarfsgerechte Versicherungslösung geschaffen – die Internet-Zusatzversicherung.

Der Internetausschluss bezieht sich auf alle Ansprüche (Schadenersatz-, Unterlassungs- oder Widerrufsansprüche aus z. B. BGB, Markengesetz, UrhG oder UWG) wegen Schäden aus dem Austausch, der Übermittlung und der Bereitstellung elektronischer Daten.

▶ Beispiele

Durch Unachtsamkeit leitet Herr Grün eine private E-Mail an Freunde weiter. Die E-Mail war jedoch mit einem Virus verseucht, der Dateien der Freunde beschädigt.

Bei der Übermittlung von Unterlagen des Kaufmanns Jürgensen als E-Mail (aus Zeitgründen) an die Stadt Frankfurt werden bei seinem Provider Daten durch einen – den Mitarbeitern des Providers bekannten – Programmfehler so verändert, dass sie für die Ausschreibung nicht verwendet werden können. Er wird deshalb bei der Ausschreibung nicht berücksichtigt und stellt Ansprüche an den Provider.

Ziffer 7.16 AHB

2.7.16 Schäden aus Persönlichkeits- oder Namensrechtsverletzungen

Ausgeschlossen sind Haftpflichtansprüche wegen Schäden aus Persönlichkeits- oder Namensrechtsverletzungen.

Auch Ziffer 7.16 AHB ist wie der Internetausschluss in Ziffer 7.15 AHB im Zusammenhang mit dem Internet zu sehen.

Der Ausschluss wurde notwendig wegen des hohen Risikos der Persönlichkeits- und Namensrechtsverletzungen im Internet.

Trotz des ähnlichen Hintergrundes mit Ziffer 7.15 AHB wurde aber wegen der strittigen rechtlichen Einordnung der Persönlichkeitsrechtsverletzung eine eigenständige Ausschlussregelung in die AHB eingebracht.

Denn ein Schaden aus Persönlichkeitsrechtsverletzungen kann als

- immaterieller Vermögensschaden eingeordnet werden oder als
- Personenschaden (wenn Schmerzensgeld beansprucht/gezahlt wird).

In beiden Fällen sind diese Ansprüche ausgeschlossen.

▶ Beispiel

Herr Grün veröffentlicht ohne Rücksprache mit den Prominenten private Urlaubsfotos mit irreführenden Untertiteln.

2.7.17 Diskriminierungsschäden

Ziffer 7.17 AHB

Ausgeschlossen sind Haftpflichtansprüche wegen Schäden aus Anfeindung, Schikane, Belästigung, Ungleichbehandlung oder sonstigen Diskriminierungen.

Das **Allgemeine Gleichbehandlungsgesetz (AGG)** untersagt jede Diskriminierung

§ 1 AGG

- aus Gründen der Rasse oder wegen der ethnischen Herkunft,
- wegen der Religion oder der Weltanschauung,
- wegen einer Behinderung oder
- wegen des Geschlechts, des Alters oder der sexuellen Identität.

Es trat in Kraft 2006 und sieht einen Schadenersatzanspruch des Diskriminierungsopfers bei gleichzeitiger Beweislastumkehr hinsichtlich der Diskriminierung vor.

Die aufgrund des Allgemeinen Gleichbehandlungsgesetzes entstehenden Ansprüche sollen nicht Gegenstand der Haftpflichtversicherung sein.

Auch Ziffer 7.17 AHB zeigt Überschneidungen mit Ziffer 7.16 AHB (Persönlichkeitsverletzungen können auch zu Personenschäden führen).

Der umfassende Diskriminierungsausschluss beruht einerseits auf arbeitsgerichtlicher Rechtsprechung (insbesondere in Mobbing-Fällen) und andererseits auf der Umsetzung der Antidiskriminierungsrichtlinien der EU in deutsches Recht.

▶ Beispiel

Herr Grün verbreitet wegen der ethnischen Herkunft der neuen Nachbarn Schmähschriften in der Nachbarschaft.

Die Schadenersatz-/Wiedergutmachungsansprüche sind nicht vom Versicherungsschutz durch die Haftpflichtversicherung erfasst.

2.7.18 Infektionsschäden

Ziffer 7.18 AHB

Ausgeschlossen sind Haftpflichtansprüche wegen vorsätzlich oder grob fahrlässig verursachter

- Personenschäden, die aus der Übertragung einer Krankheit des Versicherungsnehmers resultieren und
- Sachschäden und alle sich daraus ergebenden Vermögensschäden, die durch Krankheit der dem Versicherungsnehmer gehörenden, von ihm gehaltenen oder veräußerten Tiere entstanden sind.

LF
2

LF
10

LF
15

Personenschäden einerseits und Sachschäden (einschl. der jeweiligen Vermögensfolgeschäden) andererseits sind durch die Neufassung deutlicher getrennt – der materielle Ausschlussumfang wurde aber nicht verändert.

Besonders zu beachten aber ist die Abweichung im Verschuldensgrad gegenüber dem Ausschluss im VVG:

§ 103 VVG

> Nach § 103 VVG besteht nur dann kein Versicherungsschutz in der Haftpflichtversicherung, wenn der Versicherungsnehmer den Schaden vorsätzlich und widerrechtlich herbeigeführt hat.

Da § 103 VVG eine abdingbare Vorschrift ist, kann in Ziffer 7.18 AHB der Ausschluss um die mildere Verschuldensform der groben Fahrlässigkeit erweitert werden.

Personenschäden

Ausgeschlossen sind Haftpflichtansprüche

> aus Personenschäden durch Übertragung von **Krankheiten des Versicherungsnehmers.**

Wenn der Versicherungsnehmer beweist, dass er weder vorsätzlich noch grob fahrlässig gehandelt hat, so besteht Versicherungsschutz (umgekehrte Beweislast).

▶ Beispiel

Versicherungsnehmer Bunt leidet an einer ansteckenden Krankheit. Obwohl ihm dies bekannt ist, steckt er durch grob fahrlässiges Verhalten andere Personen an – kein Versicherungsschutz.

Die Krankheit wird durch ihn auch auf den Hund des Nachbarn übertragen – Versicherungsschutz, da Tiere zwar keine Sachen sind, aber auf sie die für Sachen geltenden Vorschriften anzuwenden sind (§ 90 a BGB).

Sachschäden und Vermögensfolgeschäden

Ausgeschlossen sind auch Haftpflichtansprüche

> aus Sachschäden und Vermögensfolgeschäden durch vorsätzlich oder grob fahrlässig übertragene **Krankheiten der dem Versicherungsnehmer gehörenden, von ihm gehaltenen oder veräußerten Tiere.**

▶ Beispiel

Versicherungsnehmer Rose weiß, dass sein Jagdhund an Tollwut erkrankt ist. Trotzdem lässt er das Tier mit anderen Hunden zusammenkommen, die sich anstecken. Dabei wird diese Krankheit auch auf den Tierhalter eines dieser Tiere übertragen.

Lösung

Es besteht zumindest grobe Fahrlässigkeit. Deswegen besteht kein Versicherungsschutz für die Schäden an den anderen Hunden, aber für den Schaden am Menschen (für diesen Übertragungsweg greift der Ausschluss aus Ziffer 7.18 AHB nicht).

LF
2

LF
10

LF
15

Deckung durch die Haftpflichtversicherung bei Übertragung von Krankheiten

Verschulden	leicht fahrlässig		grob fahrlässig oder vorsätzlich	
Art der Schäden / Übertragung von Krankheiten ...	Personenschäden	Sachschäden und Vermögensfolgeschäden	Personenschäden	Sachschäden und Vermögensfolgeschäden
vom VN auf Personen			Ausschluss	
vom VN auf Tiere				
vom Tier des VN auf andere Tiere				Ausschluss
vom Tier des VN auf Personen				

Kennzeichnung der Schraffuren:

In diesen Feldern können keine entsprechenden Schäden entstehen

In diesen Feldern besteht Versicherungsschutz

In den beiden Feldern greift der Ausschluss — Ausschluss

Übungen zum Kapitel 2.7

1. Bei den Ausschlüssen der AHB wird die „Verwandtenklausel" angesprochen.

   Welche Unterschiede bei den „Verwandten" sind bei der Prüfung des Versicherungsschutzes zu beachten?

2. Malermeister Bunt soll bei einem Kunden den Dachboden streichen. Beim Betreten des Hauses beschädigt er versehentlich mit der Leiter die Haustür.

   Begründen Sie, ob dieser Schaden mit einem Hinweis auf den Ausschluss von Tätigkeitsschäden abgelehnt werden kann.

3. Von Ihrem VN wird im Rahmen der mangelhaften Erfüllung eines Kaufvertrages von seinem Kunden ein Preisnachlass gefordert. Diesen Haftpflichtanspruch möchte er jetzt von seiner Versicherung übernommen haben. Wie würden Sie entscheiden?

4. Der Monteur des Küchenlieferanten hat den Auftrag, einen Hängeschrank an der Wand zu befestigen. Um die notwendigen Anhängevorrichtungen anbringen zu können, müssen mehrere Löcher gebohrt werden. Der Kunde weist den Monteur darauf hin, dass er mit unter Putz verlegten Leitungen rechnen muss. Beim Bohren trifft der Monteur eine Lichtleitung. Infolge des Kurzschlusses erschrickt er sich und lässt die Bohrmaschine auf das darunter angebrachte Porzellanspülbecken fallen, das dadurch zerbricht.

   Nehmen Sie sowohl zur Haftungs- als auch zur Deckungsfrage Stellung. Für den Küchenlieferanten besteht eine Betriebshaftpflichtversicherung mit AHB-Deckung.

5. Begründen Sie anhand der Ziffer 1. AHB, ob Ausschlüsse der Ziffer 7. AHB an sich schon vom Versicherungsschutz ausgeschlossen sind und trotzdem noch einmal aufgeführt werden.

6. Stellen Sie den Zusammenhang her zwischen dem Ausschluss der Schäden durch mangelhafte Erfüllung von Verträgen und den Schäden an vom Versicherungsnehmer hergestellten oder von ihm gelieferten Sachen.

2.8 Beginn des Versicherungsschutzes Beitrag und Versicherungsteuer

Ziffer 8. AHB

LF
2

8. Beginn des Versicherungsschutzes / Beitrag und Versicherungsteuer

Der Versicherungsschutz beginnt zu dem im Versicherungsschein angegebenen Zeitpunkt, wenn der Versicherungsnehmer den ersten oder einmaligen Beitrag rechtzeitig im Sinne von Ziffer 9.1 zahlt.

Der in Rechnung gestellte Beitrag enthält die Versicherungsteuer, die der Versicherungsnehmer in der jeweils vom Gesetz bestimmten Höhe zu entrichten hat.

Text
Ziffer 8. AHB

LF
10

LF
15

Ziffer 8. AHB berücksichtigt die beiden „Bausteine zur Vereinheitlichung spartenübergreifender AVB"

Nr. 1 (Beginn des Versicherungsschutzes) und
Nr. 3 (Beitrag und Versicherungsteuer)

Bausteine 1 und 3

AVB-Baustein 1 entspricht der erweiterten Einlösungsklausel in einer für Versicherungsnehmer leichter verständlichen Form.

AVB-Baustein 3 stellt die Versicherungsteuer als Bestandteil des in Rechnung gestellten Beitrags heraus.

Der Beginn des Versicherungsschutzes ist abhängig von zwei Bedingungen:

1. Eintritt des im Versicherungsschein angegebenen Beginnzeitpunktes und
2. rechtzeitige Zahlung des Erst- oder einmaligen Beitrages.

Einlösungsklausel

In der Formulierung der Einlösungsklausel wird auf den Zusammenhang zwischen diesen beiden Bedingungen und der Ziffer 9.1 AHB (Fälligkeit des ersten oder einmaligen Beitrages) hingewiesen.

An dieser Stelle der Hinweis, dass in den AHB 2008 und in den Musterbedingungen des GDV grundsätzlich der Begriff „Prämie" durch den Begriff „Beitrag" ersetzt wurde. Das VVG verwendet weiterhin den Begriff „Prämie".

Beitrag anstatt Prämie

Ziffer 8. Abs. 2 AHB macht deutlich, dass die gesetzlich bestimmte Versicherungsteuer Beitragsbestandteil ist. Dies ist sinnvoll wegen der dadurch gegebenen Möglichkeit, auch bei lediglich nicht gezahlter Versicherungsteuer das Mahn- oder Klageverfahren einzuleiten. Außerdem kann die durch Gesetz veränderte Versicherungsteuer an die Versicherungsnehmer weitergegeben werden.

Versicherungsteuer

Andere Steuern und Abgaben (z. B. die Feuerschutzsteuer) und die Kosten werden in Ziffer 8. AHB nicht genannt.

Ziffer 9. AHB

2.9 Zahlung und Folgen verspäteter Zahlung / erster oder einmaliger Beitrag

§§ 33 und 37 VVG
Baustein 4

Ziffer 9. AHB entspricht ohne inhaltliche Änderungen

- der Regelung der §§ 33 und 37 VVG und
- dem „Baustein zur Vereinheitlichung spartenübergreifender AVB" Nr. 4.

Ziffer 9. AHB gliedert sich in die Abschnitte:

9.1 Fälligkeit und Rechtzeitigkeit der Zahlung,
9.2 Späterer Beginn des Versicherungsschutzes und
9.3 Rücktritt

§ 10 (1) VAG

und erfüllt damit auch einen Teil der Anforderungen des § 10 (1) VAG:

AVB müssen z. B. vollständige Angaben über die Fälligkeit des Beitrags und die Rechtsfolgen eines Verzugs enthalten.

Ziffer 9.1 AHB

2.9.1 Fälligkeit des ersten oder einmaligen Beitrages

Text
Ziffer 9.1 AHB

9. Zahlung und Folgen verspäteter Zahlung / erster oder einmaliger Beitrag

9.1 Der erste oder einmalige Beitrag ist unverzüglich nach Ablauf von zwei Wochen nach Zugang des Versicherungsscheins fällig.

Ist die Zahlung des Jahresbeitrags in Raten vereinbart, gilt als erster Beitrag nur die erste Rate des ersten Jahresbeitrags.

Einlösungsklausel

Die Fälligkeit und Rechtzeitigkeit der Zahlung des Erst- oder einmaligen Beitrags ergibt sich aus § 33 VVG – „unverzüglich nach Ablauf von zwei Wochen nach Zugang des Versicherungsscheines". Der Versicherungsnehmer muss nach Ablauf der zweiwöchigen Frist „ohne schuldhaftes Zögern" den Beitrag zahlen. Und dafür genügt die Erteilung des Überweisungsauftrages an sein Kreditinstitut (sofern Deckung auf seinem Konto gegeben ist).

Diese Regelung berücksichtigt das Widerrufsrecht des Versicherungsnehmers nach § 8 VVG. Es beginnt, wenn dem Versicherungsnehmer die in § 8 (2) 1. VVG genannten Unterlagen und Informationen zugegangen sind und die in § 8 (1) 2. geforderte Belehrung über das Widerrufsrecht erfolgt ist. Und das wird in der Regel erfüllt mit dem Zugang des Versicherungsscheines.

Der Versicherungsnehmer hat allerdings auch dann die zweiwöchige Frist, wenn nach § 8 (3) VVG kein Widerrufsrecht besteht bzw. das Widerrufsrecht ausgeschlossen ist.

Die Haftung des Versicherers beginnt also bei Einhaltung der Zahlungsfrist durch den Versicherungsnehmer zu dem im Versicherungsschein genannten Zeitpunkt, ggf. also schon vor Zahlung des Erst- oder einmaligen Beitrages durch den Versicherungsnehmer.

Durch Ziffer 9.1 Abs. 2 AHB wird klargestellt, dass bei Ratenzahlung nur die erste Rate Erstbeitrag im Sinne des § 37 VVG ist.

Ratenzahlung

LF 2

LF 10

2.9.2 Späterer Beginn des Versicherungsschutzes (Leistungsfreiheit)

Ziffer 9.2 AHB

LF 15

9. Zahlung und Folgen verspäteter Zahlung / erster oder einmaliger Beitrag

9.2 Zahlt der Versicherungsnehmer den ersten oder einmaligen Beitrag nicht rechtzeitig, sondern zu einem späteren Zeitpunkt, beginnt der Versicherungsschutz erst ab diesem Zeitpunkt.

Das gilt nicht, wenn der Versicherungsnehmer nachweist, dass er die Nichtzahlung nicht zu vertreten hat. Für Versicherungsfälle, die bis zur Zahlung des Beitrags eintreten, ist der Versicherer nur dann nicht zur Leistung verpflichtet, wenn er den Versicherungsnehmer durch gesonderte Mitteilung in Textform oder durch einen auffälligen Hinweis im Versicherungsschein auf diese Rechtsfolge der Nichtzahlung des Beitrags aufmerksam gemacht hat.

Text Ziffer 9.2 AHB

Wenn der Versicherungsnehmer den ersten oder einmaligen Beitrag verspätet zahlt, beginnt der Versicherungsschutz erst zum Zeitpunkt der Beitragszahlung.

verspätete Zahlung

Nach Ziffer 9.2 Absatz 2 AHB (entsprechend § 37 VVG) tritt diese Rechtsfolge aber nicht ein, wenn der Versicherungsnehmer nachweist, dass er die Nichtzahlung nicht zu vertreten hat.

Leistungsfreiheit

Auch sonst tritt Leistungsfreiheit für die Versicherungsfälle bis zur Zahlung des Beitrages nur dann ein, wenn der Versicherungsnehmer entweder durch eine gesonderte Mitteilung in Textform oder durch einen auffälligen Hinweis im Versicherungsschein auf die Leistungsfreiheit als Folge der Nichtzahlung des Beitrages hingewiesen wurde.

Ziffer 9.3 AHB

2.9.3 Rücktritt

Text
Ziffer 9.3 AHB

9. Zahlung und Folgen verspäteter Zahlung / erster oder einmaliger Beitrag

9.3 Zahlt der Versicherungsnehmer den ersten oder einmaligen Beitrag nicht rechtzeitig, kann der Versicherer vom Vertrag zurücktreten, solange der Beitrag nicht gezahlt ist. Der Versicherer kann nicht zurücktreten, wenn der Versicherungsnehmer nachweist, dass er die Nichtzahlung nicht zu vertreten hat.

§ 37 VVG

Ziffer 9.3 AHB entspricht dem § 37 VVG mit dem Recht des Versicherers, vom Vertrag zurückzutreten (solange der Versicherungsnehmer den Beitrag noch nicht gezahlt hat – selbst bei einem „geringfügigen" Restbeitrag).

Rücktrittsfiktion

Mit der Neuordnung des VVG ist der ausdrückliche Rücktritt aber nicht mehr möglich, wenn der Versicherungsnehmer nachweist, dass er die Nichtzahlung nicht zu vertreten hat. Die frühere Rücktrittsfiktion bei nicht rechtzeitiger Zahlung des Erstbeitrages entfällt ganz.

Geschäftsgebühr

Bei einem Rücktritt aufgrund der Nichtzahlung des Erst- oder einmaligen Beitrages kann der Versicherer eine angemessene Geschäftsgebühr verlangen (§ 39 (1) Satz 3 VVG).

Kündigung

Bei nicht rechtzeitiger Zahlung des Folgebeitrages kann mit der Setzung einer Zahlungsfrist auch die Kündigung zum Ablauf der Zahlungsfrist verbunden werden (§ 38 (3) VVG).

Ziffer 10. AHB

2.10 Zahlung und Folgen verspäteter Zahlung / Folgebeitrag

§ 38 VVG
Baustein 5

Ziffer 10. AHB entspricht ohne wesentliche inhaltliche Änderungen der Regelung des § 38 VVG und dem „Baustein zur Vereinheitlichung spartenübergreifender AVB" Nr. 5.

Ziffer 10. AHB gliedert sich in die Abschnitte:

10.1 Fälligkeit und Rechtzeitigkeit der Zahlung,
10.2 Verzug,
10.3 Kein Versicherungsschutz und
10.4 Kündigung.

Ziffer 10. AHB erfüllt damit auch einen Teil der Anforderungen, die in § 10 (1) VAG aufgeführt sind:

AVB müssen z. B. vollständige Angaben über die Fälligkeit des Beitrags und die Rechtsfolgen eines Verzugs sowie über den Verlust des Anspruchs auf Leistungen aus dem Versicherungsvertrag, wenn Fristen versäumt werden, enthalten.

2.10.1 Fälligkeit und Rechtzeitigkeit der Zahlung des Folgebeitrages

Ziffer 10.1 AHB

10. Zahlung und Folgen verspäteter Zahlung / Folgebeitrag

10.1 Die Folgebeiträge sind, soweit nicht etwas anderes bestimmt ist, am Monatsersten des vereinbarten Beitragszeitraums fällig.

Die Zahlung gilt als rechtzeitig, wenn sie zu dem im Versicherungsschein oder in der Beitragsrechnung angegebenen Zeitpunkt erfolgt.

Text
Ziffer 10.1 AHB

Als Fälligkeitstermin für Folgebeiträge wird in Ziffer 10.1 AHB jeweils der Monatserste des Beitragszahlungszeitraumes bestimmt (z. B. der 1. April, wenn der Beitragszahlungszeitraum vom 17. April dieses Jahres bis zum 17. April des nächsten Jahres geht).

Rechtzeitig gezahlt ist der Beitrag, wenn die Zahlung zu dem Zeitpunkt veranlasst wurde, der im Versicherungsschein oder der Beitragsrechnung genannt ist.

▶ Beispiel

Der Versicherungsnehmer übergibt am 1. April in der Schalterhalle seines Kreditinstituts einem Mitarbeiter den richtig ausgefüllten Überweisungsauftrag für den geschuldeten Beitrag. Das Konto des Versicherungsnehmers ist in Höhe des zu überweisenden Betrages gedeckt.

Lösung

Er hat damit seine Schickschuld rechtzeitig erfüllt. Die Beitragsschuld ist allerdings erst getilgt, wenn der geschuldete Beitrag auf dem Konto des Versicherers gutgeschrieben ist.

2.10.2 Zahlungsverzug bei nicht rechtzeitiger Zahlung des Folgebeitrages

Ziffer 10.2 AHB

10. Zahlung und Folgen verspäteter Zahlung / Folgebeitrag

10.2 Wird ein Folgebeitrag nicht rechtzeitig gezahlt, gerät der Versicherungsnehmer ohne Mahnung in Verzug, es sei denn, dass er die verspätete Zahlung nicht zu vertreten hat.

Wird ein Folgebeitrag nicht rechtzeitig gezahlt, kann der Versicherer dem Versicherungsnehmer auf dessen Kosten in Textform eine Zahlungsfrist bestimmen, die mindestens zwei Wochen betragen muss. Die Bestimmung ist nur wirksam, wenn sie die rückständigen Beträge des Beitrags, Zinsen und Kosten im Einzelnen beziffert und die Rechtsfolgen angibt, die nach den Ziff. 10.3 und 10.4 mit dem Fristablauf verbunden sind.

Text
Ziffer 10.2 AHB

LF 2
LF 10
LF 15

Durch Ziffer 10.2 Abs. 1 AHB wird dem Versicherungsnehmer deutlich gemacht, dass er ohne Mahnung schon dadurch in Verzug gerät, dass er den Folgebeitrag nicht rechtzeitig zahlt.

Diese Rechtsfolge tritt nicht ein, wenn er die verspätete Zahlung nicht zu vertreten hat.

Diese Regelung entspricht dem § 286 BGB:

§ 286 BGB

Nach § 286 Abs. 1 BGB kommt ein Schuldner erst in Verzug, wenn der Gläubiger nach Fälligkeit der Leistung mahnt (oder einen Mahnbescheid zustellt oder eine Leistungsklage einleitet).

Der Schuldner kommt allerdings ohne Mahnung in Verzug, wenn für die Zahlung eine Zeit nach dem Kalender bestimmt ist.

Dies ist beim Folgebeitrag der Fall, denn nach Ziffer 10.1 AHB ist der Folgebeitrag am Monatsersten des vereinbarten Beitragszahlungszeitraums fällig.

Der Schuldner kommt nach § 286 (4) BGB aber auch dann nicht in Verzug, wenn er die verspätete Zahlung nicht zu vertreten hat.

Nach den AHB (und dem VVG) sind die Voraussetzungen für den Verzug der Folgebeiträge teilweise abweichend vom BGB geregelt:

Nach § 38 (1) Satz 1 VVG kann der Versicherer den Versicherungsnehmer in Textform (siehe § 126 b BGB) zur Zahlung auffordern und ihm eine Zahlungsfrist von mindestens zwei Wochen setzen.

Text
§ 126 b BGB

§ 126 b BGB – Textform

Ist durch Gesetz Textform vorgeschrieben, so muss die Erklärung in einer Urkunde oder auf andere zur dauerhaften Wiedergabe in Schriftzeichen geeignete Weise abgegeben, die Person des Erklärenden genannt und der Abschluss der Erklärung durch Nachbildung der Namensunterschrift oder anders erkennbar gemacht werden.

Entsprechend kann der Versicherer nach Ziffer 10.2 Abs. 2 AHB den Beitragsschuldner in Textform zur Zahlung auffordern und ihm eine Zahlungsfrist von mindestens zwei Wochen setzen.

Nur dann, wenn diese Zahlungsaufforderung erfolgte und die Rechtsfolgen angegeben wurden, treten nach oder mit dem Ablauf der Frist die Rechtsfolgen (Leistungsfreiheit, Kündigungsmöglichkeit) ein.

In Ziffer 10.2 Abs. 3 AHB wird außerdem der Versicherungsnehmer darauf hingewiesen, dass der Versicherer (nach BGB) das Recht hat, einen Verzugsschaden geltend zu machen.

2.10.3 Leistungsfreiheit bei nicht rechtzeitiger Zahlung des Folgebeitrages

Ziffer 10.3 AHB

10. Zahlung und Folgen verspäteter Zahlung / Folgebeitrag

10.3 Ist der Versicherungsnehmer nach Ablauf dieser Zahlungsfrist noch mit der Zahlung in Verzug, besteht ab diesem Zeitpunkt bis zur Zahlung kein Versicherungsschutz, wenn er mit der Zahlungsaufforderung nach Ziffer 10.2 Abs. 3 darauf hingewiesen wurde.

Text
Ziffer 10.3 AHB

Ziffer 10.3 AHB weist den Versicherungsnehmer auf die Leistungsfreiheit als Folge der Nichtzahlung innerhalb der in der Zahlungsaufforderung nach Ziffer 10.2 Abs. 2 AHB genannten Frist hin.

Der Wortlaut „besteht ab diesem Zeitpunkt bis zur Zahlung kein Versicherungsschutz" macht dies für den Versicherungsnehmer deutlicher als der Begriff „Leistungsfreiheit".

▶ Beispiel

Die Versicherung läuft jeweils vom 13. April bis zum 13. April des Folgejahres, 12.00 Uhr. Fällig ist demnach der Beitrag am 1. April.

Da die Zahlung bis zum 20. April nicht auf dem Konto des Versicherers gutgeschrieben wurde, setzt der Versicherer dem Versicherungsnehmer schriftlich eine Zahlungsfrist bis zum 10. Mai.

Der Versicherungsnehmer übergibt den Überweisungsauftrag am 19. Mai seinem Kreditinstitut. Am 21. Mai tritt ein Versicherungsfall ein.

Der Betrag wird dem Konto des Versicherers am 23. Mai gutgeschrieben.

Lösung

Der Versicherungsnehmer verliert den Versicherungsschutz mit dem Ablauf des 10. Mai, weil er nicht bis zum 10. Mai den Überweisungsauftrag seinem Kreditinstitut übergeben hat.

Der Versicherungsschutz lebt wieder auf am 19. Mai. Für den Versicherungsfall besteht also Versicherungsschutz.

LF 2

LF 10

LF 15

Ziffer 10.4 AHB

2.10.4 Kündigung bei nicht rechtzeitiger Zahlung des Folgebeitrages

Text
Ziffer 10.4 AHB

10. Zahlung und Folgen verspäteter Zahlung / Folgebeitrag

10.4 Ist der Versicherungsnehmer nach Ablauf dieser Zahlungsfrist noch mit der Zahlung in Verzug, kann der Versicherer den Vertrag ohne Einhaltung einer Frist kündigen, wenn er den Versicherungsnehmer mit der Zahlungsaufforderung nach Ziffer 10.2 Abs. 3 darauf hingewiesen hat.

Hat der Versicherer gekündigt, und zahlt der Versicherungsnehmer danach innerhalb eines Monats den angemahnten Betrag, besteht der Vertrag fort. Für Versicherungsfälle, die zwischen dem Zugang der Kündigung und der Zahlung eingetreten sind, besteht jedoch kein Versicherungsschutz.

§ 38 (3) VVG

In Ziffer 10.4 AHB wird das zweistufige Kündigungsverfahren des Versicherers aus § 38 (3) VVG umgesetzt:

isolierte Kündigung

1. Der Versicherer kann nach Ablauf der Zahlungsfrist fristlos kündigen (isolierte Kündigung), wenn er in der Mahnung auf diese Kündigungsmöglichkeit hingewiesen hat und der Versicherungsnehmer mit dem geschuldeten Betrag noch in Verzug ist.

verbundene Kündigung

Er kann aber auch schon mit der qualifizierten Mahnung kündigen (verbundene Kündigung). Die Kündigung wird dann mit Ablauf der Zahlungsfrist wirksam, wenn der Versicherungsnehmer mit dem geschuldeten Betrag immer noch in Verzug ist.

Reaktivierungsfrist

2. Kündigt der Versicherer und zahlt der Versicherungsnehmer innerhalb eines Monats nach Zugang der Kündigungserklärung (Reaktivierungsfrist) den angemahnten Betrag, so
   - besteht der Versicherungsvertrag unverändert fort (die Kündigung wird unwirksam) und
   - der Versicherungsschutz lebt wieder auf.

Für Schadenfälle zwischen dem Zugang der Kündigung und der Zahlung des Beitrages besteht kein Versicherungsschutz.

▶ Beispiel

Die Versicherung läuft jeweils vom 13. April bis zum 13. April des Folgejahres, 12.00 Uhr. Fällig ist demnach der Beitrag am 1. April. Da die Zahlung bis zum 20. April nicht auf dem Konto des Versicherers gutgeschrieben wurde, setzt der Versicherer dem Versicherungsnehmer schriftlich eine Zahlungsfrist bis zum 10. Mai und verbindet damit die Kündigung zu diesem Termin.

Der Versicherungsnehmer übergibt den Überweisungsauftrag am 23. Mai seinem Kreditinstitut. Am 21. Mai und am 25. Mai treten Versicherungsfälle ein.

Der Betrag wird dem Konto des Versicherers am 26. Mai gutgeschrieben.

Lösung

Der Versicherungsnehmer verliert den Versicherungsschutz mit dem Ablauf des 10. Mai. Der Versicherungsschutz lebt wieder auf am 23. Mai.

Nur für den Versicherungsfall am 25. Mai besteht Versicherungsschutz.

2.11 Rechtzeitigkeit der Zahlung bei Lastschriftermächtigungen

Ziffer 11. AHB

Ziffer 11. AHB entspricht ohne wesentliche inhaltliche Änderungen dem „Baustein zur Vereinheitlichung spartenübergreifender AVB" Nr. 6

Baustein 6

Ziffer 11. AHB erfüllt damit einen Teil der Anforderungen, die in § 10 (1) VAG aufgeführt sind (AVB müssen auch vollständige Angaben über die Rechtsfolgen eines Verzugs enthalten).

11. Rechtzeitigkeit der Zahlung bei Lastschriftermächtigung

Text
Ziffer 11. AHB

Ist die Einziehung des Beitrags von einem Konto vereinbart, gilt die Zahlung als rechtzeitig, wenn der Beitrag zum Fälligkeitstag eingezogen werden kann und der Versicherungsnehmer einer berechtigten Einziehung nicht widerspricht.

Konnte der fällige Beitrag ohne Verschulden des Versicherungsnehmers vom Versicherer nicht eingezogen werden, ist die Zahlung auch dann noch rechtzeitig, wenn sie unverzüglich nach einer in Textform abgegebenen Zahlungsaufforderung des Versicherers erfolgt.

Kann der fällige Beitrag nicht eingezogen werden, weil der Versicherungsnehmer die Einzugsermächtigung widerrufen hat, oder hat der Versicherungsnehmer aus anderen Gründen zu vertreten, dass der Beitrag wiederholt nicht eingezogen werden kann, ist der Versicherer berechtigt, künftig Zahlung außerhalb des Lastschriftverfahrens zu verlangen. Der Versicherungsnehmer ist zur Übermittlung des Beitrags erst verpflichtet, wenn er vom Versicherer hierzu in Textform aufgefordert worden ist.

Weil die Zahlung im Lastschriftverfahren heute sowohl bei Erst- als auch bei einmaligen und Folgebeiträgen üblich ist (bei unterjähriger Zahlungsweise in der Regel sogar durch den Versicherer vorgegeben), wurde auch in den AHB eine entsprechende Regelung dieses Zahlungsverfahrens vorgesehen.

Die Zahlung gilt als rechtzeitig, „wenn der Beitrag zu dem im Versicherungsschein angegebenen Fälligkeitstag eingezogen werden kann und der Versicherungsnehmer einer berechtigten Einziehung nicht widerspricht."

Wenn der Beitrag nicht eingezogen werden konnte, so muss der Versicherer den Versicherungsnehmer in Textform zur „Nach"-Zahlung auffordern.

Trifft den Versicherungsnehmer kein Verschulden, so gilt die „Nach"-Zahlung als rechtzeitig, wenn sie unverzüglich („ohne schuldhaftes Zögern") nach der Zahlungsaufforderung erfolgt (Ziffer 11. Abs. 2 AHB).

Scheiterte der Zahlungseinzug daran, dass der Versicherungsnehmer die Einzugsermächtigung widerrufen hat oder hat der Versicherungsnehmer aus anderen Gründen zu vertreten, dass der Beitrag wiederholt nicht eingezogen werden kann, so kann der Versicherer eine Umstellung auf ein Zahlungsverfahren außerhalb des Lastschriftverfahrens verlangen.

Der Versicherer muss den Versicherungsnehmer allerdings erst in Textform zu der anderen Zahlungsform auffordern, bevor dieser zur Übermittlung des Beitrages verpflichtet ist.

Ziffer 12. AHB

2.12 Teilzahlung (Ratenzahlung) und Folgen bei verspäteter Zahlung

Baustein 7

Ziffer 12. AHB entspricht ohne wesentliche inhaltliche Änderungen dem „Baustein zur Vereinheitlichung spartenübergreifender AVB" Nr. 7.

Der Versicherer hat das Recht, bei zunächst vereinbarter Ratenzahlung alle noch ausstehenden Raten des Jahresbeitrags sofort zu fordern, wenn der Versicherungsnehmer mit der Zahlung einer Rate im Verzug ist.

Verbunden damit ist auch sinnvollerweise das Recht des Versicherers, in Zukunft die Zahlung als Jahresbeitrag zu verlangen.

Ziffer 9.1 Abs. 3 AHB

Das nur die erste Rate des ersten Jahresbeitrages Erstbeitrag im Sinne des § 37 VVG ist, zeigt Ziffer 9.1 Abs. 3 AHB auf.

2.13 Beitragsregulierung

Ziffer 13. AHB

▶ **Situation**

Durch die Ziffern 3. und 4 AHB übernimmt der Versicherer in nicht unwesentlichem Umfang Risiken, die ihm zum Zeitpunkt der Übernahme nicht bekannt sind.

Wie wird durch die AHB berücksichtigt, dass dem Versicherer diese Risiken bekannt gemacht werden und in der Beitragsberechnung entsprechend berücksichtigt werden?

▶ **Erläuterung**

Ziffer 13. AHB gliedert sich in die Abschnitte:

13.1 Anzeige von Veränderungen und Rechtsfolgen unrichtiger Angaben,
13.2 Beitragsregulierung,
13.3 Rechtsfolgen unterlassener rechtzeitiger Mitteilung,
13.4 Beitragsvorauszahlung für mehrere Jahre.

Dabei wird in Ziffer 13.4 AHB festgestellt, dass die Regeln der Ziffern 13.1 bis 13.3 AHB auch für Versicherungen gelten, für die Beitragsvorauszahlung für mehrere Jahre vereinbart wurde.

Ziffer 13.4 AHB

2.13.1 Anzeige von Veränderungen und Rechtsfolgen unrichtiger Angaben

Ziffer 13.1 AHB

> Der Versicherungsnehmer hat bei Abschluss des Vertrages sein „persönliches" Risiko angegeben, das im Versicherungsschein und den Nachträgen des Vertrags zugrunde gelegt wurde (Ziffer 3.1 (1) AHB).

Ziffer 3.1 (1) AHB

Der Versicherungsnehmer hat nach Erhalt einer Aufforderung (meistens mit der Beitragsrechnung oder z. B. durch Zusendung eines Fragebogens zum Zwecke der Beitragsregulierung) innerhalb eines Monats alle seit der letzten Meldung (im Antrag oder aufgrund der letzten Aufforderung) eingetretenen Änderungen des versicherten Risikos (Erhöhungen oder Erweiterungen oder neue Risiken) mitzuteilen (Deklarationspflicht als einklagbare Rechtspflicht aus dem Versicherungsvertrag).

Deklarationspflicht

Der Versicherer kann fordern, dass die Angaben durch die Geschäftsbücher oder andere Belege nachgewiesen werden.

Bei unrichtigen Angaben (z. B. bewusste Lüge des Versicherungsnehmers) zum Nachteil des Versicherers kann dieser eine Vertragsstrafe in dreifacher Höhe des festgestellten Beitragsunterschiedes fordern. Ausnahme: Der Versicherungsnehmer kann nachweisen, dass ihn kein Verschulden an den unrichtigen Angaben trifft.

unrichtige Angaben = Vertragsstrafe

LF 2

LF 10

LF 15

Ziffer 13.2 AHB

2.13.2 Beitragsregulierung

> Der bisherige § 8 Ziffer II. 2 AHB (alt) wurde als Ziffer 13.2 AHB um einen Hinweis auf den Mindestbeitrag als Satz 3 ergänzt.
>
> „Vertraglich vereinbart" ist je nach der vertraglichen Konstellation im Einzelfall entweder der erstmalige Mindestbeitrag oder der durch Beitragsangleichung zwischenzeitlich angehobene Mindestbeitrag.

Aufgrund der Mitteilung des Versicherungsnehmers oder der sonstigen Feststellungen wird der Versicherer durch Abrechnungsnachtrag den Beitrag ab dem Zeitpunkt der Veränderung neu berechnen.

Der vertraglich vereinbarte Mindestbeitrag darf dabei nicht unterschritten werden (sämtliche nach Abschluss des Vertrages eingetretenen Veränderungen des Mindestbeitrages sind aber zu berücksichtigen).

Bei der Berechnung einer Erstattung aufgrund Wegfalls des versicherten Risikos wird der Zeitpunkt des Eingangs der entsprechenden Mitteilung beim Versicherer zugrunde gelegt.

Der für den zurückliegenden Zeitraum gezahlte Beitrag kann also wie ein „vorläufiger Beitrag oder Vorauszahlungsbeitrag" betrachtet werden.

Ziffer 13.3 AHB

2.13.3 Rechtsfolgen unterlassener rechtzeitiger Mitteilung

Nachzahlung

Wenn der Versicherungsnehmer die Veränderungen nicht rechtzeitig mitteilt, so kann der Versicherer eine Nachzahlung in Höhe des bereits für den entsprechenden Zeitraum berechneten Beitrages fordern.

Beitragsregulierung

Werden die Angaben durch den Versicherungsnehmer nachgeliefert, so findet auf jeden Fall eine Beitragsregulierung nach Ziffer 13.2 AHB statt.

Rückerstattung der Nachzahlung

Der zuviel gezahlte Beitrag (Nachzahlung) wird nur zurückerstattet, wenn der Versicherungsnehmer die erforderlichen Angaben innerhalb von zwei Monaten nach der Aufforderung zur Zusatzzahlung nachholt.

▶ **Zusammenfassung zu Ziffer 13.2 und 13.3 AHB**

Gegenüberstellung der Rechtsfolgen bei nicht ordnungsmäßiger Meldung der Veränderungen	
Unrichtige Angaben (z. B. bewusst gelogen) zum Nachteil des Versicherers	Keine Anzeige oder verspätete Anzeige
Vertragsstrafe in Höhe des dreifachen Beitragsunterschiedes	Zusätzliche Zahlung in Höhe des zuletzt gezahlten Beitrages
Ausnahme: kein Verschulden des Versicherungsnehmers	Ausnahme: der Versicherungsnehmer liefert die erforderlichen Angaben innerhalb von zwei Monaten nach Erhalt der Aufforderung zur Zusatzzahlung nach

2.14 Beitrag bei vorzeitiger Vertragsbeendigung

Ziffer 14. AHB entspricht ohne Änderungen dem „Baustein zur Vereinheitlichung spartenübergreifender AVB" Nr. 8.

Für die vorzeitige Beendigung von Versicherungsverträgen ist die so genannte „pro-rata-temporis-Abrechnung" vereinbart:

Dem Versicherer steht nur der Teil des Beitrags zu, der dem Zeitraum entspricht, in dem Versicherungsschutz bestanden hat.

Der Einschub „soweit durch Gesetz nicht etwas anderes bestimmt ist" bezieht sich z. B. auf die Regelungen beim Rücktritt wegen Nicht-Anzeige gefahrerheblicher Umstände und die Anfechtung wegen arglistiger Täuschung (§ 39 VVG – Ziffern 23.3 Abs. 3 und 23.4 AHB).

2.15 Beitragsangleichung

▶ Situation

Für die Privat-Haftpflichtversicherung der Familie Krause (Eltern und eine zweijährige Tochter) wird der Beitrag für das Risiko (die Familie) und nicht in o/oo einer vereinbarten Versicherungssumme festgelegt.

Für den Versicherer ist aber keine Möglichkeit gegeben, den Beitrag für die bestehende Versicherung anzuheben, obwohl sich das Risiko durch drei weitere Kinder erhöht hat.

Auch eine „Unterversicherung" kann im Versicherungsfall nicht angewandt werden.

Auf der anderen Seite steigen die Schadenaufwendungen nicht nur durch die größere Anzahl der versicherten Personen sondern auch z. B. durch allgemeine Preis- und Kostensteigerungen.

Wie werden diese Besonderheiten der Haftpflichtversicherung in den AHB berücksichtigt?

▶ Erläuterung

Das Verfahren für die Beitragsangleichung ist durch die Ziffern 15.1 bis 15.4 AHB vorgegeben:

15.1 Grundlagen der Beitragsangleichung,
15.2 Ermittlung des Durchschnitts der Schadenzahlungen,
15.3 Möglichkeiten der Beitragsangleichung,
15.4 Keine Beitragsangleichung.

Ziffer 15.1 AHB

2.15.1 Grundlagen der Beitragsangleichung

In der Haftpflichtversicherung hat der Versicherer die Möglichkeit, die Höhe der fällig werdenden Beiträge jährlich aufgrund der Veränderung der durchschnittlichen Schadenzahlungen zu überprüfen und ggf. anzupassen.

Begründet ist dies darin, dass ein steigendes Lohn- und Preisniveau auch zu steigenden Schadenzahlungen führt, aber nicht automatisch zu steigenden Beitragseinnahmen, da die vereinbarte Versicherungssumme normalerweise gleich bleibt. Und eine Unterversicherung kann nicht angerechnet werden.

Lohn-, Bau- und Umsatzsumme

Eine Beitragsangleichung entfällt bei Versicherungen, deren Folgejahresbeiträge nach Lohn-, Bau- oder Umsatzsumme ermittelt werden (hier wird durch steigende Löhne und Preise eine Beitragsanpassung automatisch bewirkt).

Mindestbeitrag

Für Mindestbeiträge ist festgelegt, dass sie unabhängig von der Beitragsberechnung der Beitragsangleichung unterliegen.

Ziffer 15.2 AHB

2.15.2 Ermittlung des Durchschnitts der Schadenzahlungen

Die Beitragsangleichung vollzieht sich in sechs Stufen:

1. Für die
   - ab 1. Juli eines jeden Jahres fälligen Beiträge ermittelt ein
   - unabhängiger Treuhänder (z. B. die Deutsche Revisions- und Treuhand AG)
   - für alle Haftpflichtversicherer

- den Prozentsatz, um den sich die **durchschnittliche geleistete Schadenzahlung** des Vorjahres (aller Versicherer, die für den Betrieb der Allgemeinen Haftpflichtversicherung zugelassen sind)
- gegenüber dem vorletzten Jahr verändert hat.

Die Begriffe „Schadenzahlung" und „Durchschnitt der Schadenzahlungen" – bezogen auf ein Kalenderjahr – sind in Ziffer 15.2 AHB erläutert.

$$\text{Durchschnitt der Schadenzahlungen} = \frac{(\text{Summe der Schadenzahlungen} + \text{Regulierungskosten}) \text{ aller Versicherer}}{\text{Anzahl der neu angemeldeten Schadenfälle aller Versicherer}}$$

2. Der Veränderungssatz (Erhöhung oder Verminderung) wird auf die nächst niedrigere durch 5 teilbare ganze Zahl abgerundet (Veränderung + 13,8 % = + 10 %, Veränderung – 7,8 % = – 10 %).

2.15.3 Möglichkeiten der Beitragsangleichung

Ziffer 15.3 AHB

3. Hat sich der ermittelte Prozentsatz

- erhöht, so **kann** der Versicherer den Beitrag erhöhen, hat er sich
- vermindert, so **muss** der Versicherer den Beitrag mindern.

Dieses Vorgehen wird als die eigentliche „Beitragsangleichung" bezeichnet.

Beitragsangleichung

Der veränderte Folgejahresbeitrag wird dem Versicherungsnehmer mit der nächsten Beitragsrechnung mitgeteilt.

Durchschnitt der Schadenzahlungen

Beispiel 1		Beispiel 2	
Vorletztes Jahr	1 200,00 €	Vorletztes Jahr	1 920,00 €
Letztes Jahr	1 270,00 €	Letztes Jahr	1 780,00 €
Veränderung	+ 5,83 %	Veränderung	– 7,29 %
Abrundung auf	5,00 %		– 10,00 %
Der Versicherer kann um 5 % erhöhen		Der Versicherer muss um 10 % mindern	

4. Liegt der Prozentsatz der Erhöhungen des einzelnen Versicherers in jedem der letzten fünf Kalenderjahre allerdings unter dem Prozentsatz, den der Treuhänder für alle Haftpflichtversicherer ermittelt hat, so darf dieser Versicherer für den Folgejahresbeitrag nur den unternehmenseigenen Erhöhungssatz des letzten Kalenderjahres anwenden (aber nicht mehr als den vom Treuhänder für diesen Zeitraum ermittelten Prozentsatz).

5. Der so ermittelte neue Beitrag gilt für die ab 1. Juli fälligen Folgejahresbeiträge (siehe Ziffer 15.2 Satz 1 AHB). Er ist dem Versicherungsnehmer mit der Beitragsrechnung bekannt zu geben.

Kündigung
Ziffer 18. AHB

Dabei ist dem Versicherungsnehmer die Kündigungsmöglichkeit nach Ziffer 18. AHB (entsprechend § 40 VVG) zu erläutern. Der Versicherungsnehmer kann bis und zum Zeitpunkt des Wirksamwerdens der Erhöhung kündigen, wenn sich durch die Erhöhung der Umfang des Versicherungsschutzes nicht ändert.

Ziffer 15.4 AHB

2.15.4   Keine Beitragsangleichung

6. Bei ermittelten Veränderungen unter 5 % entfällt eine Angleichung des Folgejahresbeitrages, der ermittelte Prozentsatz der Veränderung des Durchschnitts der Schadenzahlungen wird in die folgenden Jahre als Vortrag übernommen und ist dort zu berücksichtigen.

Durchschnitt der Schadenzahlungen

Beispiel 1		Beispiel 2	
vorletztes Jahr	1 200 €	vorletztes Jahr	1 000 €
vetztes Jahr	1 240 €	letztes Jahr	1 092 €
Veränderung	+ 3,33 %	Veränderung	+ 9,20 %
Vortrag von 3,33 % in die nächsten Jahre		Erhöhung um Rest entfällt	+ 5 %

Übungen zu den Kapiteln 2.8 bis 2.15

1. Begründen Sie gegenüber einem Versicherungsnehmer die Notwendigkeit der Beitragsangleichungsklausel (Ziffer 15. AHB). Stellen Sie dabei auch heraus, welche Kündigungsmöglichkeiten im Zusammenhang mit der Beitragsangleichung gegeben sind.

2. Begründen Sie, warum bei Versicherungen, deren Beitrag sich nach der Umsatzsumme errechnet, die Beitragsangleichungsklausel nicht angewandt wird.

3. Im Jahre „X" wurden für 125 000 Versicherungsfälle an Versicherungsleistungen für die Haftpflichtversicherung 130 Millionen € aufgewendet. Die Schadenregulierungskosten wurden mit 7,5 Millionen € angegeben. Im Jahre „X–1" betrugen die Schadenzahlungen einschließlich Regulierungskosten 126 250 Millionen € bei 124 000 Versicherungsfällen.

   Stellen Sie für dieses Zahlenbeispiel dar, wie die Ermittlung der Beitragsangleichung gemäß Ziffer 15. AHB vorgenommen wird.

4. Unser Versicherungsnehmer Karl Lager bezahlt für seine Betriebshaftpflichtversicherung zurzeit einen Nettojahresbeitrag von 870 €, Fälligkeit 1. Juni.

   Für dieses Jahr hat der unabhängige Treuhänder eine Steigerung des Durchschnitts der Schadenzahlungen von 7,2 % ermittelt.

   Welchen Jahresbeitrag – brutto – muss der Versicherungsnehmer in Zukunft zahlen, wenn der Tarif für den Zeitpunkt der nächsten Fälligkeit einen Nettobeitrag von 905 € vorsieht?

   Von welchem Termin an ist dieser Beitrag zu zahlen?

5. Der Versicherungsnehmer meldet nicht die Vertragsänderungen zur Beitragsregulierung.

   Welche Möglichkeiten hat in diesem Fall der Versicherer und wie wirkt sich diese Weigerung auf die Deckung im Versicherungsfall aus?

▶ Exkurs   Beitragsberechnung in der Haftpflichtversicherung

Grundlage der Beitragsberechnung in der Haftpflichtversicherung sind keine Versicherungssummen, auf die ‰-Sätze angewandt werden, sondern die jeweilige Risikoart und andere Bemessungsgrundlagen (z. B. Lohnsumme, qm-Zahl der Wohnfläche, Mitarbeiterzahl, Grundbesitz, Tieranzahl, Bausumme usw.).

Grundlage für Berechnungen im Rahmen dieser Ausführungen ist der Tarifauszug auf den Seiten 418 und 419 Bedingungswerk 2 Proximus Versicherung.

▶ Beispiel

Versicherungsnehmer Karl Heuser bittet um ein Angebot für eine Privat-Haftpflichtversicherung nach dem Kompaktmodell – Alternative B – mit einem Selbstbehalt von 150 € (Laufzeit 3 Jahre) für sich, seine Frau und seine zwei Kinder im Alter von 17 und 22 Jahren. Der ältere Sohn ist nach dem Abitur in einer Ausbildung zum Kaufmann für Versicherungen und Finanzen, die zum August des nächsten Jahres endet.

Heuser vermietet in seinem selbst bewohnten Zweifamilienhaus die 2. Wohnung (das Grundstück hat eine Fläche von 700 qm, die Wohnungen sind jeweils 110 qm groß) und außerdem auch über wesentliche Teile des Jahres das Ferienhaus auf Sylt.

Das Zweifamilienhaus hat eine Ölzentralheizung mit einem 8 000-l-Kellertank. Deswegen möchte er die Gewässerschaden-Haftpflichtversicherung mit einer Versicherungssumme von 3 000 000 € einschließen.

Außerdem möchte er seinen deutschen Schäferhund und das Pony des Jüngsten mit in den Versicherungsvertrag einschließen.

Beitragsberechnung:

Privat-Haftpflichtversicherung
   Kompakt-Modell – Alternative B – mit 150 € SB   56,80 €
Vermietung der 2. Wohnung   14,00 €
Vermietung des Ferienhauses   14,00 €
Tierhalter-Haftpflichtversicherung für den Schäferhund   92,20 €
Tierhalter-Haftpflichtversicherung für das Pony   167,50 €
HuG-Haftpflichtversicherung für das Zweifamilienhaus   99,50 €
Gewässerschaden-Haftpflichtversicherung für den Öltank   <u>88,70 €</u>
    <u>532,70 €</u>

Dauernachlass 10 %   <u>53,27 €</u>
    <u>479,43 €</u>

19 % Versicherungsteuer   <u>91,09 €</u>
    <u>570,52 €</u>

Beispiel
Beitragsberechnung

LF 2

LF 10

LF 15

Übungen zur Beitragsberechnung in der Haftpflichtversicherung

1. Im Verlauf eines Beratungsgespräches zu einer Lebensversicherung mit Herrn Bunte stellt Ihr Kollege fest, dass Herr Bunte keine private Haftpflichtversicherung hat. Ihr Kollege hat daher die persönlichen Daten des Kunden aufgenommen und legt Ihnen seine Skizzen zur weiteren Bearbeitung vor:

   Kunde wünscht Angebot für Privat-Haftpflichtversicherung (beide Alternativen des Kompakt-Modells)

   Persönliche Situation:

   - Geburtsdatum: 28.11.1974, verheiratet mit Angelika, keine Kinder
   - Wohnung zur Miete
   - Wohneigentum: eine Eigentumswohnung, derzeit vermietet

   Erstellen Sie zur persönlichen Situation von Herrn Bunte ein Angebot mit Beitragsberechnung.

2. Frau Gertraud Wagner schreibt Ihrer Gesellschaft:

   „...Seit einem Jahr bin ich geschieden, habe es aber versäumt, nach der Trennung eine eigene Haftpflichtversicherung abzuschließen.

   Ich bin 32 Jahre, alleinstehend und bewohne in meinem Dreifamilienhaus selbst das komplette Erdgeschoss. Die beiden anderen Wohnungen (je 75 qm) sind vermietet. Die jetzige Ölheizung (4 000 l Kellertank) soll im Rahmen umfangreicher Umbaumaßnahmen in den nächsten zwei Jahren ausgebaut und das Haus an das Fernwärmenetz angeschlossen werden.

   Ich bin als Einzelhandelskauffrau beschäftigt. Ich verbringe meine Freizeit viel mit Wanderungen mit meinem Hund, einem Dackel.

   Bitte teilen Sie mir mit, ob Sie noch weitere Infos benötigen bzw. unterbreiten Sie mir ein Angebot für einen entsprechenden Haftpflicht-Versicherungsschutz."

   Gehen Sie auf das Schreiben von Frau Wagner ein und machen Sie deutlich, welche Fragen vor Erstellung eines Angebotes zu klären sind bzw. erstellen Sie das gewünschte Angebot.

3. Bei einem Beratungsgespräch mit Herrn Peter Reiher stellt sich die Risikosituation des Kunden wie folgt dar:

Herr Reiher hat ein Mehrfamilienhaus mit vier Wohneinheiten (je 83 qm groß). Drei dieser Wohnungen sind vermietet, die vierte Wohnung wird renoviert und anschließend von ihm selbst bezogen. Das Haus hat eine Ölheizung (6 000 l Kellertank).

Herr Reiher bittet um ein möglichst günstiges Angebot der Proximus Versicherung für eine Haus- und Grundbesitzer-Haftpflichtversicherung mit Gewässerschaden-Haftpflicht.

Welchen jährlichen Beitrag muss Herr Grau aufbringen?

4. Herr Karl Roberts möchte mit dem Tag seiner Heirat am 15. 7. seinen bei uns abgeschlossenen Privat-Haftpflichtversicherung-Vertrag umstellen auf Kompakt-Tarif – Alternative B.

Da seine zukünftige Ehefrau einen kleinen Pudel mit in die Ehe bringt (der bisher nicht haftpflichtversichert war), soll zusätzlich die Tierhalter-Haftpflicht (Alternative A) eingeschlossen werden.

Welchen Beitrag muss Herr Roberts in Zukunft zahlen?

5. Sie finden folgende Telefonnotiz an Ihrem Arbeitsplatz vor:

Anrufer: Karl Schwall, geb. 7.11.1989, erbittet ein schriftliches Angebot.

Persönliche Angaben: Herr Schwall hat im Sommer diesen Jahres seine Ausbildung erfolgreich abgeschlossen und wurde ins Angestelltenverhältnis übernommen. Er zieht nächste Woche bei seinen Eltern aus und mietet sich eine Zwei-Zimmer-Wohnung.

Beraten Sie Herrn Schwall und erstellen Sie ein Angebot mit dem bestmöglichen Versicherungsschutz einschließlich Beitragsberechnung (mit Versicherungsteuer).

2.16   Dauer und Ende des Vertrages

§ 11 VVG
Baustein 9

> Ziffer 16. AHB entspricht ohne inhaltliche Änderungen der Regelung des § 11 VVG und dem „Baustein zur Vereinheitlichung spartenübergreifender AVB" Nr. 9.

> Damit erfüllt Ziffer 16. AHB auch einen Teil der Anforderungen, die zur Laufzeit des Versicherungsverhältnisses und zu gesetzlichen Kündigungsrechten in Anlage D – Verbraucherinformationen – Abschnitt I zum VAG (siehe auch § 10 a VAG) gefordert sind.

Laufzeit- und Kündigungsvereinbarungen müssen natürlich darüber hinaus auch im Versicherungsvertrag fixiert werden.

Ziffer 16.1 AHB

Ein Haftpflichtversicherungsvertrag wird für die im Versicherungsvertrag angegebene Zeit abgeschlossen.

Ziffer 16.3 AHB
Ablauf

Werden Verträge mit einer Dauer von **weniger als einem Jahr** abgeschlossen, so enden sie, ohne dass es einer Kündigung bedarf, mit dem vorgesehenen Zeitpunkt.

Ziffer 16.2 AHB
stillschweigende
Verlängerung

Werden Verträge mit einer Laufzeit von **mindestens einem Jahr** abgeschlossen, so verlängern sie sich stillschweigend um jeweils ein Jahr, wenn die Kündigung nicht spätestens drei Monate vor Ablauf des jeweiligen Versicherungsjahres dem Vertragspartner zugegangen ist.

Ziffer 16.4 AHB
außerordentliches
Kündigungsrecht

Bei einer Vertragsdauer von **mehr als drei Jahren** haben sowohl der Versicherungsnehmer als auch der Versicherer ein außerordentliches Kündigungsrecht.

Ziffer 16.4 AHB
§ 11 (4) VVG

Die Kündigung des Vertrages zum Ablauf des dritten Jahres und jedes darauf folgenden Jahres muss spätestens drei Monate vor Ablauf des jeweiligen Versicherungsjahres dem Vertragspartner zugegangen sein.

Für Kündigungen (einseitige empfangsbedürftige Willenserklärungen) ist im VVG keine bestimmte Form vorgeschrieben. Dies gilt auch für das BGB (bis auf wenige Ausnahmen – z. B. bei Mietverträgen und Arbeitsverträgen). Sie sollte aus Beweisgründen aber in Schriftform erfolgen.

§ 126 BGB

> **§ 126 BGB – Schriftform**
>
> (1) Ist durch Gesetz schriftliche Form vorgeschrieben, so muss die Urkunde von dem Aussteller eigenhändig durch Namensunterschrift oder mittels notariell beglaubigten Handzeichens unterzeichnet werden.

2.17   Wegfall des versicherten Interesses

Ziffer 17. AHB

Ziffer 17. AHB entspricht mit Änderungen der Regelung des § 80 VVG und dem „Baustein zur Vereinheitlichung spartenübergreifender AVB" Nr. 10.

§ 80 VVG
Baustein 10

Der Vertrag endet mit Kenntnis des Versicherers vom vollständigen und dauerhaften Wegfall des versicherten Interesses (nach Beginn der Versicherung).

Der Beitrag wird so abgerechnet, als wenn der Vertrag nur bis zu diesem Zeitpunkt vereinbart worden wäre, und zwar entweder p.r.t. oder nach Kurztarif.

2.18   Kündigung nach Beitragsangleichung

Ziffer 18. AHB

Ziffer 18. AHB entspricht ohne inhaltliche Änderungen der Regelung des § 40 VVG und dem „Baustein zur Vereinheitlichung spartenübergreifender AVB" Nr. 11.

§ 40 VVG
Baustein 11

Die Form der „Beitragsanpassung" selbst wurde durch den Baustein nicht für sämtliche Sparten vereinheitlicht, wohl aber das außerordentliche Kündigungsrecht nach einer Beitragsanpassung/Beitragsangleichung.

Der Versicherungsnehmer kann nur dann kündigen, wenn durch die Beitragsangleichung (Ziffer 15.3 AHB) der Beitrag erhöht wurde, ohne dass sich der Umfang des Versicherungsschutzes geändert hat.

Der Versicherungsvertrag kann innerhalb eines Monats nach Zugang der Mitteilung des Versicherers mit sofortiger Wirkung gekündigt werden, frühestens jedoch zu dem Zeitpunkt, in dem die Beitragserhöhung wirksam werden sollte.

Der Versicherer muss in der Mitteilung zur Beitragserhöhung auf das Kündigungsrecht hinweisen (§ 40 Abs.1 S.2 VVG) und die Mitteilung so rechtzeitig absenden, dass sie dem Versicherungsnehmer einen Monat vor dem Wirksamwerden der Beitragserhöhung zugeht (§ 40 Abs.1 S.3 VVG).

Erhöht sich nur die Versicherungsteuer, so kann der Versicherungsnehmer nicht kündigen.

Ziffer 19. AHB

2.19   Kündigung nach Versicherungsfall

§ 111 VVG
Baustein 12

Ziffer 19. AHB entspricht ohne wesentlichen Änderungen der Regelung der § 111 VVG und dem „Baustein zur Vereinheitlichung spartenübergreifender AVB" Nr. 12 (einheitliche Regelung des Kündigungsverfahrens — Kündigungsfristen und Wirksamwerden der Kündigung).

Versicherungsfall
(Schadenfall)

Auch in Ziffer 19. wurde wie in Ziffer 1.1 AHB der Begriff „Versicherungsfall" und nicht „Schadenfall" für das Schadenereignis gewählt.

Ziffer 19.1 AHB

Das Versicherungsverhältnis kann gekündigt werden, wenn

- vom Versicherer eine Schadenersatzzahlung geleistet wurde oder
- dem Versicherungsnehmer eine Klage über einen unter den Versicherungsschutz fallenden Haftpflichtanspruch gerichtlich zugestellt wurde.

Die früher in den AHB enthaltene Kündigungsmöglichkeit bei Leistungsverweigerung des Versicherers wurde wegen der fehlenden praktischen Relevanz (der Versicherer hat ein Leistungsverweigerungsrecht!) nicht in die neuen AHB übernommen. Insofern wurden die Kündigungsrechte der Versicherungsnehmer eingeschränkt.

Die Kündigung des Versicherungsvertrages muss innerhalb eines Monats nach Zahlung des Schadenersatzes oder der Zustellung der Klage beim Vertragspartner eingegangen sein.

Ziffer 19.2 AHB

Die Kündigung wird wirksam, wenn

- der **Versicherungsnehmer** gekündigt hat, mit sofortiger Wirkung oder zu einem vom Versicherungsnehmer zu bestimmenden Zeitpunkt bis zum Ende der laufenden Versicherungsperiode;
- der **Versicherer** gekündigt hat, einen Monat nach Zugang der Kündigungserklärung beim Versicherungsnehmer.

Der Beitrag wird p.r.t. abgerechnet, unabhängig davon, wer gekündigt hat (siehe Kap. 2.14).

Ziffer 20. AHB

2.20   Kündigung nach Veräußerung versicherter Unternehmen

§§ 95 ff., 102 ff. VVG
Baustein 13

Ziffer 20. AHB entspricht ohne inhaltliche Änderungen der Regelung der §§ 95 ff. und 102 ff. VVG und dem „Baustein zur Vereinheitlichung spartenübergreifender AVB" Nr. 13.

▶ Situation

Nach dem Tode ihres Vaters will Christine Steffen das auch von ihr als Bürokraft mit geführte kleine Tischlereiunternehmen Möbel Steffen e. K. nicht weiterführen. Sie wird sich sehr schnell mit einem ehemaligen

Mitarbeiter ihres Vaters, dem Tischlermeister Egon Master, am 20. April einig. Sie verkauft das Unternehmen zum 24. April und übergibt Herrn Master am 27. April die kaufmännischen Unterlagen mit der Bitte, alles Nötige zu veranlassen.

Die Betriebs-Haftpflichtversicherung bei der Proximus Versicherung läuft mit der Fälligkeit 1. Januar. Da Herr Master ihr erst in einem Gespräch am 17. Mai mitteilt, dass er die bestehende Versicherung nicht übernehmen will und ihr die Haftpflichtversicherungs-Unterlagen übergibt, prüft Frau Steffen, was nun zu tun ist.

Welche Folgen ergeben sich für die Versicherung und den Beitrag?

▶ **Erläuterung**

> Der Baustein 13 „Kündigungsrecht" bezieht sich auf die Vereinheitlichung der Kündigung
>
> ▪ nach Veräußerung versicherter Unternehmen an Dritte bzw.
> ▪ nach Übergang versicherter Unternehmen auf Dritte (aufgrund Nießbrauch, Pachtvertrag oder eines ähnlichen Verhältnisses).

Wenn ein Unternehmen an einen Dritten veräußert wird oder von einem Dritten übernommen wird, so treten folgende Regelungen in Kraft:

1. Der Dritte tritt während der Dauer seines Eigentums oder z. B. der Pacht oder eines ähnlichen Vertrages anstelle des Versicherungsnehmers in die sich aus dem Versicherungsvertrag ergebenden Rechte und Pflichten ein (Ziffer 20.1 AHB). *(Rechte und Pflichten Ziffer 20.1 AHB)*

2. Sowohl der Versicherer als auch der „Dritte" (z. B. Erwerber, Nießbraucher, Pächter) können den Versicherungsvertrag in Schriftform kündigen (Ziffer 20.2 AHB): *(Kündigungsrecht Ziffern 20.2 und 20.3 AHB)*

   ▪ der **Dritte** spätestens einen Monat nach dem Übergang des Unternehmens, spätestens aber einen Monat nach Kenntnis vom Bestehen des Versicherungsvertrages – die Kündigung wird (nach Wahl des Dritten) entweder sofort (mit Zugang beim Versicherer) oder zum Schluss der laufenden Versicherungsperiode wirksam;
   ▪ der **Versicherer** spätestens einen Monat nach Kenntnis vom Übergang des Unternehmens – die Kündigung wird einen Monat nach Zugang beim „Dritten" wirksam.

Das Kündigungsrecht erlischt für beide Partner jeweils entsprechend einen Monat, nachdem vom Übergang bzw. vom Bestehen der Versicherung Kenntnis bestanden hat (Ziffer 20.3 AHB). *(Erlöschen des Kündigungsrechts Ziffer 20.3 AHB)*

Sowohl der bisherige Versicherungsnehmer (Möbel-Steffen e. K.) als auch der Dritte (Egon Master) sind zur unverzüglichen Anzeige der Veräußerung bzw. des Übergangs verpflichtet.

LF 2

LF 10

LF 15

Beitrag
Gesamtschuldner
Ziffer 20.4 AHB

Für den Beitrag der zum Zeitpunkt des Übergangs laufenden Versicherungsperiode haften der bisherige Versicherungsnehmer und der Dritte als Gesamtschuldner (siehe auch § 69 (2) VVG), falls das Versicherungsverhältnis nicht gekündigt wird.

Bei Kündigung durch den bisherigen Versicherungsnehmer oder den Dritten haftet also nur der bisherige Versicherungsnehmer.

Anzeigepflicht
Ziffer 20.5 AHB

Ziffer 20.5 AHB stellt außer der Anzeigepflicht für den bisherigen Versicherungsnehmer und den „Dritten" auch die Rechtsfolgen der Anzeigepflichtverletzung dar, ohne den Begriff „Leistungsfreiheit" zu verwenden:

kein Versicherungsschutz

■ Es besteht kein Versicherungsschutz bei schuldhafter Verletzung der Anzeigepflicht, wenn
 – der Versicherungsfall später als einen Monat nach dem Zeitpunkt eintritt, zu dem der Übergang des Versicherungsverhältnisses dem Versicherer hätte angezeigt werden müssen und
 – der Versicherer den mit dem Veräußerer bestehenden Vertrag mit dem Erwerber nicht geschlossen hätte (siehe auch § 97 (1) VVG).

Wiederaufleben des
Versicherungsschutzes

■ Wenn der Versicherer innerhalb eines Monats nach Kenntnis von der Veräußerung nicht gekündigt hat, so lebt der Versicherungsschutz für alle Versicherungsfälle ab diesem Zeitpunkt wieder auf (siehe auch § 97 (2) VVG).

durchgehend
Versicherungsschutz

■ Kennt der Versicherer schon zu dem Zeitpunkt, zu dem ihm die Anzeige hätte zugehen müssen, die Veräußerung, so hat die Anzeigepflichtverletzung keinen Einfluss auf den Versicherungsschutz (siehe auch § 97 (2) VVG).

Zur Eingangssituation:

Das Unternehmen wurde am 24. April veräußert. Herr Egon Master erhielt nach seiner Aussage (trotz der Übergabe der kaufmännischen Unterlagen am 27. April) erst am 17. Mai Kenntnis vom Bestehen dieser Versicherung. Weder er noch Frau Steffen setzten den Versicherer von der Veräußerung in Kenntnis.

Nach h. M. hätte der Versicherer in Kenntnis gesetzt werden müssen

■ vom bisherigen Versicherungsnehmer spätestens am 30. April (unverzüglich nach der Veräußerung),

■ vom Erwerber am 23. Mai (unverzüglich nach Kenntnis vom bestehenden Versicherungsvertrag).

Der Versicherer erhält aber erst am 10. Juni Kenntnis und unternimmt nichts (keine Kündigung gegenüber dem Erwerber).

Hier liegt zweifelsfrei eine schuldhafte Verletzung der Anzeigepflicht vor, und zwar sowohl vom alten Versicherungsnehmer als auch vom Erwerber. Ob der Verstoß aber so schwerwiegend ist, dass „volle Leistungsfreiheit" als Rechtsfolge zum Tragen kommt, ist zumindest zweifelhaft (gängige Rechtsprechung).

▶ Lösung

Da die Anzeige dem Versicherer am 30. April hätte zugehen müssen,
besteht mit Wirkung vom 30. Mai kein Versicherungsschutz mehr (oder
nur noch eingeschränkt je nach Art des Verschuldens).

Der Versicherer kündigt nicht, so dass der Versicherungsschutz am
10. Juli wieder auflebt.

Wenn dem Versicherer die Veräußerung vor dem 30. April bekannt gewesen wäre, hätte der Versicherungsschutz unverändert bestanden,
wenn der Versicherer nicht gekündigt hätte.

2.21 Kündigung nach Risikoerhöhung aufgrund Änderung oder Erlass von Rechtsvorschriften

Ziffer 21. AHB

Ziffer 21. AHB wurde wegen der Systematik der neuen AHB dem
Komplex „Kündigungen" zugeordnet.

Wird das versicherte Risiko dadurch erhöht, dass bestehende Rechtsvorschriften geändert oder neue Rechtsvorschriften erlassen werden,
so kann der Versicherer den Vertrag innerhalb eines Monats nach
Kenntnis der Risikoerhöhung kündigen.

Die Kündigung wird wirksam einen Monat, nachdem sie dem Versicherungsnehmer zugegangen ist. Das Kündigungsrecht des Versicherers
erlischt, wenn es nicht innerhalb eines Monats nach seiner Kenntnis
von der Risikoerhöhung ausgeübt wird

2.22 Mehrfachversicherung („Doppelversicherung")

Ziffer 22. AHB

Ziffer 22. AHB entspricht mit geringen Änderungen den Regelungen der
§§ 77 ff. VVG und den „Bausteinen zur Vereinheitlichung spartenübergreifender AVB" Nr. 19 a und 19 b.

§ 77 ff. VVG
Bausteine 19a und 19b

22. Mehrfachversicherung

22.1 Eine Mehrfachversicherung liegt vor, wenn das Risiko in mehreren
Versicherungsverträgen versichert ist.

22.2 Wenn die Mehrfachversicherung zustande gekommen ist, ohne dass
der Versicherungsnehmer dies wusste, kann er die Aufhebung des später
geschlossenen Vertrages verlangen.

...

Textauszug
Ziffer 22. AHB

LF 2

LF 10

LF 15

Ziffer 22.1 AHB

Abweichend vom § 77 VVG wird eine Mehrfachversicherung in der Haftpflichtversicherung durch Ziffer 22.1 AHB schon gegeben, wenn

- ein Interesse
- in mehreren Versicherungsverträgen (auch bei demselben Versicherer)

versichert ist.

Für die Beseitigung einer evtl. Mehrfachversicherung in der Haftpflichtversicherung wurden früher die „Richtlinien zur Doppelversicherung" des ehemaligen HUK-Verbandes herangezogen, die aber nur für das Verhältnis der Versicherer untereinander galten.

Ziffer 22.2 AHB

Durch Ziffer 22.2 AHB wird dem Versicherungsnehmer deutlich gemacht, unter welchen Voraussetzungen er sich beim Bestehen einer Mehrfachversicherung von einem Vertrag lösen kann.

Ziffer 22.3 AHB

Er kann innerhalb eines Monats nach Kenntnis vom unbewussten Zustandekommen der Mehrfachversicherung verlangen, dass der später geschlossene Vertrag aufgehoben (oder aber die Versicherungssumme [und der Beitrag] in diesem Vertrag entsprechend herabgesetzt) wird.

Die Aufhebung/Minderung wird zu dem Zeitpunkt wirksam, zu dem die Erklärung, mit der sie verlangt wurde, dem Versicherer zugeht. Der Beitrag wird also p.r.t. abgerechnet.

Ziffer 23. AHB

2.23   Vorvertragliche Anzeigepflichten des Versicherungsnehmers

2.23.0   Exkurs zu den Grundsätzen der VVG-Neuordnung zu Obliegenheiten

Eine der wesentlichen Änderungen im VVG 2008 betrifft die Regelungen zu den Obliegenheiten.

Grundsätze der VVG-Neuordnung zu Obliegenheiten

Die bisherige Systematik bleibt zwar aufrechterhalten, auch die Unterscheidung zwischen gesetzlichen und vertraglich vereinbarten Obliegenheiten und zwischen Obliegenheiten vor und nach Eintritt des Versicherungsfalles ist weiterhin gegeben.

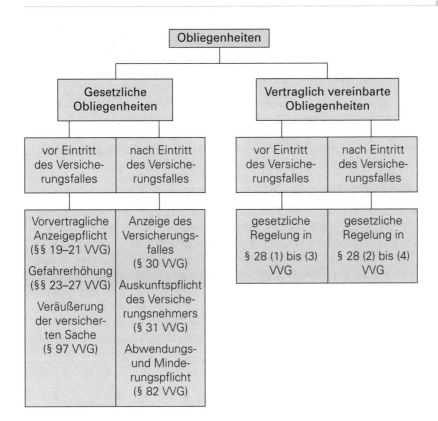

LF
2

LF
10

LF
15

Auch im neuen VVG wurde weiterhin darauf verzichtet, den Begriff „Obliegenheit" zu definieren, weil sonst dessen Weiterentwicklung durch die Rechtsprechung erschwert würde.

„Obliegenheit"

Auch die Abgrenzung gegenüber den sog. verdeckten Obliegenheiten würde schwerlich in einer Begriffsbestimmung zu lösen sein.

Das neue VVG sieht aber für sämtliche Verletzungen von Obliegenheiten des Versicherungsnehmers weitgehend einheitliche Rechtsfolgen vor:

Rechtsfolgen

- Das Klarstellungserfordernis ist gefallen – der Versicherer muss nicht mehr kündigen, um sich z. B. auf Leistungsfreiheit berufen zu können.

Klarstellungs-erfordernis

- Die Leistungsfreiheit bleibt als Rechtsfolge erhalten, aber in manchen Fällen erscheint es als Rechtsfolge ausreichend, wenn der Versicherer kündigen oder eine Vertragsanpassung (z. B. einen höheren Beitrag oder geänderte Bedingungen) verlangen kann.

Leistungsfreiheit

- Leistungsfreiheit ist aber grundsätzlich nur dann vorgesehen, wenn die Verletzung der Obliegenheit kausal für den Eintritt oder die Feststellung des Versicherungsfalles oder für die Feststellung oder den Umfang der Leistung des Versicherers ist (Kausalitätserfordernis).

Kausalität

Belehrung	▪ Bei Leistungsfreiheit als möglicher Rechtsfolge muss der Versicherungsnehmer bei nach dem Versicherungsfall zu erfüllenden Obliegenheiten durch Belehrung „gewarnt" und zu richtigem Verhalten angehalten werden.

Verschulden bei Verletzung von Obliegenheiten

Neu ist auch, dass die Schwere des Verschuldens des Versicherungsnehmers bei der Verletzung von Obliegenheiten berücksichtigt wird.
Das Alles-oder-nichts-Prinzip, das für den Versicherungsnehmer bei Verletzung einer Obliegenheit entweder die volle Entschädigung oder gar keine Entschädigung vorsah, wurde abgeschafft.

Die Neuregelung:

einfache Fahrlässigkeit

▪ Sind die Verletzungen von Obliegenheiten nur einfach fahrlässig erfolgt, so bleiben sie für den Versicherungsnehmer folgenlos.

grobe Fahrlässigkeit

▪ Bei grob fahrlässigen Verletzungen von Obliegenheiten durch den Versicherungsnehmer kann der Versicherer seine Leistungen entsprechend der Schwere des Verschuldens kürzen (Quotelung) – siehe unten).

Vorsatz

▪ Vorsätzliche Verletzungen führen nur dann zur Leistungsfreiheit, wenn sie kausal für den Eintritt oder die Feststellung des Versicherungsfalles oder für die Feststellung oder den Umfang der Leistung des Versicherers sind (Kausalitätserfordernis – siehe unten).

Beweislastregeln

Die Beweislast wurde neu geregelt:

Liegt objektiv eine Verletzung einer Obliegenheit vor, so wird erst einmal von grober Fahrlässigkeit des Versicherungsnehmers ausgegangen:

▪ der Versicherer muss – wenn er sich darauf berufen will – den Vorsatz beweisen,

▪ der Versicherungsnehmer muss sich von grober Fahrlässigkeit entlasten, wenn er trotz der Obliegenheitsverletzung die volle Leistung des Versicherers erhalten will,

Kausalität

▪ der Versicherungsnehmer muss beweisen, dass sein Verhalten nicht kausal für den Eintritt oder die Feststellung des Versicherungsfalles oder für die Feststellung oder den Umfang der Leistung des Versicherers war.

Quotelung

Entscheidend für die Quotelung ist, ob die grobe Fahrlässigkeit im konkreten Fall nahe beim bedingten Vorsatz oder aber eher im Grenzbereich zur einfachen Fahrlässigkeit liegt.

Die Quotelung wird zwar nicht unerhebliche Probleme in der praktischen Umsetzung bringen. Sie dürften aber nicht größer sein als die bisherigen Probleme bei der Entscheidung „Alles oder nichts", ob im Einzelfall grobe oder nur einfache Fahrlässigkeit vorliegt.

Es kann davon ausgegangen werden, dass sich in der Praxis Kriterien herausbilden werden, die zu sachgerechten und überschaubaren Ergebnissen führen.

Vereinbarungen über eine pauschalierte Quotelung sind insoweit zulässig, als sie nicht mit einer Benachteiligung des Versicherungsnehmers verbunden sind (§ 32 VVG).

Doch nun zu Ziffer 23. AHB.

> Ziffer 23. AHB entspricht ohne inhaltliche Änderungen den Regelungen der §§ 19 ff. und 32 VVG und dem „Baustein zur Vereinheitlichung spartenübergreifender AVB" Nr. 16.

§§ 19 ff. und 32 VVG
Baustein 16

▶ **Situation**

Herr Max Klein teilt Ihnen am Telefon mit:

> „Ich besitze seit ca. zwei Jahren einen Schäferhund, der vor kurzem den Postboten gebissen hat. Daher habe ich bei der Proximus Versicherung eine Hundehaftpflichtversicherung abgeschlossen und vor drei Tagen die Police erhalten.
>
> Gerade fiel mir ein, dass ich auf dem Antrag keine Angabe zu den Vorschäden gemacht habe. Hat das Auswirkungen auf meinen Versicherungsschutz?"

Welche Folgen ergeben sich für die Versicherung und den Beitrag?

▶ **Erläuterung**

Behandelt werden in Ziffer 23. AHB:

- 23.1 Vollständigkeit und Richtigkeit von Angaben über gefahrerhebliche Umstände,
- 23.2 Rücktritt,
- 23.3 Beitragsänderung oder Kündigungsrecht,
- 23.4 Anfechtung.

Ziffer 23. AHB soll den Versicherungsnehmer einer Haftpflichtversicherung über die vorvertragliche Anzeigepflicht – als eine besondere Obliegenheit des Versicherungsnehmers – und auf die Rechtsfolgen der Anzeigepflichtverletzung zusammenfassend informieren.

Wegen der notwendigen Informationen der Verbraucher wird vom Versicherer durch die „Verordnung über Informationspflichten bei Versicherungsverträgen (VVG-Informationspflichtenverordnung – VVG-InfoV)" gefordert, dass im Produktinformationsblatt (§ 4 Ziffer 5 bis 8 VVG-InfoV) auf die bei Vertragsschluss, während der Laufzeit des Vertrages und bei Eintritt des Versicherungsfalles zu beachtenden Obliegenheiten und die Rechtsfolgen der Nichtbeachtung von Obliegenheiten hingewiesen wird.

VVG-Informationspflichtenverordnung
(VVG-InfoV)

Zu beachten ist, dass Ziffer 23.3 Abs. 6 und 7 AHB Rücktritt, Kündigung und Vertragsanpassung als Rechtsfolgen einer Anzeigepflichtverletzung nur zulassen, wenn

- der Versicherer den Versicherungsnehmer durch eine gesonderte Mitteilung in Textform auf diese Rechtsfolgen hingewiesen hat und
- dem Versicherer weder die nicht angezeigten Gefahrumstände noch die Unrichtigkeit der Anzeige bekannt waren.

Ziffer 23.1 AHB

2.23.1 Vollständigkeit und Richtigkeit von Angaben über gefahrerhebliche Umstände

Die vorvertragliche Anzeigepflicht ist im VVG jetzt in den §§ 19 bis 22 mit erheblichen Veränderungen gegenüber dem alten VVG geregelt.

Anzeigepflicht

Die wichtigste Neuerung im § 19 VVG ist, dass der Versicherungsnehmer bis zur Abgabe seiner Vertragserklärung nur die ihm bekannten und objektiv erheblichen Gefahrumstände anzeigen muss, nach denen der Versicherer in Textform ausdrücklich gefragt hat (§ 19 (1) Satz 1 VVG).

Nachmelde-
obliegenheit

Der Versicherer kann allerdings auch danach (bis zur Annahme des Antrages = Vertragsschluss) noch zusätzliche Fragen in Textform stellen, die vom Versicherungsnehmer beantwortet werden müssen (Nachmeldeobliegenheit – § 19 (1) Satz 2 VVG).

Vertreter des
Versicherungsnehmers

Wird der Vertrag von einem Vertreter des Versicherungsnehmers abgeschlossen und kennt dieser Vertreter die gefahrerheblichen Umstände, so muss sich der Versicherungsnehmer das Verschulden (schuldhafte oder arglistige Nicht-/Falschanzeige) anrechnen lassen.

Textauszug
Ziffer 23.1 AHB

23.1 Vollständigkeit und Richtigkeit von Angaben über gefahrerhebliche Umstände

Der Versicherungsnehmer hat bis zur Abgabe seiner Vertragserklärung dem Versicherer alle ihm bekannten Gefahrumstände anzuzeigen, nach denen der Versicherer in Textform gefragt hat und die für den Entschluss des Versicherers erheblich sind, den Vertrag mit dem vereinbarten Inhalt zu schließen. Der Versicherungsnehmer ist auch insoweit zur Anzeige verpflichtet, als nach seiner Vertragserklärung, aber vor Vertragsannahme der Versicherer in Textform Fragen im Sinne des Satzes 1 stellt.

...

gefahrrelevante
Umstände

Der Versicherer muss bei seiner Fragestellung deutlich machen, dass der Gefahrumstand, nach dem er fragt, für seinen Entschluss, den Vertrag mit dem Versicherungsnehmer abzuschließen, von erheblicher Bedeutung ist.

Als gefahrerheblich gelten die Gefahrumstände, die die Entscheidung des Versicherers beeinflussen, einen Versicherungsvertrag überhaupt oder mit dem vereinbarten Umstand abzuschließen.

LF 2

Der Versicherer ist verpflichtet, den Versicherungsnehmer über die Folgen einer Verletzung seiner Anzeigepflicht durch eine gesonderte Mitteilung in Textform so rechtzeitig vor Vertragsschluss zu belehren, dass der Versicherungsnehmer seine Anzeigepflicht noch erfüllen kann. Unterlässt der Versicherer diese Belehrung, kann er sich auf die Pflichtverletzung des Versicherungsnehmers nicht berufen.

Belehrung über die Rechtsfolgen einer Anzeigepflichtverletzung

LF 10

LF 15

2.23.2 Rücktritt

Ziffer 23.2 AHB

Text
Ziffer 23.2 AHB

23.2 Rücktritt

(1) Unvollständige und unrichtige Angaben zu den gefahrerheblichen Umständen berechtigen den Versicherer, vom Versicherungsvertrag zurückzutreten.

(2) Der Versicherer hat kein Rücktrittsrecht, wenn der Versicherungsnehmer nachweist, dass er oder sein Vertreter die unrichtigen oder unvollständigen Angaben weder vorsätzlich noch grob fahrlässig gemacht hat.

Das Rücktrittsrecht des Versicherers wegen grob fahrlässiger Verletzung der Anzeigepflicht besteht nicht, wenn der Versicherungsnehmer nachweist, dass der Versicherer den Vertrag auch bei Kenntnis der nicht angezeigten Umstände, wenn auch zu anderen Bedingungen, geschlossen hätte.

(3) Im Fall des Rücktritts besteht kein Versicherungsschutz.

Tritt der Versicherer nach Eintritt des Versicherungsfalles zurück, darf er den Versicherungsschutz nicht versagen, wenn der Versicherungsnehmer nachweist, dass der unvollständig oder unrichtig angezeigte Umstand weder für den Eintritt des Versicherungsfalles noch für die Feststellung oder den Umfang der Leistung ursächlich war. Auch in diesem Fall besteht aber kein Versicherungsschutz, wenn der Versicherungsnehmer die Anzeigepflicht arglistig verletzt hat.

Dem Versicherer steht der Teil des Beitrages zu, der der bis zum Wirksamwerden der Rücktrittserklärung abgelaufenen Vertragszeit entspricht.

Voraussetzung für das Rücktrittsrecht des Versicherers ist, dass der Versicherungsnehmer (oder sein Vertreter) ihm bekannte gefahrerhebliche Umstände unvollständig oder unrichtig angegeben hat (Ziffer 23.2 (1) AHB).

Rücktrittsrecht

Der Versicherer kann dann innerhalb eines Monats nach Kenntnis der Verletzung der Anzeigepflicht schriftlich vom Vertrag zurücktreten (Ziffer 23.2 (1) und 23.3 Abs. 5 AHB).

Angabe der Umstände für den Rücktritt

In seiner Rücktrittserklärung hat der Versicherer nach Ziffer 23.3 Abs. 5 AHB die Umstände anzugeben, auf die sich seine Erklärung stützt. Treten weitere Umstände innerhalb der Erklärungsfrist von einem Monat auf, so kann der Versicherer diese Umstände nachträglich angeben.

Ausschluss des Rücktrittsrechts

Das Rücktrittsrecht des Versicherers ist grundsätzlich ausgeschlossen, wenn

- der Versicherer die nicht (oder unrichtig) angezeigten gefahrerheblichen Umstände oder die Unrichtigkeit der Anzeige kannte (Ziffer 23.3 Abs. 7 AHB) oder
- der Versicherungsnehmer nachweist, dass die unrichtigen oder unvollständigen Angaben von ihm (oder seinem Vertreter) weder vorsätzlich noch grob fahrlässig gemacht wurden (Ziffer 23.2 Abs. 2 AHB) oder
- der Versicherer nach dem nicht angezeigten Umstand nicht ausdrücklich in Textform gefragt hat (Ziffer 23.2 AHB).

Der Versicherer hat also bei unvollständigen oder unrichtigen Anzeigen durch den Versicherungsnehmer nur noch dann ein uneingeschränktes Rücktrittsrecht, wenn der Versicherungsnehmer vorsätzlich gehandelt hat.

Das Rücktrittsrecht des Versicherers wegen grob fahrlässiger Verletzung der Anzeigepflicht ist ausgeschlossen, wenn der Versicherungsnehmer nachweist, dass der Versicherer auch in Kenntnis der nicht angezeigten Gefahrumstände den Vertrag – wenn auch zu anderen Bedingungen – geschlossen hätte (Ziffer 23.2 (2) Abs. 2 AHB).

Bei leicht fahrlässiger Verletzung der Anzeigepflicht hat der Versicherer kein Rücktrittsrecht.

Rechtsfolgen des Rücktritts

Rechtsfolgen des Rücktritts des Versicherers sind:

- Der Versicherungsnehmer **verliert** grundsätzlich den Versicherungsschutz für alle Versicherungsfälle im gesamten zurückliegenden Vertragszeitraum (Ziffer 23.2 (3) AHB);
- der Versicherungsnehmer **behält** den Versicherungsschutz für alle vor dem Rücktritt des Versicherers eingetretenen Versicherungsfälle, wenn er nachweist, dass keine Kausalität zwischen dem unvollständig oder unrichtig angezeigten gefahrerheblichen Umstand und dem Eintritt des Versicherungsfalles oder der Feststellung oder dem Umfang der Leistung bestanden hat.
  Dies gilt nicht, wenn der Versicherungsnehmer die Anzeigepflicht **arglistig** verletzt hat (Ziffer 23.2 (3) Abs. 2 AHB);
- der Versicherer kann für die anderen in der Vergangenheit liegenden Versicherungsfälle die gewährten Leistungen (einschl. Zinsen) zurückfordern;
- dem Versicherer steht der **Beitrag** für die bis zum Wirksamwerden der Rücktrittserklärung abgelaufene Vertragslaufzeit zu (Ziffer 23.2 (3) Abs. 3 AHB).

2.23.3 Beitragsänderung oder Kündigungsrecht

Ziffer 23.3 AHB

LF
2

LF
10

LF
15

Ziffer 23.3 AHB baut die Rechte des Versicherers und des Versicherungsnehmers folgendermaßen auf:

1. Kann der Versicherer nicht zurücktreten, so kann er kündigen;
2. kann der Versicherer nicht zurücktreten und nicht kündigen, so kann er die Vertragsbedingungen ändern (den Vertrag anpassen);
3. wird durch die Vertragsanpassung der Beitrag um mehr als 10 % erhöht oder der Versicherungsschutz eingeschränkt, so kann der Versicherungsnehmer kündigen.

Voraussetzung für die Nutzung der Rechte zu 1. und 2. durch den Versicherer ist aber, dass der Versicherer den Versicherungsnehmer durch eine gesonderte Mitteilung in Textform auf diese Folgen der Anzeigepflichtverletzung hingewiesen hat (Ziffer 23.3 Abs. 6 AHB).

Nach Ziffer 23.2 Abs.1 AHB ist das Rücktrittsrecht des Versicherers ausgeschlossen, wenn die Anzeigepflichtverletzung weder vom Versicherungsnehmer noch von seinem Vertreter weder vorsätzlich noch grob fahrlässig verursacht wurde.

Ausschluss des Rücktrittsrechts

Um dem Versicherer trotzdem vertragsgestaltende Rechte zu belassen, wird ihm ein Kündigungsrecht eingeräumt: er kann das Versicherungsverhältnis innerhalb eines Monats nach Kenntnis von der Verletzung der Anzeigepflicht mit einem Monat Frist in Schriftform kündigen (Ziffer 23.3 Abs.1 AHB in Verbindung mit Ziffer 23.3 Abs. 5 AHB).

Kündigungsrecht

In seiner Kündigungserklärung hat der Versicherer nach Ziffer 23.3 Abs. 5 AHB die Umstände anzugeben, auf die sich seine Erklärung stützt. Treten weitere Umstände innerhalb der Erklärungsfrist von einem Monat auf, so kann der Versicherer diese Umstände nachträglich angeben.

Das Kündigungsrecht wiederum ist ausgeschlossen, wenn der Versicherungsnehmer nachweist, dass der Versicherer den Vertrag auch bei Kenntnis der nicht angezeigten Umstände – wenn auch zu anderen Bedingungen – geschlossen hätte.

Ausschluss des Kündigungsrechts

Liegt dieser Fall – kein Rücktrittsrecht und kein Kündigungsrecht – vor, so werden auf Verlangen des Versicherers die „anderen Bedingungen" (z. B. partieller Leistungsausschluss oder auch eine Beitragserhöhung) rückwirkend Vertragsbestandteil.

Änderung der Vertragsbedingungen

Bei fehlendem Verschulden des Versicherungsnehmers werden die „anderen Bedingungen" – allerdings erst ab dem Beginn der laufenden Versicherungsperiode – Vertragsbestandteil. Der Versicherer muss dies innerhalb eines Monats nach Kenntnis von der Verletzung der Anzeigepflicht geltend machen.

Wenn durch die Vertragsanpassung der Beitrag um mehr als 10 % erhöht wird oder die Gefahrabsicherung für den nicht angezeigten Umstand ausgeschlossen wird, so kann der Versicherungsnehmer wie-

Kündigungsrecht des Versicherungsnehmers

derum den Vertrag innerhalb eines Monats nach Zugang der Mitteilung des Versicherers über die Vertragsänderung fristlos kündigen. Über diese Kündigungsmöglichkeit ist der Versicherungsnehmer bei Mitteilung der Änderungen zum bestehenden Vertrag zu belehren.

Ziffer 23.4 AHB

2.23.4 Anfechtung

§ 22 VVG

Wenn der Versicherungsnehmer oder sein Vertreter arglistig die Anzeigepflicht verletzt haben, so kann der Versicherer den Versicherungsvertrag neben den anderen Möglichkeiten (Rücktritt, Kündigung oder Vertragsanpassung) zusätzlich auch wegen Arglist anfechten.

Der Versicherer behält den Beitrag, der der bis zum Wirksamwerden der Anfechtungserklärung abgelaufenen Vertragszeit entspricht (Abrechnung p.r.t.).

2.23.5 Exkurs zur Ausschlussfrist des VVG

Ausschlussfrist

Nicht berücksichtigt ist in den AHB die Ausschlussfrist des § 21 (3) VVG.

**Text
§ 21 (3) VVG**

§ 21 VVG – Ausübung der Rechte des Versicherers

(3) Die Rechte des Versicherers nach § 19 Abs. 2 bis 4 erlöschen nach Ablauf von fünf Jahren nach Vertragsschluss; dies gilt nicht für Versicherungsfälle, die vor Ablauf dieser Frist eingetreten sind. Hat der Versicherungsnehmer die Anzeigepflicht vorsätzlich oder arglistig verletzt, beläuft sich die Frist auf zehn Jahre.

Ausschlussfrist für die Rechte des Versicherers aus § 19 (2) bis (4) VVG

Das VVG setzt eine allgemeine Ausschlussfrist von fünf Jahren für die Geltendmachung der Rechte des Versicherers nach § 19 Abs. 2 bis 4 VVG (Rücktritt, Kündigung, Vertragsanpassung).

Diese Regelung berücksichtigt das Interesse des Versicherungsnehmers, in einem angemessenen Zeitraum Sicherheit darüber zu erlangen, dass der Vertrag mit dem vereinbarten Inhalt Bestand hat. Denn eine Rückabwicklung bzw. rückwirkende Anpassung des Vertrags nach vielen Jahren kann zu unzumutbaren Belastungen des Versicherungsnehmers führen.

Die im VVG vorgesehene Ausschlussfrist weicht zwar von der regelmäßigen Verjährungsfrist des BGB von drei Jahren ab, erscheint aber im Hinblick auf die Neugestaltung der vorvertraglichen Anzeigepflicht nach § 19 VVG sinnvoll.

Die neue Regelung verbessert die Rechtsstellung des Versicherungsnehmers gegenüber dem geltenden Recht nicht unerheblich: bisher gab es im § 163 VVG die Ausschlussfrist von 10 Jahren nur für die Kranken- und Lebensversicherung.

Die Ausschlussfrist von fünf Jahren für die Rechte des Versicherers verlängert sich im Fall einer vorsätzlichen oder arglistigen Pflichtverletzung des Versicherungsnehmers allerdings nach § 21 (3) Satz 2 VVG auf zehn Jahre. Dies entspricht hinsichtlich der Arglist der Regelung des § 124 Abs. 3 BGB für die Anfechtung wegen arglistiger Täuschung.

Es wurde darauf verzichtet, die Regelung des § 21 (3) VVG in die AHB zu übernehmen, weil man der Meinung war, dass die VVG-Bestimmung keine hohe Praxisrelevanz zeigen wird und außerdem § 21 (3) VVG ja auch dann gelten würde, wenn diese Bestimmung in die AHB nicht übernommen wurde.

LF 2

LF 10

LF 15

2.24 Obliegenheiten vor Eintritt des Versicherungsfalles

Ziffer 24. AHB

Durch das VVG (gesetzliche Grundlage) und in den Versicherungsverträgen (vertragliche Grundlage) sind Obliegenheiten geregelt, die Versicherungsnehmer

gesetzliche und vertragliche Obliegenheiten

- **während der gesamten Vertragszeit** („vor Eintritt des Versicherungsfalles") (meist zur Verminderung der Gefahr oder zur Verhinderung einer Gefahrerhöhung) oder
- **nach Eintritt eines Versicherungsfalles** (meist zur Minderung des Schadens oder zur Erleichterung der Feststellung der Leistungspflicht des Versicherers)

zu erfüllen haben.

Das VVG selbst bestimmt nur „gesetzliche" Obliegenheiten, die **nach Eintritt des Versicherungsfalles** zu erfüllen sind (z. B. §§ 30, 31 und 82 VVG).

Obliegenheiten können aber auch z. B. im Versicherungsschein (in Nachträgen) mit dem Versicherungsnehmer vereinbart werden (wie z. B. Sicherheitsvorschriften). Deshalb sind im § 28 VVG entsprechend auch die Rechtsfolgen der Verletzung einer vor dem Versicherungsfall zu erfüllenden Obliegenheit geregelt.

Hinsichtlich der vertraglich vereinbarten Obliegenheiten haben sich auch erhebliche Änderungen ergeben, die in den §§ 28 ff. VVG enthalten sind (ausführliche Darstellung siehe S. 191 ff.):

Änderungen des VVG

- Abschaffung des Klarstellungserfordernisses – Ziffer 26.2 Abs. 5 AHB;
- die Unterscheidung zwischen den Rechtsfolgen bei vertraglich vereinbarten Obliegenheiten vor bzw. nach dem Versicherungsfall ist weggefallen;
- Abschaffung des Alles-oder-nichts-Prinzips;
- Kausalitätserfordernis auch bei Vorsatz, nicht aber bei Arglist;
- der Versicherer kann seine Leistung in einem Verhältnis kürzen, das dem Grad der groben Fahrlässigkeit des Versicherungsnehmers entspricht.

Klarstellungserfordernis vor/nach dem Versicherungsfall

alles oder nichts
Kausalität
Quotelung

Voraussetzungen
für die
Leistungspflicht

Als Voraussetzungen für die Leistungspflicht des Versicherers bei Verletzung einer vertraglich vereinbarten Obliegenheit vor oder nach Eintritt des Versicherungsfalles sind jetzt zu prüfen:

■ Liegt eine Verletzung einer vertraglich vereinbarten Obliegenheit vor?
– § 28 (1) VVG
■ Welchen Grad hat das Verschulden des Versicherungsnehmers (mindestens grobe Fahrlässigkeit oder Vorsatz)? – § 28 (2) VVG
■ Ist Kausalität gegeben (Ausnahme: Arglist)? – § 28 (3) VVG
■ Bei nach dem Versicherungsfall zu erfüllenden Obliegenheiten zusätzlich: Hat der Versicherer seine Auskunfts- oder Aufklärungsobliegenheit beachtet (hat er in einer gesonderten Mitteilung in Textform den Versicherungsnehmer auf die Rechtsfolgen einer Verletzung einer vertraglich vereinbarten Obliegenheit hingewiesen)? – Ziffer 28 (4) VVG.

Doch nun zu Ziffer 24. AHB:

Text
Ziffer 24. AHB

24. Obliegenheiten vor Eintritt des Versicherungsfalles

Besonders gefahrdrohende Umstände hat der Versicherungsnehmer auf Verlangen des Versicherers innerhalb angemessener Frist zu beseitigen. Dies gilt nicht, soweit die Beseitigung unter Abwägung der beiderseitigen Interessen unzumutbar ist. Ein Umstand, der zu einem Schaden geführt hat, gilt ohne weiteres als besonders gefahrdrohend entspricht.

▶ **Situation**

Nach einem Sturz des Mieters Franz Mauer auf der Treppe im Mietshaus von Karl Kimmer wird festgestellt, dass die den Schaden verursachende Treppe mangelhaft hergestellt wurde (die Stufen haben unterschiedliche Höhe). Der Versicherer verlangt die Beseitigung der Höhenunterschiede innerhalb von zwei Monaten.

Welche Folge hat dieses Verlangen für den Versicherungsschutz?

▶ **Erläuterung**

Beseitigung besonders gefahrdrohender Umstände

Die AHB enthalten in Ziffer 24. AHB eine „vertraglich vereinbarte" Obliegenheit, die **vor Eintritt des Versicherungsfalles** zu erfüllen ist:

Der Versicherungsnehmer muss die angeführten gefahrdrohenden Umstände innerhalb einer angemessenen Frist beseitigen, aber nur dann, wenn die Beseitigung unter Abwägung der Interessen des Versicherers und des Versicherungsnehmers zumutbar ist.

Auch hier wird durch die AHB für den Versicherungsnehmer deutlich gemacht, dass ein Umstand, der zu einem Schaden geführt hat, ohne weiteres als besonders gefahrdrohend gilt.

Der Versicherer konnte in diesem Fall die Beseitigung verlangen, weil der Aufwand für die Beseitigung unter Abwägung der beiderseitigen Interessen in angemessenem Verhältnis zur Gefahr steht (der Versicherer verlangt nur die möglichst gleiche Stufenhöhe und nicht ein vollkommen neues Treppenhaus).

► Lösung

Stürzt jemand nach Ablauf der Frist wegen der unterschiedlichen Stufenhöhe auf dieser Treppe, so besteht Leistungsfreiheit wegen der bestehenden Kausalität.

Vor Ablauf der Frist besteht aber weiterhin Versicherungsschutz.

Für Verletzungen dieser vor Eintritt des Versicherungsfalles zu erfüllenden vertraglich vereinbarten Obliegenheiten nach Ziffer 24. AHB werden die Rechtsfolgen zusammenfassend mit den Rechtsfolgen für andere Obliegenheiten in Ziffer 26. AHB aufgeführt.

2.25 Obliegenheiten nach Eintritt des Versicherungsfalles

Ziffer 25. AHB

Ziffer 25. AHB entspricht ohne wesentliche inhaltliche Änderungen (Ausnahme siehe Ziffer 25.1 AHB) u. a. den Regelungen der §§ 30, 82, 104 und 119 VVG.

§§ 30, 82, 104 und 119 VVG

Der Versicherungsnehmer hat an vertraglichen Obliegenheiten nach Eintritt des Versicherungsfalles zu beachten:

- die Anzeigepflichten (Ziffern 25.1 und 25.3 AHB)
- die Schadenabwendungs- und Schadenminderungspflicht (Ziffer 25.2 AHB)
- sein Verhalten bei Mahnbescheiden und Verfügungen von Verwaltungsbehörden auf Schadenersatz (Ziffer 25.4 AHB)
- ein besonderes Verhalten bei Prozessen (Ziffer 25.5 AHB)

Für Verletzungen dieser nach Eintritt des Versicherungsfalles zu erfüllenden vertraglich vereinbarten Obliegenheiten nach Ziffer 25. AHB werden die Rechtsfolgen zusammenfassend mit den Rechtsfolgen für andere Obliegenheiten in Ziffer 26. AHB aufgeführt.

LF 2

LF 10

LF 15

Ziffer 25.1 AHB

2.25.1   Anzeige des Versicherungsfalles

Text
Ziffer 25.1 AHB

Jeder Versicherungsfall ist dem Versicherer unverzüglich anzuzeigen,
auch wenn noch keine Schadensersatzansprüche erhoben wurden.

Der Versicherungsfall selbst (und nicht die daraufhin gegen den Versicherungsnehmer erhobenen Schadenersatzansprüche) lösen die Anzeigepflicht aus.

In Ziffer 25.1 AHB ist keine Schriftform mehr gefordert (die Anzeige
kann also auch z. B. telefonisch aufgegeben werden).

Die Anzeigepflicht des Versicherungsnehmers nach Ziffer 25.1 AHB ist
eine **nach Eintritt des Versicherungsfalles** zu erfüllende vertragliche
Obliegenheit, die wegen ihrer grundlegenden Bedeutung für den Versicherer aber weiterhin gesetzlich besonders geregelt wird (§§ 30, 104
und 119 VVG). Die Rechtsfolgen einer Verletzung dieser Obliegenheit
für die Haftpflichtversicherung sind aber nicht im VVG, sondern in Ziffer
26. AHB geregelt.

Zusätzlich wird in § 30 (1) VVG Satz 2 bestimmt, dass ein Dritter, dem
das Recht auf die Leistung des Versicherers zusteht, den Eintritt des
Versicherungsfalles anzuzeigen hat.

Eine Sonderregelung für die Haftpflichtversicherung allgemein enthält
§ 104 VVG: der Versicherungsnehmer hat dem Versicherer innerhalb
einer Woche alle Tatsachen anzuzeigen, die seine Verantwortlichkeit gegenüber Dritten zur Folge haben können.

Für Pflichtversicherungen bestimmt § 119 VVG für den Dritten, der
einen Direktanspruch geltend macht, dass er dem Versicherer das zu-
grundeliegende Schadenereignis innerhalb von zwei Wochen nach
Kenntnis in Textform anzuzeigen hat.

Ziffer 25.2 AHB

2.25.2   Schadenabwendungs- und -minderungspflicht,
Auskunfts- und Belegpflicht

§§ 31 und 82 (1) VVG

Ziffer 25.2 AHB entspricht ohne wesentliche inhaltliche Änderungen den
Regelungen der §§ 31 und 82 VVG:

Der Versicherungsnehmer muss:

- nach Möglichkeit für die Abwendung und Minderung des Schadens
  sorgen. Er hat dabei für ihn zumutbare Weisungen des Versicherers
  zu beachten (Inwieweit Forderungen des Versicherers zumutbar sind,
  ist in Ziffer 25.2 AHB allerdings nicht festgelegt).
- ausführliche und wahrheitsgemäße Schadenberichte erstatten und
  den Versicherer bei der Schadenermittlung und -regulierung unterstützen.

Dabei muss er alle Umstände, die nach Ansicht des Versicherers für die Bearbeitung des Schadens (z. B. Feststellung des Versicherungsfalles und Umfang der Leistung) wichtig sind, mitteilen sowie alle angeforderten Schriftstücke übersenden.

2.25.3 Weitere Anzeigepflichten im Versicherungsfall

Ziffer 25.3 AHB

Ziffer 25.3 AHB wurde an den § 104 VVG angeglichen.

§ 104 VVG

Die unverzügliche Anzeigepflicht des Versicherungsnehmers – siehe Ziffer 25.1 AHB – gilt auch, wenn

- gegen ihn ein Haftpflichtanspruch erhoben wird oder
- ein staatsanwaltliches, behördliches oder gerichtliches Verfahren eingeleitet wird oder
- gegen ihn ein Mahnbescheid erlassen wird oder
- ihm gerichtlich der Streit verkündet wird.

2.25.4 Verhalten bei Mahnbescheiden und Verwaltungsverfügungen auf Schadensersatz

Ziffer 25.4 AHB

Gegen Mahnbescheide oder Verfügungen von Verwaltungsbehörden auf Schadenersatz hat der Versicherungsnehmer

- fristgemäß Widerspruch zu erheben oder
- die sonst erforderlichen Rechtsbehelfe einzulegen.

Eine Rücksprache mit dem Versicherer und entsprechende Weisung des Versicherers ist nicht erforderlich.

2.25.5 Führung von Gerichtsverfahren durch den Versicherer

Ziffer 25.5 AHB

Wenn es wegen eines Haftpflichtanspruches gegen den Versicherungsnehmer zu einer gerichtlichen Geltendmachung (frühere Formulierung: zu einem Prozess) kommt, so hat der Versicherungsnehmer

- dem Versicherer die Verfahrensführung zu überlassen,
- dem in seinem Namen vom Versicherer beauftragten Anwalt Vollmacht zu erteilen,
- alle erforderlichen Auskünfte zu erteilen und
- alle angeforderten Unterlagen zur Verfügung zu stellen.

2.26   Rechtsfolgen bei Verletzung von Obliegenheiten

Ziffer 26. AHB entspricht ohne inhaltliche Änderungen den Regelungen der §§ 28 und 82 VVG und dem „Baustein zur Vereinheitlichung sparten-übergreifender AVB" Nr. 18.

Zu Baustein 18:

Obliegenheiten selbst können i. d. R. nicht spartenübergreifend vereinheit-licht werden (sie sind in den Sparten zu unterschiedlich).

Die Rechtsfolgen der Verletzung von Obliegenheiten selbst können aber spartenübergreifend einheitlich geregelt werden.

Nach der Neuordnung weicht § 28 VVG erheblich von der bisherigen Regelung ab: die Rechtsfolgen werden teilweise weiter eingeschränkt, gleichzeitig aber an die allgemeinen Grundsätze für Vertragsverletzun-gen angeglichen.

Mögliche Rechtsfolgen sind Kündigung und Leistungsfreiheit, ein Rück-tritt ist als Rechtsfolge nicht möglich.

2.26.1   Kündigung wegen Verletzung einer vertraglichen Obliegen-heit, die vor Eintritt des Versicherungsfalles zu erfüllen ist

Ziffer 26.1 AHB regelt das Kündigungsrecht des Versicherers, wenn durch den Versicherungsnehmer eine – durch den Versicherungsvertrag vereinbarte – Obliegenheit verletzt wird, die vor Eintritt des Versiche-rungsfalles zu erfüllen ist.

Der Versicherer kann bei vorsätzlicher oder grob fahrlässiger Verlet-zung einer vertraglichen Obliegenheit, die vor dem Eintritt des Versi-cherungsfalles zu erfüllen ist, fristlos kündigen.

Das Kündigungsrecht ist so auszuüben, dass die Kündigungserklärung innerhalb eines Monats nach Kenntnis von der Verletzung der Obliegen-heit dem Versicherungsnehmer zugeht. Die Kündigung wird mit dem Zugang wirksam.

Weist der Versicherungsnehmer allerdings nach, dass die Verletzung der Obliegenheit weder vorsätzlich noch grob fahrlässig erfolgte, so kann der Versicherer nicht kündigen.

▶ Hinweis

Ziffer 26.2 Abs. 5 AHB (entsprechend § 28 (5) VVG) stellt klar, dass die Ausübung des Kündigungsrechts nicht mehr Voraussetzung für die Leistungsfreiheit des Versicherers ist.

2.26.2 Leistungsfreiheit wegen Verletzung von vertraglichen Obliegenheiten

Ziffer 26.2 AHB

LF 2

LF 10

LF 15

Die Bestimmungen zur Leistungsfreiheit in Ziffer 26.2 AHB (entsprechend § 28 Abs. 2 und 3 VVG) differenzieren nicht mehr zwischen Obliegenheiten vor oder nach Eintritt des Versicherungsfalls.

Diese Differenzierung ist nur noch für das Kündigungsrecht bei Verletzung einer **vor dem Eintritt des Versicherungsfalles** zu erfüllenden Obliegenheit relevant (Ziffer 26.1 AHB entspricht § 28 (1) VVG).

Bei den Rechtsfolgen wegen Verletzung von vertraglich vereinbarten Obliegenheiten ist die Art des Verschuldens von großer Bedeutung.

Verschulden

Dies gilt für alle (vor oder nach dem Eintritt des Versicherungsfalles zu erfüllenden) Obliegenheiten – sowohl für die in Ziffer 25. AHB aufgeführten als auch für im Versicherungsvertrag vereinbarte Obliegenheiten.

Bei vorsätzlicher Verletzung einer vertraglichen Obliegenheit verliert der Versicherungsnehmer seinen Versicherungsschutz.

Vorsatz
Ziffer 26.2
Absatz 1 AHB

Aufgrund der Relevanzrechtsprechung des BGH (siehe unten) wurde in Ziffer 26.2 Absatz 4 AHB für die Leistungsfreiheit das **Kausalitätserfordernis** für alle vertraglich vereinbarten Obliegenheiten festgesetzt: die Leistungsfreiheit ist bei vorsätzlichen, aber folgenlosen Verletzungen von Obliegenheiten davon abhängig, ob die Verletzung objektiv und subjektiv von einigem Gewicht war – bei fehlender Kausalität bleibt der Versicherungsschutz erhalten.

Kausalität
Ziffer 26.2
Absatz 4 AHB

Der Versicherungsnehmer behält also den Versicherungsschutz, wenn und soweit er nachweist, dass keine Kausalität gegeben ist zwischen der verletzten Obliegenheit und

- dem Eintritt des Versicherungsfalles oder
- der Feststellung des Versicherungsfalles oder
- der Feststellung der dem Versicherer obliegenden Leistung oder
- dem Umfang der dem Versicherer obliegenden Leistung.

Dies ist sachlich gerechtfertigt, da der Versicherer keinen Nachteil erleidet, wenn der Versicherungsnehmer nachweist, dass seine Obliegenheitsverletzung irrelevant (objektiv und subjektiv ohne Gewicht) ist.

Das gilt allerdings nicht bei arglistiger Verletzung der Obliegenheit. In diesem Falle verliert der Versicherungsnehmer seinen Versicherungsschutz auch bei fehlender Kausalität.

Arglist
Ziffer 26.2
Absatz 4 AHB

Der BGH entschied, dass bei vorsätzlichen – aber konkret folgenlosen – Obliegenheitsverletzungen die früher gegebene völlige Leistungsfreiheit nach dem Alles-oder-nichts-Prinzip im Hinblick auf Treu und Glau-

Relevanzrechtsprechung des BGH

ben und die Verhältnismäßigkeit zu hart war. Es müssen deshalb zusätzliche Voraussetzungen für Leistungsfreiheit gegeben sein:

- der Verstoß muss objektiv generell geeignet sein, die berechtigten Interessen des Versicherers ernsthaft zu gefährden **und**
- den Versicherungsnehmer muss ein erhebliches Verschulden (= subjektiv relevantes Fehlverhalten, z. B. Arglist...) treffen **und**
- der VN muss über die mögliche Verwirkung seines Anspruchs auch im Fall der folgenlosen Verletzung einer Aufklärungsobliegenheit ausdrücklich belehrt worden sein.

Diese Regelungen wurden bei der Neuordnung des VVG und entsprechend der AHB 2008 berücksichtigt.

grobe Fahrlässigkeit Ziffer 26.2 Absatz 1 Satz 2 AHB	Bei grob fahrlässiger Verletzung einer Obliegenheit wirken sich sowohl die Schwere des Verschuldens des Versicherungsnehmers als auch fehlende Kausalität auf den Versicherungsschutz aus.
Quotelung	Das bisherige Alles-oder-nichts-Prinzip wurde durch die Quotelung ersetzt: der Umfang der Leistungspflicht des Versicherers bestimmt sich grundsätzlich nach der Schwere des Verschuldens des Versicherungsnehmers.
	Der Versicherer ist also berechtigt, seine Leistung in dem Verhältnis zu kürzen, das dem Grad der groben Fahrlässigkeit des Versicherungsnehmers entspricht.
Kausalität	Fehlt allerdings die Kausalität, so behält der Versicherungsnehmer (wie bei Vorsatz – siehe oben) seinen Versicherungsschutz.
Belehrung Ziffer 26.2 Abs. 2 AHB	Voraussetzung für die Anwendung dieser Regelung für Vorsatz und grobe Fahrlässigkeit ist, dass der Versicherer den Versicherungsnehmer bei von diesem nach einem Versicherungsfall zu erfüllenden Auskunfts- oder Aufklärungsobliegenheiten durch eine gesonderte Mitteilung in Textform über diese Rechtsfolgen einer Obliegenheitsverletzung belehrt hat.
	Dies gilt allerdings nicht für die Anzeigeobliegenheiten nach § 30 VVG (unverzügliche Anzeige des Versicherungsfalles) und § 104 VVG (Anzeige eines evtl. Versicherungsfalles in der Haftpflichtversicherung) oder für Obliegenheiten, die nach Eintritt des Versicherungsfalles erst aufgrund des konkreten Ablaufs entstehen und auf die der Versicherer daher nicht im Voraus hinweisen kann.
Arglist	Bei arglistigem Verhalten des Versicherungsnehmers treten die Rechtsfolgen auch bei fehlender Belehrung ein.
leichte Fahrlässigkeit Ziffer 26.2 Abs. 3 AHB	Bei leicht fahrlässiger Verletzung einer vertraglichen Obliegenheit, die nach Eintritt des Versicherungsfalles zu erfüllen ist, behält der Versicherungsnehmer seinen Versicherungsschutz.

Für die **Beweislast** gilt folgende Regelung:

- Die Beweislast für vorsätzliches Handeln des Versicherungsnehmers trägt der Versicherer, wenn er vollständige Leistungsfreiheit beansprucht.
- Von grober Fahrlässigkeit muss sich dagegen der Versicherungsnehmer entlasten, wenn er – trotz der objektiven Obliegenheitsverletzung – die volle Leistung des Versicherers erhalten will. Denn nur bei leichter Fahrlässigkeit ist der Versicherer uneingeschränkt leistungspflichtig (Ziffer 26.2 Abs. 3 AHB).
- Für das Verschuldensmaß, nach dem sich im Fall grober Fahrlässigkeit der Umfang der Leistungspflicht (Quotelung) bestimmt, ist der Versicherer wiederum beweispflichtig.

Beweislastregel
Ziffer 26.2 Abs. 3 AHB

LF 2

LF 10

LF 15

2.27 Mitversicherte Personen

Ziffer 27. AHB

27. Mitversicherte Personen

27.1 Erstreckt sich die Versicherung auch auf Haftpflichtansprüche gegen andere Personen als den Versicherungsnehmer selbst, sind alle für ihn geltenden Bestimmungen auf die Mitversicherten entsprechend anzuwenden. Die Bestimmungen über die Vorsorgeversicherung (Ziffer 4.) gelten nicht, wenn das neue Risiko nur in der Person eines Mitversicherten entsteht.

27.2 Die Ausübung der Rechte aus dem Versicherungsvertrag steht ausschließlich dem Versicherungsnehmer zu. Er ist neben den Mitversicherten für die Erfüllung der Obliegenheiten verantwortlich.

Text
Ziffer 27. AHB

Wenn durch den Versicherungsvertrag aufgrund ausdrücklicher vertraglicher Vereinbarung oder im Rahmen der AHB- oder RBE-Bestimmungen auch Haftpflichtansprüche gegen mitversicherte Personen gedeckt sind, so gelten die den Versicherungsnehmer betreffenden Bestimmungen auch für die mitversicherten Personen.

Ausgenommen davon sind die Bestimmungen der Ziffer 4. AHB über die Vorsorgeversicherung. Sie gelten nicht, wenn ein neues Risiko nur in der Person eines Mitversicherten entsteht.

Vorsorgeversicherung

Deswegen gilt auch in der Haftpflichtversicherung privater Risiken für alle Abschnitte der Einschluss der Vorsorgeversicherung über den Abschnitt G.4. Vorsorgeversicherung.

➡ PHV

Die Ausübung der Rechte der Mitversicherten aus dem Versicherungsvertrag steht allerdings nur dem Versicherungsnehmer zu.

Verantwortlich für die Erfüllung der Obliegenheiten sind aber der Versicherungsnehmer und die mitversicherten Personen.

2.28   Abtretungsverbot

Text
Ziffer 28. AHB

Der Freistellungsanspruch darf vor seiner endgültigen Feststellung ohne Zustimmung des Versicherers weder abgetreten noch verpfändet werden. Eine Abtretung an den geschädigten Dritten ist zulässig.

Vor der Neuordnung des VVG konnte der Versicherungsnehmer erst, wenn die Versicherungsansprüche endgültig festgestellt waren, aus eigener Entscheidung diese Ansprüche abtreten oder verpfänden. Vor der endgültigen Feststellung bedurfte es der Zustimmung des Versicherers.

§ 108 VVG

Mit der Neuordnung des VVG ist durch § 108 VVG das Abtretungsverbot gefallen und eine Verfügung über den Freistellungsanspruch wie folgt getroffen:

- verfügt der Versicherungsnehmer vor der endgültigen Feststellung über seinen Freistellungsanspruch gegen den Versicherer (z. B. durch Abtretung an seinen guten Freund), so ist diese Verfügung dem geschädigten Dritten gegenüber unwirksam – das gilt auch für Verfügungen im Wege der Zwangsvollstreckung oder der Arrestvollziehung;
- die Abtretung des Freistellungsanspruches an den geschädigten Dritten ist möglich, sie kann nicht durch Allgemeine Vertragsbedingungen ausgeschlossen werden;
- eine Abtretung an Unbeteiligte kann für unzulässig erklärt werden;
- das Verpfändungsverbot bleibt weiterhin auch gegenüber dem geschädigten Dritten zulässig.

2.29   Anzeigen, Willenserklärungen, Anschriftenänderung

§ 13 VVG
Baustein 23

Ziffer 29. AHB entspricht ohne inhaltliche Änderungen den Regelungen des § 13 VVG und dem „Baustein zur Vereinheitlichung spartenübergreifender AVB" Nr. 23.

Anzeigen und
Willenserklärungen

Über die Form der Anzeigen und Willenserklärungen des Versicherungsnehmers oder seiner Repräsentanten ist im § 13 VVG nichts ausgeführt. Sie sollten aber im eigenen Interesse des Versicherungsnehmers in Textform abgegeben werden (zur Erleichterung der Beweissicherung).

Als Empfänger kommen entweder die Hauptverwaltung des Versicherers oder die dem Versicherungsnehmer als zuständig bezeichnete Geschäftsstelle in Frage.

Anschriftenänderung

Für den Fall, dass der Versicherungsnehmer „unbekannt verzogen" ist (eine Anschriftenänderung nicht angezeigt hat) oder seinen Namen geändert hat, kann der Versicherer entsprechend Ziffer 29.2 AHB seine

Willenserklärung mit einem eingeschriebenen Brief an die letzte ihm
bekannte Adresse schicken.

Die an die „alte" Adresse übersandte Erklärung gilt drei Tage nach der
Absendung als zugegangen (Zugangsfiktion – dies gilt auch für die Versicherung eines Gewerbebetriebes).

Zugangsfiktion

LF
2

LF
10

LF
15

2.30   Verjährung

Ziffer 30. AHB

Ziffer 30.2 AHB entspricht ohne inhaltliche Änderungen den Regelungen
des § 15 VVG, dem § 10 (1) Nr. 5 VAG und dem „Baustein zur Vereinheitlichung spartenübergreifender AVB" Nr. 20.

§ 15 (1) u. (2) VVG
§ 10 (1) Nr. 5 VAG
Baustein 20

30. Verjährung

30.1 Die Ansprüche aus dem Versicherungsvertrag verjähren in drei Jahren
Die Fristberechnung richtet sich nach den allgemeinen Vorschriften des
Bürgerlichen Gesetzbuches.

30.2 Ist ein Anspruch aus dem Versicherungsvertrag bei dem Versicherer
angemeldet worden, ist die Verjährung von der Anmeldung bis zu dem
Zeitpunkt gehemmt, zu dem die Entscheidung des Versicherers dem Anspruchsteller in Textform zugeht.

Text
Ziffer 30. AHB

Ansprüche aus der Haftpflichtversicherung verjähren nach den allgemeinen zivilrechtlichen Vorschriften der §§ 194 ff. BGB regelmäßig in
drei Jahren, beginnend mit dem Schluss des Jahres, in dem die Leistung verlangt werden kann.

Verjährungsfrist
§ 194 ff. BGB

Die Verjährungsregelung des BGB wird in Ziffer 30.1 AHB aus Transpa-
renzgründen wiedergegeben, obwohl es sich um die allgemeine Regelung des BGB handelt:

Ziffer 30.2 AHB weicht allerdings von den allgemeinen zivilrechtlichen
Vorschriften ab: Wenn ein Anspruch aus dem Versicherungsvertrag
(also nicht nur der Anspruch des Geschädigten, sondern auch z. B. der
Anspruch eines Pfandgläubigers) durch den Versicherungsnehmer angemeldet wurde, so ist schon durch die Anmeldung der Fristablauf bis
zum Zugang der Entscheidung des Versicherers – in Textform – gehemmt.

Hemmung

2.31   Zuständiges Gericht

Ziffer 31. AHB

Ziffer 31 AHB entspricht ohne inhaltliche Änderungen den Regelungen des
§ 215 VVG, des § 10 (1) Nr. 6 VAG, der §§ 13 ff. ZPO und dem „Baustein
zur Vereinheitlichung spartenübergreifender AVB" Nr. 21.

§ 215 VVG
§ 10 (1) Nr. 6 VAG
§§ 13 ff. ZPO
Baustein 21

Das VAG schreibt für Versicherungsverträge vollständige Angaben
über die inländischen Gerichtsstände vor.

Deshalb muss unterschieden werden zwischen Klagen des Versicherers und Klagen des Versicherungsnehmers.

Ziffer 31.1 AHB

2.31.1   Klagen gegen den Versicherer

Bei Klagen des Versicherungsnehmers gegen den Versicherer wurde die grundsätzliche Bestimmung des Gerichtsstandes (ZPO-Gerichtsstand) beibehalten: zuständig ist das Gericht für den Sitz des Versicherers bzw. der zuständigen Niederlassung des Versicherers.

Wenn der Versicherungsnehmer eine natürliche Person ist, greift zusätzlich der weitere Gerichtsstand des § 215 VVG – das für den Wohnort oder den gewöhnlichen Aufenthaltsort des Versicherungsnehmers zuständige Gericht.

Ziffer 31.2 und 31.3 AHB

2.31.2   Klagen gegen den Versicherungsnehmer

Bei Klagen gegen den Versicherungsnehmer entscheidet zwingend über den Gerichtsstand:

- Ist der Versicherungsnehmer eine natürliche oder eine juristische Person?
  Bei natürlichen Personen bestimmt sich der Gerichtsstand nach dem Wohnort (bzw. in Ermangelung eines solchen nach dem Ort des gewöhnlichen Aufenthalts).
  Bei juristischen Personen oder bestimmten Gesellschaftsformen (OHG, KG, BGB-Gesellschaft oder eingetragene Partnerschaft) entscheidet der Sitz oder die Niederlassung über den Gerichtsstand.
- Ist der Wohnort oder der gewöhnliche Aufenthalt bekannt?
  Wenn nicht, so bestimmt sich der Gerichtsstand nach dem Sitz des Versicherers oder der zuständigen Niederlassung.

Ziffer 32. AHB

2.32   Anzuwendendes Recht

Baustein 22

Ziffer 32. AHB entspricht ohne inhaltliche Änderungen dem „Baustein zur Vereinheitlichung spartenübergreifender AVB" Nr. 22.

Der Baustein 22 wurde in die AHB einbezogen, weil sowohl

- nach § 10 a VAG in Verbindung mit Abschnitt 1 Ziffer 1.b) der Anlage D zum VAG als auch
- nach Artikel 11 des Einführungsgesetzes zum VVG (EGVVG)

die Angabe des auf den Vertrag anzuwendenden Rechts gefordert wird.

Text
Ziffer 32. AHB

32. Anzuwendendes Recht

Für diesen Vertrag gilt deutsches Recht.

▶ **Exkurs**   **Besondere Bedingungen für die**
         Mitversicherung von Vermögensschäden
         in der Haftpflichtversicherung

Nach Ziffer 2.1 AHB kann der Versicherungsschutz der Allgemeinen
Haftpflichtversicherung durch besondere Vereinbarung auf die gesetzliche Haftpflicht privatrechtlichen Inhalts des Versicherungsnehmers
wegen reiner Vermögensschäden erweitert werden.

Diese Haftungserweiterung ist allerdings nur möglich für

- die Allgemeine Haftpflichtversicherung,
- die Privat-Haftpflichtversicherung,
- die Hundehalter-Haftpflichtversicherung,
- die Reit- und Zugtierhalter-Haftpflichtversicherung,
- die Haus- und Grundbesitzer-Haftpflichtversicherung und
- die Bauherren-Haftpflichtversicherung,

nicht aber für die Gewässerschaden-Haftpflichtversicherung.

Grundlage für den Versicherungsschutz sind die Besonderen Bedingungen für die Mitversicherung von Vermögensschäden in der Haftpflichtversicherung (siehe Seite 2 der RBE-Privat, S. 404 Bedingungswerk 2):
Für den Versicherungsvertrag gelten: …).

> An dieser Stelle der Hinweis darauf, dass die BBVerm im An-
> schluss an Ziffer 32. AHB im Bedingungswerk 2 ab S. 402 abge-
> druckt sind.

Mitversichert ist – bei besonderer Vereinbarung –

im Rahmen des Vertrages die gesetzliche Haftpflicht wegen reiner Vermögensschäden aus Versicherungsfällen, die während der Wirksamkeit
der Versicherung eingetreten sind.

Dem grundsätzlichen Einschluss der reinen Vermögensschäden stehen
eine Reihe von Ausschlüssen gegenüber.

Ausgeschlossen sind Haftpflichtansprüche

1. aus Schäden, die durch vom Versicherungsnehmer (oder in seinem
   Auftrag oder für seine Rechnung von Dritten)
   - hergestellte oder gelieferte Sachen oder
   - geleistete Arbeiten entstehen;
2. aus Schäden durch ständige Emissionen (z. B. Geräusche, Gerüche,
   Erschütterungen);
3. aus planender, beratender, bau- oder montageleitender, prüfender
   oder gutachterlicher Tätigkeit;

4. ▪ aus Tätigkeiten im Zusammenhang mit bestimmten wirtschaftlichen Geschäften (z. B. Geld-, Kredit-, Versicherungs-, Grundstücks-, Leasing- oder ähnlichen),
   ▪ aus Zahlungsvorgängen aller Art,
   ▪ aus Kassenführung sowie
   ▪ aus Untreue und Unterschlagung;
5. ▪ aus der Verletzung von gewerblichen Schutz- und Urheberrechten,
   ▪ aus Verletzungen des Kartell- oder Wettbewerbsrechts;
6. aus Nichteinhaltung von Fristen, Terminen,
   Vor- und Kostenanschlägen;
7. aus Ratschlägen, Empfehlungen und Weisungen an wirtschaftlich verbundene Unternehmen;
8. aus Tätigkeiten im Zusammenhang mit
   ▪ Datenverarbeitung, Rationalisierung und Automatisierung,
   ▪ Auskunftserteilung,
   ▪ Übersetzung,
   ▪ Reisevermittlung und Reiseveranstaltung;
9. aus vorsätzlichem Abweichen
   ▪ von gesetzlichen oder behördlichen Vorschriften,
   ▪ von Anweisungen oder Bedingungen des Auftraggebers oder
   ▪ aus sonstiger vorsätzlicher Pflichtverletzung;
10. aus dem Abhandenkommen von Sachen, auch z. B. von Geld, Wertpapieren und Wertsachen.

Die Versicherungssumme beträgt je Schadenereignis 100 000 €. Die Gesamtleistung für alle Versicherungsfälle eines Versicherungsjahres beträgt das Doppelte dieser Versicherungssumme.

Wiederholungsaufgaben

1. Unser Kunde Malermeister Ernst Peters hat bei uns einen Versicherungsvertrag für die Laufzeit vom 2. 1. 2004 bis 31. 12. 2008 abgeschlossen. Bei Durchsicht der Schadenakte stellen wir folgende Schadenmeldungen fest:

   a) Am 10. 12. 2005 wurde bei einem Kunden die Wohnung renoviert. Dabei wurde Farbe verwendet, die falsch vom Kunden zusammengemischt wurde. Deswegen fielen am 6. 1. 2006 und in den Tagen danach die überstrichenen Tapeten im Schlafzimmer von den Wänden.

   b) Der zum 1. 10. 2005 eingestellte Geselle hat ohne Wissen des Malermeisters die nicht mehr verwendbaren Reste von Farben, Lösungsmitteln usw. in den normalen Hausmüll geworfen. Am 7. 1. 2006 stellte ein Müllwerker diesen Verstoß gegen Umweltschutzbestimmungen fest. Die Mülldeponie musste zum Teil umgeschichtet werden.

   c) Am 27. 12. 2008 meldete der Malermeister, dass er in den letzten Wochen bei verschiedenen Kunden Materialien verwendet habe, von denen er jetzt erfahre, dass sie evtl. Gesundheitsschäden verursachen können, wenn die entsprechenden Räume nicht ausreichend gelüftet werden. Es seien zwar bisher keine Ansprüche gestellt werden, es müsse aber damit gerechnet werden.

   Entscheiden Sie, ob in den geschilderten Fällen die Verstoßtheorie, die Ereignistheorie oder das Manifestationsprinzip angewendet werden müssen.

   Wie ist unsere Leistungspflicht aufgrund dieser Zuordnung zu beurteilen?

2. Die Haftpflichtversicherung ist eine typische Erst-Risiko-Versicherung, allein beim Ersatz von Prozesskosten sind dem § 56 VVG vergleichbare Regelungen getroffen.

   Erläutern Sie diese Aussage und wenden Sie die Regelungen auf folgende Fälle an:

   a) Deckungssumme   2 000 000 €
   Höhe des Anspruchs   1 980 000 €
   Prozesskosten   70 000 €

   b) Deckungssumme   2 000 000 €
   Höhe des Anspruchs   2 500 000 €
   Prozesskosten   100 000 €

3. Bei Ihrem Unternehmen besteht seit langer Zeit eine Betriebshaftpflichtversicherung der Firma Alexander Rudolf e. K. Das Risiko wurde seinerzeit als Schlosserei mit drei Mitarbeitern in Deckung ge-

nommen. Für einen dieser Mitarbeiter wurde auch Versicherungs-schutz auf fremden Grundstücken vereinbart.

Da der Vertrag seit Beginn schadenfrei läuft und der Beitrag pünktlich bezahlt wurde, sah der Versicherer bisher keine Veranlassung, den Versicherungsnehmer zu einem Gespräch aufzusuchen. Der aktuelle Jahresbeitrag einschl. Versicherungsteuer beträgt zurzeit 365 €.

Da der Vertrag jetzt abläuft, erhält Vertreter Walter den Auftrag, die Versicherung neu zu ordnen. Als er vor dem Betriebsgrundstück ein-parkt, sieht er, dass aus der kleinen Schlosserei mit drei Mitarbeitern ein mittelgroßer Metallverarbeitungsbetrieb geworden ist. Im Ge-spräch erfährt er dann, dass sich die Firma mit ihren nun 20 Mitarbei-tern auf die Fertigung von hochpräzisen Drehteilen spezialisiert hat, die weltweit verwendet werden. In einem eigenen Galvanikbad wer-den die Oberflächen zum Teil noch veredelt.

Während des Gesprächs meldet Betriebsinhaber Nagel auch gleich einen Schaden. Bei einem Kundenbesuch hat ein Mitarbeiter beim Ausziehen seines Mantels einen Laptop des Kunden vom Schreib-tisch gerissen. Der Kunde verlangt jetzt 1 850 € für die Neuanschaf-fung.

Wird hier eine Unterversicherung berechnet?

4. Auf dem Heimweg wird ein junger Auszubildender auf der Straße von einer herabfallenden Dachpfanne am Kopf getroffen. Die Verlet-zungen haben u. a. zur Folge, dass der junge Mann nur maximal zwei Std. am Tag leichte Arbeiten ausführen kann. Seine Ausbildung muss er kurz vor der Abschlussprüfung abbrechen.

Eine gut dotierte Stellung, die ihm für die Zeit nach der Ausbildung versprochen wurde, kann er nicht antreten. Die geschätzten Einkom-menseinbußen addieren sich – über ein Arbeitsleben unverzinst hoch-gerechnet – auf 480 000 € (pro Monat Minderverdienst 1 000 € x 12 Monate x 40 Jahre). Hinzu kommen die Ansprüche auf Schmer-zensgeld und Kostenerstattung für Pflege und Umbau der eigenen Wohnung. Der Hausbesitzer, von dessen Dach die Dachpfanne stammt, hat eine Grundbesitzerhaftpflichtversicherung mit einer Ver-sicherungssumme für Personenschäden von 500 000 €.

Wie beurteilen Sie die Schadenersatzforderungen?

5. Ein Pharma-Konzern stellt Schlaftabletten her. Nachdem dieses Me-dikament auf den Markt gebracht wurde, stellt sich heraus, dass diese Tabletten bei Einnahme während der Schwangerschaft zu Missbildungen bei Neugeborenen führen. Es wurden Missbildungen bei über 2 500 Neugeborenen festgestellt. In jedem Falle waren Schadenersatzzahlungen in Höhe von 500 000 € zu zahlen. Die Versi-cherungssumme des Pharma-Konzerns belief sich für Personenschä-den auf 50 Millionen €.

In welcher Höhe wurde vom Haftpflichtversicherer Ersatz geleistet?

6. Beurteilen und begründen Sie, ob in den folgenden Fällen Versicherungsschutz nach AHB besteht:

a) Ein „cleverer" Versicherungsnehmer formuliert seine Schadenanzeige folgendermaßen:

„ ... Ohne Wissen meines Nachbarn nahm ich mir seinen Rasenmäher aus dessen Garage. Beim Rasenmähen bin ich dann über einen Stein gefahren. Dabei wurde der Mäher beschädigt. Der Schaden beläuft sich auf 350 €. Ich weise Sie ausdrücklich darauf hin, dass zwischen meinem Nachbarn und mir weder ein Miet- noch ein Leihvertrag abgeschlossen wurde ...."

b) Ein Elektriker soll im Keller eine neue Steckdose setzen. Zu diesem Zweck bohrt er die Wand an und trifft hierbei auf eine Stromleitung. Dadurch kommt es zu einem Kurzschluss.
Als weitere Folge stellt sich heraus, dass die im Nebenkeller stehende Tiefkühltruhe durch diesen Kurzschluss defekt wird. Alle in der Truhe befindlichen Lebensmittel sind nach drei Tagen, als der Defekt entdeckt wird, verdorben.

c) Der Monteur eines beauftragten Installationsbetriebes steht im Badezimmer einer Kundenwohnung auf dem Wannenrand, um eine Holzdecke zu befestigen. Der Hammer fällt ihm in die Badewanne und beschädigt die Wanne, Reparaturkosten 200 €.

d) Wie wäre die Frage unter c) zu beantworten, wenn der Monteur eine Trittleiter benutzt hätte und der herunterfallende Hammer auch dann die Badewanne beschädigt hätte?

7. Prüfen Sie die Ersatzpflicht der Haftpflichtversicherung (gemäß AHB) in folgenden Fällen:

a) Der Malergeselle Norbert bittet in seiner Freizeit seinen Nachbarn um dessen Bohrmaschine. Beim „ordnungsgemäßen" Arbeiten mit dieser Maschine macht er das Gerät kaputt.

b) Da er nun nicht mehr weiterarbeiten kann, duscht er und macht sich frisch. Dabei fällt ihm die Flasche mit seinem Rasierwasser in das Waschbecken der gemieteten Wohnung und beschädigt das Becken.

c) Kurz danach kommt sein Sohn mit einer Hiobsbotschaft: Er hat sich vom Nachbarsjungen dessen Fahrrad ausgeliehen. Bei unvorsichtiger Fahrweise auf dem Fußweg stößt er mit einem Fußgänger zusammen und beide stürzen zu Boden. Das führerlose Fahrrad stürzt gegen das neue Auto des Herrn Bach.

d) Als Norbert abends mit seiner Frau in die Oper geht und sich bei seinem Platznachbarn dessen Opernglas ausleiht, fällt es ihm zu Boden und wird beschädigt.

e) Im Anschluss an den Opernbesuch geht Norbert mit seiner Frau noch in ein Restaurant. Als sie das Lokal wieder verlassen wollen, ist der Mantel seiner Frau gestohlen worden.

f) Am nächsten Tag erhält er von seinem Chef den Auftrag, einen Heizkörper zu streichen. Er legt den Bereich darunter mit Packpapier aus. Bei den Arbeiten stößt er den Farbtopf um, die Farbe ergießt sich über das Papier hinaus auf den Teppich.

8. In welchem Umfang besteht ein Ausschluss, wenn bei folgenden Arbeiten Schäden entstehen:

   a) Eine großflächige Leuchtreklame wird auf einem Dach montiert.
   b) Bei Schweißarbeiten am Heizungsrohr wird der danebenstehende Schrank angekokelt.
   c) Am Dachstuhl werden Zimmererarbeiten ausgeführt.
   d) Nach dem Tapezieren öffnet der Maler das Fenster. Aufziehender Sturm schlägt das Fenster zu, die Scheibe bricht.
   e) Auf dem Dach wird eine Satellitenschüssel montiert und verspannt.
   f) Beim Säubern des Fußbodens in einer Großküche mit verdünnter Säure wird der Edelstahlsockel der Kücheneinrichtung angegriffen.
   g) Der Elektriker installiert eine Deckenleuchte. Der Schraubenzieher fällt dem Elektriker aus der Hand und beschädigt den gläsernen Wohnzimmertisch.

9. Der Elektriker hat sich bei der Reparatur einer Deckenleuchte auf den Wohnzimmertisch des Auftraggebers gestellt. Der Tisch bricht unter der Last des schwergewichtigen Elektrikers zusammen. Für den Elektriker besteht eine Betriebshaftpflichtversicherung.

   Beurteilen Sie deren Leistungspflicht gemäß AHB.

10. Zur Privat-Haftpflichtversicherung des Kunden Gerd Bauer liegen Ihnen folgende Daten vor:

08. 10. 2007	erstes Gespräch beim Generalagenten Kruse und Klärung des Versicherungsbedarfs
12. 10. 2007	Beantragter Beginn
16. 10. 2007	Erstellung des Angebots des Versicherers ohne Abweichungen vorn Antrag
20. 10. 2007	Zugang des Angebots mit den dazugehörigen Versicherungsbedingungen und der Verbraucherinformation bei Herrn Bauer
29. 10. 2007	Herr Bauer unterschreibt das Angebot an und schickt das Schreiben ab
01. 11. 2007	Eingang des Schreibens beim Generalagenten
02. 11. 2007	Fertigung des Versicherungsscheines
05. 11. 2007	Erstbeitrag wird vom Konto des Kunden abgebucht
06. 11. 2007	Eingang des Versicherungsscheines beim Kunden
07. 11. 2007	Herr Bauer schickt mit der Post Widerspruch ab
09. 11. 2004	Zugang des Widerspruchs in der Fachabteilung

   Geben Sie den technischen, formellen und materiellen Beginn an (ohne Berücksichtigung des Widerspruchs).

   Beurteilen Sie, ob am 1. 12. 2007 der Vertrag noch besteht. Erläutern Sie Ihr weiteres Vorgehen.

11. Ihre Versicherungsnehmerin Frau Wald schreibt Ihnen (Auszug):

„… mit Befremden habe ich der gestern erhaltenen Beitragsrechnung entnommen, dass sich der Beitrag für meine Privat-Haftpflichtversicherung schon wieder um fünf
Prozent erhöht hat und ich nun 140,36 € zahlen soll. Als
ich den Vertrag vor acht Jahren abgeschlossen habe, war
der Beitrag bei ungefähr 120 DM (!!!).

Ich finde diese Preissteigerung unverschämt. Da ich aufgrund der Trennung von meinem Lebensgefährten ohnehin knapp bei Kasse bin, kündige ich o. g. Vertrag zum
nächstmöglichen Termin. Bitte senden Sie mir eine Kündi-
gungsbestätigung zu.

Unabhängig davon würde es mich interessieren, wie es
zu derartigen Beitragsanhebungen kommen kann. …"

Erläutern Sie Frau Wald die Grundlagen dieser Beitragssteigerung
mit dem Ziel, den Vertrag zu erhalten.

12. Sie finden heute folgende Gesprächsnotiz vor:

Anruf von Herrn Albert Schultze (Tel. 0461/1234567)
Betr.: Privat-Haftpflichtversicherung
Grund: Herr Schultze will seine Privat-Haftpflichtversicherung
wegen der Beitragsangleichung kündigen.

Skizzieren Sie stichwortartig zu jeder Telefonnotiz, welche Informationen Sie den Kunden im Telefongespräch geben werden, insbesondere ob und unter welchen Voraussetzungen Versicherungsschutz besteht.

13. Ihr Versicherungsnehmer Emil Eilig kündigt seine Privat-Haftpflichtversicherung nach einem Schadenfall mit folgendem Text (Auszug):

„…mit Ihrem Schreiben vom 20. September 2008 haben
Sie mir den Abschluss des Schadens zu obigem Haftpflichtvertrag mitgeteilt. Mit der Entschädigungsleistung
bin ich jedoch nicht einverstanden.

Daher kündige ich mit sofortiger Wirkung wegen der
schlechten Regulierung. Bestätigen Sie mir die Kündigung.
…"

Prüfen Sie den Sachverhalt und antworten Sie Herrn Eilig.

Lernziele

Im Kapitel „Versicherung von privaten Haftpflichtrisiken"
erwerben Sie die Kenntnisse und Fertigkeiten für folgende
Leistungsziele:

Sie

- erklären den Zusammenhang zwischen AHB und RBE/BBR und
  zwischen Musterbedingungen und Proximus-Bedingungen

- unterscheiden Risikobegrenzungen

- beschreiben die Zusammenhänge zwischen den sieben Abschnitten der RBE-Privat Proximus

Privat-Haftpflichtversicherung

- geben einen Überblick über die Privat-Haftpflichtversicherung

- nennen Schadenbeispiele

- erläutern das versicherte Risiko und zählen die versicherten
  Personen auf

- begründen die Mitversicherung von z. B. Ehegatten, Lebenspartnern, Kindern und anderen Angehörigen und grenzen sie
  zeitlich ab

- stellen den Deckungsumfang für mitversicherte Personen dar

- begründen, warum verschiedene Risiken nur bei besonderer
  Vereinbarung versichert sind

- beschreiben die Besonderheiten bei der Mitversicherung volljähriger Kinder

- begründen die nicht versicherten Risiken des Versicherungsnehmers im Zusammenhang mit Privat-, Berufs- und Betriebs-
  Haftpflichtversicherungen

- geben einen Überblick über die Amts- und die Vermögensschaden-Haftpflichtversicherung

- geben einen Überblick über die in der Privat-Haftpflichtversicherung versicherten Risiken im Zusammenhang mit Haushalt
  und Familie, mit Haus und Wohnung und mit Freizeit und
  Sport

- stellen den Deckungsumfang für Ansprüche gegen den Versicherungsnehmer dar, die aus dem häuslichen Umfeld erhoben
  werden können

- erklären Haftung und Versicherungsschutz im Zusammenhang
  mit von minderjährigen Kindern verursachten Schäden

- beschreiben den Versicherungsschutz für den Versicherungsnehmer
  - als Inhaber, Mieter und Vermieter von Wohnungen, Häusern,
    Garagen und Grundstücken im In- und Ausland
  - als Bauherr und Unternehmer von Bauarbeiten
  - als früherer Besitzer eines Grundstückes

- stellen den Versicherungsschutz für Mietsachschäden dar

- erläutern den Umfang des Versicherungsschutzes beim
  Abhandenkommen von Schlüsseln

- beschreiben den Versicherungsschutz für Freizeit und Sport

- begründen den Deckungsumfang für den elektronischen
  Datenaustausch und die Internetnutzung

- geben einen Überblick über die Versicherung von Tieren in der
  Privat-, der Hundehalter- und der Reit- und Zugtierhalter-Haftpflichtversicherung

- unterscheiden die Haftung der Tierhalter und der Tierhüter im
  Zusammenhang mit Nutz- und Luxustieren

- zeigen die unterschiedliche Haftung auf im Zusammenhang
  mit Kleiner und Großer Benzinklausel

- beschreiben die Haftung bei Auslandsaufenthalten

- geben einen Überblick über den Versicherungsschutz für Gewässerschäden in der Privat-Haftpflichtversicherung und den
  separaten Haftpflichtversicherungen für private Risiken

- geben einen Überblick über die Forderungsausfallversicherung

- erläutern die Subsidiarität

- begründen die Haftung und den Versicherungsschutz bei
  Gefälligkeitshandlungen

- unterscheiden die Vorsorgeversicherung der AHB von der in
  der Privat-Haftpflichtversicherung nach RBE-Privat

- beschreiben die Mitversicherung von Vermögensschäden

- erläutern den Unterschied zwischen der Privat-Haftpflichtversicherung und den separat zu versichernden Haftpflichtversicherungen der RBE-Privat

Hundehalter-Haftpflichtversicherung

- beschreiben die versicherten Risiken und versicherten Personen in der Hundehalter-Haftpflichtversicherung

- unterscheiden die Haftung für Mietsachschäden in der Privat-
  Haftpflichtversicherung und in der Hundehalter-Haftpflichtversicherung

- unterscheiden die Haftung für Schäden bei Auslandsaufenthalten in der Privat-Haftpflichtversicherung und in der
  Hundehalter-Haftpflichtversicherung

Reit- und Zugtierhalter-Haftpflichtversicherung

- beschreiben das versicherte Risiko in der Reit- und Zugtierhalter-Haftpflichtversicherung

- unterscheiden die Haftung für Schäden bei Auslandsaufenthalten in der Privat-Haftpflichtversicherung und in der
  Reit- und Zugtierhalter-Haftpflichtversicherung

Haus- und Grundbesitzer-Haftpflichtversicherung

- grenzen den Versicherungsschutz für Haus- und Grundbesitzer
  in der Privat-Haftpflichtversicherung von dem in der separaten
  HuG-Haftpflichtversicherung ab

- begründen, warum bei den separaten Haftpflichtversicherungen zum Teil die Kleine Benzinklausel und zum Teil die Große
  Benzinklausel den Versicherungsschutz eingrenzt

Bauherren-Haftpflichtversicherung

- grenzen den Versicherungsschutz für den Versicherungsnehmer als Bauherren in der Privat-Haftpflichtversicherung von
  dem in der separaten Bauherren-Haftpflichtversicherung ab

- unterscheiden den Versicherungsschutz für Planung, Bauleitung und Bauausführung durch Dritte von dem Versicherungsschutz bei Eigenleistungen

Gewässerschaden-Haftpflichtversicherung

- erläutern den Deckungsumfang der Gewässerschaden-Haftpflichtversicherung

- unterscheiden Rettungskosten

Allgemeine Vertragsbestimmungen

- begründen die Zusammenfassung bestimmter Vertragsbestimmungen am Ende der RBE-Privat

- unterscheiden den Versicherungsumfang der Benzinklauseln
  für Kraft-, Luft- und Wasserfahrzeuge

- geben Hinweise zur Versicherung von Kraftfahrzeug-Risiken

- unterscheiden den Deckungsumfang für Gewässerschäden in
  den AHB und in den RBE-Privat

- unterscheiden den Deckungsumfang der Vorsorgeversicherung der AHB von dem in den RBE-Privat

3. Versicherung von privaten Haftpflicht- risiken

Die Verfasser weisen an dieser Stelle darauf hin, dass in der Gliederung dieses Kapitels „Versicherung von privaten Haftpflichtrisiken" die voran- gestellte „3" das „dritte Buch" zur Haftpflichtversicherung (nach dem Haftpflichtrecht [1] und der Haftpflichtversicherung [2]) ist.

Die nächsten beiden Ziffern der Gliederung sind die entsprechenden Gliede- rungspunkte der RBE-Privat (Kapitel 3.A.1. behandelt also die Pos. A. 1. der RBE-Privat Proximus).

Vorwort

Aufbauend auf der Basis der „Allgemeinen Versicherungsbedingungen für die Haftpflichtversicherung (AHB)" werden von Versicherungsunternehmen unter- schiedliche „Besondere Bedingungen und Risikobeschreibungen" (abgekürzt: „BBR") oder „Risikobeschreibungen, Besondere Bedingungen und Erläuterun- gen" (abgekürzt: „RBE") formuliert, die auf spezielle Risiken zugeschnitten sind. Für die Versicherung privater Haftpflichtrisiken sind dies die RBE-Privat.

➡ AHB

RBE
(oder auch BBR)

Die RBE beschreiben einerseits das spezielle Risiko, das durch den Versiche- rungsvertrag abgedeckt ist, begrenzen aber auch andererseits den rechtli- chen Rahmen, der das spezielle Risiko gegenüber den AHB abgrenzt.

➡ AHB

Da die RBE-Privat nicht als Musterbedingungen des Gesamtverbandes der Deutschen Versicherungswirtschaft (GDV) vorliegen, bieten Versicherungsge- sellschaften auch die unterschiedlichsten Deckungskonzepte am Markt an.

Deshalb gehen wir in den folgenden Ausführungen nur auf die Grundde- ckung der RBE-Privat der Proximus Versicherung (Bedingungswerk 2) ein.

RBE–Privat der
Proximus Versicherung

Abweichungen zu den RBE (oder BBR) Ihrer Versicherungsgesellschaften sind daher durchaus möglich.

Zur genauen Eingrenzung der durch den einzelnen Haftpflicht-Versicherungs- vertrag abgesicherten Risiken werden durch die dem Vertrag zugrundeliegen- den Bedingungen Risikobegrenzungen festgelegt.

Risikobegrenzungen

Dabei unterscheidet man im Extremfall vier Stufen in den AHB/RBE:

Stufen der Risiko- begrenzungen	Inhalt	
1. Stufe Primäre Risiko- begrenzungen innerhalb der AHB	Die erste Stufe beschreibt den grundsätzlichen Versicherungsschutz – Ziffer 1. AHB (Beweispflicht liegt beim Versicherungsnehmer).	➡ AHB
	Beispiel: Schäden an fremden Sachen sind ver- sichert.	
2. Stufe Sekundäre Risiko- begrenzungen innerhalb der AHB	Die zweite Stufe (z. B. durch die Ausschlüsse in Ziffer 7. AHB) grenzt die grundsätzliche Risiko- beschreibung zum Teil wieder ein (Beweispflicht liegt beim Versicherer).	➡ AHB
	Beispiel: kein Versicherungsschutz für Schäden an gemieteten fremden Sachen.	

Stufen der Risiko-begrenzungen	Inhalt
3. Stufe Primäre Risiko-begrenzungen inner-halb der RBE-Privat	Die dritte Stufe in den RBE-Privat schließt zum Teil die in den AHB ausgeschlossenen Schäden wieder ein (Beweispflicht liegt beim Versicherungs-nehmer). Beispiel: Mietsachschäden sind versichert.
4. Stufe Sekundäre Risiko-begrenzungen inner-halb der RBE-Privat	Aber auch von diesen Einschlüssen gibt es wieder Ausnahmen (Beweispflicht liegt wieder beim Versicherer). Beispiel: Glasschäden an gemieteten Sachen sind nicht versichert

In den „Besonderen Bedingungen und Risikobeschreibungen für die Haft-pflichtversicherung von privaten Haftpflichtrisiken (RBE-Privat)" der Proximus Versicherung sind folgende Haftpflichtversicherungen für private Haftpflicht-risiken geregelt:

RBE-Privat Abschnitte

Abschnitt A. – Privat-Haftpflichtversicherung
Abschnitt B. – Hundehalter-Haftpflichtversicherung
Abschnitt C. – Reit- und Zugtierhalter-Haftpflichtversicherung
Abschnitt D. – Haus- und Grundbesitzer-Haftpflichtversicherung
Abschnitt E. – Bauherren-Haftpflichtversicherung und
Abschnitt F. – Gewässerschaden-Haftpflichtversicherung

Der Abschnitt G. enthält zusammengefasst allgemeine Vertragsbestimmun-gen für die anderen Abschnitte.

Im Rahmen dieses Lehrbuches werden die Abschnitte A. bis C. und G. der RBE-Privat wegen der in der Ausbildung zu vermittelnden Produkte (Anlage 1 zur Verordnung über die Berufsausbildung zum Kaufmann für Versicherungen und Finanzen/zur Kauffrau für Versicherungen und Finanzen [VO]) ausführlicher behandelt:

Liste der zu vermittelnden Produkte gemäß § 4 Abs. 1 Nr. 4 der VO:

4. Haftpflichtversicherung
- Privat-Haftpflichtversicherung
- Tierhalter-Haftpflichtversicherung

Die Abschnitte D.–F. werden in den folgenden Ausführungen kürzer behandelt.

Allgefahrendeckung

Eine Haftpflichtversicherung, die den Versicherungsbedarf einer Person gegen alle ihr drohenden Gefahren im privaten Umfeld vollständig abdecken könnte, müsste eine unübersehbare Anzahl von Risiken umfassen.

Durch die RBE-Privat wurde eine sinnvolle Auswahl getroffen, um die we-sentlichen (und annähernd sicher zu kalkulierenden) Haftpflichtrisiken des Pri-vatbereichs abzudecken.

Außer den aufgeführten und im Folgenden behandelten Haftpflichtversiche-rungen für den Privatbereich gibt es spezielle Haftpflichtversicherungen wie z. B. Jagd-, Betriebs-, Berufs-, Produkthaftpflichtversicherungen.

Grundlagen für die Versicherung privater Haftpflichtrisiken sind:

- die Allgemeinen Versicherungsbedingungen für die Haftpflichtversicherung (AHB 2008 Proximus),
- die für den im Versicherungsvertrag vereinbarten Deckungsschutz jeweils zutreffenden Abschnitte der Risikobeschreibungen, Besonderen Bedingungen und Erläuterungen für die Haftpflichtversicherung von privaten Haftpflichtrisiken (RBE-Privat Proximus) und
- die Besonderen Bedingungen für die Mitversicherung von Vermögensschäden in der Haftpflichtversicherung (BBVerm) – (aber nur für die Abschnitte A bis E der RBE-Privat).

Als nicht versichert gilt im Zweifelsfall, was

- nach dem Antrag und seinen Nachträgen nicht ausdrücklich in Versicherung gegeben wurde oder
- nach den RBE-Privat (und dem entsprechenden Tarif) nur gegen besonderen Beitrag mitversichert ist.

Bedingungen

➡ *AHB*

➡ *BBVerm*

LF 2

LF 10

LF 15

3.A.   Privat-Haftpflichtversicherung

Der Versicherungsschutz für die eigentliche „Privat-Haftpflichtversicherung" im Rahmen der Versicherung von privaten Haftpflichtrisiken wird in den RBE-Privat 2008 Proximus Versicherung geregelt im Abschnitt A. der RBE-Privat in den Positionen:

*RBE-Privat
Abschnitt A.*

A. 1.   Versichertes Risiko und versicherte Personen
A. 2.   Haushalt und Familie
A. 3.   Haus und Wohnung
A. 4.   Freizeit und Sport
A. 5.   Tiere
A. 6.   Kraft-, Luft- und Wasserfahrzeuge (Kleine Benzinklausel)
A. 7.   Auslandsaufenthalte
A. 8.   Gewässerschäden
A. 9.   Fortsetzung der Versicherung nach dem Tod des Versicherungsnehmers
A. 10.   Forderungsausfallversicherung – falls besonders vereinbart –
A. 11.   Gefälligkeitshandlung
A. 12.   Vorsorgeversicherung

*Gliederung
RBE-Privat
Abschnitt A.*

Der Versicherungsschutz der Privat-Haftpflichtversicherung wird umrissen durch den Satz:

*RBE-Privat
Pos. A. 1.*

„Versichert ist die gesetzliche Haftpflicht des Versicherungsnehmers aus dem im Versicherungsschein und seinen Nachträgen angegebenen Risiko des Versicherungsnehmers".

Es geht also um die gesetzliche Haftpflicht (nicht die vertragliche Haftpflicht) der Person, die als Privatperson mit dem Versicherer den Versicherungsvertrag abschließt.

Die Haftpflichtversicherung privater Risiken bietet Schutz für alle Risiken, die sich im privaten Bereich ereignen können – also gegen Gefahren im täglichen Privatleben (aber nicht für berufliche Tätigkeiten und nicht für ehrenamtliche Tätigkeiten – siehe Kapitel 3.A.1.7).

▶ **Beispiele für ersatzpflichtige Schäden zur Privat-Haftpflichtversicherung**

1. Frau Hermann stößt beim Blumengießen auf ihrem Balkon an einen Blumentopf, der herunterfällt und die auf dem Bürgersteig vorbeilaufende Frau Müller verletzt.

2. Der 10-jährige Max spielt in der Scheune des benachbarten Landwirtes Ferch mit Streichhölzern. Heu- und Strohreste entzünden sich und führen zum Abbrennen der Scheune von Ferch.

3. Die beiden 12-jährigen Alfred und Charles spielen mit Pfeil und Bogen. Charles wird dabei am Auge verletzt.

4. Frau Dremel ist mit ihrem 3-jährigen Elvis bei ihrer Bekannten Frau Erich zu Besuch. Elvis spielt unbeaufsichtigt in einem Nebenzimmer. Nach drei Stunden intensivem Gespräch mit Frau Erich stellt sich heraus, dass Elvis mit einem Filzstift die Tapeten angemalt hat. Frau Dremel wird wegen Verletzung der Aufsichtspflicht belangt.

5. Fahrradfahrer Fritz benutzt mit seinem Fahrrad den Radweg auf der falschen Seite der Straße und stößt mit dem Fußgänger Gerhard zusammen.

6. Die Hausangestellte Grosser lässt die Waschmaschine während eines Einkaufsbummels laufen. Als sie zurückkommt, stellt sie fest, dass der Zulaufschlauch geplatzt ist. Das austretende Wasser hat die darunterliegende Wohnung stark beschädigt.

7. Herr Harmsen, Inhaber eines Einfamilienhauses, vergisst bei Glatteis rechtzeitig zu streuen. Passant Sönke Iwersen stürzt und zieht sich einen komplizierten Knochenbruch zu.

8. Sohn Inger des Versicherungsnehmers Jarm stößt beim Fahrradfahren in einer Kurve mit dem Fußgänger Kallis zusammen. Dieser erleidet sehr starke Verletzungen. Kallis verlangt Ersatz für den entstandenen Schaden (z. B. Rentenzahlungen, Lohnausfall, Schmerzensgeld, Pflegepersonal, Kinderpflegerin usw.).

9. Während einer Grillparty gießt Gastgeber Lorenzen Spiritus in die fast erloschene Grillglut. Die folgende Stichflamme erfasst Gast Meimer, der schwere Verbrennungen erleidet.

10. In einem Mehrfamilienhaus benutzt Hausmann Nebel die Toilette als Müllschlucker. In der Folge kommen häusliche Abwässer in der Wohnung von Obesel hoch und verursachen einen erheblichen Schaden.

11. An der Geschirrspülmaschine von Frau Peters löst sich ein Schlauch. Das Wasser kann längere Zeit unbemerkt austreten und in die darunter liegende Wohnung von Familie Quadfusel laufen. Dort entstehen Dekorationsschäden an Decken und Wänden, am Mobiliar oder an sonstigem Inventar.

12. Versicherungsnehmer Romanzen mietet eine Ferienwohnung im Schwarzwald. Bei einem Gewitter entsteht Durchzug. Das Fenster schlägt zu, die Fensterscheibe zerbricht. Versicherungsschutz für Mietsachschäden besteht über die Privat-Haftpflichtversicherung, da er als kurzfristiger Mieter keine Möglichkeit hatte, sich gegen Glasschäden zu versichern.

13. Versicherungsnehmer Schwan will in seiner Mietwohnung einen Duschvorhang anbringen. Dabei fällt ihm die Bohrmaschine aus der Hand und beschädigt die Badewanne.

14. Surfbrettfahrer Träumer übersieht beim Surfen Schwimmer Ullemann. Durch eine aufwändige Rettungsaktion kann Ullemann schwer verletzt geborgen werden.

15. Die vom Versicherungsnehmer Ullmer gehaltenen Schafe überspringen den Zaun seines Grundstücks und fressen Zierpflanzen im Nachbargarten Vogel.

16. Versicherungsnehmer Weber besitzt einen selbst fahrenden Aufsitzrasenmäher. Auf seinem Hanggrundstück wird die Bremse nicht richtig arretiert. Der Rasenmäher gerät in Bewegung und verletzt den spielenden Sohn Xaver des Nachbarn Mommsen.

17. In einem Kaufhaus bemerkt Tagesmutter Zauber nicht, dass sich das zu betreuende Kind Albert zu weit von ihr entfernt hat und in der Porzellanabteilung einen großen Schaden anrichtet. Sie wird vom Geschäftsführer Brausemann wegen Verletzung der Aufsichtspflicht haftbar gemacht.

18. Versicherungsnehmer Dahmel vermietet eine Einliegerwohnung. Er hat den Teppichboden so unsachgemäß verlegt, dass Mieter Ebbink wenige Wochen später über eine Unebenheit stolpert und sich das Handgelenk bricht.

LF 2

LF 10

LF 15

19. Der die Pistenregelung missachtende Skifahrer Falke verletzt durch einen Sprung über eine natürliche „Schanze" die vorbeifahrende Skifahrerin Gahrmann schwer.

20. Die Fußgängerin Haase kollidiert bei der unachtsamen Querung des Fahrradweges mit dem Radfahrer Ihlow, der für einige Zeit ins Krankenhaus muss. Die Krankenkasse fordert von der Frau Haase die Erstattung der Kosten.

21. Zwei Kinder (der 5-jährige Irmer und der 6-jährige Jan) spielen draußen. Das Auto des Nachbarn Kaack hat eine künstlerische, eigenwillige Lackierung, die die Kinder für Schmutz halten und deshalb versuchen, diesen „Schmutz" abzuwischen. Als das mit Wasser erfolglos ist, nehmen sie Sand und schmirgeln den "Schmutz" runter. Laut Gericht haben die Eltern die Aufsichtspflicht verletzt und den Schaden zu bezahlen.

22. Herr Lackmann, der Lebenspartner von Frau Mackensen, kommt nach Hause und stellt seine Tasche unbedacht irgendwo in der Wohnung ab. Frau Mackensen stolpert über die Tasche und zieht sich beim Sturz einen komplizierten Oberschenkelhalsbruch zu. Ein halbes Jahr später bekommt Lebenspartner Lackmann zu Recht die Rechnung der Krankenkasse. (Hinweis: Diese Regresspflicht gibt es nur bei eheähnlichen Lebenspartnern, nicht bei Eheleuten.)

23. Hausfrau Nagel bekommt unerwartet Besuch und stellt den Staubsauber zur Seite. Auf dem Weg zur Terrasse stolpert die Besucherin Obermann über das Staubsaugerkabel und zieht sich eine Wirbelsäulenfraktur zu. Ein Gericht entschied, dass Frau Nagel schadenersatzpflichtig ist.

24. Familie Paulsen fliegt mit einem Kind (8 Jahre) in den Urlaub. In der Eile vergisst die Frau Paulsen, die Kaffeemaschine wieder auszuschalten. Als die Familie wieder nach Hause kommt, ist das Mehrfamilienhaus zum großen Teil eine Brandruine.

25. Eigentlich war Dirk Pahlke (27) nur von den Bauarbeiten an der Brücke über der Autobahn beeindruckt. Um sich alles in Ruhe anzusehen, stellte er sein Fahrrad an einer Böschung neben der Brücke ab.

Das abgestellte Fahrrad setzte sich in Bewegung und rollte die Böschung hinab – auf die Autobahn – vor den Pkw von Rademacher. Rademacher konnte durch eine Vollbremsung den Aufprall verhindern, stand aber quer und wurde vom nachfolgenden Pkw des Sallmann leicht gerammt. Der dann folgende Tanklaster von Schnoor versuchte, den beiden die Autobahn blockierenden Pkws auszuweichen und raste ins Baugerüst und in die Abstützung der im Umbau befindlichen Brücke und stürzte um. Teile des Baugerüstes und der Brückenabstützung durchschlugen den Tank-Auflieger des Lkw. Tausende Liter Diesel drangen ins Erdreich. Wie durch ein Wunder gab es keine nennenswerten Personenschäden. Aber neben den Schäden an den drei Fahrzeugen, der Brücke, dem Baugerüst und der Brückenabstützung musste das kontaminierte Erdreich in einer wochenlangen Aktion mit schwerem Gerät abgetragen und ausgetauscht werden.

26. Der 6-jährige Siegfried Tesch schießt beim Fußballspielen eine Scheibe ein und beschädigt anschließend mit seinem Fahrrad das geparkte Fahrzeug des Ullrich.

27. Die achtjährige Brigitte Vater erblickt ihre Mutter Jana auf der anderen Seite der Straße und läuft blindlings zu ihr. Dadurch wird der Pkw-Fahrer Wegener gezwungen, sein Fahrzeug stark abzubremsen. Er kann aber nicht verhindern, dass das Kind zu Boden geschleudert wird. Der Pkw wird an der Vorderfront beschädigt.

28. Versicherungsnehmer Zachner besitzt ein Einfamilienhaus, das er mit seiner Familie bewohnt. Auf dem Bürgersteig vor dem Hause kam bei Glatteis Frau Abroweit zu Fall und brach sich den Arm. Die Hausangestellte Backens hatte vergessen, rechtzeitig den Bürgersteig zu streuen. Die verletzte Frau Abroweit verlangte Schmerzensgeld und Ersatz der Arztkosten. Sie wandte sich mit ihren Ansprüchen an Zachner und an die Hausangestellte Backens.

29. Die Lebenspartnerin Dahl des Versicherungsnehmers Ebert fuhr mit ihrem Fahrrad zum Wochenmarkt. Die am Lenker hängende große Einkaufstasche hinderte beim Fahren. Frau Dahl konnte eine Kurve nicht richtig nehmen, fuhr auf den Bürgersteig und riss Frau Fehmer um. Diese erlitt erhebliche Verletzungen im Gesicht. Sie verlangte von Frau Dahl Schmerzensgeld, Arztkosten und die Kosten für eine zusätzliche Haushaltshilfe.

30. Einige Freunde spielten in ihrer Freizeit auf dem Platz eines Sportvereins Fußball. Ganske, der privat haftpflichtversichert ist, trat dabei den Ball in die falsche Richtung. Der Ball sprang auf die Fahrbahn und zerschlug einem vorbeifahrenden Auto des Haberland die Windschutzscheibe. Herr Haberland wurde leicht verletzt.

RBE-Privat
Pos. A. 1.

3.A.1.   Versichertes Risiko und versicherte Personen

Familienversicherung

> Die Versicherung der privaten Haftpflichtrisiken (Privat-Haftpflichtversi-
> cherung) ist vom Grundsatz her eine Familienversicherung.

Deshalb muss bei den „versicherten Personen" hinsichtlich des Versicherungsumfanges berücksichtigt werden, ob es sich bei dem Haftpflichtversicherungsvertrag

- um die Versicherung einer Einzelpersonen (Single) oder
- um die Versicherung eines Ehepaares/Paares oder einer Familie handelt.

mitversicherte
Personen

Durch eine Privat-Haftpflichtversicherung für eine Familie sind grundsätzlich (teilweise also mit Einschränkungen) mitversichert:

- der Ehegatte oder „eingetragene" Lebenspartner oder Lebensgefährte,
- die Kinder (auch Stief-, Adoptiv- und Pflegekinder),
- alleinstehende, unverheiratete, pflegebedürftige Angehörige im gemeinsamen Haushalt,
- die im Haushalt tätigen Personen,
- Gast- oder Austauschkinder, Au-Pair-Mädchen (vorübergehend bis zu
  einem Jahr).

RBE-Privat
Pos. A. 1.

3.A.1.0   Versicherungsschutz für den Versicherungsnehmer selbst

> Versichert ist im Umfang der RBE-Privat Pos. A.1. die gesetzliche
> Haftpflicht des Versicherungsnehmers als Privatperson aus den Ge-
> fahren des täglichen Lebens mit Ausnahme der Gefahren

Ausnahmen

> - eines Betriebes oder Berufes,
> - eines Dienstes oder Amtes (auch Ehrenamtes),
> - einer verantwortlichen Betätigung in Vereinigungen aller Art oder
> - einer ungewöhnlichen und gefährlichen Beschäftigung.

Privat-, Berufs- und
Betriebs-Haftpflicht-
versicherung

Durch diese Formulierung soll die Haftpflichtversicherung für den privaten Bereich (Gefahren des täglichen Lebens der Privatperson) von der
Berufs- und der Betriebs-Haftpflichtversicherung abgegrenzt werden.

Weitere Informationen zu den **nicht versicherten Gefahren** siehe
Kapitel 3.A.1.7.

grundsätzliche Rege-
lung für die Privat-
Haftpflichtversicherung

> **Grundsätzliche Regelung**
>
> Versichert ist im Umfang der RBE-Privat Pos. A.1. die gesetzliche
> Haftpflicht des Versicherungsnehmers als Privatperson aus den Risi-
> ken des täglichen Lebens, soweit das entsprechende Risiko im Versi-
> cherungsschein oder seinen Nachträgen angegeben ist.

Damit sind im Wesentlichen alle Schadensersatzansprüche (aber nicht
alle Haftpflichtansprüche wie z. B. Vertragserfüllungsansprüche) abge-

deckt, die gegen den Versicherungsnehmer in seinem privaten Bereich geltend gemacht werden könnten.

Der Versicherungsschutz erstreckt sich zusammenfassend

- auf den Versicherungsnehmer als Familien- und Haushaltsvorstand, als Eigentümer oder Besitzer von Häusern und Grundstücken, als Sportler, als Tierhalter oder Tierhüter sowie Reiter fremder Pferde.
- bei seinen Freizeitaktivitäten, im Urlaub, als Gast oder Gastgeber, als Sportler, als Teilnehmer im Straßenverkehr (als Fußgänger oder Radfahrer oder Mitfahrer in einem Pkw), beim Einkauf, als Hobby-Bastler usw.

Neben dieser generellen Regelung werden zur Klarstellung in den RBE-Privat weitere besondere Haftpflichtrisiken aufgezählt, die auch unter den Versicherungsschutz fallen (siehe RBE-Privat – Pos. A.2. bis A.12.).

3.A.1.1 Mitversicherung von Ehegatten

RBE-Privat
Pos. A. 1.1

Da die Privat-Haftpflichtversicherung von ihrem Charakter her „auf die Familie" ausgerichtet ist, ist für weitere Personen eines Privat-Haushaltes die gleichartige gesetzliche Haftpflicht des Ehegatten, des eingetragenen Lebenspartners oder des Lebensgefährten des Versicherungsnehmers mitversichert.

Erlangt der Ehegatte Versicherungsschutz aus einem anderen fremden Haftpflicht-Versicherungsvertrag, so entfällt die Mitversicherung durch diese Privat-Haftpflichtversicherung.

Anmerkung nach
RBE-Privat Pos. A. 1.6

Wenn der Versicherungsnehmer einen Versicherungsfall zur Regulierung zu seinem Haftpflichtversicherungsvertrag anzeigt, so erbringt der Versicherer aus diesem Vertrag jedoch eine Vorleistung im Rahmen der getroffenen Vereinbarung.

Für den Einschluss des Ehegatten als mitversicherte Person kommt es alleine darauf an, dass die Ehe laut Trauschein **besteht**.

Bei getrennt Lebenden besteht für den Ehepartner des Versicherungsnehmers bis zu einer rechtskräftigen Scheidung der bedingungsgemäße Versicherungsschutz fort.

getrennt Lebende

Die Mitversicherung eines eventuell neuen Partners – neben dem weiterhin mitversicherten Ehepartner – ist nicht möglich.

Bei Scheidung endet mit dem Tag, an dem das Scheidungsurteil rechtskräftig wird, die Mitversicherung des bisherigen Ehepartners des Versicherungsnehmers (er/sie benötigt dann eine eigene Privat-Haftpflichtversicherung). Die Kinder bleiben bedingungsgemäß mitversichert, und zwar unabhängig davon, welchem Elternteil das Sorgerecht zugesprochen ist.

Scheidung

RBE-Privat
Pos. A. 1.2

3.A.1.2　Mitversicherung von eingetragenen Lebenspartnern im Sinne des Lebenspartnerschaftsgesetzes

Dem Ehegatten gleichgestellt wird bei einer eingetragenen Lebenspartnerschaft der jeweilige Partner.

> Eingetragener Lebenspartner ist derjenige, der in einer eingetragenen Lebenspartnerschaft im Sinne des Lebenspartnerschaftsgesetzes oder einer vergleichbaren Partnerschaft nach dem Recht anderer Staaten mit dem Versicherungsnehmer zusammenlebt.

Als eingetragene Lebenspartnerschaften gelten auch die den Partnerschaften im Sinne des Lebenspartnerschaftsgesetzes vergleichbaren Partnerschaften nach dem Recht anderer Staaten.

Anmerkung nach
RBE-Privat Pos. A. 1.6

Erlangt der eingetragene Lebenspartner Versicherungsschutz aus einem anderen fremden Haftpflicht-Versicherungsvertrag, so entfällt die Mitversicherung durch diese Privat-Haftpflichtversicherung.

Wenn der Versicherungsnehmer einen Versicherungsfall zur Regulierung zu seinem Haftpflichtversicherungsvertrag anzeigt, so erbringt der Versicherer aus diesem Vertrag jedoch eine Vorleistung im Rahmen der getroffenen Vereinbarung.

RBE-Privat
Pos. A. 1.3

3.A.1.3　Mitversicherung von Lebensgefährten

Lebensgefährten des Versicherungsnehmers sind nur versichert, wenn

- beide unverheiratet sind,
- nicht in einer eingetragenen Lebenspartnerschaft leben und
- der Lebensgefährte unter der Anschrift des Versicherungsnehmers amtlich gemeldet ist.

RBE-Privat
nach Pos. A. 1.6

Die Mitversicherung von Lebensgefährten (und dessen Kindern) endet, wenn die örtliche Haushaltsgemeinschaft zwischen dem Versicherungsnehmer und dem Lebensgefährten aufgehoben wird.

Ausgeschlossen

> vom Versicherungsschutz sind Haftpflichtansprüche von Lebensgefährten gegen den Versicherungsnehmer.

Mitversichert sind jedoch

Regressansprüche von
Sozialversicherungs-
trägern u. ä.

> - etwaige übergangsfähige Regressansprüche von Sozialversicherungsträgern, Sozialhilfeträgern, privaten Krankenversicherern, öffentlichen und privaten Arbeitgebern sowie

▪ Rückgriffsansprüche anderer Versicherer (§ 86 VVG) wegen Personenschäden oder wegen Sachschäden an Gebäuden, die verursacht
werden:
– beim Versicherungsnehmer durch Lebensgefährten,
– bei Lebensgefährten durch den Versicherungsnehmer oder andere Mitversicherte.

Regressansprüche anderer Versicherer

▶ **Beispiele**

a) Sozialversicherungsträger
Der Lebensgefährte der Versicherungsnehmerin stürzt bei
Glatteis vor dem Einfamilienhaus. Seine Krankenkasse nimmt
Regress für die Behandlungskosten.

b) andere Versicherer
Die Lebensgefährtin des Versicherungsnehmers schaltet
die Waschmaschine des Versicherungsnehmers an und
verlässt das Haus. Der Abwasserschlauch löst sich und das
auslaufende Wasser verursacht einen Hausratschaden in
der Wohnung. Der Hausratversicherer nimmt Regress.

Ausgeschlossen bleiben die unter den Regressverzicht nach dem Abkommen der Feuerversicherer bei übergreifenden Schadenereignissen fallenden Rückgriffsansprüche.

Regressverzicht der Feuerversicherer

▶ **Beispiel**

Der Versicherungsnehmer verursacht fahrlässig einen Brand in
seiner Mietwohnung, bei dem auch in der Nachbarwohnung
Einrichtungsgegenstände beschädigt werden. Beide Hausrat-
versicherungen ersetzen jeweils den Schaden bei ihren Versicherungsnehmern.

Der Schadenverursacher wird von der gegnerischen Hausratversicherung für die nicht unter den Regressverzicht fallende
Schadenersatzzahlung in Anspruch genommen.

Erlangt der Lebensgefährte Versicherungsschutz aus einem anderen
fremden Haftpflicht-Versicherungsvertrag, so entfällt die Mitversicherung durch diese Privat-Haftpflichtversicherung.

Anmerkung nach RBE-Privat Pos. A. 1.6

Wenn der Versicherungsnehmer einen Versicherungsfall zur Regulierung zu seinem Haftpflichtversicherungsvertrag anzeigt, so erbringt der
Versicherer aus diesem Vertrag jedoch eine Vorleistung im Rahmen der
getroffenen Vereinbarung.

Falls die Privat-Haftpflichtversicherung für Einzelpersonen abgeschlossen wurde, besteht kein Versicherungsschutz für Ehegatten, Lebenspartner oder Lebensgefährten (auch nicht, wenn sie „später" hinzu-
kommen).

Einzelperson als Versicherungsnehmer

➡ AHB

Laut Pos. G. 4. RBE-Privat gilt normalerweise die Vorsorgeversicherung, wenn ein neues Risiko entsteht. Dies wird durch Ziffer 27. (1) Satz 2 AHB eingeschränkt: die Vorsorgeversicherung gilt nicht, wenn das Risiko nur in der Person eines Mitversicherten entsteht.

Pos. G. 4. Abs. 2 3. Spiegelstrich ändert dies für die Privat-Haftpflichtversicherung nach RBE-Privat insofern ab, als auch dann Versicherungsschutz besteht, wenn das neue Risiko nur in der Person eines Mitversicherten gem. Pos. A. 1.1 bis 1.5 entsteht.

Dies gilt aber gem. Pos. G. 4. Abs. 3 nicht für die Versicherung von Einzelpersonen (Singles). Wenn also der „Single" heiratet, so ist seine Ehefrau nicht durch die Vorsorgeversicherung in den Versicherungsschutz einbezogen, der Versicherungsnehmer muss dieses „neue" Risiko gem. Ziffer 4. AHB zusätzlich zur Versicherung beantragen und eine „normale" Privat-Haftpflichtversicherung abschließen. Dies gilt gleichermaßen für eingetragene Lebenspartner, Lebensgefährten usw.

Regress
§ 86 VVG

Grundsätzliches zum Thema
„Übergang von Ersatzansprüchen" (Regress)

Wenn für einen Personen- oder Sachschaden jemand verantwortlich gemacht werden kann, so gehen grundsätzlich die Ansprüche des geschädigten Versicherungsnehmers gegen den Schadenverursacher nach § 86 VVG auf den Versicherer über, der Leistungen erbracht hat.

Aber auch aufgrund von Leistungen, die Sozialversicherungsträger (SVT), Sozialhilfeträger, private Krankenversicherer, öffentliche und private Arbeitgeber erbracht haben, können sich Regressansprüche ergeben.

Dabei unterscheidet das Sozialgesetzbuch bei Personenschäden grundsätzlich zwischen Schäden durch einen Arbeitsunfall und „anderen" Personenschäden:

§ 110 SGB VII

■ bei Personenschäden durch einen Arbeitsunfall (ein Unfall anlässlich einer versicherten Tätigkeit) ist die Berufsgenossenschaft der leistende Sozialversicherungsträger. Sie kann nach § 110 SGB VII Regress in Höhe der zivilrechtlichen Ansprüche nehmen gegen Arbeitgeber oder Kollegen, die den Arbeitsunfall vorsätzlich oder grob fahrlässig verursacht haben;

§ 116 SGB X

■ bei Personenschäden, die nicht durch Arbeitsunfall entstanden sind, leistet ein anderer Versicherungsträger (z. B. eine Krankenkasse oder ein Träger der Sozialhilfe) und nimmt Regress nach § 116 SGB X gegen den Schadenverursacher.

§ 110 Haftung gegenüber den Sozialversicherungsträgern

(1) Haben Personen, deren Haftung nach den §§ 104 bis 107 beschränkt ist [1]), den Versicherungsfall vorsätzlich oder grob fahrlässig herbeigeführt, haften sie den Sozialversicherungsträgern für die infolge des Versicherungsfalls entstandenen Aufwendungen, jedoch nur bis zur Höhe des zivilrechtlichen Schadenersatzanspruchs. Statt der Rente kann der Kapitalwert gefordert werden. Das Verschulden braucht sich nur auf das den Versicherungsfall verursachende Handeln oder Unterlassen zu beziehen.

....

1) gemeint ist die Beschränkung der Haftung von Unternehmern, Unternehmensangehörigen und anderen Personen gegenüber Versicherten, ihren Angehörigen und Hinterbliebenen

Text
§ 110 SGB VII
(Auszug)

§ 116 Ansprüche gegen Schadenersatzpflichtige

(1) Ein auf anderen gesetzlichen Vorschriften beruhender Anspruch auf Ersatz eines Schadens geht auf den Versicherungsträger oder Träger der Sozialhilfe über, soweit dieser aufgrund des Schadensereignisses Sozialleistungen zu erbringen hat, die der Behebung eines Schadens der gleichen Art dienen und sich auf denselben Zeitraum wie der vom Schädiger zu leistende Schadenersatz beziehen. …

(6) Ein Übergang nach Absatz 1 ist bei nicht vorsätzlichen Schädigungen durch Familienangehörige, die im Zeitpunkt des Schadensereignisses mit dem Geschädigten oder seinen Hinterbliebenen in häuslicher Gemeinschaft leben, ausgeschlossen. Ein Ersatzanspruch nach Absatz 1 kann dann nicht geltend gemacht werden, wenn der Schädiger mit dem Geschädigten oder einem Hinterbliebenen nach Eintritt des Schadensereignisses die Ehe geschlossen hat und in häuslicher Gemeinschaft lebt.

Text
§ 116 SGB X
(Auszug)

Grundüberlegung für die Schaffung dieser Regressmöglichkeiten ist, dass der Geschädigte selbst durch den erlittenen Personenschaden nicht mit Kosten belastet wird – sie werden durch die SVT übernommen. Der Schädiger soll aber nicht dadurch entlastet werden, dass die Sozialversicherungsträger die Kosten übernehmen.

Auch der Geschädigte kann keine Ansprüche aus diesen Kosten an den Schädiger stellen, da er selbst keine Aufwendungen gehabt hat.

Deshalb hat der Gesetzgeber den Übergang der Schadenersatzansprüche des Verletzten oder der Hinterbliebenen zum Zeitpunkt des Schadens im § 116 SGB X bestimmt.

Der Geschädigte selbst kann seinen Anspruch nicht mehr geltend machen, da er schon auf den Sozialversicherungsträger übergegangen ist.

Nach den gesetzlichen Bestimmungen ist ein Forderungsübergang bei nicht vorsätzlichen Schädigungen durch Familienangehörige, die im Zeitpunkt des Schadensereignisses mit dem Geschädigten oder seinen Hinterbliebenen in häuslicher Gemeinschaft leben, ausgeschlossen.

Familienprivileg im privaten Versicherungs- und im Sozialrecht

LF 2

LF 10

LF 15

Der SVT kann also keinen Regress geltend machen gegen den Schädiger, wenn dieser ein Familienangehöriger ist und mit dem Geschädigten in häuslicher Gemeinschaft lebt (siehe § 116 (6) SGB X).

Ein übergangsfähiger Ersatzanspruch kann darüber hinaus auch dann nicht geltend gemacht werden, wenn der Schädiger mit dem Geschädigten oder einem Hinterbliebenen nach Eintritt des Schadensereignisses die Ehe geschlossen hat und in häuslicher Gemeinschaft lebt.

Allerdings wird angenommen, dass das Familienprivileg im Sozialrecht dann nicht greift, wenn die Ehe erst zu einem Zeitpunkt geschlossen wird, zu dem der Regress des Sozialversicherungsträgers gegenüber dem Haftpflichtversicherer des Schädigers längst abgeschlossen ist.

Regress der Feuerversicherer

Beim Regress der Feuerversicherer ist Ausgangspunkt wiederum der Übergang der Ansprüche gegen den Schädiger nach § 86 VVG.

Ausgeschlossen ist der Regress, wenn er sich gegen Familienangehörige richtet, die mit dem Versicherungsnehmer in häuslicher Gemeinschaft leben und den Schaden nicht vorsätzlich herbeigeführt haben.

Im Regressverzichtsabkommen von 1961 (RVA) verpflichten sich die angeschlossenen Feuerversicherungsunternehmen, unter bestimmten Voraussetzungen auf einen Regress zu verzichten:

- beide Feuerversicherer (des Geschädigten und des Regressschuldners) müssen dem RVA beigetreten sein;
- auch für den Regressschuldner muss ein ersatzpflichtiger Versicherungsfall vorgelegen haben (sein Versicherer muss gezahlt haben);
- der Brand muss vom Ort des Regressschuldners auf fremde Sachen übergegriffen haben.

Unter diesen Voraussetzungen verzichten die Feuerversicherer auf Regress zwischen 150 000 € und 600 000 €; Beträge unterhalb 150 000 € und über 600 000 € werden im Regresswege verfolgt.

Die Begründung für diese Regelung liegt darin, dass sich der Schadenverursacher durch den Abschluss einer Haftpflichtversicherung gegen die Regressforderungen im unteren Bereich absichern kann. Außerdem wird durch die „ausgegrenzten" 450 000 € sein Haftpflichtversicherungsschutz bei einer vereinbarten Sachschadenversicherungssumme von 1 000 000 € auf insgesamt 1 450 000 € „erhöht".

Außerdem hat der Schädiger durch den Regressverzicht bei einem von seinem Haftpflichtversicherer abgelehnten Schaden (z. B. bei nicht rechtzeitiger Zahlung des Folgebeitrags) bei einem Regressanspruch von bis zu 600 000 € höchstens mit Regressforderungen in Höhe von 150 000 € zu rechnen.

Bietet die Haftpflichtversicherung keinen Schutz (z. B. bei Schäden an gemieteten oder geliehenen Sachen oder bei Bearbeitungsschäden oder bei Schäden von Angehörigen in häuslicher Gemeinschaft), so gilt der Regressverzicht ab 0,00 €.

3.A.1.4   Mitversicherung von Kindern

Mitversichert ist im Umfang der RBE-Privat Pos. A.1. die gesetzliche Haftpflicht der unverheirateten Kinder (auch Stief-, Adoptiv- und Pflegekinder), solange nicht aus einem anderen fremden Haftpflichtversicherungsvertrag Versicherungsschutz erlangt wird.

Dies gilt **auch** für die Kinder des mitversicherten Lebenspartners oder Lebensgefährten.

Dies gilt **nicht**, wenn

■ die Kinder selbst in einer eingetragenen Lebenspartnerschaft leben oder
■ wenn es sich um die Versicherung einer Einzelperson handelt.

Dies gilt **eingeschränkt** für die Versicherung volljähriger Kinder (siehe unten).

Zum Versicherungsschutz für **minderjährige Kinder bei fehlender Deliktsfähigkeit** siehe Kapitel 3.A.2.5.

Die persönliche gesetzliche Haftpflicht der Enkelkinder ist aber über die Privat-Haftpflichtversicherung der Großeltern nicht mitversichert.

Enkelkinder

Ansprüche gegen die Großeltern aus einer evtl. Aufsichtspflichtverletzung fallen jedoch unter den Versicherungsschutz der Privat-Haftpflichtversicherung.

Erlangen die mitversicherten Kinder Versicherungsschutz aus einem anderen fremden Haftpflicht-Versicherungsvertrag, so entfällt die Mitversicherung durch diese Privat-Haftpflichtversicherung.

Anmerkung nach RBE-Privat Pos. A. 1.6

Wenn der Versicherungsnehmer einen Versicherungsfall zur Regulierung zu seinem Haftpflichtversicherungsvertrag anzeigt, so erbringt der Versicherer aus diesem Vertrag jedoch eine Vorleistung im Rahmen der getroffenen Vereinbarung.

Besonderheiten bei der Mitversicherung von volljährigen Kindern (nicht bei Versicherung von Einzelpersonen)

Bei volljährigen Kindern gilt die Mitversicherung nur zeitlich begrenzt. Sie ist aber nicht an ein bestimmtes Höchstlebensalter gebunden.

Es besteht im Rahmen der Privat-Haftpflichtversicherung der Eltern nur Versicherungsschutz, solange sich die volljährigen Kinder noch in einer Schul- oder sich innerhalb von 12 Monaten daran anschließenden **Berufsausbildung** befinden.

Darunter wird verstanden:

- berufliche Erstausbildung – Lehre und/oder Studium –
- inkl. fachpraktischer Unterricht und Betriebspraktika für eine Dauer von bis zu 12 Monaten
- nicht aber Referendarzeit, Fortbildungsmaßnahmen und dergleichen)

Schließt sich innerhalb von 12 Monaten an die berufliche Erstausbildung eine **zweite Ausbildung** (Lehre oder Studium) an, so ist diese ebenfalls mitversichert.

Berufsausbildung

Die **Berufsausbildung** endet in der Regel mit dem Abschluss des Ausbildungsabschnitts, der es der betreffenden Person ermöglicht, ihren Lebensunterhalt selbst zu bestreiten. Das ist in der Regel der Ausbildungsabschluss für einen handwerklichen, kaufmännischen oder technischen Beruf oder der Hochschulabschluss.

Bei Auszubildenden, die in der Berufsausbildung stehen und Einrichtungsgegenstände oder Maschinen des Lehrherrn beschädigen, verwirklicht sich die Gefahr eines Betriebes. Der Auszubildende ist in den Betrieb integriert und wird im Interesse des Betriebes tätig. Versicherungsschutz besteht über die Privat-Haftpflichtversicherung nicht.

Als Erstausbildung ist auch ein Hochschulstudium anzusehen, das sich unmittelbar an die abgeschlossene Berufsausbildung anschließt.

Berufsfortbildung

Demgegenüber sind unter Berufsfortbildung alle Tätigkeiten zu verstehen, die darauf ausgerichtet sind, Kenntnisse und Fähigkeiten in einem erlernten und bereits ausgeübten Beruf zu erweitern oder zu vertiefen. So endet bei Hochschulabsolventen die Ausbildung in diesem Sinne mit erfolgreichem Abschluss (z. B. Staatsexamen, Diplomprüfung).

Referendarzeit

Die **Referendarzeit** ist der Berufsfortbildung zuzuordnen.

Praktika

Für die **Praktikumstätigkeit** von Studenten/Schülern/ Auszubildenden (Lehrlinge, Praktikanten, Volontäre) gilt:

Schule, Studium

Solange der Mitversicherte einer Privat-Haftpflichtversicherung eine Schulausbildung (oder auch ein Studium) absolviert, sind Schäden an Schul- oder Universitätsgegenständen während eines Praktikums im Rahmen der PHV mitversichert.

➡ AHB

Das Praktikum dient allein der Ausbildung. Der Ausschluss für Schäden an fremden Sachen gemäß Ziffer 7.6 AHB kann für Praktika aber nicht generell angewandt werden, da keine berufliche Tätigkeit ausgeübt wird. Ausgenommen sind allerdings Schäden an vom Praktikanten geliehenen oder gemieteten Gegenständen oder Einrichtungen des Betriebes sowie Schäden, die durch den Gebrauch eines Kraft-, Luft- oder Wasserfahrzeuges verursacht werden.

Die Haftungssituation ist allerdings differenziert zu betrachten, so dass der Versicherungsschutz häufig auch in der Abwehr unberechtigter Ansprüche besteht.

Die **Wartezeit** auf einen **Ausbildungsplatz** bzw. **Studienplatz** (die An- | Wartezeiten
meldung bei der ZVS muss nachweisbar sein) von bis zu einem Jahr be-
endet ebenfalls nicht den Versicherungsschutz über die Privat-Haftpflichtversicherung der Eltern.

Wenn in der Wartezeit Aushilfstätigkeiten oder Jobs übernommen werden, bleibt dieses unschädlich für den Versicherungsschutz.

Wenn aber während der Wartezeit eine „berufliche Tätigkeit" aufgenommen wird, die über eine übliche Aushilfstätigkeit hinausgeht, so
entfällt die Mitversicherung ganz.

Die Ableistung des **Grundwehrdienstes**, des **Grundzivildienstes** oder | Grundwehrdienst
des **freiwilligen sozialen oder ökologischen Jahres** vor/während oder | Grundzivildienst
nach der Berufsausbildung beendet nicht den Versicherungsschutz über | freiwilliges Jahr
die Privat-Haftpflichtversicherung der Eltern.

Das Gleiche gilt, wenn dieser Dienst spätestens ein Jahr nach der beendeten Schul- oder Berufsausbildung begonnen hat.

Die **freiwillige Verlängerung** des Grundwehrdienstes ist ebenfalls
über die elterliche Privat-Haftpflichtversicherung versichert.

Wenn jedoch vor Antritt des Dienstes eine Berufstätigkeit ausgeübt | Berufstätigkeit
wird, ist eine eigene Privat-Haftpflichtversicherung notwendig.

Wer sich als **Zeitsoldat** verpflichtet, benötigt eine eigene Privat-Haft- | Zeitsoldat
pflichtversicherung.

Bei **„Stufenausbildungsplänen"** wie z. B. im Einzelhandel (Verkäufer- | „Stufenausbildung"
prüfung nach zwei Jahren, evtl. Verlängerung der Ausbildung um ein
Jahr und Prüfung zum Kaufmann im Einzelhandel/zur Kauffrau im Einzelhandel) ist der Ausbildungsweg bis zur Prüfung zum Kaufmann im
Einzelhandel/zur Kauffrau im Einzelhandel nicht Fortbildung.

Wird aber nach der Verkäuferprüfung ein Arbeitsverhältnis eingegangen
und danach die Ausbildung zum/zur Einzelhandelskaufmann/-frau nach-
geholt, liegt bereits Fortbildung vor und es muss eine eigene Haftpflichtversicherung abgeschlossen werden.

▶ **Beispiel**

Karl, der 19-jährige Sohn unseres Versicherungsnehmers – geboren am 1. Juli 1982 –, hat am 18. Mai 2002 sein Abitur bestanden.

Da er für das Sommersemester 2002 keinen Studienplatz bekommen hat, bemüht er sich um die Ableistung des Grundwehrdienstes, den er zum 31. Juni 2003 abschließt.

Am 1. September 2003 beginnt er eine Ausbildung zum Versicherungskaufmann (heute: Kaufmann für Versicherungen und
Finanzen).

Parallel dazu bewirbt er sich aber für das Wintersemester und
erhält einen Studienplatz, den er Mitte Oktober 2003 wahr-

nimmt – die Ausbildung im Versicherungsunternehmen wird von ihm in der Probezeit gekündigt.

Im Februar 2007 legt er erfolgreich die Diplomprüfung ab, findet aber keinen Arbeitsplatz. Er entschließt sich deshalb, eine Ausbildung zum Steuerfachgehilfen zu machen, weil ihm das für seine berufliche Entwicklung sinnvoll erscheint.

Wie ist für den genannten Zeitraum der Versicherungsschutz im Rahmen der Privat-Haftpflichtversicherung geregelt?

**Betreuung
wegen Behinderung**

Wurde für volljährige, unverheiratete Kinder vom Vormundschaftsgericht aufgrund einer Behinderung die Betreuung angeordnet, so besteht Versicherungsschutz durch die Privat-Haftpflichtversicherung der Eltern für diese Kinder, solange sie der ständigen Betreuung im Sinne der gesetzlichen Regelungen bedürfen und in häuslicher Gemeinschaft mit dem Versicherungsnehmer leben.

Das **Schaubild** zur Mitversicherung volljähriger Kinder auf der nächsten Seite zeigt in einem groben Schema eine der Möglichkeiten für die Mitversicherung von volljährigen unverheirateten Kindern bei unterschiedlichen Schul- und Bildungskombinationen (dieses Schaubild kann bei anderen Gesellschaften Unterschiede im Rahmen der RBE aufweisen).

Für den **Ausbildungsverlauf von Karl** bedeutet dies:

- Karl ist zwar schon volljährig, befindet sich aber noch in der Schul- und Berufsausbildung und ist damit im Versicherungsvertrag des Vaters eine mitversicherte Person;
- während der (üblichen) Wartezeit nach dem Abitur und während des Grundwehrdienstes besteht Versicherungsschutz;
- bei Beginn der Ausbildung zum Kaufmann für Versicherungen und Finanzen ist Karl zwar schon über 21 Jahre alt – dies hat aber keinen Einfluss auf den Versicherungsschutz, da es sich um die Erstausbildung handelt;
- auch während des Studiums besteht noch Versicherungsschutz, weil Lehre und/oder Studium eingeschlossen sind;
- auch während der Ausbildung zum Steuerfachgehilfen ist Versicherungsschutz durch den Versicherungsvertrag des Vaters gegeben, da zwischenzeitlich vor der neuen Ausbildung kein Beruf ausgeübt wurde.

**RBE-Privat
nach Pos. A. 1.6**

**Besonderheiten
bei der Mitversicherung von Kindern der Lebensgefährten**

Die Mitversicherung der Kinder der Lebensgefährten (sofern es keine gemeinsamen Kinder mit dem Versicherungsnehmer sind) **endet**, wenn die örtliche Gemeinschaft zwischen dem Versicherungsnehmer und dem Lebensgefährten aufgehoben wird.

Mitversicherung volljähriger Kinder

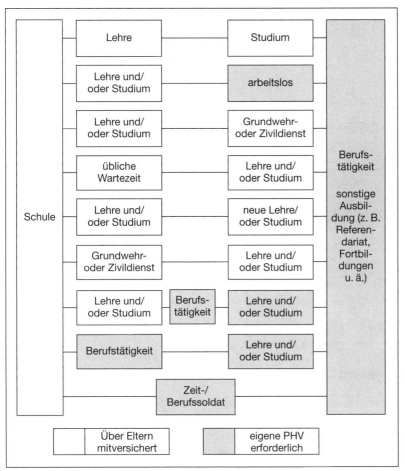

Ausgeschlossen sind Haftpflichtansprüche

dieser Kinder von Lebensgefährten gegen den Versicherungsnehmer (beide sind Mitversicherte in einem Versicherungsvertrag).

Mitversichert sind jedoch

Regressansprüche

- etwaige übergangsfähige Regressansprüche von Sozialversicherungsträgern, Sozialhilfeträgern, privaten Krankenversicherern, öffentlichen und privaten Arbeitgebern
- sowie Rückgriffsansprüche anderer Versicherer (§ 86 VVG) wegen Personenschäden oder wegen Sachschäden an Gebäuden, die verursacht werden:
  - beim Versicherungsnehmer durch Kinder der Lebensgefährten,
  - bei Kindern der Lebensgefährten durch den Versicherungsnehmer oder andere Mitversicherte.

▶ Beispiele

a) privater Krankenversicherer
   Der 16-jährige Sohn des Lebensgefährten der Versicherungsnehmerin stürzt bei Glatteis vor dem Einfamilienhaus.
   Seine Krankenkasse nimmt Regress für die Behandlungskosten.

b) andere Versicherer
   Die Tochter der Lebensgefährtin des Versicherungsnehmers schaltet den Backofen des Versicherungsnehmers
   nicht rechtzeitig aus, als sie auf ihr Zimmer geht. Der Ku-
   chen im Ofen verbrennt, der Rauch verursacht einen Schaden am Gebäude. Der Gebäudeversicherer nimmt Regress.

Ausgeschlossen bleiben

Regressverzicht | die unter den Regressverzicht nach dem Abkommen der Feuerversi-
cherer bei übergreifenden Schadenereignissen fallenden Rückgriffsansprüche.

RBE-Privat
Pos. A. 1. (5)

3.A.1.5 Mitversicherung von alleinstehenden, unverheirateten, pflegebedürftigen Angehörigen

Voraussetzungen | Alleinstehende Angehörige sind mitversichert, solange

- sie im gemeinsamen Haushalt mit dem Versicherungsnehmer leben
  und
- von der Pflegekasse eine Pflegebedürftigkeit von mindestens Pfle-
  gestufe I festgestellt wurde **und**
- sie unverheiratet sind **und** nicht in einer eingetragenen Lebenspartnerschaft leben.

Häusliche
Gemeinschaft | Diese Mitversicherung endet, wenn die häusliche Gemeinschaft zwi-
schen dem Versicherungsnehmer und dem Familienangehörigen aufgehoben wird.

Gegenseitige Ansprüche zwischen dem Versicherungsnehmer (sowie
den mitversicherten Personen) und den alleinstehenden Angehörigen
sind allerdings vom Versicherungsschutz ausgeschlossen.

Zur Mitversicherung bzw. zum Ausschluss evtl. Regressansprüche
siehe Ausführungen auf S. 239/240 zur Mitversicherung von Kindern.

Anmerkung nach
RBE-Privat Pos. A. 1.6 | Erlangt der alleinstehende unverheiratete Angehörige Versicherungs-
schutz aus einem anderen fremden Haftpflicht-Versicherungsvertrag, so
entfällt die Mitversicherung durch diese Privat-Haftpflichtversicherung.

Wenn der Versicherungsnehmer einen Versicherungsfall zur Regulierung zu seinem Haftpflichtversicherungsvertrag anzeigt, so erbringt der Versicherer aus diesem Vertrag jedoch eine Vorleistung im Rahmen der getroffenen Vereinbarung.

3.A.1.6 Mitversicherung von minderjährigen Gastkindern, minderjährigen Austauschkindern und Au-Pair-Mädchen

RBE-Privat
Pos. A. 1.6

Minderjährige Gast- bzw. Austauschkinder sowie Au-Pair-Mädchen im Haushalt des Versicherungsnehmers sind während der Dauer des Gastaufenthaltes in den Versicherungsschutz einbezogen, wenn sie

- vorübergehend und
- nicht länger als ein Jahr

aufgenommenen werden.

Gegenseitige Ansprüche zwischen dem Versicherungsnehmer (sowie den mitversicherten Personen) und den alleinstehenden Angehörigen sind allerdings vom Versicherungsschutz ausgeschlossen.

Zur Mitversicherung bzw. zum Ausschluss eventueller Regressansprüche siehe Ausführungen auf S. 239/240 zur Mitversicherung von Kindern.

Erlangen die mitversicherten Personen Versicherungsschutz aus einem anderen – fremden – Haftpflichtversicherungsvertrag, so entfällt insoweit der Versicherungsschutz aus dem Haftpflichtvertrag des Versicherungsnehmers.

Wenn der Versicherungsnehmer einen Versicherungsfall zur Regulierung zu seinem Haftpflichtversicherungsvertrag anzeigt, so erbringt der Versicherer aus diesem Vertrag jedoch eine Vorleistung im Rahmen der getroffenen Vereinbarung.

▶ Beispiel

Das minderjährige australische Gastkind im Haushalt des Versicherungsnehmers Bleil verursacht bei den Nachbarn einen ersatzpflichtigen Schaden.

Es ist nicht klar, wie der Versicherungsschutz durch die Privat-Haftpflichtversicherung der Eltern des Gastkindes geordnet ist. Deshalb beantragt Bleil bei seiner Haftpflichtversicherung die Regulierung.

Die Versicherung reguliert mit 1 247,50 €. Nach einiger Zeit kommt aus Australien die Nachricht, dass von der Versicherung der Eltern der Schaden mit bis zu 1 000 € übernommen wird.

RBE-Privat
Pos. A. 1.

3.A.1.7   Nicht versicherte Risiken:
- Gefahren eines Betriebes, Berufes, Dienstes, Amtes (auch Ehrenamtes),
- Gefahren einer verantwortlichen Tätigkeit in Vereinigungen aller Art,
- Gefahren einer ungewöhnlichen und gefährlichen Beschäftigung

Nicht alle Risiken, die aus den Gefahren des täglichen Lebens – als Privatperson – entstehen, könnten zu annehmbaren Beiträgen im Bereich der Privat-Haftpflichtversicherung versichert sein.

Vom Versicherungsschutz ausgeschlossen sind daher Ansprüche aus Gefahren, die nicht dem privaten Lebensbereich, sondern mehr dem öffentlichen Lebensbereich oder der Betriebs- und der Berufshaftpflicht zuzuordnen sind oder die so außerhalb des „normalen" Privatlebens liegen, dass Versicherungsschutz über die Privat-Haftpflichtversicherung versagt werden muss.

Abgrenzung zwischen privater und beruflicher Tätigkeit

Durch die Formulierung in Pos. A. 1. Abs. 1 soll die Haftpflichtversicherung für den privaten Bereich (der Privatperson) von der Berufs- und der Betriebshaftpflichtversicherung abgegrenzt werden.

Betrieb

Gefahren eines Betriebes

Hierunter fallen sämtliche Tätigkeiten während der Arbeitszeit inner- und außerhalb des Betriebes (also auch z. B. auf Dienstreisen).

Weiterhin muss ein ursächlicher Zusammenhang zwischen dem Betrieb und dem Umstand, durch den der Versicherte haftpflichtig wird, vorhanden sein.

▶ Beispiele

Ein Auszubildender soll im Auftrag seines Ausbilders Zigaretten besorgen und verursacht beim Überqueren der Straße einen Haftpflichtschaden = betriebliche Tätigkeit.

Ein Auszubildender kauft für sich während der Arbeitszeit Zigaretten und verursacht beim Überqueren der Straße einen Haftpflichtschaden = keine betriebliche Tätigkeit.

Beruf

Gefahren eines Berufes

Berufsbedingt ist eine Tätigkeit dann, wenn sie auf Dauer angelegt ist und dem Erwerb des Lebensunterhaltes dient.

▶ Beispiel

Ein Bankangestellter, der in seiner Freizeit Fernsehgeräte aus Gefälligkeit repariert, übt keine berufliche Tätigkeit aus.

Sobald diese Arbeit aber laufend gegen Entgelt vorgenommen wird, wird sie zu einer beruflichen Tätigkeit.

Gefahren eines Dienstes   Dienst

Darunter sind Arbeiten zu verstehen, die mit einer beruflichen Tätigkeit vergleichbar sind, aber für die die Bezeichnung „Beruf" nach allgemeinem Sprachgebrauch nicht zutreffend ist.

▶ Beispiel

Handlungen, z. B. eines Ersatzdienst- oder Wehrdienstleistenden im Rahmen dieser Tätigkeiten.

Gefahren eines Amtes   Amt

Als Amt wird ein Aufgabenbereich bezeichnet, der einer Person vom Staat zur Erledigung übertragen wird.

▶ Beispiel

Die Tätigkeit eines Beamten, für die er im Rahmen seiner Amtshaftung haftet, z. B. Verletzung der Aufsichtspflicht eines Lehrers.

Bei vielen Gesellschaften besteht die Möglichkeit, eine Amts-(Dienst-)Haftpflichtversicherung für Beamte und Angestellte im öffentlichen Dienst in die Privat-Haftpflichtversicherung einzuschließen.

Einen Exkurs zur Amts- und zur Vermögensschaden-Haftpflichtversicherung finden Sie im Anschluss an dieses Kapitel.

Gefahren eines Ehrenamtes   Ehrenamt

Ehrenämter im ursprünglichen Wortsinn (ein auferlegtes oder verliehenes öffentliches Ehren-Amt als Tätigkeit oder Aufgabe im öffentlich-rechtlichen Raum, die für das Gemeinwesen wichtig war und unentgeltlich von Bürgern übernommen wurde) gibt es in der Bundesrepublik Deutschland noch in der Justiz (z. B. ehrenamtliche Richter und Schöffen, Schiedsleute, gerichtlich bestellte Betreuer), als Mitglied in Gebietskörperschaften (z. B. Gemeinderatsmitglieder) oder als Helfer bei allgemeinen Wahlen und Volkszählungen.

LF 2

LF 10

LF 15

Bürgerengagement

Heute wird „Bürgerengagement" (oder „Bürgerliches Engagement") als Oberbegriff für verschiedene Engagementformen in der Gesellschaft verwendet wie Ehrenamt bzw. Freiwilligentätigkeit, Freiwilligendienst oder Zivildienst.

Bürgerliches Engagement als freiwillige und unentgeltliche Tätigkeit im öffentlichen Raum wird z. B. im sozialen, ökologischen, kulturellen, kirchlichen, karitativen und politischen Bereich, im Bereich der Bildung und des Sports oder in Bürgerinitiativen eingebracht zur Bewältigung von Aufgaben an der Basis, in Gremien, in Vorstandtätigkeit usw. von Vereinen, Verbänden, Parteien oder Kirchen.

Beispiele für bürgerlich Engagierte sind z. B.:

- Mitglieder von Betriebsräten, Personalräten, Mitarbeitervertretungen und Jugend- und Auszubildendenvertretungen
- Mitglieder der freiwilligen Feuerwehren, der DLRG, des Deutschen Roten Kreuzes, des Malteser Hilfsdienstes und anderer vergleichbarer Hilfsorganisationen sowie des Technischen Hilfswerks
- Mitarbeiter in der Sozialarbeit und der Jugendarbeit

Ehrenbeamte

Wer zur ehrenamtlichen Wahrnehmung hoheitlicher Aufgaben in das Beamtenverhältnis berufen wird (z. B. ehrenamtliche Bürgermeister, Handelsrichter und Wahlkonsuln), ist Ehrenbeamter. Dies gilt nicht für Schöffen und Laienrichter, die – obwohl mit allen richterlichen Befugnissen und Verantwortlichkeiten versehen – auch als bloße Beisitzer bezeichnet und behandelt werden.

Versicherungsschutz

Bürger, die sich freiwillig und unentgeltlich für andere engagieren, bringen Zeit, Kraft, Engagement und nicht selten auch Geld für Organisationen auf, die den Mitbürgern zugute kommen. Die entsprechenden Organisationen sollten es als ihre Pflicht ansehen, die in ihrem Auftrag tätigen Ehrenamtlichen (und freiwillig Engagierten) durch eine Betriebsbzw. Vereins-Haftpflichtversicherung vor haftungsrechtlichen Risiken – mindestens gegen Inanspruchnahme aufgrund von fahrlässig verursachen Schäden – zu schützen.

▶ **Beispiele für Schadenersatzansprüche im Zusammenhang mit bürgerlichem Engagement**

Ein Mitglied einer Elterninitiative zur Verschönerung des Kindergartenspielplatzes baut Mobiliar für eine Spendenaktion auf. Durch einen Fehler beim Aufbau bricht eine Bank zusammen, und ein auf ihr sitzender Besucher verletzt sich.

Ein Versicherungskaufmann organisiert für seine Kolleginnen und Kollegen einen Wandertag und legt irrtümlich eine Wanderroute fest, die durch unwegsames und gefährliches Gelände führt. Ein Wanderer stürzt und verletzt sich am Knöchel.

Die Privat-Haftpflichtversicherung schützt in der Regel nur freiwillige Tätigkeiten, die nicht mit besonderer Verantwortlichkeit verbunden sind. Sie schützt nicht z. B. Gemeinderäte, Betriebsräte und verantwortlich Leitende in Vereinen und sonstigen Vereinigungen aller Art.

Versicherungsschutz

LF
2

LF
10

LF
15

Normalerweise besteht für ehrenamtlich Tätige nur dann Versicherungsschutz gegen Haftpflichtansprüche Dritter, wenn der Verein, Verband usw. dafür eine Vereins-Haftpflichtversicherung abgeschlossen hat.

Haftpflicht-Versicherungsschutz für ehrenamtlich Tätige am Beispiel Hessen

Einzelne Bundesländer fördern und unterstützen durch Rahmenverträge aber das freiwillige Engagement der Bürgerinnen und Bürger, um den Einsatz für die Gemeinschaft ausreichend gegen Haftpflichtrisiken zu versichern. Die Rahmenverträge schließen evtl. bestehende Lücken im Versicherungsschutz subsidiär.

Bei Rahmenverträgen eines Landes ist eine gesonderte Anmeldung einzelner Initiativen oder Personen nicht erforderlich, um den Versicherungsschutz in Anspruch nehmen zu können. Es genügt, sich im Schadensfall an den Vertragspartner des Landes zu wenden, der dann bei Vorliegen bestimmter Voraussetzungen die Schadensregulierung übernimmt.

▶ Hier als Beispiel der Versicherungsumfang der Rahmenvereinbarung für die Haftpflichtversicherung des Landes Hessen

Werden Engagierte in verantwortlicher Position tätig, etwa als ehrenamtliche Vorstandsmitglieder, sind sie nicht durch ihre private Haftpflichtversicherung geschützt. Diese Lücke hat das Land Hessen durch den gegenüber bestehenden Versicherungen subsidiär wirkenden Rahmenvertrag geschlossen. Sofern keine eigene Privat-Haftpflichtversicherung besteht bzw. diese keinen Versicherungsschutz bietet, erhalten auch in Vereinigungen aller Art nicht verantwortlich Tätige über diesen Rahmenvertrag Versicherungsschutz für Schäden, die sie in Ausübung ihrer Tätigkeit für die Vereinigung verursachen.

Versicherungsschutz besteht für in Hessen ehrenamtlich Tätige und Personen, deren ehrenamtliches Engagement von Hessen ausgeht. Damit sind vor allem verantwortlich Engagierte in rechtlich unverbindlichen Zusammenschlüssen, wie etwa Interessengemeinschaften und Initiativen, aber auch in nicht eingetragenen Vereinen und kleinen eingetragenen Vereinen abgesichert. Es gilt lediglich eine geringe Selbstbeteiligung von 100 €. Ehrenamtlich Tätige sollen so vor größeren und im Extremfall existenzbedrohenden Haftungsrisiken geschützt werden.

Der hessische Rahmenvertrag ersetzt hingegen nicht die Vereins-Haftpflichtversicherung. Diese sollte insbesondere von größeren Vereinen unbedingt eigenständig abgeschlossen werden. Grundsätzlich gilt auch, dass bei der Durchführung von Veranstaltungen mit externen Besuchern jeweils eigene Veranstalter-Haftpflichtversicherungen abzuschließen sind.

Da Schadenfälle unter Umständen bis in den siebenstelligen Bereich hineinreichen können, sieht der Rahmenvertrag eine Versicherungssumme von zwei Millionen Euro pauschal für Personen- und/oder Sachschäden vor. Damit werden ehrenamtlich Tätige vor möglicherweise existenzbedrohenden Schadenersatzansprüchen bewahrt.

Auf der Internetseite www.gemeinsam-aktiv.de wird auch eine kostenlose persönliche Online-Beratung zu Versicherungsfragen für ehrenamtlich Aktive angeboten.

verantwortliche Tätigkeit in Vereinigungen

Gefahren einer verantwortlichen Tätigkeit in Vereinigungen aller Art

Unter Vereinigungen sind sowohl feste Zusammenschlüsse wie Sportvereine als auch lockere Zusammenschlüsse wie Bürgerinitiativen zu verstehen.

> Dieser Ausschluss gilt nur für **verantwortliche Tätigkeiten** (Vorstandsmitglied), nicht aber für Handlungen „einfacher Mitglieder" (z. B. Protokollführer).

Schäden, die ehrenamtlich Tätige ohne Leitungs- und Aufsichtsfunktion in Ausübung ihres Ehrenamtes verursachen, werden grundsätzlich von der privaten Haftpflichtversicherung ersetzt.

▶ Beispiel

Der Versicherungsnehmer ist Vorsitzender im Kleingärtnerverein Groß Kollern e. V. und auch noch Sportabzeichenabnehmer im Sportverein Groß Kollern e. V.

Schadensersatzansprüche aus der Tätigkeit als Vorsitzender sind ausgeschlossen, die aus der Tätigkeit als Sportabzeichenabnehmer nicht.

ungewöhnliche und gefährliche Beschäftigung

Gefahren einer ungewöhnlichen und gefährlichen Beschäftigung

Um sich auf diesen Tatbestand als Ausschluss berufen zu können, muss der Versicherer nachweisen, dass beide Voraussetzungen – ungewöhnlich und gefährlich – gleichzeitig erfüllt sind.

Zusätzlich ist erforderlich, dass diese Beschäftigung **von der Allgemeinheit** (und nicht von wenigen Menschen) als „ungewöhnlich und gefährlich" eingestuft wird.

Dies ist sicherlich gegeben, wenn der Schaden im Rahmen einer Straftat vorsätzlich und planmäßig und nicht nur auf einen kurzen Zeitraum begrenzt entstanden ist.

▶ **Beispiel**

LF 2

Baumfällen gilt allgemein nicht als ungewöhnlich und normalerweise auch nicht als besonders gefährlich. Wenn aber der
Versicherungsnehmer selbst ohne Hilfe eine 18 m hohe Fichte
innerhalb einer dichten Bebauung fällen will, obwohl er damit
keine Erfahrung mitbringt, so wird dies wohl allgemein als ungewöhnlich und gefährlich angesehen werden.

LF 10

LF 15

3.A.1.8   Exkurs zur Amts-Haftpflicht- und zur Vermögensschaden-Haftpflichtversicherung

RBE-Privat
Pos. A. 1.

Um einen kurz gefassten Überblick über die beiden Haftpflichtversicherungen zu geben, sind nachfolgend Informationen, Schadenbeispiele
und der Deckungsumfang aufgeführt.

Informationen zur Amts-Haftpflichtversicherung

Artikel 34 – Grundgesetz – Amtspflichtverletzung, Haftung

Art. 34 GG

Verletzt jemand in Ausübung eines ihm anvertrauten öffentlichen Amtes
die ihm einem Dritten gegenüber obliegende Amtspflicht, so trifft die Verantwortlichkeit grundsätzlich den Staat oder die Körperschaft, in deren
Dienst er steht. Bei Vorsatz oder grober Fahrlässigkeit bleibt der Rückgriff
vorbehalten. Für den Anspruch auf Schadensersatz und für den Rückgriff
darf der ordentliche Rechtsweg nicht ausgeschlossen werden.

Sowohl der **Bund** als auch die **Bundesländer** schließen für ihre Einrichtungen regelmäßig keine Haftpflichtversicherungen ab. Somit sind auch
die Bediensteten von Bund und Ländern nicht haftpflichtversichert.

Amts-Haftpflicht-
versicherung

Für Bedienstete von **Städten** und **Gemeinden** wird hingegen Deckung
über eine Haftpflichtversicherung beim Kommunalen Schadenausgleich
bzw. dem Gemeinde-Unfallversicherungs-Verband geboten.

Die Amts-Haftpflichtversicherung (oder eine entsprechende Berufs-
Haftpflichtversicherung) benötigen somit Angehörige des öffentlichen
Dienstes bei Bund und Ländern, die nach beamtenrechtlichen Vorschriften haften und nicht durch den Arbeitgeber versichert sind – somit auch
die Lehrer im öffentlichen Dienst.

Nicht angeboten wird bei vielen Versicherungsunternehmen die Amts-
Haftpflichtversicherung für Bedienstete der Deutschen Bahn AG, der
Luftfahrt und der Schifffahrt sowie für Soldaten der Bundeswehr und
für Ärzte. Bei diesen Berufen lässt sich das zu übernehmende Risiko
nicht sinnvoll kalkulieren.

kein Angebot

▶ Beispiele für ersatzpflichtige Schäden
zur Amts-Haftpflichtversicherung

1. Ein Justizbeamter verliert auf einem Dienstgang sämtliche Waffenbesitzkarten aller Dienststellen. Mit erheblichem Aufwand müssen die Karten annulliert und neue erstellt werden.

2. Der Revierförster einer staatlichen Forstverwaltung transportiert sein vom Dienstherrn zur Verfügung gestelltes Jagdgewehr unsachgemäß, so dass es zu Boden fällt und beschädigt wird.

3. Der Dienstherr nimmt seinen Mitarbeiter wegen grober Fahrlässigkeit in Regress:

   ▪ Beim Mähen eines Randstreifens erkennt der Straßenwärter einen Stein, den er allerdings nicht entfernt. Er setzt seine Arbeit fort. Der Stein wird durch den Motormäher hoch geschleudert und trifft ein vorbeifahrendes Kraftfahrzeug.
   ▪ Der Mitarbeiter einer Straßenmeisterei fährt freitags eine Strecke ab und erkennt Mängel an einem provisorisch aufgestellten Verkehrsschild. Er geht davon aus, dass am Wochenende kein Schaden eintritt, obwohl ihm die ungünstigen Wetterprognosen bekannt sind. Am nächsten Tag ereignet sich ein Verkehrsunfall, da das Schild umgestürzt war.

4. Ein Bediensteter der Stadtwerke händigte einer Baufirma Kabelpläne aus, die nicht auf dem neuesten Stand waren. Bei den Bauarbeiten kam es dann zur Beschädigung eines im Plan nicht eingezeichneten Steuerkabels.

5. Infolge eines Konstruktionsfehlers, der einem technischen Bediensteten der Baubehörde unterlief, stürzte eine Brücke ein.

6. Eine Klassenfahrt führt nach Südtirol. Der Lehrer unternimmt mit den Schülern eine Bergwanderung. Ein Schüler rutscht bei der Überquerung eines Geröllfeldes ab und zieht sich schwere Verletzungen zu. Der Lehrer wird wegen Verletzung der Aufsichtspflicht in Anspruch genommen.

7. Der Lehrer erteilt Schwimmunterricht. Er hat es unterlassen, die Sprunganlage zu sperren. Ein Schüler springt vom 3-m-Brett und verletzt einen Mitschüler.

8. Eine Lehrerin lässt den Generalschlüssel für sämtliche Türen des Schulgebäudes in einer Telefonzelle liegen. Die später eingeleitete Suche bleibt erfolglos, der Schlüssel ist

nicht auffindbar. Alle Zylinder der Schließanlage müssen ausgetauscht werden.

LF
2

LF
10

LF
15

9. Während der Turnstunde lässt die Lehrerin die Klasse längere Zeit unbeaufsichtigt. Die Kinder turnen an Geräten ohne die vorgeschriebene Hilfestellung durch Mitschüler. Ein Junge stürzt vom Barren und verletzt sich schwer. Das Verhalten der Lehrkraft stellt einen schweren Verstoß gegen ihre Berufspflichten dar.

Deckungsumfang der Amts-Haftpflichtversicherung

Deckungsumfang

1. Amtshaftung

Amtshaftung

Verletzen Beamte oder die den Beamten gleichgestellten anderen Angehörige des öffentlichen Dienstes vorsätzlich oder fahrlässig Amtspflichten, so trifft die Verantwortlichkeit grundsätzlich den Staat oder die Anstellungskörperschaft (Dienstherr).

Bei Vorsatz oder grober Fahrlässigkeit kann der Dienstherr Schäden allerdings im Wege des Rückgriffs bei dem Beamten bzw. bei dem nach beamtenrechtlichen Bestimmungen haftenden Mitarbeiter geltend machen.

2. Abhandenkommen von Schlüsseln

Abhandenkommen von Schlüsseln

Mitversichert ist die gesetzliche Haftpflicht aus dem Abhandenkommen von fremden Schlüsseln, die dem Versicherungsnehmer im Rahmen seiner Berufsausübung übergeben worden sind.

Die Höchstersatzleistung beträgt innerhalb der Deckungssumme für Sachschäden je Schadenereignis 15 000 €, begrenzt auf 30 000 € für alle Versicherungsfälle eines Versicherungsjahres.

3. Abhandenkommen von anderen Sachen

Abhandenkommen von anderen Sachen

Mitversichert ist die gesetzliche Haftpflicht gegenüber dem Dienstherrn wegen Abhandenkommens von Geld, geldwerten Zeichen, Wertpapieren und Sachen des Dienstherrn (ausgenommen Land-, Luft- und Wasserfahrzeuge).

Die Höchstersatzleistung beträgt innerhalb der Deckungssumme für Sachschäden je Schadenereignis 2 500 €, begrenzt auf 5 000 € für alle Versicherungsfälle eines Versicherungsjahres.

4. Auslandsdeckung

Auslandsdeckung

Es gilt die Regelung aus der Privat-Haftpflichtversicherung.

5. Regressansprüche des Dienstherrn

Regressansprüche des Dienstherrn

Mitversichert sind Regressansprüche, die der Dienstherr gegen den Versicherungsnehmer wegen eines Personen- oder Sachschadens geltend macht, und zwar auch dann, wenn es sich um öffentlich-rechtliche Haftpflichtansprüche handelt (z. B., wenn der Dienstherr seinen Schadenersatzanspruch durch Verwaltungsakt in Gestalt eines Leistungsbescheides geltend macht).

Schäden an Sachen des Dienstherrn

6. Schäden an Sachen des Dienstherrn

Mitversichert ist die gesetzliche Haftpflicht aus Schäden, die an Sachen des Dienstherrn – ausgenommen Land-, Luft- und Wasserfahrzeuge – durch dienstliche Tätigkeit an oder mit diesen Sachen entstanden sind.

Die Höchstersatzleistung beträgt innerhalb der Deckungssumme für Sachschäden je Schadenereignis 2 500 €, begrenzt auf 5 000 € für alle Versicherungsfälle eines Versicherungsjahres

Nachhaftungs-versicherung

7. Nachhaftungsversicherung

Auch nach Ausscheiden aus dem öffentlichen Dienst bleibt der Versicherungsschutz für drei Jahre erhalten

Informationen zur Vermögensschaden-Haftpflichtversicherung

In der Amts-Haftpflichtversicherung sind **reine Vermögensschäden nicht mitversichert.**

Dem Versicherungsnehmer sollte daher auf jeden Fall eine separate Vermögensschaden-Haftpflichtversicherung angeboten werden.

Vermögensschaden-Haftpflichtversicherung

Durch eine Vermögensschaden-Haftpflichtversicherung sind die Schäden versichert, die weder Folge eines Personenschadens noch Folge eines Sachschadens sind.

Diese Schäden können vom Versicherungsnehmer sowohl seinem Dienstherrn als auch Dritten zugefügt werden.

Bei z. B. Notaren, Rechtsanwälten, Ingenieuren, Steuerberatern und Beamten / Angestellten im Öffentlichen Dienst liegt der Schwerpunkt der beruflichen Tätigkeit in der Beratung von Mandanten, der Begutachtung von Objekten, der Verwaltung von Häusern oder der Vermittlung von Verträgen.

Diese Personen oder auch ehrenamtlich in einem Verein Tätige müssen im Falle einer Falschberatung, einer falschen Auslegung von Vorschriften oder von falschen Berechnungen oder weiteren Fehlern, die bei Kunden oder auch bei den Dienstherren einen Vermögensschaden verursachen, in unbegrenzter Höhe haften.

Mit einer Vermögensschaden-Haftpflichtversicherung kann die persönliche Existenz abgesichert und Schutz vor den finanziellen Folgen solcher Fehler erlangt werden.

▶ Beispiele für ersatzpflichtige Schäden zur Vermögensschaden-Haftpflichtversicherung im öffentlichen Dienst

1. Schäden, die der Versicherungsnehmer dem Dienstherrn unmittelbar zufügt:

   z. B. unrichtige Auslegung von Vorschriften; unrichtige Berechnung von Reise- und Umzugskosten; versehentliche Gewährung von Kindergeldzulagen; falsche Berechnung des Besoldungsdienstalters; unrichtige Angabe des Geburtsjahres und dadurch verursachte Weiterzahlung von Renten; Frist- und Terminversäumnisse; Nichtgeltendmachung von Ausgleichs- oder Ersatzansprüchen; Verjährenlassen von Ansprüchen; Versehen bei Vertragsabschlüssen; unrichtige Prozessführung; Beschaffung unbrauchbaren Materials; Nichtabzug von Skonti; verspätete Mängelrüge; Überzahlung; Anweisung von Leistungen, auf die kein Anspruch besteht; Verletzung der Aufsichts- und Belehrungspflicht; Fehlüberweisung; Zahlung an Nichtberechtigte; Doppelauszahlungen, Ausstellung fehlerhafter Bescheinigungen; Fehler bei der Bestellung von Material, unrichtige Kostenfestsetzung.

2. Schäden, die der Versicherungsnehmer einem Dritten zufügt:

   z. B. unrichtige Beratung; Erteilung unrichtiger Auskünfte, Aufnahme unsachgemäßer Anträge; Versehen in Steuerangelegenheiten; unrichtige Beglaubigungen; unrichtige Aufnahme von Nottestamenten durch Bürgermeister; unrichtige Verweigerung oder Entziehung von Konzessionen; Versehen in Lastenausgleichsangelegenheiten; ungerechtfertigte Beschlagnahmungen; verspätete Stilllegung eines nicht versicherten Kraftfahrzeuges; unzulängliche Prüfung der Personengleichheit; Schließung nichtiger Ehen; unrichtige Ablehnung von Trauungen durch Standesbeamte.

Deckungsumfang der Vermögensschaden-Haftpflichtversicherung, z. B. für freie Berufe:

Bei dieser Versicherung handelt es sich um eine auf Dienstleistungsunternehmen und freie Berufe zugeschnittene Berufs-Haftpflichtversicherung für beratend Tätige – nur – gegen Vermögensschäden, die Mandanten bzw. Auftraggebern zugefügt werden. Darüber hinaus werden z. B. Vereinen, Verbänden und sonstigen Personenvereinigungen besondere Versicherungskonzepte angeboten, die neben dem Vereinsvermögen auch die ehrenamtlich engagierten Mitarbeiter schützen.

Im Schadenfall prüfen Spezialisten, ob und in welcher Höhe eine Verpflichtung zum Schadenersatz besteht. Bei berechtigten Ansprüchen zahlt der Versicherer bis zur Höhe der vereinbarten Versicherungssumme. Unberechtigte oder überhöhte Ansprüche werden – auch vor Gericht (Übernahme von Prozess-, Anwalts- und Gutachterkosten) – abgewehrt.

RBE-Privat
Pos. A 2.

RBE-Privat
Pos. A. 2. (1)

§ 832 BGB
Kapitel 1.3.1.2.2
➡ Haftpflichtrecht

Text
§ 832 BGB
Haftung des Aufsichtspflichtigen

3.A.2   Haushalt und Familie

3.A.2.1   Ansprüche gegen den Versicherungsnehmer als Familien- und Haushaltsvorstand

Versichert ist im Umfang der RBE-Privat Pos. A.1. die gesetzliche Haftpflicht des Versicherungsnehmers als Familien- und Haushaltsvorstand (z. B. aus der Aufsichtspflicht über Minderjährige).

§ 832 BGB – Haftung des Aufsichtspflichtigen

(1) Wer kraft Gesetzes zur Führung der Aufsicht über eine Person verpflichtet ist, die wegen Minderjährigkeit oder wegen ihres geistigen oder körperlichen Zustands der Beaufsichtigung bedarf, ist zum Ersatz des Schadens verpflichtet, den diese Person einem Dritten widerrechtlich zufügt. Die Ersatzpflicht tritt nicht ein, wenn er seiner Aufsichtspflicht genügt oder wenn der Schaden auch bei gehöriger Aufsichtsführung entstanden sein würde.

(2) Die gleiche Verantwortlichkeit trifft denjenigen, welcher die Führung der Aufsicht durch Vertrag übernimmt.

▶ Beispiele

Der Versicherungsnehmer lässt seinen 6-jährigen Sohn und dessen Spielkameraden unbeaufsichtigt im Hobbykeller mit Dart-Wurfpfeilen spielen. Der Sohn des Versicherungsnehmers verletzt hierbei seinen Spielkameraden am Auge.

Bei einem Kindergarten-Ausflug in einen Freizeitpark hat der Versicherungsnehmer vertraglich die Begleitung der Gruppe übernommen. Während des Ausflugs stürzt ein vierjähriges Mädchen vom Klettergerüst und erleidet eine Platzwunde am Kopf, die genäht werden muss. Dem Versicherungsnehmer wird Nachlässigkeit nachgewiesen.

RBE-Privat
Pos. A. 2.2

➡ AHB

3.A.2.2   Ansprüche gegen den Versicherungsnehmer als gerichtlich bestellter Betreuer von Angehörigen

Versichert ist im Umfang der RBE-Privat Pos. A.1. die gesetzliche Haftpflicht des Versicherungsnehmers als gerichtlich bestellter Betreuer von Angehörigen im Sinne von Ziffer 7.5 (1) Absatz 2 AHB.

253

Rechtliche Grundlage für Betreuung sind die §§ 1896 ff. BGB

§§ 1896 ff. BGB

LF 2

§ 1896 BGB – Voraussetzungen

Texte
§§ 1896 und 1897 BGB

(1) Kann ein Volljähriger aufgrund einer psychischen Krankheit oder einer körperlichen, geistigen oder seelischen Behinderung seine Angelegenheiten ganz oder teilweise nicht besorgen, so bestellt das Vormundschaftsgericht auf seinen Antrag oder von Amts wegen für ihn einen Betreuer. .....

LF 10

(1a) Gegen den freien Willen des Volljährigen darf ein Betreuer nicht bestellt werden.

LF 15

(2) Ein Betreuer darf nur für Aufgabenkreise bestellt werden, in denen die Betreuung erforderlich ist. Die Betreuung ist nicht erforderlich, soweit ....

§ 1897 BGB – Bestellung einer natürlichen Person

(1) Zum Betreuer bestellt das Vormundschaftsgericht eine natürliche Person, die geeignet ist, in dem gerichtlich bestimmten Aufgabenkreis die Angelegenheiten des Betreuten rechtlich zu besorgen und ihn in dem hierfür erforderlichen Umfang persönlich zu betreuen. ....

Der Versicherungsschutz für den Versicherungsnehmer bezieht sich auf die gesetzliche Haftpflicht für Personen- und Sachschäden und die sich daraus ergebenden unechten Vermögensschäden.

Personenschäden
Sachschäden
unechte Vermögensschäden

Durch die Besonderen Bedingungen für die Mitversicherung von Vermögensschäden in der Haftpflichtversicherung (BBVerm) sind echte Vermögensschäden, die im Rahmen der Betreuung entstehen, nur dann eingeschlossen, wenn der Versicherungsschutz zusätzlich vereinbart wurde (Ziffer 2.1 AHB).

echte
Vermögensschäden

➡ AHB

Als Angehörige gelten gemäß Ziffer 7.5 (1) Absatz 2 AHB z. B. Ehegatten, Lebenspartner im Sinne des Lebenspartnerschaftsgesetzes oder vergleichbarer Partnerschaften nach dem Recht anderer Staaten, Eltern und Kinder, Adoptiveltern und -kinder, Schwiegereltern und -kinder, Stiefeltern und -kinder, Großeltern und Enkel, Geschwister sowie Pflegeeltern und -kinder.

Angehörige

➡ AHB

Oft werden die zu betreuenden Angehörigen mit dem Versicherungsnehmer in häuslicher Gemeinschaft leben und auch in den Versicherungsschutz der Privat-Haftpflichtversicherung – evtl. auf besonderen Antrag – einbezogen.

Wenn sich die Betreuung auf geistig behinderte Kinder bezieht, so sind auch volljährige, unverheiratete behinderte Kinder mitversichert, sofern sie der ständigen Betreuung im Sinne der gesetzlichen Regelungen bedürfen und mit dem Versicherungsnehmer in häuslicher Gemeinschaft leben.

Anmerkung nach
RBE-Privat
Pos. A. 2.5

Ausgeschlossen sind Haftpflichtansprüche

- aus **Personenschäden**, wenn es sich dabei um Arbeitsunfälle und Berufskrankheiten **im Betrieb** des Versicherungsnehmers gemäß dem Sozialgesetzbuch VII handelt;
- gegen den Versicherungsnehmer aus § 110 Abs. 1a SGB VII (Regress der Sozialversicherungsträger bei Schwarzarbeit).

➡ AHB

Ausgeschlossen sind weiterhin durch Ziffer 7.4 (2) und (3) sowie Ziffer 7.5 AHB Haftpflichtansprüche

- zwischen mehreren Versicherungsnehmern desselben Versicherungsvertrages,
- zwischen mehreren Mitversicherten desselben Versicherungsvertrages und
- gegen den Versicherungsnehmer aus Schadenfällen seiner Angehörigen.

Dieser Ausschluss wird aufgehoben hinsichtlich der Ansprüche gegen den Versicherungsnehmer, die sich aufgrund der gerichtlichen Bestellung als Betreuer von Angehörigen ergeben.

ehrenamtliche
Betreuer

Ehrenamtliche Betreuer sind in der Regel durch einen Rahmenvertrag des jeweiligen Landesjustizministeriums versichert.

RBE-Privat
Pos. A. 2.3

3.A.2.3   Ansprüche gegen den Versicherungsnehmer als Dienstherr der in seinem Haushalt tätigen Personen

Versichert ist im Umfang der RBE-Privat Pos. A.1. die gesetzliche Haftpflicht des Versicherungsnehmers als Dienstherr der in seinem Haushalt tätigen Personen.

Der Versicherungsnehmer kann bei in seinem Haushalt beschäftigten Personen (Haushälterin, Raumpflegerinnen, Babysitter usw.) Haftpflichtansprüche auslösen.

Dies gilt insbesondere auch für Schadenersatzansprüche aus Diskriminierungstatbeständen nach dem Allgemeinen Gleichbehandlungsgesetz

➡ AHB

(AGG) – diese Ansprüche sind an sich durch Ziffer 7.17. AHB ausgeschlossen.

Durch die RBE wird der Versicherungsschutz für Personen-, Sach- und (unechte und echte) Vermögensschäden aber auf die Höchstersatzleistung von 50 000 € (für den einzelnen Versicherungsfall und für alle Versicherungsfälle eines Versicherungsjahres) begrenzt.

▶ Beispiel

Die Haushälterin schüttet beim Servieren versehentlich Rotwein auf das Kleid der Besucherin.

Die Köchin hat bei der Herstellung des Abendessens nicht sorgfältig genug gearbeitet, so dass Gäste krank werden.

Ausgeschlossen sind Haftpflichtansprüche

Anmerkung nach RBE-Privat Pos. A. 2.5

- aus **Personenschäden**, wenn es sich dabei um Arbeitsunfälle und Berufskrankheiten **im Betrieb** des Versicherungsnehmers gemäß dem Sozialgesetzbuch VII handelt;
- gegen den Versicherungsnehmer aus § 110 Abs. 1a SGB VII (Regress der Sozialversicherungsträger bei Schwarzarbeit).

3.A.2.4 Ansprüche Dritter gegen im Haushalt des Versicherungsnehmers tätige Personen aus dieser Tätigkeit

RBE-Privat Pos. A. 2.4

Versichert ist im Umfang der RBE-Privat Pos. A.1. die gesetzliche Haftpflicht der im Haushalt des Versicherungsnehmers tätigen Personen gegenüber Dritten aus dieser Tätigkeit.

Die im Haushalt des Versicherungsnehmers beschäftigten Personen (Haushälterin, Raumpflegerinnen, Babysitter usw.) können durch ihre Tätigkeit Haftpflichtansprüche Dritter auslösen.

▶ Beispiel

Die Haushälterin nimmt einer Besucherin den Mantel ab und lässt ihn aus Versehen auf den schmutzigen Fußboden fallen, so dass der Mantel in die Reinigung muss.

Ausgeschlossen sind Haftpflichtansprüche

Anmerkung nach RBE-Privat Pos. A. 2.5

- aus Personenschäden, wenn es sich dabei um Arbeitsunfälle und Berufskrankheiten im Betrieb des Versicherungsnehmers gemäß dem Sozialgesetzbuch VII handelt;
- gegen den Versicherungsnehmer aus § 110 Abs. 1a SGB VII (Regress der Sozialversicherungsträger bei Schwarzarbeit).

3.A.2.5 Ansprüche gegen Personen, die aus Arbeitsvertrag oder gefälligkeitshalber für den Versicherungsnehmer tätig sind

RBE-Privat Pos. A. 2.5

Versichert ist im Umfang der RBE-Privat Pos. A.1. die gesetzliche Haftpflicht der Personen, die aus Arbeitsvertrag oder gefälligkeitshalber Wohnung, Haus und Garten betreuen oder den Streudienst versehen.

Diese Personen, die aus Arbeitsvertrag (wie z. B. Hausmeister, Gärtner) oder gefälligkeitshalber (z. B. Nachbarn oder Kollegen) für den Versicherungsnehmer tätig werden, können durch ihre Tätigkeit Haftpflichtansprüche Dritter auslösen.

▶ Beispiel

Der Versicherungsnehmer hat seinen Nachbarn gebeten, für ihn am Wochenende Schnee zu räumen, weil er verreist ist. Der Nachbar macht das nicht ordnungsgemäß und ein Fußgänger stürzt deswegen = Versicherungsschutz.

Der Nachbar räumt den Schnee während der in der Ortssatzung vorgeschriebenen Zeit ordnungsgemäß. Nachts schneit es noch einmal und ein Fußgänger stürzt = Versicherungsschutz besteht hinsichtlich der Abwehr unberechtigter Ansprüche.

Ausgeschlossen sind Haftpflichtansprüche

Anmerkung nach RBE-Privat Pos. A. 2.5

- aus Personenschäden, wenn es sich dabei um Arbeitsunfälle und Berufskrankheiten im Betrieb des Versicherungsnehmers gemäß dem Sozialgesetzbuch VII handelt;
- gegen den Versicherungsnehmer aus § 110 Abs. 1a SGB VII (Regress der Sozialversicherungsträger bei Schwarzarbeit).

RBE-Privat Pos. A. 2.6

3.A.2.6 Ansprüche gegen den Versicherungsnehmer aus der Beaufsichtigung minderjähriger Kinder

Versichert ist im Umfang der RBE-Privat Pos. A.1. die gesetzliche Haftpflicht des Versicherungsnehmers aus der Beaufsichtigung von zur Betreuung übernommenen minderjährigen Kindern.

Versichert sind

§ 832 BGB
➡ Haftpflichtrecht

- seine gesetzliche Haftpflicht aus der Betreuung (z. B. aus Verletzung der Aufsichtspflicht nach § 832 BGB – siehe Kapitel 1.3.1.2.2) und
- die gesetzlichen Haftpflichtansprüche der zu betreuenden Kinder gegen den Versicherungsnehmer.

Dies gilt aber nur, wenn bis zu fünf Kinder zur Betreuung übernommen werden. Bei mehr als fünf Kindern entfällt die Mitversicherung und es

➡ AHB

gelten die Bestimmungen über die Vorsorgeversicherung (Ziffer 4. AHB).

Nicht versichert sind

- die persönliche gesetzliche Haftpflicht der Kinder (hierfür ist die Privat-Haftpflichtversicherung der Eltern des Kindes zuständig) sowie
- die Haftpflicht wegen Abhandenkommens von Sachen der betreuten Kinder.

LF
2

LF
10

LF
15

■ die Tätigkeit einer Tagesmutter, wenn sie in der Form ausgeübt wird, dass besondere Räume angemietet oder angekauft werden (für dieses gewerbliche Betriebsstättenrisiko muss eine Berufs-Haftpflichtversicherung abgeschlossen werden).

Wenn die Versicherung **nicht nur für eine Einzelperson genommen ist**, gilt dieser Versicherungsschutz entsprechend auch bei der Betreuung minderjähriger Kinder durch Ehegatten und Lebenspartner sowie – falls im Versicherungsvertrag ausdrücklich vereinbart – durch Lebensgefährten.

▶ Beispiele

Die Ehefrau des Versicherungsnehmers übernimmt für einen Nachmittag die Betreuung der Kinder der Nachbarn. Während dieser Zeit ist sie kurze Zeit unaufmerksam und verhindert nicht, dass diese Kinder ein vor dem Haus geparktes Auto beschädigen.

Bei einem Ausflug mit den zu betreuenden drei Kindern in einen Tierpark stürzt ein vierjähriges Mädchen vom Klettergerüst und erleidet eine Platzwunde am Kopf, die genäht werden muss. Dem Versicherungsnehmer wird Nachlässigkeit nachgewiesen.

3.A.2.7 Ansprüche aus Schäden an medizinischen Hilfsmitteln

RBE-Privat
Pos. A. 2.7

Versichert ist im Umfang der RBE-Privat Pos. A.1. die gesetzliche Haftpflicht des Versicherungsnehmers für Schäden

■ an ärztlich verordneten medizinischen Hilfsmitteln,
■ die von Krankenkassen, Diakoniestationen etc.
■ für therapeutische oder diagnostische Zwecke

zur Verfügung gestellt werden.

An sich sind diese Haftpflichtansprüche wegen Schäden an fremden Sachen durch Ziffer 7.6 AHB ausgeschlossen.

Schäden
an fremden Sachen

Die RBE heben diesen Ausschluss wieder auf, weil er gegenüber dem Versicherungsnehmer „als Familienoberhaupt" eine unbillige Härte darstellen würde. Die medizinischen Hilfsmittel müssen aber obige Anforderungen erfüllen, damit Versicherungsschutz besteht.

➡ AHB

▶ Beispiel

Die Ehefrau des Versicherungsnehmers muss wegen Bluthochdrucks über einen längeren Zeitraum zu Hause ständig den Blutdruck messen. Dabei wird das Gerät so beschädigt, dass es nicht mehr benutzt werden kann.

Höchstersatzleistung

Die Höchstersatzleistung beträgt innerhalb der Versicherungssumme für Sachschäden 5 000 € je Versicherungsfall, begrenzt auf 10 000 € für alle Versicherungsfälle eines Versicherungsjahres.

RBE-Privat
Pos. A. 2. (8)

3.A.2.8 Versicherungsschutz bei fehlender Deliktsfähigkeit mitversicherter minderjähriger Kinder

In den §§ 828 und 829 BGB ist die Verantwortlichkeit Minderjähriger für von ihnen verursachte Schäden geregelt. Nähere Ausführungen dazu siehe Kapitel 1.3.1.1.1.

➡ Haftpflichtrecht

Die Grafik zeigt den **Umfang der gesetzlichen Haftung Minderjähriger** auf:

▶ **Zusammenfassung zur Deliktsfähigkeit Minderjähriger**

bis zum vollendeten 7. Lebensjahr	Die Minderjährigen sind nicht deliktsfähig, sie haften selbst nicht (deliktsunfähig).
Vom vollendeten 7. bis zum vollendeten 10. Lebensjahr	Die Minderjährigen haften selbst nicht für Schäden im fließenden Straßen- und Schienenverkehr (bei einem Unfall mit einem Kraftfahrzeug, einer Schienenbahn oder einer Schwebebahn) – außer bei Vorsatz.
vom vollendeten 7./10. Lebensjahr bis zum vollendeten 18. Lebensjahr	Die Minderjährigen haften selbst, wenn sie aufgrund ihres Alters und ihrer Reife erkennen mussten, dass durch ihr Verhalten ein Schaden entstehen könnte (bedingt deliktsfähig).
ab dem vollendeten 18. Lebensjahr	Die Volljährigen haften im vollen Umfang für Schäden, die sie verursacht haben.

An sich müsste der Haftpflichtversicherer auch nur in diesem Umfang Versicherungsschutz für mitversicherte minderjährige Kinder gewähren.

Durch die RBE-Privat wird der Versicherungsschutz im Interesse des Versicherungsnehmers ausgeweitet:

Der Versicherer leistet bei Haftpflichtansprüchen gegen mitversicherte minderjährige Kinder auf Wunsch des Versicherungsnehmers auch dann Versicherungsschutz, wenn eine Haftung des Kindes wegen fehlender Deliktsfähigkeit nach dem BGB nicht gegeben ist.

Die Höchstersatzleistung für diese Deckung beträgt 5 000 € je Versicherungsfall, begrenzt auf 10 000 € für alle Versicherungsfälle eines Versicherungsjahres.

Diese Leistung erfolgt – ohne Anerkennung eines Rechtsanspruches des Geschädigten – nur, wenn

- die Haftungsvoraussetzungen laut BGB im Übrigen vorliegen und
- nur die Deliktsunfähigkeit des Kindes einer Leistung entgegenstehen würde.

▶ Beispiel

Der sechsjährige Sohn des Versicherungsnehmers beschädigt die Fliesen auf der Eingangstreppe des Nachbarn in einem nur kurzen Augenblick der Unaufmerksamkeit seiner Mutter.

Bisher hat das Kind nie zerstörende Auffälligkeiten gezeigt und die Mutter hat keine Veranlassung gehabt, ständig nach dem Kind zu sehen. Es liegt also keine Aufsichtspflichtverletzung vor.

Das Kind selbst kann wegen seiner Deliktsunfähigkeit (alle anderen Anforderungen des § 823 BGB sind erfüllt) nicht zum Schadensersatz herangezogen werden.

Der Versicherer leistet Schadensersatz.

Ausgeschlossen ist der Versicherungsschutz, wenn

- der Geschädigte selbst aufsichtspflichtig war, oder
- von einem Aufsichtspflichtigen Schadensersatz erlangt werden kann, oder
- eine Leistungspflicht aus einem anderen Versicherungsvertrag (z. B. einer Sachversicherung oder einer Sozialversicherung) besteht.

▶ Beispiel

Der sechsjährige Sohn des Versicherungsnehmers beschädigt die Fliesen auf der Eingangstreppe des Nachbarn, weil seine Mutter nicht richtig auf ihn aufpasst.

Das Kind hat schon öfter zerstörende Auffälligkeiten gezeigt und die Mutter musste deshalb ständig nach dem Kind sehen. Es liegt also fahrlässige Aufsichtspflichtverletzung vor.

Das Kind selbst kann über § 823 BGB wegen seiner Deliktsunfähigkeit (alle anderen Anforderungen sind erfüllt) nicht zum Schadensersatz herangezogen werden.

Aber die Mutter ist wegen Verletzung der Aufsichtspflicht schadensersatzpflichtig. Der Versicherer leistet also auch hier aus demselben Versicherungsvertrag Schadensersatz.

Von der Einschränkung ausgenommen sind Regressansprüche von Sozialversicherungsträgern bzw. privaten Versicherern oder Arbeitgebern aus übergegangenem Recht.

Regressansprüche

LF 2

LF 10

LF 15

3.A.3.   Haus und Wohnung

Der Versicherungsschutz der Privat-Haftpflichtversicherung umfasst auch die gesetzliche Haftpflicht (aus §§ 823 und 836 BGB) des Versicherungsnehmers aus dem Eigentum oder dem Besitz von Grundstücken, Gebäuden, Wohnungen, Garagen, Kraftfahrzeug-Einstellräumen und Gärten (siehe dazu auch Kapitel 1.3.1.4 – Haftung des Gebäudebesitzers und des Gebäudeunterhaltspflichtigen).

3.A.3.1   Versicherungsschutz für den Versicherungsnehmer als Inhaber (z. B. Eigentümer, Mieter)
- von Wohnungen,
- eines Einfamilienhauses und
- von Ferien-/Wochenendhäusern

Inhaber kann z. B. der Eigentümer eines Hauses, der Mieter einer Wohnung, der Pächter eines Grundstücks mit Haus, der Nießbraucher, der Sondereigentümer einer Eigentumswohnung sein.

Der Versicherungsschutz für den Versicherungsnehmer – und die mitversicherten Personen – als Inhaber von Wohnungen oder Häusern **in Europa und in den außereuropäischen Gebieten, die zum Geltungsbereich des Vertrages über die Europäische Union** gehören, hat folgenden Umfang:

Versichert ist die gesetzliche Haftpflicht als Inhaber

- **einer oder mehrerer** Wohnungen (bei Wohnungseigentum entsprechend als Sondereigentümer) – einschließlich Ferien-/Wochenendwohnungen,
- **eines** Einfamilienhauses,
- **eines oder mehrerer** Ferien-/ Wochenendhäuser.

Voraussetzung ist, dass die Objekte

- vom Versicherungsnehmer selbst und
- ausschließlich zu Wohnzwecken

verwendet werden.

Als Einfamilienhaus gilt auch die Doppelhaushälfte oder das Reihenhaus.

Eingeschlossen in den Versicherungsschutz sind auch die zugehörigen Garagen, Carports, Kraftfahrzeug-Stellplätze und Schreber-/Gärten.

Eine gewerbliche Verwendung der Objekte ist nicht versichert.

▶ **Beispiel**

Der Pächter eines Einfamilienhauses hat es versäumt, die aus-
gefallene Eingangsbeleuchtung reparieren zu lassen, so dass
ein Besucher auf der Treppe zu Fall kommt und sich schwere
Verletzungen zuzieht.

Für ehemalige landwirtschaftliche Betriebe gilt: nach vollständiger Aufgabe der Landwirtschaft ist die gesetzliche Haftpflicht aus dem Besitz
eines ehemaligen Bauernhauses und von Nebengebäuden im Rahmen
der Privat-Haftpflichtversicherung ohne besondere Beitragsberechnung
mitversichert. Voraussetzung ist, dass das Bauernhaus vom Versicherungsnehmer selbst und ausschließlich zu eigenen Wohnzwecken genutzt wird.

Werden jedoch zum ehemaligen landwirtschaftlichen Betrieb gehörende landwirtschaftliche Flächen verpachtet, ist eine Verpächter-Haft-
pflichtversicherung (Haus- und Grundbesitzer-Haftpflichtversicherung)
erforderlich.

Die Leistungen des Versicherers erfolgen in Euro. Für Zahlungsorte au-   Leistung in Euro
ßerhalb des Gebietes der Europäischen Währungsunion gelten die Verpflichtungen des Versicherers mit dem Zeitpunkt als erfüllt, in dem der
Euro-Betrag bei einem in der Europäischen Währungsunion gelegenen
Geldinstitut angewiesen ist.

Klärung der Begriffe im Zusammenhang mit Eigentumswohnungen und Eigentümergemeinschaften

Bei **Eigentumswohnungen** liegt regelmäßig eine Wohnungseigentü-   Eigentumswohnung
mergemeinschaft vor, d.h. es sind Wohnungsgrundbücher vorhanden.

Bei **Wohnungseigentümergemeinschaften** im Sinne des Wohnungs-   Wohnungseigen-
eigentumsgesetzes (WEG) wird durch das Gesetz bzw. durch die Tei-   tümergemeinschaften
lungserklärung über die Zugehörigkeit von Gebäudeteilen zum Sonder-,
Teil- und Gemeinschaftseigentum unterschieden.

Das Wohnungseigentumsgesetz (WEG) definiert in § 1:

Sondereigentum: Wohnungseigentum (Eigentumswohnung) ist das Son-   Sondereigentum
dereigentum an zu Wohnzwecken dienenden Räumen in Verbindung mit
dem Miteigentumsanteil am gemeinschaftlichen Eigentum. Es ist derjenige Teil, der ausschließlich dem Miteigentümer für eigene Wohn- oder
sonstige Zwecke zur Verfügung steht (z. B. Wohnräume, Veranda, Balkon,
der dazugehörige Keller).

Teileigentum ist Sondereigentum an nicht zu Wohnzwecken dienenden   Teileigentum
Räumen (gewerbliche Nutzung) eines Gebäudes mit dem Miteigentums-
anteil an dem Gemeinschaftseigentum, zu dem es gehört (z. B Praxen,
Ladengeschäfte u. ä.).

LF 2

LF 10

LF 15

Gemeinschafts-
eigentum

Gemeinschaftseigentum: Gemeinschaftseigentum ist das Grundstück und das Gebäude, soweit es sich nicht im Sondereigentum befindet, ferner alle Anlagen und Einrichtungen und Teile des Gebäudes, die dem gemeinschaftlichen Gebrauch dienen (z. B. Außenwände, Flure, Treppenhaus, Aufzug, Waschküche, Trockenboden, Müllschlucker, Dächer, Tiefgarage), auch, wenn sie sich im Bereich der Sondereigentumsräume befinden (Wasserleitungs-, Gas- und Heizungsanlagen u. ä.).

Eigentümer-
gemeinschaft

Haben mehrere Personen ein Haus mit mehreren Wohnungen gekauft, ohne dass die einzelnen Wohnungen in Wohnungsgrundbücher aufgeteilt wurden, liegt keine Wohnungseigentümergemeinschaft sondern eine **Eigentümergemeinschaft** vor.

Da bei einer Eigentümergemeinschaft keine Wohnungsgrundbücher vorliegen, gibt es folglich keine Unterscheidung in Sonder-, Teil- und Gemeinschaftseigentum. Es ist nur Gemeinschaftseigentum vorhanden.

Im Hinblick auf die unterschiedliche Deckung von Schäden der Eigentümer muss im Antrag für die Haftpflichtversicherung deutlich werden, ob es sich um eine Wohnungseigentümergemeinschaft oder eine Eigentümergemeinschaft handelt.

Regelungen für das Sondereigentum und das Gemeinschaftseigentum bei Eigentumswohnungen

Bei **Eigentumswohnungen** ist zwischen Sondereigentum und Gemeinschaftseigentum zu unterscheiden.

Sondereigentum

Für Haftpflichtgefahren, die vom Sondereigentum (also der eigenen Wohnung) ausgehen, ist der Wohnungseigentümer verantwortlich.

▶ Beispiel

Ein Besucher stolpert in der Wohnung über einen fehlerhaft verlegten Teppich und erleidet Verletzungen. Die Krankenkasse fordert Regress, der Geschädigte fordert Schmerzensgeld.

Wohnzwecke

Der Versicherungsnehmer genießt Versicherungsschutz bei Wohnungseigentum als Sondereigentümer allerdings nur, wenn er die Wohnung ausschließlich **selbst zu Wohnzwecken** nutzt.

Vermietung

Falls der Versicherungsnehmer seine Eigentumswohnung jedoch vermietet, so ist eine Zusatzversicherung zu seiner Privat-Haftpflichtversicherung notwendig.

▶ Beispiel

In der vermieteten Eigentumswohnung erleidet der Mieter oder dessen Besucher einen Stromstoß, weil der Wohnungseigentümer eine Lampe falsch angeschlossen hat.

Ansprüche der anderen Sondereigentümer aus der Beschädigung von deren Gemeinschaftseigentumsanteilen sind durch die Privat-Haftpflichtversicherung gedeckt.

Die Schäden am eigenen Anteil des Versicherungsnehmers sind durch die Privat-Haftpflichtversicherung nicht abgedeckt.

▶ Beispiel

Einer der Wohnungseigentümer beschädigt beim Einzug im Treppenhaus den Handlauf und die Tapezierung – also das Gemeinschaftseigentum.

Für die Anteile der anderen Wohnungseigentümer an den Schäden besteht Versicherungsschutz über die Privat-Haftpflichtversicherung, den eigenen Schadenanteil muss der Versicherungsnehmer selbst tragen.

Für Haftpflichtgefahren, die vom Gemeinschaftseigentum ausgehen, ist die Wohnungseigentümergemeinschaft verantwortlich.	Gemeinschaftseigentum

Für die Abdeckung von Schadenersatzansprüchen durch das Gemeinschaftseigentum ist es notwendig, dass die Eigentümergemeinschaft eine Haftpflichtversicherung für Haus- und Grundbesitz abschließt.

Dadurch sind jedoch nur die gemeinschaftlichen Haftpflichtgefahren gedeckt (z. B. Verletzung der Streupflicht, unbeleuchtetes Treppenhaus).

Regelungen für das Gemeinschaftseigentum bei Einfamilien-/Reihenhäusern und Doppelhaushälften

Bei Einfamilienhäusern (Ziffer 3.1 (2) RBE) und Ferien-/Wochenendhäusern (Ziffer 3.1 (3) RBE) ist die gesetzliche Haftpflicht aus dem Miteigentum an dazugehörenden Gemeinschaftsanlagen (z. B. Zuwege zur öffentlichen Straße, Zuwege zu einem gemeinschaftlichen Wäschetrockenplatz, dieser selbst, sonstige Wohnwege, Garagenhöfe und Stellplätze für Müllgefäße) in den Versicherungsschutz eingeschlossen.	Gemeinschaftsanlagen bei Häusern Nachsatz nach Ziffer 3.1 (3) RBE
Für Schäden am eigenen Miteigentumsanteil des Versicherungsnehmers an den Gemeinschaftsanlagen besteht keine Haftung des Versicherers aus der Privat-Haftpflichtversicherung.	

▶ Beispiele für den Versicherungsschutz

▪ Dritte erleiden durch die Gemeinschaftsanlagen Schäden;
▪ ein Miteigentümer, d.h. einer der Hausbesitzer selbst, erleidet durch eine Gemeinschaftsanlage einen Schaden (abzüglich des eigenen Haftungsanteils des geschädigten Miteigentümers);

- die Gemeinschaft der Miteigentümer erleidet dadurch einen Schaden, dass der Versicherungsnehmer eine Gemeinschaftsanlage beschädigt (abzüglich des Miteigentumsanteils des Versicherungsnehmers)

Die Mitversicherung gilt jedoch nicht für z. B. Gemeinschaftsheizwerke, Gemeinschaftsklärwerke/-Anlagen, Gemeinschaftsteiche, Gemeinschaftspumpstationen.

Eine Haus- und Grundbesitzerhaftpflichtversicherung ist dann zu empfehlen, wenn die Eigentümergemeinschaft separaten Versicherungsschutz für diese Gemeinschaftsanlagen wünscht oder Regelungen entsprechend dem Wohnungseigentümergesetz (WEG) vereinbart sind.

RBE-Privat
Pos. A.3.2

3.A.3.2   Versicherungsschutz für den Versicherungsnehmer
- **aus der Verletzung von Pflichten als Inhaber von Wohnungen, Gebäuden, Grundstücken,**
- **aus der Vermietung,**
- **aus der Verletzung von Datenschutzgesetzen durch Missbrauch personenbezogener Daten,**
- **aus Diskriminierungstatbeständen,**
- **als Bauherr oder Unternehmer von Bauarbeiten und**
- **als früherer Besitzer eines Grundstücks.**

Versicherungsschutz für
- **Zwangs- und Insolvenzverwalter,**
- **Nießbraucher und**
- **Photovoltaikanlagen.**

RBE-Privat
Pos. A.3.2 (1)

3.A.3.2.1   Verletzung von Pflichten als Inhaber von Wohnungen, Gebäuden, Grundstücken

Versichert ist im Umfang der RBE-Privat Pos. A.1. die gesetzliche Haftpflicht des Versicherungsnehmers aus der Verletzung von Pflichten, die ihm als Inhaber (z. B. Eigentümer, Mieter, Pächter oder Nießbraucher) von Wohnungen, Gebäuden bzw. Grundstücken gemäß § 823 bzw. §§ 836 ff. BGB obliegen (z. B. bauliche Instandhaltung, Beleuchtung, Reinigung, Streuen und Schneeräumen auf Gehwegen, Bürgersteigen und Fahrbahnen).

§ 836 BGB

Haftung des Grundstücksbesitzers

➡ Haftpflichtrecht

§ 836 BGB – Haftung des Grundstücksbesitzers

(1) Wird durch den Einsturz eines Gebäudes oder eines anderen mit einem Grundstück verbundenen Werkes oder durch die Ablösung von Teilen des Gebäudes oder des Werkes ein Mensch getötet, der Körper oder die Gesundheit eines Menschen verletzt oder eine Sache beschädigt, so ist der Besitzer des Grundstücks, sofern der Einsturz oder die Ablösung die Folge fehlerhafter Errichtung oder mangelhafter Unterhaltung ist, verpflichtet, dem Verletzten den daraus entstehenden Schaden zu ersetzen. Die Ersatzpflicht tritt nicht ein, wenn der Besitzer zum

Zwecke der Abwendung der Gefahr die im Verkehr erforderliche Sorgfalt beobachtet hat.

(2) Ein früherer Besitzer des Grundstücks ist für den Schaden verantwortlich, wenn der Einsturz oder die Ablösung innerhalb eines Jahres nach der Beendigung seines Besitzes eintritt, es sei denn, dass er während seines Besitzes die im Verkehr erforderliche Sorgfalt beobachtet hat oder ein späterer Besitzer durch Beobachtung dieser Sorgfalt die Gefahr hätte abwenden können.

(3) Besitzer im Sinne dieser Vorschriften ist der Eigenbesitzer.

§ 837 BGB – Haftung des Gebäudebesitzers

Besitzt jemand auf einem fremden Grundstück in Ausübung eines Rechts ein Gebäude oder ein anderes Werk, so trifft ihn anstelle des Besitzers des Grundstücks die im § 836 bestimmte Verantwortlichkeit.

§ 838 BGB – Haftung des Gebäudeunterhaltungspflichtigen

Wer die Unterhaltung eines Gebäudes oder eines mit einem Grundstück verbundenen Werkes für den Besitzer übernimmt oder das Gebäude oder das Werk vermöge eines ihm zustehenden Nutzungsrechts zu unterhalten hat, ist für den durch den Einsturz oder die Ablösung von Teilen verursachten Schaden in gleicher Weise verantwortlich wie der Besitzer.

▶ Beispiele

Der Versicherungsnehmer als Mieter einer Eigentumswohnung hat das Treppenhaus nicht ordnungsgemäß gereinigt, so dass ein Besucher auf der Treppe zu Fall kommt und sich schwere Verletzungen zuzieht.

Der Pächter eines Grundstücks mit einem Einfamilienhaus hat nach einem Sturm vor zwei Wochen nicht beachtet, dass ein Ast eines Baumes angebrochen ist. Der Ast stürzt eines Tages über den Zaun auf den Bürgersteig und verletzt einen Passanten.

3.A.3.2.2   Vermietung

Versichert ist im Umfang der RBE-Privat Pos. A.1. die gesetzliche Haftpflicht des Versicherungsnehmers aus Vermietung.

Der Versicherungsschutz bezieht sich auf die Vermietung

- einer Einliegerwohnung innerhalb des selbstbewohnten (eigenen oder gemieteten) Einfamilienhauses und/oder
- von Räumen innerhalb der selbst bewohnten Wohnung bzw. des selbstbewohnten Einfamilienhauses

einschließlich dazugehöriger Garagen, Carports und Kraftfahrzeug-Stellplätze.

Randnotizen (rechte Spalte):

LF 2

LF 10

LF 15

Haftung des früheren Grundstücksbesitzers

§ 837 BGB

Haftung des Gebäudebesitzers

§ 838 BGB

Haftung des Gebäudeunterhaltspflichtigen

RBE-Privat Pos. A.3.2 (2)

Einliegerwohnung

Räume

Garagen, Carports und Kfz-Stellplätze

Eine Einliegerwohnung im Einfamilienhaus ist gegenüber der „Haupt-wohnung" von geringerer Bedeutung (z. B. geringere Wohnfläche).

▶ Beispiel

Der Versicherungsnehmer als Mieter eines Einfamilienhauses vermietet die Einliegerwohnung im Untergeschoss weiter.

Der Versicherungsnehmer als Eigentümer eines Einfamilien-hauses vermietet die zum Grundstück gehörende Garage.

Vermietung zu gewerb-lichen Zwecken

Der Versicherungsschutz ist aber nicht gegeben, wenn die Einlieger-wohnung oder die Räume, Garagen, Carports oder Kraftfahrzeug-Stell-plätze zu gewerblichen Zwecken vermietet werden.

Weitere Möglichkeiten, durch besondere vertragliche Vereinbarung Ver-sicherungsschutz für die gesetzliche Haftpflicht aus Vermietung be-stimmter Objekte im Rahmen der Privat-Haftpflichtversicherung zu be-kommen, werden im Zusammenhang mit RBE-Privat Pos. A.3.7 im Ka-pitel 3.A.3.7 dargestellt.

Mitversichert sind

im Rahmen des Versicherungsschutzes bei Vermietung auch

reine Vermögensschä-den durch Missbrauch personenbezogener Daten

Diskriminierungs-tatbestände

- die gesetzliche Haftpflicht wegen reiner Vermögensschäden im Sinne der Ziffer 2.1 AHB aus der Verletzung von Datenschutzgeset-zen durch Missbrauch personenbezogener Daten der Mieter, wenn die Versicherungsfälle während der Wirksamkeit der Versicherung eingetreten sind;
- Schadenersatzansprüche aus Diskriminierungstatbeständen nach dem Allgemeinen Gleichbehandlungsgesetz (AGG) – siehe Pos. A.2.3 RBE.

▶ Beispiel

Der Versicherungsnehmer als Vermieter von Wohnräumen an Studenten gibt unrichtige personenbezogene Daten über das Zahlungsverhalten seiner Mieter an die Schufa weiter. Der Mie-ter muss deshalb einen höheren Zinssatz für einen Kredit zahlen.

Der Vermieter verweigert die Vermietung der Wohnung an einen Schwarzafrikaner wegen dessen Hautfarbe und Her-kunft (§ 19 (2) und (3) AGG).

Haus- und Grund-besitzer-Haftpflicht-versicherung

Wenn der Versicherungsnehmer

- Ein-, Zwei- oder Mehrfamilienhäuser oder reine Garagengrundstücke vermietet oder
- in seinem Zwei- oder Mehrfamilienhaus wohnt oder
- ein unbebautes Grundstück besitzt,

so ist Versicherungsschutz entweder – teilweise – über den Einschluss des Abschnitts D. der RBE-Privat oder – vollständig – über eine **separate Haus- und Grundbesitzer-Haftpflichtversicherung** möglich.

Wird ein Zweifamilienhaus vom Versicherungsnehmer jedoch ausschließlich zu eigenen Wohnzwecken verwendet, besteht Versicherungsschutz durch die Privat-Haftpflichtversicherung.

3.A.3.2.3 Bauherr oder Unternehmer von Bauarbeiten

RBE-Privat
Pos. A. 3.2 (3)

> Versichert ist im Umfang der RBE-Privat Pos. A.1. die gesetzliche Haftpflicht des Versicherungsnehmers als Bauherr oder Unternehmer von Bauarbeiten.

Der Versicherungsnehmer hat Versicherungsschutz im Rahmen der Privat-Haftpflichtversicherung als Bauherr oder Unternehmer von – kleineren – Bauarbeiten (z. B. Neubauten, Umbauten, Reparaturen, Abbruch-, Grabearbeiten) bis zu einer Bausumme von 50 000 € je Bauvorhaben.

Höchstbausumme

> Wenn dieser Betrag überschritten wird, entfällt die gesamte Mitversicherung im Rahmen der Privat-Haftpflichtversicherung.

Wegfall der
Mitversicherung

Versicherungsschutz besteht dann nur noch zu den eingeschränkten Bedingungen der Vorsorgeversicherung (Ziffer 4. AHB). Die zeitliche Begrenzung in Ziffer 4.3 (4) AHB auf höchstens ein Jahr entfällt.

Vorsorgeversicherung

➡ AHB

▶ Beispiel

Baumaterial wird, ohne ordnungsgemäß abgesichert zu sein, auf der Straße gelagert. Es kommt zu einem Verkehrsunfall.

Zur Bausumme zählen die Kosten für das Ausheben von Grund und Boden (Grabearbeiten) einschließlich der Herstellung der Hausanschlüsse, die tatsächlichen Aufwendungen für die Bauausführung, die Kosten der Außenanlagen (Wege, Mauern und Zäune etc.) und die Baunebenkosten (wie z.B. Architekten- und sonstigen Planungskosten, Kosten für Behördenleistungen).

Bausumme

Da ein Bauherr trotz Übertragung der mit dem Bau verbundenen Aufgaben an andere (Architekten, Bauunternehmer usw.) nicht von seinen Verkehrssicherungs-, Überwachungs- und Auswahlpflichten entbunden ist, empfiehlt sich – vor allem bei größeren Baumaßnahmen – der Abschluss einer separaten Bauherren-Haftpflichtversicherung im Rahmen der RBE-Privat oder einer speziellen Bauherren-Haftpflichtversicherung.

spezielle Bauherren-
Haftpflichtversicherung

RBE-Privat
Pos. A. 3.2 (4)

3.A.3.2.4 Früherer Besitzer eines Grundstücks

Versichert ist im Umfang der RBE-Privat Pos. A.1. die gesetzliche
Haftpflicht des Versicherungsnehmers als früherer Besitzer eines
Grundstücks.

Nachhaftung
§ 836 (2) BGB

➡ Haftpflichtrecht

Der frühere (Eigen-)Besitzer eines Grundstückes haftet nach § 836 (2)
BGB (siehe Kapitel 3.A.3.2.1) für Personen- und Sachschäden

- durch den Einsturz eines Gebäudes oder
- durch die Ablösung von Teilen eines Gebäudes

noch ein Jahr nach Beendigung seines Eigenbesitzes (es sei denn, er
hat während seines Besitzes die im Verkehr erforderliche Sorgfalt beachtet).

Der Versicherungsnehmer hat für diese Haftung Versicherungsschutz,
wenn seine Privat-Haftpflichtversicherung bis zum Zeitpunkt des Besitz-
wechsels bestand.

▶ Beispiel

Axel Wriedt verkauft zum 31. Dezember 2006 sein Einfamilienhaus an der Hauptstraße in Neustadt.

Am 16. Juni 2007 wird ein Passant auf dem Bürgersteig vor
dem Haus durch einen vom Dach fallenden Ziegel verletzt.

Bei der Schadenaufnahme stellt sich heraus, dass bei dem
Einbau eines Dachflächenfensters durch Herrn Wriedt im
Sommer 2006 handwerkliche Fehler gemacht worden sind,
die zum Herauslösen des Ziegels geführt haben.

RBE-Privat
Pos. A. 3.2 (5)

3.A.3.2.5 Zwangs- oder Insolvenzverwalter

Versichert ist im Umfang der RBE-Privat Pos. A.1. die gesetzliche
Haftpflicht der Zwangs- oder Insolvenzverwalter in dieser Eigenschaft.

▶ Beispiel

Der Zwangsverwalter eines Gebäudes des Versicherungsnehmers macht mit einem potentiellen Käufer eine Hausbege-
hung. Er macht den Kunden nicht auf die ihm bekannten Schäden an der Treppe aufmerksam. Der Kunde stürzt und erleidet
Verletzungen.

Der Zwangs- oder Insolvenzverwalter vertritt den Haus- und Grundbesitzer in dieser Eigenschaft. Dadurch haftet er auch für sein Handeln
oder Unterlassen wie der Hausbesitzer selbst.

3.A.3.2.6 Nießbraucher

RBE-Privat
Pos. A. 3.2 (6)

LF
2

LF
10

LF
15

Versichert ist im Umfang der RBE-Privat Pos. A.1. die gesetzliche Haftpflicht der Nießbraucher, denen der Versicherungsnehmer den Nießbrauch am versicherten Grundstück eingeräumt hat.

Der Nießbraucher hat das Recht auf umfassende Nutzung des ihm eingeräumten Grundstücks. Das bedeutet, dass er alle Erzeugnisse und sonstige Ausbeute des Grundstücks ziehen kann (§ 99 BGB): Sachfrüchte (z. B. die Ernte der Obstbäume auf dem Grundstück) oder Rechtsfrüchte (z. B. Miet- und Pachtzinsforderungen). Weil seine Rechte umfassend sind und über die Rechte eines Pächters hinausgehen, bezeichnet man den Nießbraucher häufig auch als „wirtschaftlichen Eigentümer" der Sache – hier: des Grundstücks.

▶ Beispiel

Der Nießbraucher verursacht beim Apfelernten den Abbruch eines Zweiges, der über den Zaun fällt und auf den Bürgersteig einen Passanten verletzt.

Wenn der Nießbraucher aus einem anderen fremden Versicherungsvertrag Versicherungsschutz erlangt, so entfällt der Versicherungsschutz über den Haftpflichtversicherungsvertrag.

Ziffer 7.4 (3) AHB

➡ AHB

Ausgeschlossen sind die Haftpflichtansprüche

des Nießbrauchers gegen den Versicherungsnehmer.

3.A.3.2.7 Photovoltaikanlage

RBE-Privat
Pos. A. 3.2 (7)

Versichert ist im Umfang der RBE-Privat Pos. A.1. die gesetzliche Haftpflicht aus dem Betrieb und der Unterhaltung einer Photovoltaikanlage einschließlich der Abgabe von Energie an Dritte.

▶ Beispiel

Die Photovoltaikanlage stürzt vom Dach und verletzt einen Passanten auf dem Gehweg.

Voraussetzung für den Versicherungsschutz ist, dass

- kein Gewerbe angemeldet ist und auch
- keine Gewerbeanmeldung erforderlich ist.

RBE-Privat
Pos. A. 3.3

3.A.3.3   Vertraglich übernommene gesetzliche Haftpflicht als Mieter, Entleiher, Pächter, Leasingnehmer

> Versichert ist im Umfang der RBE-Privat Pos. A.1. die vom Versiche-rungsnehmer übernommene gesetzliche Haftpflicht des jeweiligen Vertragspartners (Vermieter, Verleiher, Verpächter, Leasinggeber) in dieser Eigenschaft.

➡ AHB

Gemäß Ziffer 7.3 AHB sind Haftpflichtansprüche, soweit sie aufgrund Vertrages über den Umfang der gesetzlichen Haftung des Versiche-rungsnehmers hinausgehen, vom Versicherungsschutz ausgeschlossen.

Wenn also der Mieter im Mietvertrag besondere Pflichten übernimmt und dadurch einen Schadenersatzanspruch Dritter herbeiführt, hätte er nach den AHB dafür keinen Versicherungsschutz.

▶ Beispiel

Der Eigentümer eines Mehrfamilienhauses hat nach geltender Rechtsprechung die Pflicht, denjenigen, dem er den Zugang zu seinem Grundstück ermöglicht, gegen Schäden durch vor-hersehbare Gefahren zu schützen.

Da er längere Zeit im Ausland sein wird, vereinbart er im Miet-vertrag mit dem Mieter im 1. Stock rechts (Versicherungsneh-mer), dass dieser alle Verpflichtungen für die Zeit seiner Ab-wesenheit übernimmt.

Der Mieter kommt dieser Aufgabe nur unzureichend nach und ein Besucher kommt auf dem gerade durch den Mieter selbst reparierten und nicht abgesicherten Zuweg zu Fall.

Der Versicherungsnehmer hätte nach den **AHB** keinen Versi-cherungsschutz.

Streu- und Reinigungs-
pflicht

Streu- und Reinigungspflicht

Diese Pflichten sind überwiegend in Ortssatzungen geregelt. Streu- und reinigungspflichtig ist man als Hausbesitzer oder auch als Mieter, wenn die Pflichten durch Mietvertrag übertragen wurden. Sie beziehen sich insbesondere auf das Streuen und Schneeräumen der Gehwege bei Winterglätte. In einem solchen Fall spricht man auch von einer durch Vertrag übernommenen gesetzlichen Haftpflicht. Es ist wichtig, dass dieser Abschnitt in die RBE / BBR aufgenommen ist, da Vertragsansprü-

➡ AHB

che gemäß AHB ausgeschlossen sind.

Sind die Pflichten auf andere Person übertragen worden, muss der Haus- und Grundbesitzer dies regelmäßig überwachen und kontrollie-ren. Etwaige Ansprüche aus diesem „Organisationsverschulden" sind mitversichert.

Der Deckungsausschluss der AHB wird in der Privat-Haftpflichtversicherung durch Pos. A. 3.3 RBE-Privat abgelöst: ➡ AHB

Die vom Versicherungsnehmer übernommene gesetzliche Haftpflicht seines Vertragspartners (Vermieter, Verleiher, Verpächter, Leasinggeber) in dieser Eigenschaft (z. B. Räum- und Streupflicht, Reinigungspflicht, Instandhaltung, Beleuchtung usw.) wird wieder in den Versicherungsschutz eingeschlossen.

Der Versicherungsnehmer hätte also durch die RBE Versicherungsschutz (siehe auch Kap. 3.A.3.2.1).

3.A.3.4   Sachschäden durch Abwässer

RBE-Privat
Pos. A. 3.4

> Versichert ist im Umfang der RBE-Privat Pos. A.1. die gesetzliche Haftpflicht des Versicherungsnehmers wegen Sachschäden durch häusliche Abwässer und durch Abwässer aus dem Rückstau des Straßenkanals.

Der Ausschluss für Haftpflichtansprüche aus Sachschäden (und Vermögensfolgeschäden) durch Abwässer in Ziffer 7.14 (1) AHB ist auf nichthäusliche (industrielle) Abwässer begrenzt. ➡ AHB

Abwasser ist

- ehemals reines Wasser, das durch Zusatz fremder Bestandteile in irgendeiner Weise verunreinigt ist, bzw.
- gebrauchtes oder verbrauchtes Wasser von minderer Qualität, dessen man sich bewusst entledigt, es ableitet.

Reines Regenwasser, Meerwasser, Wasser aus einer Heizungsanlage oder andere Flüssigkeiten sind kein Abwasser.

Durch die RBE-Privat werden

- neben den durch die AHB schon „eingeschlossenen" Haftpflichtansprüchen wegen Sachschäden und allen sich daraus ergebenden Vermögens(folge)schäden
- auch Sachschäden durch Abwässer aus dem Rückstau des Straßenkanals

eingeschlossen.

Auch in der separaten Haus- und Grundbesitzer-Haftpflichtversicherung werden diese Schäden eingeschlossen. RBE-Privat
Pos. D. 2.2

▶ Beispiel

In der Wohnung des Mieters im Untergeschoss des Hauses treten nach einem Starkregen durch den Rückstau aus dem Straßenkanal häusliche (und andere) Abwässer aus der Toilette aus und verschmutzen den Hausrat.

Bei der Reinigung und Ermittlung der Schadenursache wird festgestellt, dass der Hauseigentümer die Rückstausicherung nicht ordnungsgemäß eingebaut hat und sie deswegen nicht funktioniert hat.

RBE-Privat
Pos. A. 3.5
➡ AHB

3.A.3.5   Mietsachschäden in gemieteten Wohnungen

Nach Ziffer 7.6 AHB besteht kein Versicherungsschutz bei gesetzlichen Haftpflichtansprüchen Dritter (z. B. des Vermieters) wegen Beschädigung z. B. an gemieteten (fremden) Sachen einschließlich aller sich daraus ergebenden Vermögensschäden.

Diese gesetzliche Haftpflicht aus der Beschädigung von Wohnräumen und sonstigen zu privaten Zwecken gemieteten Räumen in Gebäuden (Mietsachschäden) und aller sich daraus ergebenden Vermögensschäden wird durch die RBE-Privat zum Teil wieder eingeschlossen.

> Versichert ist im Umfang der RBE-Privat Pos. A.1. die gesetzliche Haftpflicht des Versicherungsnehmers wegen Sachschäden und allen sich daraus ergebenden Vermögensschäden aus der Beschädigung von Wohnräumen und sonstigen zu privaten Zwecken gemieteten Räumen in Gebäuden.

Gebäudebestandteile

Fest mit dem Gebäude verbundene Sachen wie z. B. Gebäudebestandteile (Einbauschränke, Wände, Decken, Badewannen, Fliesen, Parkettfußböden, Türen, fest verklebte Auslegeware usw.) sind versichert.

bewegliche Sachen

Schäden an beweglichen gemieteten Sachen (z. B. Wohnungseinrichtung, lose verlegte Teppiche) fallen **nicht** unter die Haftungserweiterung.

Höchstersatzleistung

Die Höchstersatzleistung beträgt innerhalb eines Versicherungsjahres für Sachschäden je Schadenereignis 500 000 €, für alle Versicherungsfälle eines Versicherungsjahres 1 000 000 €.

▶ Beispiele

Ein herabfallender Rasierapparat beschädigt das Waschbecken in der Mietwohnung – Versicherungsschutz.

In seiner gemieteten Studentenbude feiert Robert das Weihnachtsfest. Von der Wunderkerze sprühen Funken auf Teppich und Sessel und verursachen Sengschäden – kein Versicherungsschutz.

Herr Most beschädigt in seiner gemieteten Wohnung den Teppichboden z. B. durch Verlieren von Zigarettenasche oder durch Umwerfen eines Weinglases aufgrund von Unachtsamkeit – Versicherungsschutz, weil keine bewegliche Sache.

Ausgeschlossen sind Haftpflichtansprüche

- wegen (voraussehbarer) Schäden, die durch (normale) Abnutzung, Verschleiß oder durch übermäßige Beanspruchung entstehen,
- wegen Schäden an Heizungs-, Maschinen-, Kessel- und Warmwasseraufbereitungsanlagen sowie an Elektro- und Gasgeräten und
- aus Glasschäden (auch Schäden an Scheiben aus Kunststoff, z. b. Plexiglas) – dies gilt aber nur, soweit sich der Versicherungsnehmer oder mitversicherte Personen gegen diese Schäden besonders versichern können (z. B. durch eine Hausratglasversicherung).

▶ Beispiele

Ein Mieter zieht nach 10 Jahren aus einer Mietwohnung aus. Der Vermieter muss den Parkettboden renovieren und stellt dies dem Mieter in Rechnung. Es besteht keine Deckung (Abnutzung).

Nicht versichert ist auch die Zerstörung des Fensterglases in der Mietwohnung, da sich der Versicherungsnehmer dagegen versichern kann.

Ausgeschlossen sind auch

Regressverzicht

die unter den Regressverzicht nach dem Abkommen der Feuerversicherer bei übergreifenden Versicherungsfällen fallenden Rückgriffsansprüche.

3.A.3.6   Mietsachschäden am Inventar der Reiseunterkunft

RBE-Privat
Pos. A. 3.6
Reiseunterkünfte

Als **Reiseunterkünfte** im Sinne der RBE-Privat gelten Hotels, Pensionen, Ferienwohnungen und -häuser anlässlich von Aufenthalten auf Reisen.

Als **Inventar** gelten alle beweglichen Einrichtungs- und Ausstattungsgegenstände (also nicht z. B. Gebäudeteile).

Inventar

Versichert ist im Umfang der RBE-Privat Pos. A.1. die gesetzliche Haftpflicht des Versicherungsnehmers wegen der Beschädigungen von Inventar in Reiseunterkünften und alle sich daraus ergebenden Vermögensschäden (abweichend von Ziffer 7.6 AHB).

➡ AHB

Die Höchstersatzleistung beträgt innerhalb eines Versicherungsjahres für Sachschäden je Schadenereignis 50 000 €, für alle Versicherungsfälle eines Versicherungsjahres 100 000 €.

▶ Beispiele

Ein herabfallender Rasierapparat beschädigt das Waschbecken in der Reiseunterkunft – kein Versicherungsschutz. Im Rahmen der „Mietsachschäden am Inventar der Reiseunterkunft". Versicherungsschutz besteht aber evtl. im Rahmen der „Mietsachschäden in gemieteten Räumen" – siehe RBE-Privat Pos. A.3.5 und Kapitel 3.A.3.5.

Ein herabfallender Haartrockner beschädigt eine Vase in der Reiseunterkunft – Versicherungsschutz.

In der Reiseunterkunft feiert Robert das Weihnachtsfest. Von der Wunderkerze sprühen Funken auf den Perserteppich und den Sessel und verursachen Sengschäden – Versicherungsschutz.

Ausgeschlossen sind Haftpflichtansprüche

- wegen (voraussehbarer) Schäden, die durch (normale) Abnutzung, Verschleiß oder übermäßige Beanspruchung entstehen und
- wegen Schäden an Heizungs-, Maschinen-, Kessel- und Warmwasseraufbereitungsanlagen.

▶ Beispiel

Der Reisende will sich in der Reiseunterkunft mit dem etwas betagten Wasserkocher heißes Wasser für einen Kaffee bereiten. Durch einen Kurzschluss wird der Kocher beschädigt – kein Versicherungsschutz wegen Verschleißes.

RBE-Privat
Pos. A. 3.7
➡ AHB

3.A.3.7   Schäden durch Abhandenkommen von Schlüsseln

Gemäß Ziffer 7.6 AHB sind Haftpflichtansprüche an fremden Sachen, die der Versicherungsnehmer gemietet, geleast usw. hat, vom Versicherungsschutz ausgeschlossen.

Nach Ziffer 2.2 AHB kann der Versicherungsschutz der Haftpflichtversicherung durch besondere Vereinbarung auf „Sachschäden durch Abhandenkommen von Sachen" erweitert werden.

Die RBE-Privat Pos. A. 3.7 bieten die besondere vertragliche Vereinbarung der gesetzlichen Haftpflicht aus dem Abhandenkommen von fremden Schlüsseln.

Versichert ist im Umfang der RBE-Privat Pos. A.1. die gesetzliche Haftpflicht des Versicherungsnehmers aus dem Abhandenkommen von fremden Schlüsseln.

„Abhandenkommen"

Mit Abhandenkommen bezeichnet man den unfreiwilligen Verlust des unmittelbaren Besitzes an einer Sache durch den Eigentümer, sofern unwahrscheinlich ist, dass der Besitz in absehbarer Zeit wiedererlangt werden kann.

Unfreiwillig bedeutet, dass der Verlust gegen den Willen des Eigentümers erfolgt oder es an dem Willen zur Besitzaufgabe des Eigentümers fehlt.

§ 935 BGB – Kein gutgläubiger Erwerb von abhanden gekommenen Sachen

(1) Der Erwerb des Eigentums aufgrund der §§ 932 bis 934 tritt nicht ein, wenn die Sache dem Eigentümer gestohlen worden, verloren gegangen oder sonst abhanden gekommen war. Das Gleiche gilt, falls der Eigentümer nur mittelbarer Besitzer war, dann, wenn die Sache dem Besitzer abhanden gekommen war.

(2) Diese Vorschriften finden keine Anwendung auf Geld oder Inhaberpapiere sowie auf Sachen, die im Wege öffentlicher Versteigerung veräußert werden.

§ 935 BGB

Nach § 935 BGB sind als Beispiele für „Abhandenkommen" der Diebstahl, das Verlieren (der Verlust) und das sonstige Abhandenkommen der Sache angeführt.

Als **Schlüssel** im Sinne der Haftungserweiterung gelten privat oder ehrenamtlich überlassene fremde Schlüssel (auch elektronische Zugangsberechtigungskarten und elektronische Türöffner), nicht aber im Rahmen einer Berufsausübung übergebene Schlüssel.

„Schlüssel"

▶ Beispiel

Unser Versicherungsnehmer ist ehrenamtlich in der Niederlassung eines Unternehmens im 6. Stock eines größeren Bürogebäudes beschäftigt. Das Gebäude hat eine zentrale Schließanlage. Er hat für seine ehrenamtliche Tätigkeit einen Hauptschlüssel ausgehändigt bekommen.

Am 13. Februar vermisst er spätabends seinen Schlüssel für das Bürogebäude. Er fährt daraufhin sofort zum Dienstgebäude und stellt fest, dass die Eingangstür und die Tür seines Büros offen sind und in seinem Büro alle teuren Einrichtungsgegenstände gestohlen und die Schränke durchwühlt sind.

Außerdem stellt er fest, dass Büroräume anderer Unternehmen im Gebäude aufgebrochen sind. Die danach sofort von ihm benachrichtigte Polizei stellt an der Eingangstür und sonst außen am Gebäude keine Einbruchsspuren fest. Das Gebäude ist offensichtlich mit einem General- oder Hauptschlüssel geöffnet worden – wahrscheinlich mit dem Schlüssel unseres Versicherungsnehmers.

Im Zusammenhang mit dem Abhandenkommen von fremden Schlüsseln geht es um die Versicherung der gesetzlichen Haftpflichtansprü-

Folgeschäden des Abhandenkommens

che wegen der Kosten als Folgeschäden (-kosten) des Abhandenkommens:

- für das notwendige Auswechseln von Schlössern (und für z. B. die evtl. notwendige Änderung oder den Austausch einer Schließanlage) sowie
- für vorübergehende Sicherheitsmaßnahmen (z. B. Notschlüssel) und
- falls erforderlich – einen Objektschutz (allerdings nur bis zu 14 Tagen – gerechnet ab dem Zeitpunkt, an welchem der Verlust des Schlüssels festgestellt wurde).

▶ Lösung zum obigen Beispiel

Unser Versicherungsunternehmen muss (da es sich hier um einen Hauptschlüssel handelt) die Kosten übernehmen für:

- die neuen Schließzylinder in den Außentüren und den Türen des Büros des Versicherungsnehmers,
- die neuen Generalschlüssel und die neuen Hauptschlüssel für die anderen Büros,
- die Notschlüssel als vorübergehende Sicherheitsmaßnahme,
- die Bewachung des Gebäudes bis spätestens zum 27. Februar.

Die Ersatzleistung für die sonstigen Schäden erfolgt durch die Einbruchdiebstahlversicherungen der sonst im Gebäude ansässigen Unternehmen. Ob Regressforderungen dieser Gesellschaften gegen unseren Versicherungsnehmer möglich sind, muss anhand der Umstände des Abhandenkommens seines Hauptschlüssels geklärt werden.

Höchstentschädigung

Die Höchstentschädigung für diese Haftungserweiterung beträgt 15 000 € je Schadenereignis (bis zu 30 000 € für alle Versicherungsfälle eines Versicherungsjahres).

Sondereigentümer

Mitversichert sind bei Sondereigentümern

Haftpflichtansprüche der Gemeinschaft der Wohnungseigentümer, die gegen den Versicherungsnehmer wegen des Verlustes von Schlüsseln erhoben werden, die zu den im Gemeinschaftseigentum stehenden Schlössern bzw. Schließanlagen gehören.

Nicht ersatzpflichtig ist dabei der Miteigentumsanteil des Versicherungsnehmers bzw. von mitversicherten Personen am Gemeinschaftseigentum.

Ausgeschlossen bleiben

- Haftpflichtansprüche aus dem Abhandenkommen von Schlüsseln, die Versicherte im Rahmen einer selbstständigen oder freiberuflichen Tätigkeit verwenden,

- Haftpflichtansprüche aus dem Verlust von Tresor-, Schließfach- und Möbelschlüsseln sowie sonstigen Schlüsseln zu beweglichen Sachen (z. B. Pkw),
- Folgeschäden, die sich aus dem Schlüsselverlust ergeben (z. B. Einbruch).

3.A.3.8   **Vermietung von im Inland gelegenen**
     ■ **Sondereigentum / Teileigentum**
     ■ **Garagen, Carports und Kfz-Stellplätzen**
     ■ **Ferienhäusern oder -wohnungen**
     (falls besonders vereinbart)

RBE-Privat
Pos. A. 3.8

Zur Klarstellung müssen die RBE-Privat Pos. A.3.2 (2) und Pos. A.3.8 zuerst einmal gegeneinander abgegrenzt werden:

RBE-Privat
Pos. A. 3.2 (2) und 3.8

Art der Objekte und der Vermietung	Versichert	
	ohne	mit
	besonderer vertraglicher Vereinbarung	
Vermietung einer **Einliegerwohnung** und/ oder von **Räumen** innerhalb der selbst genutzen Wohnung bzw. des selbst genutzten Einfamilienhauses einschließlich **dazugehöriger** Garagen, Carports und Kraftfahrzeug-Stellplätze	RBE-Privat A.3.2 (2)	
Inhaber von vermietetem **Sondereigentum / Teileigentum***)		RBE-Privat A.3.8 -1
gelegentliche Vermietung von mitversicherten **Ferienhäusern bzw. Ferienwohnungen***)		RBE-Privat A.3.8 -2
Vermietung von **Garagen, Carports und Kraftfahrzeug-Stellplätzen**, die zur mitversicherten Immobilie gehören Carports*)		RBE-Privat A.3.8 -3
Vermietung von **Garagen***)		RBE-Privat A.3.8 -4

*) einschließlich der dazugehörigen Schreber-/Gärten

Die **besondere vertragliche Vereinbarung** als Ergänzung zum Deckungsumfang der RBE-Privat Pos. A. 3.2 (2) (siehe Kapitel 3.A.3.2.2) bezieht sich also auf die gesetzliche Haftpflicht

- aus Vermietung einzelner Garagen,
- aus Vermietung von Garagen, Carports und Kraftfahrzeug-Stellplätzen, die zur mitversicherten Immobilie gehören,

- aus gelegentlicher Vermietung von „ganzen" Ferienhäusern oder - wohnungen oder
- als Inhaber von vermieteten Eigentumswohnungen (Sondereigentum).

RBE-Privat
Pos. A. 4.

3.A.4.   Freizeit und Sport

RBE-Privat
Pos. A. 4.1

3.A.4.1   Radfahren

Versichert ist im Umfang der RBE-Privat Pos. A.1. die gesetzliche Haftpflicht des Versicherungsnehmers und mitversicherter Personen als Radfahrer (siehe aber Ausschluss in Pos. A.4.2 der RBE-Privat – Kapitel 3.A.4.2).

▶ Beispiele

- Der Versicherungsnehmer ist mit dem Fahrrad unterwegs und passt eine Sekunde nicht auf. Ein Kind, das gerade über den Zebrastreifen gehen wollte, wird verletzt.
- Der Versicherungsnehmer stößt beim Fahrradfahren in einer Kurve mit einem Fußgänger zusammen, der sehr starke Verletzungen erleidet.

RBE-Privat
Pos. A. 4.2

3.A.4.2   Ausübung von Sport

Versichert ist im Umfang der RBE-Privat Pos. A.1. die gesetzliche Haftpflicht des Versicherungsnehmers und mitversicherter Personen aus der Ausübung von Sport.

Nicht versichert

Jagd

- ist die gesetzliche Haftpflicht aus der Ausübung von Jagd (einschließlich Jagdsport – für die dabei entstehenden Haftpflichtrisiken bietet nur die spezielle Jagd-Haftpflichtversicherung Versicherungsschutz),

Pferde- und Kraftfahrzeugrennen

- sind Haftpflichtansprüche aus aktiver mitwirkender Teilnahme an Pferde- oder Kraftfahrzeugrennen einschließlich der Vorbereitungen dazu (versichert sind aber Ansprüche aus Schäden, die ein Versicherungsnehmer als Zuschauer auslöst),

Radrennen

- sind Haftpflichtansprüche aus aktiver mitwirkender Teilnahme an Radrennen – wenn für diese Rennen eine Radsportlizenz erforderlich ist – einschließlich der Vorbereitungen dazu (versichert sind aber Ansprüche aus Schäden, die ein Versicherungsnehmer als Zuschauer auslöst),

Unter „Rennen" versteht man Veranstaltungen zur Erzielung einer mög- | „Rennen"
lichst hohen Geschwindigkeit, nicht aber z. B. Geschicklichkeitsfahrten.
Bei „Rennen" deckt der Veranstalter im Regelfall das Risiko versicherungstechnisch ab.

LF
2

▶ Beispiele

LF
10

Der motorsportbegeisterte Fischer schleudert am Hocken-
heimring aus Freude über den Sieg seines Idols Michael Sch.
eine Flasche Champagner in die Luft. Ein anderer Fan wird
von dieser Flasche am Kopf getroffen und verletzt. Er stellt
Schadensersatzansprüche gegen Fischer.

LF
15

3.A.4.3 Besitz und Gebrauch von privat genutzten Windsurf- brettern

RBE-Privat
Pos. A. 4.3

Versichert ist im Umfang der RBE-Privat Pos. A.1. die gesetzliche
Haftpflicht des Versicherungsnehmers und mitversicherter Personen
aus dem Besitz und dem Gebrauch von privat genutzten Windsurf-
brettern.

Windsurfbretter

Nach Ziffer 3.1 (2) AHB umfasst der Versicherungsschutz für Erhöhungen und Erweiterungen **nicht** die gesetzliche Haftpflicht für Risiken aus
dem Halten oder Gebrauch von versicherungspflichtigen … Wasserfahrzeugen. Auch die Vorsorgeversicherung nach Ziffer 4.3 (1) AHB
schließt Wasserfahrzeuge aus, für die Zulassungs-, Führerschein- oder
Versicherungspflicht besteht.

➡ AHB

Damit sind privat genutzte Windsurfbretter auf Binnengewässern nach
den AHB zum Teil vom Versicherungsschutz ausgeschlossen, weil für
sie der „Amtliche Sportbootführerschein-Binnen" als Führerschein für
Surfbretter mit mehr als 3 qm Segelfläche auf bestimmten Gewässern
erforderlich ist.

Der „Einschluss" in den RBE ist also notwendig, um für alle Surfbretter
auf Binnengewässern und der See Versicherungsschutz im Rahmen der
Privat-Haftpflichtversicherung zu erreichen. Teilweise ist der Einschluss
aber auch nur eine Klarstellung.

Klarstellung

Nicht versichert sind

über die Privat-Haftpflichtversicherung Strandsegeln, Eissegeln, Skate-
boardsurfen, Eissurfen, Kite-Surfen und Kite-Segeln. Für diese Sport-
arten ist oftmals wegen der erhöhten Risikolage eine Sportboot-Haft-
pflichtversicherung notwendig.

Strandsegeln u. ä.

Wenn beim **Lenkdrachen-** oder **Kite-Surfen** die Schnurlänge 30 m über
Grund oder Wasser überschreitet, ist eine Luftfahrt-Haftpflichtversiche-
rung erforderlich. Hierbei ist es unerheblich, wie schwer der Drachen ist.

3.A.4.4　Besitz und Gebrauch von Hieb-, Stoß- und Schusswaffen

Versichert ist im Umfang der RBE-Privat Pos. A.1. die gesetzliche Haftpflicht des Versicherungsnehmers und mitversicherter Personen aus dem erlaubten privaten Besitz und aus dem Gebrauch von Hieb-, Stoß- und Schusswaffen sowie Munition und Geschossen

Das gilt jedoch nicht, sofern diese zu Jagdzwecken oder zu strafbaren Handlungen genutzt werden.

▶ Beispiel

> Beim Reinigen eines Sportgewehrs löst sich eine versehentlich noch im Lauf befindliche Kugel und verletzt einen Nachbarn.

Jagd-Haftpflicht-
versicherung

Für die bei der Ausübung der Jagd (einschließlich Jagdsport) entstehenden Haftpflichtrisiken bietet nur die Jagd-Haftpflichtversicherung als Pflichtversicherung einen umfangreichen Versicherungsschutz.

Gegenstand der Jagd- Haftpflichtversicherung ist die Jagdtätigkeit und der erlaubte Besitz und Gebrauch von Schusswaffen. Mitversichert ist auch das Halten und Führen von bis zu zwei Jagdhunden, insoweit benötigt der Jäger dann keine besondere Hundehalter-Haftpflichtversicherung.

3.A.4.5　Elektronischer Datenaustausch / Internetnutzung

Durch Ziffer 7.15 AHB erfolgt hinsichtlich des Internet-Risikos eine so genannte „Nullstellung" in der allgemeinen Haftpflichtversicherung für bestimmte Schäden aus dem Austausch, der Übermittlung und der Bereitstellung elektronischer Daten.

Es geht dabei um Schäden aus

- Löschung, Unterdrückung, Unbrauchbarmachung oder Veränderung von Daten bei Dritten durch Schadprogramme,
- Datenveränderung aus sonstigen Gründen,
- Nichterfassen oder fehlerhaftem Speichern von Daten bei Dritten,
- Störung des Zugangs zum elektronischen Datenaustausch (über die in Ziffer 7.15 (1) AHB schon ausgeschlossenen Schäden durch Datenveränderung hinaus).

Der Internetausschluss wurde bei der Neuordnung der AHB wegen der zunehmenden Bedeutung des Internets notwendig, weil für die Haftpflichtversicherung ein Risikopotential entstand (durch Systemfehler, Fehlbedienungen oder die Verbreitung von Viren usw.), dem die herkömmliche Betriebshaftpflichtversicherung nicht entsprechen konnte.

Es wurde eine bedarfsgerechte Versicherungslösung für Internet-Nutzer gefunden – die Internet-Zusatzversicherung (Zusatzbedingungen zur Betriebshaftpflichtversicherung für die Nutzer der Internet-Technologie).

Für die Privat-Haftpflichtversicherung wurde durch Pos. A. 4.5 RBE-Privat aus der Nullstellung heraus der notwendige Versicherungsschutz für die durch die private Nutzung des elektronischen Datenaustausches und des Internets möglichen Haftpflichtansprüche Dritter geschaffen.

Teilweiser Wiedereinschluss des Internet-Risikos durch die RBE-Privat

Zu beachten ist zwar, dass durch Pos. 2 (8) BBVerm Haftpflichtansprüche wegen reiner Vermögensschäden ausgeschlossen sind, sofern sie aus Tätigkeiten im Zusammenhang mit Datenverarbeitung usw. entstehen.

➡ BBVerm

Diese Bestimmung ist jedoch durch Pos. A. 4.5.1 RBE-Privat wieder aufgehoben, so dass Versicherungsschutz besteht.

LF 2

LF 10

LF 15

3.A.4.5.1 Austausch, Übermittlung und Bereitstellung elektronischer Daten

RBE-Privat
Pos. A. 4.5.1

Versichert ist im Umfang der RBE-Privat Pos. A.1. die gesetzliche Haftpflicht des Versicherungsnehmers und mitversicherter Personen wegen bestimmter Schäden aus dem Austausch, der Übermittlung und der Bereitstellung elektronischer Daten (z. B. im Internet).

Es geht dabei um Schäden, die dadurch entstehen, dass der Versicherungsnehmer (oder mitversicherte Personen)

- den Zugang Dritter zum elektronischen Datenaustausch stört (über die in Ziffer 7.15 (1) AHB schon ausgeschlossenen Schäden durch Datenveränderung hinaus) oder
- bei Dritten durch Computer-Viren und/oder andere Schadprogramme Daten löscht, unterdrückt, unbrauchbar macht oder verändert (Datenveränderung) oder
- Daten aus sonstigen Gründen verändert sowie durch sein Verhalten verschuldet, dass bei Dritten Daten nicht erfasst oder fehlerhaft gespeichert werden. Versichert sind in diesem Fall aber nur
  - sich daraus ergebende Personen- und Sachschäden, nicht jedoch weitere Datenveränderungen sowie
  - die Kosten der Wiederherstellung der veränderten Daten bzw. der Erfassung/korrekten Speicherung nicht oder fehlerhaft erfasster Daten.

➡ AHB

▶ Situation

Der Versicherungsnehmer arbeitet an seinem privaten Computer mit einem älteren Virenschutzprogramm, zu dem er wegen Ablauf der Nutzungsdauer keine aktuellen Virendefinitionen nachladen kann.

Bei der Einspeisung einer Datei von seiner Diskette auf den Computer eines Arbeitskollegen werden dessen Datenbestände durch die dabei eingebrachten Viren zum Teil unbrauchbar gemacht.

▶ Erläuterung

Der Versicherungsnehmer hat durch sein Verhalten „bei Dritten Daten durch Computerviren unbrauchbar gemacht, weil seine Daten vor der Weitergabe nicht durch entsprechende Sicherheitsmaßnahmen geprüft wurden." Er ist für die dadurch entstandenen Schäden haftpflichtig.

In die Privat-Haftpflichtversicherung ist die gesetzliche Haftpflicht des Versicherungsnehmers wegen bestimmter Schäden aus dem Austausch, der Übermittlung und der Bereitstellung elektronischer Daten, z. B. im Internet, per Email oder mittels Datenträger nur unter Voraussetzungen eingeschlossen (siehe Pos. A.4.5.2 – Kapitel 3.A.4.5.2).

Folgeschäden-ausschluss

Der Ausschluss eventueller Folgeschäden (-kosten) durch Pos. A. 4.5.6 RBE-Privat wird im Kapitel 3.A.5.6 näher erläutert.

RBE-Privat
Pos. A. 4.5.2

3.A.4.5.2 Obliegenheiten

Der Versicherungsnehmer muss dafür sorgen, dass

- die auszutauschenden, zu übermittelnden und bereitgestellten Daten
- von ihm oder Dritten
- durch Sicherheitsmaßnahmen und/oder -techniken (z. B. Virenscanner, Firewall) gesichert oder geprüft werden bzw. worden sind, die dem Stand der Technik entsprechen.

➡ AHB

Verletzt der Versicherungsnehmer diese Obliegenheit, so ergeben sich die Folgen für den Versicherungsvertrag aus Ziffer 26.1 AHB (Rechtsfolgen bei Verletzung von Obliegenheiten).

▶ Beispiel

Der Versicherungsnehmer hat seinen für ein Jahr gekauften Virenscanner nicht rechtzeitig verlängert und dadurch den Virenschutz grob fahrlässig entscheidend gemindert.

RBE-Privat
Pos. A. 4.5.3
Höchstersatzleistung

3.A.4.5.3 Begrenzung der Leistung

Die Höchstersatzleistung für Schäden im Zusammenhang mit dem elektronischen Datenaustausch und der Internetnutzung beträgt innerhalb der Versicherungssumme des Vertrages für den einzelnen Versicherungsfall 1 000 000 €.

Abweichend von der Summenmaximierungsregel gem. Ziffer 6.2 AHB (die zweifache Summe für alle Versicherungsfälle eines Jahres) stellt diese Summe zugleich die Höchstersatzleistung für alle Versicherungsfälle eines Versicherungsjahres dar.

➡ AHB

LF 2

Die Serienschadenklausel der Ziffer 6.3 AHB wird – bezogen auf die elektronische Datenverarbeitung – durch die Pos. A. 4.5.3 RBE-Privat wie folgt ersetzt:

Serienschadenklausel

LF 10

Mehrere während der Wirksamkeit der Versicherung eintretende Versicherungsfälle gelten dann als ein Versicherungsfall (eingetreten im Zeitpunkt des ersten dieser Versicherungsfälle), wenn diese

LF 15

- auf derselben Ursache,
- auf gleichen Ursachen mit innerem, insbesondere sachlichem oder zeitlichem Zusammenhang oder
- auf dem Austausch, der Übermittlung und Bereitstellung elektronischer Daten mit gleichen Mängeln beruhen.

3.A.4.5.4 Auslandsrisiko

RBE-Privat
Pos. A. 4.5.4

Nach Ziffer 7.9 AHB besteht für Versicherungsfälle im Ausland generell kein Versicherungsschutz.

➡ AHB

Durch die Pos. A. 4.5.4 RBE-Privat wird der Versicherungsschutz hinsichtlich des elektronischen Datenaustausches / der Internetnutzung erweitert:

Versichert ist im Umfang der RBE-Privat Pos. A.1. die gesetzliche Haftpflicht des Versicherungsnehmers und mitversicherter Personen aus im Ausland vorkommenden Versicherungsfällen.

Für Versicherungsfälle in den USA und in Kanada bestehen Einschränkungen:

Versicherungsfälle in
den USA und Kanada

Die Aufwendungen des Versicherers für Kosten werden abweichend von Ziffer 6.5 AHB als Leistungen auf die Versicherungssumme angerechnet.

➡ AHB

Diese Regelung bezieht sich auf folgende Kosten:

- Anwalts-, Sachverständigen-, Zeugen- und Gerichtskosten;
- Aufwendungen zur Abwendung oder Minderung des Schadens bei oder nach Eintritt des Versicherungsfalles;
- Schadenermittlungskosten und Reisekosten, die dem Versicherer selbst entstehen.

Diese Regelung gilt unabhängig davon, ob die Aufwendungen auf Weisung des Versicherers entstanden sind oder nicht.

Ausgeschlossen bleiben

Strafschadensersatz

> Ansprüche auf Entschädigung mit Strafcharakter, insbesondere puni-
> tive oder exemplary damages.

Für die beiden Begriffe aus dem angelsächsischen Recht wird in
Deutschland der Begriff „Strafschadensersatz" verwendet.

Man versteht darunter einen Schadensersatz, der im Zivilprozess einem
Kläger über den erlittenen realen Schaden hinaus zuerkannt wird. Aber
i. d. R. nur, wenn außergewöhnlich grob schuldhaftes, vorsätzliches
Verhalten beim Schadenverursacher vorliegt, nicht hingegen nur bloße
Fahrlässigkeit.

Zweck ist:

- den Beklagten für sein Verhalten zu bestrafen (Repression)
- ihn davon abzuhalten, erneut dieses rechtswidrige Verhalten zu setzen (Spezialprävention) und
- auch andere davon abzuhalten (Generalprävention).

Leistung in €

Der Versicherer zahlt – auch bei Schäden im Ausland – in Euro. Die Verpflichtung gilt als erfüllt, wenn die Entschädigung in Euro bei einem in
der Europäischen Währungsunion gelegenen Geldinstitut angewiesen
ist.

RBE-Privat
Pos. A. 4.5.5

3.A.4.5.5   Nicht versicherte Tätigkeiten und Leistungen

Der Einschluss der Schäden aus dem elektronischen Datenaustausch
und der Internetnutzung soll aber nicht dazu führen, dass alle Tätigkeiten und Leistungen in diesem Zusammenhang durch die RBE-Privat abgesichert sind.

Nicht versichert sind Ansprüche aus

- Software-Herstellung, -Handel, -Implementierung, -Pflege;
- IT-Beratung, -Analyse, -Organisation, -Einweisung, -Schulung;
- Netzwerkplanung, -installation, -integration, -betrieb, -wartung,
  -pflege;
- Bereithaltung fremder Inhalte (z. B. Access-, Host-, Full-Service-
  Providing);
- Betrieb von Datenbanken.

Zur Abdeckung dieser Schäden muss auch der Versicherungsnehmer
einer Privat-Haftpflichtversicherung eine Internet-Zusatzversicherung
(Zusatzbedingungen zur Betriebshaftpflichtversicherung für die Nutzer
der Internet-Technologie) abschließen (im Rahmen einer Betriebs- oder
Berufs-Haftpflichtversicherung).

3.A.4.5.6 Ausgeschlossene Ansprüche

Durch den teilweisen Einschluss der gesetzlichen Haftpflichtansprüche aus dem elektronischen Datenaustausch und der Internetnutzung besteht aber die Gefahr, dass Schäden durch missbräuchliche Nutzung der Möglichkeiten des Internets unkalkulierbare Schäden verursachen.

Aus diesen Überlegungen heraus sind vom Versicherungsschutz Ansprüche ausgeschlossen, wenn diese auf Schäden aufbauen, die verursacht wurden

- durch bewusst unbefugtes Eingreifen in fremde Datenverarbeitungssysteme/Datennetzwerke (z. B. Hacker-Attacken, Denial of Service Attacks) oder
- durch bewussten Einsatz von Software, die geeignet ist, die Datenordnung zu zerstören oder zu verändern (z. B. Software-Viren, Trojanische Pferde).

Das gleiche gilt für **Ansprüche aus Schäden**, die in einem engen Zusammenhang stehen mit

- massenhaft versandten, vom Empfänger ungewollten elektronisch übertragenen Informationen (z. B. Spamming) oder mit
- Dateien (z. B. Cookies), mit denen widerrechtlich bestimmte Informationen über Internet-Nutzer gesammelt werden sollen.

Weiterhin sind ausgeschlossen **Ansprüche gegen den Versicherungsnehmer und mitversicherte Personen**, die herbeigeführt werden

- durch bewusstes Abweichen von gesetzlichen oder behördlichen Vorschriften (z. B. Teilnahme an rechtswidrigen Online-Tauschbörsen) oder durch sonstige bewusste Pflichtverletzungen.

Mit den vorstehend aufgeführten Regelungen der RBE-Privat haben die Versicherer den Versicherungsschutz für die Internetnutzung und den elektronischen Datenaustausch im Rahmen der privaten Risiken den Bedürfnissen der Versicherungsnehmer weitgehend entsprochen.

RBE-Privat
Pos. A. 4.5.6
missbräuchliche
Nutzung

LF
2

LF
10

LF
15

3.A.5. Tiere

RBE-Privat
Pos. A. 5.

Schadenbeispiele

Schadenbeispiele für die Tierhalterhaftung siehe Kapitel 3.B zur Hundehalter-Haftpflichtversicherung und 3.C zur Reit- und Zugtierhalter-Haftpflichtversicherung.

Durch Ziffer 7.18 AHB sind Haftpflichtansprüche für Sachschäden und alle sich daraus ergebenden Vermögensschäden ausgeschlossen, die durch **Krankheiten** der dem Versicherungsnehmer gehörenden, von ihm gehaltenen oder veräußerten Tiere entstehen. Versicherungsschutz für Personenschäden durch entsprechende Krankheiten besteht.

➡ AHB

Vorsatz und grobe Fahrlässigkeit	Wenn der Versicherungsnehmer beweist, dass er weder vorsätzlich noch grob fahrlässig gehandelt hat, so besteht Versicherungsschutz.
besondere Vereinbarung	Wenn der Versicherungsnehmer durch besondere Vereinbarung seine Tiere in den Versicherungsschutz der allgemeinen Haftpflichtversicherung eingeschlossen hat bzw. die Tiere bei nachträglicher Anschaffung im Rahmen der Erhöhung/Erweiterung bzw. der Vorsorgeversicherung in die Versicherung einbezogen wurden, so besteht nach den AHB Versicherungsschutz.

Im Rahmen der Privat-Haftpflichtversicherung wird der Versicherungsschutz für Tiere ohne zusätzliche Beitragszahlung wesentlich erweitert.

RBE-Privat Pos. A. 5.1 und 5.3

3.A.5.1   Halter zahmer Haustiere, gezähmter Kleintiere und Bienen

Versichert ist im Umfang der RBE-Privat Pos. A.1. die gesetzliche Haftpflicht des Versicherungsnehmers und mitversicherter Personen als Halter von zahmen Haustieren, gezähmten Kleintieren und Bienen.

➡ Haftpflichtrecht

Zu §§ 833 ff. BGB – Tierhalter/Tierhüter – siehe Kapitel 1.3.1.3

Tierhalter

Tierhalter ist derjenige, der das Tier zu eigenen Zwecken in Obdach und Unterhalt hält, der es besitzt und in dessen Eigentum es sich befindet.

Wer eine zugelaufene Katze aufnimmt, wird erst dann Tierhalter, wenn er die Katze behalten will, nachdem der eigentliche Tierhalter nicht ermittelt werden kann bzw. sein Eigentum offensichtlich aufgegeben hat.

kein Versicherungsschutz

Kein Versicherungsschutz besteht

als Tierhalter oder Eigentümer von Hunden, Rindern, Pferden, sonstigen Reit- und Zugtieren, wilden Tieren sowie von Tieren, die zu gewerblichen oder landwirtschaftlichen Zwecken gehalten werden.

Diese Tierhalter benötigen eine Tierhalter-Haftpflichtversicherung, um im Schadenfall Versicherungsschutz zu haben.

Dabei ist es ohne Belang, welche Rechtsnorm Grundlage für den Anspruch auf Schadensersatz ist.

RBE-Privat Pos. A. 5.4

Mitversichert ist die gesetzliche Haftpflicht

aus Flurschäden anlässlich der Weidehaltung (einschließlich Auf- und Abtrieb) von privat gehaltenem Kleinvieh (z. B. Schweine, Schafe, Ziegen).

Unter Flurschaden ist nicht nur ein Schaden an Feldern oder Weiden, sondern die Beschädigung jeglichen landwirtschaftlichen, gärtnerischen oder kleingärtnerisch genutzten Bodens zu verstehen. Demgemäß fallen darunter auch Parkanlagen und Vorgärten.

Flurschäden

LF 2

LF 10

LF 15

Sofern Tiere auf eigenen Weiden gehalten werden, ist zu klären, ob im geringen Umfang Landwirtschaft betrieben wird. Dann wäre eine landwirtschaftliche Betriebshaftpflichtversicherung die richtige Versicherungsform.

Über den Versicherungsschutz für Tierhüter siehe Kapitel 3.A.5.3.

Tierhüter

Wie grundsätzlich Versicherungsschutz für Haustiere erreicht werden kann zeigt die folgende Aufstellung:

Haustiere in der Haftpflichtversicherung

Haustiere

Tierart	Versicherungsmöglichkeit
Katzen, Kanarienvögel, Wellensittiche, Papageien, Meerschweinchen u. ä.	Privat-Haftpflichtversicherung
Hunde, Pferde, Ponys, Esel, Rinder	Tierhalter-Haftpflichtversicherung
Schweine, Schafe, Ziegen, Kaninchen, Tauben, Hühner, Geflügel, Bienen	Tierhalter-Haftpflichtversicherung, falls die Tiere zu landwirtschaftlichen oder gewerblichen Zwecken gehalten Werden. Ansonsten ist der Halter dieser Tiere durch die Privat-Haftpflichtversicherung versichert.
Exotische oder wilde Tiere wie Schlangen, Leguane, Raubkatzen u. ä.	Einzelvereinbarung mit dem Versicherer

3.A.5.2 Benutzung fremder Pferde und Pferdefuhrwerke

RBE-Privat
Pos. A. 5.2

Versichert ist im Umfang der RBE-Privat Pos. A.1. die gesetzliche Haftpflicht des Versicherungsnehmers und mitversicherter Personen als

■ Reiter von fremden Pferden und als
■ Fahrer von fremden Pferdefuhrwerken

zu privaten Zwecken.

Dabei ist Voraussetzung, dass die Pferde nicht von mitversicherten Personen gehalten werden. Das gilt auch, wenn der Versicherungsnehmer in dieser Reiter- oder Fahrer-Eigenschaft als Tierhüter in Anspruch genommen wird.

Nicht versichert

sind Haftpflichtansprüche der Tierhalter oder -eigentümer.

▶ Beispiel

Der Versicherungsnehmer bekommt von einem guten Bekannten dessen Pferd für einen Ausritt überlassen. Wegen
eines Reiterfehlers scheut das Pferd und verletzt einen Passanten. Auch das Pferd trägt Verletzungen davon.

Der Versicherungsnehmer ist zugleich Reiter eines fremden
Pferdes und Tierhüter dieses Pferdes. Für den Schaden beim
Passanten besteht Versicherungsschutz, für den Schaden am
Pferd nicht.

andere Reit- und
Zugtiere

Durch den Wortlaut der Pos. A. 5.2 sind außer „fremden" Pferden
keine anderen Reit- und Zugtiere (z. B. Maultiere, Esel, Kamele o. ä.) in
den Versicherungsschutz der Privat-Haftpflichtversicherung einbezogen.
Wenn der Versicherungsnehmer diese „fremden" Tiere reitet oder als
Zugtier eines Fuhrwerkes benutzt, so besteht kein Versicherungsschutz.

In der separaten Reit- und Zugtierhalter-Haftpflichtversicherung (Abschnitt C. der RBE-Privat) besteht Versicherungsschutz für den Versicherungsnehmer als Halter von Pferden und anderen Reit- und Zugtieren, nicht aber für die Verwendung von anderen Fuhrwerken als einer
Pferdekutsche.

Subsidiarität

Erlangt der Versicherte Versicherungsschutz aus einem anderen fremden Haftpflicht-Versicherungsvertrag, so entfällt insoweit der Versicherungsschutz aus diesem Vertrag.

Zeigt der Versicherungsnehmer den Versicherungsfall zur Regulierung
zu diesem Vertrag an, so erfolgt eine Vorleistung im Rahmen des vereinbarten Versicherungsumfanges.

RBE-Privat
Pos. A. 5.3

3.A.5.3   Hüter zahmer Haustiere, gezähmter Kleintiere und Bienen

Versichert ist im Umfang der RBE-Privat Pos. A.1. die gesetzliche
Haftpflicht des Versicherungsnehmers und mitversicherter Personen
als Hüter von zahmen Haustieren, gezähmten Kleintieren und Bienen.

➡ Haftpflichtrecht

Zu §§ 834 BGB –Tierhüter – siehe Kapitel 1.3.1.3.

Tierhüter

Tierhüter ist derjenige, der das Tier besitzt und der es versorgt. Dies
gilt auch noch, wenn z. B. regelmäßig im Urlaub des Nachbarn die Versorgung dessen Hundes übernommen wird.

Kein Versicherungsschutz besteht für Hüter

- von Rindern, Pferden (vgl. aber Pos. A. 5.2 – Reiter fremder Pferde oder Fahrer fremder Pferdefuhrwerke), sonstigen Reit- und Zugtieren, wilden Tieren sowie
- von Tieren, die zu gewerblichen oder landwirtschaftlichen Zwecken gehalten werden und auch nicht
- von Hunden, die von mitversicherten Personen gehalten werden.

Nicht versichert

sind Haftpflichtansprüche der Hundehalter oder -eigentümer.

Hundehalter
und -eigentümer

Erlangt der Versicherte Versicherungsschutz aus einem anderen fremden Haftpflicht-Versicherungsvertrag, so entfällt insoweit der Versicherungsschutz aus diesem Vertrag.

Subsidiarität

Zeigt der Versicherungsnehmer den Versicherungsfall zur Regulierung zu diesem Vertrag an, so erfolgt eine Vorleistung im Rahmen des vereinbarten Versicherungsumfanges.

3.A.5.4   Flurschäden

RBE-Privat
Pos. A. 5.4

Mitversichert ist die gesetzliche Haftpflicht

aus Flurschäden anlässlich der Weidehaltung (einschließlich Auf- und Abtrieb) von privat gehaltenem Kleinvieh (z. B. Schweine, Schafe, Ziegen) – siehe S. 286.

3.A.6.   Kraft-, Luft- und Wasserfahrzeuge (Kleine Benzinklausel)

RBE-Privat
Pos. A. 6.

Für Kraftfahrzeuge, Kraftfahrzeug-Anhänger, Wasserfahrzeuge und Luftfahrzeuge gelten in der Privat-Haftpflichtversicherung die Bestimmungen gemäß Pos. G. 2. (Kleine Benzinklausel).

Nicht versicherungspflichtige Boots- und Pferdeanhänger sind in der Privat-Haftpflichtversicherung mitversichert, sofern sie nicht mit dem ziehenden Fahrzeug verbunden sind (siehe auch Kapitel 3.G.2).

Anhänger

Eingeschlossen ist in der Privat-Haftpflichtversicherung (im Gegensatz zur Versicherung von Schäden im Zusammenhang mit Kraftfahrzeugen in den separaten Haftpflichtversicherungen der Abschnitte B. bis E.) in Erweiterung zu Pos. G. 2.1 – der sog. Kleinen Benzinklausel – die gesetzliche Haftpflicht beim Be- und Entladen des selbst genutzten Kraftfahrzeuges.

Be- und
Entladeschäden

Während beim Be- und Entladen eines Kraftfahrzeuges verursachte Schäden Dritter grundsätzlich über die Kraftfahrzeug-Haftpflichtversicherung abgedeckt sind, fallen alle schädigenden Handlungen vor Beginn und nach Ende des Be- und Entladevorgangs unter den Versicherungsschutz der Privat-Haftpflichtversicherung.

Rollt z. B. ein Einkaufswagen gegen ein anderes Auto, während jemand sein Auto gerade mit Waren belädt, besteht Versicherungsschutz über die Kraftfahrzeug-Haftpflichtversicherung des Verursachers, weil hier Gebrauch eines Kraftfahrzeuges vorliegt. Passiert das Gleiche auf dem Weg zum Auto, ohne dass das Beladen begonnen wurde, liegt kein Gebrauch vor. Gebrauch des Kraftfahrzeuges liegt auch nicht mehr vor, wenn alle Waren verstaut wurden, die Kofferraumklappe zugeworfen wurde und erst dann der Einkaufswagen gegen ein anderes Auto rollt. In diesen Fällen kommt für den Schaden die Privat-Haftpflichtversicherung des Verursachers auf.

Diese Abgrenzungsprobleme werden durch den (eingeschränkten) Einschluss der Be- und Entladeschäden in die Privat-Haftpflichtversicherung teilweise aufgehoben.

Mindestschaden

Versicherungsschutz besteht im Rahmen der Privat-Haftpflichtversiche-rung nur, wenn die Gesamtforderung des Geschädigten 500 € nicht übersteigt.

Ladegut
selbst genutztes Kfz

Überhaupt nicht versichert sind Schäden am Ladegut und am selbst benutzten Kraftfahrzeug.

Versicherung von
Kraftfahrzeugrisiken

Weitere Ausführungen siehe Kapitel 3.G.2.

Allgemeine Hinweise zur Versicherung von Kraftfahrzeugrisiken siehe Kapitel 3.G.1.0

RBE-Privat
Pos. A. 7.
➡ AHB

3.A.7.   Auslandsaufenthalte

Ziffer 7.9 AHB schließt generell Haftpflichtansprüche aus im Ausland vorkommenden Schadenereignissen aus (mit Ausnahme der Ansprüche nach § 110 Sozialgesetzbuch VII – Haftung von Unternehmern, Unternehmensangehörigen und anderen Personen).

LF
2

LF
10

LF
15

Dieser Ausschluss wird durch Pos. A. 7. RBE-Privat wie folgt abgeändert:

**Eingeschlossen ist die gesetzliche Haftpflicht
aus im Ausland vorkommenden Versicherungsfällen**

bei (unbegrenztem) Aufenthalt	bei vorübergehendem Aufenthalt
innerhalb Europas und in den außereuropäischen Gebieten, die zum Geltungsbereich der Europäischen Union gehören.	bis zu einem Jahr außerhalb Europas und außerhalb der außereuropäischen Gebiete, die zum Geltungsbereich der Europäischen Union gehören – also weltweit.

Versicherungsfälle im Ausland

Mitversichert ist die gesetzliche Haftpflicht

aus der vorübergehenden Benutzung oder Anmietung (nicht dem Eigentum) von außerhalb Europas und außerhalb der außereuropäischen Gebiete, die zum Geltungsbereich der Europäischen Union gehören, gelegenen Wohnungen und Häusern, sofern sie vom Versicherungsnehmer ausschließlich zu Wohnzwecken genutzt werden (siehe Pos. A. 3.1. RBE-Privat – Kapitel 3.A.3.1).

Benutzung oder Anmietung von Wohnungen und Häusern

Die Leistungen des Versicherers erfolgen in Euro. Liegt der Zahlungsort außerhalb der Staaten der Europäischen Währungsunion, so gelten die Verpflichtungen des Versicherers mit dem Zeitpunkt der Anweisung in Euro bei einem in der Europäischen Währungsunion gelegenen Geldinstitut als erfüllt.

Leistungen in Euro

3.A.8. Gewässerschäden

RBE-Privat
Pos. A. 8.

Für die Versicherung der Haftpflicht aus Gewässerschäden im Rahmen der Privat-Haftpflichtversicherung gilt Pos. G. 3. RBE-Privat

Weitere Ausführungen siehe Kapitel 3.G.3.

3.A.9. Fortsetzung der Versicherung nach dem Tod des Versicherungsnehmers

RBE-Privat
Pos. A. 9.

Stirbt der Versicherungsnehmer, so erlischt die Versicherung mit diesem Zeitpunkt wegen Wegfalls des versicherten Risikos.

Sind aber über den Privathaftpflicht-Versicherungsvertrag weitere Angehörige mitversichert, so stehen der mitversicherte Ehegatte, der eingetragene Lebenspartner, der Lebensgefährte, die mitversicherten Kinder

und/oder der alleinstehende unverheiratete pflegebedürftige Angehörige – Pos. A. 1.1 bis A. 1.5 RBE-Privat – nicht schutzlos da, denn der
Vertrag läuft bis zur nächsten Hauptbeitragsfälligkeit weiter.

Wenn der überlebende Ehegatte, der eingetragene Lebenspartner oder
der Lebensgefährte die nächste Beitragsrechnung einlöst, so wird dieser Versicherungsnehmer. Dadurch sollen Lücken im Versicherungsschutz vermieden werden.

Das gilt nicht bei Einlösung durch die Kinder oder den alleinstehenden
unverheirateten pflegebedürftigen Angehörigen!

Es ist aber ratsam, beim Tod des Versicherungsnehmers den Versicherer zu informieren, damit die namentliche Änderung im Versicherungsvertrag frühzeitig vorgenommen wird.

RBE-Privat
Pos. A. 10.

3.A.10.   Forderungsausfallversicherung
(falls besonders vereinbart)

Die Forderungsausfalldeckung bietet dem Geschädigten Versicherungsschutz für den Fall, dass der Schadenverursacher

- nicht über eine eigene Privat- bzw. Hundehalter-Haftpflichtversicherung verfügt und
- sein Privatvermögen nicht zum Ersatz des Schadens ausreicht.

▶ Beispiele

Beim Einkaufen in der Stadt wird eine Fußgängerin von einem
Jungen mit dem Fahrrad angefahren und dabei so schwer verletzt, dass sie ihren Beruf nicht mehr ausüben kann.

Ein junger Surfer übersieht einen Schwimmer und verletzt diesen am Kopf schwer. Der Verletzte ist monatelang arbeitsunfähig und hat dadurch erheblichen Verdienstausfall.

Eine Dame wird von einem Hund gebissen. Die Haftpflichtversicherung des Hundehalters ist wegen Zahlungsverzug leistungsfrei. Der Hundehalter ist unvermögend und kann die
17 400 € hohe Forderung der verletzten Frau nicht begleichen.

Eine junge Mutter mit Kinderwagen wird von einem unachtsamen Jugendlichen samt ihrem Kinderwagen umgerannt. Das
Kind zieht sich schwere Verletzungen zu. Für Krankheits-
kosten und Schmerzensgeld beläuft sich die Forderung auf
36 000 €. Der Schadenverursacher kann die Forderungen der
Mutter nicht bezahlen.

Ein Passant wird von einem Radfahrer angefahren und erleidet sehr starke Verletzungen. Der Radfahrer hat keine private
Haftpflichtversicherung und ist auch sonst mittellos. Der Ge-

schädigte erwirkt gegen den mittellosen Radfahrer eine vollstreckbare Forderung über den entstandenen Schaden (z. B. Rentenzahlungen, Lohnausfall, Schmerzensgeld, Pflegepersonal, Kinderpflegerin usw.).

Da die Schädiger entweder keine Haftpflichtversicherung und auch sonst kein Vermögen besitzen, bekommen die Geschädigten ihre berechtigten finanziellen Forderungen auf Schadenersatz nicht bezahlt. Ihre wirtschaftlichen Existenzen sind dadurch gefährdet bzw. sie müssen ihren Lebensstandard erheblich einschränken.

In diesen Fällen ersetzt der Haftpflichtversicherer aus der Forderungsausfalldeckung die Schäden und erwirbt dadurch Regressansprüche gegen die Schädiger.

3.A.10.1 Gegenstand der Forderungsausfallversicherung

RBE-Privat
Pos. A. 10.1

Versicherungsschutz besteht, wenn der Versicherungsnehmer oder eine mitversicherte Person Forderungen gegen einen Dritten hat, der nicht bzw. nicht ausreichend haftpflichtversichert ist oder den Forderungen nicht nachkommen kann oder will.

Voraussetzung hierfür ist ein rechtskräftiges, vollstreckbares Urteil und ein gescheiterter Vollstreckungsversuch.

Als rechtskräftiges, vollstreckbares Urteil im Sinne dieser Bedingungen gilt auch

Rechtskräftiges, vollstreckbares Urteil

- ein Anerkenntnis- oder Versäumnisurteil,
- ein Vollstreckungsbescheid,
- ein gerichtlich vollstreckbarer Vergleich oder
- ein notarielles Schuldanerkenntnis mit Unterwerfungsklausel, aus der hervorgeht, dass sich der Dritte persönlich der sofortigen Zwangsvollstreckung in sein gesamtes Vermögen unterwirft.

Der Dritte muss allerdings seinen festen Wohnsitz in Europa haben oder in einem der außereuropäischen Gebiete, die zum Geltungsbereich des Vertrages über die Europäische Union gehören.

Wohnsitz des Dritten

Diese Haftungserweiterung ist aber an weitere Voraussetzungen gebunden. Hinsichtlich der Schadenersatzforderung muss

weitere
Voraussetzungen

- eine Zwangsvollstreckung nicht oder nicht zur vollen Befriedigung des Schadenersatzanspruches geführt haben oder
- eine Zwangsvollstreckung wegen nachgewiesener Umstände aussichtslos sein (z. B. weil der Dritte eine eidesstattliche Versicherung abgegeben hat oder in der Schuldnerkartei des zuständigen Amtsgerichts geführt wird).

Nachweis

Die Ersatzpflicht tritt ein, wenn der Nachweis der gescheiterten Zwangsvollstreckung erbracht ist.

▶ Beispiel

Ein mittelloser Schädiger ohne eine Privat-Haftpflichtversicherung verursacht bei Ihrem Versicherungsnehmer einen Sachschaden durch eine fahrlässige Handlung, die zu einem Schadenersatzanspruch in Höhe von 50 000 € führt. Dieser Anspruch wird durch eine Gerichtsverhandlung festgestellt, ein Vollsteckungsversuch scheitert nachweislich. Auch in Zukunft werden entsprechende Versuche erfolglos sein. Der Schaden ist auch nicht durch die eigenen Versicherungen gedeckt.

RBE-Privat
Pos. A. 10.2

3.A.10.2   Umfang der Versicherung

Konstrukt

Voraussetzung für die Leistung des Versicherers ist ein **Konstrukt**:

Es wird geprüft, ob sich eine Versicherungsleistung ergeben hätte, wenn der Schädiger als „fiktiver Versicherungsnehmer" im Zeitpunkt des Versicherungsfalles Versicherungsschutz gehabt hätte aus einer Privat-Haftpflichtversicherung gem. Abschnitt A. oder einer Hundehalter-Haftpflichtversicherung gem. Abschnitt B. dieser RBE-Privat.

Es gelten deshalb die Bestimmungen der RBE-Privat Abschnitte A. und B. sowie die der Allgemeinen Versicherungsbedingungen für die Haftpflichtversicherung (AHB).

➡ AHB

Vorsorgeversicherung

Die Bestimmungen zur Vorsorgeversicherung (nach Ziffer 3.1 (3) und Ziffer 4. AHB) finden allerdings keine Anwendung. So wird sichergestellt, dass nur reine Privat-Haftpflichtversicherungs-Schäden und Hundehalter-Haftpflichtversicherungs-Schäden ersetzt werden.

Mietsachschäden

Es besteht kein Versicherungsschutz

- für Mietsachschäden gem. Pos. A. 3.5 RBE (Mietsachschäden an zu privaten Zwecken gemieteten Räumen) und gem. Pos. B. 3. (Mietsachschäden durch Hunde) und

Vorsatz

- wenn der Dritte den Schaden vorsätzlich herbeigeführt hat (denn auch die eigene Versicherung würde bei Vorsatz nicht leisten).

Ersatzpflichtiger
Schaden

Als ersatzpflichtiger Schaden gilt die sich unmittelbar aus dem Urteil bzw. dem Vollstreckungsbescheid ergebende Hauptforderung wegen des Personen-, Sach- oder Vermögensschadens

- einschließlich eines geltend gemachten Verzugsschadens, aber
- ohne Prozess- und Anwaltskosten und
- ohne Kosten der Zwangsvollstreckung,

die dem Versicherungsnehmer bei der gerichtlichen Verfolgung seines Schadensersatzanspruches entstanden sind.

Bei der Forderungsausfallversicherung besteht eine Integralfranchise:

Es besteht allerdings nur Ersatzpflicht (im Rahmen der vereinbarten Versicherungssumme), wenn die Forderung aus dem ersatzpflichtigen Schaden mind. 2 500 € beträgt.

Bei dieser Form der Selbstbeteiligung werden geringfügige Schäden – hier bis zu 2 500 € – nicht erstattet, größere Schäden vollständig – ohne SB – ersetzt. Dadurch werden dem Versicherer die relativ hohen Schadensbearbeitungskosten bei Bagatellschäden erspart, der Versicherungsnehmer profitiert davon, indem er Beitrag spart.

3.A.10.3   Zeitliche Geltung

RBE-Privat
Pos. A. 10.3

Damit Versicherungsschutz besteht, müssen während der Wirksamkeit der Versicherung

- der Versicherungsfall eingetreten sein und
- die Schadensersatzansprüche vom Versicherungsnehmer bzw. von der versicherten Person rechtshängig gemacht worden sein.

▶ Beispiel

Die Privat-Haftpflichtversicherung unseres Versicherungsnehmers läuft am 31. 12. aus.

Am 17. Oktober des Jahres tritt ein Versicherungsfall ein, aufgrund dessen unser Versicherungsnehmer Ansprüche gegen den Schädiger Meisen erwirbt. Er versucht, mit dem Schädiger einvernehmlich die Befriedigung seiner Ansprüche zu vereinbaren. Das zieht sich hin. Und Mitte Dezember reißt ihm der Geduldsfaden.

Allerdings versucht er erst Anfang Januar seine Ansprüche gerichtlich durchzusetzen.

Zu spät für einen Anspruch aus der Forderungsausfalldeckung – der Privat-Haftpflichtversicherungsvertrag ist vorher beendet.

3.A.10.4   Obliegenheiten für die Forderungsausfallversicherung

RBE-Privat
Pos. A. 10.4

An Obliegenheiten muss der Versicherungsnehmer dem Versicherer

- den Forderungsausfall unverzüglich schriftlich anzeigen,
- auf Verlangen die gescheiterte Vollstreckung nachweisen
  - durch Vollstreckungsprotokoll des Gerichtsvollziehers bzw.
  - durch das örtliche Schuldnerverzeichnis des Amtsgerichts sowie
  - eine beglaubigte Kopie des vollstreckbaren Urteils, des Vollstreckungsbescheids bzw. des notariellen Schuldanerkenntnisses vorlegen,

- wahrheitsgemäße und ausführliche Angaben zum Versicherungsfall machen und alle Tatumstände hierzu mitzuteilen,
- auf Verlangen des Versicherers weitere für die Beurteilung des Schadens erhebliche Schriftstücke liefern, die dem Versicherer bei der Klärung des Sachverhalts helfen.

Rechtsfolgen der Obliegenheitsverletzung

➡ AHB

> Bei Verletzung dieser Obliegenheiten kann der Versicherer nach den Bestimmungen der Ziffer 26 AHB (Rechtsfolgen bei Verletzung von Obliegenheiten) leistungsfrei sein.

RBE-Privat
Pos. A. 10.5

Subsidiarität

3.A.10.5   Vorrang anderer Versicherungen

Bevor die Forderungsausfallversicherung leistet, wird geprüft, ob der Versicherungsnehmer bzw. die mitversicherte Person Leistungen aus anderen Versicherungen erlangen kann (Subsidiarität):

1. von der Haftpflichtversicherung des Schädigers

2. von einer anderen Schadenversicherung (z. B. einer Hausratversicherung).

Erst nach Anrechnung der Leistungen aus diesen Versicherungen leistet die Privat-Haftpflichtversicherung in Höhe des verbliebenen Rechtsanspruchs.

RBE-Privat
Pos. A. 10.6

3.A.10.6   Abtretung von Ansprüchen

Wenn der Versicherungsnehmer bzw. die mitversicherte Person Leistungen aus der Forderungsausfallversicherung der Privat-Haftpflichtversicherung erlangt hat, so müssen die entsprechenden Ansprüche gegen den Schädiger in Höhe der Entschädigungsleistung an den Privat-Haftpflichtversicherer abgetreten werden (ggf. gegen eine gesonderte Abtretungserklärung).

▶ Beispiel

Wegen eines Schadens bestehen Ersatzansprüche
unseres Versicherungsnehmers gegen den
Schädiger Meisen in Höhe von   23 000 €
Das Vollstreckungsverfahren blieb erfolglos.

Die Haftpflichtversicherung des Schädigers leistet
nicht wegen Nichtzahlung des Folgebeitrages.

Die eigene Hausratversicherung leistete   12 560 €

Die Privat-Haftpflichtversicherung leistet aus der
Forderungsausfallversicherung gegen Abtre-
tungserklärung   10 440 €

3.A.10.7 Rechte Dritter

RBE-Privat
Pos. A. 10.7

Der Dritte kann aus diesem Vertrag keine Rechte herleiten.

In Pos. A. 10.2.1 RBE-Privat wird unterstellt, dass der Schädiger, also der Dritte, Versicherungsnehmer einer gleichartigen Versicherung wäre.

Zur Sicherheit wurde daher aufgenommen, dass der Dritte keine Rechte wie zum Beispiel die Prüfung der Haftpflichtfrage aus diesem Vertrag herleiten kann.

3.A.11. Gefälligkeitshandlung

RBE-Privat
Pos. A. 11.

Im Kapitel 1.3.1.1.6 wurde deutlich gemacht, dass bei Schädigungen im Rahmen einer reinen Gefälligkeitshandlung in Gerichtsurteilen entschieden wurde, dass der Schädiger **nur bei grob fahrlässigem bzw. vorsätzlichem Verhalten** für den Schaden haftet.

➡ Haftpflichtrecht

Begründet wurde dies damit, dass man bei reinen Gefälligkeitshandlungen annehmen kann, dass in der Regel ein Haftungsausschluss für leicht fahrlässig verursachte Schäden stillschweigend vereinbart wurde.

Diese Auffassung entspricht dem normalen Rechtsgefühl, dass Personen, die uneigennützig Hilfeleistungen erbringen, nicht bereits bei leichter Fahrlässigkeit zu Schadensersatzleistungen herangezogen werden sollten.

Pos. A. 11. RBE-Privat bestimmt im Gegensatz dazu, dass der Versicherer im Interesse des Versicherungsnehmers und teilweise abweichend von den Ziffern 1. und 5.1 AHB auch dann leistet, wenn der Versicherungsnehmer im Rahmen eines Gefälligkeitsverhältnisses einem Dritten leicht fahrlässig einen Schaden zufügt.

➡ AHB

Der Versicherer wird sich nicht auf die Regelung des § 242 BGB berufen, der keine Haftung des „Gefälligkeitsschädigers" verlangt:

§ 242 BGB

§ 242 BGB – Leistung nach Treu und Glauben
Der Schuldner ist verpflichtet, die Leistung so zu bewirken, wie Treu und Glauben mit Rücksicht auf die Verkehrssitte es erfordern.

Allerdings gilt diese „zusätzliche" Leistungszusage des Versicherers nicht, wenn ein anderer Versicherer oder ein Sozialversicherungsträger eine Leistung zu erbringen hat.

Dieser Verzicht des Versicherers, sich auf „Leistungsfreiheit" zu berufen, ist allerdings auf 15 000 € je Versicherungsfall und auf 30 000 € für alle Versicherungsfälle eines Versicherungsjahres begrenzt.

Höchstersatzleistung

Von jedem Sachschaden hat der Versicherungsnehmer 150 € als Selbstbehalt zu tragen.

Abzugsfranchise

Dies ist unter der Voraussetzung zu verstehen, dass die Regulierung eines solchen Schadens auf Antrag des Versicherungsnehmers erfolgt, denn der Dritte kann keine Rechte aus dem Vertrag herleiten.

Erste-Hilfe-Leistungen

Nach dem Strafgesetzbuch ist jedermann zur gesetzlichen Hilfeleistung verpflichtet. Diese Hilfeleistungspflicht ist keine Gefälligkeitshandlung, sondern eine allgemeine Beistandspflicht und betrifft jeden Staatsbürger. Für diese Erste-Hilfe-Leistung besteht Versicherungsschutz im Rahmen der Privat-Haftpflichtversicherung.

RBE-Privat
Pos. A. 12.

3.A.12.   Vorsorgeversicherung

RBE-Privat
Pos. G. 4.

Für die Vorsorgeversicherung im Rahmen der Privat-Haftpflichtversicherung gelten die Bestimmungen der Pos. G. 4. RBE-Privat.

Weitere Ausführungen siehe Kapitel 3.G.4.

RBE-Privat
Abschnitt B.

3.B.   Hundehalter-Haftpflichtversicherung

▶ Beispiele für ersatzpflichtige Schäden zur Hundehalter-Haftpflichtversicherung

- Der Hund des Versicherungsnehmers läuft in einem unbeobachteten Moment über die Hauptverkehrsstraße der Innenstadt. Beim Versuch, dem Tier auszuweichen, stürzt ein Motorradfahrer.
- Der Hund des Versicherungsnehmers läuft frei herum und beißt ein Schulkind in den Unterarm.
- Ein Arbeiter wird von einem Hund in den Arm gebissen und kann drei Wochen lang nicht arbeiten.

Der Versicherungsschutz für die typischen Schadenersatzansprüche gegen einen Hundehalter im Rahmen der separaten Hundehalter-Haftpflichtversicherung wird grundsätzlich geregelt in Abschnitt B. der RBE-Privat mit den Untergliederungen:

1. Versichertes Risiko und versicherte Personen
2. Auslandsaufenthalte
3. Mietsachschäden durch Hunde
4. Kraft-, Luft- und Wasserfahrzeuge (Kleine Benzinklausel)
5. Vorsorgeversicherung

Der Abschnitt G. der RBE-Privat enthält auch für die separate Hundehalter-Haftpflichtversicherung allgemeine Vertragsbestimmungen für

- die Kleine Benzinklausel (Pos. G. 2. – Kapitel 3.G.2.) und
- die Vorsorgeversicherung (Pos. G. 4.– Kapitel 3.G.4.).

Grundlage für die separate Hundehalter-Haftpflichtversicherung sind jeweils:

Bedingungen

LF 2

- die Allgemeinen Versicherungsbedingungen für die Haftpflichtversicherung (AHB),
- der Abschnitt B. der RBE-Privat und
- die Besonderen Bedingungen für die Mitversicherung von Vermögensschäden in der Haftpflichtversicherung (BBVerm).

LF 10

Im Zweifelsfall gilt als nicht versichert, was

LF 15

- nach dem Antrag und seinen Nachträgen nicht ausdrücklich in Versicherung gegeben wurde oder
- nach den RBE-Privat (und dem Tarif) nicht ohne besonderen Beitrag mitversichert ist.

3.B.1. Versichertes Risiko und versicherte Personen

Hundehalter haften nach der Gefährdungshaftung oder der Verschuldenshaftung mit umgekehrter Beweislast – sie sollten unbedingt eine Hundehalter-Haftpflichtversicherung abschließen.

RBE-Privat
Pos. B. 1.
Kapitel 1.3.1.3
➡ Haftpflichtrecht

In der Hundehalter-Haftpflichtversicherung spielt die Hunderasse in Bezug auf die Versicherungsfähigkeit eine entscheidende Rolle.

Hunderassen

Viele Versicherer geben keine Deckung für das Halten von Hunden, die aufgrund ihrer Rassenmerkmale als besonders gefährlich gelten (so genannte Kampfhunde). Das sind z. B. Pittbull-Terrier, Bullterrier, Mastino Napole(i)tano, Bordeaux Dogge, Mastiff u. a. sowie deren Kreuzungen untereinander oder mit anderen Hunden und Kreuzungen mit derartigen Kreuzungen.

Im Rahmen der Privat-Haftpflichtversicherung (Abschnitt. A. – RBE-Privat) ist die gesetzliche Haftpflicht ausgeschlossen als

- Hundehalter (Pos. A. 5.1),
- Hüter von gewerbsmäßig gehaltenen Hunden (Pos. A. 5.3) oder
- Hüter von Hunden, die von mitversicherten Personen gehalten werden (Pos. A. 5.3).

Die separate Hundehalter-Haftpflichtversicherung (RBE-Privat – Abschnitt B.) erweitert den Versicherungsschutz:

Versichert ist durch Abschnitt B. der RBE-Privat

- die gesetzliche Haftpflicht des Versicherungsnehmers als Halter von Hunden zu privaten Zwecken – nicht aber zu gewerblichen oder landwirtschaftlichen Zwecken – und
- die gesetzliche Haftpflicht des Hüters von Hunden, sofern er nicht gewerbsmäßig tätig ist.

Tierhalter und Tierhüter
siehe Kapitel 1.3.1.3
➡ Haftpflichtrecht

Nicht versichert

sind Haftpflichtansprüche der Tierhalter oder -eigentümer.

▶ Beispiel

Karl beaufsichtigt und betreut für die Dauer eines Wochenendes den Schäferhund des Nachbarn Paul. Karl versäumt es, den Hund in einem Park anzuleinen, so dass der Hund ausreißt und mehrere Schwäne tötet.

Wegen dieses Verhaltens muss der Hund getötet werden.

Jagd-Haftpflicht-
versicherung

Wenn eine Jagd-Haftpflichtversicherung abgeschlossen wurde, so ist Gegenstand dieser Versicherung auch das Halten und Führen von bis zu zwei Jagdhunden. Insoweit benötigt ein Jäger bei bis zu zwei Hunden keine besondere Hundehalter-Haftpflichtversicherung.

RBE-Privat
Pos. B. 2.
➡ AHB

3.B.2.   Auslandsaufenthalte

Durch Ziffer 7.9 AHB besteht in der allgemeinen Haftpflichtversicherung kein Versicherungsschutz für Haftpflichtansprüche aus im Ausland vorkommenden Schadenereignissen.

Pos. A. 7.
Privat-Haftpflicht-
versicherung

Durch Pos. A. 7. RBE-Privat wird für die Privat-Haftpflichtversicherung Versicherungsschutz bei Auslandsaufenthalten gewährt. Dabei ist der Versicherungsschutz für Tierhalter oder -hüter nicht ausdrücklich ausgeschlossen.

Laut Pos. B. 2. der separaten Hundehalter-Haftpflichtversicherung besteht Versicherungsschutz für die gesetzliche Haftpflicht des Tierhalters aus im Ausland vorkommenden Versicherungsfällen:

Pos. B. 2.
Hundehalter-Haftpflicht-
versicherung

für (unbegrenzte) Auslands-aufenthalte	für vorübergehende Auslands-aufenthalte
innerhalb Europas und in den außereuropäischen Gebieten, die zum Geltungsbereich der Europäischen Union gehören.	bis zu einem Jahr außerhalb Europas und außerhalb der außereuropäischen Gebiete, die zum Geltungsbereich der Europäischen Union gehören.

Dies ist entscheidend, wenn der Versicherungsnehmer nur die separate Hundehalter- und nicht die Privat-Haftpflichtversicherung abgeschlossen hat.

Die Leistungen des Versicherers erfolgen in Euro. Wenn der Zahlungsort außerhalb der Staaten der Europäischen Währungsunion liegt, gelten die Verpflichtungen des Versicherers mit dem Zeitpunkt als erfüllt,
in dem der Euro-Betrag bei einem in der Europäischen Währungsunion
gelegenen Geldinstitut angewiesen ist.

Leistungen in Euro

LF
2

LF
10

3.B.3. Mietsachschäden durch Hunde

RBE-Privat
Pos. B. 3.
➡ AHB

LF
15

Durch Ziffer 7.6 AHB sind generell die Haftpflichtansprüche wegen
Schäden an fremden Sachen ausgeschlossen, die der Versicherungsnehmer z. B. gemietet oder gepachtet hat.

Abweichend davon ist in der separaten Hundehalter-Haftpflichtversicherung die gesetzliche Haftpflicht aus der Beschädigung von Wohnräumen und sonstigen zu privaten Zwecken gemieteten Räumen in Gebäuden durch Hunde (Mietsachschäden) mitversichert.

Als Mietsachschäden zählen auch Schäden an fest mit dem Gebäude
verbundenen Gegenständen wie z. B. Einbauschränken, Badewannen,
Waschbecken und Parkettfußböden.

Dies gilt sowohl für Sachschäden als auch für alle sich daraus ergebenden Vermögensschäden.

Ausgeschlossen sind

wie in der Versicherung von Mietsachschäden in der Privat-Haftpflichtversicherung (Pos. A. 3.5.1 Mietsachschäden)

- die Haftpflichtansprüche wegen
  - Abnutzung, Verschleißes und übermäßiger Beanspruchung;
  - Schäden an Heizungs-, Maschinen-, Kessel- und Warmwasserauf-
    bereitungsanlagen sowie an Elektro- und Gasgeräten;
  - Glasschäden (auch Schäden an Scheiben und Platten aus Kunst-
    stoff, z. B. Plexiglas), soweit sich der Versicherungsnehmer oder
    mitversicherte Personen hiergegen besonders versichern können
    und
- die Rückgriffsansprüche, die unter den Regressverzicht nach dem
  Abkommen der Feuerversicherer bei übergreifenden Versicherungs-
  fällen fallen.

Die Höchstersatzleistung beträgt für den einzelnen Versicherungsfall
300 000 €, für alle Versicherungsfälle eines Versicherungsjahres
600 000 €.

Höchstersatzleistung

RBE-Privat
Pos. B. 4.

3.B.4.   Kraft-, Luft- und Wasserfahrzeuge (Kleine Benzinklausel)

> Für die Versicherung von Kraftfahrzeugen, Kraftfahrzeug-Anhängern,
> Wasserfahrzeugen und Luftfahrzeugen gelten für die separate Hunde-
> halter-Haftpflichtversicherung die Bestimmungen gem. Pos. G. 2.
> RBE-Privat – Kleine Benzinklausel.

Weitere Ausführungen siehe Kapitel 3.G.2.

RBE-Privat
Pos. B. 5.

3.B.5.   Vorsorgeversicherung

> Für die Vorsorgeversicherung gelten für die separate Hundehalter-
> Haftpflichtversicherung die Bestimmungen der Pos. G. 4. RBE-Privat.

„gefährliche Hunde"

Besonders zu beachten ist, dass für Hunde, die in den einzelnen Lan-
desgesetzen oder Landeshundeverordnungen als „gefährliche Hunde"
eingestuft sind, die Bestimmungen

➡ AHB

- Ziffer 3.1 (2) AHB – Erhöhungen und Erweiterungen,
- Ziffer 3.1 (3) AHB – Vorsorgeversicherung,
- Ziffer 4. AHB – Vorsorgeversicherung und
- Pos. G. 4. RBE – Vorsorgeversicherung

keine Anwendung finden.

Weitere Ausführungen siehe Kapitel 3.G.4.

RBE-Privat
Abschnitt C.

3.C.   Reit- und Zugtierhalter-Haftpflichtversicherung

Als Reit- und Zugtiere gelten z. B. Pferde, Kleinpferde, Ponys, aber auch
Maultiere, Esel, Kamele usw.

▶ Beispiele für ersatzpflichtige Schäden
   zur Reit- und Zugtierhalter-Haftpflichtversicherung

- Ein Reiter vergisst die Tür des Pferdestalles zu schließen.
  Daraufhin reißt das Pferd aus und beschädigt ein parkendes
  Kraftfahrzeug.
- Die Pferdekoppel des Versicherungsnehmers ist nicht aus-
  reichend gesichert. Das Pferd des Versicherungsnehmers
  bricht aus und verursacht auf der nahe liegenden Bundes-
  straße einen schweren Verkehrsunfall.
- Beim Reiten im Gelände kommt ein Jogger entgegen; der
  Abstand ist zu gering und das Pferd keilt aus unerklärlichen
  Gründen aus.
- Eine Minderjährige darf als angeblich erfahrene Reiterin an
  einem Geländeausritt teilnehmen: durch den zu geringen
  Abstand keilt das vordere Pferd aus; die Minderjährige
  stürzt vom Pferd und verletzt sich.

- Ein Pferd geht durch, überquert eine Straße und zwingt einen Autofahrer zum Ausweichen.
- Aus nicht mehr geklärten Gründen durchbrechen mehrere Pferde einen Weidezaun und rennen auf die nahe Bundesstraße. Es kommt zu einem Zusammenstoß mit zwei Kraftfahrzeugen.

LF 2

LF 10

LF 15

Der Versicherungsschutz für die typischen Schadenersatzansprüche gegen einem Halter von Reit- und Zugtieren wird im Rahmen der **separaten Reit- und Zugtierhalter-Haftpflichtversicherung** in den RBE-Privat grundsätzlich geregelt im Abschnitt C. der RBE-Privat mit den Untergliederungen:

1. Versichertes Risiko
2. Mitversicherte Risiken
3. Auslandsaufenthalte
4. Kraft-, Luft- und Wasserfahrzeuge (Kleine Benzinklausel)
5. Vorsorgeversicherung

Der Abschnitt G. der RBE-Privat enthält auch für die separate Reit- und Zugtierhalter-Haftpflichtversicherung. allgemeine Vertragsbestimmungen für

- die Kleine Benzinklausel (Pos. G. 2.– Kapitel 3.G.2.) und
- die Vorsorgeversicherung (Pos. G. 4.– Kapitel 3.G.4.).

Grundlage für die separate Reit- und Zugtierhalter-Haftpflichtversicherung sind jeweils:

Bedingungen

- die Allgemeinen Versicherungsbedingungen für die Haftpflichtversicherung (AHB),
- der Abschnitt C. der RBE-Privat und
- die Besonderen Bedingungen für die Mitversicherung von Vermögensschäden in der Haftpflichtversicherung (BBVerm).

Im Zweifelsfall gilt als nicht versichert, was

- nach dem Antrag und seinen Nachträgen nicht ausdrücklich in Versicherung gegeben wurde oder
- nach den RBE-Privat (und dem Tarif) nicht ohne besonderen Beitrag mitversichert ist.

3.C.1. Versichertes Risiko

RBE-Privat
Pos. C. 1.

Reit- und Zugtierhalter haften nach der Gefährdungshaftung oder der Verschuldenshaftung mit umgekehrter Beweislast – sie sollten unbedingt eine entsprechende Haftpflichtversicherung abschließen.

Kapitel 1.3.1.3

➡ Haftpflichtrecht

Im Rahmen der Privat-Haftpflichtversicherung (Abschnitt. A. – RBE-Privat) ist die gesetzliche Haftpflicht ausgeschlossen als

- Halter von Pferden und sonstigen Reit- und Zugtieren (Pos. A. 5.1),
- Reiter von Pferden und als Fahrer von Fuhrwerken mit Pferden, die von mitversicherten Personen gehalten werden (Pos. A. 5.2),
- Reiter von Pferden und als Fahrer von Fuhrwerken zu kommerziellen Zwecken (Pos. A. 5.2),
- Hüter von Reit- und Zugtieren (Pos. A. 5.3) oder
- Hüter von Pferden und sonstigen Reit- und Zugtieren (Pos. A. 5.3).

Die seperate Reit- und Zugtierhalter-Haftpflichtversicherung (RBE-Privat – Abschnitt C.) erweitert den Versicherungsschutz:

Tierhalter siehe
Kapitel 1.3.1.3

Versicht ist

➡ Haftpflichtrecht

durch Abschnitt C. der RBE-Privat die gesetzliche Haftpflicht des Versicherungsnehmers als Halter von Reit- und Zugtieren.

Nicht versichert ist die Haftpflicht

Pferderennen

aus der Teilnahme an Pferderennen sowie die Vorbereitungen dazu (Training) – siehe auch Pos. A. 4.2 und Pos. C. 2. RBE-Privat.

RBE-Privat
Pos. C. 2.

3.C.2.   Mitversicherte Risiken

Mitversichert

Flurschäden
Hüter

- sind **Flurschäden** (siehe auch Pos. A. 5.4 RBE-Privat).
- ist die gesetzliche Haftpflicht des **Tierhüters** (von Reit- und Zugtieren), sofern er nicht gewerbsmäßig tätig ist.
- sind Schäden aus der unentgeltlichen Verwendung einer **Pferdekutsche** zu privaten Zwecken.

➡ AHB

- sind Haftpflichtansprüche **fremder Reiter** (das so genannte Fremdreiterrisiko). Ausgenommen davon sind die in Ziffer 7.5 (1) Abs. 2 AHB aufgeführten Angehörigen wie z. B. Ehegatten, Lebenspartner usw., sofern sie mit dem Versicherungsnehmer in häuslicher Gemeinschaft leben (siehe dazu auch Kapitel 2.7.5 (1)).
- sind Schäden aus der **Teilnahme** an Reitturnieren, Geschicklichkeitswettbewerben oder Reiterspielen.

Pferderennen

Ausgeschlossen

bleiben Schäden durch Teilnahme an Pferderennen und den Vorbereitungen dazu (siehe dazu auch Kapitel 3.C.1.).

Flurschäden

Unter Flurschaden ist nicht nur ein Schaden an Feldern oder Weiden, sondern die Beschädigung jeglichen landwirtschaftlichen, gärtnerischen oder kleingärtnerisch genutzten Bodens zu verstehen. Demgemäß fallen darunter auch Parkanlagen und Vorgärten.

Sofern Tiere auf eigenen Weiden gehalten werden, ist zu klären, ob im geringen Umfang Landwirtschaft betrieben wird. Dann wäre eine landwirtschaftliche Betriebshaftpflichtversicherung die richtige Versicherungsform.

3.C.3. Auslandsaufenthalte

RBE-Privat
Pos. C. 3.

Grundsätzliche Erläuterungen hierzu siehe im Kapitel 3.B.2. (Hundehalter-Haftpflichtversicherung).

In Pos. C.3. der Reit- und Zugtierhalter-Haftpflichtversicherung wird ausdrücklich der Versicherungsschutz für die gesetzliche Haftpflicht des Tierhalters aus im Ausland vorkommenden Versicherungsfällen bestätigt.

Pos. C. 3.
Reit- und Zugtierhalter-Haftpflichtversicherung

Dies ist entscheidend, wenn der Versicherungsnehmer nur die separate Reit- und Zugtierhalter-Haftpflichtversicherung und nicht die Privat-Haftpflichtversicherung abgeschlossen hat.

Die Leistungen des Versicherers erfolgen in Euro. Wenn der Zahlungsort außerhalb der Staaten der Europäischen Währungsunion liegt, gelten die Verpflichtungen des Versicherers mit dem Zeitpunkt als erfüllt, in dem der Euro-Betrag bei einem in der Europäischen Währungsunion gelegenen Geldinstitut angewiesen ist.

Leistungen in Euro

3.C.4. Kraft-, Luft- und Wasserfahrzeuge (Kleine Benzinklausel)

RBE-Privat
Pos. C. 4.

Für die Versicherung von Kraftfahrzeugen, Luftfahrzeugen und Wasserfahrzeugen gelten für die separate Reit- und Zugtierhalter-Haftpflichtversicherung die Bestimmungen gem. Pos. G. 2. RBE-Privat – Kleine Benzinklausel.

Weitere Ausführungen siehe im Kapitel 3.G.2.

3.C.5. Vorsorgeversicherung

RBE-Privat
Pos. C. 5.

Für die Vorsorgeversicherung gelten für die separate Reit- und Zugtierhalter-Haftpflichtversicherung die Bestimmungen der Pos. G. 4. RBE-Privat.

Weitere Ausführungen siehe im Kapitel 3.G.4.

3.D. Haus- und Grundbesitzer-Haftpflichtversicherung

RBE-Privat
Abschnitt D.
Vorbemerkung

Die Ausführungen in diesem Kapitel sind kürzer gefasst als in den bisherigen Kapiteln, weil die Haus- und Grundbesitzer-Haftpflichtversicherung in den relevanten Prüfungen keine so große Rolle spielt wie die Privat-Haftpflichtversicherung und andere separate Haftpflichtversicherungen.

▶ Beispiele für ersatzpflichtige Schäden
zur Haus- und Grundbesitzer-Haftpflichtversicherung

1. Der Versicherungsnehmer hat ein Mehrfamilienhaus vermietet. Er versäumt es trotz eines Hinweises eines Mieters, das Dach ausbessern zu lassen. Beim nächsten Sturm
   löst sich ein Dachziegel und verletzt einen Passanten
   schwer.

2. Der Versicherungsnehmer unterlässt es, im Herbst rechtzeitig feuchtes Laub vor seinem vermieteten Haus beseitigen zu lassen. Ein Fußgänger stürzt und verletzt sich.

3. Der Handlauf des Treppengeländers in einem Mehrfamilienhaus ist schadhaft. Der Mieter trägt Verletzungen an der
   Hand davon.

4. Die Intervalle der automatisch eingestellten Treppenhaus-
   beleuchtung sind zu kurz bzw. die Beleuchtung ist unzureichend, so dass ein Besucher in der Dunkelheit stürzt.

5. Der Gartenbesitzer hat seinen Gartenzaun gestrichen, versehentlich hat er kein Hinweisschild angebracht. Ein Passant beschmutzt seine Kleidung.

6. Der Rückstauverschluss des Kanalanschlusses ist vom
   Hauseigentümer versehentlich nicht geschlossen worden.
   Bei Gewitterregen dringt durch Rückstau Wasser ein und
   beschädigt die vom Mieter im Keller abgestellten Sachen.

7. An einem Wintermorgen stürzt eine Dame auf dem Bürgersteig vor dem Einfamilienhaus und verletzt sich schwer.
   Die Dame wirft dem Hausbesitzer vor, seiner Streupflicht
   nicht nachgekommen zu sein und verklagt ihn auf Schmerzensgeld, Lohnausfall für drei Monate sowie den Sachschaden an der Kleidung. Ferner fordert die Krankenversicherung die Krankenkosten zurück, da die Dame acht Wochen
   wegen Beinbruches im Krankenhaus lag.

8. Der Hausbesitzer reinigt die Treppen im Haus oder die
   Wege zum Haus so nachlässig, dass Passanten oder Besucher zu Schaden kommen.

9. Der Kellerfensterschacht im Bürgersteig vor dem Haus ist
   nachlässig abgedeckt, so dass ein Passant stürzt und sich
   Verletzungen zuzieht.

Der Versicherungsschutz für die typischen Schadenersatzansprüche gegen einen Haus- und Grundbesitzer im Rahmen der **separaten Haus-
und Grundbesitzer-Haftpflichtversicherung** (HuG-Haftpflichtversicherung) und nicht im Rahmen einer Privat-Haftpflichtversicherung wird in
den RBE-Privat geregelt im Abschnitt D. mit den Untergliederungen

1. Versichertes Risiko
2. Mitversicherte Risiken
3. Sonstige mitversicherte Risiken
4. Gewässerschäden
5. Kraft-, Luft- und Wasserfahrzeuge (Kleine Benzinklausel)
6. Vorsorgeversicherung

LF
2

LF
10

LF
15

Der Abschnitt G. der RBE-Privat enthält auch für die HuG-Haftpflichtversicherung allgemeine Vertragsbestimmungen für

▪ die Kleine Benzinklausel (Pos. G. 2. – Kapitel 3.G.2.),
▪ die Haftpflicht aus Gewässerschäden (Pos. G. 3. – Kapitel 3.G.3.) und
▪ die Vorsorgeversicherung (Pos. G. 4. – Kapitel 3.G.4.).

Grundlage für die separate HuG-Haftpflichtversicherung sind jeweils: Bedingungen

▪ die Allgemeinen Versicherungsbedingungen für die Haftpflichtversicherung (AHB),
▪ der Abschnitt D. der RBE-Privat und
▪ die Besonderen Bedingungen für die Mitversicherung von Vermögensschäden in der Haftpflichtversicherung (BBVerm).

Im Zweifelsfall gilt als nicht versichert, was

▪ nach dem Antrag und seinen Nachträgen nicht ausdrücklich in Versicherung gegeben wurde oder
▪ nach den RBE-Privat (und dem Tarif) nicht ohne besonderen Beitrag
  mitversichert ist.

3.D.1.   Versichertes Risiko

Versichert ist in der Privat-Haftpflichtversicherung

RBE-Privat
Pos. D. 1.
RBE-Privat
Pos. A 3.

(Abschnitt A. – RBE-Privat) die gesetzliche Haftpflicht als Inhaber ver-
schiedener Gebäude und/oder Wohnungen (siehe Kapitel 3.A.3.).

Versichert ist in der separaten HuG-Haftpflichtversicherung

(Abschnitt D. – RBE-Privat) die gesetzliche Haftpflicht des Versicherungsnehmers als Haus- und/oder Grundstücksbesitzer (z. B. als Eigentümer, Mieter, Pächter, Leasingnehmer oder Nießbraucher – nicht
jedoch als Besitzer von Luftlandeplätzen).

Der Versicherungsschutz gilt für das im Versicherungsschein und seinen Nachträgen beschriebene Gebäude oder Grundstück einschließlich
dem Miteigentum an Gemeinschaftsanlagen (z. B. Zuwege zur öffentlichen Straße, Zuwege zu einem gemeinschaftlichen Wäschetrockenplatz,
der Wäschetrockenplatz selbst, sonstige Wohnwege, Garagenhöfe und
Stellplätze für Müllgefäße), die zu dem versicherten Einfamilien-/Reihen-
haus oder der Doppelhaushälfte gehören.

Nicht eingeschlossen ist die Ersatzpflicht bei Schäden an der Gemeinschaftsanlage auf den Miteigentumsanteil des Versicherungsnehmers.

Versichert sind damit z. B. auch die zum Grundstück gehörenden Kinderspielplätze.

▶ Beispiele

- Dritte erleiden durch das Gemeinschaftseigentum Schäden;
- ein Miteigentümer, d. h. einer der Hauseigentümer, erleidet durch das Gemeinschaftseigentum einen Schaden (Ersatz des Schadens durch die Haus- und Grundbesitzer-Haftpflichtversicherung abzüglich des Haftungsanteils des geschädigten Miteigentümers);
- die Gemeinschaft der Miteigentümer erleidet dadurch einen Schaden, dass der Versicherungsnehmer eine Gemeinschaftsanlage beschädigt (Ersatz des Schadens durch die Haus- und Grundbesitzer-Haftpflichtversicherung abzüglich des Haftungsanteils des geschädigten Miteigentümers).

Die Mitversicherung des Gemeinschaftseigentums gilt nicht

z. B. für Gemeinschaftsheizwerke, Gemeinschaftsklärwerke oder -anlagen, Gemeinschaftsteiche oder Gemeinschaftspumpstationen.

Versichert sind auch Ansprüche aus der Verletzung von Pflichten,

die dem Versicherungsnehmer in den oben genannten Eigenschaften obliegen (z. B. bauliche Instandhaltung, Beleuchtung, Reinigung, Streuen und Schneeräumen auf Gehwegen, Bürgersteigen und Fahrbahnen).

RBE-Privat
Pos. D. 2.

3.D.2.   Mitversicherte Risiken

Durch die Aufzählung der mitversicherten Risiken in der **separaten** HuG-Haftpflichtversicherung ist (kurzgefasst in Stichworten) versichert:

- durch **Pos. D. 2.1** RBE-Privat die gesetzliche Haftpflicht

Bauarbeiten

   (1) des Versicherungsnehmers als Bauherr oder Unternehmer von kleineren Bauarbeiten ohne zeitliche Begrenzung;

früherer Besitz

   (2) des Versicherungsnehmers als früherer Besitzer aus § 836 Abs. 2 BGB;

beschäftigte Personen

   (3) der durch Arbeitsvertrag mit der Betreuung der Grundstücke beauftragten Personen;

Zwangs- und
Insolvenzverwalter

   (4) der Zwangs- oder Insolvenzverwalter in dieser Eigenschaft;

(5) der Nießbraucher;

Nießbraucher

(6) des Versicherungsnehmers als Privatperson aus Photovoltaikanlagen und der Abgabe von Energie.

Photovoltaikanlagen

LF 2

■ durch **Pos. D. 2.2** RBE-Privat die Haftpflichtansprüche wegen Sachschäden

LF 10

   – durch häusliche Abwässer und
   – durch Abwässer aus dem Rückstau des Straßenkanals.

häusliche Abwässer
Rückstau

■ durch **Pos. D. 2.3** RBE-Privat

LF 15

die vom Versicherungsnehmer durch Vertrag übernommene gesetzliche Haftpflicht des jeweiligen Vertragspartners (Vermieter, Verleiher, Verpächter, Leasinggeber) in dieser Eigenschaft (abweichend von Ziffer 7.3 AHB).

vertraglich übernommene Haftpflicht

➡ AHB

3.D.3. Sonstige mitversicherte Risiken

RBE-Privat
Pos. D. 3.

Durch die Aufzählung der sonstigen Risiken in der **separaten** HuG-Haftpflichtversicherung sind (kurzgefasst in Stichworten) mitversichert:

■ durch **Pos. D. 3.1** RBE-Privat: Auslandsschäden

Auslandsschäden

Eingeschlossen ist die gesetzliche Haftpflicht aus im Ausland vorkommenden Versicherungsfällen ohne zeitliche Begrenzung (siehe grundsätzliche Ausführungen zur Auslandsdeckung im Kapitel 3.B.3.).

■ durch **Pos. D. 3.2** RBE-Privat:

der Versicherungsschutz für Gemeinschaften von Wohnungseigentümern (gilt auch für Teileigentümer) als Versicherungsnehmer.

Gemeinschaft von
Wohnungseigentümern

Versichert sind die gesetzliche Haftpflicht der Gemeinschaft der Wohnungseigentümer und die persönliche gesetzliche Haftpflicht des Verwalters und der Wohnungseigentümer bei Betätigung im Interesse und für Zwecke der Gemeinschaft.

Eingeschlossen sind dabei auch (abweichend von Ziffer 4. AHB) bestimmte Ansprüche der einzelnen Wohnungseigentümer untereinander, gegen die Gemeinschaft und gegen den Verwalter.

➡ AHB

Ausgeschlossen bleiben Schäden am Gemeinschafts-, Sonder- und Teileigentum und alle sich daraus ergebenden Vermögensschäden.

Gemeinschaftseigentum

■ durch **Pos. D. 3.3** RBE-Privat:

der Versicherungsschutz für Vermögensschäden aus Datenschutzverletzungen.

Datenschutzverletzungen

Mitversichert ist die gesetzliche Haftpflicht wegen Vermögensschäden (Ziffer 2.1 AHB) aus der Verletzung von Datenschutzgesetzen durch Missbrauch personenbezogener Daten – auch von Versicherten untereinander.

➡ AHB

RBE-Privat
Pos. D. 4.

3.D.4. Gewässerschäden

Für die Gewässerschäden gelten für die separate Haus- und Grundbesitzer-Haftpflichtversicherung die Bestimmungen der Pos. G. 3. RBE-
Privat.

Weitere Ausführungen siehe im Kapitel 3.G.3.

RBE-Privat
Pos. D. 5.

3.D.5. Kraft-, Luft- und Wasserfahrzeuge (Kleine Benzinklausel)

Für die Versicherung von Kraftfahrzeugen, Kraftfahrzeug-Anhängern,
Luftfahrzeugen und Wasserfahrzeugen gelten für die separate Haus-
und Grundbesitzer-Haftpflichtversicherung die Bestimmungen gem.
Pos. G. 2. RBE-Privat – Kleine Benzinklausel.

Weitere Ausführungen siehe im Kapitel 3.G.2.

RBE-Privat
Pos. D. 6.

3.D.6. Vorsorgeversicherung

Für die Vorsorgeversicherung im Rahmen der separaten Haus- und
Grundbesitzer-Haftpflichtversicherung gelten die Bestimmungen gem.
Pos. G. 4. RBE-Privat.

Weitere Ausführungen siehe im Kapitel 3.G.4.

RBE-Privat
Abschnitt E.

3.E. Bauherren-Haftpflichtversicherung

▶ Beispiele für ersatzpflichtige Schäden
zur Bauherren-Haftpflichtversicherung

1. Fußgänger Alsen verletzt sich nachts an einer unbeleuchte-
   ten Baustelle. Ursache ist herumliegendes Baumaterial.
   Wegen ungenügender Beaufsichtigung der Baustelle wird
   der Bauherr neben dem Bauunternehmer haftbar gemacht.

2. Bei der vom Bauherrn Bahlsen mit Mieter Claußen durchgeführten Besichtigung der halbfertigen Wohnung stürzt
   Herr Claußen vom Balkon, der nicht genügend gesichert
   war. Herr Bahlsen wird haftbar gemacht.

3. Die an einer Baustelle vorbeigehende Frau Dollke wird von
   einem umfallenden Bauzaun getroffen. Sie erleidet einen
   Oberschenkelbruch. Neben Zimmerermeister Erichsen, der
   den Zaun errichtet hat, wird auch der Bauherr Franke für
   die Folgen des Unfalls in Anspruch genommen.

4. Nachdem Polier Goll und seine Maurer nach Feierabend
   die Baustelle verlassen haben, wird vom Speditionsbetrieb

Hollesen noch eine bestellte Fuhre Sand abgeladen. In der Nacht stürzt der Motorradfahrer Innigen über den Sandhaufen, der teilweise auf der Straße liegt und nicht ausreichend gesichert ist.

Innigen wird verletzt, seine Maschine stark beschädigt. Für den Schaden werden Bauherr Jansen, der Speditionsbetrieb Hollesen und der Fahrer des Speditionsbetriebes Kornsen haftbar gemacht.

5. Bei der Ausführung von Dachdeckerarbeiten wird versehentlich weder der Bürgersteig abgesperrt noch in irgendeiner Weise durch Tafeln auf die Dachdeckerarbeiten aufmerksam gemacht. Eine vorübergehende Person wird durch einen herabfallenden Dachziegel verletzt. Sowohl Dachdecker Kramer als auch Bauherr Langwedel werden auf Schadenersatz in Anspruch genommen.

6. Hauseigentümer Moller lässt einen Anbau errichten. Bei Anlieferung von Baumaterialen wird das an der Einfahrt befindliche Holztor beschädigt. Als das Kind Jan Neumann mit dem nur noch lose in den Angeln hängenden Tor spielt, stürzt das Tor um. Jan wird verletzt. Bauherr Moller wird wegen der Unfallfolgen in Anspruch genommen.

Die Ausführungen in diesem Kapitel sind auch kurz gefasst, weil die Bauherren-Haftpflichtversicherung in den relevanten Prüfungen keine große Rolle spielt.

Vorbemerkung

Der Versicherungsschutz für die typischen Schadenersatzansprüche gegen Bauherren im Rahmen der **separaten Bauherren-Haftpflichtversicherung** und nicht im Rahmen einer Privat-Haftpflichtversicherung wird in den RBE-Privat geregelt im Abschnitt E. mit den Untergliederungen:

1. Planung, Bauleitung und Bauausführung durch Dritte
2. Bauen in Eigenleistung
3. Kraftfahrzeuge (Kleine Benzinklausel)
4. Vorsorgeversicherung

Der Abschnitt G. der RBE-Privat enthält auch für die Bauherren-Haftpflichtversicherung zusammengefasst allgemeine Vertragsbestimmungen für

▪ die Kleine Benzinklausel (Pos. G. 2. – Kapitel 3.G.2.) und
▪ die Vorsorgeversicherung (Pos. G. 4. – Kapitel 3.G.4.).

Bedingungen

Grundlage für die separate Bauherren-Haftpflichtversicherung sind jeweils:

- die Allgemeinen Versicherungsbedingungen für die Haftpflichtversicherung (AHB),
- der Abschnitt E. der RBE-Privat und
- die Besonderen Bedingungen für die Mitversicherung von Vermögensschäden in der Haftpflichtversicherung (BBVerm).

Im Zweifelsfall gilt als nicht versichert, was

- nach dem Antrag und seinen Nachträgen nicht ausdrücklich in Versicherung gegeben wurde oder
- nach den RBE-Privat (und dem Tarif) nicht ohne besonderen Beitrag mitversichert ist.

„Bauherr"

Bauherr ist in der Regel derjenige, dem die Baugenehmigung erteilt wird und/oder der im Grundbuch als Eigentümer des Grundstücks eingetragen ist. Der Bauherr trägt die Verantwortung für eine bauliche Maßnahme, die er vorbereitet, ausführt oder vorbereiten und ausführen lässt.

In der Regel wird der Bauherr mit der Bauausführung Architekten (Planung, Statik, Bauleitung), Bauunternehmer und Bauhandwerker (Bauausführung) beauftragen. Er ist aber trotz der Übertragung der Aufgaben nicht von eigenen Sorgfaltspflichten befreit.

Er haftet neben den am Bau beteiligten Unternehmen und Architekten dafür, dass das Baugrundstück in einem verkehrssicheren Zustand ist. Er ist auch für die Überwachung dieses Zustandes verantwortlich. Außerdem hat der Bauherr die Pflicht zur sorgfältigen Auswahl der am Bau beteiligten Unternehmen.

Nachbargebäude und -grundstücke

Der Umfang der Sorgfaltspflicht des Bauherrn bei Grundstücksvertiefungen (z. B. Baugruben) wird in § 909 BGB festgelegt.

Grundstücksvertiefungen sind oft Ursache für Schäden an Nachbargebäuden. Der Bauherr wird von seiner Verantwortung für diese Schäden nicht dadurch befreit, dass er Bauplanung, Bauaufsicht und Bauausführung bewährten Architekten und einem zuverlässigen und leistungsfähigen Unternehmer überträgt.

Bei diesen Schäden handelt es sich aber nicht um Haftpflichtansprüche, sondern um Ausgleichsansprüche, die bei der Bauplanung in die Baukosten mit einzurechnen sind. Deswegen besteht auch keine Deckung über die Bauherren-Haftpflichtversicherung.

Unglücke auf einer Baustelle können viele Ursachen haben. Der Bauherr ist in vielen Fällen nicht der allein Schuldige; es haften auch z. B. der Architekt, der Bauunternehmer oder die Bauarbeiter. Es liegt also oft gesamtschuldnerische Haftung vor.

Wenn sich der Geschädigte an den Bauherren hält und von ihm den Ersatz des gesamten Schadens fordert (obwohl ihn vielleicht nur 20 % Verschulden trifft), so wird sich der Bauherr (oder sein Versicherer) den entsprechenden Anteil an der Entschädigung von den anderen am Schaden Beteiligten im Regress fordern.

Der Versicherungsschutz umfasst grundsätzlich nicht die **Selbsthilfe** bei der Bauplanung oder Bauleitung. Dieser Deckungsumfang kann auch nicht über die Vorsorgeversicherung (Ziffern 3.1 (3) und 4. AHB) in den Versicherungsschutz einbezogen werden. Er muss besonders beantragt werden.

Vorbemerkung
Abschnitt E. RBE

➡ AHB

3.E.1. Planung, Bauleitung und Bauausführung durch Dritte (Grundrisiko)

RBE-Privat
Pos. E. 1.

Versicherungsschutz wird geboten,

- **grundsätzlich**, wenn Planung, Bauleitung und Bauausführung an einen Dritten vergeben sind,
- **aufgrund besonderer Vereinbarung** auch für die Mitversicherung der Planung/Bauleitung mit eigener Leistung (Pos. E. 2.2 RBE-Privat) bzw. für die Bauausführung (Pos. E. 2.1 RBE-Privat).

Unter **Planung** versteht man, dass die für die Bauausführung notwendigen Einzelzeichnungen, Einzelrechnungen und Anweisungen geliefert werden und dem genehmigten Entwurf und den öffentlich-rechtlichen Vorschriften entsprechen.

Planung

Die **Bauleitung**

Bauleitung

- hat zu überwachen, dass Baumaßnahmen dem öffentlichen Baurecht, den allgemein anerkannten Regeln der Technik und den genehmigten Bauvorlagen entsprechend durchgeführt werden. Sie hat die dafür erforderlichen Weisungen zu erteilen.
- hat im Rahmen dieser Aufgabe auf den sicheren bautechnischen Betrieb der Baustelle, insbesondere auf das gefahrlose Ineinandergreifen der Arbeiten der Unternehmer und auf die Einhaltung der Arbeitsschutzbestimmungen zu achten.

Versichert ist die gesetzliche Haftpflicht des Versicherungsnehmers

RBE-Privat
Pos. E 1.1

als Bauherr für das Bauvorhaben.

Mitversichert ist die gesetzliche Haftpflicht des Versicherungsnehmers

RBE-Privat
Pos. E 1.2

als Haus- und Grundbesitzer für das zu bebauende Grundstück und das zu errichtende Bauwerk einschließlich der gesetzlichen Haftpflicht aus dem Miteigentum an zu dem Grundstück gehörenden Ge-

meinschaftsanlagen (für den Miteigentumsanteil des Versicherungsnehmers wird nicht gehaftet).

RBE-Privat
Pos. E. 1.4 und 1.5

Dieser Versicherungsschutz gilt für die Bauzeit, längstens für zwei
Jahre nach Versicherungsbeginn. Die Gesamtleistung für alle Versicherungsfälle während der Versicherungsdauer beträgt das Doppelte der
vereinbarten Versicherungssummen.

RBE-Privat
Pos. E 1.3

Nicht versichert sind Haftpflichtansprüche

aus dem Verändern der Grundwasserverhältnisse.

RBE-Privat
Pos. E. 1.9

Eingeschlossen sind Haftpflichtansprüche

aus Sachschäden durch Abwässer, nicht jedoch Schäden an Entwäs-
serungsleitungen durch Verschmutzungen oder Verstopfungen und
deren Vermögensfolgeschäden.

RBE-Privat
Pos. E. 1.6

Für die **Gewässerschaden-Haftpflichtversicherung** im Rahmen der
separaten Bauherren-Haftpflichtversicherung gelten die Bestimmungen der Pos. G. 3. RBE-Privat.

Weitere Ausführungen siehe im Kapitel 3.G.3.

RBE-Privat
Pos. E. 1.8
➡ **AHB**

Eingeschlossen

▪ sind Haftpflichtansprüche wegen Senkungen von Grundstücken
(und darauf errichteter Werke) oder Erdrutschungen (teilweise Abweichung von Ziffer 7.14 (2) AHB).

Für Sachschäden und Vermögensfolgeschäden gilt dies nur, falls diese
an einem Grundstück und/oder den darauf befindlichen Gebäuden oder
Anlagen entstehen. Dies gilt aber nicht für das Baugrundstück selbst.

RBE-Privat
Pos. E. 1.10

▪ ist die gesetzliche Haftpflicht aus in Gebieten, die zum Geltungsbereich des Vertrages über die Europäische Union gehören, vorkommenden Versicherungsfällen.

Die Leistungen des Versicherers erfolgen in Euro. Soweit der Zahlungsort außerhalb der Staaten der Europäischen Währungsunion liegt, gelten die Verpflichtungen des Versicherers mit dem Zeitpunkt als erfüllt,
in dem der Euro-Betrag bei einem in der Europäischen Währungsunion
gelegenen Geldinstitut angewiesen ist.

RBE-Privat
Pos. E. 1.7
Kleine Benzinklausel

Für die **Versicherung von Kraftfahrzeugen, Kraftfahrzeug-Anhän-**
gern, Wasserfahrzeugen und Luftfahrzeugen im Rahmen der separaten Bauherren-Haftpflichtversicherung gelten die Bestimmungen der
Pos. G. 2. RBE-Privat – Kleine Benzinklausel.

Weitere Ausführungen siehe im Kapitel 3.G.2.

3.E.2. Bauen in Eigenleistung (falls besonders vereinbart)

Wenn das Zusatzrisiko „Bauen mit eigener Leistung (Selbst- und Nachbarschaftshilfe bei Bauausführung, Planung, Bauleitung)" – siehe Vorbemerkung vor Kapitel 3.E.1. – versichert ist, muss noch unterschieden werden, ob

RBE-Privat
Pos. E. 2.
Zusatzrisiken

- nur die Selbsthilfe und die Nachbarschaftshilfe bei der **Bauausführung** oder
- auch die Selbsthilfe bei **Planung und/oder Bauleitung** versichert ist.

3.E.2.1 Bauausführung in Eigenleistung (falls besonders vereinbart)

RBE-Privat
Pos. E. 2.1

Bei Versicherung der Selbsthilfe und Nachbarschaftshilfe bei der Bauausführung gilt:

Mitversichert ist die gesetzliche Haftpflicht des Versicherungsnehmers

Versicherungsnehmer

aus der Ausführung der Bauarbeiten oder eines Teiles mit eigener Leistung (auch Selbst- und Nachbarschaftshilfe beim Bau).

Mitversichert ist die persönliche gesetzliche Haftpflicht

am Bau Beschäftigte

sämtlicher mit den Bauarbeiten beschäftigten Personen (dazu gehören u. a. auch Familienangehörige, Bekannte, Nachbarn, Kollegen) für Schäden, die sie in Ausführung dieser Verrichtungen verursachen.

Ausgeschlossen sind

Arbeitsunfälle
Berufskrankheiten

Haftpflichtansprüche aus Personenschäden durch Arbeitsunfälle oder Berufskrankheiten im Betrieb des Versicherungsnehmers gemäß dem Sozialgesetzbuch VII.

Führt der Bauherr einzelne oder alle Bauarbeiten mit und ohne Einsatz von Hilfskräften aus, so ist der Bauherr selbst Unternehmer und hat alle Verpflichtungen eines Unternehmers gegenüber der Bau-Berufsgenossenschaft zu erfüllen.

Bauausführung
ohne Hilfskräfte

Nach dem Sozialgesetzbuch – SGB – sind alle dauernd oder nur vorübergehend mit der Durchführung von Bauarbeiten beschäftigten Personen gegen die Folgen von Arbeits- und Wegeunfällen kraft Gesetzes unfallversichert. Für den Versicherungsschutz ist es ohne Bedeutung, ob diese Personen Arbeitsentgelte vom Bauherrn beziehen oder nicht. Auch eine private Haftpflicht- oder Unfallversicherung befreit nicht von der gesetzlichen Unfallversicherung.

LF 2

LF 10

LF 15

Ausgenommen von diesem automatischen gesetzlichen Versicherungsschutz durch die Bau-Berufgenossenschaft sind der Bauherr selbst und
sein Ehegatte. Der Bauherr kann für sich bzw. seinen Ehegatten eine
private Unfallversicherung abschließen. Für den Versicherungsschutz
evtl. Kinder ist eine Rückfrage bei der BG sinnvoll.

<table><tr><td>RBE-Privat
Pos. E. 2.2</td><td>

3.E.2.2   Planung und / oder Bauleitung in Eigenleistung
(falls besonders vereinbart)

Bei Versicherung der Selbsthilfe bei der Planung und/oder Bauleitung ist
die gesetzliche Haftpflicht des Versicherungsnehmers aus der Übernah-
me der Planung und/oder Bauleitung (nicht der Bauausführung) versi-
chert.
</td></tr></table>

<table><tr><td>RBE-Privat
Pos. E. 3.</td><td>

3.E.3.   Vorsorgeversicherung

Für die Vorsorgeversicherung im Rahmen der separaten Bauherren-
Haftpflichtversicherung gelten die Bestimmungen der Pos. G. 4. RBE-
Privat.

Weitere Ausführungen siehe im Kapitel 3.G.4.
</td></tr></table>

<table><tr><td>RBE-Privat
Abschnitt F.</td><td>

3.F.   Gewässerschaden-Haftpflichtversicherung
– Anlagenrisiko –
(z. B. Anlagen zur Lagerung von Heizöl)

▶ Beispiele für ersatzpflichtige Schäden
   zur Gewässerschaden-Haftpflichtversicherung

1. Weil der Versicherungsnehmer die Wartung seiner unter-
   irdischen Öltanks vernachlässigt, rostet die Außenwand
   durch und Öl versickert im Erdreich. Um zu verhindern,
   dass das ausgelaufene Öl in das Grundwasser gelangt,
   muss das verunreinigte Erdreich von seinem und den bei-
   den Nachbargrundstücken abgetragen und dekontaminiert
   werden.

2. Beim Befüllen des Kellertanks des Versicherungsnehmers
   gelangt durch einen Fehler Öl in einen Bach und verursacht
   ein Fischsterben.

3. Durch eine gebrochene Leitung eines unterirdisch gelager-
   ten Tanks trat Öl aus und verunreinigte den Brunnen einer
   benachbarten Brauerei.

4. An einem im Keller gelagerten Tank des selbst bewohnten
   Einfamilienhauses des Versicherungsnehmers entstand ein
</td></tr></table>

Leck, und auslaufendes Öl drang in das Kellermauerwerk ein. Das Mauerwerk musste umfangreich saniert werden.

5. Im Keller eines Einfamilienhauses steht ein Öltank mit 4 000 Liter Fassungsvermögen. Eines Tages wird festgestellt, dass der Tank leckt und Öl ins Erdreich fliest. Die verseuchte Erde muss abgetragen und entsorgt werden.

LF 2

LF 10

LF 15

Auch die Ausführungen in diesem Kapitel sind kurz gefasst, weil auch die Gewässerschaden-Haftpflichtversicherung in den relevanten Prüfungen nicht eine so große Rolle spielt wie die Privat-Haftpflichtversicherung und andere **separate Haftpflichtversicherungen**.

Vorbemerkung

Der Versicherungsschutz für die typischen Schadenersatzansprüche aus Gewässerschäden im Rahmen der separaten Gewässerschaden-Haftpflichtversicherung und nicht im Rahmen einer Privat-Haftpflichtversicherung wird im Abschnitt F. der RBE-Privat geregelt mit den Untergliederungen:

1. Versichertes Risiko
2. Versicherungsleistungen
3. Rettungskosten
4. Bewusste Verstöße
5. Vorsorgeversicherung
6. Gemeingefahren
7. Mitversicherte Schäden
8. Auslandsschäden
9. Kraft-, Luft- und Wasserfahrzeuge (Große Benzinklausel)

Der Abschnitt G. der RBE-Privat enthält auch für die Gewässerschaden-Haftpflichtversicherung allgemeine Vertragsbestimmungen für

- die Große Benzinklausel (Pos. G. 1. – Kapitel 3.G.1.) und
- die Vorsorgeversicherung (Pos. G. 4. – Kapitel 3.G.4.).

Grundlage für die Gewässerschaden-Haftpflichtversicherung sind jeweils:

Bedingungen

- die Allgemeinen Versicherungsbedingungen für die Haftpflichtversicherung (AHB) und
- der Abschnitt F. der RBE-Privat.

Die Besonderen Bedingungen für die Mitversicherung von Vermögensschäden in der Haftpflichtversicherung (BBVerm) gelten nicht für die **separate Gewässerschaden-Haftpflichtversicherung**.

➡ *BBVerm*

Im Zweifelsfall gilt als nicht versichert, was

- nach dem Antrag und seinen Nachträgen nicht ausdrücklich in Versicherung gegeben wurde oder
- nach den RBE-Privat (und dem Tarif) nicht ohne besonderen Beitrag mitversichert ist.

3.F.0. Erläuterungen zur Gewässerschaden-Haftpflichtversicherung

Die Gewässerschaden-Haftpflichtversicherung bezieht sich auf alle gesetzlichen Haftpflichtbestimmungen privatrechtlichen Inhalts und nicht nur auf die Haftpflicht aus § 22 des Wasserhaushaltsgesetzes.

Das versicherte Risiko muss nach dem Antrag ausdrücklich in Versicherung gegeben oder nach besonderen Bedingungen beitragsfrei eingeschlossen sein.

Mitversichert ist die Haftpflicht

aus Gewässerschäden, die dadurch entstehen, dass aus den versicherten Anlagen/Behältern gewässerschädliche Stoffe in Abwässer und mit diesen in Gewässer gelangen.

3.F.1. Versichertes Risiko

Versichert ist die gesetzliche Haftpflicht des Versicherungsnehmers

- als Inhaber von versicherten Anlagen zur Lagerung von gewässerschädlichen Stoffen und
- aus der Verwendung der gelagerten Stoffe für unmittelbare oder mittelbare Folgen (Personen-, Sach- und Vermögensschäden) von Veränderungen der physikalischen, chemischen oder biologischen Beschaffenheit eines Gewässers einschl. des Grundwassers (Gewässerschaden).

Mitversichert ist die gesetzliche Haftpflicht

- der Personen, die vom Versicherungsnehmer durch Arbeitsvertrag mit der Betreuung der Grundstücke (z. B. Hausmeister, Verwalter) beauftragt sind, für den Fall, dass sie aus Anlass der Ausführung dieser Verrichtungen in Anspruch genommen werden und
- der Personen, die diese Tätigkeit gefälligkeitshalber durchführen.

Ausgeschlossen sind Haftpflichtansprüche

aus Personenschäden aus Arbeitsunfällen oder Berufskrankheiten im Betrieb des Versicherungsnehmers gemäß dem Sozialgesetzbuch VII.

3.F.2. Versicherungsleistungen

Leistungen der Versicherung werden im Rahmen der beantragten Versicherungssumme (gleichgültig ob Personen-, Sach- oder Vermögens-

schäden) je Versicherungsfall gewährt, jedoch für alle Versicherungsfälle eines Versicherungsjahres (Personen-, Sach- und Vermögensschäden) nur bis zum Doppelten dieser Versicherungssumme.

3.F.3. Rettungskosten

Versichert sind folgende Rettungskosten:

RBE-Privat
Pos. F. 3.
„Rettungskosten"

- Rettungskosten nach eingetretenem Gewässerschaden zur Abwendung von Drittschäden
- vorgezogene Rettungskosten zur Vermeidung eines drohenden Ge-
  wässerschadens
- Deponiekosten/Kosten einer Behandlung des verunreinigten Bodens
- Gutachterkosten

RBE-Privat
Pos. F. 3.3

Dabei ist es unerheblich, ob der Versicherungsnehmer öffentlich-
rechtlich oder privatrechtlich zur Zahlung dieser Kosten verpflichtet ist.

Rettungskosten sind aber auch die Aufwendungen, die notwendig sind,
um den Zustand von Grundstücks- und Gebäudeteilen – auch des Versicherungsnehmers – wiederherzustellen, wie er vor Beginn der Rettungsmaßnahmen bestand.

RBE-Privat
Pos. F. 3.4

Wertverbesserungen oder Kosten, die zur Erhaltung, Reparatur oder Erneuerung der Anlage selbst ohnehin entstanden wären, sind von den
sonstigen Rettungskosten abzuziehen.

Für den Ersatz von Rettungskosten ist es von Bedeutung, ob sie auf
Weisung des Versicherers entstanden sind. Auf Weisung des Versicherers aufgewendete Rettungs- sowie außergerichtliche Gutachterkosten
werden vom Versicherer auch übernommen, wenn sie zusammen mit
der Entschädigungsleistung die Versicherungssumme übersteigen.

RBE-Privat
Pos. F. 3.1

Für Gerichts- und Anwaltskosten gilt dagegen die Regelung in Ziffer 6.
AHB.

➡ AHB

Sind Rettungs- und außergerichtliche Gutachterkosten auf Weisung des
Versicherers entstanden, sind sie auch insoweit zu ersetzen, als sie zusammen mit der Entschädigung die Versicherungssumme übersteigen.

RBE-Privat
Pos. F. 3.2

3.F.4. Bewusste Verstöße

Ausgeschlossen sind Haftpflichtansprüche

RBE-Privat
Pos. F. 4.

gegen den Versicherungsnehmer oder jeden Mitversicherten, wenn
diese den Schaden durch bewusstes Abweichen von dem Gewässerschutz dienenden Gesetzen, Verordnungen, an den Versicherungsnehmer gerichteten behördlichen Anordnungen oder Verfügungen herbeigeführt haben.

RBE-Privat
Pos. F. 5.

3.F.5. Vorsorgeversicherung

Für die Vorsorgeversicherung im Rahmen der separaten Gewässer-schaden-Haftpflichtversicherung gelten die Bestimmungen der Pos. G. 4. RBE-Privat.

Weitere Ausführungen siehe im Kapitel 3.G.4.

RBE-Privat
Pos. F. 6.

3.F.6. Gemeingefahren

Ausgeschlossen sind Haftpflichtansprüche

- wegen Schäden, die unmittelbar oder mittelbar auf Kriegsereignis-sen, anderen feindseligen Handlungen, Aufruhr, inneren Unruhen, Generalstreik oder unmittelbar auf Verfügungen oder Maßnahmen von hoher Hand beruhen und
- für Schäden durch höhere Gewalt, soweit sich elementare Natur-kräfte ausgewirkt haben.

RBE-Privat
Pos. F. 7.

RBE-Privat
Pos. F. 7.1

3.F.7. Mitversicherte Schäden

Eingeschlossen sind – auch ohne dass ein Gewässerschaden droht oder eintritt –, Schäden an **unbeweglichen Sachen des Versiche-rungsnehmers**, die dadurch verursacht werden, dass die gewässer-schädlichen Stoffe bestimmungswidrig aus versicherten Anlagen aus-getreten sind.

Eigenschäden

➡ AHB

Dieser Versicherungsumfang weicht teilweise ab von Ziffer 1.1, Ziffer 2., Ziffer 3. und Ziffer 21. AHB, weil es sich hier an sich um Eigenschä-den handelt.

Der Versicherer ersetzt die Aufwendungen zur Wiederherstellung des Zustandes, wie er vor Eintritt des Schadens bestand. Eintretende Wert-verbesserungen sind abzuziehen.

Ausgeschlossen

EBR-Privat
Pos. F. 7.2

bleiben aber die Schäden an der versicherten Anlage selbst. Auch Schäden aufgrund bewusster Verstöße (Pos. F. 4.), aufgrund von Ge-meingefahren und durch Naturereignisse (Pos. F. 6.) sind weiterhin ausgeschlossen (siehe Kapitel 3.F.4 und 3.F.6.).

RBE-Privat
Pos. F. 7.3

Der Selbstbehalt des Versicherungsnehmer beträgt bei jedem Schaden 250 €.

3.F.8. Auslandsschäden

Durch Ziffer 7.9 AHB sind Auslandsschäden grundsätzlich ausgeschlossen. Die RBE ändern den Versicherungsumfang:

RBE-Privat
Pos. F. 8.
➡ AHB

Versichert ist die gesetzliche Haftpflicht

> aus im Ausland vorkommenden Versicherungsfällen (aber nur in Europa und in den außereuropäischen Gebieten, die zum Geltungsbereich des Vertrages über die Europäische Union gehören) ohne zeitliche Begrenzung (siehe grundsätzliche Ausführungen zur Auslandsdeckung im Kapitel 3.B.3.).

3.F.9. Kraft-, Luft- und Wasserfahrzeuge (Große Benzinklausel)

RBE-Privat
Pos. F. 9.

> Für die Versicherung von Kraft-, Luft- und Wasserfahrzeugen gelten für die separate Gewässerschaden-Haftpflichtversicherung die Bestimmungen der Pos. G. 1. RBE-Privat – Große Benzinklausel.

Weitere Ausführungen siehe im Kapitel 3.G.1.

3.G. Allgemeine Vertragsbestimmungen

RBE-Privat
Abschnitt G.

Die allgemeinen Vertragsbestimmungen:

1. Kraft-, Luft- und Wasserfahrzeuge (Große Benzinklausel)
2. Kraft-, Luft- und Wasserfahrzeuge (Kleine Benzinklausel)
3. Gewässerschäden
4. Vorsorgeversicherung

finden insoweit Anwendung, als in den Abschnitten A. bis F. der RBE-Privat darauf hingewiesen wird. Sie sind entsprechend in den folgenden Kapiteln erläutert:

- die Große Benzinklausel im Kapitel 3.G.1.,
- die Kleine Benzinklausel im Kapitel 3.G.2.,
- Gewässerschäden im Kapitel 3.G.3. und
- die Vorsorgeversicherung im Kapitel 3.G.4.

LF 2

LF 10

LF 15

RBE-Privat
Pos. G. 1.

Versicherung von
Kraftfahrzeugrisiken

3.G.1.   Kraft-, Luft- und Wasserfahrzeuge (Große Benzinklausel)

3.G.1.01   Hinweise zur Versicherung von Kraftfahrzeugrisiken

Diese Hinweise verdeutlichen dem Versicherungsnehmer, welche seiner Kraftfahrzeuge oder Kraftfahrzeug-Anhänger durch

- die **Privat-Haftpflichtversicherung** oder
- eine **separate Haftpflichtversicherung** im Rahmen der RBE-Privat versichert sind und welche durch
- eine **selbstständige Kraftfahrzeug-Haftpflichtversicherung** versichert werden müssen.

„Kraftfahrzeug"

Kraftfahrzeuge sind nach StVG und StVZO Landfahrzeuge, die mit Maschinenkraft bewegt werden, ohne an Bahngleise gebunden zu sein.

Dabei ist die Art der Antriebskraft ohne Bedeutung. Auch die evtl. Führerschein-, Versicherungs- oder Zulassungspflicht spielt bei der Einstufung keine Rolle.

Hinweise zu Wohnwagen, Elektrofahrrädern, Elektrorollern (Scooter), Krankenfahrstühlen und Anhängern:

Wohnwagen

Wohnwagen sind an sich versicherungspflichtig in der Kraftfahrzeug-Haftpflichtversicherung. Soweit sie aber ständig abgestellt und nur noch zu eigenen Campingzwecken (nicht auf öffentlichen Wegen und Straßen) verwendet werden, besteht Versicherungsschutz im Rahmen der Privat-Haftpflichtversicherung.

Elektrofahrräder

Elektrofahrräder

Fahrräder mit Antriebsunterstützung (**Elektrofahrräder**) gibt es in zwei Varianten:

1. Mit Sensortechnik:

Es handelt sich hier um ein Fahrrad, bei dem der Motor nur dann antreibt, wenn auch in die Pedale getreten wird, also um eine Trethilfe. Der Fahrer muss zunächst selbst treten, um Antriebsunterstützung zu bekommen. Beim Pedaltreten wird die auslösende Kraft verdoppelt, beim langsamen Treten lässt die Unterstützung nach. Ohne Treten bleibt die Unterstützung aus.

Dieses Fahrzeug gilt im rechtlichen Sinne als Fahrrad und ist über die Privat-Haftpflichtversicherung mitversichert.

2. Ohne Sensortechnik:

Hierbei handelt es sich um ein normales Elektrofahrrad. Der Fahrer hat hier die freie Antriebswahl mittels Gashebel oder Gasdrehgriff und/oder selber treten.

Wenn die Höchstgeschwindigkeit bei alleinigem Antrieb mit dem Elektromotor größer ist als 6 km/h, handelt es sich um ein versicherungspflichtiges Kraftfahrzeug. Es muss mit einem Versicherungskennzeichen versehen werden.

Elektroroller

Elektroroller (Scooter)

sind nur über die Privat-Haftpflichtversicherung versichert, wenn die Höchstgeschwindigkeit nicht größer ist als 6 km/h. Falls sie schneller fahren als 6 km/h, muss eine Betriebserlaubnis vorhanden sein und die Scooter müssen, da sie dann versicherungspflichtig sind, mit einem Versicherungskennzeichen versehen werden.

Krankenfahrstühle

Krankenfahrstühle

Nicht versicherungspflichtige Krankenfahrstühle mit nicht mehr als 6 km/h sind gleichfalls über die Privat-Haftpflichtversicherung versichert. Krankenfahrstühle mit mehr als 6 km/h sind versicherungspflichtig (Versicherungskennzeichen).

Nicht zulassungs- und versicherungspflichtige Anhänger

nicht zulassungs- und versicherungspflichtige Anhänger

Die Zulassungsfreiheit für bestimmte Anhänger (z. B. Spezialanhänger zur Beförderung von Sportgeräten oder Tieren für Sportzwecke, wenn die Anhänger ausschließlich für solche Beförderungen verwendet werden – z. B. Boots- oder Pferdeanhänger) ist im § 3 (2) 2. Fahrzeug-Zulassungsverordnung geregelt.

Sind deshalb Anhänger nicht zulassungspflichtig, so sind sie auch nicht versicherungspflichtig (§ 2 (1) 6. c) Pflichtversicherungsgesetz).

Für Anhänger im Gespannbetrieb ist Versicherungsschutz besonders wichtig, weil seit 2002 auch der Halter eines Anhängers aus der Betriebsgefahr (§ 7 StVG) wie bei einem Kraftfahrzeug haftet. Die Haftpflichtversicherung des Anhängers steht gesamtschuldnerisch mit der Kraftfahrzeug-Haftpflichtversicherung des Zugfahrzeuges für Schäden Dritter ein, wenn der Anhänger einen Unfall verursacht hat.

Versicherungsschutz für Anhänger

Der Geschädigte kann wählen, ob er den Halter bzw. die Versicherung des Zugfahrzeugs, des Anhängers oder beide zusammen in Anspruch nimmt.

In der Betriebs-Haftpflichtversicherung richtet sich der Versicherungsschutz für angehängte oder abgestellte Kraftfahrzeug-Anhänger nach den entsprechenden Vereinbarungen über die Mitversicherung. Regelmäßig wird Versicherungsschutz für nicht zulassungs- und versicherungspflichtige Anhänger (z. B. Anhängerarbeitsmaschinen wie Dachdeckeraufzüge, Hebebühnen oder Kompressoren) geboten, soweit der Anhänger nicht mehr mit dem Zugfahrzeug verbunden ist und deshalb nicht mehr über dieses versichert ist.

Betriebs-Haftpflichtversicherung

Privat-Haftpflicht-versicherung	In der Privat-Haftpflichtversicherung richtet sich der Versicherungs-schutz für angehängte oder abgestellte Kraftfahrzeug-Anhänger nach den sog. Benzinklauseln.
Kleine Benzinklausel	In der Kleinen Benzinklausel (siehe Kapitel 3.G.2.) sind ausdrücklich nur Schäden durch den Gebrauch von Kraftfahrzeugen und **versicherungs-pflichtigen** Anhängern ausgeschlossen.

Nicht versicherungspflichtige Anhänger sind deshalb grundsätzlich durch die jeweilige Privat-Haftpflichtversicherung des Halters mitversi-chert.

Ist der Anhänger an ein Kraftfahrzeug angehängt, besteht **auch** Versi-cherungsschutz über die Kraftfahrzeug-Haftpflichtversicherung des Zug-fahrzeugs.

Große Benzinklausel	In der Großen Benzinklausel (siehe Kapitel 3.G.1) sind **alle** Kraftfahr-zeug-Anhänger (ob versicherungspflichtig oder nicht) ausdrücklich vom Versicherungsschutz ausgeschlossen.
Selbstständige Kraft-fahrzeug-Haftpflicht-versicherung	Eine **selbstständige Kraftfahrzeug-Haftpflichtversicherung** ist abzu-schließen (denn es besteht Versicherungspflicht – siehe oben):

- für alle auf öffentlichen Wegen und Plätzen verkehrenden Kraftfahr-zeuge mit einer Höchstgeschwindigkeit von mehr als 6 km/h,
- für selbst fahrende Arbeitsmaschinen und Stapler mit einer Höchst-geschwindigkeit von mehr als 20 km/h sowie
- für Kraftfahrzeug-Anhänger, die zulassungspflichtig sind.

Das gilt auch, wenn diese Fahrzeuge ausschließlich oder gelegentlich auf Baustellen und solchen Betriebsgrundstücken verkehren, die Besu-chern, Kunden oder Lieferanten zugängig sind (so genannte beschränkt öffentliche Verkehrsflächen).

Auch bei einer behördlich erteilten Befreiung von der Zulassungspflicht – Ausnahmegenehmigung nach § 70 Abs. 1 Ziffer 2 StVZO – bleibt die Versicherungspflicht bestehen.

Benzinklauseln	**3.G.1.02 Große und Kleine Benzinklausel**
Gebrauch oder Betrieb	Die Kraftfahrzeug-Haftpflichtversicherung leistet Versicherungsschutz, wenn versicherte bzw. mitversicherte Personen durch den Gebrauch oder den Betrieb eines Kraftfahrzeuges oder durch den Gebrauch eines zulassungspflichtigen Anhängers Schäden verursachen.

Deshalb besteht in der Privat-Haftpflichtversicherung für Schäden, die durch den Gebrauch eines Kraftfahrzeuges oder eines Kraftfahrzeug-anhängers, eines Luftfahrzeuges oder eines Wasserfahrzeuges verur-sacht werden,

- durch die **Große Benzinklausel** in der Gewässerschaden-Haftpflichtversicherung und
- durch die **Kleine Benzinklausel** in der Privat-, der Hundehalter-, der Reit- und Zugtierhalter, der Haus- und Grundbesitzer- und der Bauherren-Haftpflichtversicherung

nur ein eingeschränkter Versicherungsschutz bzw. diese Schäden sind ausgeschlossen.

Die Benzinklauseln dienen grundsätzlich der Abgrenzung zur Kraftfahrzeug-Haftpflichtversicherung und sollen einerseits Doppelversicherungen vermeiden und andererseits einen nahtlosen Versicherungsschutz zwischen der Kraftfahrzeughaftpflichtversicherung und der Allgemeinen Haftpflichtversicherung gewährleisten.

In der **Großen Benzinklausel** ist **grundsätzlich die Haftpflicht ausgeschlossen** wegen Schäden, die

Ausschluss durch die Große Benzinklausel

der **Versicherungsnehmer, ein Mitversicherter oder eine von ihnen bestellte oder beauftragte Person** verursachen durch den **Gebrauch** eines Kraftfahrzeuges, Luftfahrzeuges oder Wasserfahrzeuges

oder für die sie als **Halter oder Besitzer** eines Luft-/Raumfahrzeuges oder eines Wasserfahrzeuges in Anspruch genommen werden.

In der **Kleinen Benzinklausel** ist **grundsätzlich die Haftpflicht ausgeschlossen** wegen Schäden, die

Ausschluss durch die Kleine Benzinklausel

Eigentümer, Besitzer, Halter oder Führer eines Kraftfahrzeuges, Luftfahrzeuges oder Wasserfahrzeuges sowie eines versicherungspflichtigen Anhängers durch den **Gebrauch** des Fahrzeuges/Anhängers verursachen.

Versichert ist bei Vereinbarung der **Kleinen Benzinklausel**

versichert durch die Kleine Benzinklausel

in der Privat-, der Hundehalter-, der Reit- und Zugtierhalter-, der Haus- und Grundbesitzer- und der Bauherren-Haftpflichtversicherung

die Haftpflicht wegen Schäden durch den **Gebrauch** von:

- Kraftfahrzeugen und Kfz-Anhängern, die ausschließlich auf nicht öffentlichen Wegen und Plätzen fahren;

nicht öffentliche Wege und Plätze

- nicht versicherungspflichtige Kraftfahrzeugen bis 6 km/h bauartbedingter Höchstgeschwindigkeit (z. B. Kinderkraftfahrzeuge, Krankenfahrstühle, an Holmen geführte und nicht aufsitzbare Kleingeräte wie z. B. Rasenmäher/Schneeräum- und ähnliche Geräte oder nicht versicherungspflichtige Einachszugmaschinen);

6 km/h Höchstgeschwindigkeit

- nicht versicherungspflichtige selbstfahrenden Arbeitsmaschinen und Stapler (auch Aufsitzrasenmäher, -schneeräumgeräte und -kehrmaschinen) bis 20 km/h bauartbedingter Höchstgeschwindigkeit;

Arbeitsmaschinen und Stapler

Als **selbst fahrende Arbeitsmaschinen** gelten Kraftfahrzeuge, die nach ihrer Bauart und ihren besonderen mit dem Fahrzeug fest verbundenen Einrichtungen zur Leistung von Arbeit, aber nicht zur Beförderung von Personen oder Gütern bestimmt und geeignet sind und die zu einer vom Bundesminister für Verkehr bestimmten Art solcher Fahrzeuge gehören.

Stapler sind Kraftfahrzeuge, die durch ihre Bauart für das Aufnehmen, Heben, Bewegen und Positionieren von Lasten bestimmt und geeignet sind.

Modell- und Spielautos

Luftfahrzeuge

Wasserfahrzeuge

- **Modell- und Spielautos** (ferngelenkt oder nicht);
- nicht versicherungspflichtigen **unbemannten Luftfahrzeugen** (wie Flugmodelle, unbemannte Ballone und Drachen, die keinen Antrieb besitzen, maximal 5 kg Fluggewicht haben und nicht versicherungspflichtig sind – ferngelenkt oder nicht);
- **Modell- und Spielwasserfahrzeugen**, die nicht zum Mitfahren und Aufsitzen geeignet sind (ferngelenkt oder nicht);
- eigenen oder fremden **Wassersportfahrzeugen** (einschl. Windsurfbretter) ohne Motor – auch Hilfs- oder Außenbordmotoren – oder Treibsätze;
  Ausnahme: Der Gebrauch **eigener Segelboote** ist nicht in den Versicherungsschutz eingeschlossen!
  sowie durch
- den gelegentlichen Gebrauch von **fremden Wassersportfahrzeugen** mit Motoren (wie Motorboote, Jetski/-boote, Segelboote mit Hilfsmotor – mit einer Motorstärke bis 55 kw).

Wassersportfahrzeug-
Haftpflichtversicherung

Eigene Segelboote, Motorboote und – je nach Versicherer – auch eigene Windsurfbretter müssen gesondert über eine Wassersportfahrzeug-Haftpflichtversicherung versichert werden.

Unterschiede

Zusammenstellung der
Unterschiede zwischen den beiden Benzinklauseln

Große Benzinklausel	Kleine Benzinklausel
Vereinbart in der separaten Bauherren-Haftpflichtversicherung	Vereinbart in der Privat-Haftpflichtversicherung und den separaten Hundehalter-, Reit- und Zugtierhalter-, Haus- und Grundbesitzer- und Gewässerschaden-Haftpflichtversicherungen
Ausschluss von Schäden, die der Versicherungsnehmer, eine mitversicherte Person oder eine vom Versicherungsnehmer beauftragte oder bestellte Person (wie z. B. alle Betriebsangehörigen, Erfüllungs- und Verrichtungsgehilfen) verursachen	**Ausschluss der Haftpflicht** des Eigentümers, Besitzers, Halters und Führers

LF
2

LF
10

LF
15

■ durch den **Gebrauch** irgend-eines **Kraft-, Luft- oder Wasser-fahrzeuges**	■ durch den **Gebrauch** eines **Kraft-, Luft- oder Wasserfahr-zeuges mit Ausnahmen:**
	bestimmte selbstfahrende nicht-versicherungspflichtige Landfahr-zeugen (Pos. G. 2.1.3 RBE-Privat)
	bestimmte Flugmodelle, Ballone und Drachen (Pos. G. 2.1.4 RBE-Privat)
	bestimmte Wassersportfahr-zeuge (Pos. G. 2.1.5 RBE-Privat)
	ferngelenkte Modellfahrzeuge (Pos. G. 2.1.6 RBE-Privat)
■ durch den Gebrauch von Kraft-fahrzeug-**Anhängern**	■ durch den Gebrauch von **versi-cherungspflichtigen Anhängern**
Ausschluss von Schäden, für die der Versicherungsnehmer, eine mitversicherte Person oder eine vom Versicherungsnehmer beauf-tragte oder bestellte Personen als Halter oder Besitzer eines **Luft- oder Wasserfahrzeuges** in An-spruch genommen werden	

Doch nun zu den Einzelheiten der Großen Benzinklausel.

3.G.1.1 Kraftfahrzeuge, Kraftfahrzeug-Anhänger und Wasser-fahrzeuge

RBE-Privat
Pos. G. 1.1

Im Rahmen der **Gewässerschaden-Haftpflichtversicherung** besteht **kein Versicherungsschutz für die Haftpflicht wegen Schäden**,

die der Versicherungsnehmer, ein Mitversicherter oder eine von ihnen bestellte oder beauftragte Person (als Eigentümer, Halter oder Fahrer – nicht jedoch als „nur" Beifahrer)

■ durch den Gebrauch eines Kraftfahrzeuges oder eines Kraftfahr-zeug-Anhängers oder eines Wasserfahrzeuges verursachen oder

RBE-Privat
Pos. G. 1.1.1

■ für die sie als Halter oder Besitzer eines Wasserfahrzeuges in An-spruch genommen werden.

RBE-Privat
Pos. G. 1.1.2

Besteht nach diesen Bestimmungen für einen Versicherten (Versiche-rungsnehmer oder Mitversicherter) kein Versicherungsschutz, so gilt das auch für alle anderen Versicherten.

RBE-Privat
Pos. G. 1.1.3

Der notwendige Versicherungsschutz für den Gebrauch dieser Fahrzeuge, die nicht im Umfang der separaten Gewässerschaden-Haftpflichtversicherung enthalten sind, muss durch Kraftfahrzeug-, Sportboot- oder Luftfahrzeug-Haftpflichtversicherungen abgedeckt werden.

„Gebrauch"

> Der Begriff „Gebrauch" eines Fahrzeuges geht über den Umfang des Fahrzeugbetriebes (§ 7 StVG) hinaus. Auch ein Fahrzeug, das nicht mehr in „Betrieb" ist, kann noch in Gebrauch sein.

Ein Schaden durch „Gebrauch" eines Fahrzeuges liegt vor, wenn das Fahrzeug aktuell, unmittelbar, zeitlich und örtlich nah im Zusammenhang mit der schadenstiftenden Verrichtung eingesetzt wird – sich also ein spezifisches Risiko des Kraftfahrzeuggebrauchs verwirklicht – oder die Gefahr vom Fahrzeug selbst ausgeht.

Gebrauch umfasst
auch ....

Viele Tatbestände sind durch die Rechtsprechung geklärt worden. Danach umfasst der Gebrauch auch:

- das Schieben von Fahrzeugen (auch von abgekuppelten Anhängern),
- das Abschleppen von defekten Fahrzeugen,
- das Wegrollen von geparkten Fahrzeugen,
- Reparaturarbeiten, soweit sich hierbei eine typische Gefahr verwirklicht (z. B. Brand nach Schweißarbeiten),
- das Be- und Entladen von Fahrzeugen, einschließlich unmittelbar damit zusammenhängender Vor- und Nachbereitungshandlungen (etwa Öffnen der Kofferraumtür),
- das Verlieren von Ladung während der Fahrt.

Be- und Entladen

Zur Abgrenzung, ob noch ein Gebrauch des Kraftfahrzeugs vorgelegen hat, gibt es eine Fülle von Gerichtsentscheidungen. Ein besonderer Grenzfall liegt z. B. bei den so genannten Be- und Entladeschäden vor.

Während beim Be- und Entladen eines Kraftfahrzeuges verursachte Schäden Dritter grundsätzlich über die Kraftfahrzeug-Haftpflichtversicherung abgedeckt sind, fallen alle schädigenden Handlungen vor Beginn und nach Ende des Be- und Entladevorgangs unter den Versicherungsschutz der Privat-Haftpflichtversicherung.

Um diese Abgrenzungsprobleme zu vermeiden, sind in der Privat-Haftpflichtversicherung diese Schäden durch Pos. A. 6. Abs. 2 RBE-Privat eingeschlossen (siehe Kapitel 3.A.6.).

kein Gebrauch
RBE-Privat
Pos. G. 1.1.4

> Eine Tätigkeit des Versicherungsnehmers oder der Mitversicherten oder der von ihnen bestellten oder beauftragten Personen an einem Kraftfahrzeug, einem Kraftfahrzeug-Anhänger oder einem Wasserfahrzeug ist kein Gebrauch im Sinne dieser Bestimmung, wenn
>
> - keine dieser Personen Halter oder Besitzer des Fahrzeuges ist und
> - das Fahrzeug nicht in Betrieb gesetzt wird.

3.G.1.2 Luft-/Raumfahrzeuge

RBE-Privat
Pos. G. 1.2

Im Rahmen der **Gewässerschaden-Haftpflichtversicherung** besteht **kein Versicherungsschutz für die Haftpflicht wegen Schäden,**

die der Versicherungsnehmer, ein Mitversicherter oder eine von ihnen bestellte oder beauftragte Person

- durch den Gebrauch eines Luft- oder Raumfahrzeuges verursachen oder

RBE-Privat
Pos. G. 1.2.1

- für die sie als Halter oder Besitzer eines Luft- oder Raumfahrzeuges in Anspruch genommen werden.

Besteht nach diesen Bestimmungen für einen Versicherten (Versicherungsnehmer oder Mitversicherter) kein Versicherungsschutz, so gilt das auch für alle anderen Versicherten.

Außerdem besteht **kein Versicherungsschutz** für die Haftpflicht aus

- der Planung oder Konstruktion, Herstellung oder Lieferung von Luft- oder Raumfahrzeugen oder Teilen für Luft- oder Raumfahrzeuge sowie aus

RBE-Privat
Pos. G. 1.2.2

- Tätigkeiten (z. B. Montage, Wartung, Inspektion, Überholung, Reparatur, Beförderung) an Luft- oder Raumfahrzeugen oder deren Teilen.

Diese Einschränkung gilt für Schäden an Luft- oder Raumfahrzeugen, der mit diesen beförderten Sachen, der Insassen sowie wegen sonstiger Schäden durch Luft- oder Raumfahrzeuge.

3.G.2 Kraft-, Luft und Wasserfahrzeuge (Kleine Benzinklausel)

RBE-Privat
Pos. G. 2.

Für Kraftfahrzeuge, Kraftfahrzeug-Anhänger, Wasserfahrzeuge und Luftfahrzeuge gelten im Rahmen der Kleinen Benzinklausel die folgenden Bestimmungen für

- Pos. A. 7.   Privat-Haftpflichtversicherung,
- Pos. B. 4.   Hundehalter-Haftpflichtversicherung,
- Pos. C. 4.   Reit- und Zugtierhalter-Haftpflichtversicherung,
- Pos. D. 5.   Haus- und Grundbesitzer-Haftpflichtversicherung und
- Pos. E. 1.7 Bauherren-Haftpflichtversicherung.

3.G.2.1   Kraft-, Luft- und Wasserfahrzeuge

RBE-Privat
Pos. G. 2.1

3.G.2.1.1   Kraft-, Luft- und Wasserfahrzeuge

RBE-Privat
Pos. G. 2.1.1

Im Rahmen der Privat-, der Hundehalter-, der Reit- und Zugtierhalter-, der Haus- und Grundbesitzer- und der Bauherren-Haftpflichtversicherung besteht kein Versicherungsschutz für die Haftpflicht wegen Schä-

LF
2

LF
10

LF
15

den, die der Eigentümer, Besitzer, Halter oder Führer eines Kraftfahrzeuges, eines Luft- oder eines Wasserfahrzeuges oder eines versicherungspflichtigen Kraftfahrzeug-Anhängers durch den Gebrauch des Fahrzeuges/Anhängers verursacht.

Zum Begriff „Gebrauch des Fahrzeugs" siehe Kapitel 3.G.1.

> Mit der **Kleinen Benzinklausel** sollen Schäden, für die im Rahmen der Kraftfahrzeug-Haftpflichtversicherung Versicherungsschutz besteht, aus dem Deckungsbereich der Privat-Haftpflichtversicherung herausgenommen werden.

▶ Beispiel

Der Fahrer eines Kraftfahrzeuges stellt sein Fahrzeug auf einem Parkplatz ab. Wird beim Öffnen der Tür durch ihn ein Radfahrer verletzt, besteht Versicherungsschutz über die Kraftfahrzeug-Haftpflichtversicherung.

Wird die Tür vom gelegentlichen Beifahrer (der weder Eigentümer. Halter oder Besitzer ist) geöffnet, leistet dessen Privat-Haftpflichtversicherung.

Be- und Entladeschäden

Zum begrenzten Einschluss der Schäden beim Be- und Entladen des selbst benutzten Kraftfahrzeuges in die Privat-Haftpflichtversicherung siehe Pos. A. 6. Abs. 2.

Der notwendige Versicherungsschutz für den Gebrauch der Fahrzeuge, die nicht im Umfang der Privat-Haftpflichtversicherung und der separaten Tierhalter-, Haus- und Grundbesitzer- und Bauherren- Haftpflichtversicherung enthalten sind, muss durch

- Kraftfahrzeug-Haftpflichtversicherungen,
- Sportboot-Haftpflichtversicherungen oder
- Luftfahrzeug-Haftpflichtversicherungen

abgedeckt werden.

RBE-Privat Pos. G. 2.1.2

3.G.2.1.2   Kraftfahrzeuge

> Versichert ist die Haftpflicht wegen Schäden, die verursacht werden durch den Gebrauch der nachstehend aufgeführten selbstfahrenden Landfahrzeuge (soweit keine Versicherungspflicht besteht – siehe Anmerkung):
>
> (1) nur auf nicht öffentlichen Wegen oder Plätzen verkehrende Kraftfahrzeuge – ohne Rücksicht auf eine Höchstgeschwindigkeit – und Kraftfahrzeug-Anhänger,

(2) nicht versicherungspflichtige Kraftfahrzeuge mit einer bauartbedingten Höchstgeschwindigkeit von nicht mehr als 6 km/h (z. B. Krankenfahrstühle),

(3) nicht versicherungspflichtige selbstfahrende Arbeitsmaschinen und Stapler mit nicht mehr als 20 km/h bauartbedingter Höchstgeschwindigkeit.

Zu den **versicherten Landfahrzeugen** gehören somit auch z. B.:

- Modell- und Spielfahrzeuge – auch ferngesteuerte –, die nicht zum Mitfahren oder Aufsitzen geeignet sind,
- Kinder-Kraftfahrzeuge bis 6 km/h,
- Krankenfahrstühle bis 6 km/h,
- Aufsitzrasenmäher/-schneeräumer bis 20 km/h.

Für diese Fahrzeuge gelten nicht die Ausschlüsse und Bestimmungen in

➡ AHB

- Ziff. 3.1 (2) AHB   Erhöhungen und Erweiterungen,
- Ziff. 3.2 AHB   Änderungen oder Erlass von Rechtsvorschriften,
- Ziff. 4.3 (1) AHB   Einschränkungen der Vorsorgeversicherung und
- Ziff. 21. AHB   Kündigung nach Risikoerhöhung aufgrund Änderung oder Erlass von Rechtsvorschriften.

Anmerkung

Für den vorstehend aufgeführten Versicherungsschutz für bestimmte selbstfahrende Landfahrzeuge gilt:

Mitversichert ist die persönliche gesetzliche Haftpflicht

des verantwortlichen Führers und der sonst zur Bedienung des Fahrzeuges berechtigten Personen.

Der Versicherer ist leistungsfrei

- wenn der Fahrer eines Kraftfahrzeugs beim Eintritt des Versicherungsfalles auf öffentlichen Wegen und Plätzen nicht die vorgeschriebene Fahrerlaubnis hat oder
- wenn ein unberechtigter Fahrer das Fahrzeug gebraucht hat.

Berechtigter Fahrer ist, wer das Fahrzeug mit Wissen und Willen des Verfügungsberechtigten gebrauchen darf.

Der Versicherungsnehmer ist verpflichtet, dafür zu sorgen, dass das Fahrzeug

- nicht von einem unberechtigten Fahrer gebraucht wird und
- nicht von einem Fahrer benutzt wird, der nicht die erforderliche Fahrerlaubnis hat.

➡ AHB

Verletzt der Versicherungsnehmer eine dieser Obliegenheiten, kann der Versicherer von der Verpflichtung zur Leistung frei sein. Insoweit findet Ziff. 26. AHB entsprechende Anwendung.

RBE-Privat
Pos. G. 2.2

3.G.2.2   Flugmodelle, Ballone und Drachen

Versichert ist die Haftpflicht wegen Schäden

die verursacht werden durch den Gebrauch von Flugmodellen, Ballonen und Drachen,

- die unbemannt sind,
- die nicht durch Motoren oder Treibsätze angetrieben werden,
- deren Fluggewicht 5 kg nicht übersteigt.

In Deutschland besteht seit dem 1. Juli 2005 auch für Flugmodelle laut Luftverkehrsgesetz Versicherungspflicht. Es gelten für Flugmodelle die gleichen Ansprüche an die Haftpflichtversicherung wie für manntragende Flugzeuge, dies betrifft vor allem die Haftungssummen. Sie sind nach dem Abfluggewicht gestaffelt. Die Mindesthaftungssumme beträgt 3 000 000 €.

Flugmodelle mit einer Masse von weniger als 5 kg (Ausnahme: Raketenantrieb) können ohne spezielle Aufstiegserlaubnis geflogen werden. Beim Einsatz eines Verbrennungsmotors muss dabei ein Mindestabstand von 1,5 km zu Wohngebieten eingehalten werden.

Durch die RBE-Privat besteht also für bestimmte Flugmodelle Versicherungsschutz.

➡ AHB

Für Risiken, die der Versicherungspflicht unterliegen, findet die Begrenzung der Entschädigungsleistungen in Ziffer 6.2 AHB keine Anwendung.

RBE-Privat
Pos. G. 2.3

3.G.2.3   Wassersportfahrzeuge

Versichert ist die Haftpflicht wegen Schäden,

die verursacht werden durch den Gebrauch von Wassersportfahrzeugen (einschl. Windsurfbretter).

Ausgenommen sind eigene Segelboote und eigene oder fremde Wassersportfahrzeuge mit Motoren (auch Hilfs- oder Außenbordmotoren) oder Treibsätzen.

Mitversichert ist der gelegentliche Gebrauch

von fremden Wassersportfahrzeugen (Motorboot, Jetski/-boot, Segelboot mit Hilfsmotor) mit Motoren, soweit für das Führen keine behördliche Erlaubnis erforderlich ist.

3.G.2.4 Ferngelenkte Modellfahrzeuge

RBE-Privat
Pos. G. 2.4

LF
2

LF
10

LF
15

Versichert ist die Haftpflicht wegen Schäden,

die verursacht werden durch den Gebrauch von ferngelenkten Modell-
fahrzeugen wie z. B. Modellautos, -flugzeuge und -schiffe.

Für ferngelenkte Flugmodelle sind die Einschränkungen unter Pos. G.
2.2 zu beachten (siehe Kapitel 3.G.2.2).

3.G.3 Gewässerschäden

RBE-Privat
Pos. G. 3.

Für die Haftung aus Gewässerschäden gelten die Bestimmungen der
Pos. G. 3. RBE-Privat für die Positionen

A. 8.   Privat-Haftpflichtversicherung,
D. 4.   Haus- und Grundbesitzer-Haftpflichtversicherung und
E. 1.6   Bauherren-Haftpflichtversicherung.

Die **separate Gewässerschaden-Haftpflichtversicherung** ist dagegen
im Abschnitt F. der RBE-Privat geregelt (siehe Kapitel 3.F.).

Durch Ziffer 7.10 (a) AHB erfolgt eine grundsätzliche „Nullstellung" für
Haftpflichtansprüche wegen Umweltschäden.

➡ AHB

Dieser Ausschluss wird aber unmittelbar danach in den AHB für die Versicherung privater Haftpflichtrisiken wieder aufgehoben (Ziffer 7.10 (a)
Abs. 3 AHB).

Auch für den Ausschluss von Haftpflichtansprüchen aus Sachschäden
und Vermögensfolgeschäden (-kosten) durch Abwässer in Ziffer 7.14 (1)
AHB wird klar gestellt, dass der Ausschluss nicht für häusliche Abwässer gilt.

➡ AHB

Um im privaten Bereich nicht gewollte, unangemessene Lücken im
Versicherungsschutz zu vermeiden, sind die Gewässerschäden in den
RBE-Privat für die Privat-, die HuG- und die Bauherren-Haftpflichtversi-
cherung gemeinsam geordnet.

Versichert ist die gesetzliche Haftpflicht des Versicherungsnehmers

Gewässerschäden

für Gewässerschäden (= unmittelbare oder mittelbare Folgen von Veränderungen der physikalischen, chemischen oder biologischen Beschaffenheit eines Gewässers einschließlich des Grundwassers) mit
Ausnahme der Haftpflicht als Inhaber von Anlagen zur Lagerung von
gewässerschädlichen Stoffen.

RBE-Privat
Pos. G. 3.1

Dabei werden im Umfang des Vertrages Vermögensschäden wie Sachschäden behandelt.

Ausgenommen ist von dieser Regelung grundsätzlich die Haftpflicht

- als Inhaber von (größeren) Anlagen zur Lagerung von gewässerschädlichen Stoffen und
- aus der Verwendung dieser gelagerten Stoffe.

Lagerung und Verwendung gewässerschädlicher Stoffe bis zu 600 kg/l

RBE-Privat
Pos. G. 3.2

Mitversichert ist die gesetzliche Haftpflicht des Versicherungsnehmers

- **als Inhaber von Anlagen**
  zur Lagerung von gewässerschädlichen Stoffen (sofern es sich um Stoffe handelt, deren Verwendung im gewöhnlichen Haushalt üblich ist) in Behältnissen bis 60 l bzw. kg Fassungsvermögen (Kleingebinde), sofern das Gesamtfassungsvermögen der vorhandenen Kleingebinde 600 l bzw. kg nicht übersteigt und

- **aus der Verwendung** dieser Stoffe.

Überschreiten die Kleingebinde das Gesamtfassungsvermögen von 600 l bzw. kg, erlischt, abweichend von

➡ AHB

- Ziffer 3.1 (2) AHB (Erhöhungen oder Erweiterungen),
- Ziffer 3.2 AHB (Erhöhungen durch Änderungen oder Erlass von Rechtsvorschriften)

die Mitversicherung der gesetzlichen Haftpflicht aus der Lagerung und Verwendung gewässerschädlicher Stoffe vollständig.

Heizöl

Diese Regelung gilt nicht für die Mitversicherung von Heizöl.

▶ Beispiel

Ein Versicherungsnehmer trägt einen 10 Liter-Kanister mit Altöl in seinen Garten, um dort seine Gartengeräte, Rasenmäher usw. für den Winter einzufetten. Aus Unachtsamkeit fällt der Kanister zu Boden, das auslaufende Öl dringt in den Boden ein und verseucht das Grundwasser.

Öltankversicherung

Um als Hausbesitzer auch gegen Gewässerschaden-Risiken im Zusammenhang mit einem Heizöl-Tank (dem „Anlagerisiko") abgesichert zu sein, muss zusätzlich eine Gewässerschaden-Haftpflichtversicherung („Öltankversicherung") vereinbart werden – dies insbesondere vor dem Hintergrund der unbegrenzten verschuldensunabhängigen Gefährdungshaftung des § 22 WHG.

▶ Beispiel

Beim Auswechseln eines Heizöltanks gegen einen neuen stellte man fest:

Aus dem alten Tank war Öl ausgelaufen. Es bestand Gefahr, dass das allmählich weitersickernde Öl bald das Grundwasser erreichen würde.

Die Behörde ordnete Sofortmaßnahmen an: Niederbringen von Probebohrungen, Ausbaggern des gesamten Erdreichs, Abtransport und Ausfackeln des verseuchten Erdreichs. Die Kosten betrugen fast 100 000 €, da auch Kellerfundamente beschädigt werden mussten, um an den ölverseuchten Boden heranzukommen.

Mitversichert ist die gesetzliche Haftpflicht des Versicherungsnehmers

häusliche
Abwasseranlagen

RBE-Privat
Pos. G. 3.3

- als Inhaber von häuslichen Abwasseranlagen (auch Öl- und Benzinabscheider) und
- aus dem erlaubten Einleiten von Abwässern aus diesen Anlagen.

Mitversichert sind auch Rettungskosten und Gutachterkosten

RBE-Privat
Pos. G. 3.4
Rettungskosten

- Rettungskosten (Aufwendungen, auch erfolglose, die der Versicherungsnehmer im Versicherungsfall zur Abwendung oder Minderung des Schadens für geboten halten durfte) sowie
- außergerichtliche Gutachterkosten

außergerichtliche
Gutachterkosten

werden vom Versicherer insoweit übernommen, als sie zusammen mit der Entschädigungsleistung die Versicherungssumme für Sachschäden nicht übersteigen.

Rettungs- und außergerichtliche Gutachterkosten auf Weisung des Versicherers sind auch insoweit zu ersetzen, als sie zusammen mit der Entschädigung die Versicherungssumme für Sachschäden übersteigen. Dabei ist eine Billigung des Versicherers von schon durchgeführten Maßnahmen nicht mit einer Weisung des Versicherers gleichzusetzen.

Weisungen des
Versicherers

Rettungskosten entstehen bereits dann, wenn der Eintritt des Schadenereignisses ohne Einleitung von Rettungsmaßnahmen als unvermeidbar angesehen werden durfte. Dabei ist es ohne Bedeutung, ob ein öffentlich-rechtlicher oder ein privatrechtlicher Rechtsgrund zur Zahlung dieser Kosten verpflichtet.

Rettungskosten sind aber auch Aufwendungen zur Wiederherstellung des Zustandes von Grundstücks- und Gebäudeteilen – auch des Versicherungsnehmers -, wie er vor Beginn der Rettungsmaßnahmen bestand. Eintretende Wertverbesserungen oder Kosten, die zur Erhaltung,

Wiederherstellung
des alten Zustandes

Reparatur oder Erneuerung der Anlage selbst ohnehin entstanden wären, sind abzuziehen.

Gerichts- und Anwaltskosten

Für Gerichts- und Anwaltskosten bleibt es bei der Regelung in den Ziffern 5. und 6. der Allgemeinen Versicherungsbedingungen für die Haftpflichtversicherung.

RBE-Privat
Pos. G. 3.5
Bewusstes Abweichen von Vorschriften für den Gewässerschutz

Ausgeschlossen sind

- Haftpflichtansprüche gegen die Personen (Versicherungsnehmer oder jeden Mitversicherten), die den Schaden durch bewusstes Abweichen von dem Gewässerschutz dienenden Gesetzen, Verordnungen, an den Versicherungsnehmer gerichteten behördlichen Anordnungen oder Verfügungen herbeigeführt haben.

RBE-Privat
Pos. G. 3.6
Krieg u. ä.

- Ansprüche wegen Schäden, die nachweislich auf Kriegsereignissen, anderen feindseligen Handlungen, Aufruhr, inneren Unruhen, Generalstreik, illegalem Streik oder unmittelbar auf Verfügungen oder Maßnahmen von hoher Hand beruhen.

höhere Gewalt

- Schäden durch höhere Gewalt, soweit sich elementare Naturkräfte ausgewirkt haben.

RBE-Privat
Pos. G. 4.

3.G.4.   Vorsorgeversicherung

Geltungsbereich

Die folgenden Bestimmungen für die Vorsorgeversicherung gelten für die RBE-Privat-Positionen

A. 12. Privat-Haftpflichtversicherung
B.   5. Hundehalter-Haftpflichtversicherung
C.   5. Reit- und Zugtierhalter-Haftpflichtversicherung
D.   6. Haus- und Grundbesitzer-Haftpflichtversicherung
E.   3. Bauherren-Haftpflichtversicherung und
F.   5. Gewässerschaden-Haftpflichtversicherung

➡ AHB

Entsprechend Ziffer 4. AHB sind Risiken, die nach Abschluss des Versicherungsvertrages neu entstehen, natürlich auch im Rahmen der RBE-Privat sofort versichert.

Abweichend von Ziffer 27.1 Satz 2 AHB gelten die Bestimmungen über die Vorsorgeversicherung auch, wenn das neue Risiko nur in der Person eines Mitversicherten entsteht.

Ausführungen zur Vorsorgeversicherung siehe Kapitel 2.4.

Wiederholungsaufgaben

1. In Ihrem Posteingangskorb finden Sie folgenden Brief von Herrn Max Martens (Auszug):

   „... ich möchte Ihnen mitteilen, dass ich am 12. 8. den Bund der Ehe mit Frau Rosemarie Schützki eingehen werde. Da Frau Schützki seit 1990 bei der Oststern-Versicherung und ich bei Ihnen seit dem letztem Jahr bereits eine Privat-Haftpflichtversicherung habe, möchte ich wissen, wie wir diese beiden Versicherungen in Zukunft zusammenfassen können? ..."

   Welche Informationen werden Sie Herrn Martens geben?

2. Herr Karl Roberts möchte mit dem Tag seiner Heirat am 15. 7. seinen bei uns abgeschlossenen Privat-Haftpflichtversicherungsvertrag umstellen auf Kompakt-Tarif – Alternative A.

   Da seine zukünftige Ehefrau einen Hund mit in die Ehe bringt (der bisher nicht haftpflichtversichert war), soll zusätzlich die Tierhalter-Haftpflicht (Alternative A) eingeschlossen werden.

   Welchen Beitrag muss Herr Roberts in Zukunft zahlen?

3. Sie erhalten von Ihrem Kunden Franz Holzer (Privat-Haftpflichtversicherung [Kompakt-Modell – Alternative A, Jahresbeitrag 115 €] und Hundehalterhaftpflicht [Jahresbeitrag 110 €] – Versicherungsperiode jeweils 1. 4.–1. 4.) folgende Schadenanzeige (Auszug):

   „ ... ich möchte Sie bitten, die auf den beiliegenden Rechnungen von mir vollständig verauslagten Beträge zu überweisen.

   Es handelt sich hierbei zweifelsfrei um einen Fall für meine bei Ihnen abgeschlossene Haftpflichtversicherung.

   Hier eine kurze Beschreibung des Schadenhergangs:

   Mein 19-jähriger Sohn Ralf war am 5. 10. 2007 auf einer Fete seiner Klasse im Hause seines Klassenkameraden Werner Schulze. Zu später Stunde war er in eine kleine Rangelei mit seinem Kumpel Olaf Schieder verwickelt. Hierbei fiel mein Sohn Ralf (ob er ausgerutscht war oder von Olaf gestoßen wurde, lässt sich nicht eindeutig klären) gegen die Wand und stieß eine im Fenster stehende Holzleiste um. Diese Holzleiste war von Werner Schulze provisorisch zwischen dem abgeklappten Fenster und dem Rahmen hineingestellt worden, um für einen besseren Luftabzug zu sorgen. Durch das abrupte Wegziehen der Leiste, hervorgerufen durch das fahrlässige Verhalten meines Sohnes, ist die Scheibe beim Zurückfallen zerbrochen. Die he-

runterfallenden Glassplitter führten ebenfalls zu sehr unan-
sehnlichen Kratzern auf dem Tisch.

Ich bitte Sie, den Betrag von 1 169 € auf mein Konto zu
überweisen.

Mit freundlichem Gruß

Anlagen:
1 Rechnung der Firma Glaserei Krell
1 Rechnung der Firma Möbel Anger

Hinweise zu den Rechnungen:

	Glaserei Krell	Möbel Anger
Rechnungsdatum:	8. 10. 2007	6. 6. 2004
Nettobetrag:	300 €	700 €
Mehrwertsteuer:	57 €	112 €

a) Stellen Sie in einer übersichtlichen, strukturierten Aufstellung
   stichwortartig dar, welche Gesichtspunkte Sie bei der Abwicklung
   dieses Versicherungsfalles beachtet haben.
b) Da dies bereits der 3. Schaden des VN im Rahmen seiner Privat-
   Haftpflichtversicherung ist, wollen Sie zum nächstmöglichen Zeitpunkt den Vertrag kündigen. Hierfür sei unterstellt, dass Sie die
   Schadenregulierung am 30. 10. 2008 abgeschlossen haben.

4. Ihr Unternehmen will in einem Merkblatt den Versicherungsnehmern
   die Mitversicherung von Kindern in der Privat-Haftpflichtversicherung
   der Eltern deutlich machen. Dieses Merkblatt soll für Verkaufsge-
   spräche eingesetzt werden.

   Entwerfen Sie dieses Merkblatt unter Beachtung der Stichworte
   „volljährig oder nicht", „verheiratet oder nicht", „in Schul-, Universi-
   täts- oder Berufsausbildung bzw. in Weiterbildung" aufgrund der in
   Ihrem Unternehmen gegebenen Situation.

5. In Ihrem Posteingangskorb finden Sie folgenden Brief (Auszug):

   „... wir beabsichtigen ab dem nächsten Monat meine
   Schwiegermutter in unser Haus mit aufzunehmen. Da es
   sich dann ja um eine häusliche Gemeinschaft handelt,
   möchte ich wissen, ob meine Schwiegermutter damit in
   meinem Vertrag mitversichert ist und sie somit ihre eigene
   Haftpflichtversicherung kündigen kann? ..."

   Welche Informationen werden Sie dem Kunden geben?

6. Sie besuchen im Rahmen Ihrer Tätigkeit den alleinstehenden Herrn
   Franz Winzig, der einige Fragen zu seiner Privat-Haftpflichtversicherung (Kompakt-Modell, Alternative B) hat.

   1. Sohn Peter Winzig hat seit dem 15. Juni sein Studium beendet.
      Er soll somit nicht mehr in der Privat-Haftpflichtversicherung von
      Herrn Winzig mitversichert sein.

      Welche Auswirkung hat dies auf die Prämie?

2. Muss für den Sohn Peter eine Privat-Haftpflichtversicherung zu gleichen Konditionen wie für Herrn Willi Winzig abgeschlossen werden?

3. Nach dem Auszug des Sohnes soll das Obergeschoss des Einfamilienhauses zu einer Ferienwohnung ausgebaut werden.

   Besteht während der Umbauphase Haftpflichtversicherungsschutz für ihn als Bauherrn?

4. Welche Vertragserweiterungen müssen vorgenommen werden, damit das Vermieterrisiko für die neue Ferienwohnung versichert ist?

Begründen Sie die Antworten, die Sie Herrn Winzig geben.

7. Alexandra Meißner teilt Ihnen mit, dass sie eine weitere Eigentumswohnung in München gekauft hat, die zurzeit noch vermietet ist. Später soll sie von einem ihrer Kinder (Studentin Juliane, 19 Jahre, und Schüler Andreas, 16 Jahre) bewohnt werden. Frau Meißner möchte bei Haftpflichtansprüchen gegen sie als Wohnungseigentümerin ausreichend versichert sein.

8. Sie finden heute folgende Gesprächsnotiz vor:

   Anruf von Herrn Gerd Clausen (Tel. 0205/123456)

   Betr.:   Privat-Haftpflichtversicherung

   Grund: Herr Clausen will wegen der lang anhaltenden Krankheit seiner Frau eine Haushaltshilfe einstellen.

   Skizzieren Sie stichwortartig, welche Informationen Sie Herrn Clausen im Telefongespräch geben werden, insbesondere ob und unter welchen Voraussetzungen Versicherungsschutz für die Haushaltshilfe besteht.

9. Sie erhalten folgende Schadenanzeige (Auszug) Ihres Kunden Paul Luthmann zu seiner PH-Versicherung:

   „ ... In der von mir gemieteten Wohnung habe ich versucht, eine Renovierung des Wohnzimmers vorzunehmen. Dabei ist mir leider ein Missgeschick passiert. Beim Streichen der Zimmerdecke habe ich auf der Leiter das Gleichgewicht verloren und bin mitsamt der Leiter und Farbeimer umgestürzt und durch die Zimmertür gefallen. Hierbei sind jetzt folgende Schäden entstanden, die mein Vermieter von mir ersetzt haben will:

Beseitigung der Farbflecken vom Parkett-
boden   1 200 €
Wertminderung, da Farbdifferenzen zu
sehen sind   300 €
Reparatur der Türzarge   120 €
Glasfüllung der Tür   220 €
Neukauf der Leiter, die unbrauchbar ist   90 €

Bitte überweisen Sie den Betrag auf mein Konto. ..."

Bitte stellen Sie stichwortartig die Deckungs- und Haftungsprüfung dar.

10. Im Rahmen der Privat-Haftpflichtversicherung erhalten Sie folgende Schadenanzeige:

   „Mein Bruder besuchte mich. Um einen Brief zu lesen, legte er seine Brille auf dem Büffet ab. Im Laufe des Gesprächs lehnte ich mich ans Büffet und stützte mich mit dem Ellenbogen auf. Dabei zerdrückte ich die Brille. Sie war nicht zusammengeklappt, so dass sie in zwei Teile zerbrach."

Prüfen Sie die Schadenanzeige und begründen Sie Ihre Entscheidung, ob eine Entschädigung an den Verwandten gezahlt wird.

11. Auf dem Weg zur Apotheke, wo die Hausgehilfin Medikamente für die Familie des Versicherungsnehmers abholen soll, verursacht sie fahrlässig einen Schaden.

   a) Stellen Sie dar, aus welchen Haftungsgrundlagen Ansprüche geltend gemacht werden können.
   b) Zeigen sie auf, in welchem Umfang die Privat-Haftpflichtversicherung dafür Deckung bieten würde.

12. Sie sind Mitarbeiter/-in in der Leistungsabteilung Haftpflichtversicherung und erhalten folgendes Kundenschreiben (Auszug):

   „ ... am 29. Januar haben meine Söhne Franz, 6 Jahre alt, und Karl, 9 Jahre alt, bei meiner Nachbarin, Frau Gerta Pöner, auf dem Eingangspodest zu deren Haustür mit einem Stein Fliesen so stark beschädigt, dass eine größere Reparatur notwendig ist.

   Frau Pöner, zu der ein nachbarschaftlich gutes Verhältnis besteht, hat mich gebeten, den Schadenfall meiner Haftpflichtversicherung zu melden, damit diese die Kosten für die Reparatur übernimmt.

   Ich habe gehört, dass wir für diesen Fall gar nicht haften, weil mein Sohn deliktsunfähig ist, möchte aber auch keinen Ärger mit meiner Nachbarin. Bitte teilen Sie mir mit, was Sie, als mein Versicherer, in diesem Fall für mich tun können. ..."

Was werden Sie Herrn Sommer schreiben? Gehen Sie davon aus, dass der Beitrag bezahlt ist.

13. Sie erhalten als Mitarbeiter in der Leistungsabteilung der Proximus Versicherung folgendes Schreiben (Auszug) Ihres Versicherungsnehmers Fritz Lauk:

„ ... in unserem Treppenhaus ist mir ein Missgeschick passiert.

Ich wollte mit einem Bekannten einen Tisch in meine Eigentumswohnung tragen. Durch meine Unachtsamkeit sind wir mit dem Tisch gegen das Treppengeländer gestoßen, so dass dieses erheblich beschädigt ist.

Wir (die vier Eigentümer unserer Eigentümergemeinschaft) haben daher auf unserer letzten Eigentümerversammlung beschlossen, dass dieses beschädigte Treppengeländer von einem Schlosser repariert werden soll. Die Kosten belaufen sich lt. Kostenvoranschlag auf ca. 2 400 €.

Ich möchte Sie bitten, diesen Betrag auf mein Konto zu überweisen. ..."

Was werden Sie Herrn Lauk schreiben?

14. Sie erhalten am 14. März ein Schreiben (Auszug) Ihres Kunden Karl Seemann (Privat-Haftpflichtversicherung – Kompakt-Modell – Alternative B – seit dem 1. März 2003 – keine Zusatzrisiken).

„ ... am 28. Februar erhielt ich Ihre Prämienrechnung mit der Aufforderung, Risikoveränderungen mitzuteilen.

Ich bin seit dem 16. November letzten Jahres verheiratet – meine Ehefrau hat u. a. ein eigenes Reitpferd mit in die Ehe gebracht, für das seit dem 10. Oktober 2004 eine Tierhalter-Haftpflichtversicherung bei der Hermania Versicherungs-AG besteht. Die Privat-Haftpflichtversicherung meiner Frau besteht seit dem 1. April 2001 bei der Teutonia Versicherungs-AG.

Außerdem haben uns die Eltern meiner Frau zur Hochzeit ein Wochenendhaus in Strandweg 16, Schönberg geschenkt.

Und ich selbst bin seit gestern „auf den Hund gekommen" – ich habe mir einen Dackel gekauft.

Ich hoffe, keine Veränderung vergessen zu haben und gehe davon aus, dass über die für mich und meine Frau bestehenden Haftpflichtversicherungen Versicherungsschutz für alle Risiken besteht. Aber wir möchten auch die eventuell überflüssigen Verträge aufheben. ..."

Schildern Sie das weitere Vorgehen.

15. Ein besorgter Vater hat einige Fragen im Zusammenhang mit seiner Privat-Haftpflichtversicherung.

Sein Sohn (zukünftiger Sportstudent) erhielt zu seinem 18. Geburtstag einen sechsmonatigen USA-Urlaub geschenkt. Als begeisterter Sportler will er dort seine Fähigkeiten in der nicht ganz ungefährlichen Sportart „American Football" verbessern. Der Vater möchte wissen,

- ob sein inzwischen volljähriger Sohn weiterhin über ihn versichert ist,
- ob der USA-Aufenthalt im Rahmen seiner Privat-Haftpflichtversicherung versichert ist,
- ob die Teilnahme des Sohnes am American Football unter den Versicherungsschutz fällt?

16. Sie finden heute folgende Gesprächsnotiz vor:

Anruf von Herrn Volker Mirtmann

Betr.:   Privat-Haftpflichtversicherung

Grund: Herr Mirtmann soll seinen Arbeitgeber für zwei Jahre vor Ort in Australien vertreten.

Skizzieren Sie stichwortartig, welche Informationen Sie Herrn Mirtmann im Telefongespräch geben werden, insbesondere ob und unter welchen Voraussetzungen Versicherungsschutz besteht.

17. Ihr Versicherungsnehmer Arnold Meier (Privat-Haftpflichtversicherung für Singles) teilt Ihnen in einem Brief mit, dass im Laufe des nächsten Monats seine Freundin Hanna Berner bei ihm einziehen wird. Er bittet Sie, Frau Berner ab 1. Juni diesen Jahres mit in seinem Privat-Haftpflichtversicherungsvertrag zu versichern, da sie keine eigene Haftpflichtversicherung hat.

Außerdem bringt seine Freundin einen Westhighlandterrier, zwei Katzen, einen Wellensittich und ein Meerschweinchen sowie ein Aquarium mit Zierfischen mit.

Teilen Sie Herrn Meier mit, wie der Versicherungsschutz gestaltet werden kann.

18. Herr Kramer will mit seiner Familie und seinem vor 14 Tagen neu angeschafften Hund im Ausland Urlaub machen. Zur Sicherheit schließt er zusätzlich zu seiner schon länger bei der Proximus Versicherung bestehenden Privat-Haftpflichtversicherung auch eine Hundehalter-Haftpflichtversicherung ab.

Am Urlaubsort in Spanien beißt der Hund einen Urlauber auf dem Flur vor dem Zimmer. Der Versicherungsnehmer versorgt den Urlauber in seinem Zimmer, kann aber nicht vermeiden, dass der Teppichboden durch Blut so verschmutzt wird, dass er neu verlegt werden muss.

Welchen Versicherungsschutz hat Herr Kramer?

19. Herr Kollmann (verheiratet, zwei Kinder im Alter von 12 und 14 Jahren) hat bei der Proximus Versicherung eine Privat-Haftpflichtversicherung (Kompakttarif, Versicherungsbeginn 1. 11. 2006, die Prämie ist bezahlt). Nun liegt ein Schreiben des Herrn Kollmann zur Bearbeitung vor (Auszug):

> „... seit drei Monaten bauen wir unser Einfamilienhaus um. Die Gesamtkosten werden voraussichtlich ca. 70 000 € betragen. Als gelernter Maurer kann ich einen Großteil der Arbeiten in Eigenregie selber durchführen.
>
> Letzte Woche habe ich mir für die Aushubarbeiten einen Minibagger mit einer Höchstgeschwindigkeit von 6 km/h geliehen. Beim Abtragen der alten Terrasse geriet mir der Bagger außer Kontrolle und fuhr mit der Baggerschaufel gegen meine Hauswand. Anschließend fuhr er den Gartenzaun meines Nachbarn (eine wertvolle Holzkonstruktion) um. Durch die Kollision wurde auch der Bagger beschädigt. Der Schaden lässt sich wie folgt beziffern:
>
> | | |
> |---|---|
> | Reparatur des Zaunes meines Nachbarn: | 4 500 € |
> | Beseitigung der Baggerspuren im Garten des Nachbarn: | 800 € |
> | Ausbesserung der Hauswand: | 1 700 € |
> | Reparatur und Neulackierung des Baggers: | 1 200 € |
>
> Ich hoffe, der Schaden ist über meine Versicherung abgedeckt und bitte Sie um Zusendung einer Kostenübernahmebestätigung. ..."

Prüfen Sie den Versicherungsschutz. Was werden Sie Herrn Kollmann antworten?

20. Nach Ihrer Mittagspause liegt folgender Brief (Auszug) von Herrn Arm zur Bearbeitung auf Ihrem Arbeitsplatz:

> „Letzte Woche war ich noch einmal in Italien am Gardasee. Aufgrund der ungewöhnlich guten Witterung konnte ich mir sogar noch für einen Nachmittag ein Segelboot ausleihen. Leider bekam ich durch eine Windbö eine ziemliche Geschwindigkeit und rammte mit dem Boot gegen einen Bootssteg. Dabei wurden der Steg und das Boot erheblich beschädigt. Gestern erhielt ich einen Anruf aus Italien, dass die Reparaturkosten für den Steg ca. 1 300 € und am Boot ca. 400 € betragen werden."

Bitte teilen Sie mir mit, ob Sie die Schäden übernehmen und welche Unterlagen Sie zur Regulierung dieses Schadens benötigen. .."

Herr Arm hat eine Privat-Haftpflichtversicherung (Kompakt-Modell, Alternative B), der Beitrag ist laufend bezahlt.

Was werden Sie Herrn Arm antworten?

21. Sie finden auf Ihrem Schreibtisch zwei fast gleichlautende Schadenanzeigen (die allerdings weder zeitlich noch örtlich identisch sind):

Fall 1:

„ ... Ich war zu Besuch bei meiner Enkelin Vanessa und habe dort aus Unachtsamkeit die Eingangstür zu ihrer Wohnung so schwungvoll aufgestoßen, dass diese gegen den Schuhschrank gekommen ist. Dabei ist die Glasscheibe der Eingangstür zerbrochen.

Ich möchte Sie bitten, diesen Schaden zu ersetzen. ..."

Fall 2:

„ ... Ich habe aus Unachtsamkeit die Eingangstür zu meiner Mietwohnung so schwungvoll aufgestoßen, dass diese gegen den Schuhschrank gekommen ist. Dabei ist die Glasscheibe der Eingangstür zerbrochen.

Ich möchte Sie bitten, diesen Schaden zu ersetzen. ..."

Skizzieren Sie in zwei Aktennotizen für Ihren Abteilungsleiter, ob in diesen Fällen Deckung besteht.

22. Der Versicherungsnehmer beschädigt im Urlaub in Mittenwald in seinem Zimmer den Waschtisch im Bad und im Frühstücksraum eine Kaffeekanne.

Hat er Versicherungsschutz aus seiner Privat-Haftpflichtversicherung?

23. Der Versicherungsnehmer arbeitet seit zwei Jahren in der Niederlassung seines Unternehmens auf Gran Canaria. Jetzt meldet er einen Schaden, weil er einem Kollegen bei einer Grillparty aus Versehen das Hemd beschädigt hat.

Besteht Versicherungsschutz im Rahmen seiner Privat-Haftpflichtversicherung?

24. Wie wirkt sich der Tod des Versicherungsnehmers auf den Haftpflichtversicherungsvertrag aus?

25. Das nachstehende Schreiben (Auszug) des Interessenten Henning Schröder liegt Ihnen zur Bearbeitung vor:

„ ... mit Beginn meines Rentnerdaseins vor zwei Jahren habe ich meine damals bei Ihnen bestehende Privat-Haftpflichtversicherung gekündigt, da ich ja als Rentner nicht mehr so viel unterwegs bin. Im Juli dieses Jahres werde ich meine beiden Enkelkinder in den USA besuchen. Gestern habe ich im Fernsehen einen Bericht über zum Teil horrende Schadenersatzforderungen in den USA gesehen.

Deshalb beantrage ich für die Zeit meines Auslandsaufenthaltes (2. Juli 20… bis 5. August 20…) für mich und meine Ehefrau Carla eine Privat-Haftpflichtversicherung. …"

Ermitteln Sie den Beitrag für das Angebot.

26. Sie besuchen als Mitarbeiter der Proximus Versicherung den Kunden Bernd Ohlsen in Hamburg-Wandsbek wegen des Abschlusses einer Lebensversicherung.

    Herr Ohlsen ist verheiratet. Sein Sohn Kurt im Alter von neun Jahren geht noch zur Schule, seine Tochter Gertrud ist 15 Jahre alt und wird demnächst eine Ausbildung in Braunschweig beginnen.

    Bei der Besprechung stellen Sie fest, dass die Familie einen kleinen Terrier hat, aber weder eine Privat-Haftpflicht- noch eine Tierhalter-Haftpflichtversicherung abgeschlossen hat.

    Herr Ohlsen möchte daraufhin von Ihnen Beispiele hören

    - für seine Haftung im Rahmen der gesetzlichen Bestimmungen des BGB,
    - insbesondere aus dem Besitz des Terriers und
    - die darauf abgestellten Leistungen einer evtl. abzuschließenden Haftpflichtversicherung.

    Was werden Sie Herrn Ohlsen im Verkaufsgespräch vermitteln?

27. Ihre Kundin Angelika Hausmann ruft an und berichtet, dass ihre 15-jährige Tochter Nicole gelegentlich mit dem Pferd eines Nachbarn ausreitet. Frau Hausmann will wissen, ob dabei Versicherungsschutz aus ihrer Privat-Haftpflichtversicherung besteht.

    Was sagen Sie Frau Hausmann?

28. Folgender Brief von Frau Gerhard (Eingangsdatum 20. 11. 20…) liegt Ihnen zur Bearbeitung vor (Auszug):

    „ … ein sehr turbulentes Jahr liegt hinter mir. Am 27. April wurde mein Ehemann von einem Auto erfasst, als er mit unseren beiden Dackeln Bienchen und Lumpi die Straße vor unserem Haus überqueren wollte. Wie Sie der beiliegenden Sterbeurkunde entnehmen können, verstarb mein Mann am 31. Mai 20… an den Unfallfolgen. Die beiden Hunde mussten am Unfalltag eingeschläfert werden (Bestätigung des Tierarztes liegt ebenfalls bei).

Da ich selbst gesundheitlich nicht mehr sonderlich gut gestellt bin und mir unser Haus nun zu groß geworden ist, habe ich das Anwesen verkauft und bin zum 15. November in das August-Meier-Seniorenheim gezogen.

Den o. g. Vertrag kündige ich mit diesem Schreiben. Eventuell übrig gebliebene Versicherungsbeiträge überweisen Sie bitte auf mein bekanntes Konto. ..."

Der Vertrag läuft mit der Fälligkeit 1. 2. und der Beitrag (301,50 €) ist für dieses Versicherungsjahr bezahlt.

Was werden Sie Frau Gerhard antworten, welcher Beitrag wird ggf. erstattet?

29. Ein gelernter Radio- und Fernsehtechniker nimmt nach seiner Ausbildung eine Stelle in einem Lebensmittel-Großhandel als Lagerarbeiter an.

   In seiner Freizeit repariert er aber in der Nachbarschaft und im Freundeskreis weiterhin Radio- und Fernsehgeräte sowie Computer.

   Wie ist der Versicherungsschutz nach den AHB geregelt, wenn dabei ein Schaden entsteht?

30. Der Versicherer hat die Versicherungsnehmer der Privat-Haftpflichtversicherung mit der Jahresrechnung Anfang Dezember aufgefordert, Veränderungen der Risikoverhältnisse anzuzeigen.

   Ein Versicherungsnehmer teilt drei Tage später mit, dass er eine kleine Druckerei eröffnet hat und zeigt gleichzeitig auch einen Schaden an.

   Der Versicherer gibt daraufhin sofort ein Angebot für die Druckerei ab, das der Versicherungsnehmer aber nicht annimmt. Er schließt die Versicherung zum 1. Januar bei einer anderen Gesellschaft ab.

   Hat der Versicherungsnehmer Anspruch auf Schadensersatz für den angezeigten Schaden?

31. Sie finden heute folgende Gesprächsnotiz vor:

   Anruf von Frau Karin Solm

   Betr.:   Tierhalter-Haftpflichtversicherung

   Grund: Bisher hat sie einen Hund. Sie will jetzt zwei Welpen derselben Rasse dazu kaufen. Außerdem soll die Tochter bald ein Reitpferd erhalten. Um das dafür nötige Geld zu erhalten, will die Tochter in den Ferien auf einem Bauernhof arbeiten.

   Skizzieren Sie stichwortartig, welche Informationen Sie Frau Solm im Telefongespräch geben werden, insbesondere ob und unter welchen Voraussetzungen Versicherungsschutz besteht.

32. Sie finden heute folgende Gesprächsnotiz vor:

    Anruf von Herrn Karsten Krause

    Betr.: Haus- und Grundbesitzer-Haftpflichtversicherung

    Grund: Grundlagen für die Berechnung seiner Prämie

    Skizzieren Sie stichwortartig, welche Informationen Sie Herrn Krause im Telefongespräch geben werden, insbesondere ob und unter welchen Voraussetzungen Versicherungsschutz besteht.

33. Was ist unter einer sekundären Risikobegrenzung zu verstehen?

34. Besteht für folgende Fälle Versicherungsschutz im Rahmen der Privat-Haftpflichtversicherung?

    Begründen Sie kurz Ihre Antworten.

    a) Der Zielrichter bei einem Radrennen behindert einen der Rennfahrer; dieser stürzt und zieht sich schwere Verletzungen zu.
    b) Beim Football-Spiel verletzt der für seine raue Spielweise bekannte rechte Defense David den Quarterback Tim schwer.
    c) Der Versicherungsnehmer zerschlägt als Mieter beim Reinigen die Fensterscheibe im Treppenhaus.
    d) Der Versicherungsnehmer fällt auf seinem Privatgrundstück eine 14 m hohe Tanne. Beim Umfallen zerstört der Baum das Dach des Nachbarhauses.
    e) Der Versicherungsnehmer ist Eigentümer eines Einfamilienhauses. Er vergisst, bei Eisglätte den Fußweg zu streuen. Ein Passant stürzt und verletzt sich.
    f) Der Versicherungsnehmer besitzt eine Eigentumswohnung in einem Haus mit sechs gleich großen Wohnungen. Sein sechsjähriges Kind bemalt das gemeinschaftliche Treppenhaus mit Farbe; Schaden 3 000 €. Der Versicherungsnehmer muss wegen Verletzung der Aufsichtspflicht haften. Gehen Sie auch auf die Entschädigungshöhe ein.
    g) Der Versicherungsnehmer will an seinem Kraftfahrzeug einen Lackschaden ausbessern. Während des Sprühens kommt plötzlich starker Wind auf und der rote Sprühlack wird gegen ein fremdes Auto geweht.
    h) Die Tochter des Versicherungsnehmers (Wohnort Hamburg) nimmt nach einer abgebrochenen Ausbildung ein Studium in Kiel auf. Am Studienort hat sie eine Wohnung gemietet. Auf dem Weg zur Universität verursacht sie fahrlässig einen Haftpflichtschaden. Sie besitzt keine eigene Haftpflichtversicherung.

35. Günter Schumann ist Elektroingenieur, verheiratet, und hat zwei unverheiratete Kinder im Alter von 15 Jahren und 19 Jahren. Er bewohnt mit seiner Familie ein gemietetes Einfamilienhaus in Kiel. Ehefrau Hildegard ist Vorstandsvorsitzende im örtlichen Turnverein. Tochter Julia (15 Jahre) ist Mitglied eines Reitervereins; sie hatte

bisher jedoch kein eigenes Pferd, sondern übte ihren Sport mit Vereinspferden aus. Sohn Klaus (19 Jahre) besucht noch das Gymnasium und ist an vielen Wochenenden mit seinem eigenen kleinen Segelboot und Surfbrett unterwegs.

Günter Schumann schließt eine Privat-Haftpflichtversicherung ab. Dem Vertrag liegen die AHB und die „Besonderen Bedingungen und Risikobeschreibungen für die Haftpflichtversicherung von privaten Haftpflichtrisiken" zugrunde.

a) Prüfen Sie, ob die jeweiligen Personen versichert sind, und erklären Sie den Umfang des Versicherungsschutzes im Hinblick auf
  ▪ das Risiko als Mieter des Einfamilienhauses,
  ▪ die ehrenamtliche Vereinstätigkeit von Hildegard Schumann,
  ▪ die Ausübung des Reitsports durch Tochter Julia,
  ▪ Sohn Klaus beim Segeln und Surfen auf der Kieler Förde.
b) Herr Schumann kauft für seine Tochter Julia ein eigenes Reitpferd. Besteht Versicherungsschutz im Rahmen der Privat-Haftpflichtversicherung? (Begründung)
c) Begründen Sie, ob in den folgenden Fällen Versicherungsschutz besteht:
  ▪ Günter Schumann beschädigt fahrlässig die Duschwanne im Badezimmer seines gemieteten Einfamilienhauses.
  ▪ Hildegard Schumann beschädigt fahrlässig ein Waschbecken im Hotelzimmer während des Urlaubs auf Teneriffa.

36. Herr Müller wünscht für sich und seine Ehefrau sowie seine drei Kinder im Alter von 6–21 Jahren eine Privat-Haftpflichtversicherung. Er bewohnt ein Einfamilienhaus und hat ein Zimmer untervermietet. Herr Müller weist noch besonders darauf hin, dass sein ältester Sohn im Lehrlingsheim wohnt und begeisterter Skifahrer ist und diese sportliche Tätigkeit auch in Österreich ausübt.

Schildern Sie dem Kunden den Umfang der Privat-Haftpflichtversicherung anhand der dargestellten Umstände.

37. Folgender Brief liegt Ihnen zur Bearbeitung vor (Auszug):

„ … letzte Woche unterhielten wir uns über das Thema Privat-Haftpflichtversicherungen. Ich bitte um ein entsprechendes Angebot.

Meine familiäre Situation: Ich bin verheiratet und habe zwei Kinder im Alter von 9 und 13 Jahren. Mit unserem Dackel Waldi bewohnen wir das Einfamilienhaus, das wir zzt. umbauen. Wir fahren alle gerne Ski im Winter bzw. Rad im Sommer. Ich selbst nehme hin und wieder auch an Radrennen teil. Unsere Kinder sind absolute Tierliebhaber und führen öfters mit unserem Waldi auch den Schäferhund unseres Nachbarn aus.

Skizzieren Sie ein vollständiges Angebot aufgrund der Angaben des Versicherungsnehmers. Weisen Sie dabei auf die nicht versicherten Risiken hin.

38. Sie sollen folgenden Brief von Herrn Huber beantworten:

„Bitte senden Sie mir ein Angebot zur Absicherung meines privaten Haftpflichtrisikos.

Ich bin 32 Jahre jung und lebe mit meiner Freundin, Frau Siemsen, zusammen. Sie hat einen dreijährigen Sohn. Meine Hobbys sind Skifahren, Tennis und mein Mountainbike. Außerdem besitze ich ein Surfbrett, da ich regelmäßig im Sommer zum Surfen nach Italien fahre.

Meine Freundin hat ein Meerschwein und einen Wellensittich. Zwei- bis dreimal im Jahr fährt sie zum Paragliding (Gleitschirmfliegen) im Gebirge.

Ich habe eine vermietete Eigentumswohnung in Dresden. An mein Einfamilienhaus will ich im Sommer eine Schwimmhalle anbauen (veranschlagte Bausumme ca. 70 000 €).

Vor zwei Wochen haben wir uns einen Dackel angeschafft.

Bitte teilen Sie mir mit, welche Versicherungen wir benötigen und was von den o. g. Gefahren dann versichert ist."

Skizzieren Sie den Inhalt Ihres Angebotes.

39. Sie finden folgende Telefonnotiz an Ihrem Arbeitsplatz vor:

Anrufer: Karl Schwall, geb. 7. 11. 1989, erbittet ein schriftliches Angebot.

Persönliche Angaben: Herr Schwall hat im Sommer diesen Jahres seine Ausbildung erfolgreich abgeschlossen und wurde ins Angestelltenverhältnis übernommen. Er zieht Anfang Dezember bei seinen Eltern aus und mietet sich eine Zwei-Zimmer-Wohnung. Ab 3. Januar 2009 muss er beruflich für ein halbes Jahr nach Amerika. In seiner Freizeit nimmt er an Radrennen teil und besucht diese gelegentlich auch als Zuschauer.

Beraten Sie Herrn Schwall und erstellen Sie ein Angebot mit dem bestmöglichen Versicherungsschutz.

40. Der Versicherungsnehmer hat für seine Familie (Ehefrau und zwei kleine Kinder) eine Privat-Haftpflichtversicherung abgeschlossen.

Am 2. Juli 2008 zieht die Frau mit den Kindern aus der gemeinsamen Wohnung aus und mietet sich eine Wohnung. Nach der Scheidung werden die beiden Kinder der Frau zugesprochen.

Welcher Versicherungsschutz ist durch die Privat-Haftpflichtversicherung des Mannes gegeben?

41. Frau Gertraud Wagner schreibt Ihrer Gesellschaft:

    „…Seit einem Jahr bin ich geschieden, habe es aber ver-
    säumt, nach der Trennung eine eigene Haftpflichtversi-
    cherung abzuschließen.

    Ich bin 32 Jahre, alleinstehend und bewohne in meinem
    Dreifamilienhaus selbst das komplette Erdgeschoss. Die
    beiden anderen Wohnungen sind vermietet. Die jetzige
    Ölheizung soll im Rahmen umfangreicher Umbaumaßnah-
    men in den nächsten zwei Jahren ausgebaut und das
    Haus an das Fernwärmenetz angeschlossen werden.

    Ich bin als Einzelhandelskauffrau beschäftigt und arbeite
    nebenbei in einem Fitness-Studio als Aerobictrainerin.
    Meine größte Leidenschaft ist das Snowboarden, außer-
    dem verbringe ich meine Freizeit mit meinem Hund, ei-
    nem Pittbull-Terrier.

    Bitte teilen Sie mir mit, ob Sie noch weitere Infos benöti-
    gen bzw. unterbreiten Sie mir ein Angebot für Haftpflicht-
    Versicherungsschutz."

    Gehen Sie detailliert auf das Schreiben von Frau Wagner ein und er-
    stellen Sie das gewünschte Angebot. Begründen Sie nicht versi-
    cherte Teile des geschilderten Risikos von Frau Wagner.

42. In Ihrem Posteingangskorb finden Sie folgenden Brief (Auszug):

    „ … seit dem 21. 4. 2008 lebe ich von meiner Frau ge-
    trennt. Ich möchte Sie bitten, auch wenn die Scheidung
    wohl erst in einem Jahr wirksam werden wird, meine
    „Noch-Ehefrau" aus dem Vertrag herauszunehmen und
    den Vertrag mit sofortiger Wirkung auf eine Single-Police
    umzustellen.

    Bitte überweisen Sie die bereits zuviel gezahlte Prämie
    auf folgendes Konto …":

    Welche Informationen werden Sie dem Kunden geben?

43. Im Verlauf eines Beratungsgespräches zu einer Lebensversiche-
    rung mit Herrn Bunte stellt Ihr Kollege fest, dass Herr Bunte keine
    private Haftpflichtversicherung hat. Ihr Kollege hat daher die per-
    sönlichen Daten des Kunden aufgenommen und legt Ihnen seine
    Skizzen zur weiteren Bearbeitung vor:

    Kunde wünscht Angebot für Privat-Haftpflichtversicherung (beide
    Alternativen des Kompakt-Modells)

    Persönliche Situation:
    ▪ Geburtsdatum: 28.11.1974, ledig
    ▪ Lebensgefährtin Angelika Mäuser
    ▪ gemeinsam bewohnte Wohnung zur Miete

- Tiere: zwei Kaninchen
- Hobbys von Klaus Bunte: Inlinen, Surfen, Skifahren
- Hobbys von Angelika Mäuser: Inlinen, Segeln, Sportschießen und Vorsitzende im Schützenverein
- Wohneigentum: eine Eigentumswohnung, derzeit vermietet

Erstellen Sie zur persönlichen Situation von Herrn Bunte ein Angebot.

44. Sie erhalten ein Schreiben Ihres Kunden Warm (Auszug):

> „ ... am 21. Dezember 2007 hat sich meine Ehefrau von mir getrennt und ist mit unseren Kindern und unserem Hund aus der gemieteten Wohnung ausgezogen. Zum 24. August dieses Jahres wurden wir nun endlich rechtskräftig geschieden.

> Bitte schließen Sie meine Ex-Frau zu diesem Termin aus o. g. Vertrag aus. Außerdem beantrage ich ab diesem Termin die Umstellung auf den Single-Tarif und entsprechende Erstattung der zuviel gezahlten Beiträge.

> Bitte erstatten Sie mir freundlicherweise die von mir überflüssig gezahlten Beiträge."

Herr Warm hat eine Privat-Haftpflichtversicherung (Kompakt-Modell, Alternative B) und eine Hundehalter-Haftpflichtversicherung (Kompakt-Modell, Alternative B).

Wie kann der Vertrag umgestellt werden?
Für welchen Zeitraum sind Beiträge (ohne Berechnung) zu erstatten?
Wie hoch ist der neue Beitrag?

45. Folgender Brief (Auszug) des Versicherungsnehmers Peter Müller liegt Ihnen zur Bearbeitung vor:

> „... Vorgestern war mein Sohn Thorsten (11 Jahre) mit seinem Freund Stefan draußen beim Spielen. Irgendwann fingen sie wohl an, Steine auf die gegenüberliegende Straßenseite zu werfen. Dabei verfehlte ein Stein seine Richtung und traf den Kleinbus unseres Nachbarn. Leider ging dabei die Heckscheibe zu Bruch – voraussichtliche Reparaturkosten lt. Auskunft der Vertragswerkstatt 1 585 €. Den entsprechenden Kostenvoranschlag füge ich bei.

> Bitte überweisen Sie den genannten Betrag auf mein Ihnen bekanntes Konto. ..."

Prüfen Sie Haftung und Deckung.

46. Folgende Daten zur familiären Situation von Herrn Taumann liegen Ihnen vor:

    Herr Taumann ist 37 Jahre alt und geschieden. Er hat zwei Kinder (Gerd, neun Jahre und Rita, elf Jahre), die beide bei ihrer Mutter leben. Vor zwei Monaten hat er sich mit seiner neuen Lebensgefährtin Saskia Römer (30 Jahre, ledig) eine Eigentumswohnung gekauft und diese bezogen.

    In seiner Freizeit ist Herr Taumann leidenschaftlicher Motorsportler und hat einen PKW, zwei Motorräder und einen Sportwagen, für die er in seiner Eigentumswohnanlage drei Garagen gekauft hat. Er ist zweiter Vorsitzender eines Motorsport-Clubs, für den er gelegentlich auch mit seinem Sportwagen an Autorennen teilnimmt.

    Seine Lebensgefährtin fährt mit Begeisterung Rennrad. Sie ist Schriftführerin in einem Verein, für den sie gelegentlich auch Radrennen fährt. Außerdem ist Frau Römer Eigentümerin eines Ferienhauses in Italien. Dieses Haus vermietet sie gelegentlich an Bekannte.

    Beraten Sie Herrn Taumann und Frau Römer bezüglich des für die geschilderten Risiken benötigten Versicherungsschutzes.

47. Ihr Versicherungsnehmer Bernd Schwinger (Single-Privat-Haftpflichtversicherung) schreibt Ihnen (Auszug):

    „… zum 15. Mai wird meine Freundin Sabine Bauer aus der Wohnung ihres Noch-Ehemann aus und in meine Wohnung einziehen. Sie lässt ihm den gesamten Hausrat, lediglich ihre beiden Katzen und ihren Yorkshire-Terrier nimmt sie mit.

    Bitte ändern Sie meinen obigen Privathaftpflichtvertrag entsprechend …"

    Was werden Sie veranlassen?

48. In der Abteilung Private Haftpflicht erhalten Sie folgenden Brief (Auszug) von Ihrem Versicherungsnehmer Karl Deutz:

    „ … ich beabsichtige, zum 1. 11. 2008 mit meiner Bekannten in eine eheähnliche Beziehung zu treten, sie wird dann in meine Wohnung ziehen.

    Meine Bekannte hatte bisher noch keine Vorsorge im Haftpflichtbereich getroffen, und ich würde sie sehr gerne in meine Versicherung mit aufnehmen. Ich hoffe zusätzlich, in Anbetracht unserer langen Geschäftsbeziehung, dass der Hund, den meine Bekannte mit in unsere Beziehung einbringt, wie bisher schon meine Hauskatze, kostenlos mitversichert wird. …"

    Was werden Sie Herrn Deutz antworten?

49. Herr Mauser will mit seiner langjährigen Bekannten Frau Nolter zu-
sammenziehen. Frau Nolter wird in diese eheähnliche Beziehung
einen Hund, Herr Mauser eine Katze einbringen.

Beide waren bisher nicht haftpflichtversichert und bitten um Auskunft. wie sie ihren zukünftigen PH-Versicherungsschutz gestalten
sollen.

50. Ein Hauseigentümer hat eine Privat-Haftpflichtversicherung und zusätzlich die seperate Haus- und Grundbesitzer-Haftpflichtversicherung abgeschlossen.

Durch ungenügende Wartung seiner Heizungsanlage bricht ein
Brand aus, der auf das Nachbargebäude übergreift und dort einen
Heizöltank so beschädigt, dass ein Gewässerschaden droht.

Welche Versicherung ist zuständig für die Ersatzleistung?

51. Ihr Kunde Rainer Hagen hat angerufen und erbittet Rückruf.

Herr Hagen ist zum 15. November 2008 zu seiner Freundin Daniela
Koster gezogen. Da Frau Koster keine eigene Privat-Haftpflichtversicherung hat, bittet Herr Hagen um Information, ob seine Lebenspartnerin in seinem Privat-Haftpflichtversicherungsvertrag mitversichert ist.

Was antworten Sie ihm?

52. Markus Danzer teilt Ihnen mit, dass er mit seiner Freundin Kerstin
Thiele in Zukunft eine gemeinsame Wohnung hat. Sie ist 25 Jahre
alt und arbeitet als Busfahrerin. Sie besitzt ein Motorrad und eine
Katze.

Er hat eine PHV (Single-Tarif, Alternative B), seine Freundin hat bisher keine eigene Haftpflichtversicherung.

Beraten Sie Herrn Danzer und machen Sie ihm ein Angebot.

53. Ihr Kunde Dieter Koll ist verheiratet und hat zwei Kinder (Benjamin,
15 Jahre, Schüler und Sebastian, 19 Jahre, Azubi im 3. Ausbil-
dungsjahr). Für Familie Koll besteht bei der Proximus Versicherung
eine Privat-Haftpflichtversicherung nach dem Kompakttarif – Alternative B (Beginn war der 1. Februar 2005, Prämie ist laufend bezahlt). Nun liegt Ihnen folgender Brief (Auszug) von Herrn Koll zur
Bearbeitung vor:

„ … unser Sohn Sebastian wird im November die schrift-
liche Prüfung zum Werbekaufmann ablegen, mit dem
mündlichen Teil Ende Januar wird er dann seine Ausbildung beenden und zum Glück auch in seiner Werbeagen-
tur als Vollzeit-Mitarbeiter übernommen. Seit vier Wochen
bewohnt Sebastian mit seiner Freundin Inge Faust (18
Jahre und Auszubildende) die ausgebauten Räume im Keller unseres Einfamilienhauses. Die beiden erwarten be-

reits im Januar 2009 Nachwuchs. Deshalb werden sie am 22. Dezember heiraten und sich nach der Prüfung von Sebastian eine eigene Wohnung suchen.

Bitte schließen Sie Inge ab sofort in unseren Vertrag ein. Außerdem bitte ich Sie um Zusendung eines Angebotes für die zukünftige junge Familie, wenn diese im nächsten Jahr eine eigene Privat-Haftpflichtversicherung benötigt. ..."

Was veranlassen Sie?

54. Für Familie Münster (wohnhaft in München) besteht seit dem 15. März 2006 eine Privat-Haftpflichtversicherung nach dem Kompakttarif – Alternative B. Der 22-jährige Sohn Tobias hat nach dem Abitur eine Ausbildung in Nürnberg absolviert. Zum Zeitpunkt der Übernahme in ein festes Angestelltenverhältnis nach der Ausbildung hat Tobias eine eigene Privat-Haftpflichtversicherung abgeschlossen, Beginn war der 15. Juli 2008. Für beide Verträge ist jährliche Zahlweise vereinbart, beide Verträge sind laufend bezahlt. Heute erhalten Sie folgenden Brief (Auszug) von Tobias Münster zur Bearbeitung:

„ ... Ende dieses Monats werde ich zurück nach München ziehen, da ich im laufenden Wintersemester einen BWL- Studienplatz an der Universität in München bekommen habe. Ab Juni bewohne ich mit meiner berufstätigen Freundin das ausgebaute Dachgeschoss im Hause meiner Eltern.

Da ich wegen meines Studiums kein eigenes Einkommen mehr habe, gehe ich davon aus, dass ich wie früher wieder über den Vertrag meiner Eltern versichert bin. Daher bitte ich Sie, die bei Ihnen auf meinen Namen bestehende Privat-Haftpflichtversicherung mit sofortiger Wirkung aufzuheben und mir den zuviel entrichteten Beitrag auf das bekannte Konto zu erstatten.

Bitte schließen Sie in den Vertrag meiner Eltern ab 1. Juni 2008 auch meine Freundin mit ein. ..."

Was werden Sie veranlassen?

55. Ihr Versicherungsnehmer Ralph Morbatsch (Privat-Haftpflichtversicherung – Kompakt-Modell) ruft bei Ihnen an und teilt Ihnen mit (Auszug):

„... meine 19-jährige Tochter Angelika ist ledig und wohnt in einem kleinen Appartment in Freiburg in Uni-Nähe. Gestern war ihr kleiner Bruder Ingo (dreieinhalb Jahre) bei ihr zu Besuch.

Sie besuchte für ca. eine Stunde eine Studienkollegin und ließ dabei ihren kleinen Bruder allein in der Wohnung zurück. Ingo spielte dort allein mit dem jungen Hund, den Angelika zum Einzug geschenkt bekommen hat.

Bis Angelika zurückkam, hatte Ingo aus der Küche eine Tasse Kakao geholt und quer über den Teppichboden gekippt. Der Teppichboden war erst vor dem Einzug im September 2008 vom Vermieter verlegt worden (fest verklebt). Die Verschmutzung ist so stark, dass der Boden in diesem Zimmer erneuert werden muss. Die Kosten für die Erneuerung betragen ca. 470 €. ..."

Herr Morbatsch bittet um Kostenübernahme.

Prüfen Sie Deckung und Haftung und entscheiden Sie.

56. Folgender Brief des Kunden Günther Mangel (Privat-Haftpflichtversicherung, Kompakttarif – Alternative B, laufend bezahlt) liegt Ihnen zur Bearbeitung vor (Auszug):

„ ... Unsere 6-jährige Tochter Monika spielte Anfang des Monats mit ihrer gleichaltrigen Freundin Renate. Meine Frau schaute etwa alle 15 bis 20 Minuten nach den Kleinen. Trotzdem gelang es den beiden unbemerkt in den Keller zu kommen. Dort fanden sie einen Kanister mit Altöl – einer für die Kinder interessanten Flüssigkeit, wie sie hinterher sagten.

Die Kinder nahmen den Kanister mit auf die Straße und kippten einen Teil des Öls aus und ließen ihn in den Straßengully laufen. Meine Gattin kam bald dazu und verständigte sofort die Feuerwehr und das Umweltamt. Diese kamen unverzüglich, um das verseuchte Grundwasser abzubinden. Gestern wurde mir nun von der Stadt ein Kostenbescheid in Höhe von 10 375,20 € zugestellt. Als erstes nahm ich mit den Eltern von Renate Kontakt auf. Diese bestreiten nun die Beteiligung ihrer Tochter (wohl auch, weil sie keine Privat-Haftpflichtversicherung haben). Wie sehen Sie die Rechtslage? ..."

Prüfen Sie den Sachverhalt. Was werden Sie Herrn Mangel mitteilen?

57. Für Frau Gudrun Mauser (alleinerziehende Mutter der 11-jährigen Tochter Katrin) besteht bei der Proximus Versicherung eine Privat-Haftpflichtversicherung nach dem Kompakttarif – Alternative B, Versicherungsbeginn war der 1. November 2006, die Prämie ist laufend bezahlt. Nun liegt Ihnen folgendes Schreiben (Auszug) von Frau Mauser zur Bearbeitung vor.

„ ... meine Tochter Katrin ist mit ihrem Fahrrad durch die Wohnblocks in unserer unmittelbaren Nachbarschaft gefahren. Dabei streifte sie, weil sie mit dem linken Fuß

vom Pedal abrutschte, das am Straßenrand parkende Fahrzeug unseres Nachbarn Michael Orten.

Gestern kam Herr Orten zu mir und legte mir seine Ansprüche vor:

- Reparaturkosten seines PKW laut Gutachten: 2 146 €
  (inkl. Mehrwertsteuer)
- Sachverständigengebühren: 208,20 € (inkl. Mehrwert-
  steuer)
- Pauschale für entstandene Aufwendungen (Fahrt zur
  Werkstatt etc.): 100 €

Herr Orten hat mir vorgeschlagen, die ganze Angelegen-
heit unbürokratisch zu regeln. Daher bitte ich Sie, ihm einen
Scheck über die o. g. Beträge zu senden. ..."

Erläutern Sie Ihr Vorgehen.

58. Ihr Kunde Karl Windrose sagt Ihnen am Telefon, dass seine Tochter
nach dem Abitur in nur acht Semestern ihr Studium der Betriebswirtschaftslehre abschließen wird. Bevor sie nach der Ergebnisbe-
kanntgabe in sieben Wochen ihre erste Vollzeit-Stelle antreten
kann, spendiert er seiner Tochter zusammen mit ihrem Freund eine
sechswöchige Weltreise. Nun fragt Herr Windrose, wie es mit dem
Haftpflicht- Versicherungsschutz für seine Tochter und deren Lebensgefährten während der Reise aussieht.

Was teilen Sie Herrn Windrose mit?

59. Ihr Versicherungsnehmer Hans Bäcker beschreibt zu seiner Privat-
Haftpflichtversicherung (Kompakt-Modell – Alternative B ohne Zusatzrisiken) den folgenden Schadenhergang:

„Unsere Tochter Renate (geb. 1. Februar 1988) studiert seit
ihrem Abitur in Würzburg und bewohnt dort nur ein kleines Zimmer in einer Studenten-Wohngemeinschaft. Am
Wochenende besucht sie uns meist und führt in ihrer Freizeit gelegentlich den Dackel „Benni" unserer Nachbarin,
Frau Großkreutz, aus. Auch am 30. April 2008 war Lisa mit
Benni unterwegs. Bei einer Eisdiele band Lisa den Hund
an einem Laternenpfahl an, um sich ein Eis zu kaufen. In
dieser Zeit biss Benni eine Fußgängerin, Frau Tischler, ins
Bein. Dann riss er sich von der Leine los und verschwand.

Die Halterin des Hundes, Frau Großkreutz, informierte so-
fort die Behörden, welche eine Suchaktion starteten und
Benni schließlich fanden. Für diese Suchaktion wurden
Frau Großkreutz 250 € in Rechnung gestellt.

Frau Tischler verlangt neben dem Ersatz der Arztkosten
(340 €) und der Hose (erst eine Woche alt, Neupreis 100 €)
auch noch Schmerzensgeld.

Da Frau Großkreutz bei der Anschaffung des Hundes vor drei Jahren versäumte, für den Hund eine Hundehalter-Haftpflichtversicherung abzuschließen, fordert sie nun von mir Ersatz des Schadens."

Prüfen Sie den Sachverhalt und beziffern Sie ggf. die fällige Entschädigung.

60. Der Sportstudent Paul Meier (Student im 8. Semester) hat geheiratet. Sein Vorsorgebewusstsein ist durch die Heirat geweckt worden.

Er fragt nach,

- ob neben ihm auch seine Ehefrau für den Rest seines Studiums über die Privat-Haftpflichtversicherung seiner Eltern mitversichert ist?
- ob er auch bei seiner neuen sportlichen Leidenschaft Segeln und Surfen ausreichend versichert ist?

61. Ihr Kunde Detlef Flach (Privat-Haftpflichtversicherung – Kompakt-Modell, Alternative B – bei der Proximus Versicherung) bittet um Rückruf:

Er möchte wissen, ob sein Versicherungsschutz vollständig ist für folgende Situation:

Herr Flach ist Mitglied im Kirchenorchester seines Heimatortes. Er wurde zum stellvertretenden Vorsitzenden gewählt. In dieser Funktion organisiert er Fahrten zu Auftritten in Nachbargemeinden. Im Juli fährt er mit dem gesamten Orchester im Rahmen einer 14-tägigen Tournee durch Österreich. Dabei könnte er z. B. Schäden an den transportierten Instrumenten verursachen.

Außerdem möchte er wissen, wie es generell mit dem Versicherungsschutz während der Tournee durch Österreich aussieht.

Was werden Sie Herrn Flach am Telefon antworten?

62. Sie erhalten am 12. September 2008 ein Schreiben Ihrer Kundin Maren Schmidt (Auszug).

„ … am 5. September 2008 beschädigte mein Pflegesohn Manfred Clausen (acht Jahre) aus Unachtsamkeit beim Radfahren in der Fußgängerzone in Hamburg-Wandsbek einen Verkaufsstand.

Der Besitzer, Herr Guido Holl, Wolfskoppel 6, 20112 Hamburg, verlangt von meinem Sohn Ersatz für die beschädigte Ware in Höhe von 1 357,80 € und für die Reparatur des Verkaufsstandes in Höhe von 857,30 € (lt. beigefügter Rechnung).

Ich bitte Sie, den Schaden zu begleichen. …"

Ihnen liegen folgende Vertragsdaten vor:

Privat-Haftpflichtversicherung – Kompakt-Modell – Alternative B,
qualifizierte Mahnung am 3. September 2008
der Pflegesohn ist nicht aus den Vertragsdaten zu ersehen.

63. Bei einer Geburtstagsparty fällt überraschend der CD-Spieler aus.
Ein Gast (Kaufmann für Versicherungen und Finanzen) ist leiden-
schaftlicher Hobbybastler. Er versucht diesen Fehler sofort zu beseitigen und zerstört bei diesem Versuch die gesamte Stereo-An-
lage.

Begründen Sie, ob der Bastler für diesen Schaden Versicherungsschutz im Rahmen seiner Privat-Haftpflichtversicherung besitzt.

64. Sie sind Auszubildende/r in der Agentur Schmitt und sollen den folgenden Brief (Auszug) des Herrn Peter Ebert bearbeiten.

„ … hiermit melde ich einen Haftpflichtschaden zu dem
Vertrag meiner Mutter, Frau Ingeborg Ebert, Versicherungs-
schein-Nr. 888999.

Am 8. 4. d. J. habe ich die Lederjacke meines Arbeitskollegen beschädigt. Anlässlich meines fünfjährigen Dienstjubi-
läums hatten wir einen Umtrunk. Dabei habe ich leider mit
meiner Zigarette ein Loch in den Ärmel der Lederjacke
meines Kollegen gebrannt. Es entstand ein Brandloch mit
ca. 1 cm Durchmesser.

Der Kollege fordert Ersatz der Lederjacke in Höhe von
300 €. Diesen Betrag habe ich an ihn bezahlt. Bitte überweisen Sie den Betrag auf mein Konto-Nr. 885 029 bei der
Holsten-Bank (BLZ 210 700 20) …"

Weitere Informationen:

Herr Ebert hat bei Ihrer Gesellschaft noch folgende Versicherungsverträge abgeschlossen:

gemischte Lebensversicherung	Jahresbeitrag	980 €
Kraftfahrzeug-Haftpflichtversicherung	Jahresbeitrag	1 250 €
Kraftfahrzeug-Kaskoversicherung	Jahresbeitrag	680 €
Unfall-Versicherung	Jahresbeitrag	180 €

Ihr Chef erwartet von Ihnen einen Vorschlag für den Brief an den
Kunden Ebert.

65. Wie lange besteht Versicherungsschutz aus der Privat-Haftpflichtversicherung des Vaters, wenn der unverheiratete Sohn nach dem
3. Semester (im Alter von 22 Jahren) sein Studium unterbrechen
muss, um den Grundwehrdienst bei der Bundeswehr abzuleisten.
Nach dem Wehrdienst (er ist jetzt 23 Jahre alt) studiert er weiter
und macht mit 26 Jahren sein Diplom.

66. Sie finden folgende Schadenmeldung auf Ihrem Schreibtisch:

Unfallhergang: Dominik Breiter (12 Jahre, Sohn unserer Versicherungsnehmerin Ellen Breiter) fuhr mit seinem Fahrrad die Hauptstraße entlang. Ohne Handzeichen zu geben bog er nach links ab. Herr Klaus Neumann wollte in diesem Moment mit seinem Pkw Dominik überholen. Um das Kind nicht zu verletzen, wich er aus und prallte mit seinem Pkw in den Gartenzaun von Familie Georg Heimann.

Entstandene Schäden:

Klaus Neumann: Schleudertrauma, Pkw-Schaden ca. 9 500 €
Georg Heimann: Gartenzaun ca. 1 200 €

Schuldfrage eindeutig zu Lasten Dominik Breiter

Ihre Versicherungsnehmerin, Frau Ellen Breiter, teilt Ihnen mit, dass Herr Neumann bereits erhebliche Forderungen an sie gestellt hat. Er verlangt Verdienstausfall (er ist selbstständiger Steuerberater) und benötigt einen Mietwagen.

Frau Breiter möchte nun genau über die Rechtslage aufgeklärt werden. Sie will außerdem wissen, welche Ansprüche gegen sie zu erwarten sind und ob diese Kosten von uns übernommen werden.

67. Ihr Versicherungsnehmer, Herr Barthel, schreibt Ihnen:

„... heute muss ich die bei Ihnen bestehende Privat-Haftpflichtversicherung in Anspruch nehmen:

Gestern Nachmittag auf dem Heimweg von der Schule verursachte unser neunjähriger Sohn Andreas einen Verkehrsunfall. Er ging wie üblich die ca. zwei Kilometer von der Schule zu Fuß bis zu unserer Gaststätte. Plötzlich erblickte er auf der gegenüberliegenden Seite seine Lieblingstante, meine Schwester Erika. Ohne auf den Straßenverkehr zu achten, lief er auf die Straße. Ein herankommender Pkw rammte bei dem Ausweichmanöver ein entgegenkommendes Fahrzeug.

Die beiden Pkw-Fahrer fordern nun von meinem Sohn bzw. von mir als seinem Vater Ersatz der Schäden an den beiden Fahrzeugen (insgesamt ca. 1 800 €). Daher bitte ich Sie, dies für mich zu übernehmen. ..."

Was antworten Sie Herrn Barthel?

68. Begründen Sie, ob ein Versicherungsnehmer für seine Handlungen

▪ als Vereinsvorsitzender
▪ als Ordner beim Vereinssportfest
▪ als einfaches Vereinsmitglied

über die Privat-Haftpflichtversicherung Versicherungsschutz genießt.

69. Aufgrund eines Besuchs bei Herrn Peter Schlaufe soll ein „maßgeschneidertes" Angebot erstellt werden.

Herr Schlaufe ist Lehrer, verheiratet mit Angela, ebenfalls Lehrerin. Sie haben eine gemeinsame Tochter (3 Jahre) und außerdem lebt bei ihnen der 11-jährige Sohn aus erster Ehe von Frau Schlaufe.

Sie leben in der ihnen gehörenden Eigentumswohnung und besitzen vier weitere Eigentumswohnungen. Das Ehepaar hat eine Katze und ein Pony, das im Reitsportverein untergestellt ist.

In ihrer Freizeit fahren sie Rad und Ski, gelegentlich fliegen sie mit gemieteten Segelflugzeugen. Herr Schlaufe ist als Mitglied im Segelflieger-Club „Fränkische Alb" zuständig für Presse- bzw. Öffentlichkeitsarbeit.

Erstellen Sie ein Angebot, das der Lebenssituation der Familie Schlaufe entspricht.

70. Der Versicherungsnehmer kauft sich eine Jagdhütte.

Welchen Versicherungsschutz hat der VN aus der Privat-Haftpflichtversicherung, wenn er die Jagdhütte als Jäger oder als Wochenendhütte nutzt?

71. Sie sind Mitarbeiter/-in in der Antragsabteilung Haftpflichtversicherung der Proximus Versicherung Versicherungs AG und erhalten folgendes Schreiben (Auszug):

„ … bitte senden Sie mir ein ausführliches schriftliches Angebot mit Prämienangabe für eine Haftpflichtversicherung, bei der folgende Umstände berücksichtigt sind:

Ich lebe mit meiner Verlobten Frau Maren Kaiser zusammen. Meine zwei Kinder aus erster Ehe, Karl und Erika, leben bei uns.

Erika wartet seit 1¼ Jahren auf einen Studienplatz und hilft in dieser Zeit stundenweise in einer Buchhandlung aus. Karl geht noch zur Schule und beginnt am 1. 7. nächsten Jahres eine Berufsausbildung zum Kaufmann für Versicherungen und Finanzen bei der Alfonsia in Hamburg.

Ich besitze ein Zweifamilienhaus, in dem wir das Erdgeschoss (125 qm) und die Kinder das Dachgeschoss (70 qm) bewohnen; die Wohnung im 1. Stock (90 qm) ist für 810 € inkl. Nebenkosten vermietet. Das Heizöl lagert in einem unterirdischen 3 000 l-Tank.

Wir haben eine Kurzhaardackelhündin, die in voraussichtlich 2 Wochen werfen wird. Der Tierarzt rechnet mit zwei Welpen …"

Schreiben Sie an Herrn Thomsen einen Brief, der das gewünschte Angebot enthält. Begründen Sie jeweils auch die Notwendigkeit der von Ihnen angebotenen einzelnen Haftpflichtversicherungen.

72. Ein Kunde hat folgende Schadenmeldung eingereicht:

„Gestern ließ unser Gärtner ungeschickterweise die Harke verkehrt herum auf einem Weg liegen. Unsere Köchin hat den Rechen übersehen, als sie vom Einkaufen zurückkehrte. Leider trat sie voll in den Rechen und zog sich dadurch eine tiefe Fleischwunde am linken Fuß zu. Die Wunde musste ambulant genäht werden, unsere Köchin ist für ca. zwei Wochen arbeitsunfähig. Außerdem sind ihre Schuhe unbrauchbar geworden. Sie hatte diese erst vor ca. sechs Wochen zum Preis von 98 € angeschafft."

Prüfen Sie den Versicherungsschutz.

73. Sie finden eine Telefonnotiz Ihres Kollegen vor:

Vertrag: Privat-Haftpflichtversicherung Karl Müller –
Nr. 123 456 9

Herr Müller hat sich eine Eigentumswohnung in der Müritz gekauft. Er vermietet sie an seinen volljährigen Sohn aus erster Ehe (Miete 500 € monatlich). Außerdem hat sich Herr Müller noch zwei Katzen und fünf Bienenvölker angeschafft.

Er möchte wissen, ob für diese zusätzlichen Risiken über seine bisherige Privat-Haftpflichtversicherung Versicherungsschutz besteht.

Was teilen Sie Herrn Müller mit?

74. Folgender Brief (Auszug) Ihres Kunden Karl Zacharias liegt Ihnen zur Bearbeitung vor:

„… im kommenden Frühjahr werde ich in meinem Einfamilienhaus eine neue Heizung installieren. Aus diesem Anlass wird eine Tankanlage mit einem Fassungsvolumen von 2 500 Litern im Keller eingebaut werden. Den genauen Termin weiß ich noch nicht.

Ist dieser Tank in meinem Vertrag mitversichert? Wenn nicht, dann ist er ja sicher zunächst genauso automatisch mitversichert, wie es vor einigen Jahren bei meinem Hund war.

Ich werde Sie zu gegebener Zeit über den Stand der Dinge informieren."

Was werden Sie Herrn Zacharias antworten, der bisher eine Privat-Haftpflichtversicherung (Kompakt-Modell – Alternative A) mit eingeschlossener Hundehalter-Haftpflichtversicherung hat?

75. Ihr Versicherungsnehmer Peter Garten teilt Ihnen mit, dass er beabsichtigt, ein Einfamilienhaus mit Einliegerwohnung in der Umgebung von Köln zu kaufen. Er wohnt zurzeit noch zur Miete. Er möchte das Haus selbst bewohnen und die Einliegerwohnung vermieten.

Er erkundigt sich, ob er als Eigentümer des Hauses und bei den geplanten Umbaumaßnahmen über seine bestehende Privat-Haftpflichtversicherung ausreichend versichert ist.

Beraten Sie Herrn Garten.

76. Ein Versicherungsnehmer mit einer Privat-Haftpflichtversicherung beschädigt beim Schieben eines Kraftfahrzeuganhängers ein Fahrzeug des Nachbarn.

Besteht Versicherungsschutz aus der Benzinklausel?

77. Ein haftpflichtversicherter Kunde, Besitzer eines Einfamilienhauses, erbittet Ihren Rat. Er hat sein Haus um eine Einliegerwohnung erweitert. Während der Baumaßnahmen war deutlich dieses Schild angebracht:

> **Betreten der Baustelle**
> **verboten!**
> Eltern haften für ihre Kinder

Dennoch hatten dort an einem Wochenende Kinder auf der Baustelle gespielt. Ein zwölfjähriger Junge stürzte dabei und brach sich ein Bein. Die Eltern haben Schadenersatzforderungen angekündigt.

Erläutern Sie dem Kunden,

a) ob er für den Schaden zur Verantwortung gezogen werden kann und

b) ob die Privat-Haftpflichtversicherung für diesen Schaden eintritt.

78. In der gemieteten Wohnung des Versicherungsnehmers hat sich der Abwasserschlauch des Geschirrspülers gelöst. Das auslaufende Wasser verursachte Schäden am Fußboden der Mietwohnung und am Mobiliar in der darunter liegenden Wohnung des Vermieters. Für den Versicherungsnehmer besteht eine Privat-Haftpflichtversicherung.

Prüfen Sie die Leistungspflicht.

79. Der Versicherungsnehmer hat in seiner Mietwohnung aus Unachtsamkeit eine Leiter umfallen lassen, die daraufhin auf die Badewanne und in die Fensterscheibe des Badezimmers fiel. Der Schaden an der Badewanne beläuft sich auf 300 €, der Glasschaden beträgt 120 €.

Begründen Sie, ob und in welchem Umfang Sie diesen Schaden aus der Privat-Haftpflichtversicherung ersetzen würden.

80. Es liegt Ihnen folgender Brief von Herrn Naumann zur Bearbeitung vor:

    „… ab Juni des Jahres bauen wir unser Haus um: zum einen werden wir ein zweites Geschoss aufstocken und das zukünftige Dach ausbauen. Diese beiden zusätzlichen Wohneinheiten werden, wie die bisherige Einliegerwohnung im 1. Obergeschoss, vermietet.

    An unsere selbst genutzte Wohnung im Erdgeschoss lassen wir ein größeres Wohnzimmer und eine ca. 20 qm große Terrasse anbauen. Die Kosten dieser Umbaumaßnahmen betragen insgesamt ca. 150 000 €.

    Den Bedingungen habe ich nun entnommen, dass in meiner Privathaftpflicht nur Baumaßnahmen bis zu einer Bausumme von 50 000 € versichert sind.

    Bitte teilen Sie mir mit, mit welchem Mehrbeitrag ich rechnen muss. …"

    Was werden Sie Herrn Naumann mitteilen?

81. Herr Franz Winter ruft an und fragt nach dem Versicherungsschutz aus seiner Privat-Haftpflichtversicherung:

    „Meine Ehefrau hat beim Zähneputzen in der Mietwohnung gegen den Spiegel im Badezimmer gestoßen, der in das Waschbecken fiel, selbst zerstört wurde und auch das Waschbecken beschädigt hat. Habe ich dafür Versicherungsschutz?"

    Was antworten Sie Herrn Winter?

82. Bei der Bearbeitung eines von Ihrem Versicherungsnehmer Gerhard Sanft gemeldeten Schadens lesen Sie folgende Schilderung (Auszug):

    „ … Ich machte vom 16. Juli bis 23. Juli 2008 Urlaub in der Dominikanischen Republik. Am 20. Juli 2008 mietete ich mir einen Jet-Ski (ohne Erlaubnis zu fahren). In meiner Freude wollte ich einigen Urlauberinnen imponieren und wagte auch halsbrecherische Manöver. Dabei verlor ich die Kontrolle über den Jet-Ski und kollidierte mit dem Schwimmer Sanchez. Ich fiel dabei vom Jet-Ski, der führerlos gegen die Wellenbrecher prallte und stark beschädigt wurde.

    Gegen mich wurden folgende Ansprüche geltend gemacht:

    ▪ Herr Sanchez macht Arztkosten, Schmerzensgeld und Verdienstausfall geltend, weil er durch den Jet-Ski schwer am Arm verletzt wurde.

- Der Jet-Ski-Vermieter stellte mir die Reparatur des Jet-Skis in Höhe von 1 800 € in Rechnung.
- Die Behörden der Dominikanischen Republik wollen ein Strafverfahren wegen gefährlicher Körperverletzung einleiten."

Bei Durchsicht der Unterlagen stellen Sie fest, dass Herr Sanft am 15. Juli 2008 nach § 39 VVG gemahnt wurde und der Beitrag am 25. Juli 2008 auf dem Konto Ihres Unternehmens eingegangen ist.

Prüfen Sie den Sachverhalt und skizzieren Sie Ihre Vorgehensweise bei der Regulierung des Schadens!

83. Lars Wolff ruft bei Ihnen an. Er hat kürzlich seinen Segelschein gemacht und leiht sich gelegentlich von Bekannten ein Segelboot aus. Er beabsichtigt, sich ein eigenes Boot zu kaufen.

Herr Wolff hat eine Privat-Haftpflichtversicherung (Kompakt-Modell, Alternative B) seit dem 1. 3. 2006.

Beraten Sie Herrn Wolff, ob Versicherungsschutz aus der privaten Haftpflichtversicherung besteht!

84. Folgender Brief (Auszug) der Kundin Gerda Pinterer (Privat-Haftpflicht, Tarif Einzelperson, Kompakt-Modell – Alternative A, Hauptfälligkeit 1. Juli, laufend bezahlt) liegt Ihnen zur Bearbeitung vor:

„ … vor vier Wochen habe ich mir einen Jugendtraum erfüllt und mir ein eigenes Pferd gekauft. Letzten Sonntag ritt ich aus. Plötzlich scheute Jessy, ich verlor die Kontrolle und das Pferd ging durch. Ich fiel zu Boden und verstauchte mir dabei das linke Handgelenk. Jessy rannte auf die benachbarte Bundesstraße und kollidierte mit dem PKW eines Herrn Sommer. Leider wurde Jessy durch den Aufprall so schwer verletzt, dass sie eingeschläfert werden musste.

Der entstandene Schaden beziffert sich wie folgt:

Reparaturkosten am Pkw von Herrn Sommer
lt. Gutachten   8 350 €
Tierarztrechnung von Herrn Dr. Klein für das
Einschläfern von Jessy   835 €
Arztrechnung für meine Behandlung bei
meinem Hausarzt   259 €

Ich hoffe, dieser Schaden ist über meine Privat-Haftpflichtversicherung bei Ihnen versichert und erbitte Erstattung der entstandenen Kosten. …"

Prüfen Sie den Sachverhalt und notieren Sie Ihre Antwort an Frau Pinterer.

85. Ihr Versicherungsnehmer, Herr Häusler, hat Ihnen geschrieben:

„… Vergangenen Sonntag konnte ich meinen Wohnungsschlüssel nicht mehr finden. Nachdem ich alles vergeblich
abgesucht hatte, kam ich zu dem Ergebnis, dass ich den
Schlüsselbund am Samstag beim Spaziergang mit meiner
Gattin verloren habe. Am Schlüsselbund waren neben
meinem Wohnungsschlüssel auch der Zentralschlüssel für
die Haustüre des Mehrfamilienhauses, in dem ich wohne,
und der Generalschlüssel meiner Arbeitsstätte.

Vergangene Nacht haben sich nun Unbekannte Zugang in
unser Haus verschafft und etliche Briefkästen aufgebrochen. Die Polizei geht davon aus, dass die Täter mit meinem Schlüsselbund eindringen konnten, denn an der Haustüre sind keine Spuren von Gewalteinwirkung zu sehen.

Nun kommen einige Schadenersatzansprüche auf mich zu.
Im Einzelnen:

- Auswechseln der gesamten Schließanlage (95 Wohnungen, Kosten je Wohnung 200 €)
- 500 € Forderung meiner Nachbarin (ihr wurde ein Brief
  mit 500 € in bar aus dem Briefkasten gestohlen)
- Auswechseln der Schließanlage an meinem Arbeitsplatz:
  1 750 €

Bitte teilen Sie mir mit, ob diese Forderungen durch meine Privat-Haftpflichtversicherung abgedeckt sind. …“

Was antworten Sie Herrn Häusler?

86. Herr Kern ist Besitzer eines friedfertigen Rauhaardackels, den er
nur auf seinem eingezäunten Grundstück frei laufen lässt. Eines
Tages lässt der Briefträger aus Unachtsamkeit das Gartentor offen,
so dass der Dackel auf die Straße laufen kann. Dort kommt dem
Dackel der „Hobby-Radrennfahrer" Lensen mit hoher Geschwindigkeit entgegen. Mit der am Fahrrad angebauten Hupe versucht er,
den Hund von der Straße zu verjagen. Der Hund, stark verschreckt
durch das stürmische Gehupe, springt in Panik gegen den Radfahrer Lensen. Lensen stürzt schwer, zieht sich zahlreiche Verletzungen zu und muss im Krankenhaus sechs Wochen lang stationär behandelt werden. Einige Verletzungen sind so massiv gewesen, dass
Lensen gesundheitliche Dauerschäden davontragen wird. Beim
Sturz fiel Herr Lensen auf den Dackel, welcher (der Dackel!!!) daraufhin an der Unfallstelle verstarb.

Im Verlauf des Haftpflichtstreites zwischen Kern und Lensen werden folgende Ansprüche geltend gemacht:

Kern gegen Lensen

Wert des Zuchtdackels	1 400 €
Schmerzensgeld	1 000 €

Lensen gegen Kern

Verdienstausfall:	2 200 €
Schmerzensgeld für ein Schleudertrauma	10 000 €
sonstige Kosten	
(Telefonate, Schreibkosten, Freizeitausfall)	400 €
Eigenbeteiligung im Krankenhaus	420 €
monatliche Rente für Invalidität	300 €
Fahrradneupreis	
(belegt durch eine Rechnung vom 1. 2. 2000)	3 200 €
Radlerkombination	
(belegt durch eine Rechnung vom 1. 4. 2002)	240 €

a) Nehmen Sie zur Haftungsfrage Stellung.
b) Erläutern Sie, in welcher Höhe Sie den Umfang des Schadenersatzes festlegen werden.

87. Bei einem Kundenbesuch stellen Sie fest, dass der Kunde sein Einfamilienhaus mit einer neuen Ölheizung (inkl. eines unterirdischen Öltanks von 4 000 Litern) ausgestattet hat.

In seinen Vertragsunterlagen erkennen Sie, dass nur eine Privat-Haftpflichtversicherung ohne zusätzliche Einschlüsse vorhanden ist.

a) Skizzieren Sie die gesetzliche Haftung des Kunden als Inhaber eines Öltanks.
b) Begründen Sie die Notwendigkeit, den Leistungsumfang seiner Privat-Haftpflichtversicherung zu ergänzen.
c) Berechnen Sie den zusätzlichen Jahresbeitrag für diese Vertragserweiterung.

88. Herr Huber hat bei der Proximus Versicherung eine Privat-Haftpflichtversicherung (Kompakt-Modell, Alternative A) und Frau Huber schreibt Ihnen folgenden Brief (Auszug):

„… vor drei Monaten ist mein Ehemann Manfred Huber verstorben. Bei der Durchsicht unserer Unterlagen habe ich nun den Versicherungsschein der Privat-Haftpflichtversicherung meines Mannes gefunden.

Bitte teilen Sie mir mit, was nun mit diesem Vertrag passiert.

Voraussichtlich werde ich mir einen Dackel aus dem Tierheim holen. Besteht für diesen Hund im o. g. Privathaftpflichtvertrag Versicherungsschutz oder muss ich hierfür extra Beitrag zahlen?"

Was werden Sie Frau Huber antworten?

89. Ein Versicherungsnehmer hilft einem Bekannten bei der Reparatur des Kraftfahrzeuges und zieht die Radmuttern nicht richtig an. Bei der nächsten Fahrt wird das Fahrzeug durch das ablaufende Rad beschädigt.

Wie ist der Versicherungsschutz aus der Privat-Haftpflichtversicherung?

90. Beurteilen Sie die folgenden Versicherungsfälle hinsichtlich des Deckungsschutzes:

a) Herr Faust ist bei Ihrer Gesellschaft privathaftpflichtversichert (Versicherungsperiode 1. 4.–1. 4.). Auf Drängen seiner Kinder schafft Herr Faust zum 20. 5. (Geburtstag seines Sohnes) einen Hund an. Der Hund gewöhnt sich sehr schnell ein und beißt am 15. 6. schon mal den Postboten.

b) Nachdem dieser große Hund angeschafft wurde, wird die Mietwohnung zu klein. Darum kauft sich Herr Faust ein Einfamilienhaus und ein Mehrfamilienhaus.
Bei der ersten Winterglätte verschläft unser Versicherungsnehmer und kann nicht mehr rechtzeitig den Bürgersteig vor seinem Haus abstreuen. Ein Fußgänger stürzt und zieht sich einen komplizierten Armbruch zu.

c) Herr Faust hat sich mit dem Kauf des Hauses finanziell übernommen. Seine Frau schlägt vor, mit einem kleinen Stubenladen im Haus etwas Geld zu verdienen. Gleich nach der Geschäftseröffnung zerreißt sich eine Kundin ihren neuen Wintermantel.

d) Das Haus wird in Zukunft nicht mehr mit Gas, sondern mit Öl aus einem unterirdischen Öltank geheizt.

e) Herr Faust hat Glück. Von einer reichen Tante in Amerika erbt er ein wertvolles Rennpferd. Bei Startvorbereitungen bricht das Pferd aus und verletzt einen Zuschauer lebensgefährlich. Nach seiner Genesung verlangt der Zuschauer von Herrn Faust 1,5 Mio. $ Schmerzensgeld.

f) Herr Faust verkauft das Rennpferd und erwirbt stattdessen eine Maschinenfabrik. Das Unternehmen ist grundsolide und verfügt über weltweite Handelsbeziehungen.

91. In seinem Einfamilienhaus richtet der Versicherungsnehmer am 1. August eine Steuerberater-Praxis ein. Er meldet dies seinem Versicherer aber nicht gleich (Prämienfälligkeit jeweils 1. Januar).

Beim ersten Schnee im November des Jahres stürzt auf dem Bürgersteig vor dem Einfamilienhaus ein Passant und verletzt sich.

Ersetzt die Privat-Haftpflichtversicherung den Schaden?

92. Sie finden folgende Notiz über einen Anruf des Kunden Manuel Kommsen zur Bearbeitung auf Ihrem Schreibtisch vor:

Herr Kommsen hat in der Zeitung gelesen, dass Tierhalter angeblich immer für die Schäden ihrer Tiere haften. Herr Kommsen hatte aber gedacht, dass § 823 des Bürgerlichen Gesetzbuches hier bestimmte Voraussetzungen vorgeben würde. Nun ist er verunsichert, ob für seinen Schäferhund ausreichend Versicherungsschutz besteht.

Herr Kommsen hat bei der Proximus Versicherung eine Privat-Haftpflichtversicherung nach dem Kompakt-Modell, Alternative B sowie eine Tierhalter-Haftpflichtversicherung. Die Beiträge sind laufend bezahlt.

Was teilen Sie Herrn Kommsen mit?

93. Sie erhalten als Mitarbeiter der Leistungsabteilung der Proximus Versicherung folgende Nachricht (Auszug) Ihres Versicherungsnehmers Werner Glaub:

„ ... ich muss Ihnen leider einen Schaden melden.

Bevor ich dies mache, möchte ich vorher noch kurz mitteilen, dass ich seit dem 1. 4. einen Hund habe. Es handelt sich um einen Dackel aus einer angesehenen Züchter-Familie (siehe Kaufbeleg und Abstammungsnachweis).

Leider hat unser Dackel, trotz mehrmaligen Besuchs der Hundeschule, auf dem Grundstück des Nachbarn die Kontrolle verloren und ist über das Zwergkaninchen unseres Nachbarn hergefallen und hat dieses getötet. Die Nachbarn möchten jetzt den Wert des Kaninchens (120 €) ersetzt bekommen.

Ich würde mich freuen, wenn Sie diesen Betrag ersetzen würden. ..."

Aus den Vertragsdaten ergibt sich, dass Herr Glaub eine Privat-Haftpflichtversicherung mit der Fälligkeit 1. 1. (Kompakt A) ohne Zusatzrisiken abgeschlossen hat.

Was veranlassen Sie?

94. Herr Hans Dreisen hat bei der Proximus Versicherung eine Privat-Haftpflichtversicherung nach dem Kompakt-Modell, Alternative B. Versicherungsbeginn war der 1. Juni 2006, die Laufzeit des Vertrages beträgt fünf Jahre, die Beträge sind laufend bezahlt.

Folgender Brief (Auszug) liegt Ihnen zur Bearbeitung vor:

„... von meiner Großtante habe ich am 22. März 2008 ein Mehrfamilienhaus geerbt, das bisher nicht versichert war.

Bitte teilen Sie mir mit, ob und in wie weit für das Objekt Versicherungsschutz über meine Privat-Haftpflichtversicherung besteht. Was würden Sie mir ggf. ergänzend anbieten, um das vorhandene Risiko optimal abzusichern.

Hier noch ein paar Angaben zum Objekt: Sieben Wohneinheiten à 83 m² Wohnfläche, eine Wohnung steht derzeit leer und wird in den nächsten Monaten umfangreich saniert, derzeitige Mieteinnahmen der anderen sechs Wohnungen: monatliche Kaltmiete 500 € zuzüglich 150 € Nebenkosten-Vorauszahlung und 25 € Garage. Das Haus hat eine Ölheizung, im Keller befindet sich ein Öltank mit einem Fassungsvermögen von 8 000 Litern."

Was werden Sie Herrn Dreisen antworten?

Gehen Sie auch auf eventuelle Prämien ein.

95. Sie erhalten einen Anruf von Ihrer Versicherungsnehmerin Frau Gerda Haller:

Sie hat am 12. 8. 2008 ein Pferd für ihre 13-jährige Tochter gekauft, das in demselben Reitstall wie ihr eigenes Pferd untergestellt wird. Sie möchte wissen, ob sie mit der bestehenden Privat- und Reit- und Zugtierhalter-Haftpflichtversicherung (Fälligkeit 1. 1.) ausreichend versichert ist und was zu tun ist.

Beraten Sie Frau Haller.

96. Ihr Versicherungsnehmer Alfred Meister (er hat bei Ihnen eine Privat-Haftpflichtversicherung mit Hundehalter-Haftpflichtversicherung) schreibt Ihnen (Auszug):

„… vor zwei Wochen waren wir zu einem Kurztrip in London. Um etwas unabhängiger zu sein, haben wir unseren Schäferhund Thor für vier Tage bei unseren Nachbarn untergebracht. Thor ist normalerweise ein herzensguter Hund, der niemandem etwas zu Leide tun kann. Vermutlich war er jedoch durch unsere Abwesenheit gereizt. Als unsere Nachbarin mit ihm – leider ohne Leine – spazieren ging, ist er ihr plötzlich weggelaufen.

Nach etwa zehn Minuten tauchte er wieder auf und hatte die erst zehn Wochen alte Rassekatze einer anderen Nachbarsfamilie im Maul, die kurz darauf an den Bisswunden unseres Thor starb.

Nun fordern die Eigentümer Ersatz, und zwar den Kaufpreis der Katze (1 200.00 €). Natürlich ist mir das Ganze äußerst unangenehm. Daher bitte ich Sie um schnelle Regulierung. …"

Entscheiden Sie über die Ersatzpflicht.

97. In einer Telefonnotiz finden Sie folgende Angaben:

Herr Alfred Stein besitzt ein Mehrfamilienhaus mit 12 Wohneinheiten, die alle vermietet sind. Die Hausreinigung sowie die Räum- und Streupflicht sind auf die Mieter übertragen. Er ist daher der Auffassung, dass gegen ihn keine Ansprüche gerichtet werden können und er als Hausbesitzer keinen Versicherungsschutz benötigt. Außerdem hat einer der Mieter nebenbei den Hausmeisterdienst übernommen.

Nun möchte Herr Stein wissen, ob er überhaupt eine Haus- und Grundbesitzer-Haftpflichtversicherung benötigt.

Welche Argumente können Sie im Rückruf anführen, um Herrn Stein vom Abschluss einer Haus- und Grundbesitzer-Haftpflichtversicherung zu überzeugen?

98. Bei einem Beratungsgespräch mit Herrn Peter Reiher stellt sich die Risikosituation des Kunden wie folgt dar:

Herr Reiher hat ein Mehrfamilienhaus mit vier Wohneinheiten (je 83 m^2 groß). Drei dieser Wohnungen sind zu einer monatlichen Kaltmiete von 700 € zuzüglich 100 € Nebenkosten vermietet. Die vierte Wohnung wird renoviert und anschließend von ihm selbst bezogen.

Herr Reiher bittet um ein möglichst günstiges Angebot der Proximus Versicherung.

Stellen Sie die zwei Möglichkeiten zur Beitragsberechnung dar. Zeigen Sie dabei den Rechenweg auf.

Welchen jährlichen Beitrag muss Herr Reiher mindestens aufbringen?

Rechtsschutzversicherung

Lernziele

In diesem Kapitel erwerben Sie Kenntnisse und Fertigkeiten
für folgende Leistungsziele:

Sie

- beurteilen den Bedarf des zukünftigen Kunden und unterbreiten
  Vorschläge zur Risikobewältigung
- stellen die Bedeutung der Rechtsschutzversicherung am
  Versicherungsmarkt dar
- definieren den Gegenstand der Rechtsschutzversicherung
  anhand des neuen VVG
- verdeutlichen die Gebührenordnung der Rechtsanwälte bei
  den verschiedenen Rechtsstreitigkeiten
- unterscheiden die verschiedenen Gerichtsbarkeiten und
  die Instanzen
- verdeutlichen die Kosten in einem Zivil- bzw. Strafverfahren
- erläutern den Geltungsbereich der Rechtsschutzversicherung
- erklären die Obliegenheiten der Rechtsschutzversicherung
- nennen die Leistungsarten, bei denen Wartezeiten bestehen
- veranschaulichen am Beispiel die verschiedenen Leistungsarten der Rechtsschutzversicherung
- nennen neue Leistungsarten bei der ARB 2008
- wenden die Ausschlüsse auf Fallsituationen an
- umschreiben die Leistungsbereiche der Verkehrs-Rechtsschutzversicherung
- beschreiben die Leistungsbereiche der Fahrer-Rechtsschutzversicherung
- stellen die Privat- und Berufs-Rechtsschutzversicherung für
  Nichtselbstständige dar
- erklären den Versicherungsschutz der Privat- und Berufs- und
  Verkehrs-Rechtsschutzversicherung für Nichtselbstständige
- weisen auf die Zusatzdeckung für Eigentümer und Mieter von
  Wohnungen und Grundstücken hin
- stellen die verschiedenen Vertragsarten gegenüber
- nennen die Versicherungssumme, die Strafkaution und den
  Selbstbehalt
- wenden die Beiträge des Proximustarifes an und können den
  gesamten Tarif erklären
- weisen anhand eines Versicherungsfalles die Notwendigkeit
  einer Haftpflichtversicherung und einer Rechtsschutzversicherung nach
- erledigen einfache Schadenfälle – Kostenübernahmeerklärung
- stellen die Notwendigkeit einer Beitragsanpassung dar
- unterscheiden zwischen Schiedsgutachten und Stichentscheid
- weisen auf Lücken in der Rechtsschutzdeckung hin

4. Rechtsschutzversicherung

4.1 Risikoanalyse und Risikobewältigung

▶ Situation

Jeder Bürger soll sein Recht bekommen! Und das vor allem ungeachtet der hohen Kosten! Eine vernünftige Forderung. Wer weiß denn schon sicher, ob er Recht hat? Und dann – nach welchem Recht er seine Ansprüche durchsetzen kann.

Für den Betroffenen ist es fast unmöglich, allein sein Recht zu finden. Zu zahlreich, zu unüberschaubar, zu kompliziert sind heutzutage Gesetze, Verordnungen und Durchführungsbestimmungen. Hierzu einige Fälle:

▶ 1. Beispiel

„Müllers Zivilprozess"

Herr Müller hatte Anfang März 2005 einen Verkehrsunfall mit Personen- und Sachschaden. Die Schuldfrage konnte nicht eindeutig geklärt werden. Herr Müller versuchte deshalb, seinen Fahrzeugschaden, Verdienstausfall und ein Schmerzensgeld, also einen Gesamtbetrag in Höhe von 15 000 € bei der gegnerischen Partei einzuklagen, nachdem sein Anwalt erfolglos außergerichtlich tätig war.

In der 1. Instanz vor dem Landgericht verlor Herr Müller. In der Berufungsinstanz wurden ihm 60 % seiner Forderungen, also 9 000 € zugesprochen.

Der Prozess kostet insgesamt:

	I.	II.
Prozessanwalt des Klägers	1 435,00	1 604,80
+ Mehrwertsteuer	272,65	304,91
+ Gerichtskosten	726,00	968,00
+ Gebühren für 3 Zeugen	250,00	150,00
+ 1 Sachverständigen-Gutachten	1 250,00	500,00
+ Prozessanwalt des Beklagten	1 435,00	1 604,80
+ Mehrwertsteuer dazu	272,65	304,91
insgesamt	5 641,30	5 437,42

Die Kosten der 1. und 2. Instanz betragen also insgesamt 11 078,72 €.

Da Herr Müller zu 60 % gewonnen hatte, entstanden ihm 40 % der Gesamtkosten – also 4 431,50 €.

Der Rechtsschutzversicherer hat diesen Betrag anstandslos bezahlt. Herr Müller hatte den Verkehrsbereich versichert.

▶ 2. Beispiel

„Frau Hartmanns schlimmer Verkehrsunfall"

Weil nicht gesehen, verschuldete Frau Hartmann einen folgenschweren Zusammenstoß mit einem Motorradfahrer: Er wurde getötet, sein Mitfahrer schwer verletzt. Frau Hartmann wurde wegen fahrlässiger Körperverletzung zu einer Freiheitsstrafe von 8 Monaten verurteilt. Die Fahrerlaubnis wurde ihr für 1 Jahr entzogen. Die Berufung gegen das Urteil brachte keinen Erfolg.

Der Versicherer hatte folgende Kosten für die Strafverteidigung zu übernehmen:

Hier berechnet der Anwalt der Angeklagten etwa im Vorverfahren (Ermittlungsverfahren):	654,50 €
+ im Hauptverfahren 1. Instanz	773,50 €
+ Gebühr für den 2. Verhandlungstag	746,00 €
+ Gerichtskosten (nach der Höhe der Strafe)	165,00 €
+ Kosten für zwei Sachverständigen-Gutachten	1 500,00 €
+ Gebühr für 4 Zeugen	200,00 €
+ Kosten des Nebenkläger-Anwaltes	1 904,00 €
Die im Berufungsverfahren anfallenden Kosten betragen noch mal etwa:	4 500,00 €
insgesamt:	**10 173,00 €**

Das sind rund 129 Jahresbeiträge in der Verkehrs-Rechtsschutzversicherung!

▶ 3. Beispiel

„Ein sehr teurer Fall"

Herr Schulz, ein leitender Angestellter von 35 Jahren, hatte im Januar 2002 einen so schweren Betriebsunfall erlitten, dass er nicht mehr arbeitsfähig ist. Neben Schadenersatz versuchte er auch, seine Rentenansprüche auf dem Prozesswege gegenüber dem Verursacher durchzusetzen.

Bei einem Ansatz seiner Rente von monatlich mindestens 2 500,00 € und seinen weiteren Schadenersatzansprüchen ist ein Streitwert von 250 000,00 € schnell erreicht.

Der Prozess läuft über 2 Instanzen und kostet insgesamt:

Prozessanwalt des Klägers (2 Instanzen inkl. Auslagen und Mehrwertsteuer)	12 965,76 €
Korrespondenzanwaltskosten (inkl. Mehrwertsteuer und Auslagen)	2 465,70 €
Gerichtskosten	12 292,00 €
Sachverständigenkosten	3 000,00 €
Zeugenkosten	300,00 €
Kosten der Gegenseite (2 Instanzen)	12 965,76 €
insgesamt:	**43 989,20 €**

▶ **4. Beispiel**

„Überhöhte Geschwindigkeit / Herr Winter"

Der Autofahrer Winter wird wegen einer deutlichen Geschwindigkeitsübertretung innerhalb einer geschlossenen Ortschaft geblitzt. Laut Bußgeldbescheid soll er als Strafe 100 € zahlen, drei Punkte in Flensburg erhalten und für einen Monat seinen Führerschein abgeben. Sein Anwalt vertritt ihn im Einspruchsverfahren und in der anschließenden Verhandlung vor dem Strafgericht.

Neues Gebührenrecht

Grundgebühr	+ 85,00 €
Gebühr für Einspruchsverfahren	+ 135,00 €
Gebühr für ersten Rechtszug	+ 135,00 €
Terminsgebühr für Hauptverhandlung	+ 215,00 €
Auslagenpauschale	+ 20,00 €
Dokumentenpauschale (50 Ablichtungen)	+ 25,00 €
Mehrwertsteuer	+ 116,85 €
zu zahlen	= 731,85 €

Die Proximus-Rechtsschutzversicherung übernimmt das Kostenrisiko in den geschilderten Rechtsfällen bis zu einer Versicherungssumme von 200 000 €.

Die folgende Tabelle zeigt bei streitwertabhängigen Rechtsstreitigkeiten das Kostenrisiko (in Euro).

LF 10

LF 15

Streitwert in €	Kosten 1. Instanz	Kosten 2. Instanz	Kosten 1. und 2. Instanz
10 000	3 453	3 987	7 440
20 000	4 657	5 394	10 051
30 000	5 462	6 330	11 792
40 000	6 472	7 497	13 969
50 000	7 481	8 665	16 146
60 000	8 227	9 565	17 792
70 000	8 974	10 465	19 439
80 000	8 974	10 465	19 439
90 000	9 721	11 365	21 086
100 000	10 467	12 265	22 732
110 000	10 467	12 265	22 732
120 000	11 214	13 166	24 380
130 000	11 960	14 066	26 026
140 000	11 960	14 066	26 026
150 000	12 707	14 966	27 673
160 000	13 454	15 866	29 320
170 000	13 454	15 866	29 320
180 000	14 200	16 766	30 966
190 000	14 947	17 667	32 614
200 000	14 947	17 667	32 614

Das Kostenrisiko stellt sich im Einzelnen wie folgt dar:

Gegenstandswert in €	1. Instanz	2. Instanz
300	249	295
600	412	479
900	558	649
1 200	704	819
1 500	850	988
2 000	1 036	1 202
2 500	1 223	1 416
3 000	1 409	1 630
3 500	1 596	1 844
4 000	1 782	2 058
4 500	1 968	2 272
5 000	2 155	2 486
6 000	2 414	2 786
7 000	2 674	3 086
8 000	2 934	3 387
9 000	3 193	3 687
10 000	3 453	3 987
13 000	3 754	4 339
16 000	4 055	4 691
19 000	4 356	5 043
22 000	4 657	5 395
25 000	4 958	5 747

Gegenstandswert in €	1. Instanz	2. Instanz
30 000	5 462	6 330
35 000	5 967	6 914
40 000	6 472	7 498
45 000	6 976	8 081
50 000	7 481	8 665
65 000	8 227	9 565
80 000	8 974	10 466
95 000	9 721	11 365
110 000	10 467	12 266
125 000	11 214	13 166
140 000	11 960	14 066
155 000	12 707	14 966
170 000	13 454	15 867
185 000	14 200	16 767
200 000	14 947	17 667
230 000	16 081	19 034
260 000	17 216	20 400
290 000	18 350	21 767
320 000	19 484	23 133
350 000	20 619	24 500
380 000	21 753	25 866
410 000	22 888	27 233
440 000	24 022	28 599
470 000	25 156	29 966
500 000	26 291	31 332

LF 10

LF 15

Anwaltshonorare sind teilweise Verhandlungssache

Für den Bereich der außergerichtlichen Beratung sind seit dem 1. Juli 2006 keine gesetzlichen Gebühren mehr geregelt. Stattdessen legt der Gesetzgeber in § 34 RVG fest, dass für die außergerichtliche Beratung, für die Ausarbeitung eines schriftlichen Gutachtens und für die Tätigkeit als Mediator der Rechtsanwalt auf eine Gebührenvereinbarung hinwirken soll. Wird eine Vereinbarung getroffen, erhält der Rechtsanwalt Gebühren nach den Vorschriften des bürgerlichen Rechts (also gemessen am Gegenstandswert) bzw., wenn der Mandant Verbraucher ist, für die Beratung eine Gebühr in Höhe von jeweils höchstens 250 €, für das Erstberatungsgespräch in Höhe von höchstens 190 €.

Die Gebühren für die anderen Tätigkeiten des Anwalts, wie etwa die Vertretung vor Gericht oder die Korrespondenz mit dem Gegner, werden weiterhin vom Gesetz geregelt. Mandant und Anwalt können aber etwas anderes vereinbaren.

Gebührenübernahme

Wenn man vor Gericht verliert, muss man in der Regel neben seinen Anwaltskosten die Gerichtskosten sowie die Kosten des gegnerischen

Anwalts bezahlen. Es sei denn, man hat eine Rechtsschutzversicherung abgeschlossen, welche die Kosten übernimmt. Gewinnt man den Rechtsstreit, trägt die Gegenseite regelmäßig die Kosten. Ausnahmen gibt es z. B. im Arbeitsrecht. Hier trägt jede Partei ihre erstinstanzlichen Kosten selbst. Für Personen mit niedrigem Einkommen sichert das Beratungshilfegesetz gegen eine geringe Eigenleistung die Rechtsberatung und Rechtsvertretung außerhalb eines gerichtlichen Verfahrens und im so genannten obligatorischen Güteverfahren. Wenn die Bemühungen um eine außergerichtliche Einigung scheitern und ein Gericht mit der Sache befasst werden muss, kann Prozesskostenhilfe in Anspruch genommen werden. Wenn der Anwalt seinen Auftrag schlecht erfüllt und eine ihm obliegende Pflicht schuldhaft verletzt, kann der Mandant einen Anspruch auf Schadenersatz haben. Der Anwalt muss dann unter Umständen eine bereits bezahlte Vergütung herausgeben.

Alternativen zum Anwalt

Es gibt öffentlich geförderte Verbraucherzentralen, die Rechtsuchenden Rat bieten. Diese lassen sich ihre Rechtsberatung mitunter ebenfalls bezahlen. Für einige Streitigkeiten, etwa rund um Banken oder Versicherungen, gibt es Ombudsleute, die als neutrale Schlichter vermitteln sollen. Einigt man sich nicht, können Ombudsleute Entscheidungen treffen, die für die Unternehmen bindend sind, nicht aber für die Verbraucher. Schiedsleute kümmern sich hauptsächlich um Nachbarschaftsstreitigkeiten und können Streitigkeiten per Vergleich beenden und einen vollstreckbaren Titel ausstellen. Die Gebühr liegt bis 20 bis 40 €. Geht es etwa um Familien- oder Erbrecht, Vertragsentwürfe oder Wohneigentum, kann der Notar günstiger sein. Die Gebühren steigen je nach Geschäftswert in kleineren Schritten. Außerdem sieht das Gesetz bei bestimmten Rechtsgeschäften den Gang zum Notar vor.

4.1.1   Risikoabwälzung auf Versicherung

▶ Erläuterung

Im Rechtsstaat ist der Rechtsanwalt meist unentbehrlich, um in letzter Konsequenz seine Rechte durchzusetzen. Ohne Honorar kann der Rechtsanwalt nicht tätig sein. Die Kosten sind dann für jeden Rechtsuchenden sehr beträchtlich, ja teilweise unaufbringbar.

So steht manch einer vor der Alternative, entweder das finanzielle Wagnis eines Prozesses auf sich zu nehmen oder aber auf die Durchsetzung oder Verteidigung seiner Rechte zu verzichten.

Weil aber ein guter Anwalt Geld kostet, der Staat seine Gerichte auch nicht kostenlos zur Verfügung stellt und der Bürger nicht auf sein Recht verzichten möchte, bringt nur der Abschluss einer Rechtsschutzversicherung für ihn finanzielle Sicherheit.

Die Rechtsschutzversicherung sorgt dafür, dass der Versicherte bei der Wahrnehmung seiner rechtlichen Interessen nicht zuerst an das Geld denken muss, sondern an den notwendigen juristischen Beistand denken kann.

LF 10

Trotz der 1980 in der heutigen Form eingeführten Prozesskostenhilfe und des Rechtsbeistandes der Automobilclubs, der Mietvereine und der berufsständischen Verbände sowie der Gewerkschaften bleibt diese Rechtshilfe unvollständig.

LF 15

Die Prozesskostenhilfe ist von der Einkommenshöhe des Antragstellers abhängig, wird nur gestundet und muss in monatlichen Raten zurückgezahlt werden.

§ 123 ZPO

Ähnlich wie die Kostentragung der oben genannten Vereine und Verbände hat die Bewilligung der Prozesskostenhilfe aber nicht zur Folge, dass die Partei auch davon befreit ist, dem Gegner die zu erstattenden Kosten zu zahlen. Das Mitglied wird lediglich von den eigenen Rechtsanwaltskosten entlastet, so dass zusätzlich zu den Kosten der Gegenseite auch noch die Gerichtskosten selbst zu tragen sind.

Erst der Abschluss einer Rechtsschutzversicherung bringt die notwendige finanzielle Sicherheit, die der Bürger bei der Suche nach dem Recht erwartet. Sie ist damit weit mehr als die Prozesskostenhilfe oder die private Rechtshilfe der Vereine und Verbände.

Die Rechtsschutzversicherung

- trägt das schwer abschätzbare Kostenrisiko im Rahmen der Bedingungen für die rechtliche Interessenwahrnehmung
- gibt einen vertraglich gesicherten Rechtsanspruch auf Leistung
- zahlt neben den gesetzlich festgelegten Gebühren des für den Versicherungsnehmer tätigen Rechtsanwalts u. U. auch die Kosten des gegnerischen Anwalts, die Sachverständigenkosten, Gerichtskosten u. a.
- fordert die gezahlten Kosten (Ausnahme – Kautionskosten) nicht zurück
- überwindet das Gefälle unterschiedlicher Einkommens- und Vermögensverhältnisse, indem Kunden auch gegenüber einem einkommensstarken Gegner finanziell unabhängig sind
- hilft dem Versicherungsnehmer bei seiner rechtlichen Interessenwahrnehmung

4.1.2 Bedeutung der Rechtsschutzversicherung

Nach dem Zweiten Weltkrieg hat die Rechtsschutzversicherung sprunghaft an Bedeutung gewonnen. Hierzu hat der Gesetzgeber beigetragen, indem zum einen durch das Rechtsberatungsgesetz die Möglichkeiten der Verbände zur Rechtsberatung eingeschränkt wurden und ab 1952 ein so genannter aktiver Schadenersatzrechtsschutz versicherbar und der Strafrechtsschutz eingeführt wurde.

Ein wichtiger Meilenstein war die Liberalisierung des Versicherungsmarktes im Jahr 1994. In diesem Jahr kamen neue Rechtsschutzbedingungen auf den Markt und die Vorabgenehmigung der ARB durch das Aufsichtsamt entfiel. Zurzeit gelten auch bei der Proximus Versicherung die ARB von 2008.

Beiträge, Leistungen, Verträge und Schäden in der Rechtsschutzversicherung

Jahr	Brutto-Beitrags-einnahmen Mrd. €	Anzahl der Verträge Mio.	Schaden-fälle Mio.	Versicherungs-leistungen[1] Mrd. €
1980	0,840	17,204	2,230	0,532
1990	1,631	24,457	2,990	1,118
1995	2,216	29,437	3,534	1,776
1997	2,467	29,301	3,601	1,914
1998	2,605	28,813	3,573	1,950
1999	2,635	28,575	3,584	1,938
2000	2,690	28,942	3,475	1,922
2001	2,707	29,010	3,469	1,966
2002	2,727	29,002	3,612	2,042
2003	2,827	29,086	3,699	2,083
2004	2,924	28,850	3,569	2,137
2005	3,014	28,833	3,463	2,229
2006	3,066	28,649	3,551	2,215
2007	3,158	20,467	3,647	2,223

1 Brutto-Aufwendungen für Versicherungsfälle des Geschäftsjahres

Bis zum Jahr 2007 stagnierte der Verkauf von Rechtsschutzversicherungen, obwohl nur etwa jedes 2. Risiko über eine ausreichende Rechtsschutzversicherung verfügt. Für die Zukunft zeichnet sich jedoch eine Trendwende ab. Die Beitragssteigerungen der letzten Jahre basieren auf den erfolgten Beitragsanpassungen.

Im Jahr 2007 nahmen die deutschen Individualversicherer insgesamt 162,1 Mrd. € an Beiträgen ein. Von diesen Beitragseinnahmen entfallen nur ca. 2 % auf die Rechtsschutzversicherung mit ca. 3,1 Mrd. € Jahresprämien.

4.2 Gegenstand der Rechtsschutzversicherung

▶ Situation

Die Rechtsschutzversicherung deckt nicht nur die Kosten in einem
Rechtsstreit ab, sondern sie sieht ihre Aufgabe bereits in der Fürsorge
für die ordnungsgemäße Wahrnehmung der rechtlichen Interessen des
Kunden in einem Versicherungsfall, etwa durch Benennung von geeig-
neten Rechtsanwälten oder durch Hinweis auf gesetzliche Fristen und
Gerichtsbarkeiten.

> Der Versicherer sorgt nach Eintritt eines Versicherungsfalles für die
> Wahrnehmung der rechtlichen Interessen des Versicherungsnehmers
> und trägt die dem Versicherungsnehmer hierbei entstehenden erfor-
> derlichen Kosten.

§ 125 VVG

▶ Erläuterung

Die ARB 2008 und das neue VVG definieren die Hauptleistung der
Rechtsschutzversicherung in gleicher Weise. Regelungen zur Rechtsschutzversicherung findet man im VVG in folgenden Vorschriften:

VVG VVG 2008	Regelungen für die Rechtsschutzversicherung
	Teil 1 Kapitel 1 — alle Versicherungszweige §§ 1 bis 73 VVG
	Teil 1 Kapitel 2 Abschnitt 1 — Schadenversicherung §§ 74 bis 87 VVG
	Teil 2 Kapitel 2 — **Rechtsschutzversicherung §§ 125 bis 129 VVG**
	Teil 3 — Schlussvorschriften §§ 209 bis 215 VVG

Die Rechtsschutzversicherung übernimmt für den Versicherungsnehmer

- die gesetzliche Vergütung für den Rechtsanwalt der eigenen Wahl
- die Kosten für Gerichte und Gerichtsvollzieher
- die Entschädigungen für Zeugen und Sachverständige, die das Gericht heranzieht
- die Kosten der Gegenseite beim Unterliegen, zu deren Erstattung der
  Kunde verpflichtet wird

- die übliche Vergütung eines öffentlich bestellten technischen Sachverständigen
  - in Verkehrsstraf- und Verkehrsbußgeldsachen
  - in Kraftfahrzeug-Kauf- und -Reparaturvertrags-Streitigkeiten

sowie in bestimmten Fällen

- die Prozessgebühr eines Korrespondenzanwaltes.

Diese Kosten (und auch die notwendigen Vorschüsse hierfür), mit Ausnahme einer eventuell vereinbarten Selbstbeteiligung, werden über alle
Instanzen, aber insgesamt bis zur Deckungssumme (Proximus 200 000 €)
je Rechtsfall bezahlt.

Darüber hinaus übernimmt die Rechtsschutzversicherung die Zahlung
einer Kaution in Form eines zinslosen Darlehens, in Höhe von maximal
60 000 €, wenn diese gestellt werden muss, um den Kunden vor einst-
weiligen Strafverfolgungsmaßnahmen zu verschonen.

Die Bestimmungen, die den Rechtsanwalt betreffen, gelten entsprechend

- für Notare – in Angelegenheiten der freiwilligen Gerichtsbarkeit und
im Beratungsrechtsschutz im Familien- und Erbrecht
- für Angehörige der steuerberatenden Berufe – im Steuerrechtsschutz
vor Gerichten

Weiterhin trägt der Rechtsschutzversicherer zusätzlich bei Schadenfällen im Ausland

- die Reisekosten des Versicherungsnehmers zum ausländischen Gericht bis zur Höhe der für Geschäftsreisen deutscher Rechtsanwälte
geltenden Sätze, wenn der Kunde als Beschuldigter oder Partei dort
erscheinen muss.
- die Übersetzungskosten der notwendigen Schriftstücke.
- statt der Kosten eines Rechtsanwaltes die Kosten eines im Ausland
ansässigen rechts- und sachkundigen Bevollmächtigten.
- die Kosten eines im Ausland ansässigen Sachverständigen in Fällen
der Geltendmachung von Schadenersatzansprüchen wegen der Beschädigung eines Motorfahrzeuges zu Lande sowie Anhängers.

4.2.1   Rechtsanwaltskosten

▶ **Situation**

§ 17 Abs. 3 ARB 2008	Der Versicherungsnehmer hat grundsätzlich das Recht der freien An-waltswahl.
§ 127 VVG	Er soll den Anwalt seines Vertrauens selbst bestimmen können.

► Erläuterung

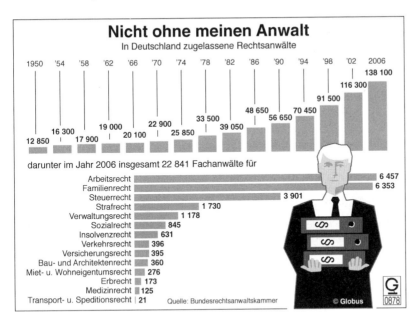

Nicht ohne meinen Anwalt

In Deutschland zugelassene Rechtsanwälte

1950	'54	'58	'62	'66	'70	'74	'78	'82	'86	'90	'94	'98	'02	2006

138 100
116 300
91 500
70 450
56 650
48 650
39 050
33 500
22 900
25 850
19 000
20 100
16 300
17 900
12 850

darunter im Jahr 2006 insgesamt 22 841 Fachanwälte für

Arbeitsrecht	6 457
Familienrecht	6 353
Steuerrecht	3 901
Strafrecht	1 730
Verwaltungsrecht	1 178
Sozialrecht	845
Insolvenzrecht	631
Verkehrsrecht	396
Versicherungsrecht	395
Bau- und Architektenrecht	360
Miet- u. Wohneigentumsrecht	276
Erbrecht	173
Medizinrecht	125
Transport- u. Speditionsrecht	21

Quelle: Bundesrechtsanwaltskammer

© Globus

0878

Die Vergütung der Anwälte erfolgt nach dem Rechtsanwaltsvergütungsgesetz (RVG), das seit dem 1. Juli 2004 in Kraft ist. Es ersetzt die BRAGO.

Ausnahmsweise kann die Anwaltswahl vom Versicherer vorgenommen werden, wenn der Kunde dies wünscht oder er keinen Rechtsanwalt benannt hat, die Anwaltsbeauftragung aber in seinem Interesse geboten erscheint. Hier übernimmt der Versicherer eine Fürsorgepflicht für die ordnungsgemäße Interessenwahrnehmung, z. B. um bestimmte Fristen einzuhalten.

Der Rechtsschutzversicherer beauftragt namens und im Auftrag des Versicherungsnehmers den Rechtsanwalt, d. h. es entstehen keine rechtlichen Beziehungen zwischen Versicherer und Rechtsanwalt. Aus diesem Grunde hat der Rechtsanwalt keinen unmittelbaren Gebührenanspruch gegen den Versicherer, nur gegen den Versicherungsnehmer.

Dieser hat in versicherten Fällen einen Befreiungsanspruch gegen den Rechtsschutzversicherer. Der Versicherungsnehmer hat daher dem Rechtsanwalt alle notwendigen Vollmachten zu erteilen und die für die Wahrnehmung seiner Interessen notwendigen Unterlagen, Beweise usw. zur Verfügung zu stellen.

§ 17 Abs. 5 a
ARB 2008

Wer die Kosten des Anwalts dem Grunde nach zu zahlen hat, bestimmt das Gericht im Urteil. In der Regel ist dies die unterlegene Partei.

Haben die Parteien nur teilweise gewonnen bzw. verloren, so muss das Gericht im Urteil festlegen, in welchem Verhältnis die Kosten vom Kläger und vom Beklagten zu übernehmen sind.

Es kann jedoch ein böses Erwachen für denjenigen geben, der gewonnen hat, wenn der Gegner die Kosten nicht bezahlen kann.

In der Arbeitsgerichtsbarkeit gibt es keine Erstattung der Anwaltskosten in der 1. Instanz. Wer seinen Arbeitsstreit hier gewinnt, muss seine nicht unbeträchtlichen Anwaltskosten trotzdem selber tragen.

§ 5 Abs. 1 a ARB 2008   Der Versicherer übernimmt grundsätzlich nur die Kosten eines Anwalts. Wünscht der Kunde einen zweiten Rechtsanwalt oder wechselt der Rechtsanwalt, so sind die durch den Anwaltswechsel entstehenden Mehrkosten nicht zu erstatten.

4.2.1.1 Korrespondenzanwalt

§ 5 Abs. 1 a ARB 2008   Nicht immer ist es dem Kunden möglich, dem an seinem Wohnort ansässigen Rechtsanwalt die Interessenwahrnehmung vor dem zuständigen Gericht zu übertragen.

Liegt der Gerichtsort mehr als 100 km vom Wohnort bzw. Geschäftssitz des Versicherungsnehmers entfernt, wird es dem Versicherungsnehmer schwer fallen, telefonisch oder schriftlich den Anwalt am Prozessort mit den notwendigen Informationen zu versehen.

So ist es für den Versicherungsnehmer nahe liegend, einen Rechtsanwalt an seinem Wohnsitz bzw. Geschäftssitz damit zu beauftragen, die Verbindung zwischen ihm und dem am auswärtigen Gericht zugelassenen „Prozessanwalt" herzustellen.

Die Kosten dieses zusätzlichen Korrespondenz- oder Verkehrsanwaltes trägt die Rechtsschutzversicherung nur bei Zivilprozessen im Inland, wenn die 100-km-Grenze überschritten wird.

Dies bedeutet: Ein Hamburger, der vor dem Landgericht München einen Schadenersatzprozess führen muss, mandatiert einen Hamburger Rechtsanwalt. Dieser wird i. d. R. bei einem Prozesstermin in München nicht selbst dort auftreten, sondern einen Münchener Anwalt beauftragen. Der Rechtsschutzversicherer übernimmt für den Hamburger Kunden im Münchener Prozess die Kosten beider Anwälte. Der Münchener Rechtsanwalt ist Prozessanwalt. Der Hamburger Rechtsanwalt ist Korrespondenzanwalt. Er hält den Kontakt zwischen dem Kunden und dem Münchener Rechtsanwalt.

Der Münchener Rechtsanwalt erhält ebenfalls eine Vergütung nach dem Rechtsanwaltsvergütungsgesetz (RVG). Ein Prozess mit Prozess- und Korrespondenzanwalt wird ca. ein Drittel teurer als ein Prozess, der am Wohnort des Kunden geführt werden kann.

Die Rechtsschutzversicherung trägt die zusätzlichen Kosten eines Korrespondenzanwaltes im Inland also dann, wenn:

- zwischen dem Wohnort des Kunden und dem zuständigen Gerichtsort mehr als 100 km Luftlinie liegen und

- es sich um eine Zivilsache (z. B. Durchsetzung von Schadenersatzansprüchen), Arbeitsrechtssache, Sozialgerichtssache, Finanzgerichtssache oder Verwaltungsrechtssache (im Verkehrsbereich) handelt.

In allen Straf- und Ordnungswidrigkeitsangelegenheiten sowie dann, wenn der Gerichtsort weniger als 100 km vom Wohnort des Versicherungsnehmers entfernt ist, sollte der Kunde seinen Rechtsanwalt am Gerichtsort wählen, damit die Rechtsschutzversicherung die Kostenlast tragen kann.

4.2.1.2 Rechtsanwaltskosten im Ausland

▶ **Situation**

Herr Beier fällt während seines Urlaubs in Paris in eine nicht abgesicherte Baugrube und verletzt sich schwer. Er bittet seinen Versicherer zur Durchsetzung von Schadenersatzansprüchen um Rechtsbeistand.

§ 5 Abs. 1 b ARB 2008

▶ **Erläuterung**

Auch hier übernimmt der Versicherer die Korrespondenzanwaltskosten. Das heißt, Herr Beier kann einen deutschen Rechtsanwalt beauftragen, zunächst außergerichtlich zu korrespondieren. Kommt es dennoch zu einem Prozesstermin in Paris, so zahlt der Versicherer zusätzlich (!) die Kosten des französischen Prozessanwaltes.

Sogar für den Bereich des Straf- und Ordnungswidrigkeitenrechtsschutzes gilt diese Regelung.

Damit wird dem Kunden bei Auslandsfällen die Möglichkeit eingeräumt, auch auf deutsche Rechtsanwälte zurückzugreifen, obwohl diese in der Regel mit den Einzelheiten der ausländischen Rechtslage kaum vertraut sein dürften.

4.2.1.3 Gesetzliche Vergütung

▶ **Situation**

Die Höhe der Kosten richtet sich nach dem Rechtsanwaltsvergütungsgesetz (RVG). Der Rechtsanwalt kann mit seinem Mandanten Honorarvereinbarungen treffen, der Versicherer übernimmt die Kosten nur bis zur Höhe der gesetzlichen Regelungen. Diese Regelung sieht wie folgt aus:

▶ Erläuterung

Zivil-, Verwaltungs-, Arbeits- und Steuerrechtsangelegenheiten

- Die Vergütung richtet sich nach dem Gegenstandswert, z. B. dem Wert des Anspruchs oder der Höhe der Auseinandersetzung. Je höher der Wert ist, umso höher sind die Rechtsanwaltsgebühren.
- Für die außergerichtliche Tätigkeit erhält der Rechtsanwalt eine so genannte Geschäftsgebühr. Diese richtet sich nach dem Wert des Anspruchs. Verlangt der Versicherungsnehmer z. B. eine Summe von 2 000 €, so erhält der Rechtsanwalt einen Betrag von 229,55 € (inkl. MwSt. und Auslagenpauschale). Geht es um einen Anspruch in Höhe von 20 000 €, so steigt die Rechtsanwaltsgebühr auf 1 023,20 €.
- Endet der Prozess mit einem Vergleich, wird der Anwalt um mehr als ein Drittel teurer.
- In der Berufungsinstanz entstehen neue, höhere Gebühren. Sie liegen etwa um ein Drittel über denen der 1. Instanz.

Ordnungswidrigkeiten- und Strafverfahren

Der Rechtsanwalt kann seine Gebühren jeweils nach Abhängigkeit von Art und Umfang seiner Tätigkeit innerhalb von so genannten Gebührenrahmen berechnen. Hier verlangt der Rechtsanwalt in der Regel die Hälfte der maximal möglichen Gebühren (z. B.: 30 € + 300 € ./. 2 = 165 €).

Ein Verteidiger bekommt immer eine Grundgebühr, die bei

- Strafsachen zwischen 30 € und 300 €
- Ordnungswidrigkeitssachen zwischen 20 € und 150 € liegt.

Fertigt er eine ausführliche Einlassungsschrift, so steht ihm eine Verfahrensgebühr bei

- Strafsachen in Höhe von 30 € bis 250 €
- Ordnungswidrigkeitssachen in Höhe von 20 € bis 250 € zu.

Nimmt der Rechtsanwalt an einer polizeilichen Vernehmung mit dem Versicherungsnehmer teil, fällt eine Terminsgebühr in

- Strafsachen zwischen 30 € und 250 €
- Ordnungswidrigkeitssachen zwischen 10 € und 100 € an.

Im gerichtlichen Verfahren fällt wiederum zunächst eine Verfahrensgebühr nach dem oben genannten Gebührenrahmen an.

Bei Verhandlungsterminen vor Gericht steht dem Rechtsanwalt eine weitere Verfahrensgebühr (s. o.) für jeden Verhandlungstag zu, und zwar in

- Strafsachen 60 € bis 400 €
- Ordnungswidrigkeitssachen 20 € bis 470 €.

Sozialgerichtskosten

Auch hier wird nach Rahmengebühren abgerechnet, die sich in 1. Instanz wie folgt zusammensetzen, soweit der Rechtsanwalt hier erstmals für den Versicherungsnehmer tätig wird:

- Verfahrensgebühr 40 € bis 460 €
- Terminsgebühr 20 € bis 380 €

4.2.1.4   Kosten des gegnerischen Rechtsanwalts

Der Rechtsschutzversicherer zahlt die Kosten der Gegenseite, wenn der Versicherungsnehmer zur Erstattung dieser Kosten verpflichtet wird. Das Gerichtsurteil bestimmt, ob und in welchem Umfang gegnerische Kosten zu erstatten sind. Über die Kosten ergeht ein eigenständiger Titel, der so genannte „Kostenfestsetzungsbeschluss".

§ 5 Abs. 1 h ARB 2008

Sowohl in einem Zivilprozess als auch in einem Strafverfahren ist mit einem gegnerischen Anwalt zu rechnen.

Im Zivilprozess gehören zu den Verfahrenskosten – sie werden von der unterlegenen Partei getragen – auch die gesetzliche Vergütung des Anwalts und die Auslagen des Gegners. Diese Kosten sind im Wesentlichen genauso hoch wie die eigenen Anwaltskosten.

Im Strafverfahren können Nebenklagekosten entstehen, wenn der Verletzte z. B. durch einen Rechtsanwalt vertreten wird. Als Nebenkläger kann er neben dem Staatsanwalt Anträge zur Beweisaufnahme stellen und nach dem Urteil Rechtsmittel einlegen. Die Rechtsschutzversicherung übernimmt im Rahmen des Strafrechtsschutzes ggf. diese gegnerischen Nebenklagekosten.

4.2.2   Gerichtskosten

▶ Situation

Die Rechtsschutzversicherung übernimmt die Kosten, die der Staat für die Inanspruchnahme eines Gerichtes fordert. Diese sind im Gerichtskostengesetz festgelegt. Je nachdem, ob ein Zivil- oder ein Strafprozess vorliegt, erfolgt die Berechnung dieser Kosten nach den dort einschlägigen Gesetzesnormen.

§ 5 Abs. 1 c ARB 2008

▶ Erläuterung

4.2.2.1   Gerichte und ihre Instanzen

In der deutschen Gerichtsbarkeit unterscheiden wir je nach Rechtsgebiet mehrere Gerichtsarten mit unterschiedlichen Instanzen, die man in genau vorgeschriebener Reihenfolge durchlaufen muss (Instanzenweg):

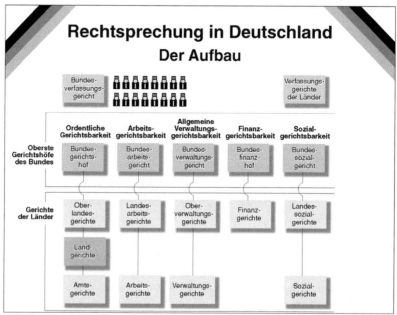

© Globus-Grafik 1063

Die sachliche Zuständigkeit der jeweiligen Gerichte ist bis auf die ordentlichen Gerichte leicht aus deren Bezeichnung abzulesen. Alle Straf- und Zivilverfahren werden vor den ordentlichen Gerichten verhandelt, wobei es immer getrennte Prozesse sind, auch wenn sie das gleiche Delikt betreffen.

Strafe	=	Strafprozess
Schmerzensgeldanspruch	=	Zivilprozess

Hinzu kommen noch die Verfassungsgerichte der Länder und des Bundes. Rund tausend Gerichte aller Instanzen gibt es in der Bundesrepublik Deutschland.

4.2.2.1.1   Zivilprozess (ordentliche Gerichtsbarkeit)

Im Zivilprozess geht es um Schadenersatzansprüche aller Art, um Streitigkeiten aus Kauf, Darlehen oder anderen Verträgen, um Miete, Kündigung oder Räumung von Wohnungen, um Ansprüche auf Herausgabe bestimmter Gegenstände usw.

In einem solchen Prozess stehen sich Kläger und Beklagter als gleich geordnete Parteien gegenüber. Oft werden sie auch nur durch ihre Rechtsanwälte vertreten.

Beide müssen die Richtigkeit ihrer Behauptungen beweisen; das Gericht hat dies zu prüfen, evtl. mit Zeugen- und Sachverständigen-Vernehmungen. Dann erfolgt das Urteil.

Die Zivilprozessordnung sowie das Gerichtsverfassungsgesetz regelt u. a., welches Gericht für welchen Fall zuständig ist: das Gericht des Wohnortes des Beklagten oder das Gericht des Unfallortes, wenn aus dem Unfall Ansprüche hergeleitet werden.

Mit der Höhe des Streitwertes steigen auch die Gerichtskosten. Die ersten drei Gebühren werden schon vor Beginn des Prozesses angefordert. Beim Berufungsgericht oder Revisionsgericht entstehen selbstverständlich immer neue und höhere Gebühren.

Im Urteil bestimmt das Gericht, wer die Kosten zu tragen hat. In der Regel trägt die Kosten die unterlegene Partei, oder das Gericht bestimmt, in welchem Verhältnis Kläger und Beklagter die Kosten zu übernehmen haben.

4.2.2.1.2 Strafverfahren (ordentliche Gerichtsbarkeit)

Zwei Wege führen vor den Strafrichter. Der eine: Das Gericht eröffnet das Verfahren gegen den Beschuldigten aufgrund einer Anklage des Staatsanwaltes. Der andere führt über den Einspruch des Betroffenen gegen einen Strafbefehl oder Bußgeldbescheid auf „dieselbe Anklagebank".

Im Strafverfahren sieht sich der Angeklagte einem Staatsanwalt gegenüber, der die Anklage erhebt. Über Art und Höhe der Strafe entscheidet das Gericht. Je nach Schwere der Tat geht das Verfahren vor den Einzelrichter oder vor das Schöffengericht beim Amtsgericht oder vor die große Strafkammer beim Landgericht.

Es ist stets das Gericht zuständig, in dessen Gebiet die Straftat begangen wurde. Hat ein Hamburger in München einen Verkehrsunfall verschuldet, so wird in München verhandelt.

LF
10

LF
15

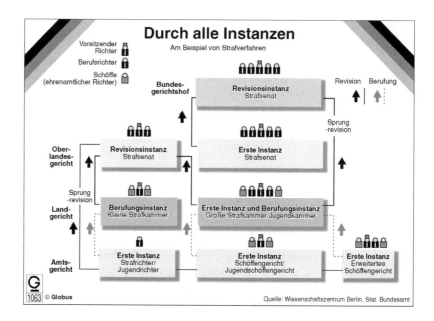

4.2.2.1.3   Prozess vor anderen Gerichten

Beim Prozess vor dem Arbeits-, dem Verwaltungs- oder dem Finanzgericht sind die Gerichtskosten relativ niedrig. Vor dem Sozialgericht besteht in der Regel Kostenfreiheit.

Der Schwerpunkt der Kosten liegt hier bei den Anwaltskosten, vor den
Sozialgerichten vor allem bei den Gutachterkosten.

Beim Prozess vor dem Sozialgericht werden die Rechtsanwaltskosten
wegen des besonderen Aufwands, den gerade solche Prozesse erfordern, meist an der Obergrenze eines hier vorgesehenen Gebührenrah-
mens abgerechnet.

Klagt der Versicherungsnehmer vor dem Arbeitsgericht, so hat er seine
eigenen Rechtsanwaltskosten immer selbst zu tragen, egal, ob er gewinnt oder verliert. Nur mit Rechtsschutz kommt man auch davon frei.
Eine Kostenerstattung durch die unterlegene Partei ist erst ab der Berufungsinstanz vorgesehen.

4.2.2.2   Kosten des Zivil- und Strafprozesses

Erst am Ende eines Prozesses wird dem Bürger klar, wie teuer das
Recht sein kann.

4.2.2.2.1 Kosten des Zivilprozesses

▶ Situation

Nach einem Verkehrsunfall mit Personen- und Sachschaden war eine Einigung zwischen den Parteien nicht möglich. Es kam zu einer Klage wegen des Fahrzeugschadens, Schmerzensgeld und Verdienstausfall in Höhe von insgesamt 9 000 €.

In 1. Instanz verliert der Kläger vor dem Landgericht; in der Berufungsinstanz werden ihm 40 % seiner Forderung = 3 600 € zugesprochen.

Die Gesamtrechnung sieht wie folgt aus:

	1. Instanz €	2. Instanz €
Prozessanwalt des Klägers	1 122,50	1 257,20
+ Auslagen	20,00	20,00
+ Mehrwertsteuer (19 %)	217,10	242,26
+ Gebührenanteil außergerichtlich	361,75	
Gerichtskosten (3 Gebühren)	543,00	724,50
+ Gebühren für 3 Zeugen	120,00	120,00
+ 1 Sachverständigengutachten	400,00	500,00
+ Prozessanwalt des Beklagten	1 122,50	1 257,20
+ Auslagen	20,00	20,00
+ Mehrwertsteuer (19 %)	217,10	242,69
insgesamt:	**4 143,95**	**4 383,78**

Die Kosten der 1. und 2. Instanz betragen
also insgesamt   8 527,73

Da der Kläger zu 40 % gewonnen hatte,
also zu 60 % unterlegen war, trägt er 60 %
der Gesamtkosten.   **5 116,64**

Diesen Betrag in Höhe von 5 116,64 € hätte der Kläger bei Abschluss einer Verkehrs-Rechtsschutzversicherung nicht selber aufwenden müssen.

4.2.2.2.2 Kosten eines Strafverfahrens

▶ Beispiel

Ein Pkw-Fahrer wird bei einer Trunkenheitsfahrt (§ 316 Strafgesetzbuch – auch „Trunkenheit im Verkehr") ertappt.

Ein Gerichtsverfahren lässt sich trotz der außergerichtlichen Bemühungen des Rechtsanwaltes nicht vermeiden. Der Fahrer wird wegen fahrlässiger Trunkenheitsfahrt zu einer Geldstrafe von 2 000 € verurteilt. Die Fahrerlaubnis wird ihm entzogen. Die Berufung gegen das Urteil ist erfolglos.

Hier berechnet der Anwalt der Angeklagten
etwa im Vorverfahren (Ermittlungsverfahren):   539,40 €
+ im Hauptverfahren 1. Instanz   452,40 €
+ Gebühr für den 2. Verhandlungstag   266,80 €
+ Gerichtskosten (nach der Höhe der Strafe)   165,00 €
+ Kosten für zwei Sachverständigen-Gutachten   1 500,00 €
+ Gebühr für 4 Zeugen   200,00 €

Im Berufungsverfahren anfallende Kosten
noch mal etwa   1 700,00 €

insgesamt: 4 823,60 €

Das sind rund 61 Jahresbeiträge in der Verkehrs-
Rechtsschutzversicherung!

4.2.3   Sonstige Kosten

Sachverständigen- und Zeugenkosten

▶ Situation

§ 5 Abs. 1 c ARB 2008   Neben den Kosten des eigenen Rechtsanwaltes und des Gerichtes entstehen möglicherweise weitere Kosten. Entschädigungen für Zeugen
und Sachverständige werden vom Rechtsschutzversicherer übernommen, wenn diese vom Gericht herangezogen, z. B. von diesem vernom-
men wurden.

▶ Erläuterung

§ 5 Abs. 1 e ARB 2008   Soweit Verwaltungsbehörden Zeugen und Sachverständige vernehmen,
sind diese Kosten ebenfalls übernahmefähig. Darüber hinaus über-
nimmt die Rechtsschutzversicherung

■ Kosten für einen öffentlich bestellten technischen Sachverständigen
oder einer rechtsfähigen technischen Sachverständigenorganisation
(z. B. TÜV oder DEKRA),
– um sich in verkehrsrechtlichen Straf- und Ordnungswidrigkeiten-
verfahren verteidigen zu können: z. B. zur Feststellung, dass das
§ 5 Abs. 1 f ARB 2008   verwendete Geschwindigkeitsmessgerät nicht ordnungsgemäß ge-
eicht war,
– um bei der Wahrnehmung rechtlicher Interessen aus Kauf- und Re-
paraturverträgen von Motorfahrzeugen zu Lande oder Anhänger
feststellen zu lassen, dass das gekaufte Fahrzeug versteckte Mängel hatte, die den Kaufpreis mindern.

Die Höhe dieser Gebühren und Honorare ist recht unterschiedlich. Bei
den Zeugen beschränken sie sich auf etwaige Fahrtkosten und Ver-

dienstausfall. Beim Sachverständigen sind es in aller Regel drei- bis fünfstellige Beträge: So fielen 8 500 € Gutachtenkosten an, als ein Versicherungsnehmer die Unzuverlässigkeit der stationären Radarfalle „Truvelo" nachweisen ließ.

LF 10

- Auslandsreisekosten, wenn das zuständige ausländische Gericht das persönliche Erscheinen der versicherten Person angeordnet hat. Erstattet werden die Kosten bis zur Höhe der gesetzlich festgelegten Sätze für Geschäftsreisen von deutschen Rechtsanwälten.

LF 15

4.2.4 Örtlicher Geltungsbereich

▶ Situation

Der örtliche Geltungsbereich ist festgelegt, und zwar mit

§ 6 ARB 2008

- Europa
- außereuropäischen Anliegerstaaten des Mittelmeeres
- auf den Kanarischen Inseln oder auf Madeira

Europa ist geografisch zu verstehen. Es umfasst alle Länder in Europa sowie die europäischen Meeresflächen.

Bei den außereuropäischen Anliegerstaaten des Mittelmeeres sind die politischen Grenzen maßgebend. Zu diesen Staaten gehören Marokko, Algerien, Tunesien, Libyen, Ägypten, Israel, Libanon, Syrien, Türkei.

▶ Erläuterung

Der Rechtsschutzversicherer gewährt Versicherungsschutz, wenn

- der Versicherungsfall weltweit eingetreten ist,
- die Wahrnehmung rechtlicher Interessen jedoch im Geltungsbereich erfolgt bzw. erfolgen würde.

Bei Rechtsschutzfällen außerhalb des o. g. Geltungsgebietes besteht darüber hinaus bis zu einer Kostengrenze von 100 000 € weltweite Deckung, wenn der Auslandsaufenthalt nicht mehr als 12 Wochen beträgt und der Rechtsschutzfall nicht in Zusammenhang steht mit dem Erwerb oder der Veräußerung von dinglichen Rechten oder Teilnutzungsrechten (Timesharing) an Grundstücken, Gebäuden oder Gebäudeteilen.

§ 6 Abs. 2 ARB 2008

Der Sozial-Rechtsschutz bezieht sich nur auf gerichtliche Auseinandersetzungen vor deutschen Sozialgerichten.

§ 2 e ARB 2008

Der Rechtsschutz für Prozesse vor Finanz- und Verwaltungsgerichten gilt nur für den Bereich des deutschen Steuer- und Abgabenrechts.

§ 2 f ARB 2008

Im Familien- und Erbrecht darf die Beratung nur durch einen in Deutschland zugelassenen Rechtsanwalt wahrgenommen werden.

§ 2 k ARB 2008

4.2.5 Wartezeit

§ 4 Abs. 1 ARB 2008   Für bestimmte Leistungsarten (= Risikobereiche) ist eine Wartezeit von drei Monaten vorgesehen. Die Wartezeit ist eine Schutzfrist in Risikobereichen, in denen der Versicherungsfall von der Gefahr, durch den Versicherungsnehmer zeitlich manipuliert werden zu können, nicht ganz frei ist (hohes subjektives Risiko).

Überblick Wartezeiten

Leistungsart	Keine Wartezeit	3 Monate Wartezeit	1 Jahr Wartezeit	3 Jahre Wartezeit
Schadenersatz-Rechtsschutz	X			
Arbeits-Rechtsschutz		X		
Wohnungs- und Grundstücks-Rechtsschutz		X		
Vertrags-Rechtsschutz	X			
Steuer-Rechtsschutz	X			
Sozial-Rechtsschutz	X			
Verwaltungs-Rechtsschutz	X			
Disziplinar-Rechtsschutz	X			
Straf-Rechtsschutz	X			
Ordnungswidrigkeiten-Rechtsschutz	X			
Beratungs-Rechtsschutz	X			
Rechtsschutz in Ehesachen				X
Rechtsschutz in Unterhaltssachen			X	
Rechtsschutz für Opfer von Gewaltstraftaten	X			

Die Leistungspflicht für den Versicherungsfall ist somit erst nach Ablauf dieser drei Monate gegeben. Die Frist läuft, falls der Versicherungsnehmer die Erstprämie rechtzeitig gezahlt hat, ab dem im Versicherungsschein genannten Vertragsbeginn (technischer Versicherungsbeginn).

Bei einer Vorversicherung und bei einem nahtlosen Übergang der Rechtsschutzversicherung auf Proximus, wird auf die Anrechnung einer Wartezeit verzichtet. Es besteht in der Versicherungswirtschaft eine Tendenz zur Abschaffung der Wartezeit. Im Verkehrsbereich wird bei Neuverträgen meistens auf die Wartezeit verzichtet.

Übungen

1. Herr Winter ist von der Notwendigkeit einer Rechtsschutzversicherung noch nicht überzeugt. Er weiß, dass i. d. R. derjenige, der einen Rechtsstreit gewinnt, keine Kosten zu tragen hat. Und da er nur dann einen Rechtsstreit beginnen würde, wenn er „Recht habe", treffe ihn kein Kostenrisiko.

   Erläutern Sie Herrn Winter, warum auch er sich einer Gefahrensituation gegenübersehen und mit Kosten für die Rechtswahrnehmung belegt werden kann.

2. Herr Sommer, den Sie überzeugen konnten, dass sich auch bei ihm das beschriebene Kostenrisiko realisieren kann, verweist darauf, dass er ggf. über Prozesskostenhilfe Unterstützung findet und er doch als Gewerkschaftsmitglied zumindest im Arbeitsrecht genügend geschützt sei.

   Zeigen Sie Herrn Sommer auf, dass die genannten Alternativen zur Rechtsschutzversicherung nur unzureichenden Rechtsschutz darstellen.

3. Herr Berger weist in einem Beratungsgespräch mit Stolz darauf hin, dass er nicht ganz mittellos ist. Das Kostenrisiko, so meint er, werde doch wohl nicht ganz so groß sein.

   Zeigen Sie Herrn Berger an folgendem Beispiel das Kostenrisiko auf: „Sie verkaufen ihren Pkw für 9 000 € an Herrn Fuchs. Dieser zahlt nicht. Es kommt zu einem Prozess, den Sie in 1. und 2. Instanz verlieren."

   Erläutern Sie Herrn Berger seine Situation.

4. Ein noch nicht rechtsschutzversicherter Kunde zweifelt an, dass die rechtliche Interessenswahrnehmung teurer werden kann.

   Überzeugen Sie den potenziellen Kunden vom Gegenteil, indem Sie ihm schildern, welche Kosten anfallen können.

5. Ihr Rechtsschutzkunde Berger aus Köln hat einen versicherten Rechtsschutzfall in München. Bevor er zum Anwalt geht, bittet er um Information darüber, was er bei der Anwaltswahl und -beauftragung zu beachten hat.

   Geben Sie Herrn Berger in einem Brief Antwort.

6. Herr Sommer kann die Regelung zum Korrespondenzanwalt nicht nachvollziehen. Einmal werden die Kosten übernommen und einmal nicht.

   Erläutern Sie dem Kunden, wann die Kosten des Korrespondenzanwaltes übernommen werden.

7. Auf den Hinweis, dass die Rechtsschutzversicherung nur die gesetzlichen Rechtsanwaltskosten tragen wird, bittet der Kunde um Aufklärung, was er darunter zu verstehen habe.

Erläutern Sie dem Kunden, nach welchen Kriterien in Zivilsachen und nach welchen Kriterien in Strafsachen bzw. Ordnungswidrigkeitsangelegenheiten laut RVG (Rechtsanwaltsvergütungsgesetz) abgerechnet wird.

8. Unterscheiden Sie die deutsche Gerichtsbarkeit und deren Instanzen.

9. Ein Kunde fragt an, ob die Kosten der Gegenseite in einem Versicherungsfall von der Rechtsschutzversicherung übernommen werden.

   Erläutern Sie dem Kunden die Regelung nach ARB 2008.

10. „Die Gerichtskosten werden doch wohl nicht so erheblich sein, dass dafür eine Rechtsschutzversicherung erforderlich wäre", sagt Herr Winter in einem Antragsgespräch zum Verkehrs-Rechtsschutz.

    Entwickeln Sie aus diesem Gesichtspunkt weitere Verkaufsargumente für den Abschluss einer Rechtsschutzversicherung.

11. Ihr Kunde fragt nach, ob er auch rechtsschutzversichert ist, wenn er eine Amerika-Rundreise macht und dort durch das Verschulden eines anderen einen Schaden erleidet.

    Beantworten Sie dem Versicherungsnehmer seine Anfrage. Erläutern Sie ihm weiterhin, welchen Geltungsbereich die Rechtsschutzversicherung hat.

12. Frau Bergner aus Erfurt wurde bei einem Verkehrsunfall, den ein anderer Kfz-Fahrer auf der Autobahn bei Köln verursachte, schwer verletzt und ihr Pkw zerstört. Frau Bergner bittet einen befreundeten Anwalt aus Erfurt, ihre Schadenersatzforderungen in einem Zivilprozess durchzusetzen. Der Anwalt rechnet mit einem Mitverschulden von Frau Bergner von etwa 20 %. Welche Kosten übernimmt die Rechtsschutzversicherung?

    - Kosten des Anwaltes von Frau Bergner
    - Kosten des Korrespondenzanwaltes
    - Gerichtskosten im Zivilprozess
    - Gebühren für Zeugen
    - Reisekosten für Herrn Bergner, um seine Frau im Krankenhaus in Köln zu besuchen
    - Abschlepp- und Reparaturkosten für Frau Bergners Pkw
    - Kosten für ein Sachverständigengutachten
    - Kosten des Anwaltes des Beklagten

    Begründen Sie Ihre Antwort.

13. Der versicherte Handelsvertreter Schulze verschuldet als Radfahrer einen schweren Verkehrsunfall. Der Pkw, dem er die Vorfahrt nahm, muss ausweichen und rammt eine Straßenlaterne. Die Insassen werden schwer verletzt, das Kfz und die Laterne werden zerstört. Die Polizei stellt bei Schulze einen Blutalkohol von 1,7 ‰ fest.

    Welche Kosten wird die Rechtsschutzversicherung im Straf- und Zivilprozess übernehmen?

4.3 Leistungsarten

Die Leistungsarten sind versicherte Rechtsbereiche, zu denen der Versicherer Versicherungsschutz bietet. Da die einzelnen Leistungsarten in den verschiedenen Vertragsarten angesprochen werden, ist es zweckmäßig, zunächst die möglichen Rechtsgebiete zu erklären.

1. Schadenersatz-Rechtsschutz   § 2 a ARB 2008

... um eigene Haftpflichtansprüche gegen einen Schädiger bzw. dessen Haftpflichtversicherung geltend zu machen.

Schadenersatz-Rechtsschutz deckt die Verfolgung eigener Schadenersatzansprüche, und zwar

- gleichgültig, ob sich diese gegen private Personen oder Kapitalgesellschaften oder den Staat, das Land oder andere öffentlich-rechtliche Institutionen richten
- gleichgültig, ob es sich um einen
- Personenschaden
  - Arzt- und Krankenhauskosten
  - Rentenansprüche wegen zeitweiser oder dauernder Arbeitsunfähigkeit
  - Hinterbliebenenansprüche
- Sachschaden
  - Reparaturkosten oder Ersatzleistung
  - Abschleppkosten
  - Ansprüche wegen Wertminderung usw.
- Vermögensschaden als Folge eines Sach- oder Personenschadens
  - entstandener Verdienstausfall
  - Gewinn- oder Umsatzverlust
  - Schmerzensgeld

handelt.

Die Abwehr von Schadenersatzansprüchen ist nicht Gegenstand der Rechtsschutzversicherung, sondern wird nur von einer Haftpflichtversicherung übernommen.   § 3 II a ARB 2008

▶ Beispiel

Rechtsschutz/Haftpflicht – Meyer

Die Haftpflichtversicherung des Herrn Meyer übernimmt die Regulierung der berechtigten Ansprüche und die Abwehr unberechtigter Ansprüche des Herrn Müller – passiver Rechtsschutz.

Die Rechtsschutzversicherung des Herrn Meyer übernimmt die Kosten im Schadenersatzprozess – aktiver Rechtsschutz – für die Durchsetzung der eigenen Forderungen (Mitschuldanspruch) sowie die Kosten der Verteidigung in einem Strafprozess.

Müller   Meyer

§ 2 b ARB 2008

2. Arbeits-Rechtsschutz

. . . um Streitigkeiten aus dem Arbeitsverhältnis oder einem öffentlich-rechtlichen Dienstverhältnis zu klären.

Im Prozess vor dem Arbeitsgericht gibt es in erster Instanz keine Erstattung der Anwaltskosten. Jede Partei trägt selbst ihre Kosten, auch wenn sie den Prozess gewonnen hat, wenn keine Rechtsschutzversicherung besteht.

Streitigkeiten im öffentlichen Dienst ergeben sich u. a.

- wegen der Einstufung der Besoldungsgruppe
- wegen der Versetzung an diese Dienststelle
- wegen der Entlassung aus dem Beamtenverhältnis

Streitigkeiten zwischen Arbeitnehmer und Arbeitgeber ergeben sich u. a.

- wegen ordentlicher und fristloser Kündigung
- wegen Urlaubsanspruch
- wegen der Entlohnung, z. B. Überstundenberechnung, Leistungszuschläge, Weihnachtsgeld usw.
- wegen der Zeugniserteilung

§ 2 c ARB 2008

3. Wohnungs- und Grundstücks-Rechtsschutz

. . . um Streitigkeiten aus Miet- und Pachtverhältnissen und nachbarrechtliche Auseinandersetzungen zu klären.

Mieter und Vermieter streiten sich

- weil die Parteien mit der ausgesprochenen Kündigung nicht einverstanden sind
- über die Verteilung der Betriebskosten für die Zentralheizung
- über die Mietvorauszahlung für die geplante Warmwasserversorgung
- über die Lärmbelästigung der Kinder eines Mieters
- über den Umfang der Renovierung bei Auszug

Hinzu kommen Streitigkeiten aus dinglichen Rechten, z. B.

LF
10

- um das Eigentum und den Besitz an Grundstücken oder Gebäuden
- Belästigungen durch Lärm, Ruß oder wegen Bäumen, Sträuchern, Mauern an Grundstücksgrenzen

Mitversichert sind die zu einer Wohneinheit gehörenden Garagen und Kraftfahrzeug-Abstellplätze.

§ 29 Abs. 1 ARB 2008

LF
15

Kein Versicherungsschutz besteht bei Streitigkeiten

- wegen Planfeststellungs-, Umlegungs-, Flurbereinigungs- und Enteignungsangelegenheiten
- im Zusammenhang mit der Planung, Errichtung, Finanzierung oder Veränderung eines Grundstückes, Gebäudes oder Gebäudeteiles.

4. Rechtsschutz im Vertrags- und Sachenrecht

§ 2 d ARB 2008

. . . um Streitigkeiten aus schuldrechtlichen Verträgen und schuldrechtlichen Auseinandersetzungen privatrechtlicher Natur zu klären.

Gemeint sind alle Verträge, ob sie schriftlich vereinbart sind oder ob der Kunde mündliche Abmachungen getroffen hat, wie das meist bei Reparaturaufträgen von Handwerkern der Fall ist.

Verträge des täglichen Lebens sind z. B.

- Kaufvertrag
- Darlehensvertrag
- Reparaturauftrag
- Dienstvertrag
- Versicherungsvertrag
- Reisevertrag

Das Sachenrecht benennt die so genannten absoluten Rechte, die gegenüber jedermann wirken. Das umfassendste Sachenrecht ist das Eigentum.

Verlangt der Eigentümer beispielsweise seine Sachen vom Dieb zurück, so macht er einen versicherten Herausgabeanspruch geltend.

Kein Versicherungsschutz besteht auch hier bei Streitigkeiten im Zusammenhang mit der Planung, Errichtung, Finanzierung oder Veränderung eines Grundstückes, Gebäudes oder Gebäudeteiles (so genannter "Baurisikoausschluss" nach § 3 Absatz 1 d ARB 2008).

5. Steuer-Rechtsschutz vor Gerichten

§ 2 e ARB 2008

. . . um Prozesse vor deutschen Finanz- und Verwaltungsgerichten führen zu können, wenn um die Höhe der Steuern gestritten wird.

Der Steuer-Rechtsschutz gilt auch für den Versicherungsnehmer und mitversicherte Personen und je nach gewählter Vertragsart

- im privaten Lebensbereich
- bei der Ausübung nichtselbstständiger oder land- oder forstwirt-
  schaftlicher Tätigkeiten und
- im Verkehrsbereich

Der Steuer-Rechtsschutz betrifft alle Steuerarten, sofern sie im privaten
oder beruflichen Bereich des Versicherungsnehmers entstehen; z. B.
Einkommensteuer, Schenkungsteuer, Erbschaftsteuer, Vermögen-
steuer, Kraftfahrzeugsteuer usw.

Auseinandersetzungen können sich ergeben wegen der Absetzbarkeit

- von Sonderausgaben
- von Werbungskosten
- von außergewöhnlichen Belastungen
- von Abschreibungsmöglichkeiten nach dem Kauf einer gebrauchten
  Immobilie

§ 5 Abs. 6 b ARB 2008   Im Prozess vor dem Finanzgericht können auch Steuerberater anstatt
eines Rechtsanwaltes auftreten.

§ 2 f ARB 2008

6. Sozial-Rechtsschutz vor Gerichten

... um Prozesse vor deutschen Sozialgerichten austragen zu können.

Streitigkeiten ergeben sich aus

- Betriebs- und Wegeunfällen gegenüber der Berufsgenossenschaft
- Berufskrankheiten
- den Angelegenheiten der Heilfürsorge, z. B. Genesungskuren und der
  Schwerbehinderung
- der Erwerbsminderung oder Erwerbsunfähigkeit und der Rente aus
  Personenschäden
- Leistungen der gesetzlichen Kranken- und Pflegeversicherung

Bei den sozialrechtlichen Angelegenheiten geht es meist um eigene
Ansprüche des Versicherungsnehmers oder der mitversicherten Personen gegen einen Träger der Sozialversicherung.

Die Kosten des außergerichtlichen Widerspruchsverfahrens werden
über diese Leistungsart nicht getragen (siehe aber § 20 ARB 2008).

§ 2 g ARB 2008

7. Verwaltungs-Rechtsschutz in Verkehrssachen

... um vor Verwaltungsbehörden Widerspruch einzulegen sowie in
Verfahren vor Verwaltungsgerichten.

Verkehrsrechtliche Angelegenheiten erfassen u. a.

- Verfahren wegen Einschränkung, Entzuges oder Wiedererlangung der
  Fahrerlaubnis, etwa wegen eines körperlichen Gebrechens
- Anordnung zur Führung eines Fahrtenbuches

- Nachschulungsanordnung für Inhaber einer Fahrerlaubnis auf Probe
- Anordnung von Verkehrsunterricht

LF
10

LF
15

8. Disziplinar- und Standes-Rechtsschutz

§ 2 h ARB 2008

. . . um sich in Disziplinar- und Standes-Rechtsverfahren verteidigen zu können.

Disziplinar-Verfahren betreffen Wehrpflichtige, Beamte und Berufssoldaten, Behördenbedienstete.

Standesrechtsverfahren bzw. Berufs- und Ehrengerichtsverfahren sind insbesondere bei Ärzten, Steuerbeamten und Rechtsanwälten, Richtern, Staatsanwälten vorgesehen.

9. Straf-Rechtsschutz

§ 2 i ARB 2008

. . . um den Versicherten bei der Verteidigung wegen des Vorwurfs eines verkehrsrechtlichen Vergehens oder eines sonstigen Vergehens zu helfen.

Versicherungsschutz kommt nur bei Vergehen, niemals bei Verbrechen, in Betracht. Verbrech

en sind rechtswidrige und nur vorsätzlich begehbare Taten, die im Mindestmaß mit Freiheitsstrafe von einem Jahr oder darüber bedroht sind (Mord, Raub).

Unter Straf-Rechtsschutz fallen alle sonstigen Vergehen, je nachdem, ob die Strafnorm in erster Linie die Sicherheit und Ordnung des Versicherers regeln soll oder nicht.

▶ Beispiel

Der Versicherungsnehmer Nordmann hat bei der Proximus Versicherung eine Rechtsschutzversicherung abgeschlossen. Er hatte bei „Rot" die Ampel „überfahren"und einen Verkehrsunfall verschuldet.

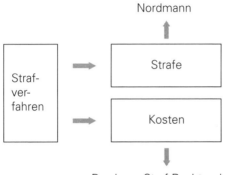

Nordmann

Strafverfahren → Strafe

Strafverfahren → Kosten

Proximus-Straf-Rechtsschutz

Verkehrsrechtliche Vergehen

Zunächst besteht unabhängig vom Grad des Vorwurfes (Vorsatz oder Fahrlässigkeit) Versicherungsschutz, z. B. bei Unfallflucht, Trunkenheit im Straßenverkehr, Körperverletzung.

Der Versicherungsschutz entfällt jedoch rückwirkend, wenn das Gericht feststellt, der Versicherungsnehmer habe die Straftat vorsätzlich begangen.

Der Versicherungsnehmer hat dann die aufgewendeten Kosten dem Versicherer zurückzuzahlen.

Vorwurf eines verkehrsrechtlichen Vergehens

Ein Vergehen liegt vor, wenn die Tat mit einer Freiheitsstrafe < 1 Jahr oder mit einer Geldstrafe belegt ist.[1]

Handeln laut Urteil: / Vorwurf lautet auf:	nicht schuldig	Fahrlässigkeit	Vorsatz
Fahrlässigkeit	Versicherungsschutz	Versicherungsschutz	Versicherungsschutz entfällt nachträglich
Vorsatz	Versicherungsschutz	Versicherungsschutz	Versicherungsschutz entfällt nachträglich

1   Für Verbrechen besteht nie Versicherungsschutz.

Sonstige Vergehen

Vergehen, die nur vorsätzlich begangen werden können, z. B. Betrug, Diebstahl oder Unterschlagung, fallen nicht unter den Versicherungsschutz. Endet das Verfahren mit einem Freispruch oder mit der Einstellung, bleibt es bei der Entsagung des Versicherungsschutzes [§ 2 i) bb) ARB 2008].

Versicherungsschutz besteht bei Vergehen, die sowohl vorsätzlich als auch fahrlässig begangen werden können,

- solange dem Versicherungsnehmer ein fahrlässiges Verhalten vorgeworfen wird oder
- wenn er nicht rechtskräftig wegen Vorsatz verurteilt wird.

▶ Beispiel

   Nach einem Fußballspiel beginnt Herr Groß eine Schlägerei mit den Fans des Gegners. Er muss mit einem Strafverfahren wegen Körperverletzung rechnen.

Bei der Entwicklung des Strafverfahrens sind folgende Fälle denkbar:

Herr Groß wird angeklagt wegen Vorsätzlichkeit und wegen Fahrlässigkeit verurteilt.

Versicherungsschutz besteht von Anfang bis Ende des Verfahrens.

Herr Groß wird zunächst angeklagt wegen Fahrlässigkeit – dann aber wegen Vorsatz. Verurteilung erfolgt wegen Vorsatz.

Versicherungsschutz besteht nur, solange Herrn Groß Fahrlässigkeit vorgeworfen wird. Bis hierher übernimmt der Versicherer auch die Kosten – nach Änderung der Anklage – hier wegen Vorsatz – nicht mehr.

Herr Groß wird angeklagt wegen Vorsatz und verurteilt wegen Vorsatz. Der Versicherer gewährt keinen Versicherungsschutz.

Herr Groß wird angeklagt wegen Vorsatz, aber verurteilt wegen Fahrlässigkeit. Zunächst besteht kein Versicherungsschutz; nachträglich wird er für das ganze Gerichtsverfahren gewährt.

Handeln laut Urteil: Vorwurf lautet auf:	nicht schuldig	Fahrlässig-keit	Vorsatz
Fahrlässigkeit	Versicherungs-schutz	Versicherungs-schutz	Versicherungs-schutz entfällt nachträglich
Vorsatz	rückwirkend Versicherungs-schutz	rückwirkend Versicherungs-schutz	Versicherungs-schutz war niemals gegeben

10. Ordnungswidrigkeiten-Rechtsschutz

§ 2 j ARB 2008

... um sich wegen des Vorwurfs einer verkehrsrechtlichen oder einer sonstigen Ordnungswidrigkeit zu verteidigen.

Wird dem Versicherungsnehmer eine Ordnungswidrigkeit vorgeworfen, besteht unabhängig von der Tatsache, ob der Versicherungsnehmer vorsätzlich oder fahrlässig gehandelt hat, Versicherungsschutz für die Rechtsverteidigungskosten.

Dieser Versicherungsumfang betrifft sowohl verkehrsrechtliche Ordnungswidrigkeiten (Geschwindigkeitsüberschreitung, Rotlicht, Alkohol) als auch alle anderen Ordnungswidrigkeiten, z. B. bei Verstoß gegen Umweltschutz- oder Immissionsvorschriften.

Wer also z. B. wegen Geschwindigkeitsüberschreitung einen Bußgeldbescheid erhält, kann Einspruch einlegen, wenn er meint zu Unrecht oder zu hoch bestraft zu werden. Vor dem Amtsgericht übernimmt die

Rechtsschutzversicherung die Kosten, auch wenn der Versicherungsnehmer wegen vorsätzlicher Tatbegehung verurteilt würde.

§ 3 Abs. 3 e ARB 2008   Wird dem Versicherungsnehmer ein Halt- oder Parkverstoß vorgeworfen, so besteht kein Versicherungsschutz.

§ 2 k ARB 2008

11. Beratungs-Rechtsschutz im Familien- und Erbrecht

... um den Versicherten in Fragen des Familien- und Erbrechts zu beraten, wenn sich seine Rechtslage verändert hat.

Der Versicherer übernimmt die Beratungskosten, wenn sie nicht mit einer anderen gebührenpflichtigen Tätigkeit des Rechtsanwalts zusam-
menhängen und eine Veränderung der Rechtslage des Versicherungsnehmers, wie z. B.

- die Eheleute trennen sich
- die Erbtante stirbt und Streit unter Erben

bereits eingetreten ist.

Beratung im Familienrecht erfolgt u. a. wegen Fragen

- des Unterhalts
- des Güterstandes des Ehegatten
- der Adoption
- der Entmündigung
- der Hausrattrennung bei Ehescheidung
- des Zugewinnausgleichs bei Ehescheidung
- des Versorgungsausgleichs bei Ehescheidung

Beratung im Erbrecht erfolgt u. a. wegen Fragen der

- Annahme oder Ausschlagung der Erbschaft
- Regulierung von Nachlassschulden
- Behandlung von Erbverträgen nach Erbfall

§ 2 l ARB 2008

12. Rechtsschutz in Ehesachen vor deutschen Familiengerichten

... um die anwaltliche Betreuung in Ehesachen auch über den bloßen
Beratungsrechtsschutz hinaus in Gerichtsverfahren zu gewährleisten.

Eine Trennung ist immer unerfreulich und häufig gibt es Streit um Sorgerecht, Rentenansprüche oder das Vermögen. Mit dem Rechtsschutz
in Ehesachen kann der Versicherungsnehmer seine Interessen wahren.

Es ist versichert die Wahrnehmung rechtlicher Interessen aus familienrechtlichen Angelegenheiten vor deutschen Familiengerichten wegen

- Getrenntlebens
- der Scheidung oder
- Scheidungsfolgen.

Bei der Proximus Versicherung beträgt die Höchstversicherungssumme 30 000 € mit einer Selbstbeteiligung von 500 € je Versicherungsfall.

13. Rechtsschutz in Unterhaltssachen

§ 2 m ARB 2008

… um zu klären, ob eine Unterhaltsforderung der Sache und der Höhe nach berechtigt ist.

Bei der Prüfung einer angeblichen Vaterschaft oder wann ein Kind Unterhaltsansprüche für eine nicht mehr erforderliche weitere Ausbildung geltend macht. Ferner, wenn das Sozialamt wegen Unterstützung von Verwandten den Versicherungsnehmer in Anspruch nehmen will.

Im Rechtsschutz in Unterhaltssachen ist versichert die außergerichtliche und gerichtliche Wahrnehmung rechtlicher Interessen aus familienrechtlichen Streitigkeiten wegen gesetzlicher Unterhaltspflichten, für die im Falle einer gerichtlichen Auseinandersetzung ein deutsches Familiengericht zuständig wäre bzw. ist.

Versicherungsschutz erhalten sowohl der Versicherungsnehmer als auch die mitversicherten Personen. Für Streitigkeiten mitversicherter Personen gegen den Versicherungsnehmer sowie für Streitigkeiten mitversicherter Personen untereinander besteht jedoch kein Versicherungsschutz.

Die Höchstversicherungssumme beträgt 30 000 € mit einer Selbstbeteiligung von 500 € je Versicherungsfall.

14. Rechtsschutz für Opfer von Gewaltstraftaten

§ 2 n ARB 2008

… um als Nebenkläger den Strafprozess zu beeinflussen.

Der Opfer-Rechtsschutz besteht für die versicherten Personen, wenn diese im privaten Bereich als Opfer einer der in § 395 StPO genannten Straftaten

- gegen die sexuelle Selbstbestimmung
- gegen die körperliche Unversehrtheit
- gegen die persönliche Freiheit
- gegen das Leben rechtswidrig verletzt oder betroffen ist.

▶ Beispiel

Die Versicherungsnehmerin, Frau Weber, wird auf dem Weg zum Kiosk überfallen. Der Täter bedroht sie mit einer Pistole, entreißt ihr gewaltsam die Handtasche und stürzt sie dabei eine Treppe hinunter. Frau Weber zieht sich bei dem Sturz schwere Verletzungen zu. Der Täter wird nach intensiver Fahndung festgenommen.

Mit Hilfe ihres Rechtsanwaltes kann Frau Weber im Strafprozess als Nebenklägerin auftreten, d h. insbesondere Fragen und Anträge stellen und Erklärungen abgeben. Frau Weber kann so dazu beitragen, dass der Täter zu einer angemessenen Freiheitsstrafe verurteilt wird.

Die Anwaltskosten in Höhe von 645 € übernimmt die Proximus Versicherung.

4.4 Ausschlüsse

▶ Situation

LF
10

LF
15

Keine Versicherung kommt ohne festgelegte Abgrenzung des Versicherungsschutzes aus. Nur so ist sie in der Lage, ihre Leistungen zu einem adäquaten Beitrag anzubieten. Bestimmte Rechts- und Lebensbereiche sind deshalb vom Rechtsschutz nicht erfasst. Man nennt dies die so genannte „Spezialität des versicherten Risikos".

§ 3 ARB 2008

Bei den Ausschlüssen handelt es sich überwiegend um solche Angelegenheiten, die deshalb als nicht versicherbar angesehen werden, weil sie entweder die Gefahr einer nicht überschaubaren Häufung von Risiken (= Kumulrisiko) in sich bergen oder nur einen relativ kleinen Personenkreis betreffen. Diese Fälle unterliegen in aller Regel zudem einem hohen Streitwert.

▶ Erläuterung

Rechtsschutz besteht nicht für die Wahrnehmung der rechtlichen Interessen:

■ die in ursächlichem Zusammenhang eintreten mit:

- Krieg, feindseligen Handlungen, Aufruhr, inneren Unruhen, Streik, Aussperrung oder Erdbeben
- Nuklearschäden und genetische Schäden – außer medizinische Behandlung
- Bergbauschäden an Grundstücken und Gebäuden
- dem Erwerb oder der Veräußerung eines zu Bauzwecken bestimmten Grundstückes
- der genehmigungspflichtigen und/oder anzeigepflichtigen baulichen Veränderung eines Grundstückes, Gebäudes oder Gebäudeteiles
- der Finanzierung von neuen Gebäuden, Gebäudebestandteilen und Grundstücken, die der Versicherungsnehmer bebauen will

§ 3 Abs. 1 ARB 2008

Ebenfalls ausgeschlossen ist die Wahrnehmung rechtlicher Interessen:

§ 3 Abs. 2 ARB 2008

■ zur Abwehr von Schadenersatzansprüchen
■ aus kollektivem Arbeits- und Dienstrecht
■ aus dem Recht der Handelsgesellschaften und Genossenschaften
■ in ursächlichem Zusammenhang mit Patent-, Urheber- und sonstigen gewerblichen Schutzrechten sowie mit Spiel- und Wettverträgen bzw. Termin- oder Spekulationsgeschäften
■ aus der Anschaffung und Veräußerung von Effekten und Kapitalanlagemodellen

- aus dem Bereich des Familien-, Lebenspartnerschafts- und Erbrechtes, soweit nicht Beratungs-Rechtsschutz, Rechtsschutz in Ehesachen oder erweiterter Beratungs-Rechtsschutz besteht
- aus dem Rechtsschutzversicherungsvertrag gegen Proximus
- wegen der steuerlichen Bewertung von Grundstücken, Gebäuden und Gebäudebestandteilen des Versicherungsnehmers

§ 3 Abs. 3 ARB 2008   Kein Versicherungsschutz besteht auch:

- in Verfahren vor Verfassungsgerichten und internationalen Gerichtshöfen
- bei Insolvenzverfahren des Versicherungsnehmers
- bei Planfeststellungs- und Enteignungsverfahren
- in Ordnungswidrigkeiten- und Verwaltungsverfahren wegen eines Halt- oder Parkverstoßes.

§ 3 Abs. 4 ARB 2008   Versicherungsschutz besteht ebenfalls nicht bei:

- Angelegenheiten der versicherten Personen untereinander
- Rechtsstreitigkeiten im Zusammenhang mit einer Partnerschaft (Ausn. § 2 k ARB)
- bei Ansprüchen, die nach Eintritt des Rechtsschutzfalles auf den Versicherungsnehmer übertragen werden

§ 3 Abs. 5 ARB 2008   - soweit ein ursächlicher Zusammenhang zwischen der rechtlichen Interessenwahrnehmung des Versicherungsnehmers nach § 2 a bis h ARB 2008 und einer vorsätzlich begangenen Straftat besteht (Gedanke des § 103 VVG).

Übungen

1. Was versteht man unter Leistungsarten?

2. Welche Leistungsart liegt den nachfolgenden Rechtssituationen zugrunde:

   a) Bei einem Verkehrsunfall auf der Autobahn fuhr ein Wagen auf den
   am Stauende haltenden Pkw des Versicherungsnehmers Berger
   mit hoher Geschwindigkeit auf. Herr Berger und seine Ehefrau
   wurden schwer verletzt und erlitten schwere Dauerschäden. Der
   Rechtsanwalt der Familie Berger machte gegen den Unfallgegner
   Krankenhauskosten, Verdienstausfall und Schmerzensgeld geltend.

   b) Herr Groß stellte einen Antrag auf Kfz-Steuerbefreiung. Gegen den
   ablehnenden Bescheid erhob Herr Groß vor dem Finanzgericht
   Klage.

   c) Frau Beyer wurde von ihrer Firma gekündigt. Sie erhob Klage beim
   Arbeitsgericht mit der Begründung, dass es sich um eine sozial ungerechtfertigte Härte handle.

   d) Nach einem Sportunfall beim Pferdsprungturnen wurde gegen den
   Sportlehrer Fischer ein disziplinarrechtliches Verfahren eingeleitet.

   e) Nach Umstellung der Produktion verursachte das an das Einfamilienhaus der Familie Berger angrenzende Unternehmen übermäßi-
   gen Lärm. Familie Berger möchte gegen das Unternehmen gerichtlich vorgehen, damit der Lärm beseitigt wird.

3. Erläutern Sie Ihren Kunden den „Beratungs-Rechtsschutz".

4. Beschreiben Sie den Straf-Rechtsschutz für verkehrsrechtliche und
sonstige Vergehen.

5. Im Rahmen eines Kundengespräches fragt Ihr Interessent, aus welchen Gründen Risikoausschlüsse erforderlich sind.

   Erläutern Sie dem Kunden den Grund der Risikoausschlüsse und
   gleichzeitig auch den Vorteil, den der Versicherungsnehmer dadurch
   erzielt.

6. Herr Zaun hat von Bekannten gehört, dass die Rechtsschutzversicherung das sog. „Baurisiko" nicht mitträgt. Er versteht weder den
Grund noch den Inhalt dieser Regelung.

   Erläutern Sie Herrn Zaun, was der Baurisikoausschluss beinhaltet.
   Nennen Sie ihm drei Beispiele von Interessenwahrnehmungen, die
   nicht rechtsschutzversichert wären. Zeigen Sie ihm auf, dass dieser
   Ausschluss ggf. auch zu seinen Gunsten ist.

7. Ein Kunde interessiert sich für den Abschluss einer Verkehrs-Rechtsschutzversicherung. Während des Gesprächs bemängelt er, dass er
dann zwar für die Durchsetzung, nicht aber für die Abwehr von Schadenersatzansprüchen Versicherungsschutz genieße, sein Rechtsschutz also lückenhaft sei.

   Erläutern Sie dem Kunden die Vollständigkeit des Versicherungsschutzes trotz der bestehenden Risikoausschlüsse.

4.5   Vertragsarten

Jeder Kunde, ob Lohn- oder Gehaltsempfänger, Student, Hausfrau, Rentner oder Gewerbetreibender, benötigt ein umfassendes Rechtsschutz-Angebot. Aus diesem Grunde werden von allen Rechtsschutzversicherern unterschiedliche Rechtsschutzkombinationen angeboten. Sie bieten jedem Kunden einen bedarfsgerechten Rechtsschutz im Berufs-, Verkehrs- oder Privatbereich. Die Vertragsarten umschreiben, für welche möglichen Lebensbereiche im Rahmen der Leistungsarten Versicherungsschutz gewährt wird.

4.5.1   Verkehrs-Rechtsschutz

§ 21 ARB 2008

Im Mittelpunkt des Angebotes der Rechtsschutzversicherer steht der Rechtsschutz für den Verkehr. Diesen gibt es in drei Variationen:

- als auf die Person des Versicherungsnehmers abgestellten Verkehrs-Rechtsschutz
- als objektbezogener Fahrzeug-Rechtsschutz sowie
- als Fahrer-Rechtsschutz.

▶ **Situation**

Frau Kreißig, Angestellte in einem Reisebüro, möchte den neuen auf ihren Namen zugelassenen Wagen rechtsschutzversichern. Sie hat gerade die Führerscheinprüfung bestanden. Informieren Sie Frau Kreißig über die Vorteile für den Abschluss eines Verkehrs-Rechtsschutzes.

▶ **Erläuterung**

Die ständig steigende Verkehrsdichte auf den Straßen erhöht die Gefahr, durch Fahrlässigkeit oder Rücksichtslosigkeit Dritter Schaden zu erleiden oder in ein Verkehrsstrafverfahren verwickelt zu werden. Selbst bei erwiesenem Verschulden des Dritten wird der Versicherungsnehmer evtl. um die volle Anerkennung der eigenen Ersatzansprüche hart ringen müssen, wenn es z. B. um die Feststellung des Einkommensverlustes, um Schmerzensgeld oder Rentenansprüche geht. Schließlich kann ein Straf- oder Bußgeldverfahren wegen einer Sekunde der Unachtsamkeit nicht nur den Führerschein kosten, sondern den Autofahrer mit Geldstrafen oder Geldbußen empfindlich belasten. Bei einer Freiheitsstrafe kann sogar seine berufliche Entwicklung ernsthaft gefährdet werden. Der Verkehrs-Rechtsschutz wird deshalb für Frau Kreißig eine wesentliche Hilfe bedeuten.

§ 21 Abs. 1 i. V. m.
Abs. 4 ff. ARB 2008

Verkehrs-Rechtsschutz wird deshalb allen Personen angeboten, die Eigentümer oder Halter von **auf ihren Namen zugelassenen** oder mit

Versicherungskennzeichen versehenen Motorfahrzeugen zu Lande sowie Anhänger sind, und zwar

- insbesondere Arbeitnehmer, jedoch nur, wenn ein Privat-, Berufs- und Verkehrs-Rechtsschutz nicht erwünscht wird
- Freiberuflern und vor allem Gewerbetreibenden

Versicherter Personenkreis

VN	- als Eigentümer oder Halter aller auf ihn zugelassenen oder auf seinen Namen mit einem Versicherungskennzeichen versehenen Motorfahrzeuge zu Lande sowie Anhänger - als Erwerber oben genannter Fahrzeuge - als Mieter eines zum vorübergehenden Gebrauch gemieteten Selbstfahrer-Vermietfahrzeuges zu Lande sowie Anhänger
VN	- als Fahrer fremder Fahrzeuge - als Fahrgast, Fußgänger und Radfahrer bei der Teilnahme am öffentlichen Verkehr Bei Firmen ist im Antrag eine Person (Firmeninhaber, Geschäftsführer, Vorstand) namentlich zu benennen.
Berechtigte Fahrer Berechtigte Insassen	der versicherten Fahrzeuge sowie der vom Versicherungsnehmer zum vorübergehenden Gebrauch gemieteten Selbstfahrer-Vermietfahrzeuge zu Lande sowie Anhänger.

Außerhalb des versicherten Fahrzeuges erhalten die Ehefrau bzw. die Kinder des Versicherungsnehmers keinen Versicherungsschutz.

Versicherte Leistungsarten   § 21 Abs. 4 ARB 2008

- **Schadenersatz-Rechtsschutz**

Hier geht es vor allem um die Durchsetzung von Ansprüchen von Personenschäden des Fahrers und aller Insassen und daraus folgenden Vermögensschäden (z. B. Verdienstausfall) und um Schmerzensgeld; aber ebenso auch um alle Sachschäden am versicherten Fahrzeug, um Abschleppkosten und Wertminderung. Selbstverständlich ist das mitgeführte persönliche Gepäck wie Koffer-, Film- und Sportausrüstung aller Insassen mitversichert.

■ Rechtsschutz im Vertrags- und Sachenrecht

Der Versicherungsnehmer hat Versicherungsschutz, wenn er rund um sein Fahrzeug Verträge abschließt. So können Rechtsstreitigkeiten daraus entstehen, dass der Versicherungsnehmer ein Fahrzeug kauft oder verkauft, es reparieren lässt oder finanziert. Bei den Kaufverträgen ist nicht nur an den Kauf und Verkauf des Fahrzeuges, sondern auch an die Verträge über Kauf und Montage von Zubehörteilen (Autoradio, Felgen usw.) zu denken. Der Herausgabeanspruch des Fahrzeugeigentümers gegenüber dem unberechtigten Besitzer, z. B. dem Dieb, ist ebenfalls eingeschlossen.

■ Steuer-Rechtsschutz vor Gerichten

Typische Anwendungsfälle sind hier Streitigkeiten über die steuerliche Eingruppierung in eine Schadstoffklasse sowie die Anerkennung der Steuervergünstigung für Schwerbehinderte.

■ Verwaltungs-Rechtsschutz in Verkehrssachen

Hierunter fallen insbesondere Streitigkeiten mit der Straßenverkehrsbehörde wegen:

– Entzuges, Einschränkung oder der Wiedererlangung der Fahrerlaubnis, wenn diese nicht in Zusammenhang mit einer Straftat oder Ordnungswidrigkeit gestanden hat (dann: Straf- bzw. Ordnungswidrigkeiten-Rechtsschutz)
– Anordnung zum Führen eines Fahrtenbuchs
– Anordnung zur Teilnahme am Verkehrsunterricht
– Anordnung einer Nachschulung bei Führerschein auf Probe
– Ersterlangung einer Fahrerlaubnis

■ Straf-Rechtsschutz

Versicherungsschutz besteht für die Verteidigung wegen des Vorwurfs eines verkehrsrechtlichen Vergehens. Der Versicherungsnehmer verursachte z. B. einen Verkehrsunfall, bei dem mehrere Personen verletzt wurden. Im folgenden Strafverfahren verurteilte ihn das Gericht in der 1. Instanz zu einer erheblichen Geldstrafe und zum Entzug der Fahrerlaubnis für ein Jahr. In der Berufungsinstanz konnte durch Zeugen und Sachverständigengutachten ein günstigeres Urteil erreicht werden. Die Kosten des Rechtsstreits trug die Rechtsschutzversicherung.

■ Ordnungswidrigkeiten-Rechtsschutz

Diese Leistungsart gewährt Rechtsschutz für die Verteidigung wegen des Vorwurfs einer verkehrsrechtlichen Ordnungswidrigkeit, ohne Ver-

pflichtung des Versicherungsnehmers zu einer Rückzahlung der Rechtsschutzkosten. Der Versicherer übernimmt u. a. die Kosten der Verteidigung, wenn dem Versicherungsnehmer als Radfahrer die Verletzung
einer verkehrsrechtlichen Vorschrift – Missachtung der Vorfahrt – vorgeworfen wird.

Allerdings sind alle Bußgeldverfahren wegen eines Halt- und Parkverstoßes ausgeschlossen.

§ 3 Abs. 3 e ARB 2008

LF 10

LF 15

Besondere Hinweise

Die Verkehrs-Rechtsschutzversicherung wird abgeschlossen, wenn der
Antragsteller alle auf ihn zugelassenen Motorfahrzeuge zu Lande sowie
Anhänger versichern möchte. Ebenso kann der Versicherungsschutz
auf gleichartige Kraftfahrzeuge wie z. B. auf alle Motorräder oder Pkw
beschränkt werden. Der Beitrag ist für jedes Fahrzeug zu berechnen.

§ 21 Abs. 1 oder Abs. 2
ARB 2008

Neu hinzukommende Motorfahrzeuge zu Lande sowie Anhänger sind
ab Zulassung mitversichert, ohne dass es einer sofortigen Meldung
durch den Versicherungsnehmer bedarf (**Vorsorgeversicherung**). Der
Versicherungsnehmer ist verpflichtet, innerhalb eines Monats nach Aufforderung alle auf ihn zugelassenen oder auf seinen Namen mit einem
Versicherungskennzeichen versehenen Motorfahrzeuge zu Lande sowie Anhänger anzuzeigen (siehe Proximus-Tarif).

Sollte sich der Versicherungsnehmer ein Fahrzeug ausleihen, braucht er
sich um seinen persönlichen Schutz ebenfalls keine Gedanken zu machen. Er ist als Fahrer und Insasse von fremden Fahrzeugen geschützt
(Fahrer-Rechtsschutz).

Der Versicherungsschutz kann versagt werden, wenn der Fahrer bei
Eintritt des Versicherungsschutzes nicht die notwendige Fahrerlaubnis
hatte oder zum Führen des Fahrzeugs nicht berechtigt war oder wenn
das Fahrzeug nicht zugelassen war bzw. kein gültiges Versicherungskennzeichen hatte.

§ 21 Abs. 8 ARB 2008

Darüber hinaus bietet der Verkehrs-Rechtsschutz die Möglichkeit, ein
oder mehrere im Versicherungsschein bezeichnete Fahrzeuge zu versichern, auch wenn diese nicht auf den Versicherungsnehmer zugelassen
oder nicht auf seinen Namen mit einem Versicherungskennzeichen versehen sind oder wenn außer den zu versichernden Fahrzeugen auf den
Versicherungsnehmer noch weitere Fahrzeuge zugelassen sind, die
nicht versichert werden sollen (**sog. Fahrzeug-Rechtsschutzversiche-
rung**). Die Kennzeichen der zu versichernden Fahrzeuge zu Lande, zu
Wasser und in der Luft sowie Anhänger sind im Antrag anzugeben.
Fahrzeugwechsel oder der Wegfall eines oder mehrerer Fahrzeuge
müssen vom Versicherungsnehmer sofort, spätestens jedoch innerhalb
von zwei Monaten, gemeldet werden. Eine Vorsorgeversicherung gibt
es nicht. Diese Vertragsart bezeichnet man als „Fahrzeug-Rechtsschutz".

§ 21 Abs. 3 i. V. m.
Abs. 4 ff ARB 2008

Versicherter Personenkreis ist der Eigentümer, Halter, Mieter, Leasingnehmer sowie berechtigte Fahrer und Insassen des im Versicherungsschein bezeichneten Fahrzeuges. Weiterhin der Versicherungsnehmer als Fahrer fremder Fahrzeuge, als Fußgänger, als Radfahrer und Fahrgast. Der Beitrag ist für jedes versicherte Fahrzeug zu berechnen.

Diese Regelung soll den Abschluss von Verkehrs-Rechtsschutz erleichtern in Fällen, in denen der Kunde sein Rechtsschutz-Interesse auf bestimmte Fahrzeugarten beschränken möchte oder wegen eines bereits bestehenden Fahrzeug-Rechtsschutzes eines anderen Versicherers auf noch „freie" Fahrzeugarten beschränken muss.

Selbstbeteiligung

Auf Wunsch kann eine Selbstbeteiligung von 100 € je Schaden bei der Proximus Versicherung vereinbart werden.

4.5.2   Fahrer-Rechtsschutz

§ 22 ARB 2008

Er schützt den Versicherungsnehmer bei der Teilnahme am öffentlichen Verkehr

- als Fahrer fremder Kfz, die ihm weder gehören noch auf seinen Namen zugelassen oder mit Versicherungskennzeichen versehen sind
- und als Fußgänger, Radfahrer und Fahrgast.

Versicherte Leistungsarten

- Schadenersatz-Rechtsschutz (jedoch nicht für Schäden am benutzten Fahrzeug)
- Steuer-Rechtsschutz vor Gerichten
- Verwaltungs-Rechtsschutz in Verkehrssachen
- Straf-Rechtsschutz
- Ordnungswidrigkeiten-Rechtsschutz

Vorsorgeversicherung

Wird während der Laufzeit des Versicherungsvertrages gem. § 22 Abs. 1 und 3 bis 6 ARB 2008 auf die im Versicherungsschein genannte Person ein Motorfahrzeug zu Lande zugelassen oder auf ihren Namen mit einem Versicherungskennzeichen versehen, wandelt sich der Versicherungsschutz ab dem Zulassungsdatum in den Verkehrs-Rechtsschutz nach § 21 Abs. 3, 4, 7, 8 und 10 ARB 2008 für dieses Fahrzeug um. Die Wahrnehmung rechtlicher Interessen im Zusammenhang mit dem Erwerb dieses Motorfahrzeuges zu Lande ist eingeschlossen.

Der Versicherungsnehmer ist verpflichtet, dem Versicherer innerhalb eines Monats nach Zugang einer Aufforderung anzuzeigen, dass er ein Motorfahrzeug zu Lande erworben hat. Tritt ein Versicherungsfall, der dieses Fahrzeug betrifft, später als einen Monat nach Zugang der Aufforderung ein, ohne dass dem Versicherer der Erwerb angezeigt wurde, besteht hierfür kein Versicherungsschutz.

Der Kunde hat somit vollen Versicherungsschutz in allen Rechtsschutzangelegenheiten für seinen eigenen Pkw vom allerersten Tag an und ohne Wartezeit.

Der neue Rechtsschutzbeitrag wird vom Eintritt der Zulassung an berechnet.

Fahrer-Rechtsschutz gilt nur für das Lenken fremder Fahrzeuge, sei es das Fahrzeug der Firma, des Bruders oder das Fahrzeug der Ehefrau. Nur der Versicherungsnehmer hat als Fahrer Versicherungsschutz.

Keinen Versicherungsschutz haben daher

■ die im Fahrzeug mitfahrenden Insassen und auch nicht
■ der Halter oder Eigentümer des benutzten Fahrzeuges.

Einige Rechtsschutz-Versicherer bieten daher jungen Leuten, die noch nicht das 25. Lebensjahr vollendet haben, Fahrer-Rechtsschutz zu günstigen Prämien an.

Der Versicherungsschutz kann versagt werden, wenn

■ der Fahrer bei Eintritt des Versicherungsfalles nicht die notwendige Fahrerlaubnis hatte,
■ er zum Führen des Fahrzeuges nicht berechtigt oder
■ das Fahrzeug nicht zugelassen war.

Selbstbeteiligung

Auf Wunsch kann eine Selbstbeteiligung von 100 € je Rechtsschutzfall bei der Proximus Versicherung vereinbart werden.

4.5.3 Privat- und Berufs-Rechtsschutz für Nichtselbstständige

▶ Situation

Herr und Frau Meiser, beide Angestellte in einem großen Warenhaus, möchten sich gerne rechtsschutzversichern. Sie sind beide begeisterte Radfahrer und besitzen keinen Führerschein und kein Auto.

▶ Erläuterung

§ 25 ARB 2008   Privat- und Berufs-Rechtsschutz ist der ausreichende Rechtsschutz für Nichtselbstständige ohne Führerschein und ohne Auto. Wer einen Führerschein hat, wird ihn erfahrungsgemäß auch nutzen. Diese Kunden brauchen also einen weitergehenden Rechtsschutz. Ein Führerschein in der Familie und der bevorstehende Kauf eines Kfz rechtfertigen schon ein weitergehendes Angebot. Vom Versicherungsschutz ausgeschlossen ist das Risiko als Eigentümer, Halter, Erwerber, Mieter, Leasingnehmer und Fahrer zulassungspflichtiger oder mit Versicherungskennzeichen versehener Motorfahrzeuge zu Lande, zu Wasser oder in der Luft sowie Anhänger.

Versicherter Personenkreis

<ul><li>Versicherungsnehmer</li><li>Ehepartner oder im Versicherungsschein genannter nichtehelicher Lebenspartner</li><li>minderjährige Kinder</li><li>unverheiratete, volljährige Kinder bis zur Vollendung des 25. Lebensjahres, jedoch längstens bis zu dem Zeitpunkt, in dem sie erstmalig eine auf Dauer angelegte berufliche Tätigkeit ausüben und hierfür ein leistungsbezogenes Entgelt erhalten</li></ul> im privaten Bereich sowie für den beruflichen Bereich als Nichtselbstständige

§ 25 Abs. 2 ARB 2008   Zu den mitversicherten Kindern zählen nicht nur die leiblichen Kinder, sondern auch Adoptiv-, Pflege- und Stiefkinder, wenn sie minderjährig sind.

Die unverheirateten volljährigen Kinder sind längstens bis zu dem Zeitpunkt versichert, zu dem sie erstmals eine auf Dauer angelegte berufliche Tätigkeit ausüben und hierfür ein leistungsbezogenes Entgelt erhalten.

Versicherte Leistungsarten

- Schadenersatz-Rechtsschutz
- Arbeits-Rechtsschutz
- Rechtsschutz im Vertrags- und Sachenrecht
- Steuer-Rechtsschutz vor Gerichten
- Sozial-Rechtsschutz
- Disziplinar- und Standes-Rechtsschutz
- Straf-Rechtsschutz

- Ordnungswidrigkeiten-Rechtsschutz
- Beratungs-Rechtsschutz im Familien- und Erbrecht
- Rechtsschutz in Ehesachen – bei Proximus Grunddeckung –
- Rechtsschutz in Unterhaltssachen – bei Proximus Grunddeckung –
- Rechtsschutz für Opfer von Gewalttraftagen – bei Proximus Grunddeckung –

Besondere Hinweise

Privat- und Berufs-Rechtsschutz für Nichtselbstständige darf nur angeboten werden, wenn der Versicherungsnehmer und/oder sein mitversicherter Ehe-/Lebenspartner keine gewerbliche, freiberufliche oder sonstige selbstständige Tätigkeit mit einem Gesamtumsatz von mehr als
10 000 € – bezogen auf das letzte Kalenderjahr – ausüben.

Übersteigt aus einer solchen Tätigkeit der erzielte Gesamtumsatz den   § 25 Abs. 5 ARB 2008
Betrag von 10 000 € im letzten Kalenderjahr, wandelt sich der Versicherungsschutz ab Eintritt dieser Umstände in einen Privat-Rechtsschutz
für Selbstständige um (siehe § 23 ARB 2008).

Der Versicherungsschutz erstreckt sich nicht auf die Wahrnehmung
rechtlicher Interessen

- im Zusammenhang mit einer gewerblichen, freiberuflichen oder sonstigen selbstständigen Tätigkeit, unabhängig von der erzielten Umsatzhöhe.
- als Eigentümer, Halter, Erwerber, Mieter, Leasingnehmer und Fahrer
  von Motorfahrzeugen zu Lande, zu Wasser oder in der Luft sowie Anhänger.

Der Inhalt der beschriebenen Vertragsart nach § 25 ARB 2008 ist mit
der Privat-Rechtsschutzversicherung für Selbstständige nach § 23 ARB
2008 identisch.

Selbstbeteiligung

Auf Wunsch kann eine Selbstbeteiligung von 100 € je Schaden bei der
Proximus Versicherung vereinbart werden.

4.5.4   Privat-, Berufs- und Verkehrs-Rechtsschutz
für Nichtselbstständige

▶ Situation

Herr Sommer, Angestellter als Kfz-Mechaniker, ruft Sie an und bittet um
einen umfassenden Versicherungsschutz für sich und seine Familie. Er
ist verheiratet, hat drei Kinder im Alter von 18, 14 und 12 Jahren. Seine
Frau Barbara ist Hausfrau.

Fertigen Sie für Familie Sommer ein Angebot und stellen Sie die versicherten Rechtsschutz-Bereiche heraus.

LF
10

LF
15

▶ Erläuterung

§ 26 ARB 2008

Der Privat-, Berufs- und Verkehrs-Rechtsschutz für Nichtselbstständige – das ist Rechtsschutz im privaten Lebensbereich, im beruflichen Bereich als Arbeitnehmer und im Verkehrsbereich. Dies ist Rechtsschutz u. a. für Herrn Sommer als Arbeitnehmer, für die nicht anderweitig berufstätige Hausfrau Barbara, für seine Kinder. Auch für Studenten, Pensionäre und deren Familien ist dies das adäquate Angebot.

Rechtsschutz besteht auf allen eigenen und auf allen fremden Motorfahrzeugen zu Lande und Anhänger, egal,

- ob Herr Sommer mit dem auf ihn zugelassenen Pkw oder als Angestellter mit dem Firmenfahrzeug seines Arbeitgebers fährt,
- ob Frau Sommer einen vorübergehend gemieteten Pkw nutzt,
- ob die minderjährige Tochter mit einem auf ihren Namen mit Versicherungskennzeichen versehenen Motorroller unterwegs ist oder
- ob der volljährige Sohn mit dem Zweitwagen seines Vaters fährt.

Der Privat-, Berufs- und Verkehrs-Rechtsschutz für Nichtselbstständige stellt somit eine wichtige Versicherungskombination von wesentlichen Teilen des Verkehrsbereiches mit der privaten oder beruflichen Sphäre des Versicherungsnehmers dar. Eigene zulassungspflichtige Motorfahrzeuge zu Wasser oder in der Luft müssen gesondert versichert werden. Im privaten oder beruflichen Bereich als Arbeitnehmer besteht ebenso Versicherungsschutz.

So entstehen Schäden durch Verschulden Dritter nicht nur als Autofahrer, sondern auch

- im Straßenverkehr als Fußgänger, als Radfahrer oder als Benutzer öffentlicher Verkehrsmittel
- beim Sport, im Urlaub, auf vereisten Gehwegen, beim Spielen der Kinder auf Straßen und Plätzen
- auf dem Wege zur Arbeit – und als Mitfahrer im Pkw des Arbeitskollegen
- bei Unfällen im Betrieb

Auch ein Bußgeld- oder Strafverfahren kann schnell auf jedes Mitglied einer Familie zukommen:

- durch eigene Unachtsamkeit als Fußgänger oder Radfahrer
- durch einen fahrlässig verschuldeten Unfall im Betrieb, oft nur wegen Verletzung der Aufsichtspflicht
- wegen eines Brandes, der durch eine weggeworfene Zigarette fahrlässig verursacht wurde

Diese Vertragsart ist nicht anzuwenden, wenn der Versicherungsnehmer und/oder sein mitversicherter Ehe-/Lebenspartner eine gewerbliche, freiberufliche oder sonstige selbstständige Tätigkeit mit einem Gesamtumsatz von mehr als 10 000 € – bezogen auf das letzte Kalenderjahr – ausüben. Sie gilt nicht für geschäftsführende Gesellschafter einer Firma.

Für die Wahrnehmung der rechtlichen Interessen, die mit einer der vorgenannten selbstständigen Tätigkeiten im Zusammenhang stehen, besteht unabhängig von der erzielten Umsatzhöhe kein Versicherungsschutz.

Zur Vereinfachung – die Privat-, Berufs- und Verkehrs-Rechtsschutzversicherung nach § 26 ARB 2008 bietet einen Versicherungsschutz, als hätte der Versicherungsnehmer eine Privat- und Berufs-Rechtsschutzversicherung nach § 25 ARB 2008 abgeschlossen. Zusätzlich werden der Versicherungsnehmer, seine Ehegattin oder nicht eheliche Lebensgefährtin und seine minderjährigen Kinder so versichert, als haben sie jeweils eine Verkehrs-Rechtsschutzversicherung nach § 21 Abs. I ARB 2008 erworben.

Versicherter Personenkreis

• VN • Ehepartner oder im Versicherungsschein genannter nichtehelicher Lebenspartner • minderjährige Kinder	• im privaten Bereich • im beruflichen Bereich als Nichtselbstständiger • als Eigentümer oder Halter aller auf sie zugelassenen oder auf ihren Namen mit einem Versicherungskennzeichen versehenen oder von diesem Personenkreis als Selbstfahrer-Vermietfahrzeug zum vorübergehenden Gebrauch gemieteten Motorfahrzeuge zu Lande sowie Anhänger • als Erwerber, Mieter oder Leasingnehmer von Motorfahrzeugen zu Lande sowie Anhängern • als Fahrer oder Insasse von Fahrzeugen
unverheiratete, volljährige Kinder längstens bis zu dem Zeitpunkt, in dem sie erstmalig eine auf Dauer angelegte berufliche Tätigkeit ausüben und hierfür ein leistungsbezogenes Entgelt erhalten	im privaten Bereich sowie für den beruflichen Bereich als Nichtselbstständiger

berechtigte Fahrer berechtigte Insassen	der auf den VN, seinen mitversicherten Ehe-/Lebenspartner oder die minderjährigen Kinder zugelassenen oder auf ihren Namen mit einem Versicherungskennzeichen versehenen oder von diesem Personenkreis als Selbstfahrer-Vermietfahrzeug zum vorübergehenden Gebrauch gemieteten Motorfahrzeuge zu Lande sowie Anhänger

§ 26 Abs. 3 ARB 2008

Versicherte Leistungsarten

- **Schadenersatz-Rechtsschutz**

Bei einem Verkehrsunfall auf der Autobahn fuhr ein Wagen auf den vor einem Stau haltenden Pkw des Versicherungsnehmers mit hoher Geschwindigkeit auf. Der Versicherungsnehmer als Fahrer, seine Ehefrau als Beifahrer und die Tochter als Insasse wurden schwer verletzt. Die Geschädigten machen mithilfe der Rechtsschutzversicherung gegen den Unfallgegner und dessen Haftpflichtversicherung Krankenhauskosten und den Sachschaden des Kfz geltend.

- **Arbeits-Rechtsschutz**

Herrn Sommer wurde in seiner Firma gekündigt. Er erhob Klage beim Arbeitsgericht mit der Begründung, dass es sich um eine sozial ungerechtfertigte Härte handele.

- **Rechtsschutz im Vertrags- und Sachenrecht**

Familie Sommer buchte eine Urlaubsreise. Am Urlaubsort offenbarten sich Mängel, die zum vorzeitigen Abbruch der Reise führten. Da eine Einigung mit dem Reiseveranstalter nicht erzielt werden konnte, musste der Anspruch auf Rückzahlung des Reisepreises gerichtlich geltend gemacht werden.

- **Steuer-Rechtsschutz vor Gerichten**

Das Finanzamt erkennt die im Lohnsteuerjahresausgleich angegebenen „Aufwendungen" nicht in voller Höhe an und ändert diese Entscheidung auch im Widerspruchsverfahren nicht. Gegen den Bescheid musste Klage vor dem Finanzgericht erhoben werden.

■ Sozial-Rechtsschutz vor Gerichten

Die berufstätige Ehefrau des Versicherungsnehmer verunglückte auf dem Weg zur Arbeit. Da es Schwierigkeiten wegen der Anerkennung der Berufsunfallrente gab, war es erforderlich, gegen die Berufsgenossenschaft gerichtlich vorzugehen.

■ Verwaltungs-Rechtsschutz in Verkehrssachen

Der Versicherungsnehmer erhielt von der Verwaltungsbehörde einen Bescheid, wodurch ihm die Fahrerlaubnis entzogen wurde, weil er zum Führen eines Kfz nicht geeignet sei. Der Rechtsanwalt legte zunächst Widerspruch ein und musste schließlich gegen den ablehnenden Bescheid vor dem Verwaltungsgericht Klage erheben.

■ Disziplinar- und Standes-Rechtsschutz

Nach einem Skiunfall bei einem Schulausflug wurde gegen den verantwortlichen Lehrer ein disziplinarrechtliches Verfahren vor dem Verwaltungsgericht eingeleitet.

■ Straf-Rechtsschutz

Auf dem vereisten Bürgersteig kam ein Passant zu Fall und verletzte sich schwer. Gegen den Versicherungsnehmer wurde mit der Begründung, er habe seine Streupflicht verletzt, ein Strafverfahren wegen fahrlässiger Körperverletzung eingeleitet.

■ Ordnungswidrigkeiten-Rechtsschutz

Nach dem Gesetz über Ordnungswidrigkeiten werden Straftaten, die wegen ihrer geringen strafrechtlichen Bedeutung zu Ordnungswidrigkeiten erklärt wurden, durch die Verwaltungsbehörde geahndet. Wer z. B. wegen Geschwindigkeitsüberschreitung oder wegen Nichtbeachtung der Vorfahrt einen Bußgeldbescheid bekommt, kann, wenn er zu Unrecht oder zu hoch bestraft ist, Einspruch einlegen und für das nachfolgende Verfahren vor dem Amtsgericht Rechtsschutz erhalten.

■ Beratungs-Rechtsschutz im Familien- und Erbrecht

Der Versicherungsnehmer war nach dem Tod der Tante erbberechtigt geworden. Er ließ sich beraten, was im Falle der Überschuldung des Nachlasses zu tun ist.

Besondere Hinweise

§ 26 Abs. 6 ARB 2008   Haben der Versicherungsnehmer und/oder der mitversicherte Ehe-/Lebenspartner eine gewerbliche, freiberufliche oder sonstige selbstständige Tätigkeit mit einem Gesamtumsatz von mehr als 10 000 € im letzten Kalenderjahr aufgenommen oder übersteigt deren aus einer solchen Tätigkeit im letzten Kalenderjahr erzielter Gesamtumsatz den Betrag von 10 000 €, wandelt sich der Versicherungsschutz ab Eintritt der Umstände in einen Verkehrs-Rechtsschutz gem. § 21 Abs. 1 und 4 bis 9 ARB 2008 – jedoch nur für die auf den Versicherungsnehmer zugelassenen oder auf seinen Namen mit einem Versicherungskennzeichen versehenen Fahrzeuge – und einen Privat-Rechtsschutz für Selbstständige gem. § 23 ARB 2008 um.

Ist auf den Versicherungsnehmer und/oder seinen mitversicherten Ehe-/Lebenspartner oder die minderjährigen Kinder seit mindestens sechs Monaten kein Motorfahrzeug zu Lande zugelassen oder auf deren Namen mit einem Versicherungskennzeichen versehen, kann der Versicherungsnehmer verlangen, dass der Versicherungsschutz in einen Privat- und Berufs-Rechtsschutz für Nichtselbstständige gem. § 25 ARB 2008 umgewandelt wird.

Selbstbeteiligung

Auf Wunsch kann eine Selbstbeteiligung von 100 € je Schaden bei der Proximus Versicherung vereinbart werden.

§ 29 ARB 2008   ### 4.5.5   Haus- und Wohnungs-Rechtsschutz

Der Haus- und Wohnungs-Rechtsschutz rundet den Bedarf des Privatkunden ab. Dieses Risiko kann man separat versichern. Der Versicherungsnehmer kann seine Rechte als Mieter oder als Eigentümer seiner selbstgenutzten Wohnung oder seines selbstgenutzten Einfamilienhauses außergerichtlich und gerichtlich wahrnehmen.

Die meisten Streitigkeiten, für die Versicherungsschutz gewünscht wird, sind auf Störungen des Mietverhältnisses zurückzuführen, etwa Kürzung der Mietzahlung wegen Mängel, fehlerhafter Heizungskostenabrechnung, Kündigung des Mietvertrages wegen Eigenbedarfs des Vermieters, Streit über Renovierungskosten.

Häufig sind aber auch nachbarrechtliche Streitigkeiten. Dabei bergen Konfliktstoff die Gartengestaltung entlang der Grundstücksgrenzen, gemeinsame Zufahrten und in einer Zeit immer kleiner werdender Grundstücke auch Geräusch- und Geruchsbelästigungen, also Grenzfragen überhaupt.

Auch die Geltendmachung von gesetzlichen Schadenersatzansprüchen aufgrund von Beschädigungen an Haus- und Grundbesitz durch Dritte ist im Versicherungsschutz eingeschlossen. Der Wohnungseigentümer hat spezielle Konfliktrisiken in Bezug auf die Eigentümergemeinschaft und den Verwalter.

Zu beachten ist, dass diese Vertragsart streng objektbezogen ist. Nur die im Versicherungsschein genannte Wohneinheit (Adresse) ist Gegenstand der Rechtsschutzversicherung.

Auch muss der Antragsteller erklären, ob er die Wohneinheit selbst nutzt (etwa als Eigentümer eines Einfamilienhauses oder Eigentumswohnung oder als Mieter) oder ob er diese vermietet hat. Entsprechend unterschiedlich ist das Kostenrisiko bei einer rechtlichen Streitigkeit und damit die erforderliche Rechtsschutzprämie.

Vermietete oder weitere selbstgenutzte Wohneinheiten sind immer gesondert zu versichern.

Proximus Rechtsschutz-Leistungsspiegel

nach den Allgemeinen Bedingungen für die Rechtsschutzversicherung (ARB 2008)

Versicherungssumme 200 000 €

Versicherter Personenkreis, Strafkaution 60 000 €

Produkt	Versicherter Personenkreis	Schadenersatz-RS*	Arbeits-RS	RS in Vertrags- und Sachenrecht	Steuer-RS	Sozialgerichts-RS	Verwaltungs-RS in Verkehrs-Sachen	Disziplinar- und Standes-RS	Straf-RS	Ordnungswidrigkeiten-RS	Beratungs-RS	RS für Opfer von Gewalttaten	Wohnungs- und Grundstücks-RS	Eheangelegenheiten-RS***	Unterhaltsangelegenheiten-RS***
Verkehrs-Rechtsschutz (§ 21 ARB)	VN** (beim Mehrfahrzeug-Rechtsschutz alle mitversicherten Personen) als Eigentümer, Halter, Fahrer oder Insasse aller auf ihn zugelassener oder durch amtliche Kennzeichen bestimmte Fahrzeuge sowie als Fahrer fremder Fahrzeuge und als Fahrgast, Fußgänger und Radfahrer. Alle berechtigten Fahrer der versicherten Fahrzeuge	●		●	●		●		●	●					
Fahrer-Rechtsschutz (§ 22 ARB)	VN als Fahrer fremder Fahrzeuge im privaten und beruflichen Bereich sowie als Fahrgast, Fußgänger und Radfahrer	●					●		●	●					
Privat-, Berufs- und Verkehrs-Rechtsschutz für Nichtselbstständige (§ 26 ARB)	VN, Ehegatte oder eingetragener Lebenspartner oder im Versicherungsschein genannter sonstiger Lebenspartner, minderjährige Kinder. Volljährige, unverheiratete Kinder des VN/Ehegatten oder Lebenspartners, jedoch längstens bis zu dem Zeitpunkt, in dem sie erstmalig eine auf Dauer angelegte berufliche Tätigkeit ausüben und hierfür ein leistungsbezogenes Entgelt erhalten. Alle berechtigten Fahrer und Insassen der auf den VN, Ehegatten oder Lebenspartner und die mitversicherten Kinder zugelassenen Motorfahrzeuge zu Lande sowie Anhänger	●	●	●	●	●	●	●	●	●	●	●	●	✗	●
Privat-Rechtsschutz für Selbstständige (§ 23 ARB) Privat-, und Berufs-Rechtsschutz für Nichtselbstständige (§ 25 ARB)	VN, Ehegatte oder eingetragener Lebenspartner oder im Versicherungsschein genannter sonstiger Lebenspartner, minderjährige Kinder. Volljährige, unverheiratete Kinder des VN/Ehegatten oder Lebenspartners, jedoch längstens bis zu dem Zeitpunkt, in dem sie erstmalig eine auf Dauer angelegte berufliche Tätigkeit ausüben und hierfür ein leistungsbezogenes Entgelt erhalten.	●	●	●	●	●	●	●	●	●	●	●	●	✗	●
Haus- und Wohnungs-Rechtsschutz (§ 29 ARB)	VN jeweils als Eigentümer, Vermieter, Verpächter, Mieter, Pächter oder Nutzungsberechtigter der versicherten Gebäude, Gebäudeteile						■						✗		
Privat-, Berufs- und Verkehrs-Rechtsschutz für Selbstständige (§ 28 ARB)	**Gewerblicher Bereich:** VN im beruflichen Bereich, alle Arbeitnehmer bei ihrer Tätigkeit für den VN. **Privatbereich:** Firmeninhaber/Unternehmensleiter Ehegatte oder eingetragener Lebenspartner oder im Versicherungsschein genannter sonstiger Lebenspartner und minderjährige Kinder (bei Arbeitnehmern auch im beruflichen Bereich). Volljährige, unverheiratete Kinder, jedoch längstens bis zu dem Zeitpunkt, in dem sie erstmalig eine auf Dauer angelegte berufliche Tätigkeit ausüben und hierfür ein leistungsbezogenes Entgelt erhalten. **Verkehrsbereich:** VN, Firmeninhaber/Unternehmensleiter, Ehegatte oder Lebenspartner und die mitversicherten Kinder als Eigentümer, Halter, Insasse oder Fahrer von Fahrzeugen zu Lande. Alle berechtigten Benutzer der versicherten Fahrzeuge. **Wohnungs- und Grundstücks-Rechtsschutz:** VN, Firmeninhaber/Unternehmensleiter als Eigentümer oder Mieter/Pächter eines gewerblichen Objekts. Firmeninhaber/Unternehmensleiter als Eigentümer oder Mieter einer selbstbewohnten Wohneinheit.	●	●	●	●	● (Privat- und Verkehrsbereich)	● (Privat- und Verkehrsbereich)	●	●	●	●	●	●	●	●
Firmen-Rechtsschutz (§ 24 ARB)	VN im beruflichen Bereich, Arbeitnehmer und bei dem VN mitarbeitende Familienangehörige. Kein Versicherungsschutz für mitversicherte Personen untereinander und gegen den VN.	●	●		●			●	●	●			✗		

* RS = Rechtsschutz   ** VN = Versicherungsnehmer   *** Versicherungssumme 30 000/SB500
● Grundangebot   ■ Ergänzungsangebot   ✗ Bei Proximus gehört das zum Standardangebot.

4.6 Versicherungsfall

▶ Situation

Der Versicherungsfall ist das Ereignis, das die Wahrnehmung rechtlicher Interessen notwendig macht und in den Bereichen der versicherten Risiken fällt.

Das Ereignis muss

- sachlich die versicherten Risiken und Leistungssparten im entsprechenden Lebensbereich betreffen
- persönlich den Versicherungsnehmer oder mitversicherte Personen betreffen
- zeitlich in die Laufzeit des Vertrages und nicht in die Wartezeit oder einen z. B. wegen Beitragsverzuges leistungsfreien Zeitraum fallen

▶ Erläuterung

Der Versicherungsfall ist bei den einzelnen Leistungsarten unterschiedlich definiert.

Schadenersatz-Rechtsschutz

§ 4 Abs. 1 a ARB 2008

Es gilt das Schadenereignis, das Ursache für die entstandenen Schadenersatzansprüche war, z. B. der Verkehrsunfall, der Sturz auf dem vereisten Gehweg oder die Zerstörung einer Schaufensterscheibe.

Beratungs-Rechtsschutz und Ehesachen

§ 4 Abs. 1 b ARB 2008

Hier gilt die Änderung der Rechtslage des Versicherungsnehmers im Bereich des Familien- und Erbrechtes sowie in Ehesachen. Die Veränderung der Rechtslage muss effektiv eingetreten sein; die bloße Behauptung reicht nicht aus. Zum Beispiel der Tod des Erblassers, die Trennung vom Ehepartner oder die erstmalige Unterhaltsverpflichtung – der Versicherungsnehmer kann eine hierauf gerichtete Beratung in Anspruch nehmen.

Für alle anderen Leistungsarten – also für

§ 4 Abs. 1 c ARB 2008

- Arbeits-Rechtsschutz
- Wohnungs- und Grundstücks-Rechtsschutz
- Rechtsschutz im Vertrags- und Sachenrecht
- Steuer-Rechtsschutz vor Gerichten
- Sozial-Rechtsschutz vor Gerichten
- Verwaltungs-Rechtsschutz in Verkehrssachen

- Disziplinar- und Standes-Rechtsschutz
- Straf-Rechtsschutz
- Ordnungswidrigkeiten-Rechtsschutz
- Rechtsschutz in Unterhaltssachen
- Rechtsschutz für Opfer von Gewaltstraftaten

besteht der Anspruch auf Rechtsschutz nach Eintritt eines Rechtsschutzfalles von dem Zeitpunkt an, in dem der Versicherungsnehmer
oder mitversicherte Personen oder ein Dritter einen Verstoß gegen
Rechtspflichten oder Rechtsvorschriften begangen hat oder begangen
haben soll.

Die Verletzung einer strafrechtlichen oder ordnungswidrigkeitenrechtli-
chen Vorschrift bezeichnet man auch als Verstoß.

Vergleichbares gibt es sowohl beim Disziplinar- und Standes-Rechtsschutz als auch im Verwaltungs-Rechtsschutz in Verkehrssachen.

▶ **Situation**

Unserem Versicherungsnehmer, Herrn Schnell, wird die Fahrerlaubnis
wegen mehrfacher Eintragungen in die Flensburger Zentralkartei entzogen.

▶ **Erläuterung**

Als Rechtsschutzfall gilt der Zeitpunkt, in dem nach dem Inhalt des ent-
ziehenden Verwaltungsbescheides Herr Schnell begonnen hat, gegen
Verkehrsvorschriften zu verstoßen. Maßgebend ist also die erste –
gleich älteste – Eintragung in die Flensburger Zentralkartei.

Als Rechtsschutzfall im Steuer-Rechtsschutz vor Gerichten oder im Sozial-Rechtsschutz ist grundsätzlich der Verwaltungsbescheid der zuständigen Verwaltungsbehörde anzusehen, den der Betroffene für unkor-
rekt, gegen Rechtspflichten oder Rechtsvorschriften verstoßend hält.

Für die Bereiche des vertraglichen Rechtsschutzes heißt das:

Der Versicherungsfall (= Rechtsschutz) gilt in dem Zeitpunkt als eingetreten, in dem der Versicherungsnehmer oder sein Vertragspartner begonnen hat oder begonnen haben soll, gegen seine vertraglichen Verpflichtungen zu verstoßen. Maßgebend ist also der Zeitpunkt des ersten Verstoßes des einen oder des anderen gegen die Pflichten aus dem
Vertrag.

Es ist also ohne Bedeutung, wann der andere das merkt, bzw. wann
das erkennbar ist.

▶ **Situation**

Am 1. 4. schließt Herr Bischoff eine Privat-, Berufs- und Verkehrs-Rechtsschutzversicherung für Nichtselbstständige mit Rechtsschutz im Vertrags- und Sachenrecht ab. Am 15. 8. bestellt er einen Kleiderschrank. Am 20. 9. wird dieser geliefert. Am 5. 11. beginnt das Furnier der Seitenfront zu reißen. Herr Bischoff reklamiert vergebens. Übernimmt der Rechtsschutz-Versicherer die Kosten des Rechtsstreits?

01. 04.	Rechtsschutz-Vertrag beginnt (technischer Vers.-Beginn)
01. 07.	Ende der Wartezeit
15. 08.	Bestellung des Kleiderschranks
20. 09.	Lieferung des Kleiderschranks
05. 11.	Mangel entdeckt

▶ **Erläuterung**

Versicherungsschutz ist gegeben: Der Rechtsschutzfall ist der 20. 9., der Zeitpunkt der Lieferung des Kleiderschranks. Zu diesem Zeitpunkt hat der Verkäufer gegen seine vertraglichen Pflichten – nicht qualitätsgerechte Warenlieferung – verstoßen.

▶ **Situation**

Herr Beyer ist seit 2002 bei der Firma Stein beschäftigt. Seit Januar 2008 ist er Polier, ohne jedoch das tariflich dafür vorgesehene Gehalt zu bekommen. Im März 2008 schließt er Privat- und Berufs-Rechtsschutz für Nichtselbstständige ab. Fünf Monate später möchte er seinen Arbeitgeber mit Arbeits-Rechtsschutz auf richtige Entlohnung verklagen. Gewährt die Proximus Versicherung Versicherungsschutz?

▶ **Erläuterung**

2002	Beginn des Arbeitsverhältnisses
Januar 2008	Entlohnung unter Tarif
März 2008	Beginn des Rechtsschutz-Vertrages
Juni 2008	Ende der Wartezeit
August 2008	Klage vor dem Arbeitsgericht

Herr Beyer hat keinen Versicherungsschutz. Der Arbeitgeber, die Firma Stein, hat schon im Januar 2008 gegen die Verpflichtung, Tariflohn zu zahlen, verstoßen. Der Versicherungsvertrag beginnt jedoch erst im März 2008.

Es kommt immer auf den ersten Verstoß an – dieser lag aber vor Beginn des Rechtsschutz-Vertrages.

Es besteht kein Anspruch auf Rechtsschutz, wenn

§ 4 Abs. 3 a ARB 2008   eine Willenserklärung oder Rechtshandlung, die vor Beginn des Versi-
cherungsschutzes vorgenommen wurde, den Verstoß im Sinne des § 4
Absatz 1 c ausgelöst hat. Dies ist z. B. die Kündigung für einen späteren
Räumungsprozess oder der Antrag auf Rentenzahlung für den späteren
Sozialgerichtsprozess.

▶ Situation

Herr Stark hatte am 15. 2. seinem Mieter zum 1. 11. gekündigt. Am
1. 6. beginnt sein Rechtsschutz-Vertrag. Im November fordert er
Rechtsschutz, weil der Mieter die Wohnung nicht räumt.

▶ Erläuterung

November	Nichtauszug des Mieters trotz Kündigung = Versiche-rungsfall
01. 06.	technischer Versicherungsbeginn
01. 09.	Ende der Wartezeit
15. 02.	auslösende Willenserklärung

Herr Stark hatte vor Beginn des Rechtsschutzvertrages die Kündigung
ausgesprochen und somit eine Willenserklärung vor Beginn des
Rechtsschutz-Vertrages vorgenommen. Aus diesem Grunde erhält er
keinen Versicherungsschutz.

§ 4 Abs. 3 b ARB 2008   Wird der Ausspruch auf Rechtsschutz erstmals später als 3 Jahre nach
Beendigung des Versicherungsvertrages für das betroffene Wagnis ge-
meldet, besteht kein Versicherungsschutz.

Die Anmeldefrist von 3 Jahren nach Beendigung des Vertrages ist für
Spätschäden wirksam. Für Ereignisse, die innerhalb der Laufzeit des
Vertrages eingetreten sind, jedoch erst später, aber noch innerhalb der
Dreijahresfrist gemeldet werden, hat der Versicherer somit noch Kos-
tenschutz zu gewähren. Der Versicherungsnehmer hat zu beweisen,
dass sich während der Vertragsdauer ein Versicherungsfall ereignet hat.

▶ Situation

Vertrag: 1. 3. 2005–1. 3. 2008
Umfang: Privat-, Berufs- und Verkehrs-Rechtsschutz für Nichtselbst-
ständige
Kündigung zum Ablauf: 1. 3. 2008
Kauf einer Waschmaschine: 12. 2. 2008
Lieferung einer Waschmaschine: 20. 2. 2008

Defekt an der Waschmaschine durch fehlerhaften Transport festgestellt: 20. 3. 2008
Gang zum Rechtsanwalt: 10. 4. 2008

► Erläuterung

Der Rechtsschutzfall (Lieferung einer defekten Waschmaschine) liegt
innerhalb der Laufzeit des Vertrags, somit muss der Rechtsschutz-Versicherer die Kosten übernehmen.

4.6.1 Schadenmeldung

Die schnelle Hilfe und kundenorientierte Schadenbearbeitung von der
Aufnahme der Schadenmeldung bis zur Begleichung der letzten Ge-
richts- oder Anwaltskosten ist für jeden Rechtsschutz-Versicherer
selbstverständlich. Deshalb sollte jede Meldung eines Rechtsschutzfalles sofort an den Versicherer erfolgen. Jede Verzögerung kann eventuell zu einem Fristversäumnis führen und damit einen weiteren Schaden
für den Versicherungsnehmer bedeuten. *§ 17 Abs. 5 ARB 2008*

Der Versicherungsnehmer sollte mit der Schadenmeldung auch den
von ihm gewünschten Anwalt benennen.

Ist der Anwalt bereit, die Deckungszusage für den Versicherungsnehmer beim Versicherer einzuholen, sollte die Anfrage so abgefasst sein,
dass ohne Rückfrage entschieden werden kann.

4.6.2 Entscheidung der Kostendeckung

Der Versicherer verwaltet das Kapital der Versichertengemeinschaft.
Meldet ein Versicherungsnehmer einen Schadenfall, so hat der Versi-
cherer zu prüfen, ob Versicherungsschutz besteht. Neben der Prüfung
der positiven Risikobeschränkung (versicherte Leistungsart, versicherte
Person, versicherte Eigenschaft) und der Risikoausschlüsse stellt der
Versicherer vertragsgemäß fest, ob etwa Obliegenheitsverletzungen,
Prämienverzug etc. den Versicherungsschutz berühren.

Er ist ferner berechtigt, den Versicherungsschutz abzulehnen *§ 18 Abs. 1 ARB 2008*

a) wegen Mutwilligkeit, weil der voraussichtlich entstehende Kosten-
   aufwand in einem groben Missverhältnis zum Erfolg steht.
b) in bestimmten Leistungsarten wegen mangelnder Erfolgsaussichten.

zu a)

Mutwillig ist eine Prozessführung, wenn sie nicht durch sachliche Erwä-
gungen veranlasst ist und von dem abweicht, was eine verständige

nicht arme Partei in gleicher Lage tun würde. Im Wesentlichen ist dieses dann der Fall, wenn der erforderliche wirtschaftliche Aufwand in keinem vernünftigen Verhältnis zum angestrebten Erfolg steht.

▶ Beispiel

Ein verkehrsrechtsschutzversicherter Kunde wollte über seinen Vertrag (hier ist die Leistungsart Schadenersatz-Rechtsschutz angesprochen) eine Politesse auf Schadenersatz verklagen, weil angeblich durch das Befestigen des „Knöllchens" das Scheibenwischergummi beschädigt wurde. Der Wert lag bei ca. 2 €. Würde das Verfahren in erster Instanz betrieben, würden ca. 249 € an Kosten anfallen. Ein derartiges Risiko kann die Versichertengemeinschaft nicht tragen!

zu b)

Der Versicherer kann weiterhin, mit Ausnahme im Straf- und Ordnungswidrigkeiten-Rechtsschutz, im Disziplinar- und Standes-Rechtsschutz sowie im Beratungs-Rechtsschutz in Familien- und Erbsachen, die Erfolgsaussichten der Interessenwahrnehmung überprüfen und, wenn diese nicht erkennbar sind, den Versicherungsschutz ablehnen.

▶ Beispiele

1. Der verkehrsrechtsschutzversicherte Kunde will Schadenersatzansprüche aus einem Verkehrsunfall geltend machen. Dabei war er mit 2,7 ‰ Blutalkohol bei Rot in den Kreuzungsbereich eingefahren und hatte dort einen Pkw des Querverkehrs gerammt. Es ist offensichtlich, dass hier die Voraussetzung für eine Haftung des zweiten Unfallbeteiligten (etwa gemäß § 823 BGB oder § 7 StVG) nicht gegeben ist. Der Versicherungsnehmer bekommt keinen Versicherungsschutz.

2. Andererseits kann es aber dazu kommen, dass der Versicherer über eine für den Kunden bestehende Verkehrs-Rechtsschutzversicherung für die Verteidigung wegen des Vorwurfs eines Rotlichtverstoßes Versicherungsschutz gewähren muss, obwohl die Polizei die Insassen eines ganzen Mannschaftsbusses als Zeugen für den Vorfall benennen kann. Bei der Leistungsart Ordnungswidrigkeiten-Rechtsschutz darf eine Erfolgsaussichtenprüfung nicht erfolgen.

§ 128 VVG

Dieses Recht des Versicherers wird vom Gesetzgeber jedoch an strenge Vorgaben geknüpft: Die Bedingungen des Rechtsschutz-Vertrages müssen ein Gutachterverfahren oder ein anderes Verfahren mit vergleichbaren Garantien für die Objektivität vorsehen, in dem Meinungsverschiedenheiten zwischen den Parteien über die Erfolgsaussichten oder Mutwilligkeit einer Rechtsverfolgung entschieden werden. Die ARB 2008 bieten zwei Möglichkeiten dem Kunden zur Wahl:

- Schiedsgutachterverfahren oder
- Stichentscheidverfahren

Lehnt der Versicherer aus o. g. Gründen den Versicherungsschutz ab, so kann der Versicherungsnehmer innerhalb eines Monats die Einleitung des Schiedsgutachterverfahrens oder die Einleitung eines Stichentscheidverfahrens verlangen.

Schiedsgutachten

Schiedsgutachter ist stets ein erfahrener Rechtsanwalt, der vom Präsidenten der für den Wohnort des Kunden zuständigen Rechtsanwaltskammer benannt wird. Er stellt dann fest, ob die Entscheidung, den Rechtsschutz zu versagen, berechtigt war oder nicht.

§ 18 Abs. 4 ARB 2008

Wird die Eintrittspflicht für den Rechtsschutzfall zu Recht verneint, so trägt der Versicherungsnehmer auch die im Schiedsverfahren entstandenen Kosten sowie die des Schiedsgutachters. Die dem Versicherer entstehenden Kosten trägt dieser in jedem Fall selbst.

§ 18 Abs. 5 ARB 2008

Kommt der Schiedsgutachter zu dem Ergebnis, dass die Leistungsverweigerung ganz oder teilweise unberechtigt war, so trägt der Rechtsschutz-Versicherer die Kosten des Schiedsverfahrens.

Der Versicherer ist verpflichtet, den Versicherungsnehmer mit der Ablehnung des Rechtsschutzes auf die Möglichkeit dieses Verfahrens hinzuweisen.

§ 18 Abs. 2 ARB 2008
§ 128 VVG

Stichentscheid

Einfacher in Verfahren und ohne Kostenrisiko ist für den Versicherungsnehmer der sog. Stichentscheid bei Ablehnung des Versicherungsschutzes in der Rechtsschutzversicherung. Der Kunde kann dann den für ihn tätigen oder noch zu beauftragenden Rechtsanwalt auf Kosten des Versicherers veranlassen, diesem gegenüber eine begründete Stellungnahme abzugeben, ob die Wahrnehmung rechtlicher Interessen in einem angemessenen Verhältnis zum angestrebten Erfolg gegeben ist und ob eine hinreichende Aussicht auf Erfolg besteht. Die Entscheidung ist für beide Teile bindend, sofern nicht grobe Verstöße bei der Beurteilung der Rechtslage nachgewiesen werden.

§ 18 ARB 2008

Zusammenfassung – Rechtsschutz

- Leistungsart, z. B. Straf-, Vertrags-, Arbeitsrechtsschutz
- Versicherungsbereich, z. B. Verkehr, Beruf, Privat
- Vertragsart, z. B. Verkehrs-, Familienrechtsschutz

- Leistungsumfang, z. B. Gerichts-, Anwaltskosten
- Leistungshöhe = Versicherungssumme 200 000 €
- Wartezeit in der Regel 3 Monate ohne Vorversicherung
- Ausschlüsse, z. B. Bau, Kauf von Effekten
- freie Anwaltswahl
- Stichentscheid bei Unstimmigkeiten

Lücken im Rechtsschutz

- Scheidungsangelegenheiten *
- Unterhaltsverpflichtungen *
- Opfer von Straftaten *

* Bei Altverträgen oder bei Neuverträgen ohne Zusatzdeckung! Bei Proximus gedeckt!

- Bau- und Erbschaftsverfahren
- Erwerbe von Effekten
- Abwehr von Schadenersatz
- vorsätzliche Straftat
- vorsorgliche Rechtsberatung
- gütliche Einigung

Linksammlung

Anwaltssuche:

www.anwaltssuchdienst.de
www.rechtplus.de
www.ovs.de
www.rechtsrathotline.de
www.erbrecht.de

Arbeitsrecht:

www.arbeitsrecht.de

Formulare/Verträge:

www.formblitz.de
www.steuerrat24.de
(Steuerformulare)

Gesetzestexte:

www.rechtliches.de
www.redmark.de
www.steuerrat24.de

Kapitalanlagerecht:

www.anwaltskanzlei-menzel.de

Querbeet:

www.die-nachmietervermittlung.de
www.rechtspraxis.de
www.recht-in.de
www.juracafe.de
www.jurasmus.de
www.internetratgeber-recht.de

www.ratgeberrecht.de
www.rechtassistent.de
(juristische Fernlehrgänge für Nichtjuristen)
www.recht.de
www.janolaw.de

Linksammlungen:

www.juristische-linksammlung.de

Steuer:

www.steuerrat24.de

Verkehrsrecht:

www.recht-undverkehr.de
www.verkehrsanwaelte.de

Übungen

1. Ein Kunde schilderte Ihnen folgenden Fall: Ein Dieb wird bei einem Einbruch überrascht. Bei der Flucht fällt er auf dem Gehweg vor dem Haus, den der Grundstückseigentümer nicht ordnungsgemäß gegen Glatteis gestreut hatte. Er hat sich ein Bein gebrochen. Der Dieb möchte gegen den Grundstückseigentümer Schmerzensgeldansprüche mit Hilfe seiner Rechtsschutzversicherung durchsetzen.

   Besteht Deckung für eine solche Interessenwahrnehmung? Begründen Sie Ihre Antwort. Der Dieb hat eine Privat- und Berufs-Rechtsschutzversicherung nach § 25 ARB.

2. Der verkehrsrechtsschutzversicherte Kunde bittet um Auskunft, ob er Rechtsschutz habe, wenn er sich gegen einen Bußgeldbescheid wehren will, der ihm „Halten im Halteverbot" vorwirft.

   Begründen Sie Ihre Antwort.

3. Herr König, den Sie nur im Verkehrsbereich rechtsschutzversichern sollen, hat selbst einen Pkw sowie ein Motorrad. Seine Ehefrau hat einen Kleinwagen auf sich zugelassen. Der Kunde möchte eine optimale Deckung für den Verkehrsbereich.

   Bieten Sie dem Kunden eine für diese Situation optimale Rechtsschutzversicherung nur für den Verkehrsbereich an.

4. Der Kunde schließt bei Ihnen eine Rechtsschutzversicherung für einen Pkw ab. Er weist darauf hin, dass er sich in zwei Monaten ein Motorrad kaufen will.

   Der Kunde will von Ihnen wissen, ob es einen Unterschied macht, wenn er statt der Verkehrs-Rechtsschutzversicherung nach § 21 Abs. 1 ARB 2008 eine solche (so genannte „Fahrzeug-RSV") nach § 21 Abs. 3 ARB 2008 erwirbt. Beantworten Sie diese Frage und begründen Sie Ihre Entscheidung.

5. Die verkehrsrechtsschutzversicherte Kundin, Frau Kreißig, hat einen Verkehrsunfall erlitten. Ihr Fahrzeug wurde beschädigt, sie selbst verletzt. Sie möchte Schadenersatz und Schmerzensgeld vom Unfallbeteiligten verlangen. Der Unfallgegner fordert seinerseits Ersatz des Schadens an seinem Fahrzeug. Frau Kreißig möchte mit der ganzen Abwicklung einen Rechtsanwalt betrauen.

   Geben Sie Frau Kreißig eine umfassende Antwort.

6. Der verkehrsrechtsschutzversicherte Kunde überquert ordnungsgemäß als Fußgänger eine Straße und wird dabei von einem Autofahrer angefahren. Er erleidet schwere Verletzungen und will
Schmerzensgeld und Schadenersatz für die beschädigten Kleider
verlangen.

Gewähren Sie dem Kunden Versicherungsschutz für die anwaltliche Unterstützung? Begründen Sie Ihre Antwort.

7. Der seit längerer Zeit verkehrsrechtsschutzversicherte Kunde hat
einen gebrauchten Pkw gekauft. Schon kurz nach der Anmeldung
stellt er fest, dass der Motor nicht die volle Leistung erbringt. Er
möchte vom Verkäufer einen Preisnachlass erhalten, weil eine Reparatur unausweichlich scheint. Der Verkäufer weigert sich, weil
nach seiner Meinung der Motor vollkommen intakt ist.

Hat der Kunde Versicherungsschutz, wenn er sich einen Rechtsanwalt zur Unterstützung nehmen will?

Auch der Rechtsanwalt kann nicht beurteilen, ob der Motor tatsächlich defekt ist. Können Sie dem Kunden hier weitere Unterstützung zusagen?

8. Dem verkehrsrechtsschutzversicherten Kunden wird vorgeworfen, er habe einen Unfall verursacht, bei dem ein Mensch verletzt
wurde. Der Staatsanwalt ermittelt wegen fahrlässiger Körperverletzung.

Kann sich der Kunde gegen diesen Vorwurf mit Hilfe seiner
Rechtsschutzversicherung verteidigen? Begründen Sie Ihre Antwort auch im Hinblick darauf, dass er trotz des Einsatzes seines
Rechtsanwaltes wegen fahrlässiger Körperverletzung verurteilt
wird.

9. Herr Berger soll bei Rotlicht in den Kreuzungsbereich eingefahren
sein. Gegen diesen Ordnungswidrigkeiten-Vorwurf will sich der
Versicherungsnehmer verteidigen.

Wird die Verkehrs-Rechtsschutzversicherung die Verteidigungs-
kosten übernehmen? Welche Kosten könnten ggf. anfallen und
würden von der Rechtsschutzversicherung ersetzt?

Ist es relevant, ob Herr Berger mit seinem eigenen oder mit dem
Pkw seiner Ehefrau gefahren ist?

Welche Folgen hat es, wenn der Versicherungsnehmer wegen
vorsätzlicher Tatbegehung verurteilt wird?

10. Der verkehrsrechtsschutzversicherte Kunde kommt zu Ihnen mit folgendem Anliegen: Ihm wurde der Führerschein entzogen, weil er krankheitsbedingt nicht über die ausreichende Sehkraft zum Führen eines Kraftfahrzeuges verfügte. Nach Meinung seines Arztes ist er jetzt wieder genesen. Die Behörde gibt den Führerschein jedoch nicht wieder heraus, weil er im Alter von 70 Jahren nicht mehr zum Führen eines Fahrzeuges geeignet sei. Das will sich der Kunde nicht gefallen lassen, da er nach Aussage seines Arztes kerngesund ist.

Können Sie dem Kunden Rechtsschutz für seine Interessenwahrnehmung erteilen? Begründen Sie Ihre Entscheidung.

11. Herr Winter hat vor drei Wochen eine Verkehrs-Rechtsschutzversicherung, Beginn 1. 7., für sein Fahrzeug bei Ihnen abgeschlossen. Er meldet Ihnen, dass er gestern (28. 7.) einen Verkehrsunfall gehabt hat. Dabei ist ihm selbst ein Schaden entstanden, den er bei der Gegenseite einklagen möchte. Weiterhin macht der Unfallgegner seinerseits gegen den Versicherungsnehmer Schadenersatzansprüche geltend.

Können Sie dem Kunden Versicherungsschutz gewähren? Antworten Sie Herrn Winter in einem Brief.

12. Der Kunde fragt Sie, ob er anwaltliche Hilfe über seine Verkehrs-Rechtsschutzversicherung in Anspruch nehmen kann. Er hat das Gefühl, dass er am Vortag bei einer Autofahrt „geblitzt" worden sein könnte, weil er zu schnell gefahren ist.

Der Kunde bittet um Ihre Hilfe. Machen Sie ihm deutlich, dass die Rechtsschutzversicherung nicht nur reiner Kostenversicherer ist.

13. Ihr Kunde ruft Sie mit folgendem Anliegen an und sagt zu Ihnen: „Mein Erbonkel ist schwer erkrankt. Ich möchte mich beraten lassen, in welcher Höhe ich meinen Erbteil beanspruchen kann."

Können Sie dem Kunden helfen, wenn er eine Privat-, Berufs- und Verkehrs-Rechtsschutzversicherung hat?
Begründen Sie Ihre Antwort.

14. Frau Kreißig hat ab dem 1. 7. 2008 eine Privat-, Berufs- und Verkehrs-Rechtsschutzversicherung abgeschlossen. Sie kommt zu Ihnen mit einem Rentenbescheid vom 1. 12. 2008, gegen den sie Klage einreichen möchte. Da sie diesen Bescheid nicht für korrekt gehalten hatte, legte sie Widerspruch ein. Der Widerspruch wurde zurückgewiesen. Den Rentenantrag hatte sie Anfang 2008 gestellt.

Können Sie Frau Kreißig Versicherungsschutz gewähren? Begründen Sie Ihre Entscheidung.

15. Der verkehrsrechtsschutzversicherte Kunde meldet Ihnen folgenden Schadenfall: Er ist, weil er dringend seine Freundin wieder sehen wollte, bei Rot „über eine Ampel" gefahren und hat dabei einen Unfall verursacht. Er meint, seine Rechtsschutzversicherung müsse ihm Versicherungsschutz sowohl für die Durchsetzung seiner Schadenersatzansprüche (sein Pkw erlitt einen Totalschaden) als auch für die Verteidigung in dem gegen ihn laufenden Bußgeldverfahren (Rotlichtverstoß) erteilen.

Erläutern Sie dem Kunden, ob Versicherungsschutz gewährt werden kann. Begründen Sie die Regelungen.

16. Erläutern Sie,

a) in welchen Fällen der Rechtsschutzversicherer ohne Prüfung der Erfolgsaussichten Versicherungsschutz gewährt
b) unter welchen Voraussetzungen der Rechtsschutzversicherer nach Prüfung der Erfolgsaussichten die Leistungspflicht verneinen kann
c) was der Versicherungsnehmer gegen die Versagung der Leistungspflicht unternehmen kann

Wiederholungsaufgaben – Schadenmanagement

1. Herr Wolf, Angestellter, verheiratet, zwei Kinder, Einfamilienhausbesitzer, bittet Sie um Auskunft über eine Rechtsschutzversicherung für seine Familie. Der 16-jährige Sohn besucht die Schule, während die 22-jährige Tochter studiert. Auf Herrn Wolf und seine Tochter ist jeweils ein Pkw zugelassen. Die Ehefrau ist Hausfrau.

   Unterbreiten Sie Herrn Wolf in einem Brief ein entsprechendes Angebot.

2. Frau Glück schildert Ihnen folgenden Schadenfall:

   „Beim Zurücksetzen aus einer Parklücke auf der Hauptstraße stieß ich mit einem Kradfahrer zusammen. Ich stand jedoch bereits auf der Hauptstraße in Fahrtrichtung, als es zum Zusammenstoß kam. Den Kradfahrer hatte ich im Rückspiegel gesehen und musste nach dessen Verhalten annehmen, dass auch dieser mein Fahrzeug wahrgenommen hatte."

   Der Kradfahrer erlitt eine Schulter- und Oberschenkelprellung. Frau Glück möchte von Ihnen wissen, ob

   a) im Rahmen der Verkehrs-Rechtsschutzversicherung für den geschilderten Schadenfall Deckung besteht
   b) bei einem eventuellen Strafbefehl wegen Körperverletzung Rechtsbeistand gewährt werden kann

   Geben Sie ihr in einem Brief Antwort.

3. Der 19-jährige Student Peter Meyer, Sohn des Felix Meyer, lenkt den Pkw seines gleichaltrigen Studienkollegen Jens Schmidt, Sohn des Udo Schmidt, auf einer gemeinsamen Fahrt. Sie werden mit dem Pkw in einen Unfall mit einem Krad verwickelt. Es entstehen Personen- und Sachschäden. Die Schuldfrage ist ungeklärt.

   a) Hat Peter Meyer bzw. Jens Schmidt Versicherungsschutz, wenn
      aa) Felix Meyer
      ab) Jens Schmidt
      ac) Udo Schmidt
      ad) Peter Meyer
      Versicherungsnehmer einer Verkehrs-Rechtsschutz-Versicherung nach § 21 Abs. 1 ARB 2008 ist?
   b) Erläutern Sie in diesem Zusammenhang den Unterschied zwischen einer Verkehrs-Rechtsschutz- und der Kfz-Haftpflichtversicherung.
   c) Begründen Sie, warum der Pkw-Halter neben der Fahrzeugvollversicherung eine Verkehrs-Rechtsschutzversicherung haben sollte.

4. Herr Ohnesorg hat zum 1. 7. des Jahres eine Privat-, Berufs- und Verkehrs-Rechtsschutzversicherung abgeschlossen. Sein Sohn Jens hat
vor einem Jahr die Schule mit dem Abitur abgeschlossen und studiert seither außer Haus. Jens schafft sich vom Ersparten aus verschiedenen Gelegenheitsjobs ab 15. 8. des Jahres eine neue Stereo-
anlage an. Auf der Einweihungsfete stellt sich jedoch schnell heraus,
dass der Verstärker defekt ist. Der Händler lehnt den Umtausch bzw.
eine Reparatur des Geräts ab. Jens möchte einen Anwalt einschalten. Beantworten Sie dazu folgende Fragen:

a) Ist Jens über den Vertrag seines Vaters mitversichert?
b) Hat der Rechtsschutzversicherer ggf. zu leisten?

5. Herr Schmidt hat seit dem 1. 1. 2008 eine Privat-, Berufs- und Verkehrs-Rechtsschutz abgeschlossen. Er beansprucht Versicherungsschutz für eine Schadenersatzklage wegen einer im Herbst 2008
festgestellten HIV-Infektion gegen die Universitätsklinik einer west-
deutschen Großstadt. Herr Schmidt führt diese Erkrankung auf eine
Bluttransfusion zurück, die er in der Universitätsklinik anlässlich eines schweren Verkehrsunfalls im Juli 2005 erhalten hat.

Erläutern Sie zu diesem Sachverhalt den Leistungsumfang des
Rechtsschutzversicherers.

6. Herr Klein schließt am 1. 1. des Jahres für seine Familie eine Privat-,
Berufs- und Verkehrs-Rechtsschutzversicherung ab. Ein gleichartiger
Vorvertrag bestand bis zu diesem Zeitpunkt bei einer anderen Versi-
cherungsgesellschaft. Am 20. 3. des Jahres unterschreibt er einen
Kaufvertrag für einen Gebrauchtwagen. Der Verkäufer verschweigt
im Laufe des Verkaufsgesprächs arglistig einen eklatanten Mangel.
Erst am 27. 4. des Jahres stellt Herr Klein den Mangel am Wagen
fest.

Erläutern Sie Herrn Klein die Deckungsfrage und entscheiden Sie
(mit Begründung) über den Versicherungsschutz.

7. Frau Fischer hat seit dem 1. 1. des Jahres eine Verkehrs-Rechtsschutzversicherung abgeschlossen. Ihr Ehemann, auf den ebenfalls
ein Fahrzeug zugelassen ist, fährt mit diesem eigenen Fahrzeug am
19. 3. des Jahres mit überhöhter Geschwindigkeit durch die Kölner
Innenstadt. In einem Kreuzungsbereich fährt er bei „Rot" über die
Ampel und wird dabei fotografiert. Am 10. 4. des Jahres erhält er
den entsprechenden Bußgeldbescheid; es wird ihm darin vorgehal-
ten, einen sog. „Rotlichtverstoß" begangen zu haben. Der Ehemann
will sich gegen diesen Bescheid verteidigen.

a) Besteht im vorliegenden Fall Versicherungsschutz für den Ehemann über die Verkehrs-Rechtsschutzversicherung der Ehefrau?
Begründen Sie Ihre Entscheidung.
b) Wie wäre zu entscheiden, wenn der Ehemann den „Rotlichtverstoß" mit dem Fahrzeug seiner Frau begangen hätte? Begründen
Sie Ihre Antwort.

8. Auf dem Heimweg von einem Messebesuch verunglückt Herr Albert infolge eines Auffahrunfalls als Beifahrer im Fahrzeug seines Bekannten Breuer. Die Regulierung des Schmerzensgeldanspruchs durch den Kraftfahrzeug-Haftpflichtversicherer entspricht nicht den Vorstellungen von Albert. Er will deshalb klagen und wendet sich an seinen Rechtsschutzversicherer, bei dem er im Jahre 1992 eine Verkehrs-Rechtsschutzversicherung abgeschlossen hat.

Wird der Rechtsschutzversicherer von Herrn Albert regulieren? Begründen Sie Ihre Entscheidung.

9. Der Kunde Pesch unterhält bei der Proximus Rechtsschutzversicherung eine Verkehrs-Rechtsschutzversicherung nach § 21 Abs. 1 ARB 2008 für ein auf ihn selbst zugelassenes Fahrzeug.

Er ist von Beruf Busfahrer. Als Fahrer eines Reisebusunternehmens verursacht er einen Verkehrsunfall mit tödlichem Ausgang. Gegen ihn wird wegen fahrlässiger Tötung ermittelt. Es waren umfangreiche Sachverständigenuntersuchungen und -gutachten (Auswertung der Tachoscheibe usw.) in einer Gesamthöhe von 15 000 € zur Ermittlung der Schuldfrage erforderlich.

Bitte prüfen Sie,

a) ob der Versicherungsnehmer in seiner Eigenschaft als Busfahrer rechtsschutzversichert ist
b) ob eine versicherte Leistungsart angesprochen ist – wenn ja, welche?
c) ob der Sachverhalt unter den Umfang des Versicherungsschutzes fällt
d) welche Kosten von der Rechtsschutzversicherung getragen werden

10. Es besteht für den Versicherungsnehmer eine Verkehrs-Rechtsschutzversicherung ab dem 1. 1. des Jahres.

Der Sohn des Versicherungsnehmers (19 Jahre, Student) fährt mit dem Pkw, der auf den Versicherungsnehmer zugelassen ist,

a) am 2. 1. des Jahres bei „Rot" über eine Ampel. Er will Widerspruch gegen den Bußgeldbescheid einlegen, obwohl ein ganzer Mannschaftsbus der Polizei als Zeuge anwesend war.
b) am 2. 1. des Jahres. Er drängt sich in eine Parknische, obwohl dort eine Frau den Platz für einen Bekannten freihält. Ihm wird eine Nötigung vorgeworfen.
c) am 2. 1. des Jahres. Er meint, er wäre bei „Rot" gefahren und lässt durch seinen Rechtsanwalt eine Schutzschrift fertigen.
d) am 2. 1. des Jahres. Zum Einkauf parkt er im Halteverbot.
e) am 2. 1. des Jahres ohne Führerschein.

Wird der Rechtsschutz-Versicherer zahlen?

Begründen Sie Ihre Entscheidung.

11. Der Kunde Reisig unterhält bei der Proximus Versicherung eine Privat-, Berufs- und Verkehrs-Rechtsschutzversicherung nach § 26 ARB 2008. Vertragsbeginn ist der 1. 1. des Jahres. Es ist eine Laufzeit von 5 Jahren vereinbart.

Am 19. 1. des Jahres begibt er sich auf eine 3-wöchige Amerikareise. In einem gemieteten Pkw überschreitet er dort eine Geschwindigkeitshöchstgrenze.

Hat er Versicherungsschutz, wenn er sich gegen diesen Vorwurf verteidigen will? Sind, soweit Versicherungsschutz besteht, Deckungsgrenzen zu berücksichtigen?

Wie, wenn Reisig in Amerika verletzt wird, er am 30. 1. des Jahres seine private Krankenversicherung informiert und diese am 22. 2. des Jahres die Leistung verweigert. Kann Reisig mit Kostenunterstützung seiner Rechtsschutzversicherung gegen die private Krankenversicherung vorgehen?

12. Der Versicherungsnehmer Breisig unterhält eine Verkehrs-Rechtsschutzversicherung nach § 21 Abs. 1 ARB. Familie Breisig wohnt in Köln. Frau Breisig erleidet bei einem drittverschuldeten Verkehrsunfall einen erheblichen Körperschaden. Der Unfall fand in München statt. Frau Breisig war mit einem auf sich selbst zugelassenen Kraftfahrzeug unterwegs.

a) Beurteilen Sie, ob Frau Breisig über den oben genannten Rechtsschutzvertrag Schadenersatzansprüche geltend machen kann.

b) Der Gerichtsort ist München. Kann Frau Breisig zusätzlich zu dem Münchner Prozessanwalt einen Kölner Rechtsanwalt beauftragen, um ihre Schadenersatzansprüche geltend zu machen?

c) Bekommt Frau Breisig die Fahrtkosten ersetzt, wenn Sie zum Prozesstermin in München erscheinen muss?

d) Wer zahlt die Kosten für Zeugen, die zum Prozess anreisen müssen?

e) Die Gegenseite hat Widerklage eingereicht. Sie will von Frau Breisig ebenfalls Schadenersatz. Kann auch diesbezüglich die Rechtsschutzversicherung helfen?

13. Der Kunde Einfalt hat eine Privat- und Berufs-Rechtsschutzversicherung nach § 25 ARB. Sein reicher Erbonkel ist schwer erkrankt. Herr Einfalt möchte sich auf Kosten der Rechtsschutzversicherung beraten lassen, wie viel Erbsumme er zu erwarten hat.

a) Prüfen, entscheiden und begründen Sie, ob Herr Einfalt diese Beratung über seine Rechtsschutzversicherung abrechnen kann.

b) Was ist, wenn der Erbonkel verstorben ist und Herr Einfalt sich über seine Erbsituation beraten lässt? Weil jedoch die Miterben den Erbteil nicht herausgeben, muss Herr Einfalt seinen Rechtsanwalt nochmals wegen eines Schriftsatzes bemühen, den dieser an die Gegenseite sendet. Nennen Sie drei weitere Beispiele, in denen der oben genannte Beratungs-Rechtsschutz im Familien- und Erbrecht greift.

14. Sie sind Mitarbeiter/-in der Proximus Versicherung.

Herr Fitlich unterhält bei Ihrer Gesellschaft eine Verkehrs-Rechtsschutzversicherung nach § 21 Abs. 1 ARB. Wochentags geht er nach Feierabend gerne spazieren und fährt Rad. Sonntags versucht er häufig, bei Volksläufen einen Preis zu erwerben. Da immer wieder unbeaufsichtigte Hunde Spaziergänger und Jogger angreifen und ggf. verletzen, möchte Herr Fitlich sich informieren, wie ihm seine Rechtsschutzversicherung hilft.

a) Beurteilen und begründen Sie gegenüber Herr Fitlich, ob er als Fußgänger und als Radfahrer Deckungsschutz genießt.

b) Prüfen Sie darüber hinaus, ob Herr Fitlich auch als Jogger rechtsschutzversichert ist. Begründen Sie bitte Ihre Entscheidung.

Übungsaufgaben

Fallbearbeitung

Sie sind Mitarbeiter/-in der Versicherungsagentur Brück:

1. Situation

Sie besuchen einen Kunden, um dessen Versicherungen zu ordnen. Insbesondere soll seine Rechtsschutzversicherung überprüft werden.

Als Vorbereitung haben Sie sich seinen Versicherungsbestand ausdrucken lassen:

Name:	Meyer Wolfgang
Adresse:	Wolfstr. 3 in 50667 Köln
Vertragsart:	Verkehrs-Rechtsschutzversicherung nach § 21 Abs. 1 ARB für zwei Fahrzeuge
Vertragsbeginn:	2. 7. 2006
Vertragsablauf:	2. 7. 2009
gespeicherte Pkw:	Fahrzeug 1: K-MW 2
	Fahrzeug 2: K-MJ 2

Beim Kunden stellen Sie folgende Situation fest:

Das Fahrzeug K-MW 2 ist auf den Versicherungsnehmer, der Pkw K-MJ 2 auf seine Gattin, Josefine Meyer, zugelassen.

Darüber hinaus hat der Sohn noch einen 80 ccm-Motorroller und die Tochter einen Pkw auf sich zugelassen.

Aufgabe:

Zeigen Sie dem Kunden die Deckungslücken auf und machen Sie ihm Lösungsvorschläge. Beachten Sie dabei, dass der Sohn minderjährig, aber auch über 18 Jahre sein könnte.

2. Situation

Sie sind Mitarbeiter der Proximus Versicherung. Der Kunde Neu kommt zu Ihnen, um sich den Preis für eine Rechtsschutzversicherung berechnen zu lassen.

Neu ist als Arbeitnehmer angestellt, seine Frau ist nicht berufstätig. Es sind zwei Kinder vorhanden. Sowohl auf Neu als auch auf seinen Sohn (19 Jahre) sind Fahrzeuge zugelassen. Neu ist Bewohner einer Mietwohnung und Eigentümer eines weiteren vermieteten 4-Familienhauses. Die Monatsgrundmiete beträgt je Wohnung monatlich 600 €. Hinzu kommen Nebenkosten je Wohnung in Höhe von monatlich 200 €.

Aufgabe:

Bieten Sie dem Kunden (und seiner Familie) ein umfassendes Versicherungspaket ohne Beitragsfreistellung und Selbstbeteiligung an und berechnen Sie die Prämie eines 1-Jahresvertrages.

3. Situation

Sie haben dem Kunden in einem Verkaufsgespräch soeben erklärt, dass er mit einer Privat-, Berufs- und Verkehrs-Rechtsschutzversicherung zwar ein umfangreiches Versicherungspaket erworben hat. Trotzdem bleibt eine Lücke im Immobilienbereich. Der Kunde ist Eigentümer eines selbstgenutzten Wohnhauses und Vermieter eines 3-Familienhauses.

Aufgabe:

Zeigen Sie dem Kunden die Lücke an praktischen Beispielen auf und erläutern Sie damit gleichzeitig den Versicherungsumfang der Eigentümer-Rechtsschutzversicherung sowie der Vermieter-Rechtsschutzversicherung. Hier sollten Sie zu jeder der genannten Vertragsarten mindestens fünf Schadenbeispiele aus dem täglichen Lebensumfeld nennen können, die dem Kunden die Versicherungsprodukte plastisch erscheinen lassen.

4. Situation

Herr Neu erscheint bei Ihnen. Er ist erkennbar verunsichert. Aus der Zeitung hat er soeben entnommen, dass der Sohn einer stadtbekannten Persönlichkeit einen Verkehrsunfall hatte und dabei schwer verletzt wurde. Die Rechtslage ist unklar, so dass ein langer Gerichtsprozess zu erwarten ist. Herr Neu will Vorsorge treffen, dass sein Sohn, der Halter eines Pkw ist, im Falle eines Unfalles eine Rechtsschutzversicherung „hinter sich stehen hat". Er soll versichert sein

- als Fahrer des eigenen Fahrzeugs
- als Fahrer eines Fahrzeuges, welches auf Herrn Neu zugelassen ist
- als Fahrer fremder, weder auf Herrn Neu noch auf ihn selbst zugelassenen Fahrzeuge
- als Fahrgast in Bussen und Bahnen.

Der Sohn des Herrn Neu ist 20 Jahre alt, Student der Betriebswirtschaftslehre, unverheiratet.

Aufgabe:

Erläutern Sie Herrn Neu, inwiefern die eigene Privat-, Berufs- und Verkehrs-Rechtsschutzversicherung nach § 26 ARB dem Sohn Deckung bietet und was der Sohn mit dieser Rechtsschutzversicherung „anfangen" kann.

Zeigen Sie in einem zweiten Schritt auf, welche Deckungslücken gegeben sind und durch welches Vertragsangebot diese geschlossen werden können.

Herr Neu möchte von Ihnen natürlich neben dem Angebot noch den Preis des von Ihnen angebotenen Produktes wissen.

5. Situation

Sie sind Mitarbeiter/-in der Proximus Versicherung bei der Agentur Schlau.

Frau Ledig kommt in Ihr Büro und schildert Ihnen ihr Problem. Sie ist Mutter von zwei Kindern und soeben rechtskräftig geschieden worden. Sie nutzt ausschließlich einen Pkw, der auf ihren Ex-Ehemann zugelassen ist und zugelassen bleibt. Sie hat nun eine eigene Wohnung angemietet.

Der Ehemann war während der Ehe Versicherungsnehmer einer Privat-, Berufs- und Verkehrs-Rechtsschutzversicherung (§ 26 ARB 2008) und einer Rechtsschutzversicherung für Mieter nach § 29 ARB 2008 für die ehemalige gemeinsame Wohnung. Diese Versicherungen hat er nach der Scheidung weiter behalten.

Aufgabe:

Prüfen Sie den Rechtsschutz-Versicherungsbedarf von Frau Ledig.

Zeigen Sie auf, inwiefern sie noch auf den Versicherungsvertrag ihres Ex-Ehemannes zurückgreifen kann.

Machen Sie dann deutlich, wie Lücken im Deckungsschutz der Rechtsschutzversicherung geschlossen werden können.

6. Situation

Sie sind Mitarbeiter/-in einer Außenstelle der Proximus Versicherung.

Im Verkaufsgespräch zu einer Privat-, Berufs- und Verkehrs-Rechtsschutzversicherung hat der Kunde Wichtig noch Informationsbedarf. Er möchte von Ihnen wissen, wann denn nun der Versicherungsschutz beginnt. Er hatte nämlich in der Vorwoche einen Verkehrsunfall und möchte nun eine Rechtsschutzversicherung abschließen, damit er morgen die Unfallabwicklung (auf Kosten der neuen Rechtsschutzversicherung) seinem Rechtsanwalt übertragen kann.

Aufgabe:

1. Erläutern Sie Herrn Wichtig zunächst im Hinblick auf den Vertragsbeginn, wann überhaupt nur eine Eintrittspflicht der Versicherung gegeben sein kann.

2. Gehen Sie dann im zweiten Schritt dazu über, ihm die Problematik vom sofortigen Versicherungsschutz und von Wartezeiten aufzuzeigen. Nennen Sie dabei jeweils zwei Leistungsarten mit und ohne Wartezeit.

7. Situation

Der Kunde Nordmann schloss im Jahre 2004 einen Rechtsschutzversicherungsvertrag für Privat-, Berufs- und Verkehrs-Rechtsschutz gem. § 26 ARB ab. Zu dieser Zeit war er angestellt. Seit April 2008 ist er als Gesellschafter an einer Handelsfirma beteiligt und deren Vollhafter.

Klären Sie den Kunden darüber auf, welche Auswirkung dieser Wechsel auf die bestehende Rechtsschutzversicherung hat.

Weisen Sie den Kunden auf die Leistungsverbesserungen der ARB 2008 hin.

8. Situation

Der Kunde Grimmig kommt am 15. 3. zu Ihnen, um sich über den Deckungsbereich seiner Fahrer-Rechtsschutzversicherung nach § 22 ARB beraten zu lassen.

Er ist Berufskraftfahrer, Junggeselle und hat zurzeit kein eigenes Fahrzeug. Am 30. 9. will er sich jedoch einen Wagen kaufen und auf sich zulassen.

Aufgabe:

Beraten Sie Herrn Grimmig bezüglich seines Versicherungsschutzes. Insbesondere möchte er wissen, ob er auch versichert sein wird, wenn er seinen neuen Wagen kauft und damit später auch fährt.

9. Situation

Herr Schwarz hat großen Beratungsbedarf bezüglich seiner Rechtsschutz-Versicherung. Er unterhält bei Ihnen eine Privat-, Berufs- und Verkehrs-Rechtsschutzversicherung nach § 26 ARB. Aufgeschreckt durch verschiedene Medienberichte bittet er um Aufklärung zu den unten genannten Problemfeldern. Schwarz hat drei Kinder im Alter von 19, 23 und 26 Jahren. Die 19-jährige Tochter ist verheiratet, die 26-jährige Tochter Studentin und der 23-jährige Sohn unverheiratet und ebenfalls Student.

Aufgabe:

1. Erläutern Sie Herrn Schwarz, in welchem Umfang für die Kinder, wenn überhaupt, Versicherungsschutz besteht.

2. Wie, wenn die 26-jährige Tochter mit einem Pkw der Ehefrau fährt – ist sie in dieser Eigenschaft noch rechtsschutzversichert?

3. Frau Schwarz wird in naher Zukunft die Vertretung für ein bekanntes Kunststoffgeschirr übernehmen.

   a) Sie erwartet bei einer 10%igen Gewinnbeteiligung ca. 1 500 € bis 3 000 € Verdienst im Jahr. Hat dieses Auswirkungen auf den Rechtsschutzvertrag des Ehemannes?

b) Wie, wenn der Verdienst unter 500 € im Jahr bleibt? Sind Streitigkeiten im Zusammenhang mit dieser freiberuflichen Tätigkeit Gegenstand der Rechtsschutzversicherung?

10. Situation

Herr Schlau hat eine Privat-, Berufs- und Verkehrs-Rechtsschutzversicherung nach § 26 ARB bei der Proximus Versicherung abgeschlossen.

Schlau meldet am 15. 1. einen Schadenfall der Proximus Rechtsschutzversicherung. Der Sachbearbeiter, der die Schadenabwicklung vorneh-
men soll, nimmt irrtümlich an, ein Risikoausschluss würde greifen.
Nachdem Herr Schlau interveniert hat, korrigiert der Sachbearbeiter
seine Entscheidung.

Aufgabe:

Kann Herr Schlau seinen Rechtsschutzvertrag kündigen?
Begründen Sie Ihre Antwort.

Abänderung der Situation

Da ein Risikoausschluss tatsächlich greift, bleibt es bei der Ablehnung.

Aufgabe:

Kann auch in diesem Fall Herr Schlau seinen Rechtsschutzvertrag kündigen? Begründen Sie Ihre Antwort.

Ausbildung zum Versicherungsfachmann / zur Versicherungsfachfrau

Wiederholungsfragen zum Sachgebiet Haftpflicht / Rechtsschutz

Test 1

1. Hans Keller versteht nicht, warum er seine seit Jahren bei Ihnen bestehende Haftpflichtversicherung mit 1 Mio. € Deckungssumme auf eine höhere Deckungssumme umstellen sollte.

   Mit welcher Aussage können Sie Herrn Brause von der Notwendigkeit der Umstellung überzeugen?

   a) Durch die steigenden Kosten muss die Deckungssumme angepasst werden.
   b) Die Höhe von Schadenersatzansprüchen ist unbegrenzt. Deshalb sollte die Deckungssumme der PHV so hoch wie möglich gewählt werden.
   c) Es gibt zwischenzeitlich höhere gesetzliche Mindestdeckungssummen.
   d) Durch die erhöhten Deckungssummen erhält der Geschädigte eine höhere Entschädigung.

2. Felix (14) und sein Freund Meike (15) sind auf dem Weg zum Sport. Weil sie intensiv über das gestrige Fußballspiel diskutieren, achtet Felix nicht auf die Ampel und tritt bei Rot auf die Straße. Ein Fahrzeug kann gerade noch ausweichen, fährt aber gegen einen Laternenmast. Der Besitzer des Fahrzeugs macht Schadenersatz geltend.

   Wer haftet für den entstandenen Schaden?

   a) Da Felix noch nicht volljährig ist, muss er nicht haften.
   b) Seit dem 7. Lebensjahr ist Felix voll deliktfähig, deshalb muss er selber haften.
   c) Die Eltern von Felix haften, weil sie generell für die Schäden haften, die ihre minderjährigen Kinder verursachen.
   d) Felix haftet, da er wissen musste, dass er im Verkehr auf rote Ampeln zu achten hat.

3. Bei Einbau eines Öltank gewähren viele Hersteller eine 10-jährige Garantie. Zudem haben neue Tanks in der Regel sowohl einen Leckanzeiger als auch eine Ölwanne.

   Ist der Abschluss einer Gewässerschaden-Haftpflichtversicherung trotzdem ab Anschaffung sinnvoll?

   a) Ja, da der Eigentümer haften muss, wenn bei Verstoß gegen die Sorgfaltspflicht Erdreich durch Öl verunreinigt wird.
   b) Ja, denn der Inhaber des Öltanks haftet in jedem Fall, unabhängig davon, ob er den Schaden verschuldet hat; Ausnahme höhere Gewalt.
   c) Ja, weil der Besitzer im Rahmen der Gefährdungshaftung aus vermutetem Verschulden haftet, wenn er sich von dem Schuldvorwurf nicht befreien kann.
   d) Nein, da der Hersteller des Kellertanks im Rahmen der 10-jährigen Garantie die Haftung für mögliche Umweltschäden übernehmen muss.

4. Die Ehefrau von Herrn Schmitz hat sich von ihm getrennt und ist von Düsseldorf nach Köln gezogen.

   Wie lange besteht für sie Versicherungsschutz über die private Haftpflichtversicherung von Herrn Schmitz?

   a) Bis zur Scheidung bleibt sie mitversichert.
   b) Sie muss sich selbst versichern, da sie nicht mehr in häuslicher Gemeinschaft mit ihm lebt.
   c) Gegen Beitragszuschlag kann sie mitversichert bleiben.
   d) Ab der nächsten Hauptfälligkeit benötigt sie eine eigene PHV.
   e) Versicherungsschutz besteht bis längstens 3 Monate nach der nächsten Prämienfälligkeit.

5. Manfred Krause hat gelesen, dass Haushaltshilfen haftbar gemacht werden können, wenn sie in Ausübung ihrer Tätigkeit einen Dritten schädigen. Da er eine Haushaltshilfe beschäftigt, möchte er wissen, ob seine Privat-Haftpflichtversicherung dafür aufkommt, falls „mal etwas passiert".

   Sie antworten ihm:

   a) Da die Haushaltshilfe kein Familienmitglied ist, ist sie nicht mitversichert.
   b) Es besteht nur Versicherungsschutz, wenn sie in seinem Haushalt lebt.
   c) Die Haushaltshilfe ist während ihrer Arbeitszeit mitversichert.
   d) Sie ist nicht mitversichert, da es für Haushaltshilfen eine eigene Berufs-Haftpflichtversicherung gibt.

6. Trotz städtischem Verbot wäscht Ihr Kunde Willi Klein seinen PKW allwöchentlich vor seiner Garage. Als seine Nachbarin, Frau Neugier, an seinem Haus vorbeigeht, stolpert sie über den Wasserschlauch und stürzt. Dabei wird ihre neue Lederhose zerrissen.

Herr Klein meldet Ihnen den Schaden und fragt, ob seine PHV dafür aufkommen wird.

Sie antworten:

a) Es handelte sich um einen verbotenen Waschvorgang. Versicherungsschutz besteht deshalb nicht.

b) Da er die polizeiliche Vorschrift nur fahrlässig übertreten hat, besteht Versicherungsschutz.

c) Das Waschen des Kfz gehört zum Gebrauch des Kfz. Der Kfz-Haftpflichtversicherer muss für den Schaden aufkommen.

d) Dieses Risiko ist über die Vorsorgeversicherung mitversichert.

7. Während ihres Urlaubs am Meer leiht sich Frau Richter ein Surfbrett. Da sie sehr ungeübt ist, kollidiert sie mit einem anderen Surfer, wobei dessen Surfbrett beschädigt wird. Frau Richter möchte von Ihnen wissen, ob die Privat-Haftpflichtversicherung für derartige Schäden Versicherungsschutz bietet.

Sie antworten:

a) Nein, weil der Gebrauch von eigenen und fremden Surfbrettern in der PHV ausgeschlossen ist.

b) Ja, weil Surfbretter nicht zur Kategorie „Segelboot" gehören.

c) Ja, da der Schaden durch den Gebrauch eines privat genutzten Surfbretts entstanden ist.

d) Nein, denn Surfbretter müssen immer über einen separaten Vertrag versichert werden.

8. Peter Nass, langjähriger PHV-Kunde bei Ihnen, ist ein begeisterter Wassersportler. Er ist sich nicht sicher, ob er Versicherungsschutz für alle durch den Gebrauch seiner eigenen Sportgeräte verursachten Schäden hat. Daher bittet er um Antwort auf seine Frage.

Sie sagen ihm: Versicherungsschutz besteht für die Benutzung von...

1. Motorboot
2. Ruderboot
3. Segelboot
4. Wasserski
5. Kanu

Bitte geben Sie die richtigen Ziffern an.

9. Nach einer bestandenen Prüfung trinkt Thomas Lustig vor lauter Freude ein paar Glas zu viel. Den Heimweg tritt er, trotz einer Blut-alkoholkonzentration von 1,7 Promille, mit seinem Fahrrad an. Durch seine unsichere Fahrweise fährt er gegen das neue Auto sei-nes Nachbarn und verkratzt die Metallic-Lackierung.

Herr Lustig fragt Sie nach dem Versicherungsschutz durch seine Privat-Haftpflichtversicherung.

a) Versicherungsschutz besteht im Rahmen der vertraglichen De-ckungssummen.
b) Versicherungsschutz besteht, allerdings kann der Versicherer ihn bis zu 5 000 € in Regress nehmen.
c) Der Versicherer wird den Schaden ablehnen, da die Schaden-höhe unter dem Regressbetrag von 5 000 € liegt.
d) Da das Fahrradfahren unter Alkoholgenuss grob fahrlässig ist, wird der Versicherer den Schaden ablehnen.
e) Durch den Alkoholgenuss ist eine Bewusstseinsstörung einge-treten. Ein in diesem Zustand verursachter Schaden ist vom Ver-sicherungsschutz ausgeschlossen.

10. Petra Schneider stellt morgens die Waschmaschine an und begibt sich zur Arbeit. Durch das Abrutschen des Ablaufschlauchs wird ein größerer Wasserschaden in dem darunter liegenden Ladenlokal ver-ursacht.

Besteht für diesen Schaden Deckung?

a) Ja, Mietsachschäden sind versichert.
b) Ja, die PHV sieht für solche Schäden Versicherungsschutz vor.
c) Nein, denn im Rahmen der AHB sind Abwasserschäden ausge-schlossen.
d) Nein, da der Schaden grob fahrlässig herbeigeführt wurde.

11. Frau Fröhlich ist in eine Wohnung gezogen, in der einige Zimmer-türen Glaseinsätze haben. Bei einem Besuch möchte Frau Fröhlich von Ihnen wissen: Zahlt meine private Haftpflichtversicherung, wenn ich einen der Glaseinsätze beschädige?

Sie antworten ihr, dass ...

a) die Mietsachschadendeckung Schutz für solche Schäden bietet.
b) Glasbruchschäden in der Mietsachschadendeckung grundsätz-lich ausgeschlossen sind.
c) über die Mietsachschadendeckung nur Gebäudebestandteile ver-sichert sind, es sich hier jedoch um Bestandteile der Wohnung handelt.
d) die Mietsachschadendeckung nicht für Glasbruchschäden auf-kommt, für die der Mieter eine separate Versicherung abschlie-ßen kann.

12. Udo Fleischer möchte für acht Monate in die USA reisen. Auf seine Frage, ob er denn auch dort Versicherungsschutz hat, antworten Sie:

Der Versicherungsschutz im Rahmen der Privat-Haftpflichtversicherung gilt in den USA ...

a) nicht, da der Geltungsbereich auf Deutschland begrenzt ist.
b) nicht, da er sich nicht nur vorübergehend (längstens drei Monate) dort aufhält.
c) weil es keine Einschränkungen bezüglich des Geltungsbereichs gibt.
d) da er sich nicht länger als zwölf Monate dort aufhält.
e) nicht, weil das Haftpflichtrecht in den USA anders geregelt ist als in Deutschland.

13. Ihr Kunde Norbert Hoch ruft Sie ganz aufgeregt an. Gestern hat sich seine 14-jährige Tochter das Skateboard ihrer Freundin ausgeliehen. Da sie noch sehr ungeübt war, verursachte sie einen Unfall, bei dem ein Hund verletzt und das Skateboard beschädigt wurde. Sowohl die Freundin als auch der Hundebesitzer verlangen Schadenersatz.

Herr Hoch möchte von Ihnen wissen, ob für beide Schäden Versicherungsschutz besteht.

a) Die Versicherung kommt sowohl für die Verletzung des Hundes als auch für den Schaden am Skateboard auf.
b) Nur der Schaden am Skateboard wird ersetzt.
c) Nur für die Verletzung des Hundes wird Versicherungsschutz gewährt.
d) Beide Schäden werden abgelehnt, da die Tochter das Skateboard geliehen hatte.

14. Während eines Beratungsgesprächs über den Abschluss einer PHV möchte Herr Kern von Ihnen wissen, ob der von Ihnen genannte Beitrag in den nächsten Jahren angepasst werden kann.

Sie antworten ihm: „Eine Beitragsanpassung ist möglich, wenn ein unabhängiger Treuhänder ..."

a) zum 1.7. eines Jahres einen Anstieg der geleisteten Schadenzahlungen um einen bestimmten Prozentsatz festgestellt hat.
b) zum 1.7. eines Jahres eine voraussichtliche Schadenzunahme von mindestens 5 % für das Folgejahr errechnet.
c) zum 31.12. eines Jahres einen Schadenquotienten von mindestens 5 % ermittelt.
d) zum 1.1. des neuen Jahres einen Anstieg der Schadenfälle der letzten zwei Jahre festgestellt hat.

15. Ludwig Grellmann verursachte grob fahrlässig einen Verkehrsunfall, bei dem Frau Schön erheblich verletzt wurde. Dem Strafverfahren gegen Herrn Grellmann will sich Frau Schön als Nebenkläger anschließen.

Herr Grellmann möchte, dass seine Verkehrs-Rechtsschutzversicherung Kostenschutz in diesem Strafverfahren gewährt.

Die ARB sehen vor, dass ...

a) alle Kosten von Frau Schön zu übernehmen sind.
b) die Kosten einer aktiven Nebenklage ausgeschlossen sind.
c) die Kosten der Nebenklage nur übernommen werden, falls Herr Grellmann freigesprochen wird.
d) die Kosten von Frau Schön nur bei hinreichender Erfolgsaussicht übernommen werden.

16. Ulrich Frisch hat bei Ihrer Gesellschaft eine Privat- und Berufs-Rechtsschutzversicherung. Er streitet sich nach einem Berufsunfall mit der Berufsgenossenschaft über die Höhe der Minderung seiner Erwerbsfähigkeit.

Er berichtet Ihnen, dass er einen Rechtsanwalt eingeschaltet hatte. Ohne Klage vor dem Sozialgericht konnte dieser mit einem Brief erreichen, dass er zu seinem Recht kommt.

Wird Ihrem Kunden Rechtsschutz gewährt?

a) Ja, über den Schadenersatz-Rechtsschutz.
b) Ja, über den Sozialgerichts-Rechtsschutz.
c) Nein, er hat keinen Versicherungsschutz.
d) Ja, über den Arbeits-Rechtsschutz.

17. Peter Hagen informiert Sie, dass sein Sohn Uwe (17) ein neues Leichtkraftrad zugelassen hat. Herr Hagen hat bei Ihrer Gesellschaft eine Verkehrs-Rechtsschutz- Versicherung als Halter für seinen PKW.

Er möchte nun von Ihnen wissen, ob sein Sohn Uwe und das Leichtkraftrad innerhalb des Verkehrs-Rechtsschutzes versichert sind.

Sie informieren Herrn Hagen, dass ...

a) die Verkehrs-Rechtsschutzversicherung nur für ihn als Eigentümer, Halter und Fahrer gilt.
b) für jedes Fahrzeug eine eigene Verkehrs-Rechtsschutzversicherung abgeschlossen werden muss.
c) nur das Leichtkraftrad versichert ist.
d) sein Sohn als Fahrer des Leichtkraftrades automatisch mitversichert ist.

18. Peter Läufer hat bei Ihrer Gesellschaft vor einem Jahr eine Verkehrs-Rechtsschutzversicherung abgeschlossen. Weil sein Pkw in der Werkstatt war, benutzte er vor zwei Tagen die Straßenbahn. Beim Aussteigen schlossen sich die Türen, während er noch im Ausstieg stand. Die Folge ist ein gebrochenes Bein. Herr Läufer will vom Betreiber der Straßenbahn Schadenersatz verlangen.

Herr Läufer fragt Sie, ob Versicherungsschutz besteht.

a) Nein, da er keinen Privat- und Berufs-Rechtsschutz hat.
b) Nein, die Rechtsschutz-Versicherung übernimmt keine Kosten aus Streitigkeiten mit Betreibern von öffentlichen Verkehrsmitteln.
c) Ja, die Kosten werden im Rahmen der Vorsorgeversicherung übernommen, wenn er unmittelbar nach Schadenmeldung den Versicherungsschutz entsprechend erweitert.
d) Ja, weil er als Benutzer öffentlicher Verkehrsmittel über den Verkehrs-Rechtsschutz versichert ist.

19. Marlies Bolz wird beschuldigt, in einer Parfümerle einen Lippenstift gestohlen zu haben. Im strafrechtlichen Ermittlungsverfahren will Frau Bolz einen Rechtsanwalt einschalten.

Gewährt ihr die Privat- und Berufs-Rechtsschutzversicherung Kostenschutz?

a) Ja, Strafrechtsschutz ist mitversichert.
b) Nein, das Ermittlungsverfahren betrifft ein Vergehen, das nur vorsätzlich begangen werden kann.
c) Ja, solange keine Verurteilung erfolgt ist.
d) Nein, Versicherungsschutz besteht erst mit Eröffnung des Gerichtsverfahrens.

20. Rudolf Stark ist angestellter Kraftfahrer und hat bei Ihrer Gesellschaft den Privat-, Berufs- und Verkehrs-Rechtsschutz abgeschlossen. Er hat mit dem Firmenfahrzeug einen Verkehrsunfall verursacht. Sein Arbeitgeber will ihn schadenersatzpflichtig machen.

Aus welcher Leistungsart bekommt Herr Stark hierfür Rechtsschutz?

a) Schadenersatz-Rechtsschutz
b) Rechtsschutz im Vertrags- und Sachenrecht
c) Verwaltungs-Rechtsschutz in Verkehrssachen
d) Arbeits-Rechtsschutz

Ausbildung zum Versicherungsfachmann / zur Versicherungsfachfrau

Wiederholungsfragen zum Sachgebiet Haftpflicht / Rechtsschutz

Test 2

1. Wolfgang Weis ist Besitzer eines Einfamilienhauses. Während eines Beratungsgesprächs fragt er Sie, ob er haften muss, wenn sich ein Dachziegel ohne Fremdeinwirkung vom Dach löst und einen Passanten schädigt.

Sie erklären Herrn Weis:

a) Als Besitzer des Gebäudes muss er aus der Verschuldenshaftung heraus haften.

b) Wenn er sich von dem Verschuldensvorwurf nicht freisprechen kann, haftet er aus vermutetem Verschulden.

c) Der Besitzer eines Hauses haftet aus der Gefährdungshaftung. Deshalb muss er alle entstehenden Schäden ersetzen.

d) Eine Haftung kommt nur in Betracht, wenn er zumindest grob fahrlässig oder vorsätzlich gehandelt hat.

2. Peter Kraus hat seine Privat-Haftpflichtversicherung bei Ihrer Gesellschaft abgeschlossen. Im Fernsehen hat er einen Bericht über einen großen Haftpflichtschaden mit hohen Prozesskosten gesehen.

Er fragt Sie, ob der Haftpflichtversicherer Prozesskosten auch erstattet, wenn die Versicherungssumme für die Haftpflichtansprüche nicht ausreicht.

a) Über die Versicherungssumme hinaus werden keine Kosten vom Versicherer übernommen.

b) Die Kosten werden immer in voller Höhe zusätzlich zur Versicherungssumme übernommen.

c) Bis zu 10 % werden Prozesskosten auch über die versicherte Summe hinaus übernommen.

d) Die Kosten werden bis zu 100 000 € zusätzlich übernommen.

e) Reicht die Versicherungssumme nicht aus, werden die Prozesskosten im gleichen Verhältnis erstattet, wie sich der Haftpflichtanspruch zur Versicherungssumme verhält.

3. Der 19-jährige Sohn Ihres Kunden Georg Fleißig leistet seit Beendigung der Schulausbildung seinen Wehrdienst ab. Im Anschluss daran wird er eine Ausbildung zum Tischler beginnen.

Er möchte von Ihnen wissen, ab wann er eine eigene private Haftpflichtversicherung benötigt.

a) Er hätte sofort nach Beendigung der Schulzeit eine eigene Privat-Haftpflichtversicherung abschließen müssen.
b) Erst nach Beendigung seines Wehrdienstes benötigt er eine eigene Privat-Haftpflichtversicherung.
c) Eine eigene Privat-Haftpflichtversicherung benötigt er erst, wenn er seine Ausbildung abgeschlossen hat.
d) Ab dem 25. Lebensjahr muss er in jedem Fall eine eigene PHV abschließen, auch wenn er noch in der Ausbildung ist.

4. Die Frau Ihres vor kurzem verstorbenen Kunden ruft Sie an und fragt, ob die Privat-Haftpflichtversicherung ihres Mannes für sie weiterbesteht.

Sie geben ihr die folgende Information:

a) Der Vertrag endete automatisch mit dem Tod ihres Mannes. Sie muss einen neuen Vertrag abschließen.
b) Wenn sie den Versicherer umgehend benachrichtigt, besteht die PHV unverändert weiter.
c) Sie muss beantragen, dass der Vertrag auf sie als Versicherungsnehmerin umgestellt wird.
d) Die PHV besteht weiter, wenn sie den nächstfälligen Beitrag zahlt.

5. Fabian Ungeduld ist 17 Jahre alt und Schüler. Da er Vater wird, durfte er mit Zustimmung des Vormundschaftsgerichts heiraten. In einem Beratungsgespräch erläutern Sie ihm, wie es sich mit der Mitversicherung über die Privat-Haftpflichtversicherung seiner Eltern verhält.

Welche Aussage ist richtig?

a) Über die elterliche PHV ist er solange mitversichert, bis er seine erste Ausbildung abgeschlossen hat.
b) Die Mitversicherung in der PHV seiner Eltern endet erst mit dem 18. Lebensjahr.
c) Da er verheiratet ist, benötigt er bereits jetzt eine eigene PHV.
d) Erst wenn das Kind geboren ist, benötigt er eine eigene PHV.

6. Sebastian Schlegel ist 27 Jahre alt, studiert, und wohnt in Heidelberg. Nach Beendigung der Schulausbildung hatte er zunächst eine Ausbildung zum Großhandelskaufmann begonnen. Da ihm dieser Beruf keinen Spaß machte, hat er die Lehre bereits nach kurzer Zeit wieder abgebrochen und sein Studium in Heidelberg begonnen.

Seine Eltern leben in Frankfurt und möchten von Ihnen wissen, ob der Sohn noch in der elterlichen Privat-Haftpflichtversicherung mitversichert ist.

a) Da sich der Sohn noch in der Berufsausbildung befindet, ist er mitversichert.

b) Der Sohn ist nicht mehr mitversichert, da er bereits in der 2. Ausbildung ist.

c) Solange er kein eigenes Einkommen hat, ist der Sohn immer mitversichert.

d) Er ist nicht mehr mitversichert, da er mit seinen Eltern nicht mehr im gleichen Haushalt lebt.

e) Die Mitversicherung endete mit Vollendung des 25. Lebensjahres.

7. Herr Hamster ruft Sie ganz aufgeregt an und erzählt Ihnen folgenden Fall:

Nach dem Tennisspiel am Vorabend nahm ihn sein Freund Dieter in seinem Auto mit. Als sie zu Hause ankamen, öffnete er schwungvoll die Autotür und übersah dabei einen Radfahrer. Bei dem Versuch auszuweichen, stürzte der Radfahrer und zog sich erhebliche Verletzungen zu. Zudem wurde das Rad stark beschädigt.

Hat Herr Hamster für diesen Schaden Versicherungsschutz über seine Privat-Haftpflichtversicherung?

a) Der Kfz-Haftpflichtversicherer des Freundes muss für den Schaden aufkommen.

b) Für Schäden, die im Verkehr entstehen, besteht grundsätzlich kein Versicherungsschutz.

c) Die Privat-Haftpflichtversicherung leistet im Rahmen der Vorsorgeversicherung.

d) Da er weder Eigentümer, Halter, Besitzer noch Führer des Fahrzeuges war, kommt die PHV für den entstandenen Schaden auf.

8. Um das Familieneinkommen regelmäßig aufzubessern, beaufsichtigt Berta Schlau als Tagesmutter mehrere Kinder (zwischen 3 und 5 Jahre alt) und erhält pro Kind im Monat 150 €.

   In einem unbeaufsichtigten Moment rennt ein dreijähriges Kind auf die Straße. Ein Motorradfahrer kann dem Kind gerade noch ausweichen, stürzt bei diesem Manöver jedoch und verletzt sich schwer. Der Motorradfahrer macht Haftpflichtansprüche bei Frau Schlau geltend.

   Frau Fuchs möchte wissen, ob ihre bei Ihrer Gesellschaft bestehende PHV für diesen Schaden aufkommt.

   a) Da sie die Aufsichtspflicht verletzt hat, wird der Versicherer den Schaden ablehnen.
   b) Der Schaden hat sich im gewerblichen Bereich zugetragen. Deshalb besteht über die Privat-Haftpflichtversicherung kein Versicherungsschutz.
   c) Nur die Aufsicht über eigene Kinder ist mitversichert. Für die Beaufsichtigung fremder Kinder hätte sie einen eigenen Haftpflichtvertrag abschließen müssen.
   d) Da sie mit ihrer Nebentätigkeit nicht mehr als 50 000 € verdient, besteht Versicherungsschutz durch die Privat-Haftpflichtversicherung.

9. Die 14-jährige Tochter von Frau Müller hatte sich in den Ferien ein Pferd ausgeliehen, um damit auszureiten. Während des Ausritts scheute das Pferd, wodurch ein Mofafahrer verletzt wurde. Auch das Pferd erlitt Verletzungen.

   Besteht Versicherungsschutz über die Privat-Haftpflichtversicherung Ihrer Kundin?

   a) Da das Pferd geliehen war, muss die PHV für die entstandenen Schäden nicht aufkommen.
   b) Sowohl der Mofafahrer als auch der Besitzer des Pferdes können Leistungen von der PHV erhalten.
   c) Die PHV übernimmt nur den Schaden des Mofafahrers.
   d) Für Pferde benötigt man einen gesonderten Haftpflichtvertrag. Die PHV wird deshalb für die Schäden nicht aufkommen.

10. Ihr Kunde Jens Renner ist begeisterter Hobby-Radsportler und nimmt auch an Radrennen teil, für die eine Radsportlizenz erforderlich ist.

Herr Renner fragt Sie, ob er Versicherungsschutz in der Privat-Haftpflichtversicherung hat, wenn er beim Training zu solch einem Rennen einen Schaden verursacht.

In der Privat-Haftpflichtversicherung ...

a) sind die Gefahren als Radfahrer mitversichert.
b) sind Sportveranstaltungen und das dazugehörige Training grundsätzlich vom Versicherungsschutz ausgeschlossen.
c) besteht nur Versicherungsschutz, wenn er Amateursportler ist.
d) ist das Training zu einem solchen Radrennen nicht versichert.

11. Klaus Pütz teilt Ihnen mit, dass er sich vor zwei Wochen ein kleines Segelboot angeschafft hat.

Nun fragt er Sie, ob er über seine Privat-Haftpflichtversicherung noch ausreichend versichert ist.

Sie erklären ihm, dass er ...

a) im Rahmen der Vorsorgeversicherung vorab Versicherungsschutz hat.
b) für Segelboote umgehend eine separate Haftpflichtversicherung benötigt.
c) im Rahmen der Vorsorgeversicherung nur Versicherungsschutz hat, wen er das Boot nicht im Ausland benutzt.
d) Die Höhe der Vorsorgeversicherung für solch ein Risiko nicht ausreicht und er deshalb umgehend eine separate Haftpflichtversicherung benötigt.

12. Ute Haupt hat bei Ihrer Gesellschaft eine Hundehalter-Haftpflichtversicherung abgeschlossen. Von einem Bekannten hat sie gehört, dass sie die Beiträge dazu steuerlich geltend machen kann.

Ist diese Information richtig?

a) Nein, diese Möglichkeit besteht nur für die Privat-Haftpflichtversicherung und die Kfz-Haftpflichtversicherung.
b) Ja, über die Werbungskosten ist eine steuerliche Berücksichtigung möglich.
c) Gegebenenfalls kann sie die Beiträge im Rahmen der Vorsorgeaufwendungen steuerlich geltend machen.
d) Diese Beiträge sind im Rahmen der Mehrkosten für Unterhalt voll abzugsfähig.

13. Das Hauskaninchen der Familie Mümmel hat die Tür zum Wohnzimmer verkratzt. Da der Vermieter Schadenersatz fordert, möchte Herr Mümmel von Ihnen wissen, ob seine Privat-Haftpflichtversicherung für diesen Schaden aufkommen wird.

Sie geben ihm die folgende Information:

a) Da es sich um einen Schaden an einer gemieteten Sache handelt, ist die Regulierung ausgeschlossen.
b) Der Versicherungsnehmer kann nur haftbar gemacht werden, wenn er die Aufsichtspflicht verletzt hat. Ist dies der Fall, wird der Versicherer für den Schaden aufkommen.
c) Da für Luxustiere die Gefährdungshaftung gilt, hätte Familie Mümmel eine besondere Tierhalter-Haftpflichtversicherung abschließen müssen.
d) Die Wohnzimmertür ist ein Bestandteil der gemieteten Wohnung. Deshalb ist der Schaden über die Privat-Haftpflichtversicherung mitversichert.

14. Sie möchten Herrn Besserwisser von der Notwendigkeit einer Privat-Haftpflichtversicherung überzeugen und nennen ihm einige Schadenbeispiele, für die der Versicherer aufkommen würde.

Bei welchen Schadenbeispielen gewährte die PHV Versicherungsschutz?

1. Beim Reinigen der Fenster stößt die Haushaltshilfe versehentlich einen Blumentopf von der Fensterbank. Der Blumentopf trifft einen Fußgänger und verletzt diesen.
2. Der 14-jährige Sohn von Herrn Besserwisser beschädigt mit seinem Fahrrad ein parkendes Auto.
3. Frau Besserwisser fällt der geliehene Fotoapparat aus der Hand. Dabei wird dieser stark beschädigt.
4. Ein Besucher stürzt im Einfamilienhaus der Familie Besserwisser über einen unsachgemäß verlegten Teppich auf der Treppe und verletzt sich schwer.

Bitte nennen Sie die richtigen Ziffern.

15. Monika Berg hat bei Ihrer Gesellschaft vor 2 Monaten eine Privat-,
    Berufs- und Verkehrs-Rechtsschutzversicherung abgeschlossen.
    Vor einem Monat hatte sie einen Schrank bestellt, der gestern ge-
    liefert wurde. Heute stellt sie Mängel am Schrank fest.

    Frau Berg fragt Sie, ob sie für einen Rechtsstreit Kostenübernahme
    durch ihren Rechtsschutz-Versicherer erhält.

    Der Rechtsschutz-Versicherer ...

    a) übernimmt die Kosten, weil Gewährleistungsansprüche mitversi-
       chert sind.
    b) übernimmt die Kosten, weil die Vorschrift der Wartezeit im Ver-
       trags- und Sachenrecht keine Rolle spielt.
    c) versagt die Übernahme der Kosten, weil der Rechtsschutzfall in
       der Wartezeit eingetreten ist.
    d) versagt die Kostenübernahme, weil es sich um einen vertragli-
       chen Anspruch handelt.

16. Mario Kühn hat bei Ihrer Gesellschaft eine Verkehrs-Rechtsschutz-
    versicherung. Er berichtet Ihnen, dass er seine Tochter mit seinem
    Pkw zur Schule gefahren hat. Kurz nach dem Aussteigen wurde
    diese beim Überqueren des Zebrastreifens von einem Auto ange-
    fahren und schwer verletzt.

    Besteht Versicherungsschutz für seine Tochter im Rahmen seiner
    Verkehrs- Rechtsschutzversicherung?

    a) Nein, Verkehrs-Rechtsschutz umfasst keinen Fußgänger-Rechts-
       schutz.
    b) Ja, Kinder sind im Fußgänger-Rechtsschutz mitversichert.
    c) Nein, weil keine Privat- und Berufs-Rechtsschutzversicherung
       besteht.
    d) Ja, alle Kinder bis zum 25. Lebensjahr sind mitversichert.

17. Christian Schmidt ist angestellter Kraftfahrer und hat bei Ihrer Ge-
    sellschaft den Privat-, Berufs- und Verkehrs-Rechtsschutz abge-
    schlossen.

    Er hat mit dem Firmenfahrzeug einen Verkehrsunfall verursacht.
    Sein Arbeitgeber will ihn schadenersatzpflichtig machen.

    Aus welcher Leistungsart bekommt Herr Schmidt hierfür Rechts-
    schutz?

    a) Schadenersatz-Rechtsschutz
    b) Rechtsschutz im Vertrags- und Sachenrecht
    c) Verwaltungs-Rechtsschutz in Verkehrssachen
    d) Arbeits-Rechtsschutz

18. Andreas Winter hat vor 7 Monaten seinen Privat- und Berufs-Rechtsschutz-Vertrag bei einem Mitbewerber gekündigt.

Vor 15 Monaten wurde Herr Winter von einem Radfahrer schuldhaft angefahren, wobei er einen Rippenbruch erlitt. Da der Rippenbruch so schlecht verheilt ist, dass nun eine Operation notwendig wird, möchte Herr Winter jetzt Schadenersatzansprüche geltend machen.

Er erkundigt sich, ob er aus seinem bereits beendeten Rechtsschutz-Vertrag Versicherungsschutz hat.

a) Nein, da in diesem Falle Schadenersatzansprüche bereits nach einem Jahr verjähren.
b) Nein, da er längstens bis zu 6 Monaten nach Beendigung des Rechtsschutz-Vertrages den Versicherungsschutz geltend machen kann.
c) Ja, da er bis zu 3 Jahren nach Beendigung des Rechtsschutz-Vertrages den Versicherungsschutz geltend machen kann.
d) Ja, wenn die Ansprüche innerhalb von 12 Monaten ärztlich festgestellt und nach weiteren 3 Monaten geltend gemacht werden.

19. Für Franz Kron besteht bei Ihrer Gesellschaft eine Privat-Rechtsschutzversicherung.

Sein Sohn Ralf (20 Jahre, ledig) hat während der letzten drei Jahre als Textilarbeiter in einer Fabrik gearbeitet. Nun beginnt er eine Ausbildung zum Industriekaufmann.

Herr Kron fragt Sie, ob und ggf. wie lange sein Sohn noch über den Privat-Rechtsschutz versichert ist.

Der Versicherungsschutz über den Vertrag der Eltern ...

a) endet spätestens mit Vollendung des 25. Lebensjahres.
b) endete automatisch nach Beendigung der Schulausbildung.
c) endet erst, sobald die Ausbildung abgeschlossen ist, die es ermöglicht, selbst Geld zu verdienen.
d) endete bereits mit Vollendung des 18. Lebensjahres, da er schon ein leistungsbezogenes Entgelt erhielt.

20. Familie Schneider hat bei Ihrer Gesellschaft eine Privat-, Berufs- und Verkehrs-Rechtsschutz-Versicherung. Letzte Woche ist die Familie von einer Pauschalreise in die Karibik zurückgekehrt. Im Prospekt des deutschen Reiseveranstalters war Hotelunterbringung am Strand angegeben; tatsächlich wurde Familie Schneider im Stadtzentrum untergebracht.

Familie Schneider möchte wissen, ob sie Versicherungsschutz hat, wenn sie gegen den Reiseveranstalter klagt.

a) Nein, bei Reisen in die Karibik wird kein Versicherungsschutz gewährt.

b) Ja, Kostenübernahme ist im Schadenersatz-Rechtsschutz möglich.

c) Nein, Klagen gegen Reiseveranstalter sind ausgeschlossen.

d) Ja, Kostenübernahme wird im Vertrags- und Sachenrecht gewährt.

Stichwortverzeichnis

Immer auf dem neuesten Stand!

Weitere Ausbildungsliteratur und der kostenlose Newsletter unter

www.vvw.de

▼▼ Verlag Versicherungswirtschaft
Postfach 64 69 · 76044 Karlsruhe · Tel. 0721 3509-0 · Fax 0721 3509-201